Research on the History of
Marxist Philosophy

本书受国家社科基金社团活动资助出版

马克思主义哲学史研究

(2022—2023)

中国马克思主义哲学史学会 编

郝立新　聂锦芳　主编

人民出版社

编者的话

党的十八大以来，我国马克思主义哲学史研究取得突出成就和重大发展，一大批有广泛而深远影响力的研究成果和研究人才涌现出来。在诸如马克思哲学变革的实质、马克思主义哲学重要理论观点、马克思主义哲学史重要人物及著作的地位、马克思主义哲学发展中的重大事件的性质、马克思主义哲学发展的经验和规律等的认识方面取得重大进展，并在较大范围内和程度上取得共识。我们的许多研究成果对新时代中国特色社会主义建设实践发挥了积极影响，为构建中国特色的哲学社会科学夯实了理论基础，为广大干部群众的社会生活和实践提供了哲学智能，为领导决策提供了学术资源；我们的一些成果还具有一定的国际影响，在一些马克思主义重大理论问题上获得话语权。

中国马克思主义哲学史学会是在 1979 年初发起成立的全国性学术组织，40 余年来它团结起愈来愈多的从事马克思主义哲学研究，特别是马克思主义哲学史研究的学者。学会通过精心策划马克思主义哲学史研究主题、交流马克思主义哲学史研究成果和经验，在组织和交流中推进了马克思主义哲学史研究的发展，促进了从事马克思主义哲学史研究的青年学者的成长，较好地发挥了马克思主义哲学史研究组织者、推动者的作用。学会通过组织建设（包括学会本身的建设和研究分会的建设）广泛团结全国在高校、党校、科研院所、理论宣传等部门工作的、从事马克思主义哲学和马克思主义哲学史研究的学者；通过举办学术年会、高端论坛、青年论坛等各种形式的学术活动，推动马克思主义哲学史研究发展，提高马克思主义哲学史研究水平；通过编发工作简报、开发微信公众号为学者们提供信息交流平台;通过开展各种形式的交流合作扩大学会影响和改善学会工作条件。总之,学会工作在大家的共同努力下得到了良好的开展。

推进我国马克思主义哲学史的研究和教学工作,学会当然有许多工作可做、要做,通过多种形式发挥作用。这些形式有的已经贯彻到学会工作中,取得了实效、积累了经验。《马克思主义哲学史研究》是由学会组编的一本年度马克思主义哲学史研究文集。这件事 2015 年底在学会会长办公会上提出并形成决议,在 2016 年度第一次常务理事会上列入学会年度工作计划。

《马克思主义哲学史研究》通常每年出版一卷,每卷选择学会会员前一年公开发表的优秀论文,特殊年份也将前两年的优秀论文成果合编为一卷。《马克思主义哲学史研究》不设固定栏目,每一卷所设栏目根据年度马克思主义哲学史研究的实际内容确定,但主要还是马克思主义哲学史综合研究、马克思主义经典作家哲学思想研究、马克思主义中国化哲学问题研究、国外马克思主义哲学研究等几个主题。

从以往各卷次的编辑过程看,各栏目稿件的数量和质量不断得到大幅度的提高,这从侧面反映出当代中国马克思主义哲学史研究工作的进展。虽然马克思主义经典作家哲学思想研究栏目稿件数量始终占据优势,但马克思主义哲学史综合研究、马克思主义哲学中国化哲学问题研究的稿件也不断有大幅度的增长。这表明马克思主义哲学史研究者越来越关注当代中国的现实问题,注重将马克思主义哲学的理论研究与现实问题相结合。

《马克思主义哲学史研究》一般在上半年开展编辑工作,在下半年年会期间出版发行。由于 2023 年是学会的换届年,年会于 4 月份提前召开,而 2024 年年会又计划在 11 月份召开。因此,学会会长办公会讨论决定,2023 年年会期间出版发行《马克思主义哲学史研究》(2021 年),等到 2024 年年会期间再将 2022—2023 年的研究成果合并为一卷出版。为了更好地呈现 2022—2023 年国内马克思主义哲学史研究的优秀论文成果,本卷采取全文选编的形式,分为“上篇:马克思主义哲学史重大理论问题研究”和“下篇:马克思主义中国化时代化重大理论问题研究”两个主题,共收录 28 篇论文。

《马克思主义哲学史研究》的编辑实行主编负责制,会长为主编,各副会长为轮值执行主编。执行主编具体负责论文的收集、甄选，并按出版要求向出版社提供初稿。执行主编可以邀请1—2位适当人选协助做编辑工作，在提交出版社之前交主编审阅、定稿。2022—2023年卷次由中国马克思主义哲学史学会会长、中国人民大学马克思主义学院郝立新教授，中国马克思主义哲学史学会副会长、北京大学哲学系聂锦芳教授担任主编。中国马克思主义哲学史学会副秘书长、中国人民大学马克思主义学院王莅副教授和北京大学哲学系博士研究生郭弄舟等具体完成了入选论文的辑录、编排、初审工作。经主编审定之后，他们进一步完成了文字的全部编排工作。

《马克思主义哲学史研究》的编辑出版是学会建设的一项持续性的工作，是大家共同的事业，希望得到学会广大会员的关心和支持。学会也将投入精力和适当财力把它办好。借此机会，我们向一直给予《马克思主义哲学史研究》出版以大力支持的人民出版社表达诚挚的谢意，向人民出版社马列编辑一部的诸位编辑表示衷心的感谢！

中国马克思主义哲学史学会

2024年6月

目　　录

下篇:马克思主义中国化时代化重大理论问题研究

附录:2022 年年会综述和 2023 年年会报道

上篇：马克思主义哲学史重大理论问题研究

当代中国哲学的主体性与原创性

孙正聿*

“我们的哲学社会科学有没有中国特色,归根到底要看有没有主体性、原创性”。① 当代中国哲学的历史使命,就是建设具有主体性、原创性的中国特色哲学,加快构建中国特色哲学的学科体系、学术体系、话语体系,让世界知道“哲学中的中国”。这就要求我们:坚持解放思想和实事求是相统一的理论思维,坚持追求真理和实现价值相统一的实践智慧,坚持观念变革和构建体系相统一的理论创造,坚持立德立言和铸魂育人相统一的使命担当,立足于新时代中国特色社会主义的伟大实践和人类文明的形态变革,不断地“提炼出有学理性的新理论”和“概括出有规律性的新实践”,赋予哲学思想、哲学观点、哲学命题以新的思想内涵、时代内涵和文明内涵,为坚持中国道路、弘扬中国精神、凝聚中国力量提供中国特色的哲学思想和哲学智慧。

一、坚持解放思想和实事求是相统一的理论思维

理论思维是以理论把握现实、引领实践的思维方式和思想力量。“理论思维的起点决定着理论创新的结果”。② 马克思主义哲学中国化的百年历史

* 孙正聿,吉林大学哲学基础理论研究中心教授、博士生导师。

① 习近平:《在哲学社会科学工作座谈会上的讲话》,人民出版社 2016 年版,第 19 页。

② 习近平:《在哲学社会科学工作座谈会上的讲话》,人民出版社 2016 年版,第 20 页。

经验告诉我们,建设具有主体性、原创性的中国特色哲学,首要的就是坚持解放思想和实事求是相统一的理论思维,用现实活化理论,用理论照亮现实,在创新实践中推进理论创新,在理论创新中推进创新实践。

哲学是理论化、系统化的世界观,而世界观本身是历史的、发展的,不是僵化不变的。马克思主义哲学的科学世界观,不只是承认“物质第一性”的世界观,而且是以此为基础,从实际出发、实事求是的世界观;不只是承认“绝对运动”的世界观,而且是以此为基础,冲破狭隘观念、解放思想的世界观;不只是承认“能动反映”的世界观,而且是以此为基础,引领实践、变革世界的世界观。解放思想和实事求是相统一,不仅是马克思主义哲学世界观的应有之义,而且是马克思主义哲学世界观的真实意义。① 实事求是,就是从客观存在的事物出发,发现和掌握事物的运动规律,达到思想与实际相符合,主观与客观相统一;解放思想,就是变革思想与实际相割裂、主观与客观相背离的世界观,也就是确立实事求是的世界观。实事求是,是解放思想的根本指向;解放思想,是实事求是的基本前提。中国共产党在领导中国革命、建设、改革的百年历程中所形成的解放思想和实事求是相统一的理论思维,是中国化的马克思主义哲学的重要标志和本质特征,也是中国化的马克思主义哲学的理论创新和理论创造。

解放思想和实事求是相统一的理论思维,从根本上说,就是“问题导向”的理论思维。理论是思想中的现实,哲学是思想中把握到的时代。任何重大的哲学问题无不源于重大的时代性问题,任何重大的时代性问题无不深层地蕴含重大的哲学问题。离开重大的时代性的现实问题就不可能提出具有时代性的重大哲学问题,离开重大的哲学问题也不可能提出和回答具有时代性的重大现实问题。真正的哲学理论创新,就是从重大的时代性的现实问题中捕捉、发现和提出具有时代意义的重大哲学问题,并在研究和回答重大的时代性的现实问题中“提炼出有学理性的新理论”和“概括出有规律性的新实践”,不断地实现哲学的理论创新和哲学的理论创造。因此,在建设具有主体性、原创性的中国特色哲学的理论思维的“起点”上,就必须坚持“问题导向”的理论思

① 参见孙正聿:《解放思想与变革世界观》,《中国社会科学》2008 年第 6 期。

维，从中国和世界的实际出发，用我们自己的头脑进行思考，在解放思想和实事求是的统一中提出和回答重大的时代性问题，凝练升华具有主体性、原创性的中国特色哲学。

实事求是的“实事”即“客观存在的事物”，不仅有片面的实际与全面的实际之分，而且有过去的实际与现实的实际之分，特别是有表面的实际与深层的实际之分。全面的实际、现实的实际、深层的实际，不是孤立的现象，也不是现象形态的总和，而是由“现实的生活过程”所形成的时代的潮流、创新的实践和历史的规律。实事求是的世界观，从根本上说是反映时代特征、推进创新实践和把握历史规律的世界观。思想与实际相符合，主观与客观相统一，从根本上说是思想与时代潮流、创新实践和历史规律相符合；与此相反，思想与时代潮流、创新实践和历史规律相割裂，就是思想与实际、主观与客观相背离。要使主观与全面的、现实的、深层的客观实际相符合，思想与时代潮流、创新实践和历史规律相统一，真正坚持实事求是的思想路线，就必须坚定不移地解放思想，变革脱离当今世界大势和当代中国实际的世界观，以解放思想和实事求是相统一的理论思维建设具有主体性、原创性的当代中国哲学。

当今世界和当代中国正在发生广泛而深刻的变革，变革中的世界和变革中的中国，是我们生活于其中的最大的实际。这个最大的实际，已经远不是一百年前甚至远不是几十年前的世界和中国。20 世纪中叶以来，人类社会发生了空前的重大跃迁，人类文明发生了空前的重大发展，实现了空前的“历史向世界历史的转变”。这种“转变”的速度和程度，不仅表现为普遍化的“量的扩张”，而且表现为时代性的“质的飞跃”，其变化的剧烈和深刻，达到了前人难以想象的程度。社会信息化、经济全球化、政治多极化、文化多样化、个体社会化，深刻地改变了全部社会生活的内容和形式，不仅人们的生产方式、交往方式、学习方式、消费方式、娱乐方式发生全方位变化，而且深刻地改变了人们的世界图景、思维方式、价值观念和审美情趣，对哲学的“世界观”“物质观”“实践观”“历史观”“真理观”“价值观”“审美观”“正义观”“自由观”等提出难以胜数的重大理论问题。回应和回答时代性的重大现实问题中所蕴含的时代性的重大理论问题，就必须坚持解放思想和实事求是相统一的理论思维，从时代性的世界潮流和文明形态的历史性变革中“提炼出有学理性的新理论”，赋予哲学以新的思想内涵、时代内涵和文明内涵,让具有主体性、原创性的中国特色哲学真正成为我们时代的“时代精神的精华”和“文明的活的灵魂”。

变化中的世界与变革中的中国是密不可分的,反映时代特征和世界潮流的当代中国哲学,必须并且必然是反映中国人民波澜壮阔的伟大实践的当代中国哲学,因此,当代中国哲学必须以我国实际为研究起点,以中国的伟大历史实践为中心。“解决中国的问题,提出解决人类问题的中国方案,要坚持中国人的世界观、方法论”。“要推出具有独创性的研究成果,就要从我国实际出发,坚持实践的观点、历史的观点、辩证的观点、发展的观点,在实践中认识真理、检验真理、发展真理”。① 中国共产党领导中国人民从“站起来”到“富起来”再到“强起来”的伟大实践,不仅从根本上改变了近代以来的“东方从属于西方”的世界格局,而且为人类文明形态变革和未来发展提供了中国智慧和中国方案。中国特色社会主义的伟大实践告诉我们:“当代中国的伟大社会变革,不是简单延续我国历史文化的母版,不是简单套用马克思主义经典作家设想的模板,不是其他国家社会主义实践的再版,也不是国外现代化发展的翻版,不可能找到现成的教科书”。② 只有坚持解放思想和实事求是相统一的理论思维,不断地从中国特色社会主义的伟大实践中挖掘新材料、发现新问题、提出新观点、构建新理论,才能创建具有主体性、原创性的中国特色哲学。

坚持解放思想和实事求是相统一的理论思维,变革脱离现实的世界观,就要实现哲学自身的思想解放,赋予哲学以新的思想内涵、时代内涵和文明内涵。改革开放以来,推进社会解放思想和实现哲学自身思想解放相互激荡,当代中国哲学以“不忘本来、吸收外来、面向未来”的胸怀、视野和担当,沿着马克思开辟的“改变世界”的哲学道路,不断捕捉、发现和提出具有时代性的重大问题,不断地吸收、反思和借鉴现代哲学的研究成果,变革了以素朴实在论为基础的直观反映论、以机械决定论为基础的线性因果论和以抽象实体论为基础的本质还原论,不断地推进了哲学自身的思想解放:一是从两极对立、非此即彼的思维方式中解放出来,不断地提升了“问题导向”的理论自觉,以实

① 习近平:《在哲学社会科学工作座谈会上的讲话》,人民出版社2016年版,第19页。
② 习近平:《在哲学社会科学工作座谈会上的讲话》,人民出版社2016年版,第21页。

践观点的思维方式重新审视全部哲学史和全部哲学问题；二是从唯上唯书、教条主义的研究方式中解放出来，不断地提升了“思想解放”的理论自觉，以实践观点的思维方式重新审视各种哲学思想、哲学观点和哲学命题；三是从生搬硬套、僵化枯燥的话语方式中解放出来，不断地提升了“观念变革”的理论自觉，以实践观点的思维方式批判和超越“把理论诱入神秘主义的神秘东西”；四是从“失去自我”的“学徒状态”中解放出来，不断地提升了“理论创新”和“理论创造”的自我意识，以实践观点的思维方式“提炼出有学理性的新理论”“概括出有规律性的新实践”，赋予当代中国哲学以新的思想内涵、时代内涵和文明内涵，自觉地创建属于中华民族自己的哲学理论。哲学自身的思想解放，不仅生动地体现了解放思想与实事求是相统一的理论思维，而且在世界观的意义上提升了解放思想与实事求是相统一的理论思维，为建设具有主体性、原创性的中国特色哲学奠定了坚实的理论思维的根基。

二、坚持追求真理和实现价值相统一的实践智慧

关于“哲学”，马克思曾经振聋发聩地提出：“哲学家们只是用不同的方式解释世界，问题在于改变世界。”①镌刻在马克思墓碑上的这句名言，深刻地揭示了马克思哲学革命的实质，深切地体现了马克思主义哲学的鲜明特点，明确地展示了马克思开辟的哲学道路。建设具有主体性、原创性的中国特色哲学，就要坚持马克思主义哲学的“改变世界”的根本理念，以解放思想和实事求是相统一的理论思维，不断地丰富和发展追求真理和实现价值相统一的“改变世界”的实践智慧。

人类“改变世界”的实践活动，是“合目的性”与“合规律性”相统一的创造人类文明的历史活动，因此，人类的实践活动总是面对相互制约、相互规定、相辅相成的两大问题：一个是“合规律性”的真理问题，另一个是“合目的性”的价值问题。人类的实践活动是否遵循事物的运动规律，这是“对不对”的真理问题；人类的实践活动能否满足自己的需要和实现自己的目的，这是

① 《马克思恩格斯选集》第1卷，人民出版社2012年版，第136页。

“好不好”的价值问题。哲学作为理论化、系统化的世界观,其根本内容是关于人与世界关系的理论,其根本使命是引领创建人类文明的实践活动,因此,古今中外的哲学无一例外地面对真理与价值及其相互关系这一根本性问题。坚持追求真理和实现价值相统一,就是“改变世界”的马克思主义哲学的“实践智慧”。

马克思主义哲学追求真理和实现价值相统一的实践智慧,根植于马克思主义的本质特征:马克思主义是科学的理论,创造性地揭示了人类社会发展规律;马克思主义是人民的理论,第一次创立了人民实现自身解放的思想体系;马克思主义是实践的理论,指引着人民改造世界的行动;马克思主义是不断发展的开放的理论,始终站在时代前沿。“在马克思之前,社会上占统治地位的理论都是为统治阶级服务的。马克思主义第一次站在人民的立场探求人类自由解放的道路,以科学的理论为最终建立一个没有压迫、没有剥削、人人平等、人人自由的理想社会指明了方向”。① 诉诸马克思主义哲学,我们就会发现:马克思主义哲学的“出发点”不是“抽象的人”,而是“从事实际活动的人”,马克思主义哲学的“立足点”不是“抽象的存在”,而是“人类社会或社会的人类”,马克思主义哲学的“归宿点”不是“人性的复归”,而是以“每个人的自由发展”为条件的“一切人的自由发展”。马克思主义哲学的“出发点”“立足点”“归宿点”,充分地显示了马克思主义哲学“为绝大多数人谋利益”的强大的道义力量,充分地显示了马克思主义哲学“改变世界”的人民性品格,充分地显示了马克思主义哲学站在真理和道义的制高点上。马克思主义哲学的真理性,就在于它的实事求是的理论力量、改变世界的实践力量和与时俱进的生命活力;马克思主义哲学的现实力量,就在于它赋予人民群众的历史活动以坚定的理想追求,赋予社会主义运动以坚实的理论支撑,赋予人类文明形态变革以“合目的性”与“合规律性”相统一的道路指引。离开马克思主义哲学“改变世界”的实践智慧,当代人类就无法形成真实的社会理想和价值诉求,就无法选择正确的发展道路和创造人类文明新形态,就会失去凝聚共识和走向未来的理论支撑。“守正创新”的中国特色哲学,其突出特征和重要标志就是坚持追

① 习近平:《在纪念马克思诞辰200周年大会上的讲话》,人民出版社2018年版,第9页。

求真理和实现价值相统一的马克思主义哲学的实践智慧。

马克思主义哲学中国化的百年历史经验告诉我们，建设具有主体性、原创性的中国特色哲学，不仅必须坚持解放思想和实事求是相统一的理论思维，而且必须推进追求真理和实现价值相统一的实践智慧。中国共产党是以全心全意为人民服务为根本宗旨的政党，其理论和实践都要求真理和价值的高度统一，也就是掌握客观规律和向人民负责的高度统一。坚持真理就是实事求是，就是不断地探索人类历史和中国社会的发展规律，不断地推进中国特色社会主义的伟大实践；向人民负责，就是把人民对美好生活的向往作为奋斗目标，不断地使人民获得全面发展的条件，实现中华民族的伟大复兴和全人类的解放。没有为人民谋幸福的坚定不移的价值追求，就不可能真正达到对人类历史和中国社会发展规律的真理性认识；没有对人类历史和中国社会发展规律的真理性认识，就不可能实现为人民谋幸福和为人类求解放的价值目标。建设中国特色社会主义，就要把追求真理和实现价值统一起来，始终站在真理和价值相统一的制高点上。具有主体性、原创性的当代中国哲学，其实质内容就是构建追求真理和实现价值相统一的中国特色哲学的学科体系、学术体系和话语体系，其重要标志就是推进追求真理和实现价值相统一的实践智慧。

在马克思主义哲学中国化的百年历程中，《实践论》《矛盾论》不仅是毛泽东哲学思想的代表作，而且是具有中国特色、气派和风格的马克思主义哲学的里程碑之作，集中地体现了追求真理与实现价值相统一的马克思主义哲学的实践智慧，开辟了马克思主义哲学中国化的正确道路。毛泽东在《实践论》《矛盾论》中凝练形成的理论与实践、直接经验与间接经验、感性认识与理性认识、相对真理与绝对真理、个性与共性、内因与外因、主要矛盾与次要矛盾、矛盾的主要方面与次要方面等哲学范畴，既有把握人与世界关系的人类性内涵，又有表达中国哲学精神的民族性内涵，既有深刻睿智的思想内涵，又有生动鲜活的实践内涵，不仅是以理论思维把握世界的最具普遍意义的哲学范畴，而且是以理论思维照亮现实的实践智慧。毛泽东的辩证法的实践智慧或实践智慧的辩证法，用现实活化了理论，又用理论照亮了现实，使得“灰色”的理论变得熠熠生辉，使得“抽象”的现实变得厚重深沉，不仅在世界观的意义实现了马克思主义哲学的世界观、认识论和方法论的统一，而且在实践论的意义总结和升华了以矛盾分析为核心的辩证法的哲学智慧。以《实践论》《矛盾论》为标志的毛泽东哲学思想的实践智慧,在马克思主义哲学中国化、时代化、大众化的意义上开辟了创建具有主体性、原创性的中国特色哲学道路。

从全部哲学史看,马克思主义哲学中国化的实践智慧,不仅开辟了中国特色哲学道路,而且具有深刻的和深远的哲学史意义。这集中和突出地表现在,毛泽东的辩证法的实践智慧或实践智慧的辩证法,把作为全部哲学的基本问题的"思维和存在的关系问题",在中国哲学最为关切的"知"与"行"的关系的意义上,转化为"主观与客观""理论与实践""尊重客观规律与发挥主观能动性"的关系问题,也就是马克思所指认的"改变世界"问题。在马克思主义哲学中国化的实践智慧的意义上,"解释世界"的哲学与"改变世界"的哲学的原则性区别,并不在于"改变世界"的哲学是否"解释世界",而在于是否以实践观点的思维方式去看待和回答作为全部哲学的基本问题的"思维和存在的关系问题",能否把"思维和存在的关系问题"转化为"主观与客观""理论与实践"的问题,能否把"思维和存在的关系问题"聚焦为实践活动的"尊重客观规律与发挥主观能动性"的辩证统一问题。马克思主义哲学中国化的实践智慧,不仅从世界观、认识论和方法论的统一中推进了马克思主义哲学"改变世界",而且从追求真理和实现价值的统一中推进了马克思主义哲学"改变世界",从根本上超越了马克思所批判的一切"把理论引向神秘主义的神秘东西",因此,马克思主义哲学中国化的实践智慧,不仅开辟了创建具有主体性、原创性的中国特色哲学道路,而且为推进当代哲学发展和人类文明形态变革提供了中国哲学智慧。

马克思主义哲学中国化的实践智慧,在中国特色社会主义的伟大实践中获得了更加丰富的理论内涵和实践内涵。"改革开放是我们党的一次伟大觉醒,正是这个伟大觉醒孕育了我们党从理论到实践的伟大创造"。① 党的十八大以来,以习近平同志为核心的党中央以解放思想和实事求是相统一的理论思维,紧密结合新的时代要求和实践条件,深化对共产党执政规律、社会主义建设规律和人类社会发展规律的认识,明确提出中国特色社会主义进入新时

① 习近平:《在庆祝改革开放40周年大会上的讲话》,人民出版社2018年版,第4页。

代后我国社会的主要矛盾是“人民日益增长的美好生活需要和不平衡不充分的发展之间的矛盾”，明确提出“创新、协调、绿色、开放、共享”的新发展理念，明确提出“坚持以人民为中心”“把人民对美好生活的向往作为奋斗目标”的价值诉求，极大地推进了马克思主义的理论创新和实践创新，让马克思主义展现出更强大的真理力量和道义力量。坚持追求真理和实现价值相统一的马克思主义哲学中国化的实践智慧，我们就会从中国特色社会主义的伟大实践和理论创新中不断地“提炼出有学理性的新理论”和“概括出有规律性的新实践”，赋予哲学理论以新的思想内涵、时代内涵和文明内涵，真正地建设具有主体性、原创性的中国特色哲学。

三、坚持观念变革和构建体系相统一的理论创造

在 2016 年 5 月 17 日召开的哲学社会科学工作座谈会上的讲话中，习近平同志明确指出：“只有以我国实际为研究起点，提出具有主体性、原创性的理论观点，构建具有自身特质的学科体系、学术体系、话语体系，我国哲学社会科学才能形成自己的特色和优势”。① 这就要求我们，从我国实际出发，以解放思想和实事求是相统一的理论思维、追求真理和实现价值相统一的实践智慧，不断地推进哲学的思想解放和观念变革，不断地凝练提出新的学术思想、学术观点和学术命题，赋予哲学理论以新的思想内涵、时代内涵和文明内涵，以专业性、系统性、创新性的哲学理论，构建具有自身特质的哲学学科体系、学术体系、话语体系。坚持观念变革和构建体系相统一的理论创造，是建设具有主体性、原创性的中国特色哲学最为艰难的实质性工作。

哲学的发展史是变革哲学观念和重构哲学体系的历史。哲学是历史性的思想，哲学史是思想性的历史，历史性的思想是在思想性的历史中生成的。人类的哲学史，是反映和表现人类文明进步的历史，是把握和升华文明观念变革的历史，是塑造和引导新的时代精神的历史。任何真正的哲学都是“时代精神的精华”和“文明的活的灵魂”。作为“时代精神的精华”，任何真正的哲学

① 习近平：《在哲学社会科学工作座谈会上的讲话》，人民出版社 2016 年版，第 19 页。

总是“向上的兼容性”与“时代的容涵性”的统一,既以巨大的历史尺度和恢宏的历史内容观照哲学所面向的时代,又以敏锐的洞察力和理论的概括力审度时代的重大问题,从而使哲学成为“思想中所把握到的时代”。作为“文明的活的灵魂”,任何真正的哲学总是在对既有文明的“肯定的理解”中同时包含对它的“否定的理解”,不仅反映和表达自己时代的时代精神,而且塑造和引导新的时代精神。每个时代的哲学,都有其反映和表达时代精神的哲学理论,构成这些哲学理论的学术思想、学术观点和学术命题,毫无例外地具有其特定的思想内涵、时代内涵和文明内涵。哲学的发展史,就是在对既有文明和以往哲学的“肯定的理解”中所包含的“否定的理解”,不断地变革既有的哲学观念和哲学理念,赋予哲学思想、哲学观点、哲学命题以新的思想内涵和文明内涵,不断地实现对人类文明的创造性的塑造和引导。哲学理论的“创新”和“创造”,就是在揭示既有文明的内在否定性和既有哲学的内在否定性的自我革命中,以哲学观念的变革为实质内容,用新的哲学理论和新的哲学体系塑造新的时代精神,引领和推进人类文明形态的变革。哲学理念的创新和哲学观念的变革,既是哲学自我革命的“活的灵魂”,又是构建哲学体系的“普照光”。

“哲学属于体系性的理论,它的思维逻辑必须体现为相应的概念、范畴和原理并且还要构成系统,才可能为人们所理解、掌握和运用”。① 改革开放以来的当代中国哲学,是在实现自身的思想解放和推进哲学的观念变革中不断地进行哲学理论创新和理论创造的;构建中国特色哲学的学科体系、学术体系和话语体系,是在赋予哲学思想、哲学观点、哲学命题以新的思想内涵、时代内涵和文明内涵的坚实基础上创建形成的。构建哲学体系的前提和根基,是哲学理念的创新和哲学观念的变革;构建哲学体系的实质内容,是哲学的“术语的革命”和“提炼出有学理性的新理论”;构建哲学体系的逻辑系统,是哲学研究的范式转换和哲学概念框架的重构;构建哲学体系的目标,是创建具有主体性、原创性的中国特色哲学。在哲学理念创新和哲学观念变革中推出具有独创性的研究成果,提出具有原创性、时代性的概念和理论,从而实现哲学研究

① 高清海:《哲学的命运与中国的命运——20年哲学历程的回顾与展望》,《哲学研究》1998年第6期。

的范式转换和哲学概念框架的重构，这是构建中国特色哲学学科体系、学术体系、话语体系的最为坚实的根基。

学术体系是学科体系、话语体系的核心和基础。任何一门学科的实质内容、研究水平和社会功能，无不集中地体现为该门学科的学术体系。学术体系的专业性和系统性是该门学科成熟的标志，学术体系的权威性和前沿性是该门学科实力的象征，学术体系的主体性和原创性则不仅是该门学科成熟的标志和实力的象征，而且是该门学科的特色、优势和自信的体现。哲学学科的学术体系是由一系列哲学命题构成的逻辑系统，主要包括作为总体性的哲学思想的学术命题、作为具体性的哲学观点的学术命题、作为逻辑环节的哲学范畴的学术命题和作为开放性的学术研究原点的学术命题。反思当代中国哲学，根本的问题在于其"学术命题、学术思想、学术观点、学术标准、学术话语上的能力和水平同我国综合国力和国际地位还不太相称"。[①] 这就迫切要求我们在哲学理念创新和哲学观念变革中赋予哲学的学术命题、学术思想、学术观点以原创性的思想内涵、时代内涵和文明内涵，为加快构建中国特色哲学体系奠定坚实的理论基础。

哲学理念的创新和哲学观念的变革，主要体现在四个基本层次：一是变革作为基本理念和解释原则的哲学观念，包括重新理解和阐释"哲学""马克思主义哲学""中国哲学""中国化马克思主义哲学"及其相互关系；二是变革作为核心范畴和基本概念的哲学观念，主要包括重新理解和阐释"物质""实践""真理""价值""历史""社会""正义""自由"以及"思维与存在""主体与客体""感性与理性""逻辑与直觉""理论与实践""理想与现实""自由与必然"等哲学概念；三是变革作为基本命题和基本原理的哲学观念，主要包括重新理解和阐释"哲学的基本问题""哲学的思维方式""哲学的派别冲突""哲学的历史演进""哲学的研究范式""哲学的当代形态"以及"物质运动规律""认识运动规律""历史运动规律"等哲学观念；四是变革构建体系的"散漫的整体性"和"原理加实例"的哲学观念，主要包括重新理解和阐释"抽象与具体""历史与逻辑"以及"研究范式""概念框架"等构建哲学体系的原则和方法。

---

① 习近平：《在哲学社会科学工作座谈会上的讲话》，人民出版社 2016 年版，第 15 页。

哲学理念的创新和哲学观念的变革,从实质内容上看,就是赋予哲学思想、哲学观点、哲学命题以新的思想内涵、时代内涵和文明内涵,就是为构建中国特色哲学的学科体系、学术体系和话语体系提供具有主体性、原创性的哲学思想和哲学理论。坚持观念变革和构建体系相统一的理论创造,其坚实基础只能是且必须是在哲学理念创新和哲学观念变革中不断地凝练和提出具有原创性、时代性的概念和理论,切实地实现研究范式的转换和概念框架的重构。

一种哲学理论是否具有新的"研究范式"的意义,其根本标志在于它是否形成了新的哲学理念,以自己的核心范畴为解释原则而构建了特定的、自洽的概念框架和范畴体系。改革开放以来,当代中国马克思主义哲学在推进社会解放思想和实现自身思想解放的过程中,以马克思的"改变世界"的哲学理念凝练形成的"实践唯物主义"的研究范式,用实践观点的思维方式重新审视"哲学"、重新阐释"马克思主义哲学",并用实践观点的思维方式重新论述人与世界、思维与存在、主体与客体、真理与价值、历史活动与历史规律、能动论与决定论等一系列重大哲学问题,赋予当代中国马克思主义哲学以新的思想内涵、时代内涵和文明内涵。在马克思主义哲学与中国哲学、西方哲学的"中、西、马对话"中,中国哲学界实现了从"中国哲学史"到"中国哲学"的研究范式转换,实现了"思"的深化和"史"的拓展,致力于中国哲学研究的"创造性转化"和"创新性发展";外国哲学研究实现了从"西方哲学史"到"外国哲学"的研究范式转换,实现了从"西方哲学"到"外国哲学"的论域的扩大、从"传统哲学"到"现代哲学"的重心的转移、从"引进评介"到"批判借鉴"的研究的深化;在"中、西、马"的哲学"对话"中,"问题导向"的哲学研究正在逐步突破哲学"二级学科"的学科壁垒,形成了包括"科学哲学""文化哲学""社会哲学""经济哲学""政治哲学"等在内的"部门哲学",既拓展和推进了哲学基础理论研究,又凸显和强化了哲学研究的"问题意识"。正是在"中、西、马对话"和"问题导向"的哲学研究中,提升了当代中国哲学捕捉、发现和提出时代性问题的理论洞察力,增强了当代中国哲学凝练、升华和表达时代性问题的理论思辨力,展示了当代中国哲学回应、回答和解决时代性问题的理论思想力。当代中国哲学研究范式的转换和理论思维的提升,为构建中国特色哲学体系提供了"活的灵魂"。

当代中国哲学的哲学理念创新和哲学观念变革，突出地和集中地表现为以实践观点的思维方式重新阐释人与世界的关系，赋予“实践”“矛盾”“真理”“价值”“历史”“文明”等一系列哲学基本范畴以新的思想内涵、时代内涵和文明内涵：关于“实践”，突出地探索了如何“在对实践的理解中”揭示人对世界的特殊关系即人对世界的“否定性的统一关系”，以及如何“在对实践的理解中”变革唯心主义哲学和旧唯物主义哲学的思维方式，坚守和发展马克思主义哲学的实践观点的思维方式，把作为哲学基本问题的“思维和存在的关系问题”具体化为具有实践意义的“主观与客观”“理论与实践”“理想与现实”“能动论与决定论”等重大理论问题，从而以实践观点的思维方式回应和回答我们时代的重大现实问题；关于“矛盾”，突出地探索了以“矛盾分析”为实质内容的辩证法的理论思维，从人的存在方式、认识本性和历史活动去考察辩证法的矛盾学说、批判本质、理论形态，在理论与实践的统一中阐发辩证思维与系统思维、战略思维、创新思维、历史思维的关系，从而在理论思维高度赋予辩证法理论以新的时代内涵；关于“真理”，以深入研究“实事求是的思想路线”和“检验真理的实践标准”为切入点，探索常识的“表象之真”、科学的“本质之真”、哲学的“理念之真”及其相互关系，在“存在论”“真理论”“价值论”的“三者一致”中反思和超越绝对主义的真理观和相对主义的真理观，从而在变革世界观的意义上推进了真理观研究；关于“价值”，以价值观冲突的主要矛盾即社会的价值理想、价值规范、价值导向与个人的价值期待、价值认同、价值取向之间的矛盾为出发点，立足于回应当代社会思潮和构建人的精神家园，集中阐释社会主义核心价值观的实践基础、思想内涵和“人民至上”的价值诉求，为坚持中国道路、弘扬中国精神、凝聚中国力量提供坚实的哲学基础；关于“历史”，在探讨人的存在方式和历史形态的基础上，集中地探讨人的历史活动与历史的客观规律、历史的发展规律与历史的发展趋势的关系，特别是突出地研究“历史转变为世界历史”的时代潮流、主要特征和现实问题，深入阐释人类历史发展规律、中国社会发展规律和共产党执政规律，以中国特色社会主义的伟大实践为根基赋予历史唯物主义以新的思想内涵、时代内涵和文明内涵；关于“文明”，以推进人类文明形态变革为出发点，以反思文明观念与发展理念为切入点，在论述“两个文明”的协调发展理念、“三位一体”的持续发展理念、“四位一体”的科学发展观和“五位一体”的新发展理念的基础上，突出地阐发中国特色社会主义的实事求是的发展之路、人民至上的发展之路、合作共赢的发展之路，深入地阐释和论证“构建人类命运共同体”的中国智慧和中国方案。

当代中国哲学的哲学理念创新和哲学观念变革，赋予哲学思想、哲学观点、哲学命题以具有中国特色的思想内涵、时代内涵、文明内涵，不仅为构建中国特色哲学学科体系、学术体系、话语体系奠定了坚实的理论基础，为构建具有主体性、原创性的中国特色哲学体系敞开了广阔的、开放的理论空间，而且为哲学的未来发展和人类文明形态变革开拓了具有世界意义的中国哲学道路。

四、坚持立德立言和铸魂育人相统一的使命担当

建设具有主体性、原创性的中国特色哲学是极为艰难的，决不是一蹴而就的。“在科学上没有平坦的大道，只有不畏劳苦沿着陡峭山路攀登的人，才有希望达到光辉的顶点。”①这就要求我们“立志做大学问、做真学问”，“做真善美的追求者和传播者”，“在为祖国、为人民立德立言中成就自我、实现价值”。②

作为理论化、系统化的世界观，哲学探究的是人生在世的“大问题”，构建的是范畴文明的“大逻辑”，提供的是睿智通达的“大智慧”。哲学的“大问题”“大逻辑”“大智慧”，按照中国传统哲学的看法就是“究天人之际”“通古今之变”“判天地之美”“析万物之理”“为天地立心”“为生民立命”，也就是“使人作为人而成为人”；按照西方传统哲学的看法就是“寻求最高原因的基本原理”“提供一切知识的基础”“发现生命的意义”，也就是使人“尊敬他自己，并自视能配得上最高尚的东西”；按照现代西方哲学的看法就是解决“形上的迷失”“信仰的缺失”“意义的失落”“人与自我的疏离”问题，也就是解决“本质主义的肆虐”和“存在主义的焦虑”问题；按照马克思主义哲学的看法就

① 《马克思恩格斯文集》第5卷，人民出版社2009年版，第24页。

② 习近平：《在哲学社会科学工作座谈会上的讲话》，人民出版社2016年版，第29页。

是以实践观点看待人与世界的关系，以“现实的人”为出发点、以“现实的历史”为对象、以“人的全面发展”为目标，构建“关于现实的人及其历史发展”的哲学。这表明，任何真正的哲学都熔铸着对人类生活的挚爱、对人类命运的关切、对人类境遇的焦虑和对人类未来的期待，而决不是超然于人类社会生活之外的玄思、独断和遐想，决不是枯燥的条文、现成的结论和冰冷的逻辑。正因如此，真正的哲学才成为“时代精神的精华”和“文明的活的灵魂”。构建具有主体性、原创性的中国特色哲学，要求我们以“不忘本来、吸收外来、面向未来”的胸怀、视野和担当，“坚持古为今用、洋为中用，融通各种资源，不断推进知识创新、理论创新、方法创新”，①构建具有自身特质的当代中国哲学。

哲学是关于人与世界关系的理论，哲学探究的是人生在世的“大问题”。建设具有主体性原创性的中国特色哲学，首先必须不断拓展和深化对“人”的问题、“人与世界”关系问题的研究。马克思主义哲学是恩格斯所指认的“关于现实的人及其历史发展的科学”。② “现实的人”是“在历史中行动的人”，“历史”是“追求自己的目的人的活动过程”，因此，“人的本质不是单个人所固有的抽象物，在其现实性上，它是一切社会关系的总和”。③ 对于哲学所关切的“人生在世”的“大问题”，马克思主义哲学诉诸的既不是孤立的“人之为物质”的“物理”和“人之为动物”的“生理”，也不是孤立的“人之为精神”的“心理”和“人之为群体”的“伦理”，而是“现实的人及其历史发展”。人是社会的、历史的、文化的存在，“在历史中行动的人”是在人类文明的传承和创生中构成个人与人类文明的辩证融合：一方面，个人在文明的历史传承中接受和认同人类文明，从而把个人造就成为具有文明内涵的特定时代的人；另一方面，历史又在个人的创造活动中形成具有新的时代内涵的人类文明，为人的发展提供新的历史条件。在个人与人类文明的辩证融合中，“人”既是“历史”的经常的“前提”，又是“历史”的经常的“结果”，“人”作为“历史”的经常的“前提”和“结果”的辩证运动，构成了“现实的人及其历史发展”。马克思说：“全部社会生活在本质上是实践的。凡是把理论引向神秘主义的神秘东西，都能

① 习近平：《在哲学社会科学工作座谈会上的讲话》，人民出版社 2016 年版，第 16 页。

② 《马克思恩格斯选集》第 4 卷，人民出版社 2012 年版，第 247 页。

③ 《马克思恩格斯选集》第 1 卷，人民出版社 2012 年版，第 139 页。

在人的实践中以及对这种实践的理解中得到合理的解决。”①探索以当代人类的实践活动为基础的人与世界关系，探索以当代科技革命为内容的人的世界图景，探索以当代的“历史向世界历史的转变”为实质的人类文明形态变革，特别是从新时代中国特色社会主义的伟大实践中“提炼出有学理性的新理论”和“概括出有规律性的新实践”，才能坚持和发展“关于现实的人及其历史发展”的马克思主义哲学，才能切实地构建具有主体性、原创性的中国特色哲学。

人类文明进步和人的历史发展，不仅需要以理论方式进行总结、概括和升华，而且必须以理论方式予以表征、塑造和引导。真正的哲学之所以是“时代精神的精华”和“文明的活的灵魂”，就在于它以理论方式对待人类文明，不断地构建范畴文明的“大逻辑”。哲学范畴文明的“大逻辑”具有双重含义：其一是以哲学范畴反映和表达自己时代的时代精神，从而使哲学成为“思想中所把握到的时代”；其二是以哲学范畴塑造和引领时代精神，从而使哲学成为“文明的活的灵魂”。每个时代的哲学都有其把握时代的哲学范畴，每个时代的哲学范畴都有其特定的思想内涵和文明内涵。马克思从人类文明史的宏大视野，以其“关于现实的人及其历史发展”的哲学，不仅把人的“历史形态”概括为以农业文明为基础的“人的依赖关系”、以工业文明为基础的“以物的依赖性为基础的人的独立性”和共产主义社会的“自由人的联合体”，而且把近代哲学的历史任务概括为揭露人在“神圣形象”中的“自我异化”，又把现代哲学的历史任务概括为揭露人在“非神圣形象”中的“自我异化”，致力于揭示“现实的历史”即“现代资本主义生产方式和它所产生的资产阶级社会的特殊的运动规律”，引领人类文明超越人在“资本”这个“非神圣形象”中的“自我异化”。马克思的理论巨著《资本论》，既把“人和人的关系”诉诸“物和物的关系”，又从“物和物的关系”揭示出“人和人的关系”，既从人类社会的发展规律揭示出人类解放的现实道路，又以人类的文明进程为根基创建了“关于现实的人及其历史发展”的马克思主义哲学。《资本论》集中地展现了马克思主义哲学“范畴文明”的“大逻辑”。马克思说：“光是思想力求成为现实是不够

① 《马克思恩格斯选集》第1卷，人民出版社2012年版，第135—136页。

的，现实本身应当力求趋向思想”。[1]“范畴文明”的哲学，决不仅仅是对既有文明的反映和表达，更重要的是对既有文明的批判性反思、规范性矫正和理想性引导。当代人类文明形态的变革，其实质内容是把人从对“物”（资本）的依赖性中解放出来，把“物”（资本）的独立性变成人的独立性即人自身的全面发展。以《资本论》为标志的马克思所创建的“范畴文明”的“大逻辑”，为当代哲学开辟了“关于现实的人及其历史发展”的哲学道路，为构建具有主体性、原创性的中国特色哲学提出了具有世界意义的历史任务。

哲学范畴文明的“大逻辑”，不仅反映和表达、塑造和引领人类文明，而且是以哲学范畴的文明内涵照亮人的生活世界，是规范和引领人的全部思想和行为的“大智慧”。人类的历史，是人类追求和实现自己的“目的”的历史，也就是追求和实现人类的生命“意义”的历史，追求和实现人类所向往的“幸福”的历史。“文明”的进步和“历史”的发展，其真实内涵总是生命“意义”的充实和“幸福”生活的实现。哲学范畴文明的真实意义，就在于它把人类把握世界的全部方式所创造的“意义”，聚焦为照亮人的“现实生活过程”的“普照光”，对时代性的“意义危机”作出全面的反映、批判的反思、规范性的矫正和理想性的引导，从而塑造新的“生命意义”，引领新的“时代精神”，创造新的“人类文明”。“现实的人”总是生活于“人类文明”之中，总是生活于“范畴文明”的哲学理念之中。在一个国家、一个民族的文明历程和哲学范畴中，总是蕴含着这个国家、这个民族的奋斗和追求，并构成了这个国家、这个民族的文化传统、文明血脉和精神家园。“中华文化源远流长，积淀着中华民族最深层的精神追求，代表着中华民族独特的精神标识，为中华民族生生不息、发展壮大提供了丰厚滋养”。“我们生而为中国人，最根本的是我们有中国人的独特精神世界，有百姓日用而不觉的价值观”。[2]哲学的“范畴文明”的“大逻辑”与哲学的“引领文明”的“大智慧”是融为一体的、哲学的“反思人生”的“大问题”与哲学的“铸魂育人”的社会功能是水乳交融的。“一个国家，一个民族，要同心同德迈向前进，必须有共同的理想信念作支撑”。“人民有信仰，民族

① 《马克思恩格斯文集》第1卷，人民出版社2009年版，第11页。
② 《习近平谈治国理政》，外文出版社2014年版，第164、171页。

有希望,国家有力量”。① 为坚持中国道路、弘扬中国精神、凝聚中国力量提供哲学思想和哲学智慧,是构建中国特色哲学的根本任务;在为祖国、为人民立德立言中成就自我、实现价值,是当代中国学者的使命担当。自觉地承担起“立时代之潮头、通古今之变化、发思想之先声”的使命担当,自觉地“做真善美的追求者和传播者”,自觉地“为祖国、为人民立德立言”,就会加快构建具有主体性、原创性的中国特色哲学,为实现中华民族的伟大复兴和推进人类文明形态变革作出我们的贡献。

原载于《中国社会科学》2022 年第 3 期

① 《习近平谈治国理政》第二卷,外文出版社 2017 年版,第 323 页。

马克思与马克思主义哲学认识论的反映论

——马克思主义创新哲学初探

安启念[*]

今天，不论在自然科学和技术科学领域，还是在人文社会科学领域和生活实践中，创新都成为最重要的环节。似乎唯心主义，特别是实证主义哲学，赋予了人的思想充分的自由，为创新开辟了广阔道路，而唯物主义哲学因强调认识是对客观存在的反映，不可能从哲学世界观的高度为思维创新提供理论支持。这种认识是不正确的。由于生活实践的日益复杂，感性认识与作为认识对象的事物的本质及运动规律之间的鸿沟越来越大，马克思主义哲学在坚持唯物主义基本原则的同时，对人的主观能动性和思维创造性的作用予以充分的肯定。马克思的新唯物主义世界观体系，在唯物主义基本原则与人的思维创造性相结合的基础上，构建了一个完整的系统的认识论理论，同时也为我们勾勒出了马克思主义创新哲学的基本框架。本文拟通过考察马克思主义哲学认识论的反映论，对马克思的认识论思想，特别是他关于创新活动的思想，做初步考察，以促进这一领域的研究。

* 安启念，中国人民大学哲学学院教授，博士生导师。

一、马克思主义哲学认识论的反映论

马克思恩格斯以及列宁都没有使用过反映论概念,但是他们都认为人的认识是对客观存在的反映。相关论述很多,例如:马克思的《〈资本论〉第二版跋》提出:“我的辩证方法,从根本上来说,不仅和黑格尔的辩证方法不同,而且和它截然相反。在黑格尔看来,思维过程,即甚至被他在观念这一名称下转化为独立主体的思维过程,是现实事物的创造主,而现实事物只是思维过程的外部表现。我的看法则相反,观念的东西不外是移入人的头脑并在人的头脑中改造过的物质的东西而已。”①恩格斯的《自然辩证法》提出:“一切观念都来自经验,都是现实的反映——正确的或歪曲的反映”,“头脑中的辩证法只是现实世界即自然界和历史的各种运动形式的反映。”②列宁的《唯物主义和经验批判主义》提出:“物质是标志客观实在的哲学范畴,这种客观实在是人通过感觉感知的,它不依赖于我们的感觉而存在,为我们的感觉所复写、摄影、反映”③,“一般唯物主义认为客观真实的存在(物质)不依赖于人类的意识、感觉、经验等等。历史唯物主义认为社会存在不依赖于人类的社会意识。在这两种场合下,意识都不过是存在的反映”④。以上几处论述,马克思的论述受学界关注较多,被认为具有代表性。

苏联哲学家米丁最早使用了反映论概念。1933 年,由米丁主编、苏联共产主义科学院哲学研究所集体编写的高校教材《辩证唯物主义》出版,其中第三章第三节的标题是“物质与意识。辩证唯物主义反映论”⑤。但是该教材没有对认识论、反映论做专门论述。斯大林的权威著作《论辩证唯物主义和历史唯物主义》,也没有专门论述马克思主义哲学认识论的内容,只是引用了列宁《唯物主义和经验批判主义》的一句话,“一般唯物主义认为客观真实的存

① 《马克思恩格斯文集》第 5 卷,人民出版社 2009 年版,第 22 页。
② 《马克思恩格斯文集》第 9 卷,人民出版社 2009 年版,第 344、454 页。
③ 《列宁选集》第 2 卷,人民出版社 2012 年版,第 89 页。
④ 《列宁选集》第 2 卷,人民出版社 2012 年版,第 221 页。
⑤ М.Митин,И.Разумовский,Диалектияескийматериализм.М.,1933.

在(物质)不依赖于……意识、感觉、经验……意识都不过是存在的反映,至多也只是存在的近似正确的(恰当的、十分确切的)反映”①,以表达认识是对存在的反映这一思想。20 世纪 50 年代到 80 年代,苏联马克思主义哲学教材开始设立专章讨论认识的辩证性质或认识过程的辩证法。由费·瓦·康斯坦丁诺夫主编 1982 年出版的官方教材《马克思列宁主义哲学原理(教科书)》,其中第七章第四节的标题是“知识是精神对现实的把握。反映原则”,使用了“反映”二字,但是没有使用反映论概念。②

马克思主义哲学认识论的反映论问题,在我国得到高度重视,因为毛泽东思想是在与“左”倾教条主义的斗争中诞生的,毛泽东特别重视认识论问题,努力从哲学的高度总结“左”倾教条主义的错误根源。毛泽东在这个问题上最重要的成果是写于 1937 年 7 月的《实践论》,该书从实践的角度对马克思主义哲学的认识论做了全面系统的阐述。1940 年,毛泽东在《新民主主义论》中说:“马克思说:‘不是人们的意识决定人们的存在,而是人们的社会存在决定人们的意识。’他又说:‘从来的哲学家只是各式各样地说明世界,但是重要的乃在于改造世界。’这是自有人类历史以来第一次正确地解决意识和存在关系问题的科学的规定,而为后来列宁所深刻地发挥了的能动的革命的反映论之基本的观点。”③他在这里第一次用“能动的革命的反映论”概括马克思主义哲学认识论。在此之后,反映论成为我国哲学界广泛使用的概念,能动的革命的反映论则被我国的马克思主义哲学家作为马克思主义哲学认识论的本质特征。

反映论是马克思主义哲学认识论的基本观点,但是应该看到,马克思、恩格斯、列宁论述的反映论思想,旨在强调在认识论问题上他们的唯物主义原则

---

① 《列宁选集》第 2 卷,人民出版社 2012 年版,第 221 页。

② 见费·瓦·康斯坦丁诺夫主编《马克思列宁主义哲学原理》,人民出版社 1985 年版,第 3 页。苏联解体前夕出版的具有官方性质的哲学教材《哲学导论》,仅仅在“认识”一章的“知识的结构。感性认识和理性认识”节,作为其中一个目的标题,标出“知识,反映,信息”几个单词。(见弗罗洛夫主编《哲学导论》,北京师范大学出版社,2011 年第 548 页)苏联解体以后,“反映”一词基本上从俄罗斯的哲学教材中消失。(参见 Н. Ф. Бучило, А. Н. Чумаков, Философия.М.:2004)。

③ 《毛泽东选集》第 2 卷,人民出版社 1991 年版,第 664 页。

立场,强调他们与唯心主义观点的对立。马克思恩格斯的论述针对的是黑格尔的客观唯心主义,列宁针对的是马赫主义的主观唯心主义,与唯心主义的对立与斗争是他们提出“反映论”观点的总体背景。列宁曾经在《唯物主义和经验批判主义》中提出著名的“认识论的三点结论”,第一点便说:物是不依赖于我们的意识、我们的感觉而在我们之外存在着的,我们的感觉是外部世界的映像。他说:“生活、实践的观点,应该是认识论的首要的和基本的观点。这种观点必然会导致唯物主义,而把教授的经院哲学的无数臆说一脚踢开。”①他还说:“接受或抛弃物质概念这一问题,是人对他的感官的提示是否相信的问题,是关于我们认识的泉源的问题。……认为我们的感觉是外部世界的映象;承认客观真理;坚持唯物主义认识论的观点,——这都是一回事。”②

马克思主义哲学是唯物主义哲学,一切唯物主义哲学理论都主张物质第一性意识第二性,在认识论问题上必然坚持认识是对物质存在的反映。反映论是一切唯物主义哲学在认识论问题上的基本原则。马克思主义哲学认识论以反映论为基本观点,突出了唯物主义哲学存在决定思维的原则立场。但是,在具体的认识活动中,只强调原则是不够的,人们还必须科学回答如何反映的问题,也即必须掌握科学的认识方法。没有科学的认识方法,不解决如何反映的问题,认识就不能正确反映客观存在,反映论就会沦为空谈。然而对于如何反映也即认识方法问题,以往马克思主义哲学认识论研究较少。其原因,正如前面提到的,是因为马克思、恩格斯、列宁主要是从与唯心主义斗争的角度考察认识论问题的,这个特殊的角度使他们主要关注的是认识的本质而不是认识的方法。

长期以来有一种说法,马克思主义哲学认识论特别强调实践在认识中的作用,已经解决了如何反映的问题。其实不然。迄今为止,我们谈实践在认识中的作用时,主要突出三点:第一,实践是认识的来源;第二,实践是认识发展的动力和目的;第三,实践是检验认识的真理性的标准。这几点都很重要,但是它们所说的都不是认识活动本身。认识的来源、动力、目的、判断其真理性

---

① 《列宁选集》第2卷,人民出版社2012年版,第103页。

② 《列宁选集》第2卷,人民出版社2012年版,第89—90页。

的标准，是从认识活动外部考察认识，没有涉及认识过程中观念、思想产生与发展的具体机制。具体而言，实践活动是人对客观世界的改造，在与客观世界的接触中，客观事物作用于人的感觉器官，产生感觉。获得感觉经验，只是认识的起点。列宁说："认识论的第一个前提无疑地就是：感觉是我们知识的唯一泉源。"①从认识论的角度看，人在实践活动中获得感觉只是认识的开始，由此开始的认识活动还会遇到许多问题。

例如，感性认识是对客观存在的反映，但具体地看，它所反映的究竟是什么？需要分析。感性认识自身不可能给我们提供科学答案。列宁曾引用费尔巴哈的话说："……我的味觉神经，正如盐一样，也是自然界的产物，但是不能因此就说：盐味本身直接就是盐的客观特性；盐在仅仅作为感觉对象时是怎样的，它自身也就是怎样的；舌头对盐的感觉是我们不通过感觉而设想的盐的特性……"②，"咸味是盐的客观特性的主观表现"③。我们可以说：你要知道盐的味道，就得亲口尝一尝。费尔巴哈说，你在品尝盐的实践中获得咸的味道，可是咸味并不是盐本身的特性。列宁赞同费尔巴哈的观点，他也认为：我的舌头与盐接触时获得的咸味，其本身不是盐的特性，咸味这种感觉是"盐的客观特性的主观表现"。至于在与我们的舌头接触时造成咸味这种感觉的盐的客观特性是什么，这个问题感觉本身无法回答。自然科学告诉我们，食盐是氯化钠，分子式为 NaCl。咸味是 NaCl 分子中的 Na 离子 Cl 离子与我们的味觉器官作用的产物，它反映了盐的特性，带有盐的信息，但本身并不是盐的特性。列宁还说："感觉是运动着的物质作用于我们的感官而引起的。自然科学就是这样看的。红色的感觉反映每秒频率约为 450 万亿的以太的振动。天蓝色的感觉反映每秒频率大约 620 万亿的以太的振动。以太的振动是不依赖于我们的光的感觉而存在的。"④与我们的颜色感觉对应的是"以太"的振动，这种振动本身却是我们的眼睛感觉不到的，只有自然科学理论才能揭示颜色感觉背后的"秘密"。

---

① 《列宁选集》第 2 卷，人民出版社 2012 年版，第 85 页。
② 《列宁全集》第 18 卷，人民出版社 2017 年版，第 118 页。
③ 《列宁全集》第 18 卷，人民出版社 2017 年版，第 118 页。
④ 《列宁全集》第 18 卷，人民出版社 2017 年版，第 316 页。

感性认识反映的究竟是什么,需要考虑人的主体性,借助理性认识来理解。更重要的是,认识世界的目的在于改造世界,改造世界必须认识事物的本质与运动规律,但是事物的本质与运动规律只有理性认识才能把握。人的认识需要从感性认识上升到理性认识,这是认识活动最重要的环节。可以说,如何反映客观世界,关键是如何从感性认识上升到理性认识。

关于如何由感性认识上升到理性认识,马克思恩格斯以及列宁基本上没有做过相关的论述。① 在这个问题上讲得最透彻、国内学者引用最多的,是毛泽东的论述。毛泽东说:“无数客观外界的现象通过人的眼、耳、鼻、舌、身这五个官能反映到自己的头脑中来,开始是感性认识。这种感性认识的材料积累多了,就会产生一个飞跃,变成了理性认识,这就是思想。”②他还就如何上升到理性认识做了说明:感觉材料可以真实地反映客观事物,“但它们仅是片面的和表面的东西,这种反映是不完全的,是没有反映事物本质的。要完全地反映整个的事物,反映事物的本质,反映事物的内部规律性,就必须经过思考作用,将丰富的感觉材料加以去粗取精、去伪存真、由此及彼、由表及里的改造制作工夫,造成概念和理论的系统,就必须从感性认识跃进到理性认识。”③

“去粗取精、去伪存真、由此及彼、由表及里”是毛泽东提出的从感性认识上升到理性认识的具体步骤,长期以来被我国众多马克思主义哲学原理教材所接受、引用。前面八个字是指对感性材料的取舍,后面八个字是指从感性认识上升到理性认识;由此及彼说认识事物之间的联系,由表及里是说从现象深入事物的本质。这个“十六字诀”对认识过程中从感性认识上升到理性认识的过程做了全面、生动的概括,意义重大。但是稍做考察便可看出,它们还不是对从感性认识到理性认识这一“反映”过程的科学说明,因为什么是“粗”、什么是“精”,如何判断“真”和“伪”,“由此及彼、由表及里”怎样去“及”,都有

---

① 列宁在《唯物主义和经验批判主义》第2章指出,我们在实践中获得感觉时,感官同时“提示”我们在感觉背后有着作为感觉泉源的不以人的意志为转移的客观物质存在。这种“感官提示说”揭示了从现象、感觉上升到对其本质的认识的途径,但列宁没有对从感性认识上升到理性认识的普遍方法做出论述。

② 《毛泽东文集》第8卷,人民出版社1999年版,第320页。

③ 《毛泽东选集》第1卷,人民出版社1991年版,第291页。

待给予科学说明,有待精确化。毛泽东只是用文学语言对从感性到理性的认识过程做了描述,这一描述指出了正确方向,却不能作为指导人们从感性认识上升到理性认识的可以操作的具体方法。实际上,从感性认识上升到理性认识不仅是认识活动中最重要的环节,对于唯物主义认识论的反映论来说,也是最困难的环节,是一种至关重要的"飞跃"。

二、反映论面临的困难与思维创造

反映论概念就"反映"二字的本意来讲,是指在某物上,例如在镜面、水面、照相机底片上,得到与被反映物相似的图像。图像与对象的相似是反映物与被反映物反映关系的基本特征。列宁在讲到物质概念时使用了"复写、摄影、反映"几个词,目的就是强调"感觉是外部世界的映象",二者相似。艾思奇在讲到"辩证唯物论的认识论"时,使用了"用照相做比喻——反映论"做标题,也是为了强调感觉与对象的相似关系。① 在日常生活中,人们通常都把感觉视为被感觉客体本身的特性,感觉与对象的相似关系没有人会怀疑,以致毛泽东也说:"你要知道梨子的滋味,你就得变革梨子,亲口吃一吃。"②但是,事物的本质、运动规律、相互联系存在于感觉之外,如何反映这些抽象的存在,或者说如何从感性认识上升到理性认识,实现认识从现象到本质的"飞跃",是反映论内在包含的困难问题。感性认识源自我们在实践中与客观事物的接触,在接触中客观事物作用于我们的感官,在我们的身体内部产生感觉。感性认识是我们在实践活动中唯一能够直接获得的认识。它们是切实的存在,是我们直接感知到的。理性认识反映的是事物的本质、运动规律以及事物之间的联系,这种本质、规律与联系是客观存在的,却又存在于现象的背后,是我们的任何感觉器官都感受不到的。事物的本质、事物相互之间的联系以及它们的运动规律不会直接与我们的感觉器官发生作用。它们是存在的,但我们看不到、听不到、嗅不到、摸不到,不可能通过自己的感觉器官获得关于它们的任

① 艾思奇:《大众哲学》,生活·读书·新知三联书店 1979 年版,第 85 页。
② 《毛泽东选集》第 1 卷,人民出版社 1991 年版,第 287 页。

何直接信息。认识的目的是反映事物的本质与运动规律,但怎样才能反映事物的本质与规律?这是唯物主义反映论面临的最重大最困难的问题,因为我们和外部世界的唯一直接联系,即感觉器官,无力触及事物的本质与运动规律。

感性认识的局限性在这里突出地表现出来。人们要克服感觉经验的局限,实现从感性认识到理性认识的飞跃,反映事物的本质、联系与规律,只能借助思维的力量,借助人的能动性、创造性。正因为这样,马克思主义哲学认识论不仅是反映论,而且是能动的革命的反映论。

在前面引用的《新民主主义论》那段话中,毛泽东使用了"列宁所深刻地发挥了的能动的革命的反映论"的说法。能动的革命的反映论,是他对马克思主义哲学认识论的完整概括。在此之后,我国的马克思主义哲学家沿用了毛泽东的说法,而且越来越重视思维的创造性。著名马克思主义哲学家艾思奇,曾经集中全国力量编写了我国自己写作的第一本马克思主义哲学原理教材——《辩证唯物主义历史唯物主义》。该书 1961 年出版第一版,1962 年再版,1978 年出第三版。在认识论部分,该书开宗明义提出:马克思主义的认识论是能动的革命的反映论。它对实践在认识中的作用,对毛泽东从感性认识上升到理性认识的"十六字诀"——"去粗取精、去伪存真、由此及彼、由表及里",做了深入分析,特别突出了人的主观能动性的作用。在很长一个时期,我国的马克思主义哲学家认同艾思奇的观点,把能动的革命的反映论视为马克思主义哲学认识论的本质特征,突出强调人的主观能动性的意义。不过这时哲学家们与艾思奇一样,是通过对实践在认识中的作用以及毛泽东的"十六字诀"的分析,论述反映论中人的主观能动性的作用的。

到 20 世纪 70 年代,情况发生变化。1976 年"文化大革命"结束,学术界思想解放,百花齐放。1981 年,人民出版社出版了由中国人民大学哲学系肖前、李秀林、汪永祥主编的马克思主义哲学专业教材《辩证唯物主义原理》《历史唯物主义原理》。它们是针对"文革"中"四人帮"对马克思主义哲学基本原理的歪曲编写的,是理论界"拨乱反正"的成果,对我国的马克思主义哲学发展产生了重大影响。《辩证唯物主义》除了强调"马克思主义哲学克服了形而上学唯物主义的局限性和根本缺陷,创立了以能动的革命的反映论为基础的辩证唯物主义认识论”“马克思主义认识论即能动的反映论”①以外，在关于认识论的部分专门设置了一节——“认识的辩证运动”，讨论认识的也即反映方法问题。这一节的第二目，名为“从感性认识到理性认识”，其中提出了矛盾分析方法以及“理想化”、比较、分类、统计等思维方法。与以往不同的是，作者在这里提出：“从感性认识飞跃到理性认识，仅仅靠上述方法还是不够的。从感性到理性，从而形成科学理论，不仅要运用逻辑思考的方法去加工制作感性材料，而且要发挥幻想、想象、猜测、直觉等思维形式和方法的作用。”②幻想、想象、猜测、直觉等思维形式思维方法，已经远离“反映”二字的原本含义，属于思维的创造性活动。人的主观能动性的作用得到充分彰显，它极大地具体化、深刻化了对毛泽东“去粗取精、去伪存真、由此及彼、由表及里”十六字方针的理解。

从此以后我国的马克思主义哲学原理教材，延续了对认识方法和思维创造作用的重视。例如，2004 年出版的《辩证唯物主义和历史唯物主义原理》强调：“人的认识活动不同于动物的反映活动，它是一种能动的、创造性的活动，是主体对于客体的能动的、创造性的复现。”③该书还在关于“认识形式与认识过程”一章中设立了“非理性因素在认识过程中的作用”一节，提出：“幻想、想象、直觉、灵感等以非逻辑形式出现的非理性因素，是人的认识能力的一部分。在认识过程中，它们和逻辑形式相互作用、相互补充，对认识的发展起着重要作用。”④2009 年出版的马克思主义理论研究和建设工程重点教材《马克思主义哲学》，在“认识活动及其规律”一章第二节“认识的运动过程”中，对认识过程中的非理性因素联想、想象、直觉、灵感的作用做了专门的具体的分析。

上述几种马克思主义哲学原理教材，越来越重视人的主体性、能动性在认

① 肖前、李秀林、汪永祥主编：《辩证唯物主义原理》(修订本)，人民出版社 1981 年版，第 399、401 页。

② 肖前、李秀林、汪永祥主编：《辩证唯物主义原理》(修订本)，人民出版社 1981 年版，第 425 页。

③ 李秀林、王于、李淮春主编：《辩证唯物主义和历史唯物主义原理》，中国人民大学出版社 2004 年版，第 239 页。

④ 李秀林、王于、李淮春主编：《辩证唯物主义和历史唯物主义原理》，中国人民大学出版社 2004 年版，第 271 页。

识过程中的作用,直至把联想、想象、直觉、灵感等等非逻辑方法引入认识论,人的主观能动性与思维的创造性在认识论中的作用被提升到前所未有的高度。这是改革开放以来我国马克思主义哲学研究取得的重要成果,极大地丰富了马克思主义哲学认识论的反映论。

我国哲学家对人的主体性、能动性在认识活动中的作用的重视,不是孤立的现象。事物的本质,它们的相互联系与运动规律,存在于人的感觉所能达到的界限之外,二者之间有一条感性认识无法越过的鸿沟。这是唯物主义认识论的反映论遇到的最大困难,也是几百年来世界上许多思想家关注的问题。

近代以来,休谟通过探讨关于因果关系的知识率先对这个问题做了深入思考。因果关系是事物之间最基本的联系,是一切科学知识的基础。但是,休谟对因果关系的必然性、可靠性提出疑问:"第一,我们有什么理由说,每一个有开始的存在的东西也都有一个原因这件事是必然的呢?第二,我们为什么断言,那样一些特定的原因必然要有那样一些特定的结果呢?"①休谟是经验论者,认为人的一切认识始于感觉经验,所谓因果关系是指:两个前后相随、相继出现的现象,多次出现在我们的认识之中,以致我们见到一个现象就立即会想到并认为另一种现象一定会出现或存在。前面的现象被称作原因,后面的现象被称作结果,它们的关系则是具有必然性的因果关系。② 但他认为:"不但我们的理性不能帮助我们发现原因和结果的最终联系,而且即(使)在经验给我们指出它们的恒常结合以后,我们也不能凭自己的理性使自己相信,我们为什么把那种经验扩大到我们所曾观察过的那些特殊事例之外。我们只是假设,却永不能证明,我们所经验过的那些对象必然类似于我们所未曾发现的那些对象。"③就是说,他认为两个现象相继出现,这种情况我们可以感知多次,然而被我们称之为因果关系的它们的联系,其必然性不仅不能通过理论来论证,而且感觉经验也无力为之提供证明。因为任何感觉经验都是具体的、个别的,这样的经验不论重复多少次,我们都不能从中发现被称为"因""果"的两

① 休谟:《人性论》,关文运译,商务印书馆1983年版,第94页。
② 休谟:《人性论》,关文运译,商务印书馆1983年版,第195页。
③ 休谟:《人性论》,关文运译,商务印书馆1983年版,第105页。

种现象之间的必然联系。过去的经验只在过去有效，现在的经验只能说明现在，我们无法根据它们推论出明天的具有必然性的结果。简言之，我们可以感知到“在此之后”，但永远不可能感知“因此之故”。

那么我们根据什么说世界上存在因果关系？休谟说，依据只能是“习惯”：根据一再重现的经验来习惯性地期待未来的经验，形成因果观念。就是说，作为科学理论基础的事物之间最基本的因果联系，本身是习惯的产物，是一种主观的基于重复出现的经验的认定。休谟对因果关系做了论证，但结论具有浓重的怀疑论的主观性成分。

除了事物之间的联系之外，由现象到本质，也是感性认识上升到理性认识的极为重要极为普遍的内容。本质存在于现象背后，人的感官无法直接感知，怎样突破感觉的限制深入其背后达到事物的本质？伟大的自然科学家爱因斯坦说：“相对论是说明理论科学在现代发展的基本特征的一个良好的例子。初始的假说变得越来越抽象，离经验愈来愈远。另一方面，它更接近一切科学的伟大目标，即要从尽可能少的假说或者公理出发，经过逻辑的演绎，概括尽可能多的经验事实。同时，从公理引向经验事实或者可证实的结论的思路也就愈来愈长，愈来愈微妙。理论科学家在他探索理论时，就不得不愈来愈听从纯粹数学的、形式的考虑，因为实验家的物理经验不能把他提高到最抽象的领域中去。适用于科学幼年时代的以归纳为主的方法，正在让位给探索性的演绎法。这样一种理论结构，在它能导出那些可以同经验做比较的结论之前，需要加以非常彻底的精心推敲。在这里，所观察到的事实无疑地也还是最高的裁决者；但是，公理同它们的可证实的结论被一条很宽的鸿沟分割开来，在没有通过极其辛勤而艰巨的思考把这两者连接起来以前，它不能做出裁决。”① 爱因斯坦在这里强调，随着物理学的发展，把人们的直接的感觉经验与关于客观世界的本质与运动规律的物理学理论联系起来的思路越来越长，二者间的鸿沟越来越大，物理学研究越来越依赖纯粹数学的理论思维。他还说：“科学作为一种现存的和完成的东西，是人们所知道的最客观的、同人无关的东西。

① 《爱因斯坦文集》第1卷，许良英、李宝恒、赵中立、范贷年编译，商务印书馆1977年版，第262页。

但是,科学作为一种尚在制定中的东西,作为一种被追求的目的,却同人类其他一切事业一样,是主观的,受心理状态制约的。”①为什么?因为科学所探索的理论距离经验事实越来越远,二者之间的鸿沟越来越大,从感觉经验到科学理论越来越依赖人的主观因素,即思维创造,以至于爱因斯坦把物理学研究比喻为“猜谜语”。他说:物理学的基本概念和基本理论,“本身是可以自由选定的。可是这种选择的自由是一种特殊的自由;它完全不同于作家写小说时的自由。它倒多少有点像一个人在猜一个设计得很巧妙的字谜时的那种自由。他固然可以猜想以无论什么字作为谜底;但是只有一个字才真正完全解决了这个字谜。相信为我们的感官所能知觉的自然界具有这样一种巧妙隽永的字谜的特征,那是一个信仰的问题。迄今科学所取得的成就,确实给这种信仰以一定的鼓舞。”②就是说,物理学面对的客观世界的本质、规律,从根本上讲就不可能被人的感觉经验所认识,就像谜语的谜底不能被人们直接看到一样,若要“反映”它们,科学家只能猜测,犹如“猜谜语”。

综上所述,由感性认识上升到理性认识,从现象深入到本质,是理论研究的根本任务,但是人们只有依靠思维的创造,而不是经验事实,才可能实现“由表及里”,深入到事物的本质与规律。而且按照爱因斯坦的理解,随着科学本身的发展,感觉经验与事物的本质、规律之间的距离越来越远,以至于“猜谜语”成了科学认识的基本方法,并且谜底越来越难以猜测。

20世纪最重要的科学哲学家之一卡尔·波普,从哲学的高度对这种趋势做了总结。1963年,波普出版了《猜想与反驳》一书,书的副标题是“科学知识的增长”。该书提出:“知识,特别是我们的科学知识,是通过未经证明的(和不可证明的)预言,通过猜测,通过对我们问题的尝试性解决,通过猜想而进步的。”③他说:“没有比试探和除错——猜想和反驳的方法更加理性的程序。……一切定律和理论本质上都是试探性、猜测性或假说性的,即使我们感

① 《爱因斯坦文集》第1卷,许良英、李宝恒、赵中立、范岱年编译,商务印书馆1977年版,第298页。

② 《爱因斯坦文集》第1卷,许良英、李宝恒、赵中立、范岱年编译,商务印书馆1977年版,第346页。

③ 卡尔·波普:《猜想与反驳》,傅季重、纪树立、周昌忠、蒋弋为译,上海译文出版社2001年版,第1页。

到再也不能怀疑它们时,也仍如此。”①他甚至提出,一切认识都是试错,从爱因斯坦到阿米巴虫都一样。卡尔·波普走得太远了,为了强调认识只是猜测,他完全否定了客观真理的存在。

在这样的背景下看,“反映”越来越复杂了,越来越依赖于人的主观因素。这已经成为历史趋势。马克思主义哲学反映论日益重视对反映方法的研究,日益强调人的主观因素,包括各种非逻辑方法的作用,强调马克思主义哲学认识论是能动的反映论,这是历史的必然,完全正确。没有人的主观能动性,人就不可能从感性认识上升到理性认识,深入到事物的本质之中。

三、马克思哲学思想的认识论意义

把马克思主义哲学认识论的本质特征概括为能动的反映论,强调人的主观能动性以及各种非理性因素在认识中的重要性完全正确。所有的唯物主义哲学理论在认识论上都坚持反映论,这是唯物主义世界观决定的;马克思主义哲学认识论与其他唯物主义哲学的根本区别就在于,它看到了反映过程中从感性认识上升到理性认识的重要性与困难,从而强调人的主观能动性和思维创造的作用,它的反映论是能动的反映论。但是我们在关于马克思主义哲学认识论的论述中,可以发现:迄今为止对各种非理性因素作用的论述始终停留在科学方法论的层次,没有从哲学世界观的高度对它做出概括;而一旦上升到世界观的高度肯定非理性因素和思维创造在认识过程中的作用,那么,怎样和强调物质第一性意识第二性的唯物主义原则保持一致,为什么仍然坚持说认识是“反映”,就成为不可回避的重要问题。通过前面的论述还可以看出,自然科学家和科学哲学家,在自己的研究中越来越重视思维的创造作用,认识论的反映论在他们那里遇到严重挑战。这是因为,确如爱因斯坦所说,随着人类对物质世界的认识越来越深入,感性经验与理论认识之间、现象和本质之间,距离越来越大,鸿沟越来越宽,不借助思维的力量无法越过。认识与认识对象

① 卡尔·波普:《猜想与反驳》,傅季重、纪树立、周昌忠、蒋弋为译,上海译文出版社2001年版,第73页。

之间的反映和被反映联系,越来越模糊,认识对象的客观性、物质性被淡化甚至否定了。

这是对马克思主义哲学认识论的反映论的挑战。马克思主义哲学必须从唯物主义世界观的高度对认识过程中人的主观能动性和思维的创造作用做出科学说明。这很重要,事关反映论和整个唯物主义认识论在今天的命运。

正是在这里,马克思的哲学思想显示出特别的意义。

关于认识论的反映论,特别是关于如何从感性认识上升到理性认识,马克思没有做过专门论述。他的哲学思想对于马克思主义哲学认识论的意义,在于他提出的世界观。这种世界观是马克思哲学思想的精华,对于马克思主义的唯物论、历史观、辩证法都具有决定性的意义,对于唯物主义哲学认识论的反映论,同样意义重大。

马克思写于1845年春天的《关于费尔巴哈的提纲》,被恩格斯称为“包含着新世界观的天才萌芽的第一个文献”①。提纲共11条,从头到尾强调实践活动的意义。关于世界观的思想主要集中在第一条:“从前的一切唯物主义(包括费尔巴哈的唯物主义)的主要缺点是:对对象、现实、感性,只是从客体的或者直观的形式去理解,而不是把它们当做感性的人的活动,当做实践去理解,不是从主体方面去理解。因此,和唯物主义相反,唯心主义却把能动的方面抽象地发展了,当然,唯心主义是不知道现实的、感性的活动本身的。费尔巴哈想要研究跟思想客体确实不同的感性客体,但是他没有把人的活动本身理解为对象性的活动。因此,他在《基督教的本质》中仅仅把理论的活动看做是真正人的活动,而对于实践则只是从它的卑污的犹太人的表现形式去理解和确定。因此,他不了解‘革命的’、‘实践批判的’活动的意义。”②

这段论述告诉我们,马克思与从前的一切唯物主义理论一样坚持唯物主义世界观,在他看来,这些理论的缺点在于,它们“只是”从客体的或者直观的形式去理解客观物质世界,不懂得同时还要从作为主体的人出发、从人的实践活动出发,理解这个世界,因而看不到人的主观能动性的作用。我们面前的河

---

① 《马克思恩格斯文集》第4卷,人民出版社2009年版,第266页。

② 《马克思恩格斯文集》第1卷,人民出版社2009年版,第499页。

流、树木、房屋、车辆、机器、电脑、电话等，是客观的不以人的意志为转移的存在，都属于物质。在这一点上，马克思和一切唯物主义者没有区别。马克思的独特之处在于，在承认这些存在物的物质性之外，他还强调这些存在物不是自然界本来就有的，它们是人的实践活动的产物，打上了人的烙印。即使是我们面前的河流、树木也不例外。显而易见，马克思的观点是正确的：离开人的实践活动的作用，我们面前的物质世界的确不可能以现有的样态存在。

不仅如此，在马克思看来，人的身体的生理构造决定了人只有从事实践活动改造自然界，才能获得自己生存所必需的生活资料，劳动实践是人这个生物种类的类本质。这从根本上决定了从人和人的实践活动出发看世界，也就是从人的主体性和主观能动性出发看世界，是马克思唯物主义世界观的本质特征。也正因为如此，马克思才在《关于费尔巴哈的提纲》一开始就批判从前的一切唯物主义"只是"从物质的角度看待面前的世界。

马克思对实践活动的高度重视，集中体现了他的世界观对人的主体性、能动性、创造性的肯定。他说："劳动这种生命活动、这种生产生活本身对人来说不过是满足一种需要即维持肉体生存的需要的一种手段。而生产生活就是类生活。这是产生生命的生活。一个种的整体特性、种的类特性就在于生命活动的性质，而自由的有意识的活动恰恰就是人的类特性。"①这是在告诉我们：生产实践是人借以维持生命的类生活，生命活动的性质就是人的类特性。可见人的类特性就在生产实践之中，而生产实践这种人的生命活动，其特点在于它是自由的、有意识的。马克思还对生产实践这种人的生命活动的特点——自由、有意识，做了进一步的说明："通过实践创造对象世界，改造无机界，人证明自己是有意识的类存在物，就是说是这样一种存在物，它把类看做自己的本质，或者说把自身看做类存在物。诚然，动物也生产。动物为自己营造巢穴或住所，如蜜蜂、海狸、蚂蚁等。但是，动物只生产它自己或它的幼仔所直接需要的东西；动物的生产是片面的，而人的生产是全面的；动物只是在直接的肉体需要的支配下生产，而人甚至不受肉体需要的影响也进行生产，并且只有不受这种需要的影响才进行真正的生产；动物只生产自身，而人再生产整

① 《马克思恩格斯文集》第1卷，人民出版社2009年版，第162页。

个自然界;动物的产品直接属于它的肉体,而人则自由地面对自己的产品。动物只是按照它所属的那个种的尺度和需要来构造,而人却懂得按照任何一个种的尺度来进行生产,并且懂得处处都把固有的尺度运用于对象;因此,人也按照美的规律来构造。”①人的实践活动是在创造对象世界,是按照任何一个尺度,甚至按照美的规律,创造自己的产品,也就是说,劳动实践活动是在自由地改造世界,自由地创造自己的对象世界。马克思对人的实践活动的自由和创造性,其实是对存在于实践活动中的人的思维的创新、创造,给予了高度肯定。

马克思高度肯定的实践活动中的思维创新、创造,换一个角度看,是人对客观世界的借助思维的力量进行的能动、超前的反映。

实践是对客观世界的改造,是在创造世界上从来没有过的新的存在物。任何实践活动都必须先有实践方案,也即在头脑中事先设计出一种符合自己的需要而现实生活中尚不存在的物品,并拟定相应的制造程序。实践方案的制定,其实就是人对世界的能动的创造性的超前的反映。这首先是思维的创造过程,因为实践结果是实践之前人在头脑中想象、设计出来的;一旦按照拟定的方案把头脑中设想的物品制造出来,实践活动取得成功,就表明人对产品形状特性的设计以及对制造它们的操作程序的设定是正确的,是符合物质世界的客观规律的。这样一来,体现在实践产品设计和操作程序制定过程中的人的思维创造,实际上是在以思维创造的形式探索和认识客观物质世界的本质及其运动规律。这不正是人对客观物质世界的能动的反映吗?马克思的世界观是唯物主义的,但是他坚持从人的实践活动出发认识世界、解释世界,而思维的创造性活动贯穿实践活动的始终,因此以思维创造的方式能动地反映客观世界,本身就是马克思世界观的重要内容。

马克思的世界观坚持世界是物质的,但是强调,在实践活动中人可以从任何一种尺度出发自由地创造对象世界,体现了思维“从无到有”对现实物质世界的创造性改造,因此马克思的世界观给充分发挥人的主观能动性以及思维的创造性,开拓了无比广阔的空间。在他看来,我们是唯物主义者,承认世界

① 《马克思恩格斯文集》第1卷,人民出版社2009年版,第162—163页。

是物质的,但是在改变物质世界的现实存在样态及其性质上,我们的思想享有与唯心主义者同样的自由。我们不仅可以通过“猜测、猜想以及灵感、直觉”加工实践中获得的感性认识材料,能动地反映事物的本质及其运动规律,而且可以以制定实践方案的形式不是凭借对感性材料的加工,而是依据已有的知识,出于自己的需要,直接“从无到有”地在头脑中创造对事物的本质与运动规律的认识,设计出具有自己所需要的特性而自然界本来并不存在的物体。在这个意义上,唯物主义者马克思的世界观,的确赋予我们与唯心主义一样的自由。马克思的哲学认识论不仅是反映论,而且是真正的能动的反映论。我国马克思主义哲学家在认识论研究中提出的种种创造性非理性认识方法,休谟、爱因斯坦乃至波普尔关于思维在认识中的作用的思想,都可以在马克思的世界观中得到完美的解释。

马克思的世界观给予人如唯心主义者般的自由,它还能是唯物主义的吗?马克思的世界观的唯物主义性质不容置疑。关键在《关于费尔巴哈的提纲》第二条:“人的思维是否具有客观的真理性,这不是一个理论的问题,而是一个实践的问题。人应该在实践中证明自己思维的真理性,即自己思维的现实性和力量,自己思维的此岸性。”①按照马克思的这一思想,人的认识,不论通过对丰富的感性经验“加工制作”得到,还是以猜想、直觉、灵感、实践方案的设计等思维创造形式获得,只要它们凝结在人的实践活动中而这种实践活动取得成功,那就表明它们与客观事物的本质与运动规律相一致,表明获得它们的方式,哪怕与“反映”二字多么不协调(例如化学物质“苯”的环形分子结构是科学家在睡梦中突然悟出的),说到底都是对物质世界的本质和运动规律的反映。

马克思的哲学思想,主要是他的世界观,之所以对于唯物主义反映论具有如此重要的意义,是因为其中既包含了唯物主义世界观关于物质第一性意识第二性的原则立场,也包含有唯心主义世界观突出人的能动性和思维的创造性的合理因素。在实践活动中,唯物主义和唯心主义不是作为对立的世界观,而是作为强调物质对意识的决定作用和强调意识的能动性的两种不同的思想

① 《马克思恩格斯文集》第1卷,人民出版社2009年版,第500页。

要素而存在于同一个过程之中。实践活动的主体、客体、工具、结果不以人的意志为转移,其结果需要得到客观世界的认可,体现了唯物主义因素;实践结果的设计和实践方案的制定是思维创造的产物,实践活动完成离不开人的意志力,它们体现了精神的也即唯心主义因素的积极作用。马克思曾在《1844年经济学哲学手稿》中明确地说:"彻底的自然主义或人道主义,既不同于唯心主义,也不同于唯物主义,同时又是把这二者结合起来的真理。"①这里所说的"彻底的自然主义或人道主义"就是马克思自己的哲学思想。也正因为这样,他才在《关于费尔巴哈的提纲》第一条既肯定了唯心主义从主体性和人的主观能动性出发,从实践出发,理解世界,也通过批评唯心主义不知道实践活动是"现实的、感性的活动"而肯定了唯物主义的基本立场。②

马克思的上述思想不仅具有重要的理论意义,而且在今天具有极为重要的实践意义。大家知道,不仅科学技术在今天是第一生产力,而且信息技术、网络、人工智能、基因工程等在整个社会生活中的作用越来越重要,一切竞争归根到底是创新能力的竞争。改革开放以来党中央一再强调创新的重要意义,党的十八大以后提出的新发展理念,第一条就是"创新"。创新是思维创造活动,而关于思维创造活动的研究,是我国马克思主义哲学研究的薄弱环节。从总体上看,我国的哲学认识论研究刻意强调唯物主义认识论的反映论原则,强调存在决定意识,对如何反映、对思维在认识和改造世界过程中的创造性作用,研究较少。这与全社会的创新实践需要严重脱节。我们迫切需要建立一种从哲学高度研究创新问题的创新哲学,为创新实践提供理论支撑。

从本文的论述我们可以看出,马克思是唯物主义者,他的哲学思想明确把认识作为对客观物质存在的反映;另一方面他又从世界观的高度肯定了人的主观能动性和思维创造性在反映过程中的作用。他把实践作为自己的唯物主义世界观观察世界的独特视角,包含着思维创造与唯物主义原则立场在实践

① 《马克思恩格斯文集》第1卷,人民出版社2009年版,第209页。从上下文看,这里所说的"彻底的自然主义或人道主义",所指的就是马克思自己的哲学世界观。

② 把唯物主义原则立场与唯心主义合理因素结合起来,是马克思的一贯主张。参见他的博士论文《德谟克利特的自然哲学和伊壁鸠鲁的自然哲学的差别》以及《神圣家族》对从培根到18世纪法国唯物主义的欧洲唯物主义思想的分析批评。

基础上的统一。总而言之,第一,实践是马克思世界观的核心概念,他既坚持从物质出发理解世界,又强调从人、人的能动性、人的实践活动出发看待世界。实践活动是唯物主义原则和唯心主义合理因素的结合。这样的世界观为思维创造提供了广阔空间。第二,在马克思的世界观中,思维的创造、理论的创新集中表现为实践方案的制定,在物质生产力领域、科学技术研究领域、社会生活领域,都是如此。这些方案既可以是验证某种科学假说的科学实验方案,也可以是创造某种新产品的生产方案,还可以是除旧布新的社会改造方案。可见,马克思的哲学为创新活动指出了科学途径,明确了具体机制。第三,思维创新凝结为实践方案,实践的结果是对实践方案是否具有真理性的检验,因而马克思也为判定创新活动是否成功建立了科学的标准。马克思的这些思想科学地回答了如何反映的问题,我们从中看到一种完善成熟的唯物主义的能动的反映论,一个具备系统性的唯物主义认识论理论。与此同时,透过马克思的上述认识论思想,我们还可以清楚地看出,他为我们指出了为什么需要创新、创新何以可能、如何创新、怎样保证创新活动的科学性(即它与唯物主义原则的一致),事实上已经为我们勾勒出了一个完整的马克思主义创新哲学的理论框架。

建立成熟的马克思主义创新哲学,是马克思主义哲学家有待完成的历史任务,为实现这个目标,我们还有大量艰苦细致的工作要做。然而在这个过程中,深入研究马克思的新世界观,研究他的反映论思想和为我们勾勒出的马克思主义创新哲学理论框架,无疑具有特别重要的意义。

原载于《山西师大学报(社会科学版)》2022 年第 3 期

“生产关系”与唯物史观关系的再认识

丰子义*

关于“生产关系”与唯物史观的关系问题，学界多年来已有广泛、深入的讨论。然而，作为一个基本理论问题，生产关系在唯物史观形成、发展中的地位和作用，仍需要在现有研究的基础上作进一步的深入阐释，以客观、真实地再现生产关系的原貌。从史实来看，“生产关系”对于唯物史观创立的意义确实决非一般，而是唯物史观的核心概念。没有“生产关系”概念的确立和科学制定，就没有唯物史观的形成。有鉴于此，本文拟对“生产关系”与唯物史观的关系问题作出一定的再思考，以促进唯物史观的深化研究。

一、“生产关系”概念的形成与唯物史观的创立

同任何科学理论一样，唯物史观也是由一系列范畴并按照一定的逻辑构成的。在唯物史观理论体系中，每一个范畴都是历史认识的一个“阶梯”，承担着各自特有的功能，但各种范畴在其中所处的地位和所发挥的作用是不一样的。就其实际情况来看，在唯物史观理论体系中，有的范畴是历史认识过程中长期延续下来的，有的范畴是马克思在经济学、历史学、政治学等研究中吸收改造过来的，还有的范畴则是马克思在研究中所特有的。像“生产关系”就

* 丰子义，北京大学哲学系博雅讲席教授、博士生导师，北京大学马克思主义哲学研究中心主任。

是如此，它是马克思在社会历史研究中形成的一个特有的概念，是由马克思首次制定并予以科学表述的。“生产关系”是唯物史观的核心概念，它对于唯物史观的形成和发展起着关键性的作用，具有决定性的影响。要理解和把握唯物史观，必须透彻地理解“生产关系”。这不是简单的主观认定和评价，而是由事实来说明和验证的。要了解生产关系与唯物史观的关系，还是有必要简要地回顾一下唯物史观的形成过程。

由其研究的理论主题所决定，马克思自始至终对社会问题予以特别关注，研究的重点也是社会历史。在其最初的探索中，马克思信仰的是黑格尔哲学，因而更多强调的是从理性出发来看待社会问题，把国家看作是人类理性的体现和普遍利益的代表，理性和国家由此在社会生活中取得了决定性的地位。《莱茵报》时期的社会实践，使马克思的原有信仰发生动摇，因而在《黑格尔法哲学批判》中明确提出：不是国家决定市民社会，而是市民社会决定国家，市民社会更根本。这里讲的市民社会，按照马克思后来的解释，是“物质的生活关系的总和”。在《1844 年经济学哲学手稿》中，马克思通过经济学的研究和异化劳动的分析，深化了原有的认识，从市民社会中又划分出生产来，并将其作为社会生活更深刻的基础。在《神圣家族》中，马克思不仅把物质生产看作“历史的发源地”，而且通过生产和生活过程中“实物关系”的分析，触及“人对人的社会关系”。按照列宁的观点，这一分析极富有代表性，“表明马克思如何接近自己的整个‘体系’（如果可以这样说的话）的基本思想——即如何接近生产的社会关系这个思想”①。到了《德意志意识形态》，马克思在社会历史认识上的实质性进展，就在于从现实生产出发，通过交往和交往形式的分析，正式形成了生产关系的概念和思想。这是一个标志性的概念和思想。正是借助于生产关系的研究，马克思清楚地揭示了社会生活的内在联系及其发展规律，从而创立了唯物史观。可以看出，从理性→国家→市民社会→生产→接近生产关系→生产关系的思想发展过程，也就是唯物史观的创立过程。或者说，生产关系概念形成的过程，也就是唯物史观的创立过程，两种过程是完全一致的。

---

① 《列宁全集》第 55 卷，人民出版社 2017 年版，第 13 页。

“生产关系”何以成为唯物史观的核心概念并对唯物史观的创立具有决定性的影响?这是因为,只有生产关系概念的形成,才揭示出社会生活的本质关系。在马克思之前,对于社会生活的本质就有过长时间的探讨和说明。各个时代的不少思想家们都曾经依据当时的材料和自己的理解,对复杂的社会生活和社会历史现象作出了各种解释,并形成了不同类型的历史观。有的是用自然崇拜的观念解释历史,把社会历史看作与自然一样神奇,用想象来解释社会历史及其发展;有的是用超自然的作用,即用神的意志来说明历史,认为人间的生活和秩序都是由“神”安排的,都取决于“天意”;有的是用某种超乎社会之外神秘的绝对精神来说明历史,所谓历史不过就是这种神秘精神的展现;还有的是把人们的思想动机、主观意志看作社会历史发展的根本原因,认为社会历史就是按照某些英雄人物的意志和观念构造的。这些观点尽管侧重点不同,但基本上都是用虚幻的、精神性的联系来代替社会历史真实的联系。生产关系的发现及其历史作用的阐明,则彻底改变了这种混乱状况,其显著特点,就在于透过社会各种现象间的关系,抓住了社会生活的本质联系。即在社会生活中,尽管各种现象及其相互关系都存在,都在发挥作用,但社会生活最为本质的关系还是生产关系,其他现象和关系都是受生产关系制约的。不了解生产关系这种深刻的根源,就很难透彻地理解各种社会现象,尤其是政治现象和精神现象。用意志力量、超经济超自然力量来解释历史,终归停留于历史的表层,无法真实地穿透历史。而生产关系的发现,则从历史的表层走向历史的深层,从社会现象抓住了社会本质。这是历史观上的一场深刻变革。尤其值得指出的是,生产关系不仅抓住了社会历史的一般本质,而且抓住了各个不同时代的特殊本质,因为真正能够使各个不同时代、不同社会形态加以区分的,正是生产关系。只有通过生产关系,才能确定不同时代、不同社会形态的基本性质。

强调“生产关系”是唯物史观的核心概念,强调这一概念在唯物史观中的决定性意义,这和马克思的实践观又是何种关系呢?毋庸置疑,实践观是马克思主义哲学首要的和基本的观点。正是科学实践观的确立,才使马克思的新哲学区别于以往的一切旧哲学,才实现了哲学上一场革命。作为马克思哲学的基本内容,唯物史观的创立无疑是和实践观紧密连在一起的。如同马克思在《关于费尔巴哈的提纲》中所讲,“全部社会生活在本质上是实践的”①。离开了实践,离开了人的活动,就很难谈论历史、谈论历史发展规律。然而,要真正理解、把握实践,又必须借助于生产关系。之所以如此,原因就在于:其一,实践不是抽象的,而是具体的,任何实践总是一定生产关系中的实践。人们要开展各种实践活动,必然是在一定生产关系中进行的,随着实践的发展,不仅是物质产品的再生产,而且是社会关系的再生产;社会关系一旦作为生产活动的结果生产出来,便又反过来成为人们新的实践的现实前提与条件。实践就是在这样的关系中不断发展的。其二,只有揭示实践的内在矛盾及其运动规律,才能深刻理解、把握实践。在《1844年经济学哲学手稿》中,马克思就通过经济学研究,看到劳动实践对社会历史发展的决定作用,明确提出“整个所谓世界历史不外是人通过人的劳动而诞生的过程,是自然界对人说来的生成过程”②;在《神圣家族》中,马克思又在批判青年黑格尔派的思辨哲学时,明确强调物质生产是历史的发源地,只有在现实的物质生产中才能认识历史。但在这些文本中,马克思对实践的论述还是原则上的肯定、基本观点的说明,旨在强调实践对于社会历史的基础地位和决定性作用,而对实践的内在机制与动力还未作出深入的说明。只有到了《德意志意识形态》,马克思才借助交往关系、交往形式的分析,揭示了实践的内在矛盾即生产力和生产关系的矛盾及其运动,对实践的构成和发展作出了深入的理解和说明。因此,此时实践的概念和观点也比以前达到了更为成熟的程度。

对于生产关系与实践的相互关系,只要进入现实的、具体的物质生产过程分析之中,就可以看得更为透彻、明白。为此,应当关注马克思在《政治经济学批判〈导言〉》中关于生产的分析。该导言开篇的第一句话就是:“摆在面前的对象,首先是物质生产。”③在接下来的讨论中,马克思不是一般地谈论生产,而是对生产予以具体的、历史的分析。在马克思看来,作为生产,它在各个时代都有某些共同标志、共同规定,只要把“这些共同点提出来,定下来”,抽象出“生产一般”是合理的。但是,抽象出“生产一般”,千万不能忘记了生产

① 《马克思恩格斯选集》第1卷,人民出版社2012年版,第135页。
② 《马克思恩格斯全集》第42卷,人民出版社1979年版,第131页。
③ 《马克思恩格斯全集》第30卷,人民出版社1995年版,第22页。

特殊,不能忘记各个时代生产之间的"本质的差别"。因为在现实生活中,人们真正面对的生产总是各个特殊的,不可能是抽象、一般的。而生产的本质差别是由何造成的?不是别的,就是生产发展不同阶段上所形成的生产关系。独特的生产关系形成了不同性质的生产和生产方式。

所以,要研究生产,必须研究"生产的一般规定在一定社会阶段上对特殊生产形式的关系"①。这样一来,研究"现代资产阶级生产","事实上是我们研究的本题",而要研究"现代资产阶级生产",就意味着要突出资本主义生产关系的研究。由此可见,对于生产与实践,不能抽象地谈论,必须置于一定的生产关系中来考察,因而突出马克思哲学的实践观与强调生产关系是唯物史观的核心概念,二者在本质上是一致的。没有实践观的创立,就没有生产关系的产生;而没有生产关系的产生,也就没有实践观的完善。

二、"生产关系"的确立与唯物史观的系统阐发

生产关系作为唯物史观的核心概念,其地位和影响不仅体现于唯物史观的创立过程中,而且体现于唯物史观的理论阐释之中。要真正深刻理解和把握唯物史观,必须有生产关系的"出场"。生产关系对于唯物史观系统阐发的作用与影响是多方面的,但最为重要的是体现于唯物史观基本概念的科学制定和一些基本原理的科学阐释。

先来看唯物史观基本概念的科学制定。在唯物史观范畴体系中,许多范畴不是独创的,而是以前的理论研究常常使用并作过深入研究的,但这些范畴并不是原有范畴的简单沿用,而是予以新的改造,赋予新的内涵。这些基本范畴只能借助生产关系才能得到深刻的理解。我们仅以与生产关系直接相关的且在唯物史观理论体系中居于重要地位的生产力、上层建筑范畴来作一简要的分析和说明。

关于生产力,在马克思之前,已有比较广泛深入的研究,尤其到古典政治经济学那里,达到了一个新的高度。无论是斯密还是李嘉图,都在阐述劳动价

① 《马克思恩格斯全集》第30卷,人民出版社1995年版,第27页。

值论的过程中,对生产力问题作了比较深入细致的讨论,阐发了不少有益的见解,为建构生产力理论提供了重要的理论基础。但是,包括古典政治经济学在内的以往生产力研究有两大局限:一是只从客体的方面、物的方面来理解生产力,并未突出人在生产力中的主体地位。虽然也讲到人的劳动创造作用,但也是将人作为生产的一种要素来看待。二是离开生产关系来谈论生产力,更多关注的是资源如何配置,生产如何更有效率。这些局限正是由马克思在创立唯物史观过程中克服的。有关这方面的思想阐发,主要体现于马克思 1845 年 3 月写的《评弗里德里希·李斯特的著作〈政治经济学的国民体系〉》之中。李斯特《政治经济学的国民体系》的一个明显特点,就是为了论证德国实行贸易保护的重要性和必要性,提出了一个“生产力理论”来反对古典经济学的价值理论。李斯特认为,政治经济学中流行的国际贸易理论、贸易政策理论只是为了追求财富,而他的理论则是为了发展生产力,为了国家的利益。为此,他把生产力和交换价值对立起来,把生产力更多看成是一种精神力量,以此来表明他追求的不是非精神的物质财富,不是交换价值,而是精神本质,即无限的生产力。在他看来,交换价值总是外在目的,而生产力则是人自己本性中产生的目的,即目的本身。因此,关心生产力就是关心人自身,关心生产力就必须摆脱交换价值。对此,马克思主要从两方面对李斯特的生产力论进行了揭露和批判。一方面,对关心生产力的实质进行了深刻揭露。马克思认为,李斯特似乎关心生产力,实际上仍然关心的是德国资产阶级的物质财富,他是在关心生产力的幌子下体现了对财富的追求。所谓人的生产力,无非是“致富的手段”“致富的生产力”。资产者从不把无产者看作人,而是看作创造财富的力量,这种对人的“赞扬”,其实就是对人的“贬低”。“把人贬低为一种创造财富的‘力量’,这就是对人的绝妙的赞扬!资产者把无产者不是看作人,而是看作创造财富的力量。资产者还可以把这种力量同其他的生产力——牲畜、机器——进行比较。如果经过比较,说明人是不适宜的,那么以人为承担者的力量必然被以牲畜或机器为承担者的力量所代替,尽管在这种情况下人仍然享有(具有)‘生产力’这一角色的荣誉。”①李斯特所谓的生产力理论,并不是把

① 《马克思恩格斯全集》第 42 卷,人民出版社 1979 年版,第 262 页。

人作为真正的主体,而是作为资产阶级创造财富的机器。这样的揭露和批判,事实上就突出了人在生产力中的主体地位。按照马克思后来的看法,所谓生产力,就是人的本质力量的对象化,“真正的财富就是所有个人的发达的生产力”①。另一方面,对李斯特试图摆脱交换价值来谈论生产力的观点予以深刻揭露。马克思认为,“交换价值”就体现了资本主义的生产关系。在资本主义条件下,生产力根本不可能脱离这样的生产关系而发展,“生产力从一开始就是由交换价值决定的”②。马克思还认为,生产力和工业的发展离不开一定的“环境”,这里所讲的“环境”主要是指社会环境,尤其是社会关系。要是把生产力从环境中抽离出来,那就不是真正的现实生产力。“如果这样看待工业,那就撇开了当前工业从事活动的、工业作为工业所处的环境;那就不是处身于工业时代之中,而是在它之上;那就不是按照工业目前对人来说是什么,而是按照现在的人对人类历史来说是什么,即历史地说他是什么来看待工业;所认识的就不是工业本身,不是它现在的存在,倒不如说是工业意识不到的并违反工业的意志而存在于工业中的力量,这种力量消灭工业并为人的生存奠定基础。”③尽管马克思此时还没有正式使用“生产关系”概念,但其思想是明确的,这就是不能离开生产关系来抽象地谈论生产力。正是借助上述两方面的研究,马克思科学制定了生产力概念和生产力理论。

关于上层建筑,也是如此。在马克思之前,有关上层建筑的问题(包括国家、法律、阶级斗争等)均有广泛、持久的研究,尤其在18世纪法国启蒙学派、19世纪空想社会主义、复辟时期的法国历史学派那里,形成了不少研究成果。但是,上层建筑始终没有得到科学的解释和说明。如18世纪法国唯物主义者主要探讨的是人与环境的关系问题,并提出“人是环境的产物”的著名论断。他们所谓的环境主要指法律和政治制度,即上层建筑,认为法律决定人的行为和精神面貌,甚至用爱尔维修的话来说,“法律决定一切。”然而,法律不是由经济关系决定的,而是由理性决定的,只有产生出掌握理性的天才人物,“才能用好的法律代替坏的法律”。这就陷入了“循环论”。之所以如此,就在于

① 《马克思恩格斯全集》第31卷,人民出版社1998年版,第104页。
② 《马克思恩格斯全集》第42卷,人民出版社1979年版,第263页。
③ 《马克思恩格斯全集》第42卷,人民出版社1979年版,第257页。

他们没有看到上层建筑的深刻基础即生产关系。只要没有找到上层建筑产生的根源,就不能形成对上层建筑的正确认识。又如复辟时期的法国历史学家在探讨社会历史时,对阶级斗争和社会政治制度作了大量具体深入的阐述,看到了阶级斗争在历史上的作用,看到了阶级斗争和社会政治制度根源于社会关系,而社会关系又主要是由财产关系决定的,这种看法比起法国唯物主义者的主张来,显然是一个进步,开始走出了环境与人的意见相互决定的“二律背反”。但由于他们不了解生产关系是社会关系的基础,财产关系是生产关系的法律表现,因而在谈到财产关系的产生和变化时,仍然没有解决这一矛盾,最后只好求助于“征服”论,即认为财产关系是由“征服”引起的。如梯也里在谈到近代法国的历史发展时,认为封建阶级是由于德意志人征服了高卢—罗马的土著后裔而形成的封建贵族,被征服者则形成了第三等级。这实际上是用政治暴力来解释财产关系的产生。至于征服现象又是如何产生的,他们又转而求助于“人的天性”,以此来摆脱研究的困境。如米涅就认为,征服现象的产生是由于人的天性中有一种“征服欲”“统治欲”。这就又回到“意见支配世界”的唯心史观。造成上述状况的原因,就在于离开生产关系来看待国家、法律、阶级斗争等政治现象,因而对上层建筑不可能作出正确的理解。而马克思恰恰是借助于生产关系,廓清了上层建筑的各种迷雾,从而作出了深刻的揭示和说明。

可以看出,离开了生产关系,就无法正确阐明生产力和上层建筑这些基本范畴,无法形成唯物史观的科学概念体系,自然也无法构建起科学的理论体系。恩格斯指出:“一门科学提出的每一种新见解都包含这门科学的术语的革命。”①唯物史观作为“一门科学”,确实是既包含着术语的革命,又依赖术语的革命。

再来看唯物史观基本原理的科学阐释。唯物史观是由一系列基本原理构成的,正是各种原理的密切结合和逻辑把握,才形成了完整的理论体系。在其各种基本原理的阐述中,生产关系同样是一个核心概念。只有从社会关系的总和中划分出生产关系来,进而弄清生产关系与其他各种社会关系的从属关

① 《马克思恩格斯全集》第 44 卷,人民出版社 2001 年版,第 32 页。

系和相互作用,才能形成唯物史观的各种原理。就总体而言,生产关系的作用主要是通过两大基本原理或基本理论的阐发而得以具体彰显的:一个是关于社会横断面的社会结构理论,一个是关于社会纵断面的社会发展理论。这两大理论就是借助生产关系确立起来的。

一是生产关系与社会结构理论。结构的建立,必须首先有层次的划分。在没有层次划分之前,结构是很难建立起来的;即使建立起来,也是一个不完善的结构。在《德意志意识形态》中,马克思通过分析生产过程,从一般物质交往关系中划出具体的、发展到一定历史阶段的物质交往关系,将其称之为"交往形式",认为"受到迄今为止一切历史阶段的生产力制约同时又反过来制约生产力的交往形式,就是市民社会"①。这种交往形式和市民社会,正是马克思后来表述为生产关系的东西。对于这样的交往形式和市民社会,马克思认为,它"始终标志着直接从生产和交往中发展起来的社会组织,这种社会组织在一切时代都构成国家的基础以及任何其他的观念的上层建筑的基础"②。生产力、生产关系、上层建筑的层次区分清楚了,各个层次之间的关系也弄清楚了,完整的社会结构理论也就自然建立起来了。社会结构理论的建立,使得各种社会现象的解释更为科学化和精确化。如在 1845 年之前,马克思在《1844 年经济学哲学手稿》中就把生产作为社会生活的基础,并用生产来解释各种上层建筑现象。应当说,从物质生产来探寻上层建筑现象的根源,用以否定纯观念的解释,这样的阐释路向无疑是正确的,但是,理论阐释又不能停留于此。仅仅用生产直接说明上层建筑,有很多问题是说不清的。如为什么同样的生产状况在不同的国家会形成不同的政治制度、文化?为什么有的生产水平低的国家比生产水平高的国家具有更先进的社会制度和精神文化?对于这些问题,仅从生产很难作出透彻的说明。在《德意志意识形态》中,马克思通过社会不同层次的划分,把生产关系作为受生产力制约又制约政治的和观念的上层建筑的中介环节,则使这些问题得到了科学的回答。马克思的分析表明:在阶级社会,考察任何政治思想观念以至各种社会意识,都必须从

① 《马克思恩格斯选集》第 1 卷,人民出版社 2012 年版,第 167 页。
② 《马克思恩格斯选集》第 1 卷,人民出版社 2012 年版,第 211 页。

当时的社会关系和阶级关系入手。如果不去揭露某种意识背后隐藏着的经济关系和阶级利益,那就不仅不能认识其意识的本质,而且会被某些虚假的意识所蒙蔽。

对于马克思的社会结构理论,应当充分关注他的“社会有机体”思想。马克思在社会结构研究上的一大特点,就在于他不是把社会看作一个僵化的结构,而是看作一个活的机体。早在《哲学的贫困》中,马克思就在批判蒲鲁东经济学研究方法时指出:“单凭运动、顺序和时间的唯一逻辑公式怎能向我们说明一切关系在其中同时存在而又互相依存的社会机体呢?”①后来在《资本论》第一卷第一版序言中又明确指出:“现在的社会不是坚实的结晶体,而是一个能够变化并且经常处于变化过程中的有机体。”②有机体与结晶体的区别,就在于它是活的,而不是死的。要解剖这一机体,马克思运用的方法,就是从生产关系入手。因为抓住了生产关系,就是抓住了社会有机体的“骨骼”。生产关系之所以成为“骨骼”,就在于它是整个社会的经济结构,构成了社会形态的基础,并决定着社会的变迁与发展。只要抓住生产关系这一关键环节,弄清它与其他环节的联系,就可以再现社会有机体的内在结构及其运动规律。因此,列宁在谈及现代社会机体时这样评论说,“要研究这个机体,就必须客观地分析组成该社会形态的生产关系”③。《资本论》就是这样,它“一次也没有利用这些生产关系以外的任何因素来说明问题”④。当然,抓住生产关系来分析和说明问题,并不是要轻视对其他社会现象的研究,如在《资本论》中,“马克思并不以这个骨骼为满足,并不仅以通常意义的‘经济理论’为限;虽然他完全用生产关系来说明该社会形态的构成和发展,但又随时随地探究与这种生产关系相适应的上层建筑,使骨骼有血有肉”⑤。正是通过“骨骼”和“血肉”及其相互关系的分析,马克思解剖清楚了资本主义社会这一机体,同时完成了社会结构理论的建构和阐释。

① 《马克思恩格斯选集》第1卷,人民出版社2012年版,第223页。

② 《马克思恩格斯全集》第44卷,人民出版社2001年版,第10—13页。

③ 《列宁选集》第1卷,人民出版社2012年版,第32页。

④ 《列宁选集》第1卷,人民出版社2012年版,第9页。

⑤ 《列宁选集》第1卷,人民出版社2012年版,第9页。

二是生产关系与社会发展理论。研究社会发展,关键是要正确揭示社会发展规律。在马克思之前,有关社会发展规律的问题就有过探讨。如被称为“历史哲学之父”的意大利思想家维科在其《新科学》中就率先提出了有益的探索,不仅认为历史是由人类创造的,而且还提出历史发展具有普遍性、规律性。在他看来,各个国家、民族在其发展中,尽管有其自己特殊的历史,但“在杂多的发展形态中在可理解的实质上仍然现出一致性”①,这种一致性和规律性最后归因于天意。康德也讲历史规律,认为人们的行为都是其自由意志的表现,但人类的行为如同自然事件一样,“总是为普遍的自然律所决定的”②,其历史规律论是以自然目的论和先验目的论为前提的。黑格尔对历史规律的论述更为丰富,他从理性原则出发看待历史发展,认为“世界历史无非是‘自由’意识的进展;这一种进展是我们必须在它的必然性中加以认识的”③,历史必然性就是绝对精神的逻辑展开。可以看出,不管是维柯还是康德、黑格尔,尽管都肯定历史发展有其规律,但都把规律归结为超越历史之上的某种抽象原则或神秘观念,因而规律并不是真正“内在的”,而是外加的。马克思也讲历史发展规律,但他完全打破了这样的思维方式。由于历史发展规律主要体现为历史发展的重复性,所以马克思对历史发展规律的揭示,突出地体现于对历史发展重复性的深刻说明。而对历史发展重复性的说明,恰好要依赖于生产关系。正如列宁所讲,当以前的社会学家还局限于思想的社会关系时,始终不能发现各国社会现象中的重复性和常规性,他们的科学至多不过是记载这些现象,收集素材;而“一分析物质的社会关系(即不通过人们的意识而形成的社会关系:人们在交换产品时彼此发生生产关系,甚至都没有意识到这里存在着社会生产关系),立刻就有可能看出重复性和常规性,把各国制度概括为社会形态这个基本概念”④。列宁的提炼概括,确实抓住了问题的实质。

事实也确实如此。为什么人类发展会出现阶级、出现剥削压迫?就是因为出现了私有制。只要存在私有制,这样的现象就会重复出现、不可避免,这

---

① 维柯:《新科学》下册,朱光潜译,商务印书馆1989年版,第597页。

② 康德:《历史理性批判文集》,何兆武译,商务印书馆1990年版,第1页。

③ 黑格尔:《历史哲学》,王造时译,上海书店出版社1999年版,第19页。

④ 《列宁选集》第1卷,人民出版社2012年版,第8页。

就是规律。为什么不少国家在封建制解体后，大多走上资本主义道路？就是因为资本主义生产关系的出现打破了原来土地占有制和人身依附关系，使资本获得了更大自由。只要这样的生产关系在一个国家确立了统治地位，就会走上资本主义道路，就会发生这样的重复，这就是规律。所以，抓住了生产关系，也就抓住了历史现象之间的本质联系。马克思正是抓住生产关系，进而抓住生产力和生产关系的矛盾运动，深刻揭示了社会历史的发展规律。在马克思看来，一切历史冲突都源于生产力和生产关系之间的矛盾运动，当“社会的物质生产力发展到一定阶段，便同它们一直在其中运动的现存生产关系或财产关系（这只是生产关系的法律用语）发生矛盾。于是这些关系便由生产力的发展形式变成生产力的桎梏。那时社会革命的时代就到来了。随着经济基础的变更，全部庞大的上层建筑也或慢或快地发生变革”①。生产力和生产关系这样的矛盾运动，便形成了历史发展的规律。不仅如此，这样的矛盾运动，还形成了历史发展的动力。人类社会历史就是在这种矛盾运动中向前推进的。社会发展的快慢，最重要的是生产关系能否适应生产力的发展。也正是因为社会发展是由生产力和生产关系的矛盾运动推动的，因而马克思在《资本论》研究资本主义社会的形成和发展时，就是紧紧抓住生产力和生产关系矛盾运动这条主线来展开的，由此阐明资本主义社会发展是一个自然历史过程。

由此可见，无论是唯物史观基本范畴的科学制定，还是基本原理的科学阐释，都离不开生产关系。正是借助于生产关系，唯物史观作为一个系统的理论体系才真正建立起来。

三、考察“生产关系”的基本方法论

研究唯物史观无疑不能离开生产关系，而要准确地理解和把握生产关系，又不能离开正确的方法论。在这方面，应当注意马克思在研究、考察生产关系的一些基本观点和方法。

① 《马克思恩格斯选集》第2卷，人民出版社2012年版，第2—3页。

一是整体性的观点。卢卡奇在讲社会研究的总体性方法时,引证马克思的名言:“每一个社会中的生产关系都形成一个统一的整体”①,认为这是“历史地了解社会关系的方法论的出发点和钥匙”②。这一看法是正确的。马克思在研究社会历史时就是坚持这样的方法。在马克思看来,社会生活的关系是纷繁复杂的,既包括人与自然的关系,又包括人与人的关系,社会生活就是由各种关系构成的;在这些关系中,决定社会生活本质的是生产关系。“生产关系总合起来就构成所谓社会关系,构成所谓社会,并且是构成一个处于一定历史发展阶段上的社会,具有独特的特征的社会。古典古代社会、封建社会和资产阶级社会都是这样的生产关系的总和,而其中每一个生产关系的总和同时又标志着人类历史发展中的一个特殊阶段。”③在这里,从“生产关系总和”来看待社会的总体性观点是非常明确的。当然,用这种总体性的观点来看待社会,并不意味着只要研究生产关系的总和就可以把一个社会状况概括无遗,可以不必考察其他各种关系,如政治关系、思想关系、文化关系等,而只是突出理解什么是社会,并从总体上把握社会的性质与状况,必须研究其生产关系的总和,除此之外,别无他途。

生产关系作为一个整体或统一体,常常是在生产和再生产中实现的,具体体现在生产、交换、分配和消费四个环节之中,并通过这些环节的正常运转得以维持和发展的。如以生产资料资本家所有制为核心的资本主义生产关系就是通过在生产领域中支配雇佣工人、分配领域中按资分配、交换领域中“等价”交换以及消费领域中劳动者有支付能力的需求相对缩小这些环节实现的。正是在此意义上,马克思指出:“给资产阶级的所有权下定义不外是把资产阶级生产的全部社会关系描述一番。”④马克思在《资本论》中也正是通过这四个环节的分析,具体地揭示了资本主义的生产关系,阐明了资本主义运行的机理。这样的研究方法对于我们今天的研究也是非常适用的。考察生产关系自然需要研究所有制,但不能把所有制仅仅限于生产资料归谁所有、由谁支

① 《马克思恩格斯选集》第1卷,人民出版社2012年版,第222页。

② 卢卡奇:《历史与阶级意识》,杜章智、任立、燕宏远译,商务印书馆2017年版,第53页。

③ 《马克思恩格斯选集》第1卷,人民出版社2012年版,第340页。

④ 《马克思恩格斯选集》第1卷,人民出版社2012年版,第258页。

配，同时要从生产、交换、分配和消费这些环节来予以具体分析，并在实践上要通过这些环节的改革和创新来调整生产关系，使生产关系更好地促进生产力发展和整个社会发展。

二是“普照的光”的观点。这一观点是马克思在《〈政治经济学批判〉导言》中阐述政治经济学方法时提出的。在马克思看来，任何社会都是由各种要素组成的有机体，在这种有机体中，既有本社会自身特有的东西存在，也有以前社会的“残片和因素”以及新生因素的存在，但其中占主导地位的还是居支配地位的因素。这种占支配地位的因素就是该社会的“普照的光”。“在一切社会形式中都有一种一定的生产决定其他一切生产的地位和影响，因而它的关系也决定其他一切关系的地位和影响。这是一种普照的光，它掩盖了一切其他色彩，改变着它们的特点。这是一种特殊的以太，它决定着它里面显露出来的一切存在的比重。”①政治经济学范畴体系的排列，就是要依据与“普照的光”的关系来进行，而不能按在历史上出现的时间先后来排列。马克思研究政治经济学的这种方法，同样也是研究生产关系的方法。在现实社会生活中，存在的生产关系不是单一的，而是复杂的，因生产力水平不同、社会经济成分不同，因而形成的生产关系也不同。面对复杂的生产关系体系，究竟如何来看待和把握？这就要求按照马克思的方法，把握好生产关系的“普照的光”。也就是说，尽管现实生活中有多种多样的生产关系存在，但决定一个社会所有制性质、生产关系性质的还是占主导地位的生产关系，不能因为多种多样生产关系的存在扰乱了视线，以致形成误诊误断。当年马克思在研究资本主义生产关系时，就抓的是资本主义的“普照的光”——资本，因为“资本是资产阶级社会的支配一切的经济权力”②，是资本主义社会依以旋转的轴心，抓住了资本，也就抓住了资本主义生产关系的实质。今天，在研究和看待我国的生产关系性质以至社会性质时，同样需要坚持这种方法。在现阶段，好多种经济成分和经济关系都存在，国有的、民营的、混合经济的、外资的等都在其中扮演着重要的角色。面对这样的发展状况，究竟如何判断生产关系的基本性质和社会

---

① 《马克思恩格斯全集》第 30 卷，人民出版社 1995 年版，第 48 页。

② 《马克思恩格斯全集》第 30 卷，人民出版社 1995 年版，第 49 页。

性质呢?这就要抓“普照的光”。就实际情况来看,我国是公有制为主体、多种所有制经济共同发展;按劳分配为主体、多种分配方式并存。因此,我国的“普照的光”就是作为主体的公有制和按劳分配。既然公有制和按劳分配是“普照的光”,那么,我国生产关系的性质和社会性质就肯定是姓“社”的。当然,强调“普照的光”,并不意味着轻视其他经济成分和经济关系,而只是就对待、处理各种关系的原则和方法而言的,旨在明确把握问题的重点和方法。

三是世界性的观点。马克思对于生产关系的考察,始终是用世界历史的眼光来看待的。早在《德意志意识形态》讲“一切历史冲突都根源于生产力和交往形式之间的矛盾”的观点时,就不是仅仅囿于一国的分析,而是放到世界体系来予以阐述和说明的:“不一定非要等到这种矛盾在某一国家发展到极端尖锐的地步,才导致这个国家内发生冲突。由广泛的国际交往所引起的同工业比较发达的国家的竞争,就足以使工业比较不发达的国家内产生类似的矛盾。”①这就是说,由于“国际交往”的发展,一个国家的生产力不仅同本国的生产关系相联系,而且同世界性的生产关系相联系;一个国家的生产关系不仅由本国的生产力所决定,而且也受世界形势的影响和制约,因而研究社会冲突和社会发展,必须有这样的世界意识。在《〈政治经济学批判〉导言》中,马克思又明确地提出了“生产的国际关系”概念,并在设计《资本论》最初结构即“五篇结构”时,设专篇讲生产的国际关系以及国际分工、国际交换;与此同时,还特别提到“第二级的和第三级的东西,总之,派生的、转移来的、非原生的生产关系。国际关系在这里的影响”②。这些设想和表述,都体现了关于生产关系的宽广视野和深邃思考。

考察生产关系的世界性观点,对于我们正确认识生产关系的复杂性,进而合理调整、完善生产关系和经济关系有其重要意义。应当承认,研究生产关系绝对不能离开本国实际,因为不管世界交往发生多大变化,生产关系总不能离开本国的发展现实。但是,同样应当承认,不能完全离开“生产的国际关系”来单独谈论生产关系,因为各国的联系越是紧密,生产的国际关系就越是成为

① 《马克思恩格斯选集》第1卷,人民出版社2012年版,第196页。
② 《马克思恩格斯全集》第30卷,人民出版社1995年版,第51页。

本国生产关系的重要组成部分或重要规定。因此,在全球化条件下,生产关系“内外”的界限只有相对的意义,不可作绝对化的理解。在我国,随着开放的深入发展,经济全球化的程度越来越高,各种经济关系和生产关系均置于世界经济体系之中,而世界经济体系的许多因素也进入我国的经济关系和生产关系之中,这就形成经济关系和生产关系的多重复合。要顺利推进经济社会发展,必须恰当处理这些关系,并通过深化改革,不断完善经济结构和所有制结构。

考察生产关系的世界性观点,也有助于我们增强对不同国家发展道路特殊性和多样性的理解,尤其是对中国道路的理解。为什么自近代以来中国形成了独特的革命道路?这也是由中国当时独特的经济格局和生产关系格局造成的。近代以来,外国列强用武力打开了中国的大门,把中国卷入了世界资本主义经济体系之中。中国的民族资本主义经济虽然有了某些发展,但并没有也不可能成为中国经济的主要形式,外国资本及依附于它的官僚资本居于主要和支配的地位;在农村中,地主剥削农民的封建生产关系在社会经济生活中依然占据明显优势。这样,中国的经济既不再是完全的封建经济,也不是完全的资本主义经济,而是成为半殖民地半封建的经济。由此形成的生产关系便是半殖民地半封建的生产关系,形成的社会主要矛盾便是帝国主义和中华民族、封建主义和人民大众的矛盾。面对这样的现实,跟着西方国家走资本主义道路走不通,走改良的道路也走不通,最后还是学俄国十月革命经验走社会主义道路。所以,中国革命道路是在这样的复杂环境中走出来的。实践证明,这是真正实现民族独立、国家自强之路,彻底摆脱奴役压迫、实现人民解放之路。

四是历史性的观点。在《哲学的贫困》中,马克思就曾针对蒲鲁东政治经济学的形而上学方法阐述过自己的历史性观点,提出经济范畴不过是现实生产关系的理论反映和抽象,同时进一步揭示了生产关系的历史生成。在马克思看来,蒲鲁东之所以陷入蹩脚的概念排列组合之中,一个重要的原因就在于他延续了资产阶级古典经济学把资本主义生产关系看作是固定不变的永恒的范畴的错误,“经济学家们向我们解释了生产怎样在上述关系下进行,但是没有说明这些关系是怎样产生的,也就是说,没有说明产生这些关系的历史运动。由于蒲鲁东先生把这些关系看成原理、范畴和抽象的思想,所以他们只要把这些思想……编一下次序就行了”①。马克思认为,生产关系之所以是历史形成的,就是因为它和生产力、生产方式密切联系在一起的。“生产方式,生产力在其中发展的那些关系,并不是永恒的规律,而是同人们及其生产力的一定发展相适应的东西,人们生产力的一切变化必然引起他们的生产关系的变化”②。

正由于生产关系是历史生成的,那就需要对资本主义社会予以历史性的把握。当年资产阶级经济学家把资本主义制度看作是“天然的”,马克思则看到它是“有生有灭的”。这种历史性观点,对于我们今天考察当代资本主义发展也是适用的。应当看到,随着资本形式和作用方式的不断调整以及生产方式的不断变革,当代资本主义生产关系也在发生新的变化。首先是在不改变资本主义私有制基本性质的前提下,国家对资本的占有形式在一定程度上作出了适应社会生产力发展要求的调整。联合起来的垄断资本集团的占有,发展为代表整个资产阶级国家的占有,国家经营或国家与私人共同经营成为占有的重要方式。其次是在坚持按资分配的前提下,资本主义国家迫于社会公平的强烈要求和社会稳定的需要,相继建立了社会福利与保障制度,通过分配政策的实施,既满足了资本追求利润最大化的需要,又在一定程度上缓和了劳资矛盾。尽管当代资本主义发展出现了这些新特点、新变化,但资本主义“引发的问题与它们解决的问题一样多”③。伴随当代资本主义的发展,潜藏其中的矛盾、问题乃至危机也在发展,近些年先后爆发的金融危机、经济危机以至疫情防控失灵等就是明证。正确认识和把握当代资本主义发展现实,不仅对于深化当代资本主义研究,而且对于推进中国特色社会主义建设,都具有重要借鉴意义。

原载于《北京大学学报》2022 年第 5 期

① 《马克思恩格斯选集》第 1 卷,人民出版社 2012 年版,第 218 页。

② 《马克思恩格斯选集》第 1 卷,人民出版社 2012 年版,第 233 页。

③ 海尔布隆纳:《资本主义的本质与逻辑》,马林梅译,东方出版社 2013 年版,第 7 页。

唯物史观的具体化定向与历史科学

吴晓明*

马克思的历史理论被称为唯物史观。唯物史观在理论上展现为一系列的原则或原理，对于这样的原则或原理，人们早已耳熟能详了；无论是唯物史观的赞成者还是反对者，都可以条分缕析地记诵这样的原则或原理。但即使是唯物史观最热忱的拥护者，即使他们在原则或原理上寸步不失，却仍未必真正掌握了唯物史观。恩格斯在1890年就数次谈道，唯物史观现在有“许多朋友”，而“关于这种马克思主义，马克思曾经说过：‘我只知道我自己不是马克思主义者。’马克思大概会把海涅对自己的模仿者说的话转送给这些先生们：‘我播下的是龙种，而收获的却是跳蚤。’”①这里具有决定性意义的关键在于，唯物史观不仅是一套原则或原理，而且是统摄全部原则或原理的具体化定向——这一定向要求原则或原理必须能够依循特定的社会—历史现实开展出全面的具体化。这样的具体化时常被生动地比喻为马克思主义的“活的灵魂”或“生命线”。如果说，这样的比喻确实提示出对于唯物史观来说至关重要的东西，那么，它就尤其需要在理论上得到必要的阐明，以便使之成为在理解和运用唯物史观时始终能够从根本上起定向作用的东西。因此，本文所要探讨的是：(1)只有在超越抽象普遍性及其外在反思的理论视域中，唯物史观

---

* 吴晓明，复旦文科资深教授、博士生导师，复旦大学复旦学院院长、复旦大学马克思主义研究院院长、上海市哲学学会会长。

① 《马克思恩格斯选集》第4卷，人民出版社2012年版，第603页。

的具体化定向才得以开启并付诸实行;(2)这一定向始终要求唯物史观在特定的社会—历史现实中开展出它的具体化,从而要求深入并且把握住特定对象的实体性内容;(3)唯物史观的具体化定向必然诉诸并导致历史科学,从而使其原则或原理在历史科学中获得积极的生存;(4)唯物史观的具体化定向在开辟出历史科学新境域的同时,为构建中国特色哲学社会科学提供了最具启发性的理论指引。

一

由于现代性(现代世界的本质—根据)在特定阶段上取得了它的绝对权力,由于在此基础上现代性的意识形态和与之相适应的知识样式占据了统治地位,抽象普遍性就相应地在学术理论中巩固了其主导地位。从历史的观点来看,这种普遍性的主导地位并不是没有来由的。它的本质来历在于,现代性的权力不仅以普遍的“世界历史”取代了民族性的或地域性的历史,而且在世界历史的整个疆域中构造起一种基本的支配—从属关系:“正像它(资产阶级——引者注)使农村从属于城市一样,它使未开化和半开化的国家从属于文明的国家,使农民的民族从属于资产阶级的民族,使东方从属于西方。”①正是这样一种世界历史的总体格局,把一切民族都卷入现代—资本主义文明中来了;因而对于每一个民族——“如果它们不想灭亡的话”——来说,现代化(亦即进入现代性的规定之中)就成为它们不可避免的历史性命运。毫无疑问,这样一种历史性命运是必然的,是不以人们的主观意志为转移的;同样毫无疑问,造成这一历史性命运的力量是普遍的,是无远弗届的。为了突出地强调如此这般的普遍性和必然性,海德格尔将人们通常称之为“现代化”的进程表述为“地球和人类的欧洲化”。

尽管在世界历史的基本处境中,现代化成为每一个民族普遍的历史性命运,但对于不同的民族来说,其现代化道路和任务的展开,却在内容、方式与进程上存在不同;而这样的不同,是由特定民族本身的“社会条件”所造成的,是

① 《马克思恩格斯选集》第1卷,人民出版社2012年版,第405页。

由其所处的“历史环境”所决定的。因此，除非我们能够据此来使这种普遍性（一般现代化任务的普遍性）得以具体化，否则就根本无法理解任何一个民族的现代化进程，因而也就根本无法真正把握这一普遍性本身。正如马克思在致《祖国纪事》编辑部以及致查苏利奇的信中所指出的那样，一个民族的现代化道路和进程完全取决于特定民族所处的具体的“社会条件”和“历史环境”。如果只是把西欧资本主义起源的历史转变成“一般发展道路”的公式，并把这种“超历史的”公式先验地强加给任何一个其他民族，只会得出完全无头脑的荒谬结论。例如，某种抽象普遍性的观点会设想以英国的方式来使俄国现代化，但是，俄国“农村公社”的历史环境却是独一无二的：“通过英国式的资本主义的租佃来摆脱这种绝境的尝试，将是徒劳无功的，因为这种制度是同俄国的整个社会条件相抵触的。”①由此可见，现代性的权力在特定的阶段上确实是普遍的，因而现代化的任务对于不同民族来说同样是普遍的。但是，这样一种普遍性绝不是抽象的，它只有通过每一民族在其社会—历史中的具体性，才可能得到现实的展开和特定的完成。黑格尔早就在哲学上论证过：没有抽象的真理，真理是具体的；真正的普遍性不是停留于抽象中的普遍性，而是深入于具体之中并且能够把握住具体的普遍性。正是根据这样一种哲学上所要求的具体化立场，黑格尔在《法哲学原理》和《历史哲学》中曾多次批评拿破仑：这位伟大的政治天才和军事天才想要把法国的自由制度先验地强加给西班牙人，结果却把事情弄得一塌糊涂，并且最终是不可避免地失败了。②

固守抽象性的失败，在政治实践领域中比比皆是，在学术理论领域中同样屡见不鲜。在学术理论领域中，固守抽象性的思维方式是怎样的呢？这种思维方式被黑格尔称之为“外在反思”：它作为一种忽此忽彼的推理能力，从来不深入事物的内容之中，但它知道一般原则，而且知道把一般原则抽象地运用到任何内容之上。因此，外在反思的基本要点在于：（1）执着并且局限于抽象的普遍性，认抽象的普遍性为“绝对”，无论这种普遍性是作为永恒的“自由”“平等”或“正义”，还是作为各种理论原则的范畴、命题或规律；（2）将抽象的

① 《马克思恩格斯选集》第3卷，人民出版社2012年版，第830页。

② 参见黑格尔：《法哲学原理》，范扬、张企泰译，商务印书馆1961年版，第291页；《历史哲学》，王造时译，上海书店出版社2006年版，第423页。

普遍性外在地运用到——先验地强加到——任何对象、任何内容之上,从而使一切可以标识既定对象之特殊性的内容消失得无影无踪。事实上,外在反思并不是某种离我们很远且特别深奥的东西,它其实就是通常被叫作“教条主义”的东西,而在哲学上则更经常地被称为“形式主义”。就像教条主义只知道谨守作为抽象普遍性的原则或原理一样,形式主义总是遗忘或拒斥特定事物的实体性内容。很明显,拿破仑所代表的制度原则在当时确实是“真的”并且是合理的,但拿破仑在西班牙的失败正意味着这一原则的外在使用实际上是撇开了特定社会本身的实体性内容。同样很明显,中国革命时期“教条主义的马克思主义者”之所以招致一连串的失败并付出惨重的代价,正是因为当他们将抽象的原则(例如“中心城市武装起义”)先验地强加给中国革命时,恰恰遗忘或排除了中国社会本身的实体性内容。如果我们的学术理论只是执着于抽象的普遍性并使之仅仅适合于外在反思的运用,那么,我们就根本没有能力使抽象的东西具体化,并通过这样的具体化深入并且把握住作为“事物自身”的实体性内容。就此而言,“黑格尔认为这种外部反思的过程是诡辩论的现代形式,因为它任意地把给定的事物纳入一般原则之下。……他要求思想应该使自己完全进入事物的客观内容并抛弃自己的所有幻想”①。

近代以来占主导地位的知识样式乃是知性知识。就其基本建制而言,这样的知识一般地立足于抽象的普遍性之上,并且也一般地将抽象普遍性无差别地——外在反思地——加诸任何对象、任何内容之上(知性反思)。至于这样的普遍物是知性范畴还是知性规律,是理论的原则、原理还是诸如“自由”“平等”“正义”等理念,在这里都是无关紧要的。如果说,我们的学者在自我审视中发现自己的学术正是以这样一种方式活动和运作的,那么,这不过是因为现代性的知识样式在其基本建制上就是如此这般地被规定的。这样的知识样式确实达到了某种普遍性,即抽象的普遍性;既然抽象乃是思维最基本的功能之一,那么抽象普遍性的达成就理所当然地属于思维的胜利,属于思维不可予夺的成果。但是,在这里必须清晰辨明的是,抽象的普遍性还只是单纯形式的普遍性,亦即放弃实体性内容并对这种内容置之不理的普遍性——它无关

① 加达默尔:《哲学解释学》,夏镇平译,上海译文出版社 1994 年版,第 111 页。

乎任何内容因而看起来似乎适合于一切内容。因此,停滞在抽象普遍性之中并且满足于知性反思的学术只能是形式主义的学术。“如果认知主体只把唯一静止的形式引用到现成存在物上来,而材料只是从外面投入于这个静止的要素里,那么这就像对内容所作的那些任意的想象一样不能算是对于上述要求的满足,即是说,这样做出来的不是从自身发生出来的丰富内容,也不是各个形态给自身规定出来的差别,而毋宁是一种单调的形式主义。”①

更重要的是,这种形式主义的学术同时还必定是主观主义的,就像我们早就知道教条主义属于主观主义一样。之所以如此,是因为思维所达成的抽象普遍性同“事物自身”的实体性内容分离隔绝,是因为抽象理智只是对内容作出“任意的想象”,在这里根本还没有“从自身发生出来的丰富内容”,还没有“各个形态给自身规定出来的差别”,有的只是处于“事物自身”之彼岸的主观思想的活动或“自由游戏”罢了。因此,在抽象普遍性的外在反思中,在知性知识的基本建制中,也就没有真正的客观性,没有依此客观性而来的“真理”。正是在这个意义上,黑格尔尖锐抨击了“批判哲学”(康德—费希特哲学的末流)的主观主义,因为它把对真理的无知当成了良知;“因为根据这个学说来看,正是这种无知,这种浅薄空疏都被宣称为最优秀的,为一切理智努力的目的和结果”②。

如果说“批判哲学”因此成为主观主义—形式主义学术的哲学后盾,那么,超越这种学术的努力便会特别地诉诸“哲学特有态度的起源”,即所谓“客观性告诫”。加达默尔曾就此写道:“在古典哲学思想中,这种客观性的魁首当推黑格尔。他精确地讨论了物的活动,并且用以下事实体现了真正的哲学思考,即物在自身中活动,它并非仅仅是人自己的概念的自由游戏。这就是说,我们对于物所做的反思过程的自由游戏在真正的哲学思考中并不起作用。本世纪初代表了一种哲学新方向的著名现象学口号‘回到事物本身去’指的也是同样的意思。”③在这里本质重要的东西是什么呢?是事物自身,是我们的思想能够通达事物自身。只有当这样的通达在本体论的基础上成为可能

① 黑格尔:《精神现象学》上卷,贺麟、王玖兴译,商务印书馆1979年版,第9页。
② 黑格尔:《小逻辑》,贺麟译,商务印书馆1980年版,第34页。
③ 加达默尔:《哲学解释学》,夏镇平译,上海译文出版社1994年版,第71页。

时,才会有思想的真正客观性和真理性,才能将主观思想提升为(扬弃为)客观思想(客观精神),才得以使学术理论超越抽象普遍性的外在反思并摆脱其主观主义—形式主义性质。

尽管马克思与黑格尔在本体论的基础上存在根本区别,因而对于“事物自身”的规定迥然相异,但他们在反对抽象普遍性及其外在反思方面,却是高度一致的。几个简单的例子就可以清晰地表明这一点。例如,马克思指出,在政治经济学中,“生产一般”是一个抽象(范畴),它可以是一个合理的抽象,即把共同之点提出来并定下来;但对“生产一般”适用的种种规定之所以要抽出来,正是为了不致因为有了统一而忘记“本质的差别”。从意识形态方面来说,“那些证明现存社会关系永存与和谐的现代经济学家的全部智慧,就在于忘记这种差别”①。从学术理论方面来说,“粗率和无知之处正在于把有机地联系着的东西看成是彼此偶然发生关系的、纯粹反思联系中的东西”②。在这里,所谓“纯粹反思联系着的东西”是什么呢?它们是一些抽象的普遍物,是一些可以由知性反思外在地——因而也是偶然地——强加给任何对象、任何内容的东西。当这样的东西连同其反思形式在学术理论中占统治地位并大行其道时,就像“本质的差别”将被彻底夷平一样,“有机地联系着的东西”也就分崩离析了。与此相反,唯物史观恰恰要求超出这种“粗率和无知之处”,也就是说,要求学术理论从抽象普遍性的外在反思中解放出来。“总之:一切生产阶段所共有的、被思维当做一般规定而确定下来的规定,是存在的,但是所谓一切生产的一般条件,不过是这些抽象要素,用这些要素不可能理解任何一个现实的历史的生产阶段。”③

同样,马克思在《哲学的贫困》中以唯物史观决定性地摧毁了蒲鲁东的“经济学形而上学”。蒲鲁东曾研究过黑格尔哲学,但他最终却只是用一些“冒牌的黑格尔词句”来吓唬法国人,而这些冒牌词句的实质无非是抽象普遍性的恢复,是“降到极可怜程度”的思辨,是完全缺失社会—历史内容的“理念”趾高气扬地君临一切。对此,马克思不仅明确指证了蒲鲁东已经陷入其

① 《马克思恩格斯选集》第2卷,人民出版社2012年版,第685页。
② 《马克思恩格斯选集》第2卷,人民出版社2012年版,第688页。
③ 《马克思恩格斯选集》第2卷,人民出版社2012年版,第688页。

中的公式主义，而且尤其抨击了他的那种超社会—历史的抽象理念——“平等”，它在经济学形而上学中起着神秘的支配作用：“总之，平等是原始的意向、神秘的趋势、天命的目的，社会天才在经济矛盾的圈子里旋转时从来没有忽略过它。因此，天命是一个火车头，用它拖蒲鲁东先生的全部经济行囊前进远比用他那没有头脑的纯理性要好得多。”①正是在这里，“平等”作为单纯的抽象物，似乎具有最高的普遍性和掌控力：它是超社会、超历史的，因而得以支配全部的社会和历史。也正是在这里，当“平等”被用作普遍的理念、原则或原理的时候，便立即沦为纯粹的梦想或幻觉。

《哲学的贫困》所作的批判，当然绝不仅限于针对蒲鲁东以及他的“平等”理念，它更广泛地意味着，唯物史观要求批判地超越任何一种抽象的普遍性。与抽象的平等理念处于同样高度或相近地位的，难道不是还有诸如“自由”“正义”“公平”等理念吗？在直到今天的流俗的学术中，难道不是诸如此类的抽象理念以普遍者的名义在各处志得意满地雄视阔步吗？只不过在马克思（以及黑格尔）看来，这样的抽象普遍物仅仅居住在单纯主观性的梦想或幻觉中罢了。这绝不意味着——一点都不意味着——像“平等”“自由”“正义”等理念对于马克思来说是完全没有意义的；恰恰相反，它们是具有非常确定的意义的。但只要上述的理念停滞在抽象的普遍性之中，它们就只能成为理论中的“原始的意象，神秘的趋势，天命的目的”，并且只能用这种虚假观念的“火车头”来拖学术装备的全套行囊。毫无疑问，自黑格尔和马克思以来，这样的学术理论方式就已经是时代错误了；同样毫无疑问，为了从这样的时代错误中摆脱出来，就必须以完全不同的方式来理解和把握作为普遍物的理念、范畴、原则或原理，也就是说，必须以批判地超越抽象普遍性及其外在反思的方式来使学术理论得到全面的更新与改造。

二

对于一般理智来说，要超越抽象普遍性—外在反思的思维方式似乎是不

① 《马克思恩格斯选集》第1卷，人民出版社2012年版，第230页。

可思议的,因为一般理智就是在这样的范围内活动的,而近代以来占主导地位的知识样式(知性知识、知性科学)也是以这样的方式来运作的。但同样确定的是,在这样的范围内活动并以这样的方式来运作的知识或学术,在性质上必定是主观主义的(就其无法通达事物自身而言)和形式主义的(就其无关乎实体性的内容而言)。黑格尔最坚决地揭示并指证了这一点,从而要求全面地超出局限于一般理智、局限于知性范围内的思维方式。这里所谓的"超出",按照康德对"知性"和"理性"的经典区分,便意味着超出"有限的"知性知识而抵达"无限的"理性知识;而后者的无限性,在恰当的理解中,无非意味着能够通达"事物自身"并把握其实体性内容。

知性知识或知性科学是特别地自近代发展起来并成为"绝对势力"的,因为它是以近代哲学(所谓"主体性哲学")为前提并作为近代世界的巨大成果而展现出来的。立足于主体性之上既是这种知识的优长之处,同时也是它相较于古代知识而言的薄弱之处——如果它仅仅封闭在主观思想内部的话。这种情形被加达默尔称作现代人的"主观主义困境",由之而来的"古今之争"只是在黑格尔哲学中才获得了"划时代的解决"。① 在黑格尔看来,古代人给自己创造了一种渗透于事物之中的普遍性;"但现代人则不同,他能找到现成的抽象形式;他掌握和吸取这种形式,可以说只是不假中介地将内在的东西外化出来并隔离地将普遍的东西(共相)制造出来,而不是从具体事物中和现实存在的形形色色之中把内在和普遍的东西产生出来"②。这就是说,在现代知识中起主导作用的乃是"现成的抽象形式",亦即隔绝于具体事物和现实存在的抽象的普遍性;而这种抽象的普遍性在知性的思维中停顿下来并且僵硬起来,由之开展出来的只能是其外在反思(知性反思)的运用。因此,对于黑格尔来说,全部问题的关键就在于,超出抽象的普遍性而使之成为能够深入于并且把握住具体的普遍性,超出固定僵硬的思维规定而使普遍的东西成为"现实的有生气的东西"。正是在这个意义上,黑格尔说:"哲学乃是与抽象最为对立的东西;它就是反对抽象的斗争,是与知性反思的持久战。"③

---

① 参见《加达默尔论黑格尔》,张志伟译,光明日报出版社 1992 年版,第 5 页。

② 黑格尔:《精神现象学》上卷,贺麟、王玖兴译,商务印书馆 1979 年版,第 22 页。

③ 转引自海德格尔:《路标》,孙周兴译,商务印书馆 2000 年版,第 519 页。

对黑格尔来说，与“抽象”对立的东西是“具体”，而扬弃知性反思或外在反思的东西则是“思辨的反思”或“思辨的思维”，亦即通常被称为“辩证法”的东西。因此，当思辨的反思（辩证法）要求超出知性的反思时，它也就要求将抽象提升为具体，亦即使抽象的东西具体化。在这个意义上，辩证法也就是具体化：它要求使普遍者终止其单纯的抽象性而深入具体的现实之中，以便使特殊或个别能够在普遍之中获得积极的生存，并且能够依其自身来得到理解和把握。这是哲学思想上的一个划时代变革，并且对于学术理论来说是一个直到今天仍有待消化的深刻启示。如果说，思辨辩证法在本体论上要求使通达“事物自身”成为可能，那么，它在知识、理论、学术方面便是要求超出抽象的普遍性而开展出全面的具体化。这两个方面是共属一体的：“因为辩证法的出发点，是就事物本身的存在和过程加以客观的考察，借以揭示出片面的知性规定的有限性。”①

由此得到突出强调的是，只有诉诸“事物自身”才可能保障思想的真正客观性，只有超出知性规定的有限性才可能进入理性无限性的领域——在这样的领域中，思辨思维的基本方式便是具体化，即深入作为事物自身的实体性内容之中并从而把握“现实”。黑格尔之所以把局限于知性范围内的学术理论在性质上明确地划归主观主义—形式主义，恰恰是因为这样的学术理论总是使抽象的理念完全分离隔绝于现实。“惯于运用理智的人特别喜欢把理念与现实分离开，他们把理智的抽象作用所产生的梦想当成真实可靠，以命令式的‘应当’自夸，并且尤其喜欢在政治领域中去规定‘应当’，这个世界好像在静候他们的睿智，以便向他们学习什么是应当的，但又是这个世界所未曾达到的。”②在知性反思的运作中，当抽象的普遍性被先验地强加到任何对象上去的时候，那具有普遍性外观的东西便仿佛是任何事物都必须接受的命令：给定的事物“应当”如此，如果这一事物实际上不是如此，那么它还是“应当”如此。只不过由于这样的“应当”被封闭在主观性的内部，因而对于现实来说是完全无能为力的。就像抽象的理念不能使拿破仑时代的西班牙人接受法国的自由

① 黑格尔：《小逻辑》，贺麟译，商务印书馆1980年版，第178页。
② 黑格尔：《小逻辑》，贺麟译，商务印书馆1980年版，第44—45页。

制度一样,抽象的原则也不能使中国革命通过“中心城市武装起义”来完成。没有什么比这种“应当”更清楚地揭示出抽象普遍性的软弱无力,以及外在反思的主观主义性质了;因为在这里实际上得到表现的只不过是冒普遍性之名的主观性,是这种主观性的任意和武断罢了。因此,当黑格尔试图全面地克服抽象普遍性在学术理论中的统治地位时,他就必然要求思辨的具体化,并且必然要求通过这样的具体化同“现实”建立起最关本质的联系,以便使通达“事物自身”并把握其实体性内容成为可能。因此,真正的普遍者乃是自我活动的展开过程,而这一展开过程既是普遍者的实现过程,也是它在思维中经由并且依循现实而来的具体化。总而言之,这样的普遍者绝不蜷缩停顿在单纯的抽象性之中,它要使自身展开为现实并且具体化为现实;也就是说,思辨的普遍者通过具体化而成为现实,或者反过来说也一样,通过现实而被具体化为真正的普遍者。在这样的意义上,辩证法也就是扬弃抽象的具体化,是要求以现实来定向的具体化。对于思辨的思维来说,这种具体化的必要性突出地表现在黑格尔的下述说法中:“一个所谓哲学原理或原则,即使是真的,只要它仅仅是个原理或原则,它就已经也是假的了;要反驳它因此也就很容易。”①

我们处身其中的现实是什么呢?是特定的社会—历史现实。除非特定现实的实体性内容能够进入理论的观照中,否则我们就根本无法以学术的方式去理解和把握这一现实;进而言之,除非学术理论中的普遍者能够依循特定的现实而开展出社会—历史的具体化,否则这一现实的实体性内容就根本不可能来同我们照面。在学术理论中,普遍者(或普遍的规定)永远是不可或缺的:当抽象的普遍性以外在反思的方式将所有的实体性内容消除殆尽时,依社会—历史之现实而来的具体化则要求重建一种更高的普遍性,一种始终不断地为特定的实体性内容所丰富、所充实的普遍性。这样的具体化既是由社会来定向的,也是由历史来定向的。这两方面的具体化可以简要地称之为“社会现实的观点”和“历史现实的观点”。就这样的观点要求终止抽象而进入社会—历史的具体化之中,马克思和黑格尔是高度一致的。正是由于这种高度一致,马克思曾公开承认自己是黑格尔“这位大思想家的学生”;而恩

① 黑格尔:《精神现象学》上卷,贺麟、王玖兴译,商务印书馆1979年版,第14页。

格斯则宣称，黑格尔的划时代的历史观乃是“新的唯物主义世界观的直接的理论前提”。①

历史现实的观点，可以说是黑格尔最重要的哲学遗产。在《精神现象学》中，黑格尔不仅重新制定了思想之客观性的基础，而且史无前例地拟定了历史性的原理，并将它决定性地引入哲学之中。由于意识的经验乃是一个自我活动的展开过程，由于在这种经验中作为意识和作为对象的事物同样是展开过程，并且由于真理最终揭示自身为这一展开过程之全体，所以这里的一切都不能不是历史性的。不仅如此，由于这种历史性是在绝对观念论的基础上被论证的，所以正如海德格尔所指出的，“实体即主体”直接意味着“存在就是变化”，也就是说，黑格尔的历史性原理乃是“存在之历史性”，是在存在者整体的意义上被设定和把握的。② 我们非常熟悉恩格斯对黑格尔历史性—辩证法的简要阐明。当这一阐明使“凡是现实的都是合乎理性的”转化为“凡是现存的都一定要灭亡”时，历史性在一切事物中的无情贯彻便得到了令人印象深刻的揭示。如果说，它在通俗的理解中意味着一切事物都有它的出生和成长，有它的繁荣和鼎盛，也有它的衰老和死亡，那么这种历史性的基本思想对于我们的知识和学术来说，难道不是意味着抽象普遍性将丧失它自诩能够掌控“古往今来”和“六合之内”的无限权利吗？难道不是意味着抽象普遍性的外在反思将失去它在学术理论中的真实效准吗？

社会现实的观点，同样是黑格尔无与伦比的哲学贡献。在黑格尔看来，历史理性的真正出发点或基础决不是抽象孤立的个人，而是社会的现实，是由这种现实的实体性内容来规定的人的活动。他曾引用了一句阿拉伯短语（“一个古莱西人的儿子”）来表明，对使用这句话的人来说，特定的人并不是一个个人，而是部落集团的一个成员。③ 如果说，黑格尔社会现实的观点决定性地动摇了抽象个人的出发点以及“契约论”的虚假构造（尽管诸如此类的东西在今天的学术理论中依然盛行），那么，这种观点的积极成果便尤为突出地表现在法哲学中。在那里，黑格尔不仅把法——抽象法（外在的法）、道德（主观的

① 参见《马克思恩格斯选集》第2卷，人民出版社2012年版，第94、13页。

② 参见海德格尔：《黑格尔》，赵卫国译，南京大学出版社2018年版，第10、52页。

③ 加达默尔：《哲学解释学》，夏镇平译，上海译文出版社1994年版，第113页。

法)、伦理(实在的法)——描述和把握为一个有机的整体,而且把抽象法和道德的本质性引导到“伦理”的领域中,也就是说,引导到家庭、市民社会和国家在其中活动的那个领域,亦即一般所谓社会生活的领域。这样一来,社会现实的观点不仅强有力地阻止了关于抽象法和道德的一切空谈,而且决定性地将法的本质移入社会生活的内容能够在其中被具体化的那个领域,即伦理的领域。正如恩格斯所说,“在这里,形式是唯心主义的,内容是实在论的。法、经济、政治的全部领域连同道德都包括进去了”①。不仅如此,当社会现实的实体性内容通过具体化而进入哲学的视域中时,理念与现实之间的分离隔绝就被决定性地解除了,从而学术理论就要求以一种完全不同于知性的方式被建立起来并开展出来。例如,整部法哲学可以说是以“自由”的理念为主题的(自由“构成法的实体和规定性”,法的体系乃是“实现了的自由王国”)②,但黑格尔决不抽象地谈论“自由”并许诺给它以空洞的普遍性。相反,他却进入“抽象法”“道德”和“伦理”的领域(流俗的观点恰恰视之为限制“自由”的领域)之中,他要使自由的理念在这样一些具有实体性内容的领域中具体化——自由是如何在这样的领域中得到展开并得以实现的。如果说“自由”的理念是如此,那么,“平等”“正义”“公平”等理念难道不也须如此来得到理解和阐明吗? 正是在这个意义上,加达默尔说:“黑格尔哲学通过对主观意识观点进行清晰的批判,开辟了一条理解人类社会现实的道路,而我们今天仍然生活在这样的社会现实中。”③由此可见,从哲学上超出抽象理智、超出知性反思的道路,被黑格尔揭示为思辨的辩证法,亦即思辨的具体化。这是一种要求使思维能够通达“事物自身”的具体化,是依循社会—历史之现实来得到展开并从而占有其实体性内容的具体化。对于学术理论的总体来说,这种具体化所具有的意义是至为深远的:如果这样的意义不能得到切近的理解和把握,那么,所谓“现实”就还根本不可能进入我们的视域之中,就还根本不可能在学术理论中被真正触动并且被课题化。

---

① 《马克思恩格斯选集》第4卷,人民出版社2012年版,第243页。

② 黑格尔:《法哲学原理》,范扬、张企泰译,商务印书馆1961年版,第10页。

③ 加达默尔:《哲学解释学》,夏镇平译,上海译文出版社1994年版,第111页。

三

在依循社会—历史之现实而开展出具体化方面,马克思与黑格尔保持着最关本质的联系。这种联系不仅意味着两者的切近,而且也意味着前者同后者的批判性脱离。两者的切近可以通过一个简要的比照来得到提示。例如,在康德哲学中,社会—历史之现实的观点还未曾真正出现;无论是在"理论理性"还是在"实践理性"中,我们还完全看不到社会—历史的实体性内容以及由之而来的具体化。这样说不是要苛责前辈,而只不过意味着:那把握住社会—历史之现实的哲学主张尚未构成,它在德国观念论中还有待构成。另一方面,在费尔巴哈哲学中,我们同样看不到社会—历史之现实的观点,看不到由这种观点而被唤入视野的实体性内容,以至于确实可以说,那在黑格尔手中构成的"划时代的"观点却再度被丢失了(马克思曾就此说过,费尔巴哈对黑格尔是"颇为问心有愧的")。因此,尽管费尔巴哈有其重要的历史功绩,但他在哲学方面却未能避免一个时代错误;正是这个错误使他的社会—历史理论与黑格尔比较起来,只是表现出"惊人的贫乏"(恩格斯语);或者,如洛维特所说,"用黑格尔的'精神'历史的尺度来衡量,费尔巴哈粗鲁的感觉主义与黑格尔以概念方式组织起来的理念[相比]显得是一种倒退,是用夸张和意向来取代内容的思维野蛮化"①。看来,这一比照在展现出黑格尔伟大之处的同时,也显示出马克思同黑格尔具有本质联系的关键之处。

这个关键之处就是社会—历史之现实的观点。与黑格尔相一致,在马克思看来,学术理论在总体上以切中并把握"现实"为目的;只要这样的现实乃是社会—历史的现实,那就唯有通过普遍者在社会—历史中的具体化才能达到这个目的。对于为历史性所贯彻并具有独特规定的社会现实来说,抽象普遍性的外在反思是完全无能为力的。如前所述,"生产"范畴是用一些抽象要素来表示"一切生产的一般条件";但是,当马克思说,用这些抽象要素不可能理解"任何一个现实的历史的生产阶段"时,这里的意思是,我们固然可以用

① 洛维特:《从黑格尔到尼采》,李秋零译,三联书店2006年版,第150页。

这个抽象范畴来谈论任何时代、任何类型的生产,但是,除非这一范畴能够依循社会—历史的现实被具体化,否则它就不可能用来说明任何一种现实的生产,即具有特定社会—历史规定的生产。在谈到“劳动”范畴时,马克思同样要求这一范畴必须在特定的“社会形式”和“历史差别”中得到具体化:“劳动这个例子令人信服地表明,哪怕是最抽象的范畴,虽然正是由于它们的抽象而适用于一切时代,但是就这个抽象的规定性本身来说,同样是历史条件的产物,而且只有对于这些条件并在这些条件之内才具有充分的适用性。”①

一般的范畴是如此,举凡一切在学术理论中作为普遍者来起作用的抽象都是如此。“平等”的理念在蒲鲁东那里成了这样一种“圣物”,即“原始的意象、神秘的趋势、天命的目的”。而在唯物史观的视域中,这样的理念固然是有意义并且起作用的,但它们总是为特定的社会—历史内容所规定的;因此,除非它们能够在现实中被具体化从而失去其单纯抽象的性质,否则就没有任何意义。马克思说,“平等的趋势是我们这个世纪所特有的”。同样,“每个原理都有其出现的世纪”——比如说,“权威的原理”出现在 11 世纪的欧洲社会,而“个人主义的原理”则出现在 18 世纪的欧洲社会。为了真正理解和把握这样的原理,我们就必须进入社会—历史的具体化之中:“我们就必然要仔细研究一下:11 世纪的人们是怎样的,18 世纪的人们是怎样的,他们各自的需要、他们的生产力、生产方式以及生产中使用的原料是怎样的;最后,由这一切生存条件所产生的人与人之间的关系是怎样的。”②

在社会—历史中运行并起支配作用的“规律”同样如此。这样的规律不是抽象的,它们具有确凿无疑的历史性质与社会内容,因而也只有通过社会—历史的具体化才可能得到真正的理解和把握。如果说,“世界历史”使得现代化成为一切民族的历史性命运因而可以被视为普遍规律的话,那么,这样的规律恰恰是在特定的历史时代才产生出来,并且是以相当不同的方式——依不同民族的特定现实——来展开和实现的。局限在知性范围内的反思只能将知性规律当作抽象的普遍性来加以理解和运用。这样的规律(黑格尔在《精神

---

① 《马克思恩格斯选集》第 2 卷,人民出版社 2012 年版,第 705 页。

② 《马克思恩格斯选集》第 1 卷,人民出版社 2012 年版,第 227 页。

现象学》中通过“诸力之游戏”的简化统一阐明了知性规律的基本性质与限度）在现代自然科学中有其适用的范围，但是，在社会历史领域中，对规律的这种理解和运用方式就只会阻滞学术理论深入特定的实体性内容，并且为各种超社会—历史的错觉和幻想大开方便之门。这样一来，正如马克思所说，在社会历史中展开和实现的规律就被冒充为“不受时间影响的自然规律”，并且被伪装成“应当永远支配社会的永恒规律”。① 这种冒充或伪装不仅在学术理论上暴露出知性反思的局限性，而且在观念形态上意味着：当实际上只是来源于现存事物的那些观念把自己说成是笼罩一切的普遍性时，这种虚假的普遍性不过是在非历史地祝福现存事物的永垂不朽罢了。正是为了强调这种规律所固有的社会—历史性质，马克思在讲到所谓“工资铁律”（“铁的工资规律”）时写道：“如果我废除了雇佣劳动，我当然也就废除了它的规律，不管这些规律是‘铁的’还是海绵的。”②

甚至对于唯物史观本身的原则、原理或规律来说，事情也同样如此。只要它们停滞在抽象的普遍性中，只要它们放弃或拒绝经由社会—历史之现实而来的具体化，那正如恩格斯所说，它们就立即转变为唯物史观的“对立物”。一个非常值得深思的例证出现在马克思对米海洛夫斯基的下述评论中：“他一定要把我关于西欧资本主义起源的历史概述彻底变成一般发展道路的历史哲学理论，一切民族，不管它们所处的历史环境如何，都注定要走这条道路，——以便最后都达到在保证社会劳动生产力极高度发展的同时又保证每个生产者个人最全面的发展的这样一种经济形态。”③这里所说的东西，看起来不就是唯物史观的原理或规律吗？但是，多么出人意料，马克思竟毫不犹豫地拒绝了这种历史哲学理论，并且用“这样做会给我过多的荣誉，同时也会给我过多的侮辱”这一著名说法，强调了他的严词拒绝。之所以如此，是因为在这里，“一般发展道路”就成了超社会—历史的普遍性，而这种抽象普遍性的统治恰恰阻断了经由特定“社会条件”和“历史环境”而来的具体化，“这种历

① 参见《马克思恩格斯选集》第1卷，人民出版社2012年版，第232页。

② 《马克思恩格斯选集》第3卷，人民出版社2012年版，第369页。

③ 《马克思恩格斯选集》第3卷，人民出版社2012年版，第730页。

史哲学理论的最大长处就在于它是超历史的”①。明白了这一点,我们也就能够理解,当查苏利奇1881年向马克思询问俄国道路的可能性时,为什么马克思不像“社会新栋梁的代言人”那样,能够立即从口袋里掏出一个由抽象普遍性而来的——因而就如解一个一次方程那么简单的——现成答案。如果说,避开现实的答案只需要外在反思就能轻易到手,那么,把握住现实的答案就必须通过社会—历史的具体化研究才可能达成。从前面的讨论中,我们可以观察到马克思与黑格尔的高度一致之处。然而,我们也很清楚地知道,马克思与黑格尔在本体论上乃是“截然相反的”。因此,尽管辩证法对于他们来说都意味着具体化,都意味着社会—历史的实体性内容进入具体化的把握之中,但是,在马克思和黑格尔那里同样被称为“现实”的东西,以及辩证法—具体化在其中展开和实现的东西,必定具有相当不同的性质和意义。黑格尔一方面很正确地把“现实”规定为“本质和实存的统一”,规定为“展开过程中的必然性”;但另一方面,在“现实”中作为“本质”或“必然性”起作用的东西,却被归结为理念。所以黑格尔声称,并不是所有的实存都配享有“现实”这一美名的;实存只有在“分有”理念的情形下才是现实,因而那真正现实并且唯一现实的东西就是理念。理念最终被归结为绝对理念,而理念作为绝对者,不仅是唯一的普遍者,而且是自我活动者——它在自我活动中思辨地具体化:展开自身、差别化自身、对象化自身,并从而实现自身。但是这样一来,那作为普遍者的绝对理念(或绝对精神)便具有非常神秘的性质:就像绝对的普遍者本身乃是思辨的“上帝”一样,立足于并且出自于这个普遍者的具体化也就成为思辨的“创世”了。关于前者,费尔巴哈说,思辨哲学的秘密乃是神学,绝对精神不过是变成思想并且通过思想来加以论证的上帝罢了。关于后者,马克思评论道:当思辨的思维从“一般果实”中创造出苹果、梨、扁桃、葡萄等存在时,每一个单个的果实便成为“绝对果实”的具体化或特殊化,于是现实的天然的果实因而就具有了一种超自然的意义,“它们是‘一般果实’的化身,是绝对主体的化身”②。所以洛维特说,马克思“之所以针对费尔巴哈捍卫黑格尔,乃是因为

① 《马克思恩格斯选集》第3卷,人民出版社2012年版,第730—731页。
② 《马克思恩格斯全集》第2卷,人民出版社1957年版,第74页。

黑格尔理解普遍者的决定性意义，而他之所以攻击黑格尔，那是因为黑格尔在哲学上把历史的普遍关系神秘化了”①。

在这里起决定性作用的，是马克思哲学的本体论变革。如果说在这一变革的开端，没有人像费尔巴哈那样深刻地影响了马克思，那么，这一变革的结果却不仅针对着黑格尔，而且也针对着费尔巴哈。马克思将黑格尔哲学批判地解说为三个因素，即(1)斯宾诺莎的“实体”，即形而上学地改装了的“脱离人的自然”；(2)费希特的“自我”，即形而上学地改装了的“脱离自然的人”；(3)上述两个因素在“绝对精神”中的必然的统一，即形而上学地改装了的“现实的人或现实的人类”。不消说，费尔巴哈无可争辩的功绩正在于他把绝对精神还原为人，亦即要求祛除笼罩在人之上的形而上学伪装；同样不消说，由于费尔巴哈仅仅将抽象的人当作其哲学的基础，因而所谓人本学恰恰无法真正把握“现实的人或现实的人类”。在这样的意义上，即使是为了使费尔巴哈所提供的推动力得到实现，也必须能够实质地占有黑格尔已经思辨地通达的那个领域(现实的人或现实的人类)，必须能够批判地拯救使得这种通达成为可能的基本方式(思辨的辩证法或具体化)。马克思在1844年就决定性地发明了这一任务：当费尔巴哈把黑格尔的辩证法仅仅看作“哲学同自身的矛盾”(在否定神学之后又肯定神学的哲学)时，马克思却将之把握为“历史运动”的表达，尽管还只是“抽象的、逻辑的、思辨的表达”。因此，“我们既要说明这一运动在黑格尔那里所采取的抽象形式，也要说明……这一在黑格尔那里还是非批判的运动所具有的批判的形式”②。

这里无须详尽回顾马克思同思辨辩证法的批判性脱离，这是我们大家都很熟悉的。重要的是，当黑格尔要求以“客观精神”来扬弃主观思想或主观意识时，他是完全正确的，也是马克思所赞同的(按洛维特的说法，马克思在费尔巴哈之后“恢复了黑格尔的客观精神学说”)。但是，当黑格尔将客观精神的本质性引导到“绝对精神”中去的时候，马克思则将这种本质性引导到“人们的现实生活过程”之中，引导到生产方式的变动结构之中。因此，在马克思

① 洛维特：《从黑格尔到尼采》，李秋零译，三联书店2006年版，第150页。

② 《马克思恩格斯全集》第3卷，人民出版社2002年版，第316页。

那里,任何一种作为客观精神来活动和起作用的东西(无论它是法、道德、政治制度,还是各种意识形态或意识形式),都最关本质地植根于以生产方式来规定的生活过程之中,因而后者便成为前者的现实基础。如果说,这样一种根本分歧来自于本体论上的相反立场,那么很容易理解的是,尽管马克思和黑格尔都主张学术理论依现实而来的具体化辩证法,但就像他们不可避免地在“现实”概念上分道扬镳一样,他们开展出来的具体化也必定具有不同的性质与方向。无论如何,作为“绝对者—上帝”的绝对精神在黑格尔身后已不再能够真正持立了,对此马克思的说法是:“绝对精神的解体过程”;尼采的说法是:“上帝死了”——超感性世界腐烂了,坍塌了,不再具有约束力了。

四

我们之所以把辩证法特别地把握为具体化,是因为辩证法不仅是一些原理、范畴、规律,而且尤其是——不能不是——一种具体化的“实行”,对于马克思和黑格尔来说皆是如此。只要辩证法的原理或原则停止其具体化的实行,它们就立即成为辩证法的反面,也就是说,立即成为辩证法本要去克服的抽象普遍性—外在反思。由于现代性的意识形态及其知识样式的长期统治,伴随着绝对精神的解体过程,流俗的学术理论在把黑格尔当“死狗”来打的同时,也开始了它的大规模的退行性复辟。在这样一种氛围中,知性知识的建制不仅重新大行其道,甚至要将辩证法都纳入它的势力范围中去。于是我们看到,辩证法也几乎完全被当作一种“形式方法”来理解了:它成了一种抽象普遍的方法,它的原理、范畴、规律可以被无条件地运用到——先验地强加到——任何对象、任何内容之上。然而,当我们这样来掌握并运用辩证法时,在这里出现的难道不正是辩证法的对立物,即抽象普遍性的外在反思?这种将辩证法阉割为形式方法的情形是如此普遍,以至于人们很难想象除此之外辩证法还可能是怎样的。对于这种情形,恩格斯早就指出,自黑格尔去世之后,官方的黑格尔学派从老师的辩证法中只学会搬弄最简单的技巧来到处应用,黑格尔的全部遗产只不过是可以用来套在任何问题上的刻板公式;“结果，正如一位波恩的教授所说，这些黑格尔主义者懂一点‘无’，却能写‘一切’”①。多年之后，海德格尔就此写道：辩证法发展出一种令人印象深刻的技能，“只要学一年，一个人就能谈论一切，好像真是那么回事似的……人们应该审视一下今天所刻意追求的诡辩的模式，如形式—内容、理性—非理性、有限—无限、中介—非中介、主体—客体”②。在这里，辩证法何以沦落到当年黑格尔指斥外在反思的那种“诡辩论”的地步？因为它丧失了自身的“实行”，而这种实行就是具体化，就是活动于现实之中并因而占有其实体性内容的具体化。一旦这样的具体化被终止，辩证法就成为反辩证法的了。

正是因为这个缘故，我们才如此突出地将辩证法强调为具体化，意思是说，辩证法唯一地生存于具体化的实行之中。黑格尔是深明此点的思想家。当他说，哲学是“反对抽象的斗争”、是“与知性反思的持久战”时，他想要表明的无非是，摆脱抽象乃是精神最内在的“冲动”“需要”，因而他的整个哲学作为精神的实现，就是思辨的具体化，就是不断地从抽象上升到具体的辩证法。从“这一个”到“绝对知识”是如此，从“纯有”到“绝对理念”也是如此；《法哲学原理》是如此，《历史哲学》也是如此。对于黑格尔来说，哲学的任务就是具体化，就是“具体地”把握具体事物。“对此，今天的哲学家相信自己比黑格尔做得要好；但是黑格尔对他所谈的具体事情比其身后所有建构体系的哲学家有一个更具体的观念。”③

然而，正如我们已经提到的那样，对于马克思来说，黑格尔的辩证法—具体化是被错置在绝对观念论的本体论基础之上了。这种错置不仅使得整个具体化进程的本质性最终被归结为绝对理念，而且使得这种具体化进程的本质性初始被设定在“逻辑学的天国”（理念纯粹在自身中展开的领域）中。因此，就像整个辩证法—具体化的展开过程归根结底乃是绝对者—上帝的自我活动一样，那通过实存显现出来的本质性，亦即以外在的、感性的形式释放出来的理念，便成为“逻辑学天国”的阴影领域，或“应用的逻辑学”的领域。在这样的领域（例如法哲学、历史哲学）中，那真正现实并且唯一现实的东西（理念），

---

① 《马克思恩格斯选集》第2卷，人民出版社2012年版，第10—11页。

② 海德格尔：《存在论（实际性的解释学）》，何卫平译，商务印书馆2016年版，第59页。

③ 海德格尔：《存在论（实际性的解释学）》，何卫平译，商务印书馆2016年版，第71页。

早已先行胎息于“无人身的理性”的怀抱中,胎息于逻辑学的“神性的辩证法”之中;而这种辩证法在“只具有应被扬弃的外在性的意义”领域中的展开过程①,则只不过是绝对者—上帝在世俗世界中实现自身的证明而已。因此,黑格尔在《历史哲学》中说,世界历史是“表示‘精神’的意识从它的‘自由’意识和从这种‘自由’意识产生出来的实现的发展”这种发展从“事实的概念”产生出来;而“那个‘概念’的一般逻辑的本性和更加显著的辩证法的本性……在逻辑中被认识出来”。最后,历史哲学表明自己乃是“真正的辩神论”(即对上帝的证明):它“真正在历史上证实了上帝”,证明世界历史根本是“上帝自己的作品”。②

马克思的本体论变革表明,当绝对者—上帝在哲学上不再能够真正持立时,那将本质性从自身投射出去的“逻辑学的天国”也就随之轰然倒塌。然而,在这不能持立且已倒塌的大厦下面,却有亟待拯救的伟大遗产。用海德格尔的话来说:“黑格尔的立足点和原则非同寻常之丰硕及其同时彻头彻尾的枯燥乏味——这种情况不再会发生也不再可能发生。”③这种情况之所以不再会发生,是因为“上帝死了”,绝对精神已然解体。而这一哲学之所以表现出彻头彻尾的枯燥乏味,是因为他用以扬弃各种抽象的立足点最后却仍然是对抽象物——抽象的思想物——的终极辩护。所以马克思说,当黑格尔把禁锢于绝对观念中的自然界从自身释放出去时,那里被释放出去的只是抽象的自然界,即“名为自然界的思想物”。④ 那么,何以又有“黑格尔的立足点和原则非同寻常之丰硕”呢?这是因为绝对观念论要求思想通达于事物自身,是因为思辨的思维要求经由现实开展出全面的具体化,是因为这种具体化要求扬弃知性反思,从而使学术理论得以进入这样一个领域,在这个领域中,社会—历史的实体性内容能够丰沛地呈现在我们面前并得到具体的把握。

因此,与思辨哲学的分道扬镳意味着,对于唯物史观来说,就像现实的本质性不可能被归结为理念一样,它也不可能先行居住于已被预设了的“逻辑

① 参见《马克思恩格斯全集》第3卷,人民出版社2002年版,第336页。
② 黑格尔:《历史哲学》,王造时译,上海书店出版社1999年版,第58—59、426页。
③ 海德格尔:《黑格尔》,赵卫国译,南京大学出版社2018年版,第49页。
④ 参见《马克思恩格斯全集》第3卷,人民出版社2002年版,第333、335页。

学的天国中”。在马克思的本体论立场上，现实的起点也是直观和表象的起点，因而对于思维的行程来说：(1)首先是完整的表象（感性的具体）蒸发为抽象的规定；(2)然后是抽象的规定在思维的行程中导致具体的再现（思维的具体）。如果说知性的反思本质上停滞在第一行程的结果之中，那么，思辨的反思就特别地诉诸在第二行程中展开的具体化。“因此，黑格尔陷入幻觉，把实在理解为自我综合、自我深化和自我运动的思维的结果，其实，从抽象上升到具体的方法，只是思维用来掌握具体、把它当作一个精神上的具体再现出来的方式。但决不是具体本身的产生过程。”①由此可见，尽管唯物史观和思辨哲学一样强调具体化，强调学术理论上的普遍者在社会—历史现实中的具体化，但是，两者的具体化在性质和方向上却有着根本的不同。

这样的根本不同突出地表现为，当思辨哲学把现实的本质性最终归结为绝对理念，把具体化的根据理解为“实体—主体”（即绝对者）的自我活动，从而把真正本质性的科学设定为思辨的逻辑学时，唯物史观则把现实的本质性导回到人们的实际生活过程，把具体化的根据把握为“实在主体”（即“既定社会”）的自我活动，从而把深入本质性的科学任务托付给“历史科学”或“社会科学”（马恩早期主要使用“历史科学”）。在唯物史观的立场上，既然绝对者—上帝已经失去了它对现实生活的绝对权力，既然“既定社会”的活动不再是“辩神论”意义上的活动，而“历史科学”不再是逻辑学的阴影领域，那么，就像现实的本质性只能诉诸社会—历史本身一样，把握这种本质性的目的就只有通过在历史科学或社会科学中的具体化才能达到。

正是在这样的意义上，唯物史观与历史科学建立起本质的联系。这种联系在本体论上的依据是，作为“实在主体”的既定社会取代了作为“实体—主体”的绝对精神。“实在主体仍然是在头脑之外保持着它的独立性；只要这个头脑还仅仅是思辨地、理论地活动着。因此，就是在理论方法上，主体，即社会，也必须始终作为前提浮现在表象面前。”②如果说，这样的实在主体也就是一般所谓历史科学的对象，那么，为了把握这样的对象（作为实在主体，它是

① 《马克思恩格斯选集》第2卷，人民出版社2012年版，第701页。

② 《马克思恩格斯选集》第2卷，人民出版社2012年版，第701—702页。

在历史中变动不居的自我活动者),就必须超出知性反思所固有的抽象性。“在研究经济范畴的发展时,正如在研究任何历史科学、社会科学时一样,应当时刻把握住:无论在现实中或在头脑中,主体——这里是现代资产阶级社会——都是既定的;因而范畴表现这个一定社会即这个主体的存在形式、存在规定、常常只是个别的侧面……”①不难理解的是,为了从个别的侧面上升到整体的把握,为了使抽象的存在形式或存在规定能够沉入并且捕捉到特定对象的实体性内容,具体化就是绝对必要的——对于唯物史观来说是必要的,对于任何不再满足于知性反思的历史科学、社会科学来说也是必要的。

在唯物史观的立场上,现实中的本质性固然存在,这种本质性固然只有通过具体化才能通达,但就像本质的东西唯一地存在于社会—历史本身之中一样,通达本质性的具体化唯一地依循社会—历史的现实而开展出来。因此,唯物史观将具体化的学术理论任务指派给历史科学,而根本无意于也根本不需要来构造某种高居于历史科学之上的“太上科学”。唯物史观从来不是什么“太上科学”。如果说唯物史观包括一系列的原则、原理、范畴和规律,那么,它们所必须实行的具体化就只能立足于“对每个时代的个人的现实生活过程和活动的研究”,也就是说,就只能通过一般所谓历史科学或社会科学的研究来完成。马克思恩格斯在草创唯物史观时就非常明确地指出:“在思辨终止的地方,在现实生活面前,正是描述人们实践活动和实际发展过程的真正的实证科学开始的地方。……对现实的描述会使独立的哲学失去生存环境,能够取而代之的充其量不过是从对人类历史发展的考察中抽象出来的最一般的结果的概括。这些抽象本身离开了现实的历史就没有任何价值。”②这个论断无比清晰地表明,除非唯物史观的原则和原理能够开展出依特定对象(作为实在主体)而来的具体化,除非这样的具体化能够在历史科学中得到真正的贯彻,否则的话,它们“就没有任何价值”。

与唯物史观不同,由于绝对观念论的整个体系建基于绝对者的自我活动之上,所以思辨具体化的整个行程一开始就将自己的全部本质性先行密藏在

① 《马克思恩格斯选集》第2卷,人民出版社2012年版,第706页。
② 《马克思恩格斯选集》第1卷,人民出版社2012年版,第153页。

“太上科学”之中。这样的“太上科学”乃是思辨的逻辑学，而一般所谓历史科学便是在它的阴影领域中活动的。这倒并不是说黑格尔拒绝通过这样的阴影领域来开展出思辨的具体化，相反，他经常这么做而且做得非常出色。这位大师是深知“光”要通过“阴影”来显现的，只不过纯粹的光还有其神秘的本质来历罢了。因此，比如说，《法哲学原理》很好地利用了政治经济学成果（斯密、萨伊、李嘉图），并且在理智上也给予其积极的评价，但英国的经济学（以及法国的政治学）却仍然是被黑格尔轻视的“所谓理论”。这样的“所谓理论”之所以被轻视，不仅是因为它们在很大程度上局限于知性的范围（就此而言黑格尔是正确的），而且尤其是因为它们未能将“现象中的矛盾”思辨地归入“本质中的理念中的统一”（这一点则反映出黑格尔哲学最终的神秘性质）。因此，一方面，由于思辨观念论的体系本质地要求依循现实而来的具体化，所以“黑格尔常常在思辨的叙述中作出把握住事物本身的、真实的叙述”①；另一方面，由于这样的具体化最终依赖于关于理念自身的科学，所以“历史科学”的领域和内容就被体系本身的性质所轻视——就像其领域被降格为“藩属”一样，其内容总是被放逐到脚注中去。按照海德格尔的说法，当逻辑学在完成了的思辨体系（哲学全书—体系）中确立其统治地位时，甚至连精神现象学（意识经验的科学）也不得不“屈从于体系的结果”，即降格为体系之第三部分（精神哲学）中的一个环节。“在改变了的哲学体系中，它[先前的]基本地位和功能都丧失了。”②

由于绝对精神的解体，逻辑学的天国也就随之消散了。就像马克思把黑格尔从逻辑学向自然哲学的过渡理解为抽象思维对于自身的“无限的厌烦”，理解为“思辨的创世”一样，克尔凯郭尔指责黑格尔赋予逻辑概念一种它并不具备的自我运动（将其实体化），而纯逻辑概念与自身断绝关系以便到达“自然”，只不过意味着“之前被拒绝的经验就通过理念变得不忠于自己的后门又进来了”③。对于唯物史观来说，思辨逻辑学的垮塌意味着，普遍的或本质的东西不再先行居住于属神的天国中，而是直接存在于人们的世俗生活中，存在

① 《马克思恩格斯全集》第2卷，人民出版社1957年版，第76页。
② 海德格尔：《黑格尔的精神现象学》，赵卫国译，南京大学出版社2018年版，第5、9、12页。
③ 洛维特：《从黑格尔到尼采》，李秋零译，三联书店2006年版，第155—156页。

于社会—历史的现实中,存在于通常所谓历史科学或社会科学在其中活动的那个领域中。只是在这样的领域中,人们的思维去发现并获取事物自身之普遍的或本质的东西,而不是从思维的内部——无论是被实体化的思辨思维的内部,还是被封闭在主观性中的知性思维的内部——将这种东西制造出来,然后再将它们或者神秘地投射到整个实存的世界之中,或者先验地强加到任何内容之上。对于学术理论来说,如果思维所取得的普遍者一开始表现为一些抽象,那么,除非这些抽象能够依循特定的社会—历史现实开展出全面的具体化,否则的话,它们就既不可能是科学的抽象,也不可能将自身充实为真正的普遍者或本质的东西。

这样一来,唯物史观与历史科学就直接贯通起来了。在这种贯通中,就像唯物史观废止了“太上科学”而将现实的本质性置放在“历史科学”在其中活动的那个领域中一样,唯物史观作为基本的原则或原理就必然要在“历史科学”中来实行它的具体化。唯物史观通过具体化而成为历史科学;反过来说,历史科学则通过唯物史观的具体化实行而从知性的有限性中解放出来。就此而言,当唯物史观将其原理或原则的具体化任务托付给历史科学时,这种托付也就意味着历史科学由这种具体化任务而来的更新改造。如果历史科学不经历这样的改造,它就仍将在很大程度上局限于抽象普遍性的外在反思之中;如果唯物史观不经由历史科学来开展出多重的具体化,它的原则或原理就将沦为“恶劣的”公式或教条。对于唯物史观的创始人来说,这样的科学定向乃是不言而喻的。当他们的著作成为唯物史观的经典(如《资本论》《路易·波拿巴的雾月十八日》《家庭、私有制和国家的起源》,等等)时,哪一部著作不是在特定的社会—历史现实中开展出内容丰富的具体化并从而成为“历史科学”的不朽巨制?在马克思那里,唯物史观的原则或原理确实获得了简要的经典表述,但它们之所以“一经得到就用于指导我的研究工作”,恰恰是因为这样的原则或原理只有在历史科学的研究工作中被具体化,才可能成为在现实中得到滋养和锻炼的活生生的本质的东西,才可能成为渗透并涵泳于特定的实体性内容之中的普遍者。当恩格斯指责唯物史观的许多朋友是拿了原则或原理当作“不研究历史的借口”时,他所要强调的正是历史科学对于唯物史观的具体化来说的根本重要性——唯物史观绝不仅仅是一些可以汇编在小册子里的原理集成，它只有在具体化的实行中才能保持活力；就学术理论来说，它只有在历史科学中才有积极的生存。

对于那些只能在抽象性上理解普遍者的观点来说，似乎唯物史观一旦诉诸社会—历史的具体化，便因此也在学术理论上丧失了普遍的或本质的东西了。然而对于唯物史观来说，具体化所摧毁的乃是停滞在抽象中的普遍性（以及所谓的规范性），而不是普遍性本身；如果说，流俗的观点实在无法理解只有通过社会—历史的具体化才得以拯救并得以提升的普遍性，那么，它们也就只能在学术理论上继续蜷缩在知性反思的窠臼中了。在唯物史观的立场上，本质的或普遍的东西不是被废止，而是要求在历史科学的具体化实行中得到更深刻的重建。对此，海德格尔的评论是很有见地的："因为马克思在体会到异化的时候深入到历史的本质性的一度中去了，所以马克思主义关于历史的观点比其余的历史学优越。但因为胡塞尔没有，据我看来萨特也没有在存在中认识到历史事物的本质性，所以现象学没有、存在主义也没有达到这样的一度中，在此一度中才有可能有资格和马克思主义交谈。"①以上的讨论对于我们的学术改造、对于构建中国特色哲学社会科学来说，具有以下根本性的启示：(1)通常所谓历史科学或社会科学，只有从知性的有限性、从抽象普遍性的外在反思中解放出来，才可能通达事物自身并深入其实体性内容之中；(2)这样的通达和深入在学术理论上只有通过原则或原理的具体化才成为可能，才从而使现实中的本质的东西不再封闭于抽象之中，相反却成为不断被充实的（而不是空洞的）和活生生的（而不是僵死的）普遍者；(3)如果说唯物史观最坚决地要求这种具体化，并将这种具体化的实行与否看作性命攸关的，那么，唯物史观就将意义深远地引领并且在总体上推进我们的哲学社会科学的发展。这绝不意味着唯物史观可以替代历史科学，也绝不意味着它要把自己的原则或原理先验地强加给历史科学；毋宁说，唯物史观诉诸历史科学，诉诸在历史科学中的具体化，并在这种具体化的行程中全面地展开、考验并且丰富自己的原则或原理。在这个意义上，唯物史观在学术理论上不仅开辟出一个先前还是人迹罕至的广大区域，而且要求将自身直接置入历史科学之中，确切

---

① 《海德格尔选集》上卷，孙周兴译，三联书店 1996 年版，第 383 页。

些说,使自身成为历史科学。正如恩格斯所说:“必须重新研究全部历史,必须详细研究各种社会形态的存在条件,然后设法从这些条件中找出相应的政治、私法、美学、哲学、宗教等等的观点。在这方面,到现在为止只做了很少的一点工作,因为只有很少的人认真地这样做过。在这方面,我们需要人们出大力,这个领域无限广阔,谁肯认真地工作,谁就能做出许多成绩,就能超群出众。”①

原载于《马克思主义与现实》2022 年第 5 期

① 《马克思恩格斯选集》第 4 卷,人民出版社 2012 年版,第 599 页。

施蒂纳的困惑与马克思的批判

魏小萍*

施蒂纳的《唯一者及其所有物》一出版，立即引起了激进批判家们的关注，也引起了马克思和恩格斯的关注。马克思在阅读了施蒂纳的《唯一者及其所有物》，也了解一些其他人对施蒂纳的批判与评论之后，认为人们并没有真正理解施蒂纳，于是决定自己着手对其进行批判，由此形成了一个比较大的篇幅，即“施蒂纳”章。马克思在《1844 年经济学哲学手稿》和《詹姆斯·穆勒〈政治经济学原理〉一书摘要》中所讨论的异化现象已经将问题的症结归之于现实社会关系中最为基本的主客体对象性关系即财产所有权关系，将问题的症结指向私有财产，施蒂纳在该书中的思考促使马克思进一步转向政治经济学批判研究。在书中，施蒂纳以个人为核心，对个人与其财产的关系从发生学的意义上进行追问。顺着施蒂纳的思路，马克思很快发现施蒂纳的局限性，其中，语言学的分析功能发挥了重要作用。

一、能力与资产：规范与事实之间的困惑

施蒂纳的《唯一者及其所有物》从个体与整体的抽象困境中走出来，直接面对个人在市民社会中的现实境遇。随着财产所有权从不成文法到成文法，

* 魏小萍，中国社会科学院哲学所研究员、博士生导师。

个人财产的持有问题就成了困扰着人们的社会、经济和伦理道德问题,用最通俗的话语来说,就是穷人和富人的问题。这一问题随着近代资产阶级所弘扬的自由、平等理念与工业革命所创造的巨大财富以及与此相伴而来的财富占有的社会分化而凸显出来。这一理念与现实的强烈反差日益彰显了这一问题的重要性。施蒂纳作为激进的批判理论家自然对这一问题非常关注,在该书中他对这一现实中的社会问题进行了自己的思考。黑格尔在《法哲学原理》中就将持有原则的规范性与个人是否持有、持有多少的现实性进行了区别,将法的普遍性与个人境遇的特殊性进行了区别。黑格尔关注的是抽象原则,并将抽象原则与原则的现实遭遇区分开来,后者的具体性没有进入他的关注视野。施蒂纳的《唯一者及其所有物》可以看作沿着黑格尔的思路向着个人的现实境遇方向迈进了一步。在黑格尔的规范语境中,施蒂纳不仅关注个人的特殊境遇,而且关注这一境遇是如何可能的。他从社会发生学的角度关注个人及其财产的持有问题,不仅涉及个人对财产的目前持有,而且涉及个人对财产的动态持有。

马克思在阅读施蒂纳的过程中,发现施蒂纳在对个人特殊境遇产生原因的分析中使用了一系列具有双重含义的概念,依据这些概念的不同含义,人们能够对事物进行不同的理解。例如,施蒂纳在该书中使用了一个具有双重含义的德文词汇"Vermögen"来阐述穷人和富人的差异。马克思借着施蒂纳的风格,对其进行了这样的讽刺:"我们可以在这里'插入'一段桑乔(施蒂纳)的伟大发现的'插曲',他说在'穷人(Armen)'和'富人(Reichen)'之间,除了'Vermögenden'和'Unvermögenden'之间的区别,不存在'其他差别'"。[①] 这里的 Vermögenden 是理解并翻译为"能力"还是"资产"呢?该词的两种含义实际上预示着对事物两种不同的理解:如果我们将其理解并翻译为"能力",那么我们就遇到了一种我们今天并不陌生的解释性理论,即富人之所以是富人,是由于他们的能力、努力,对此,我们很容易发现,施蒂纳对贫富差别原因的理解与今天自由主义对贫富差别原因的理解是何等相似。撇开偶然巧合这一没有意义的假设,那么,我们如果不将其看作一种承继关系,也应该将其看

① *Marx/Engels Gesamtausgabe*, Band I/5, De Grayter Akademie Forschung, 2017, S.426.

作对同一种事物用同一种方法所进行的认识。这种认识在贫富差别与能力大小之间寻找对应的关系，在两者之间画等号，即富人等于有能力的人，穷人等于没有能力的人，也就是说，富人凭借能力获取、治理、增值财产，穷人没有能力去对付这一切。这是一种发生学意义上的思考。如果我们将其理解并翻译为“资产”，那么它似乎适合于我们所熟悉的马克思的理论，从资本与雇佣劳动者的关系中来解释资本主义社会的贫富分化现象。这是对既存社会关系的分析。施蒂纳借此想要表达的是一种什么样的思考呢？我们还是先来看看英文是如何处理这一问题的：1976 年的英文版将德文词汇 Vermögenden 和 Unvermögenden 翻译为 resourceful 和 resource-less，①即“有资源的人”和“没有资源的人”。

如果翻译成“资源”，那么其既不直接等同于“能力”，也不直接等同于资产，不能明确体现德文词汇所具有的双重含义。这也就是说英文版难以体现施蒂纳的问题意识。Vermögenden 的否定词是 Unvermögenden，即“没有能力”或“没有资产”。我们因此可以提出两个问题：对于施蒂纳来说，穷人为什么是穷人？是缺乏“能力”，还是“资产”？只有弄清楚施蒂纳的原意，我们才能够明白马克思的批判意图。然而对施蒂纳原意的理解取决于对其使用词汇的含义选择。面对唯一者在道德理念上的自我一致与社会贫富分化的现实，施蒂纳为了不与个人的道德观念产生理念上的冲突，他是从发生学的意义上看到了这两种含义之间的间接关联性，还是选择模棱两可的词汇来模糊这一棘手而敏感的问题，抑或他就是用这一双重含义中的主观原因来为个人与其所有物之间的正当性进行辩护？再或者他也像马克思那样意识到了个人与其财富持有之间的悖论？

马克思转述了施蒂纳的文字困惑：“‘货币是从哪里来的呢？……人们支付的不是货币，因为货币可能会不足，而是自己的 Vermögen，只有借助于这一 Vermögen，我们才会有 Vermögen……使你们感到遗憾的不是货币，而是你们 Unvermögen，去获得货币。’”②我们先将 Vermögen 统一理解为“能力”。“‘货

① *Karl Marx Frederick Engels Collected Works*, Volume 5, Lawrence & Wishart, 1976, p368.

② *Marx/Engels Gesamtausgabe*, Band I/5, De Grayter Akademie Forschung, 2017, S.453.

币是从哪里来的呢？……人们支付的不是货币,因为货币可能会不足,而是自己的能力,只有借助于这一能力,我们才会有能力……使你们感到遗憾的不是货币,而是你们没有能力,去获得货币。'”这不是一个正常句子。我们再将Vermögen统一理解为“资产”。“‘货币是从哪里来的呢？……人们支付的不是货币,因为货币可能会不足,而是自己的资产,只有借助于这一资产,我们才会有资产……使你们感到遗憾的不是货币,而是你们没有资产,去获得货币。'”这也不是一个正常句子。显然在同一段文字中对同一个概念必须作出不同含义的选择。要让句子在内容上合乎施蒂纳问题意识的逻辑,有两种可能的选择:一种是,“‘货币是从哪里来的呢？……人们支付的不是货币,因为货币可能会不足,而是自己的能力,只有借助于这一能力,我们才会有资产……使你们感到遗憾的不是货币,而是你们没有能力,去获得货币。'”根据这一选择,施蒂纳的原意就可以理解为货币的多少并不是贫富差异的真正原因,货币是固定的,越用越少。这个原因是缺乏能力,而缺乏能力是缺乏资产的原因,只有凭借着能力,才会有资产获得更多的货币。

另一种是,“‘货币是从哪里来的呢？……人们支付的不是货币,因为货币可能会不足,而是自己的资产,只有借助于这一资产,我们才会有能力……使你们感到遗憾的不是货币,而是你们没有资产去获得货币。'”根据这一选择,同样,货币的多少并不是贫富差异的真正原因,货币是固定的,越用越少。真正的原因是缺乏资产,只有凭借资产,我们才会有能力,并拥有更多的货币。既有的货币是固定的,只有凭借着能力或者资产,才能带来更多的货币。施蒂纳是不是已经开始从资本主义的经济关系中来理解现实社会了？这是同一段文字中的四种不同译法,前两种对同一个概念选择其含义中的一种进行统一的翻译,这使得整个句子不知所云;后两种对同一个概念选择其不同含义进行翻译,整个句子也就具有了截然相反的两种蕴意,一种强调主观条件,一种强调客观条件。两者又并非截然不可相通。

施蒂纳的原意究竟是什么？相对于抽象的自我来说,“能力”是一种主观因素,不过从自身实体条件来看,也是一种客观因素。“资产”是外在于主体自身的客观因素,但是这种外在因素,从两个角度来看,又与主观因素相关,其一,如果我们将能力、天赋也理解为一种资源性资产,那么资产也可以是一种主体性因素；其二，资产本身是前者的外化、对象化产物。资产的增值却不可能通过自我的能力独立实现，占有他人的劳动，就势必与唯一者的道德自我一致性发生矛盾。施蒂纳似乎意识到了这一问题，但是他没有理解这一问题，更没有对问题的这一方面进行研究。施蒂纳使用这一具有双重含义的概念来理解个人在社会关系中的不同境遇，不外有三种可能：从个人的主观方面加以解释，从个人的客观条件加以解释，从主客观的相互关系中理解事物。无论施蒂纳的真实意图是什么，他对问题的思考方式已经超越了青年黑格尔派固囿于抽象的个体与整体之间的关系而将思考的对象指向个人的境遇与现实社会。

然而施蒂纳对现实社会关系的思考仍然是一种抽象的思考，并没有对社会分裂的现实作出进一步的解释。正是在这样一个关键点上，马克思的批判思路超越了施蒂纳。1841 年的森林法案件唤醒了马克思对国家、法与普遍理性的盲目信念，在 1843 年阅读了恩格斯的《国民经济学批判大纲》以及通过与恩格斯的交往，马克思的关注视野转向了现实社会的经济关系，《1844 年经济学哲学手稿》开启了哲学经济学思考。所以在《德意志意识形态》对青年黑格尔派的清理过程中，马克思能够很敏锐地察觉出施蒂纳的困惑。

对于施蒂纳来说，他意识到了问题的复杂性，难以给出理念与现实相统一的答案，所以他一再用模糊的、模棱两可的概念来敷衍问题，或许他更加倾向于从主观方面去寻找问题的答案。对于马克思来说，无论作出什么样的选择，都不能得到满意的答案，因为在《1844 年经济学哲学手稿》时期，马克思在与国民经济学家的论争中，就已经讨论了私有财产与异化劳动的关系问题，不仅仅从个人的现实境遇而且从现实的经济关系中去理解这一境遇。与其他青年黑格尔派的研究思路比较起来，施蒂纳的思考是具体的，与马克思的研究思路比较起来，施蒂纳的思考又是抽象的。施蒂纳使用双重含义的词汇，是有意识地去模糊自己想说的意思，还是由于这双重含义在现实社会中的相互关联而难以作出自己的抉择？这可以是一个问题的两个方面，也可以是一个问题的两个层次。从两个方面的角度来看，一个是主观因素，一个是客观因素，非此即彼，蕴含着两种不同的解释路径；从两个层次的角度来看，主观因素与客观因素之间又存在着相互转化的可能性。马克思对施蒂纳的揭示进一步在个人持有的“所有物”上面体现出来。

二、所有物的不同形态及其性质差异

施蒂纳的思考没有给出问题的答案,他对个人及其“所有物”的认识从哲学的视野来看是一种主客体对象性关系中的两端。此时,这个物或者财产具体指的是什么,是以货币还是实物的形式存在着,似乎无关紧要,或许在他看来,两者本身是可以相互流通的,他的分析也就止步于此。而此时的马克思已经开始逐步转向政治经济学研究,通过对施蒂纳所使用的财产和资产这两个概念所蕴含着的不同内容,将问题的认识推向深处。马克思指出:“桑乔使用了两个范畴,财产(Eigentum)和资产(Vermögen);关于财产的幻想主要适合于既有的地产这一可实证的材料,关于这一材料的资产的幻想有赖于劳动和货币体系在‘联盟’中的组合。”①财产是可见的实物,资产则不同了,已经包含着关系。在这里,个人的所有物是财产还是资产,意味着不同的事物以及事物之间的关系。

马克思在资产概念背后看到的是一定的社会关系,并且以此来理解施蒂纳的唯一者——作为自我一致的利己主义者所陷入的窘境。例如,施蒂纳在对个人财产进行辩护的同时,又对个人财产的结果——一切人反对一切人的状况进行了无奈的谴责。对于施蒂纳所陷入的这一困境,马克思在“联盟的宗教和哲学”这一小标题下,用宗教联盟这一概念一方面讽刺青年黑格尔派的聚会,另一方面借助于施蒂纳拿劳动与货币在“联盟”中的组合,揭示了财产与资产的区别,以说明通过劳动与货币的组合,财产已经转化为资产了。

马克思对财产与资产的区别,是建立在对资本主义经济关系初步认识的基础上的,将问题进一步引向财产形成的发生学,从社会关系中来理解资产的属性。马克思在《1844年经济学哲学手稿》时期,与国民经济学家在私有财产与异化劳动的因果关系问题上发生了分歧:国民经济学家将私有财产的持有看成前提,而在马克思看来,能够获得他人异化劳动的私有财产本身是已经异

① *Marx/Engels Gesamtausgabe*, Band I/5, De Grayter Akademie Forschung, 2017, S.460.

化了的他人劳动。马克思与国民经济学家在这里所涉及的私有财产概念,已经蕴含着财产与资产的区别,国民经济学理解的私有财产或许是财产概念,而马克思所理解的私有财产,已经是资本或者资产概念。不过在当时这样的理解并不是建立在劳动价值论基础上的,而是建立在异化劳动概念基础上的。虽然这一认识离马克思剩余价值理论的形成还有相当一段距离,这样一种批判思路体现出马克思对问题的认识已经完全不同于施蒂纳对事物所作的表象认识,这种认识对私有财产条件下个人行为是利己主义还是利他主义进行道德判断、道德谴责和道德说教;马克思则透过对现象背后社会关系本质的认识,看到了由于一定社会关系的存在而导致的个人行为的悖论和矛盾。在《德意志意识形态》的"费尔巴哈"章中,马克思与恩格斯将对这一问题的思考放到社会历史进程中,形成了生产方式、生产关系的概念。这在某种意义上是对施蒂纳困惑的一种追根溯源性探讨。

与财产的不同功能相呼应的是财产的性质发生了变化。在这一变化中,马克思看到了施蒂纳在个人及其所有物那里所看不到的东西——私有财产可以是具有普遍意义的个人的排他性所有物。但是资产的情况就复杂得多了,它不仅仅像财产关系那样体现了人与物之间的关系,同时体现了人与人之间的交往关系。个人借助于对自身财产的所有原则和支配权利在与他人发生交往关系的过程中,与他人对自身财产的所有原则和支配权利发生矛盾,看不到这一矛盾产生的客观根源是施蒂纳在对个人及其所有物关系的认识上存在困惑的主要原因,例如,他一方面将个人对其私有财产的自由支配看作其基本权利,另一方面又不得不承认这种对财产的自由支配权利也包含了对他人财产的"劫掠"。

尽管在当时,马克思还不能对这种矛盾作出确切的解释,但是他已经看到了在财富形式下存在着的财产与资产这两个概念背后所揭示的具有质的差异的不同事物及事物之间的相互联系,看到了财产的不同功能以及与此相应的财产的不同性质。这种不同功能及其不同性质的存在使得施蒂纳那具有普遍性的个人财产所有原则必然会产生出矛盾,马克思这样描述了由此产生的具有讽刺意味的现象:"我在你的财产(Eigentum)那里并没有看到你的财产,而是看到了我的财产;因为每一个人都像我一样,人们从这里看到了普遍性,从中我们获得了现代德国哲学对通常的、特殊的、独占的私有财产的解释。”①根据这种解释,私有财产的排他性原则,一方面能够保证人们对他人财产的尊重、对财产法的服从,另一方面,使得人们彼此在觊觎、获得他人财产的同时并不被看作是抢劫他人的财产。从合法性的可能途径来说,财富性质的这一变化发生于财产向资产的转换。正是这样,马克思认为,施蒂纳没有看懂财产的积累是通过资产关系,而非财产关系来实现的:“因此,在联盟中,积累主要表现为,使一切关系都通过轻率的名称置换变成财产的关系。”②马克思与施蒂纳对财富积累途径的不同认识通过财产概念与资产概念的选择而体现出来,在不同概念背后,存在着对事物本质的不同认识。在这里,马克思与施蒂纳的区别在于,在资本主义经济关系中,财富的积累不仅仅是个人自己财产的增长,不仅仅是互不相干的个人财产的各自增长,而是通过人们的经济交往活动,通过劳动与货币相结合的资产关系来实现的。这样,财产的问题自然就转化为资产的问题,财富的积累正是通过资产关系,而非简单的财产关系得以实现的。同样是财富,功能不同、性质也不同。

唯一者的所有物只能从社会关系中来理解,自我一致的利己主义者不可避免地要陷入自我悖论,施蒂纳的困顿在资本主义现实中无解。他避开资产而谈论财产,是没有真正意识到问题所在,还是在刻意规避问题,以便为利己主义者的道德一致性进行辩护?如果说与财产相对而言的 Vermögen 可以理解并翻译为资产,那么与财富来源、增值相关的 Vermögen 被理解为资产或者能力就不那么容易鉴别了。我们在前面已经讨论了马克思如何通过揭示同一词汇不同含义背后不同关系的存在,来讽刺和批判施蒂纳是如何借助于这一词汇的双重含义遮蔽了问题的本质差异:财富的增长在施蒂纳那里不是像马克思那样通过劳动与资本结合的过程来理解的,而是通过个人的努力、能力发挥来理解的。而施蒂纳将事实问题转化为规范问题,将事实判断转化为价值判断。

对此,马克思对“施蒂纳们”的认识进行了这样的讽刺,认为他们那每一

① *Marx/Engels Gesamtausgabe*, Band I/5, De Grayter Akademie Forschung, 2017, S.463.

② *Marx/Engels Gesamtausgabe*, Band I/5, De Grayter Akademie Forschung, 2017, S.464.

个“我”使自己财富最大化的系列命题都是以一个更加伟大的命题为基础的，即：“‘你力所能及的（vermagst）的一切，都是你的资产（Vermögen）。’”这里，对于同一个词汇 Vermögen，前面是动词形态，后面是名词形态，前面理解并翻译为努力做，后面理解并翻译为资产。这样的翻译或许具有一定的可理解性，英文没有类似的含有双重含义的词汇，故将 Vermögen 译为财富 wealth，①即使 Vermögen 包含财富的含义，但是财富从直接字面的意思中难以体现能力与资产的双重含义，因此，英文的翻译不能够确切体现原文的意思。

从逻辑上来说，这句话存在着两种可能的翻译组合，但并不是每一种翻译组合都具有可理解性，对两个词汇作同样理解的翻译可以被看作是同语反复，没有任何意义。马克思因此指出，施蒂纳的这个命题是毫无意义的同语反复，没有意义，因为它以两个同源词作基础。例如：“‘你力所能及（vermagst）的一切，都是你的努力（Vermögen）。’”这是没有意义的同语反复。由于第一个概念 vermagst 的动词词性，决定了这句话还可以有另外一种翻译组合，“‘你力所能及（vermagst）的一切，都是你的资产/财富（Vermögen）。’”中文版采取了一种模棱两可的翻译选择：“‘你 vermagst（力所能及的）一切，都是你的 Vermögen（能力、资产）。’”②马克思质疑施蒂纳使用这一双重含义的概念到底想说明什么。施蒂纳似乎是从唯一者的立场出发，强调一个人通过自己的能力、努力获得自己的资产和资产的增值。在马克思看来，问题似乎并不是这样简单，除了个人自身的能力、努力，资产的增值是在经济交往中得以实现的。虽然当时他还没有对这一问题本身作出明确的说明，但是这在某种程度上激发了马克思后来对政治经济学的研究，剩余价值理论或许可以说是对这一问题的一种尝试性回答。

即使从个人的力所能及这一角度来看问题，这一努力本身在资本利润驱动下，存在着发生异化的可能性，例如我的努力所追求的不是事物本身的目的，而是超出努力目的的资产关系，写诗不是为了诗，而是为了换取货币，换句话说，不是为了追求诗本身的价值，而是为了诗能够用货币来衡量的价值。在

① *Karl Marx Frederick Engels Collected Works*, Volume 5, Lawrence & Wishart, 1976, p407.

② 《马克思恩格斯全集》第 3 卷，人民出版社 1960 年版，第 476 页。

马克思看来,这样一种关系所体现的就是资产阶级最常见的道德格言:从任何东西那里都可以发掘出金钱(Anythingisgoodtomakemoneyof)。在这两层意义的批判思路中,马克思的批判指向是不同的,在第一层批判思路中,他的讽刺和批判意在揭示财产关系与资产关系的区别,以说明"施蒂纳们"在财富的发展因素中对能力与资产作用的模糊认识;在第二层批判思路中,他的讽刺和批判意在揭示一个人的努力、才能的发挥在一定经济关系中的被异化现象,即在资本主义经济关系中,被自己所不能左右的资产关系所控制、被货币化,失去了本身的意义而受着货币(资产)的驱使。

三、相互"利用"还是相互"剥削"——启蒙以降的困扰

无论施蒂纳是否意识到了财产与资产的区别,他对唯一者与其财富持有之间关系的讨论,体现出他对社会分化现象的关注视野已经由唯一者个人转向了不同个人及其所构成的社会关系,而且是经济关系中。对个人财富的来源问题,他借助于具有双重含义的能力与资产、财产与资产的模棱两可概念的使用,以维护唯一者在道德上的自我一致性。同样,在市民社会的经济关系中,他使用"exploitation"①这一具有双重含义的概念来解读人与人之间的相互关系。

资本主义市场经济在创造巨大社会财富的同时也带来了贫富分化现象的同步增长,由此引发了人们对财富的膜拜以及财富对人的控制,以及这一控制向一切生活领域的侵蚀。整个社会因此渗透着商品拜物教的气息,种气息同时物化了人与人之间的关系。每一个人都将他人看成获取自身物质利益的手段,人与人之间似乎形成了广泛的相互利用关系。作为激进的批判理论家之一,施蒂纳在《唯一者及其所有物》一书中从个人与其所有物的关系,进展到人与人之间及其与各自所有物的关系。

施蒂纳沿袭了启蒙思想家的功利主义观点,将人与人之间的关系看成彼此相互利用的关系。"如果你们彼此之间既不作为所有者也不作为游民或者

---

① 与英文词 exploitation 相应的德文词是 die Ausbeutung,该德文词具有同样的双重含义。

工人来对待,而是彼此作为资产的一部分而被看作‘有用的主体’,那么你们就是利己主义地行事。这样你们就既不会因为所有者(Eigentümer)的所有而给予他什么,也不会因为工人的劳动而给予他什么,而仅仅因为他是‘有用的’而给予他什么。”①这种关系显然有悖于康德的道德律令:他人是目的,而不是手段。不仅如此,这种关系在施蒂纳看来甚至成为彼此相互吞噬的关系。“在我看来,你只不过是一种食品,正如你把我当作食品并加以利用一样。我们彼此之间,只有一种关系,即相互有利、相互有用、相互有益的关系。”②施蒂纳对功利主义现象的批判不可谓不尖刻。他的批判思路如果不是刻意地暗藏玄机,就是存在着自己难解的困顿。

马克思追溯了施蒂纳功利主义批判思路的理论来源,认为在黑格尔的现象学中,就已经将自边沁以来的相互利用理论,作为既往启蒙思想家的遗产来对待。马克思认为,这种观点非常愚蠢地将人们之间的各类相互关系归结为一种功利关系,并从现实社会的经济关系中去寻找这一理论的产生土壤,指出这种抽象的形而上学观点之产生,源自现代资产阶级社会中,一切关系都只屈从于一种抽象的金钱与其事物之间的联系。③ 由于施蒂纳不能对财产与资产的关系进行清晰的区别,在用 exploitation 这一概念来体现人与人之间的相互关系时,必然潜藏着荒诞的伏笔。这是刻意为之,还是无辜偶遇,马克思不相信后者,对此揭示道:“字面上的伪装,只有在这种情况下才有意义,即无意识地或者有意识地掩饰客观现象。功利关系具有十分明确的意义,即我通过使别人受到损失的办法来利用别人使自己获利;而且在这种情况下,我从某种关系中获得的利益,完全与这种关系相异化,正如我们在前面谈到才能时看到的那样,人们对每种才能所要求的是与其相异的产品,这是一种由一切社会关系所决定的关系——这就是功利关系。”④在这一段话中,后面涉及的是对活动过程的功利性批判;前面涉及的是对活动结果的功利性批判。

英文词汇“exploitation”具有“利用、开发”和“剥削”两种基本含义。施蒂

① *Marx/Engels Gesamtausgabe*, Band I/5, De Grayter Akademie Forschung, 2017, S.465.
② *Marx/Engels Gesamtausgabe*, Band I/5, De Grayter Akademie Forschung, 2017, S.466.
③ *Marx/Engels Gesamtausgabe*, Band I/5, De Grayter Akademie Forschung, 2017, S.466.
④ *Marx/Engels Gesamtausgabe*, Band I/5, De Grayter Akademie Forschung, 2017, S.467.

纳选择这一词汇,到底是看中了哪一种含义?马克思并不否认施蒂纳的批判,但是也不满意施蒂纳的批判,因为这一批判针对事物的现象,没有涉及产生现象的事物本身。依据现象层面的描述,相互利用的关系,是一种彼此地位对等的关系。施蒂纳在批判人与人之间的相互利用关系时,不能对两种不同性质的关系作出区别。

马克思通过对财产与资产的甄别,揭示了施蒂纳批判的局限性。从施蒂纳的社会现象批判走向了对经济关系本质的批判。面对同样的社会现象,马克思看到的是不同的问题,或者说,马克思在施蒂纳的批判中看到表面上的相互利用关系背后还存在着一种剥削关系,这是两种不同性质的关系:例如同一阶级或者阶层之间的关系与不同阶级或者阶层之间的关系,前者具有双向性,后者由于双方的经济地位不相等,显然不具有同等意义上的双向性意蕴。

这一甄别意识在《1844 年经济学哲学手稿》时期就已经具备了,在那里,马克思对人的劳动活动过程的异化是作为异化劳动关系的衍生而非原生现象来批判的,而异化劳动所揭示的是资本家与雇佣劳动者之间的关系。当施蒂纳借助功利主义理论从道德上批判市民社会中的人际关系时,他的批判指向活动本身,例如,当一个事物不是为了另一个事物本身的性质而与其交往时,就是不道德的,这在他那里甚至包括所有者作为所有者、工人作为工人这样的事物。马克思在《德意志意识形态》中是用特例,即人的活动的某一个方面,例如诗歌才能的货币化来说明问题的。由此可见,马克思并没有否定施蒂纳对功利主义现象的道德批判,但是看到施蒂纳没有将一般交往活动中的相互利用关系与财产所有者与工人之间的交往关系区别开来。

对施蒂纳观点的分析当然还要上溯到他的理论先师黑格尔,不过这样的批判首先取决于马克思对黑格尔的理解。在马克思看来:“人们一眼就能看出,‘利用(Benutzen)’范畴首先是在我与他人的现实关系中被抽象出来的,而不是在反思和纯粹意志中被抽象出来的,然后在完全的思辨方法中,这一被从其中抽象出来的范畴反过来又被赋予每一个现实的关系。黑格尔完全用同样的方法和同样的根据将所有的关系体现为客观精神的关系。”①这是马克思对

① *Marx/Engels Gesamtausgabe*, Band I/5, De Grayter Akademie Forschung, 2017, S.467.

施蒂纳，或许更应该说是对黑格尔方法的理解和批判：黑格尔的哲学从观念出发，然后论证观念的现实性，而马克思认为，观念本身是从现实中抽象出来的。问题在于，当黑格尔从观念出发，然后去论证观念的现实性时，他的理论立场是对现实的辩护而非批判，因为现实不过是观念的体现。

马克思当然明白，从历史发展进程来看，这种适合资产阶级市民社会关系的意识形态，至少从其开放和无畏的意义上来说，与封建体制中被政治、宗法、宗教等外衣遮蔽下的利用（剥削）形式比较起来，是一个进步。从这一意义上来说，它是一种启蒙，揭开了被封建意识所遮蔽而实际上存在着的相互利用（剥削）关系。施蒂纳所承继的是启蒙思想家的功利主义批判，马克思并没有否定施蒂纳对功利主义现象的道德批判，一方面指出，功利主义理论有其历史进步性，另一方面很清楚地看到施蒂纳批判的局限性："对资产者来说这就是全部的真实情况。只有一种关系才能适合他的意志，即利用（exploitation）关系；所有其他的关系只有在能够屈从于这一关系的情况下，对他来说才是有效的，当他遇到了某种关系不能够直接隶属于利用关系时，他至少也要在幻想中使其隶属于这一关系。其利益（Nutzen）的物质表现就是货币，因为货币体现了所有的实物、人、社会关系的价值。"①货币因此作为财富的象征成为人们追逐的对象，这是市民社会经济关系在意识形态中的反映，施蒂纳与其他启蒙思想家的认识没有本质上的差异。而马克思则通过对两种交往关系的甄别，将自己与施蒂纳们的批判区别开来。启蒙思想家以及施蒂纳的功利主义批判由于没有对一般的财产交往关系与劳资交往关系进行区别，遮蔽了 exploitation（利用/剥削）包含着的两种不同性质的交往关系。一个世纪以后，我们看到美国分析的马克思主义学者罗莫的博弈理论，在某种程度上与施蒂纳的相互利用观点具有一定程度的相似性。两人都从抽象的原生态的意义上讨论工人与资本家之间的经济交往关系，这是否意味着特定的社会经济关系在他们那里被看作这一经济交往关系的自然产物？在马克思看来，只有结合政治经济学，人们对这一问题的认识才能获得进一步的发展："在政治经济学那里已经提出了这一思想，主要的剥削关系是不依赖于个人意志由整个和庞大的生产

① *Marx/Engels Gesamtausgabe*, Band I/5, De Grayter Akademie Forschung, 2017, S.467.

所决定的,单个个人所面临的是既成的关系。”①显然,与哲学领域仅仅局限于对功利主义现象的主观意愿进行道德批判有所不同,政治经济学则是从个人所面临的既成社会关系中去解释功利关系的现实基础。

功利主义视野的道德评判,在一定程度上依据的是对人们主观意愿的揣测。根据这样的批判,似乎人们通过自我道德修炼,或者借助于施蒂纳的自我一致的利己主义就能够解决问题了。好像在这样的经济关系中,人们还能够别样地行事;马克思看到的是财产所有者与工人之间的交往关系,以此所进行的是事实批判,处于这样的经济关系中,人们只能够这样地行事,这与个人的德性无关。我们同样也清晰地看到马克思此时还不能够真正从理论上对功利主义理论的局限性进行论证,当时的政治经济学理论也没能够做到这一点,此时进行量化论证的剩余价值理论还没有形成。不过,对此进行甄别和论证成为后来马克思进行政治经济学批判研究的推动力之一。功利主义批判所针对的仍然是一种市民社会存在着的相互联系的普遍性。功利主义所说的“人利用/剥削人”,或者霍布斯所说的“人与人之间的关系就像狼与狼之间的关系一样”都还是对市民社会关系道德视域的评判。市民社会人与人之间的相互关系,并非完全没有积极的一面,如互利、互益等,施蒂纳也提到了人与人之间交往关系中的积极方面,只是在拜物教现象占据着主导地位的资产阶级社会,积极性因素很难成为主流。这并不排除,资本家的个人行为具有善与非善、道德与非道德的区别,不过这善德层面的问题与经济关系中事实层面的问题涉及的问题域是不同的,不可以相提并论。这是功利主义批判理论的两个局限性,这两个方面在施蒂纳那里几乎都是盲点。所以马克思认为,施蒂纳重复着启蒙思想家的观点,没有将认识向前推进。

政治经济学研究已经超越了功利主义的批判,提出了主要的剥削关系存在于整个生产之中的断论。只是,政治经济学将资产看作占有他人劳动的前提条件,与此不同,在《1844年经济学哲学手稿》中,马克思将资产本身看作占有他人劳动的结果。这是两个不同的问题,前者将问题指向生产过程中劳动成果的分配,后者将问题指向既有生产关系的形成。对前者的论证,将马克思

① *Marx/Engels Gesamtausgabe*, Band I/5, De Grayter Akademie Forschung, 2017, S.470.

的研究思路引向《资本论》,对后者的论证,也就是马克思主要开端于《德意志意识形态》时期的对社会关系、生产关系的形成从历史发生学意义上的研究。虽然当时的政治经济学已经能够从第二个方面揭示施蒂纳批判的局限性,但并没有对问题的这一方面进行任何论证,或许正是为了对此进行更加科学的论证和分析,马克思开始了漫长的政治经济学批判性研究历程。

原载于《马克思主义理论学科研究》2023 年第 4 期

虚拟资本:信用关系伪境中资本主义自我消亡的翻转门

——《资本论》第 3 卷的哲学思考

张一兵[*]

在《资本论》第 3 卷中,马克思从资本主义生产总过程的视角,深刻地剖析了作为资产阶级经济物相化空间中以信用关系建构起来的虚拟资本的历史作用。在马克思看来,资产阶级的信用关系是生息资本复杂的升级方式。它从剩余价值分配的异化形式,畸变为可以客观集聚巨大社会资本力量的虚拟资本关系,以异化的信用关系伪境之上的股份公司形式,缓解生产资料私人占有与社会化大生产之间的对抗性矛盾,也为走向自由人联合体的新社会奠定了现实的可能性。

一、信用:资本拜物教的存在方式

在《资本论》第 3 卷的最后,马克思明确提出了资本主义经济物相化空间的神秘性问题。他说:“在论述资本主义生产方式甚至商品生产的最简单的范畴时,在论述商品和货币时,我们已经指出了一种神秘性质,它把在生产中

* 张一兵,南京大学文科资深教授,南京大学马克思主义社会理论研究中心研究员、哲学系博士生导师。

由财富的各种物质要素充当承担者的社会关系,变成这些物本身的属性(商品),并且更直截了当地把生产关系本身变成物(货币)。一切已经有商品生产和货币流通的社会形式,都有这种颠倒。但是,在资本主义生产方式下和在构成其占统治地位的范畴,构成其起决定作用的生产关系的资本那里,这种着了魔的颠倒的世界就会更厉害得多地发展起来。"①这正是马克思在《资本论》第1卷中揭示的带有神秘性质的经济定在之上的商品、货币和资本三大拜物教。马克思在此指出,经济拜物教的本质是将经济物相化中的对象化劳动倒置为物,人与人的关系颠倒地呈现为经济事物之间关系的事物化物像,这种经济负熵质被直接误认成这些经济定在本身的自然属性,这就是物化观念的发生。在这个意义上,物化误认是整个经济拜物教的本质。更重要的是,马克思在这里指出,无论是商品中价值关系颠倒为货币,还是生产条件作为颠倒为物性对象的资本关系,都生成着资本主义经济物相化空间中特有的着了魔的颠倒世界。从马克思始于《伦敦笔记》和《1857—1858年经济学手稿》的第三次经济学研究的全部过程,我们看到了资本主义这个着了魔的颠倒世界的历史发生和复杂的赋型过程。不过,在《资本论》第3卷中,马克思真的让我们直接遭遇一种"更厉害得多地发展起来"的着了魔的颠倒世界,这就是资本主义生产方式在生息资本异化之上建立起来的整个信用关系伪境。如果说资本主义的生息资本"是一切颠倒错乱形式之母"②,那么经济物相化空间中出现的信用关系场境则是资本拜物教更高级的存在方式。这也是一直到今天还横行于世的资产阶级经济物相化空间中最神奇的金融海市蜃楼。遗憾的是,马克思这一极其重要的理论论述却长期被忽视。

早在刚刚开始进行第三次经济学研究的时候,马克思在《伦敦笔记》中遭遇的就是资产阶级经济学中的信用和通货理论。我们看到马克思的摘录中有一段对当时现实生活场境的描述:"现在上市公司在我们的社会经济中占重要地位。我们在由上市公司创办的学校和学院接受教育。我们通过在一家银行开户来开始积极的生活。我们通过保险公司为我们的生命和财产投保。"③

① 《马克思恩格斯全集》第46卷,人民出版社2003年版,第936页。

② 《马克思恩格斯全集》第46卷,人民出版社2003年版,第528页。

③ Marx-Engels-Gesamtausgabe(MEGA2),IV/7,Text,Berlin:DietzVerlag,1983,S.141.

这是仍然发生在今天资本主义社会生活中的情景。这里的上市公司,已经是在证券交易所正式挂牌上市、通过发行股票募集社会财富的股份制的联合社会资本;在银行开户和在保险公司投保,则是通过存贷款、支票、汇票和保单等获得利息和保险金的钱生钱的“积极生活”。

马克思最早在1844年的《穆勒笔记》中讨论资产阶级经济构式中的信用问题,并在《布鲁塞尔笔记》和《曼彻斯特笔记》中比较具体地分析信用关系之上的金融关系,比如银行债券和股票发行等经济活动,而在1847年的《居利希笔记》中,马克思看到荷兰和英国证券交易所和股份公司的历史发生。在同期发表的《道德化的批评和批评化的道德》一文中,马克思第一次直接指出,“信用制度和投机等等引起的冲突在北美比任何地方都更为尖锐”①。而在《伦敦笔记》的前期摘录中,他深知这一新生的资本主义信用体系是经济学物相化空间中最具欺骗性的幻象,所以他很快就通过发现被遮蔽起来的货币—通货理论与劳动价值论的内在关联,走向自己的剩余价值理论。然而,一直到《1861—1863年经济学手稿》的思想实验,马克思也只是在一般理论逻辑中涉及生息资本的异化问题,而没有回到信用与通货理论以及资本主义经济现实中金融问题的深入思考上来。也许马克思意识到,只有在彻底说明资本主义生产方式的本质,科学透视全部资产阶级经济物相化运动机制之后,才可能真正破解资本主义的信用关系这一特殊经济负熵定在的幻象和伪境的本质。所以,一直到面对资本主义生产总过程的《资本论》第3卷,马克思才第一次正面讨论了在资本主义经济物相化空间中已经成为重要经济领域的信用(金融)实践和复杂的通货理论。

在《资本论》第3卷第25—36章,马克思对信用关系场境中出现的虚拟资本关系伪境在资本主义经济生产、流通和分配关系中的最新变化,进行了全面系统的研究,并形成了完整的批判性思考。在他看来,资本主义的信用关系系统,是资产阶级在经济物相化空间中巧妙运用的一种彻头彻尾的经济欺诈和合法的公开掠夺。这是资本主义生产方式中最奇特的我—他自反性劳动异化,也是资本(生息资本)拜物教的最高伪境。在《1863—1867年经济学手

① 《马克思恩格斯全集》第4卷,人民出版社1958年版,第335页。

稿》中的《资本论》第3卷的初稿中,这一部分内容是在第5章第5节开始讨论的①。马克思使用了"信用、虚拟资本"的标题,这一标题在《1882—1883年经济学手稿》中直接成为《资本论》第3卷第25章的章标题②。马克思还专门补充说,这是要思考"信用在资本主义生产中的作用"的主题。在恩格斯整理出版的《资本论》第3卷中,这一主题成了第27章的标题。

《资本论》第3卷第25章的标题用了醒目的"信用和虚拟资本"。这里的"虚拟资本"概念是全新的科学概念。它并非指资本关系的虚无性和虚假性,而是特指资本关系在资产阶级信用关系构序伪境获得的生息资本的升级形式。马克思这里的"虚拟资本"概念有可能受到西斯蒙第相近观点的影响③。哈维认为,马克思的虚拟资本概念"给了货币资本的拜物教性质一个更为形象可感的形状和形式"④。这种看似虚拟的信用资本关系,却可以客观地集聚起巨大的社会资本力量。如果资本是一种被遮蔽的社会关系,那么在信用关系场境中,这种从生息资本脱型和转换而来的空手套白狼的复杂关系场境,从一开始就处于一种虚拟的他性占有状态之中。这是一整套在虚拟资本关系伪境中塑形和构序起来的新型经济负熵定在。马克思说,这个作为生息资本的"货币资本的相当大的一部分也必然只是虚拟的,也就是说,完全像价值符号一样,只是价值的权利证书"⑤。早在《伦敦笔记》中,马克思就摘录过这样的说法:"债券、汇票和本票不是货币的一部分;它们是债务的证据。"⑥这个虚拟资本,是狭义的历史唯物主义的历史现象学构境才能透视的不是它自身状态的伪在场,这是起点上的神秘性。可以说,这是资本拜物教在生息资本之上生成的全新异化形态的观念映照。

---

① Marx-Engels-Gesamtausgabe(MEGA2),II/4.2,Text,Berlin:DietzVerlag,1992,S.469-646.

② Marx-Engels-Gesamtausgabe(MEGA2),II/14,Text,Berlin:AkademieVerlag,2003,S.240.

③ 在《布鲁塞尔笔记》中,马克思摘录了西斯蒙第这样的说法:金融领域中出现的"这些虚构的资本家,这些资本家是由交往产生的"(cescapitalistesfictifs,cescapitalistesenfantésparl' association)。参见 Marx-Engels-Gesamtausgabe(MEGA2),IV/3,Berlin:AkademieVerlag,1998,S.189。

④ 《跟大卫·哈维读〈资本论〉》第2卷,谢富胜等译,上海译文出版社2016年版,第181页。

⑤ 《马克思恩格斯全集》第46卷,人民出版社2003年版,第575页。

⑥ Marx-Engels-Gesamtausgabe(MEGA2),IV/8,Text,Berlin:DietzVerlag,1986,S.161.

马克思说,与讨论生息资本中的简化公式 G—G′不同,资本主义经济物相化中生成的信用制度,正是建立在将 G—G′中的生息货币关系转换为一种可以定期支付的交换凭证或者票据的流通领域之中。一方面,这个流通领域不是商品与货币的直接交换,而是这种交换凭证(票据)的虚拟流通;二是这个票据不再是前资本主义社会钱庄中也可能存在的点对点的线性债务关系的借据,而是一种由资产阶级国家银行操控的复杂运作系统中的信用货币①。这个信用货币并非仅仅指英镑和美元等货币本体,而且指持有这些货币及其衍生产品的凭证。在一定意义上,这是私人所有的实有货币之上的虚拟信用关系场境中占有金钱的证据。马克思告诉我们,"银行家资本的最大部分纯粹是虚拟的,是由债权(汇票),国债券(它代表过去的资本)和股票(对未来收益的支取凭证)构成的"②。它们"只是在法律上有权索取这个资本应该获得的一部分剩余价值"的凭证。然而,"随着生息资本和信用制度的发展,一切资本好像都会增加一倍,有时甚至增加两倍,因为有各种方式使同一资本,甚至同一债权在各种不同的人手里以各种不同的形式出现。这种'货币资本'的最大部分纯粹是虚拟的"③。也就是说,信用资本关系是一种虚拟的资本关系伪境,其本质仍然是榨取剩余价值的一种虚幻的神秘方式。这里的神秘性在于,虚拟关系场境中倍增的剩余价值从何而来?马克思指出,银行的有价证券和股票,虚拟资本的"这些所有权证书——不仅是国债券,而且是股票—的价值的独立运动,加深了这样一种假象,好像除了它们能够有权索取的资本或权益之外,它们还形成现实资本"④。整个信用体系及其后续复杂的衍生产品,塑形和构序起一个全新的虚拟资本关系场境,它是由利率、汇率和股市等看不见的新型非商品证券交换市场赋型起的资本运作的全新经济定在负熵构式,成为资本主义生产方式的畸形筑模形态。哈维说,资本主义信用货币资本的"自我增殖过程的拜物教外观如何采取了虚拟资本这种特定形式,将自己隐

① 参见《马克思恩格斯全集》第 46 卷,人民出版社 2003 年版,第 450—451 页。
② 《马克思恩格斯全集》第 46 卷,人民出版社 2003 年版,第 532 页。
③ 《马克思恩格斯全集》第 46 卷,人民出版社 2003 年版,第 533 页。
④ 《马克思恩格斯全集》第 46 卷,人民出版社 2003 年版,第 529 页。

藏在神秘中,即使它在债券、有价证券和其他市场中再真实不过了"①。这当然会成为马克思高度关注的经济领域。因为,资本与雇佣劳动的关系由此也发生了重要的改变,仿佛在这个新的资本主义经济物相化场境中资本家并不直接剥削工人。马克思说,作为这种新型资本场境关系的人格化的银行家成了"货币资本的总管理人"②,以后还会有作为股票证券交易关系场境的人格化的证券商。似乎他们面对的大多为资本所有者,而非工人。在这里,即在这种新型的信用关系体系构序出来的经济定在中,作为剩余价值转化形式的利息也仅仅是现成剩余价值的分配吗?这是马克思必须认真思考的问题。

到这里,我们看见马克思都是在纯粹经济学的实证话语中描述资本主义信用制度。可是,如果我们没有遗忘马克思在《1857—1858 年经济学手稿》中所揭露的货币的本质,即商品交换中被客观抽象出来的事物化颠倒的对象化劳动的异化,以及在《1861—1863 年经济学手稿》和《资本论》中已经揭示的作为这种信用关系的前提的 G—G′(生息资本伪境)是资本拜物教的完成,那么问题的实质就会是:如果说商品价值关系是劳动交换关系的客观抽象,而货币是这种抽象的反向事物化和异化,那么作为资本主义信用体系基础的票据则是这种经济物相化空间中事物化和异化的结果,即一般财富所有权的证据。这里发生的全部资本主义信用制度,正是资本主义经济物相化空间中虚拟资本伪境塑形和构序的最新事物化和异化层面,并且,这种资本主义经济信用关系场境所特有的劳动异化关系的海市蜃楼性质就昭然若揭。这是我们接下来讨论信用关系伪境,甚至是今天批判性地研究当代资本主义金融资本关系的正确构境方向。

二、信用关系生成资本主义经济物相化活动新的虚拟基础

作为资产阶级"货币资本的总管理人",银行家手里管理的主要不是他自

① 《跟大卫·哈维读〈资本论〉》第 2 卷,谢富胜等译,上海译文出版社 2016 年版,第 253 页。
② 《马克思恩格斯全集》第 46 卷,人民出版社 2003 年版,第 453 页。

己的财富,也不是哪一个私人资本家的财富,而是一种在虚拟的信用关系场境集聚起来的真实社会资本。这使虚拟的信用资本关系神奇地转换为现实的资本力量。请注意,在信用关系伪境中生成的虚拟资本的神奇作用就在这里,虽然信用货币资本是虚拟关系场境,可它却可以聚集起客观的社会资本力量。这是马克思所指认的那个虚拟资本最重要的经济负熵定在的本质。正是在这一点上,马克思敏锐地发现,这也会生成在资本主义经济发展中获得新的生存空间这一重要条件。为什么这么说?一方面,这种经济物相化中虚拟的信用关系场境,由于一部分交易根本不再使用货币,就使得整个资本主义生产总过程中"流通费用减少",流通的速度也得以加快。"由于信用,流通或商品形态变化的各个阶段,进而资本形态变化的各个阶段加快了,整个再生产过程因而也加快了"①,这必然使资本主义的生产总过程获得新的积极因素。另一方面,这种经济物相化中的虚拟资本关系也聚集起真实的社会资本,或者叫资产阶级"自在的共有资本"②。之所以马克思将其指认为资产阶级"自在的共有资本",是因为这种资产阶级以社会占有的方式聚集资本的生成,是通过信用市场关系自发集中起来的。马克思在分析银行通过信用关系汇集的货币时讲道,"一切阶级的货币积蓄和暂时不用的货币,都会存入银行。小的金额是不能单独作为货币资本发挥作用的,但它们结合成为巨额,就形成一个货币力量"③。这里的货币资本显然不仅仅是一般的"作为资本的货币",而是特指银行通过特殊的虚拟信用关系集聚和转化而来的巨额社会资本,这里的货币力量也不是从交换工具异化成"世俗上帝"的货币权力,而是可以超出个人占有的个别资本的力量的巨大 G—G′社会资本的支配力量。而当产业资本家通过虚拟的信用关系,直接占有了并非他自己私人所有的巨大社会资本时,就会掌握剥削工人的全新的巨大资本力量,在一定的意义上,这种社会化的资本客观上可以适应社会化大生产的要求。这就为生产资料私人占有与社会化大生产之间的矛盾提供了缓冲空间。

马克思指出,发生在银行中的"贷放(这里我们只考察真正的商业信用)

① 《马克思恩格斯全集》第 46 卷,人民出版社 2003 年版,第 494 页。
② 《马克思恩格斯全集》第 46 卷,人民出版社 2003 年版,第 413 页。
③ 《马克思恩格斯全集》第 46 卷,人民出版社 2003 年版,第 453—454 页。

是通过票据的贴现——使票据在到期以前转化成货币——来进行的,是通过不同形式的贷款,即以个人信用为基础的直接贷款,以有息证券、国债券、各种股票作抵押的贷款,特别是以提单、栈单及其他各种证明商品所有权的凭证作抵押的贷款来进行的,是通过存款透支等等来进行的"①。在这里,我们的脑海里再次浮现马克思在《伦敦笔记》中遭遇的情形。在《伦敦笔记》的第1—6笔记本中,几乎全部都是资产阶级经济学家们关于货币信用和通货理论的讨论。这一大堆令人眼花缭乱的银行业专用术语会让人陷入严重的认知障碍。通俗地讲,这里无非是说,当资产阶级银行通过并不发生在真实商品流通和生产过程中的虚拟信用关系,将大量货币聚集在一起的时候,就会有资本家通过信用关系场境中的贷放(借钱),在完成一系列复杂的信用关系后,可以在存款透支的信用关系场境中"占有异己的资本",用大量不是自己的、作为资本的货币重新真实地投入到扩大规模的生产和再生产过程,当他获得新的本不属于自己的巨额剩余价值之后,再支付给银行贷款利息,而银行则通过存款利息支付给资本的实际所有者,这是银行信用(生息)资本的G—G′假象背后的剩余价值再分配的异化关系真相。只是,这种信用关系中的经济剥削关系和深层的劳动异化,被更加繁复的信用关系塑形和构序伪境所遮蔽。马克思指出,这是发生在资产阶级国家层面上的一种资本信用投机和欺诈。一无所有的无产阶级是无法从事这种大规模信用投机的,因为他们没有可以作为抵押担保的各种"有息证券""国债券""股票""提单"和"栈单",银行信用关系的资本贷放只是富人的投机游戏。马克思指出,这种投机游戏之所以是一种欺诈,因为它直接违背了资产阶级平等交换的原则,信用制度助长了"买空卖空和投机交易"。对此,马克思十分气愤地说:"随着信用事业的发展,像伦敦那样的大的集中的货币市场就兴起了。这类货币市场,同时还是进行这种证券交易的中心。银行家把公众的货币资本大量交给这伙商人去支配,因此,这帮赌棍就繁殖起来。"②在信用贷放中,借贷资本家"自己根本没有资本,他们自然就在得到支付手段的同时也得到资本,因为他们没有付出等价物就得到了

① 《马克思恩格斯全集》第46卷,人民出版社2003年版,第454页。
② 《马克思恩格斯全集》第46卷,人民出版社2003年版,第547、579页。

价值"①,这个价值就是信用关系场境中的虚拟价值。在商品交换关系中客观抽象出来的价值是实在的社会定在,它通过事物化颠倒和异化为货币;而在这里支撑信用货币的则是一种并不实在的虚拟价值关系,它正是虚拟资本的生成基础。在这个意义上,连劳动异化关系都成了虚拟场境,这使得资本主义经济物相化空间中的劳动异化变得更加难以捉摸。哈维仔细分析过这种资本主义信用关系场境中从虚拟价值到虚拟资本的过渡②。资本家利用虚拟的信用资本获得了本不属于自己的巨额剩余价值,这就是冒险的金融"赌棍们"可耻的信用投机和欺诈。在《伦敦笔记》中,马克思摘录了相近的观点,"高利敲诈,即为银行、保险和其他目的而设立的公司违反法律,拥有自己的工业产品,却没有提供等价物"③,"银行系统是这样运作的:不动产的名义价值已经提高,成千上万的人被引导投机,如果没有银行贷款的便利,他们永远不会这样被引诱"④。这种空手套白狼的目的,还是凭空获得剥削工人所创造的剩余价值的更大资本力量。在聚集社会资本剥削工人剩余价值这一点上,资产阶级信用关系场境中的虚拟资本并不是虚拟的,而是货真价实的残酷经济剥削。这就是资本主义经济物相化中信用关系场境的意识形态伪境的本质。

马克思强调,资产阶级经济学家津津乐道的信用制度,的确使资本主义生产方式获得了一种新的生存空间,或者说,"整个资本主义生产就是建立在这个运动的基础上的"⑤。甚至,资产阶级信用制度会成为"促使资本主义生产方式发展到它所能达到的最高和最后形式的动力"⑥。这是马克思对资本主

① 《马克思恩格斯全集》第46卷,人民出版社2003年版,第483页。

② 哈维指出:"一名生产者用一件尚未出售的商品作为抵押来获取信用。他在实际的出售发生之前就取得了与这件商品等价的货币。这些货币随后可以被用来购买新鲜的生产资料和劳动力。然而,贷方持有一张票据,它的价值是以一件尚未出售的商品为后盾的。这张票据可以被描述为虚拟价值。任何种类的商业信用都会创造这些虚拟价值。这张票据(以汇票为主)倘若开始作为信用货币来流通,就成了流通的虚拟价值。信用货币(它总是具有虚拟的、想象的成分)与直接受货币商品约束的'实际'货币之间由此就打开了一道缺口(《资本论》第3卷,第573—574页)。这些信用货币倘若作为资本被借出去,就成了虚拟资本。"参见大卫·哈维:《资本的限度》,张寅译,中信出版社2017年版,第421页。

③ Marx-Engels-Gesamtausgabe(MEGA2),IV/8,Text,Berlin:Dietz Verlag,1986,S.164.

④ Marx-Engels-Gesamtausgabe(MEGA2),IV/8,Text,Berlin:Dietz Verlag,1986,S.167.

⑤ 《马克思恩格斯全集》第46卷,人民出版社2003年版,第493页。

⑥ 《马克思恩格斯全集》第46卷,人民出版社2003年版,第685页。

义生产方式历史发展进程的最新判断,也是马克思关于资本主义生产方式科学认识新的构境层,《资本论》第3卷第27章的标题就是“信用在资本主义生产中的作用”。资本主义“信用制度固有的二重性质是:一方面,把资本主义生产的动力——用剥削他人劳动的办法来发财致富——发展成为最纯粹最巨大的赌博欺诈制度,并且使剥削社会财富的少数人的人数越来越减少;另一方面,造成转到一种新生产方式的过渡形式”。马克思的定性分析是双重的。一是认定资本主义的信用制度是一种建立在虚拟资本关系伪境中的赌博欺诈制度。资本主义信用关系的本质是,通过银行和股份公司等虚拟资本的方式,把不属于自己的财富转换为剥削剩余价值的手段,这种信用关系的实质是合法的赌博和公开的欺诈。对于资产阶级国家银行中的借贷资本来说,仿佛“赌博已经取代劳动,表现为夺取资本财产的本来的方法,并且也取代了直接的暴力”①。从信用货币交易获得财富的假象,好像发财可以脱离对雇佣劳动的直接关系,这就像赌场中碰运气的赌棍,只是这种欺诈性的虚拟资本越来越集聚在少数金融贵族手中。马克思后面专门讨论了这个新生的金融贵族。二是断言,资本主义的信用制度也是自身消亡和走向新的社会解放的过渡,其中最重要的证据就是股份公司的出现。

三、作为资本主义经济物相化新形态的股份公司

在德文中,“Aktiengesellschaften”的原意为“股票社会”,也就是今天的股市。马克思发现,资产阶级在虚拟的信用关系场境中组建了上市募集社会资本的股份公司。第一,与上述银行业单纯的信用借贷关系不同,股份公司是直接关联于生产、流通和分配领域的资本主义经济物相化的新形式。因为,通过资产阶级建立的股票交易所,私人资本家可以脱离银行中介,直接通过以信用关系伪境为基础借壳上市的虚拟资本关系,合法地将他人的货币挪为已有(作为资本的货币)。马克思最早在《布鲁塞尔笔记》中接触到资产阶级经济关系中的股票和股份公司,并在《居利希笔记》中看到荷兰

① 《马克思恩格斯全集》第46卷,人民出版社2003年版,第500、541页。

和英国证券交易所和股份公司的历史发生①。依马克思的认识,资本主义股份公司的出现,意味着资本主义生产方式内部一种经济负熵定在新的改变,因为在这种经济定在的改变中内嵌着自我否定的扬弃。这是马克思在《黑格尔的逻辑学》的摘录中获得的否定性定在关系。因为,“那种本身建立在社会生产方式的基础上并以生产资料和劳动力的社会集中为前提的资本,在这里直接取得了社会资本(即那些直接联合起来的个人的资本)的形式,而与私人资本相对立,并且它的企业也表现为社会企业,而与私人企业相对立。这是作为私人财产的资本在资本主义生产方式本身范围内的扬弃”②。

这同样是资本家在虚拟的信用关系伪境中“占有异己的资本”,用大量不是自己的、作为资本的货币重新投入扩大规模的生产和再生产过程,只是不同于上述在银行中聚集起来的社会资本,股份公司通过在信用市场公开发行股票的方式,使社会上闲散的私人货币直接转换为自己可用的剥削工人所创造的剩余价值的资本,当它获得新的剩余价值之后,则用利润的股息“分红”的方式替代了银行借贷关系中的利息。这当然还是剩余价值分配的一种新的利润转化形式。如果按照我们对剩余价值分配领域中劳动异化的讨论③,这也是资本主义经济物相化空间中劳动异化的更深层面。马克思指出,资本主义经济物相化空间中出现的股份公司是“直接联合起来的个人的资本”,或者叫资产阶级“自在的共有资本”。当资本家通过股票认领募集到大量社会资本时,“生产规模惊人地扩大了,个别资本不可能建立的企业出现了”④。这里的“个别资本”是指传统资本主义所有制中通常的生产资料私人所有,而股份公司却在虚拟资本的基础上使资本主义的“生产规模惊人地扩大了”。这里,作为虚拟资本到场的股票,是在自己手中没有大量资本的情况下,在虚拟的信用关系伪境中,用空手套白狼的方式剥削

---

① Marx-Engels-Gesamtausgabe(MEGA2),IV/6,Text,Berlin:DietzVerlag,1983,S.449.

② 《马克思恩格斯全集》第46卷,人民出版社2003年版,第494—495页。

③ 参见张一兵:《经济学革命语境中的科学的劳动异化理论》(下),《马克思主义与现实》2022年第3期。

④ 《马克思恩格斯全集》第46卷,人民出版社2003年版,第413、494页。

工人所创造的剩余价值的方式。哈维解释说,“股票实际上是一种附属于纯粹的货币所有权的财产权。它实际上是对未来剩余价值生产的一个份额的法定索取权”①。这显然是前述银行信用贷放关系的升级,只是这是个人货币直接所有者与产业资本家变形了的信用贷放关系。相对于银行信用关系的资金贷放,由于消除了复杂的抵押担保等环节,资产阶级股份公司聚集社会资本会更加容易;由于股票发行是面向全社会的自愿认购,其可能获得的社会资本容量也会更大。

这里出现了资本所有权与管理权分离的异化场境。马克思发现,在资产阶级的股份公司中,还出现了一种新的情况,即“实际执行职能的资本家转化为单纯的经理,别人的资本的管理人,而资本所有者则转化为单纯的所有者,单纯的货币资本家”②。认领股票的资本所有者(股东大会)并不直接参与商品生产与交换的具体过程,只是作为个别资本的单纯所有者;而真正操作资本支配下的商品生产和流通过程的人,却是资本家雇佣的没有所有权的经理。这是过去马克思在讨论资本关系和人格化的资本家时完全没有遇到过的新问题。一方面,如果资本家只是资本关系的人格化,这里就出现了经济定在伪主体的双重分裂和异化:一个是脱离了资本主义生产过程的单纯资本所有关系人格化的“股东”,另一个是没有资本所有权的资本关系实际运行职能的人格化的“经理”。这是资产阶级阶级结构中新型的分裂。哈维认为,在马克思那个时代,没有资本所有权的经理似乎还是相对低收入的被雇佣者,而到了今天,“在股份制企业中,监督者——即 CEO 和经理——越来越成功地以所有者的利益为代价中饱私囊”③。甚至,他们已经成为当代资产阶级的一种新型主体。另一方面,作为股息出现的剩余价值分配形式的复杂关系场境异化。因为,股份公司获得的“利润(不再只是利润的一部分,即从借入者获得的利润中理所当然地引出来的利息)表现为对他人的剩余劳动的单纯占有,这种占有之所以产生,是因为生产资料已经转化为资本,也就是生产资料已经和实际的生产者相异化,生产资料已经作为他人的财产,而与一切在生产中实际进行

① 《跟大卫·哈维读〈资本论〉》第2卷,谢富胜等译,上海译文出版社2016年版,第259页。
② 《马克思恩格斯全集》第46卷,人民出版社2003年版,第495页。
③ 《跟大卫·哈维读〈资本论〉》第2卷,谢富胜等译,上海译文出版社2016年版,第207页。

活动的个人(从经理一直到最后一个短工)相对立”①。

马克思在这里直接使用了“异化”概念。这是一个非常复杂的我—他自反性异化关系。这让我们想到,马克思在《穆勒笔记》中以人本主义的劳动异化史观为逻辑构式批判资产阶级信用关系的讨论。在那里,马克思非常深刻地分析道,在资产阶级的信用业中,“似乎异己的物质力量的权力被打破了,自我异化的关系被扬弃了,人又重新处在人与人的关系之中”,然而这实际上仅仅是一个假象,并且是“卑劣的和极端的自我异化,非人化”。因为这里所运作的东西甚至“不再是商品、金属、纸币,而是道德的定在、合群的定在、人自己的内在生命,更可恶的是,在人对人的信任的假象下面隐藏着极端的不信任和完全的异化”②。在《穆勒笔记》中,马克思的思想构境以及对信用的批判,是以应该存在的人的交往类本质为价值悬设的,信用关系只是以虚假的“合群的定在”形式假冒了人与人之间真实的交往。而在《资本论》第3卷中,马克思指出,资本主义生产方式中的信用关系中我—它自反性的异化,绝不是什么抽象的交往类本质的异化,而是可以在历史现象学构境中透视出的资本主义新型经济关系的现实劳动异化。股份公司中那个作为分裂和异化人格的“单纯资本所有者”,在分红中得到的股息是“作为资本所有权的报酬”,这仍然是剩余价值分配的一种派生方式,相比起简单的银行利息,它干脆“表现为对异己的剩余劳动的单纯占有”。原因在于,股票募集的社会资本转换而来的生产资料(事物和劳动异化),再次与经理和劳动者这些“实际的生产者相异化”。这是虚拟信用关系伪境发生的新型我—他自反性异化关系。这也可以被视作马克思对《1861—1863年经济学手稿》中重新确立的劳动异化批判构式III③的进一步深化,因为这里的资本信用关系异化是前述生息资本关系的复杂升级。

① 《马克思恩格斯全集》第46卷,人民出版社2003年版,第495页。参见Marx-Engels-Gesamtausgabe(MEGA2),II/15,Text,Berlin:DietzVerlag,2004,S.428。

② Marx-Engels-Gesamtausgabe(MEGA2),IV/2,Text,Berlin:DietzVerlag,1981,S.450.

③ 参见张一兵:《经济学革命语境中的科学的劳动异化理论》(上、下),《马克思主义与现实》2022年第2、3期。

四、资本主义走向自我消亡的翻转门

信用关系伪境中出现的股份公司是资本主义走向自我消亡的翻转门。马克思认为，股份公司的本质是资产阶级缓解资本主义生产方式中固有的对抗性矛盾的客观结果，即在私有制关系下，用股票集聚社会资本，在形式上扩大生产资料的虚拟社会占有，以达到适应生产力不断社会化发展的需要，从而缓解生产资料私人占有与社会化大生产之间的矛盾。在银行的借贷（生息）资本关系场境中，这种对生产方式内部矛盾的缓解还处于无意识状态；而在股份公司的实际运营中，这已经成为资产阶级自觉的意识。马克思认为，资产阶级的股份公司客观上造成了一种与私人资本相对立的社会资本，所以这也是“作为私人财产的资本在资本主义生产方式本身范围内的扬弃”。在马克思看来，这有可能生成资本主义生产方式内部的“翻转门”，即从生产资料的私人占有走向社会所有的过渡点。

马克思深刻地分析道，以信用关系伪境为基础的股份公司是“建立在资本主义生产的对立性质基础上的资本增殖，只容许现实的自由的发展达到一定的限度，因而，它事实上为生产造成了一种内在的、但会不断被信用制度打破的束缚和限制。因此，信用制度加速了生产力的物质上的发展和世界市场的形成；使这二者作为新生产形式的物质基础发展到一定的高度，是资本主义生产方式的历史使命。同时，信用加速了这种矛盾的暴力的爆发，即危机，因而促进了旧生产方式解体的各要素”①。这是说，由于股份公司以虚拟资本的方式占有了社会资本，所以它加速了生产力的物质上的发展和“资本增殖”的世界市场的形成。在《居利希笔记》中，马克思最早看到的是荷兰和英国在海外殖民贸易中的东印度公司和尼德兰贸易公司，以商业资本的股份聚合方式成功吸收和扩大资本力量，“这一庞大的资本控股”②极大地促进了荷兰资产阶级在东南亚地区的扩张，无形中缓解了马克思所揭示的资本主义生产方式

① 《马克思恩格斯全集》第46卷，人民出版社2003年版，第500页。

② Marx-Engels-Gesamtausgabe(MEGA2),IV/6,Text,Berlin:DietzVerlag,1983,S.260.

中固有的生产力与生产关系的矛盾。但是,马克思也明确指出,资本通过股份公司的"自由发展"也有其限度,最终这种信用关系伪境会加速矛盾的暴力的爆发,在一种不可调和的危机中走向整个资本主义生产方式的解体,这恰恰是资本主义信用关系内嵌的历史使命。

马克思指出:"在股份公司内,职能已经同资本所有权相分离,因而劳动也已经完全同生产资料的所有权和剩余劳动的所有权相分离。资本主义生产极度发展的这个结果,是资本再转化为生产者的财产所必需的过渡点,不过这种财产不再是各个互相分离的生产者的私有财产,而是联合起来的生产者的财产,即直接的社会财产。另一方面,这是再生产过程中所有那些直到今天还和资本所有权结合在一起的职能转化为联合起来的生产者的单纯职能,转化为社会职能的过渡点。"①

虽然,资产阶级的股份公司只是一种以虚拟资本的方式出现的生产资料社会占有,但这预示了一个可能的前景,即私有制向"联合起来的生产者的财产,即直接的社会财产"的过渡,这正是走向社会主义的客观历史趋势。由此,资产阶级的股份公司这种内嵌着自我否定的经济定在,就内在地成为资本主义生产方式自我扬弃的过渡点,一个内嵌着革命积极因素的翻转门。这里,我借用了斯蒂格勒基于海德格尔技术构架的两面性,明确提出要将当代技术的奴役翻转为拯救的可能性的观点②。在马克思看来,"把股份制度——它是在资本主义体系本身的基础上对资本主义的私人产业的扬弃;随着它的扩大和侵入新的生产部门,它也在同样的程度上消灭着私人产业——撇开不说,信用为单个资本家或被当作资本家的人,提供在一定界限内绝对支配他人的资本,他人的财产,从而他人的劳动的权利。对社会资本而不是对自己的资本的支配权,使他取得了对社会劳动的支配权。因此,一个人实际拥有的或公众认为他拥有的资本本身,只是成为信用这个上层建筑的基础"③。

也就是说,资本主义的股份制度已经是在资本主义体系内发生的对资本主义生产资料私人占有制的自我扬弃。表面上股票市场是经济物相化自在运

① 《马克思恩格斯全集》第46卷,人民出版社2003年版,第495页。
② 参见斯蒂格勒:《技术与时间》第1卷,裴程译,译林出版社2000年版,第12页。
③ 《马克思恩格斯全集》第46卷,人民出版社2003年版,第497—498页。

行的“第二自然辩证法”进程,但在虚拟信用关系伪境中发生的事实却是,私人资本家在一定的界限内支配不属于他的资本的权力。通过虚拟的信用伪境,他拥有了他本不能拥有的超出自己权限的剥削工人剩余价值的能力。马克思分析道,“这是资本主义生产方式在资本主义生产方式本身范围内的扬弃,因而是一个自我扬弃的矛盾,这个矛盾明显地表现为通向一种新的生产形式的单纯过渡点。它作为这样的矛盾在现象上也会表现出来。它在一定部门中造成了垄断,因而引起国家的干涉,它再生产出了一种新的金融贵族,一种新的寄生虫,——发起人、创业人和徒有其名的董事;并在创立公司、发行股票和进行股票交易方面再生产出了一整套投机和欺诈活动。这是一种没有私有财产控制的私人生产”①。

这是马克思在《资本论》第3卷中讨论资产阶级信用关系问题时的一段极其重要的表述。在这里,马克思对资本主义经济发展中的新情况提出了一系列重要的看法,其中很多思考都直达当代资本主义金融资本关系场境的最新发展,具有重大历史意义。一是股份公司本身就是在资本主义生产方式内部发生的自我扬弃,因为它打破了生产资料个人所有制的有限边界,开始走向生产资料的社会化占有。因此,虽然它仍然是以资本主义虚拟资本的方式实现的,可实质上是走向一种新的生产方式的过渡点。马克思最早是在1858年4月2日写给恩格斯的信中,提到这种走向新生产方式的现实可能性。在那里,马克思直接指出,“股份资本,作为最完善的形式(导向共产主义的),及其一切矛盾”②。二是马克思看到,这种股份制资本主义经济物相化活动已经生成经济垄断关系,资本开始聚集到极少数金融寡头手里,这必将导致资产阶级的国家干涉。可以说,马克思前瞻性地预见了发生在20世纪的国家垄断资本主义的历史前景。甚至可以说,这是后来罗斯福“新政”和凯恩斯主义的真正缘起,只是资产阶级把马克思的革命否定性畸变为经济关系中非质变的弹性功能。马克思指出:“如果说信用制度表现为生产过剩和商业过度投机的主要杠杆,那只是因为按性质来说具有弹性的再生产过程,在这里被强化到了极

---

① 《马克思恩格斯全集》第46卷,人民出版社2003年版,第497页。

② 《马克思恩格斯全集》第29卷,人民出版社1972年版,第299页。

限。”①这种弹性生产的特征甚至代表了20世纪资本主义经济物相化的最新努力。后来,德里克②和哈维都指认了弹性生产的资本主义。三是马克思直接指认出这里所产生的一种新的金融贵族。这是马克思在《资本论》第3卷中指认信用关系场境中出现的资产阶级新主体。他指出:“在资本主义生产的基础上,一种涉及管理工资的新的欺诈在股份企业中发展起来,这就是:在实际的经理之外并在他们之上,出现了一批董事和监事。对这些董事和监事来说,管理和监督实际上不过是掠夺股东、发财致富的一个借口而已。”③股份公司中的董事和监事是我们今天耳熟能详的人物,马克思在他那个时代就敏锐地发现了资本人格化关系中这一重要的新变化,这是一种新的经济寄生虫。四是马克思已经关注在资本主义经济物相化中以虚拟信用关系伪境生成的金融领域,这是以虚拟资本为核心的股票市场和其他金融衍生产品的一整套投机和欺诈活动。这可以直达今天在资本主义世界发生的金融资本伪境中的重重次贷危机。然而,马克思这些极其重要的分析长期以来却被严重忽略。

五、股份制资本关系中的经济剥夺与工人自由人联合体

如果在虚拟信用关系之上建立的股份制度是资本主义生产方式内部的自我扬弃,那么这种扬弃会呈现出否定和肯定的双重性。

第一,股份公司呈现资本的自我剥夺机制。一方面,马克思发现,在股份公司不断膨胀的资本扩充中,实际发生着资本自我剥夺中的垄断性集聚。“在这里,成功和失败同时导致资本的集中,从而导致最大规模的剥夺。在这

① 《马克思恩格斯全集》第46卷,人民出版社2003年版,第499—500页。

② 阿里夫·德里克(ArifDirlik,1940—2017),土耳其裔美国历史学家,著名西方马克思主义学者。德里克1964年在伊斯坦布尔罗伯特学院获得电气工程学士学位,1973年在罗切斯特大学获得历史学博士学位。德里克的学术生涯主要在杜克大学度过,担任历史和人类学教授。2001年转往俄勒冈大学,担任社科、历史和人类学教授及批评理论和跨国研究中心主任。他的代表作有《革命与历史》《中国革命中的无政府主义》《全球现代性》和《后革命氛围》等。

③ 《马克思恩格斯全集》第46卷,人民出版社2003年版,第438页。

里,剥夺已经从直接生产者扩展到中小资本家自身。这种剥夺是资本主义生产方式的出发点;实行这种剥夺是资本主义生产方式的目的,而且最后是要剥夺一切个人的生产资料,这些生产资料随着社会生产的发展已不再是私人生产的资料和私人生产的产品,它们只有在联合起来的生产者手中还能是生产资料,因而还能是他们的社会财产,正如它们是他们的社会产品一样。"①这种在虚拟资本伪境中建立起来的资本集中,本质上是金融寡头对整个社会"最大规模的剥夺",它不仅剥夺生产者,也剥夺"中小资本家"。剥夺是资本主义生产方式的出发点和目的,其最后结果是剥夺一切个人所有的生产资料,走向马克思所说的"剥夺者将被剥夺"的历史必然。

另一方面,股票市场中也上演着一种公开的财富掠夺。股票市场中发生了一种资本主义生产方式前所未有的赌博游戏。通过股票的购买和抛售,一些人无偿地占有另一部分人的财富,这是资本主义制度本身生成的最畸形的经济掠夺方式。马克思认为,"这种剥夺在资本主义制度本身内,以对立的形态表现出来,即社会财产为少数人所占有;而信用使这少数人越来越具有纯粹冒险家的性质。因为财产在这里是以股票的形式存在的,所以它的运动和转移就纯粹变成了交易所赌博的结果;在这种赌博中,小鱼为鲨鱼所吞掉,羊为交易所的狼所吞掉"②。

在任何社会,如果一个人在大街上抢劫别人的钱财,那是公认的犯罪。然而,发生在资本主义股票市场中的这种抢夺他人钱财的行为,却是合法的、带有冒险性的"发财"。与流通领域一样,股市并不创造财富。其真相是一些人以合法的"炒股"方式,公然占有他人亏损的财富,而所有人在股市中发生亏损都被认为是咎由自取,因为所有证券交易所门口都贴着"股票有风险,入市需小心"。

马克思指出,在这种股份制的剥夺关系中,实际上已经出现了一种对资本主义生产方式的消极的否定。"在股份制度内,已经存在着社会生产资料借以表现为个人财产的旧形式的对立面;但是,这种向股份形式的转化本身,还

① 《马克思恩格斯全集》第46卷,人民出版社2003年版,第498页。
② 《马克思恩格斯全集》第46卷,人民出版社2003年版,第498页。

是局限在资本主义界限之内;因此,这种转化并没有克服财富作为社会财富的性质和作为私人财富的性质之间的对立,而只是在新的形态上发展了这种对立。"①这是在资本主义生产方式内部出现的对生产资料私人占有制的无形否定,只是这种否定还局限在资本主义的界限内。它并没有真正克服资本主义生产关系内部的对抗性矛盾,只是在一种新的形态上发展了这种对抗,这种对抗无形中正在客观地炸碎资本主义生产方式。

第二,在资本主义信用关系中成长起来的工人合作工厂是对资本主义生产方式的积极扬弃。19 世纪中叶,欧洲一些地方出现了利用信用关系建立的工人合作工厂②,马克思对此给予了高度的关注和正面的评价。马克思在《1863—1865 年经济学手稿》中《资本论》第 3 卷初稿中开始思考这部分内容③。在 1864 年 9 月 28 日发表的《国际工人协会成立宣言》中,马克思公开

① 《马克思恩格斯全集》第 46 卷,人民出版社 2003 年版,第 498—499 页。

② 马克思这里提到的"工人合作工厂",也被称为"工人合作运动",是 19 世纪 40 年代在英国率先兴起的一种社会主义经济实践运动,以英国空想社会主义者罗伯特·欧文进行合作公社的大胆试验为标志。1825 年,欧文在美国印第安纳州买下 3 万亩土地,创办了一个示范合作公社,定名为"新和谐公社"。欧文关于合作公社的思想内容很广泛,主要观点有财产公有化、管理民主化、分配需要化、劳动结合化等。欧文试图通过社会实践来证明其合作公社思想的优越性和可行性。尽管 1828 年实验宣告失败,但欧文的实验引起当时欧美社会各界人士的极大关注,产生了极其深远的影响。因此,欧文被许多人视为"合作运动之父"。在欧文合作公社思想的影响下,英国成为合作社运动最集中的地区,先后兴起了大约 300 多个合作团体,广泛开展合作社运动。随后,合作运动蔓延到欧洲其他地区,成为 19 世纪三四十年代一种很普遍的社会实践。19 世纪 40 年代,合作运动得到更为广泛的实践,其中出现了以"罗奇代尔公平先锋社"为代表的成功实例。1844 年,在英格兰北部小城镇罗奇代尔(曼彻斯特工业区),28 个纺织工人创立了日用品消费合作社。该合作社的领导人都是欧文派社会主义者,最初的社员大多是纺织业各部门的织工。他们的政治观点并不一致,其中有宪章派、欧文主义者,也有工会会员。罗奇代尔公平先锋社从当时的实际情况出发,满足了社员的个人利益,又有一套切实可行、公平合理的罗奇代尔原则:第一,民主管理(一人一票);第二,会员开放;第三,有限的资本利息;第四,根据成员对合作社所作贡献的比例分配剩余;第五,只用现金交易(不使用信贷);第六,以合作原则向成员提供教育;第七,政治中立和宗教信仰中立。罗奇代尔先锋合作社的章程规定,它通过按股集资、按股分红的办法筹集资金,用这笔资金开设店铺、销售食品和衣物,并建造房屋供希望改善状况的社员居住。此外,还要购买土地供失业和贫困的社员耕种,解决他们的生活困难。罗奇代尔先锋合作社发展很快,到 1855 年社员已增至 1400 余人。到 1851 年,英国成立的罗奇代尔式合作社已有 130 个左右,社员不下 1.5 万人。

③ Marx-Engels-Gesamtausgabe(MEGA2),II/4.2,Text,Berlin:DietzVerlag,1992,S.458-459.

高度评价了这一“工人合作运动”①。在他看来,工人合作工厂本身就是资本主义信用制度的产物。“没有从资本主义生产方式中产生的工厂制度,合作工厂就不可能发展起来;同样,没有从资本主义生产方式中产生的信用制度,合作工厂也不可能发展起来。信用制度是资本主义的私人企业逐渐转化为资本主义的股份公司的主要基础,同样,它又是按或大或小的国家规模逐渐扩大合作企业的手段。资本主义的股份企业,也和合作工厂一样,应当被看作是由资本主义生产方式转化为联合的生产方式的过渡形式,只不过在前者那里,对立是消极地扬弃的,而在后者那里,对立是积极地扬弃的。”②

在这里,马克思意识到,在基于资本主义私有制建立的股份公司中,“由资本主义生产方式转化为联合的生产方式的过渡”,是通过残酷的剥夺完成的对生产资料私人占有制消极的扬弃;而在工人合作工厂中,资本主义生产方式中原有的生产资料私人占有与社会化大生产的矛盾对立却是被积极地扬弃的。“工人自己的合作工厂,是在旧形式内对旧形式打开的第一个缺口,虽然它在自己的实际组织中,当然到处都再生产出并且必然会再生产出现存制度的一切缺点。但是,资本和劳动之间的对立在这种工厂内已经被扬弃,虽然起初只是在下述形式上被扬弃,即工人作为联合体是他们自己的资本家,也就是说,他们利用生产资料来使他们自己的劳动增殖。这种工厂表明,在物质生产力和与之相适应的社会生产形式的一定的发展阶段上,一种新的生产方式怎样会自然而然地从一种生产方式中发展并形成起来。”③

在马克思看来,资本主义信用制度下出现的工人合作工厂,是利用资产阶

① 在这一宣言中,马克思指出:“我们说的是合作运动,特别是由少数勇敢的‘手’独力创办起来的合作工厂。对这些伟大的社会试验的意义不论给予多么高的估价都是不算过分的。工人们不是在口头上,而是用事实证明:大规模的生产,并且是按照现代科学要求进行的生产,在没有利用雇佣工人阶级劳动的雇主阶级参加的条件下是能够进行的;他们证明:为了有效地进行生产,劳动工具不应当被垄断起来作为统治和掠夺工人的工具;雇佣劳动,也像奴隶劳动和农奴劳动一样,只是一种暂时的和低级的形式,它注定要让位于带着兴奋愉快心情自愿进行的联合劳动。在英国,合作制的种子是由罗伯特·欧文播下的;大陆上工人进行的试验,实质上是从那些并非由谁发明,而是在1848年大声宣布的理论中得出的实际结论。”参见《马克思恩格斯全集》第21卷,人民出版社2003年版,第12—13页。

② 《马克思恩格斯全集》第46卷,人民出版社2003年版,第499页。

③ 《马克思恩格斯全集》第46卷,人民出版社2003年版,第499页。

级的信用关系在“旧形式内对旧形式打开的第一个缺口”。与上述资产阶级的股份公司不同,工人合作工厂不再是以资产阶级生产资料私人占有为前提,工人作为联合体是他们自己的资本家。这里的“资本家”是一个戏称,因为在工人合作工厂中工人们是“利用生产资料来使他们自己的劳动增殖”。这里并不存在人对人的经济剥削,实际上也消除了劳动本身的我—它自反性异化。所以,马克思兴奋地指出,在资本主义生产方式内部,这种以工人自由人联合体为基础的新的生产方式,“自然而然地从一种生产方式中发展并形成起来”。在之后的讨论中,马克思再次提及这个作为扬弃资本主义生产方式的“自觉的、有计划的联合体”①。

在马克思此时的憧憬中,这种由工人自己建立起来的自由联合体将是走向人类解放的过渡性的经济载体,这种全新的社会赋型方式将根本摧毁资本主义所建构的全部经济物相化空间,彻底超越经济必然性王国,走向一个真正的人类社会发展的自由王国。“事实上,自由王国只是在必要性和外在目的规定要做的劳动终止的地方才开始;因而按照事物的本性来说,它存在于真正物质生产领域的彼岸。像野蛮人为了满足自己的需要,为了维持和再生产自己的生命,必须与自然搏斗一样,文明人也必须这样做;而且在一切社会形式中,在一切可能的生产方式中,他都必须这样做。这个自然必然性的王国会随着人的发展而扩大,因为需要会扩大;但是,满足这种需要的生产力同时也会扩大。这个领域内的自由只能是:社会化的人,联合起来的生产者,将合理地调节他们和自然之间的物质变换,把它置于他们的共同控制之下,而不让它作为一种盲目的力量来统治自己;靠消耗最小的力量,在最无愧于和最适合于他们的人类本性的条件下来进行这种物质变换。但是,这个领域始终是一个必然王国。在这个必然王国的彼岸,作为目的本身的人类能力的发挥,真正的自由王国,就开始了。但是,这个自由王国只有建立在必然王国的基础上,才能繁荣起来。”②

我在《马克思历史辩证法的主体向度》中具体讨论了马克思关于必然王

---

① 《马克思恩格斯全集》第46卷,人民出版社2003年版,第745页。

② 《马克思恩格斯全集》第46卷,人民出版社2003年版,第927—929页。

国和自由王国的关系的认识①。可以看到,马克思讨论人类社会从必然王国向自由王国的转化,并非在观念上对未来乌托邦的一种憧憬,而是在已经出现工人合作企业这一客观事实的基础上对一种客观现实可能性的指认。这里的社会化的人,即联合起来的生产者,正是我们所讨论的基于信用关系的工人自由人联合体。在这里,资本主义社会经济物相化空间中的一切经济定在都被解构,经济必然王国中那种看不见的资本的盲目力量失效了,劳动本身那种我—它自反性的异化关系伪境消失了,人们将"合理地调节他们和自然之间的物质变换,把它置于他们的共同控制之下"。在这种自由人的生产联合体中,人们"靠消耗最小的力量,在最无愧于和最适合于他们的人类本性的条件下来进行这种物质变换"。在这种新型的解放了的生产必然王国的彼岸,就会出"作为目的本身的人类能力的发挥",出现人类彻底解放、全面自由发展的真正的自由王国。这就是马克思眼中的共产主义的美好未来。

原载于《马克思主义研究》2023 年第 1 期

① 参见张一兵:《马克思历史辩证法的主体向度》,河南人民出版社 1995 年版,第 245—268 页。

关于马克思主义哲学体系的历史沉思

杨　耕*

马克思并不是一个把哲学课题化、体系化的职业哲学家,而首先是一个革命家,是一个以实现无产阶级和人类解放为毕生使命的革命家。为此,“马克思毕生都在研究资本主义这一社会形态,为了完成这一目标,他运用了辩证法和历史唯物主义进行解释,但他从来没有刻意地偏离这一宏大但仍然明确的目标,去构建一个成熟的哲学体系”。① 但是,马克思又的确具有丰富而深邃的哲学思想,其基本观点之间的确存在着内在的逻辑联系和体系。正如列宁所说,“马克思主义是马克思的观点和学说的体系。”②这种丰富而深邃的哲学思想、存在着逻辑联系的基本观点及其体系,就存在于马克思的各种论战性著作中,存在于形而上学批判、意识形态批判和资本批判的著作中,需要我们解读并加以解释。问题在于,任何一种解读、解释都要受到历史条件、文化传统、知识结构和价值观念的制约。因此,马克思主义哲学体系在不同的国家及其不同的时期必然具有不同的形式。本文拟就马克思主义哲学体系的演变及其规律作一历史考察和理论反思,以期深化我们对当代中国马克思主义哲学的学科体系、学术体系、话语体系的研究。

---

*　杨耕,北京师范大学哲学学院教授。

①　罗伯特·L.海尔布隆纳:《马克思主义:赞成与反对》,马林梅译,东方出版社2016年版,第7页。

②　《列宁全集》第26卷,人民出版社2017年版,第52页。

一、苏联马克思主义哲学体系的形成与确立

在马克思主义哲学史上，首先建构马克思主义哲学体系的，是苏联①学者，先行者是德波林和布哈林，标志是德波林的《辩证唯物主义纲要》和布哈林的《历史唯物主义理论——马克思主义社会学通俗教材》（以下简称《历史唯物主义理论》）。

1916年，德波林出版了《辩证唯物主义纲要》，建构了以“物质”为理论起点，以物质运动的辩证法为理论线索，包括唯物辩证法——自然辩证法——历史唯物主义三个部分在内的马克思主义哲学体系。这一体系在内容上包括唯物主义辩证法和历史唯物主义，但突出的是唯物辩证法，即辩证唯物主义。这是因为，在德波林看来，历史唯物主义是“唯物主义辩证法在社会中的运用”。② 尽管德波林后来受到批判，但德波林的这一观点仍然对苏联马克思主义哲学体系的形成产生了重要影响。

1921年，布哈林出版了《历史唯物主义理论》。在这部著作中，布哈林提出了两个事关历史唯物主义全局的观点：一是“历史唯物主义理论是马克思主义的社会学”，是“关于社会及其发展规律的一般学说”；③二是历史唯物主义是马克思主义理论“基础的基础”，“包括为数不少的所谓‘一般世界观’的问题”。④ 在这两个观点的引导下，《历史唯物主义理论》系统阐述了社会与自然、社会与个人、人与物、人与观念、社会的技术装备和社会的经济结构、生产力和社会经济结构、上层建筑及其结构、社会心理和社会意识形态、阶级和阶级斗争、社会发展中的决定论与非决定论等观点，并在这种理论框架中专设一章“辩证唯物主义”，以显示历史唯物主义“包括为数不少的所谓‘一般世界

---

① 1922年，以俄国为主体的苏维埃社会主义共和国联盟正式成立。为行文方便，本文把1917年俄国十月革命后到1922年苏联成立时的这一段历史也称为苏联时期。

② 安启念：《新编马克思主义哲学发展史》，中国人民大学出版社2004年版，第168页。

③ 尼·布哈林：《历史唯物主义理论——马克思主义社会学通俗教材》，李光谟译，人民出版社1983年版，第6、7页。

④ 尼·布哈林：《历史唯物主义理论——马克思主义社会学通俗教材》，李光谟译，人民出版社1983年版，“序言”第1页。

观'的问题"。

德波林的《辩证唯物主义纲要》和布哈林的《历史唯物主义理论》开启了建构马克思主义哲学体系的先河,但二者并没有把"辩证唯物主义"和"历史唯物主义"相提并论,并没有明确地把马克思主义哲学分为辩证唯物主义和历史唯物主义两个部分。首次明确地把马克思主义哲学分为辩证唯物主义和历史唯物主义两个部分的是芬格尔特和萨尔文特编著、1929 年出版的《辩证唯物主义和历史唯物主义》。正是在这个意义上,芬格尔特等人的《辩证唯物主义和历史唯物主义》标志着苏联马克思主义哲学体系,即辩证唯物主义和历史唯物主义"二分结构"体系初步形成。

米丁和拉祖莫夫斯基主编、分别于 1932 年、1934 年出版的《辩证唯物论与历史唯物论》上册和下册,则标志着苏联马克思主义哲学体系基本形成。《辩证唯物论与历史唯物论》分为两个部分。第一部分阐述的是辩证唯物论:当作宇宙观看的马克思主义;唯物论和唯心论;辩证法唯物论;唯物辩证法之诸法则;哲学中两条阵线上的斗争;辩证法唯物论发展中的新阶段。第二部分阐述的是历史唯物论:辩证法唯物论与唯物史观;论社会经济形态生产力与生产关系;资本主义的和社会主义的经济体系;关于社会群和国家的学说;过渡时期之政权与社会斗争;意识形态论;战斗的无神论;社会变革论;马克思主义和修正主义等。

在这种结构和体系的背后是这样一种指导思想:马克思主义哲学是"辩证法的唯物论",而"辩证法唯物论——这是一种完整的、彻底革命的,包括自然界、有机体、思维和人类社会的宇宙观";①历史唯物论则是辩证唯物论在社会生活领域的"运用",同时,历史唯物论的创立又加深和发展了唯物论,使唯物论达到彻底的发展;辩证唯物论与历史唯物论之间存在着直接的和不可分裂的联系,这就是,一般唯物论根据存在说明意识,历史唯物论根据社会存在说明社会意识。

《辩证唯物论与历史唯物论》明确地把马克思主义哲学分为辩证唯物主义与历史唯物主义两个部分,明确地把"物质"作为马克思主义哲学的理论

① 米丁等主编:《辩证唯物论与历史唯物论》上册,沈志远译,商务印书馆 1936 年版,第 25 页。

基础和起点范畴,先阐述辩证唯物主义,然后再阐述作为辩证唯物主义在社会生活领域“运用”的历史唯物主义,从而建构了辩证唯物主义与历史唯物主义“二分结构”体系。问题在于,无论是“辩证唯物主义”“历史唯物主义”,还是“辩证唯物主义和历史唯物主义”,都不是马克思本人提出来的,马克思本人也从未使用过“辩证唯物主义”“历史唯物主义”“辩证唯物主义和历史唯物主义”这三个概念。从历史上看,“辩证唯物主义”是狄慈根首先提出的;“历史唯物主义”是恩格斯首先提出的;而首先把“辩证唯物主义、历史唯物主义”相提并论的是列宁。

1886年,狄慈根在《一个社会主义者在认识论领域中的漫游》中首次提出“辩证唯物主义”这一概念。① 但是,真正用“辩证唯物主义”来规定马克思主义哲学的是普列汉诺夫。1895年,在《论一元论历史观之发展》中,普列汉诺夫明确指出:“‘辩证唯物主义’这一术语,它是唯一能够正确说明马克思的哲学的术语”。② 1897—1898年,在《论“经济因素”》中,普列汉诺夫指出:“马克思和恩格斯的唯物主义世界观……既包括自然界,也包括历史。无论是在自然界或是在历史方面,这种世界观‘都是本质上辩证性的’。但因为辩证唯物主义涉及到历史,所以恩格斯有时将它叫作历史的。这个形容语不是说明唯物主义的特征,而只表明应用它去解释的那些领域之一。”③

这就是说,“辩证唯物主义”与“历史唯物主义”在内涵上是同一个概念,二者都是对“马克思和恩格斯的唯物主义世界观”,即马克思主义哲学的不同称谓:把马克思主义哲学称为“辩证唯物主义”,是为了凸显马克思主义哲学的本质特征;把马克思主义哲学称为“历史唯物主义”,是为了表明马克思主义哲学的研究领域。

同普列汉诺夫一样,列宁也认为,“马克思主义哲学即辩证唯物主义”。④ 但是,在解释辩证唯物主义与历史唯物主义的关系时,列宁提出了与普列汉诺

---

① 参见《狄慈根哲学著作选集》,杨东莼译,生活·读书·新知三联书店1978年版,第252页。

② 《普列汉诺夫哲学著作选集》第1卷,博古等译,生活·读书·新知三联书店1959年版,第768页。

③ 《普列汉诺夫哲学著作选集》第2卷,刘亦宇等译,生活·读书·新知三联书店1961年版,第311页。

④ 《列宁选集》第2卷,人民出版社2012年版,第15页。

夫不同且影响深远的观点,即历史唯物主义是“哲学唯物主义”在社会现象领域的“推广运用”。1913年,在《马克思主义的三个来源和三个组成部分》中,列宁指出:“马克思加深和发展了哲学唯物主义,而且把它贯彻到底,把它对自然界的认识推广到对人类社会的认识。”①1914年,在《卡尔·马克思》中,列宁明确指出:“发现唯物主义历史观,或者更确切地说,把唯物主义贯彻和推广运用于社会现象领域,消除了以往的历史理论的两个主要缺点。”②

这种“推广运用”说的逻辑是:“物质的存在不依赖于感觉。物质是第一性的。感觉、思想、意识是按特殊方式组成的物质的高级产物。这就是一般唯物主义的观点,特别是马克思和恩格斯的观点”;③“一般唯物主义认为客观真实的存在(物质)不依赖于人类的意识、感觉、经验等等。历史唯物主义认为社会存在不依赖于人类的社会意识”,正是这两个“基本前提”、两个“重要部分”构成了“由一整块钢铸成的马克思主义哲学”。④ 这就是说,在马克思主义哲学体系中,存在着两个“重要部分”,即用存在解释意识为“基本前提”的一般唯物主义和用社会存在解释社会意识为“基本前提”的历史唯物主义。

几乎与狄慈根同时,1886年,在《路德维希·费尔巴哈和德国古典哲学的终结》中,恩格斯首次提出了与“辩证唯物主义”相似的概念,即“唯物主义辩证法”;⑤之前,他在《反杜林论》中提出,无论是在历史观上,还是在自然观上,“现代唯物主义本质上都是辩证的”。⑥ 这就是说,“现代唯物主义”本质上就是辩证唯物主义,辩证唯物主义构成了马克思主义哲学的本质特征。不仅如此,1890年,在致康·施米特的信中,恩格斯还首次提出了“历史唯物主义”这一概念⑦,并在1892年的《社会主义从空想到科学的发展》英文版导言中对“历史唯物主义”作出解释:“用‘历史唯物主义’这个名词来表达一种关

① 《列宁全集》第23卷,人民出版社2017年版,第45页。
② 《列宁全集》第26卷,人民出版社2017年版,第59页。
③ 《列宁全集》第18卷,人民出版社2017年版,第49页。
④ 《列宁全集》第18卷,人民出版社2017年版,第341页。
⑤ 《马克思恩格斯文集》第4卷,人民出版社2009年版,第298页。
⑥ 《马克思恩格斯文集》第9卷,人民出版社2009年版,第28页。
⑦ 参见《马克思恩格斯文集》第10卷,人民出版社2009年版,第587页。

于历史过程的观点”。① 显然，在恩格斯那里，“历史唯物主义”和“唯物主义历史观”是同一个概念，二者是对“马克思的历史观”的不同表述。

从马克思主义哲学史上看，首先把辩证唯物主义和历史唯物主义相提并论的是列宁。1908 年，在《唯物主义和经验批判主义》中，列宁明确指出：马克思和恩格斯“特别注意的是修盖好唯物主义哲学的上层，也就是说，他们所特别注意的不是唯物主义认识论，而是唯物主义历史观。因此，马克思和恩格斯在他们的著作中特别强调的是辩证唯物主义，而不是辩证唯物主义，特别坚持的是历史唯物主义，而不是历史唯物主义”。② 1914 年，在《卡尔·马克思》一文提纲中，列宁明确地把“辩证唯物主义”和“唯物主义历史观”并提：“哲学。辩证唯物主义。唯物主义历史观”。③ 在列宁看来，由辩证唯物主义、唯物主义历史观即历史唯物主义构成的“马克思的哲学是完备的哲学唯物主义”，是“完整的哲学世界观”。④

可以看出，米丁等人的《辩证唯物论与历史唯物论》关于辩证唯物主义、历史唯物主义的定义和定位，关于辩证唯物主义与历史唯物主义关系的说明，并不是“空穴来风”，而是以恩格斯、列宁等人的思想为理论依据的；把辩证唯物主义与历史唯物主义相提并论，作为马克思主义哲学的两个部分，也不是“无中生有”，而是对恩格斯、列宁等人思想的发挥。

米丁后来在评价《辩证唯物论与历史唯物论》所建构的辩证唯物主义与历史唯物主义“二分结构”体系时，不无得意地说道：“我把马克思主义哲学分为辩证唯物主义和历史唯物主义，这种分法被人接受，流传下来了。”⑤实际上，米丁等人建构的辩证唯物主义与历史唯物主义“二分结构”体系不仅“流传下来了”，而且支配了苏联马克思主义哲学体系半个世纪之久。1938 年，斯大林出版了《论辩证唯物主义和历史唯物主义》，以有所变化的形式肯定了米丁等人的《辩证唯物论与历史唯物论》所建构的辩证唯物主义与历史唯物主

---

① 《马克思恩格斯文集》第 3 卷，人民出版社 2009 年版，第 508—509 页。

② 《列宁全集》第 18 卷，人民出版社 2017 年版，第 345 页。

③ 《列宁全集》第 26 卷，人民出版社 2017 年版，第 372 页。

④ 《列宁全集》第 23 卷，人民出版社 2017 年版，第 45、467 页。

⑤ 安启念：《新编马克思主义哲学发展史》，中国人民大学出版社 2004 年版，第 173 页。

义“二分结构”体系。由于斯大林在当时苏联和国际共产主义运动中的特殊地位,《论辩证唯物主义和历史唯物主义》又反过来巩固并确立了辩证唯物主义和历史唯物主义“二分结构”体系,并产生了极其广泛而持久的影响。

从德波林的《辩证唯物主义纲要》到米丁等人的《辩证唯物论与历史唯物论》,从斯大林的《论辩证唯物主义和历史唯物主义》到康斯坦丁诺夫的《马克思主义哲学原理》,马克思主义哲学之所以被“一”分为“二”,划分为辩证唯物主义与历史唯物主义两个部分,是因为存在一条贯穿并连接它们的逻辑线索,这就是,历史唯物主义是辩证唯物主义在社会历史领域的“推广”“应用”,是一种历史观;“辩证唯物主义”之所以是辩证唯物主义,是因为它研究自然现象的方法是辩证的,解释自然现象的理论是唯物主义的,①这就是说,辩证唯物主义实质上是一种自然观。

问题在于,自然界与人类社会既有密切联系,又有本质区别。自然界的本质就在自然物质本身,而“全部社会生活在本质上是实践的”,②现存世界的“物”是打上了人的实践活动的烙印、具有社会关系内涵的“可感觉而又超感觉的物或社会的物”。③ 因此,把唯物主义自然观“推广”“应用”到社会历史领域并不能得到唯物主义历史观。爱尔维修早就“把唯物主义运用到社会生活方面”,④得到的却是唯心主义历史观。这是其一。

其二,马克思主义哲学所造成的哲学革命就是从历史观发动并展开的,马克思在成为历史唯物主义者之前,至多是一个费尔巴哈式的人本唯物主义者,而绝不是一个辩证唯物主义者。因此,在马克思主义哲学形成史上,不存在马克思把辩证唯物主义“推广”“应用”到社会历史领域、创立历史唯物主义这一过程。恰恰相反,马克思在创立历史唯物主义的同时就创立了辩证唯物主义,二者是同一个过程的两个方面。

这就是说,关于历史唯物主义是辩证唯物主义在社会历史领域中的“推广”“应用”的观点,既没有科学依据,又不符合历史事实;更重要的是,这一观

① 参见《斯大林选集》下卷,人民出版社1979年版,第424页。
② 《马克思恩格斯选集》第1卷,人民出版社2012年版,第135页。
③ 《马克思恩格斯文集》第5卷,人民出版社2009年版,第89页。
④ 《马克思恩格斯文集》第1卷,人民出版社2009年版,第333页。

点没有真正理解历史唯物主义是马克思第一个伟大发现的真实内涵,历史唯物主义创立的划时代意义在相当大的程度上被忽视、被淡化了。

二、西方、东欧、苏联学者对马克思主义哲学体系的重建

从马克思主义哲学的历史看,首先质疑苏联马克思主义哲学体系,并力图重建马克思主义哲学体系的,是西方马克思主义者。卢卡奇明确提出:“回到马克思”“重建马克思主义”,就是建构“真正按共产党人意义理解的马克思主义”。①

从整体上看,卢卡奇所谓“重建马克思主义”有两个特点:

其一,力图用“总体性”重建唯物主义辩证法。1922 年出版的《历史与阶级意识》的副书名,就是“关于马克思主义辩证法的研究”。正是在这部著作中,卢卡奇明确指出:“不是经济动机在历史解释中的首要地位,而是总体的观点,使马克思主义同资产阶级科学有决定性的区别。总体范畴,整体对各个部分的全面的、决定性的统治地位,是马克思取自黑格尔并独创性地改造成为一门全新科学的基础的方法的本质。”②

其二,重建唯物主义辩证法实际上也就是重建历史唯物主义。按照卢卡奇的观点,唯物主义辩证法与历史唯物主义是“一体化”的,“对马克思主义来说,归根到底就没有什么独立的法学、政治经济学、历史科学等等,而只有一门唯一的、统一的——历史的和辩证的——关于社会(作为总体)发展的科学”。“马克思的辩证方法,旨在把社会作为总体来认识”。③ 一言以蔽之,“在马克思主义的总体性中重建马克思主义”。④

① 杜章智编:《卢卡奇自传》,李渚青等译,社会科学文献出版社 1986 年版,第 92 页。

② 卢卡奇:《历史与阶级意识——关于马克思主义辩证法的研究》,杜章智等译,商务印书馆 1999 年版,第 79 页。

③ 卢卡奇:《历史与阶级意识——关于马克思主义辩证法的研究》,杜章智等译,商务印书馆 1999 年版,第 80 页。

④ 卢卡奇:《关于社会存在的本体论·上卷——社会存在本体论引论》,白锡堃等译,重庆出版社 1993 年版,第 658 页。

1975年,哈贝马斯出版了一部著作,书名就是《重建历史唯物主义》。在这部著作中,哈贝马斯明确指出:“1938年,斯大林把历史唯物主义法典化,后果严重,自那时以来的历史唯物主义研究,始终受着这种理论框架的禁锢。现在,斯大林确认的历史唯物主义解释,需要重建。重建历史唯物主义,应该有利于批判地研究各种相互竞争的理论观。”①按照哈贝马斯的观点,重建历史唯物主义就是把历史唯物主义看作一种社会进化理论,以社会交往为中轴重建历史唯物主义。这是因为,“马克思已经把历史唯物主义当作某种可领会的社会进化理论来理解,并把关于资本主义的理论看作其中的一部分”。② 如果说卢卡奇重在“总体性”,力图以历史主体与客体的关系重建唯物主义辩证法,那么,哈贝马斯则重在“社会交往”,力图用社会进化论重建历史唯物主义。

卢卡奇重建唯物主义辩证法与哈贝马斯重建历史唯物主义,实际上代表了西方马克思主义重建马克思主义哲学体系两个主要理论指向。从总体上看,西方马克思主义否定的是自然辩证法,肯定的是历史辩证法或实践辩证法;否定的是辩证唯物主义,肯定的是历史唯物主义。

按照西方马克思主义的观点,重建马克思主义哲学体系,就是要把这一理论“拆开”,用新的形式“重新加以组合”,以更好地达到这一理论所确立的目标。在这种“拆开”“重新组合”的过程中,西方马克思主义者有一个共同的特征,那就是,用现代西方哲学的某一流派来“补充”马克思的哲学,并以此为基础重建马克思主义哲学体系。正是在这一重建马克思主义哲学体系的过程中,形成了存在主义的马克思主义、弗洛伊德主义的马克思主义、结构主义的马克思主义、实证主义的马克思主义、现象学的马克思主义、人类学的马克思主义乃至后马克思主义,等等。由此,一个完整的马克思主义哲学从内部“爆裂”了,“碎片”化了。在这个意义上,西方马克思主义向我们展示的是一个被“肢解”的马克思。

更重要的是,西方马克思主义重建的马克思主义哲学体系,并没有达到马

① 尤尔根·哈贝马斯:《重建历史唯物主义》,郭官义译,社会科学文献出版社2000年版,第139页。

② 哈贝马斯:《交往与社会进化》,张博树译,重庆出版社1989年版,第129、133页。

克思的哲学所确立的目标,即“改变世界”“使现存世界革命化”。相反,它使马克思主义哲学变成一种仅仅“解释世界”的“学院哲学”“讲坛哲学”,马克思的哲学所确立的“改变世界”“使现存世界革命化”的目标被束之高阁了。葛兰西、科尔施和卢卡奇之后,“西方马克思主义就以自己的密码式语言来说话了”。“西方马克思主义首要的最根本的特点就是,它在结构上与政治实践相脱离”。① 安德森的这一评价中肯、准确且深刻。正因为如此,西方马克思主义及其所重建的马克思主义哲学体系,只能作为思想博物馆的标本陈列于世,而不是兴盛于世了。

继西方马克思主义之后,对苏联马克思主义哲学体系提出质疑,力图重建马克思主义哲学体系的,是南斯拉夫“实践派”与“辩证唯物主义派”,以及民主德国学者。

“实践派”明确否定辩证唯物主义,认为实践是马克思主义哲学的核心范畴,人道主义是马克思主义哲学的本质特征,辩证法只有同人的实践活动和人道主义结合起来才有真实意义。重构马克思主义哲学体系,就是要使辩证法成为人道主义的辩证法,使人道主义成为辩证法的人道主义。这是其一。其二,“实践派”明确肯定历史唯物主义,但它认为历史唯物主义是对异化进行批判的批判理论。“历史唯物论不是马克思关于人和历史的一般理论,而是他对阶级社会自我异化的人(作为‘经济动物’的人)的批判,也就是他关于自我异化的人类历史(更确切地说是‘史前史’)的批判理论”。②

因此,必须破除辩证唯物主义与历史唯物主义“二分结构”体系,重建一种具有人道主义和批判精神的马克思主义哲学体系,即实践哲学体系。然而,由于种种历史原因,“实践派”并没有建立起这样一种实践哲学体系。换言之,“实践派”提出问题,但没有解决问题;重在解构苏联马克思主义哲学体系,但没有建构南斯拉夫马克思主义哲学体系。

如果说“实践派”重在“破”,解构苏联“型式”的马克思主义哲学体系,那么,“辩证唯物主义派”则重在“立”,建构南斯拉夫“型式”的马克思主义哲学

① 佩里·安德森:《西方马克思主义探讨》,高铦等译,人民出版社1981年版,第44、41页。
② 袁贵仁等主编:《当代学者视野中的马克思主义哲学·东欧和苏联学者卷》(下),北京师范大学出版社2008年版,第279页。

体系。与“实践派”不同,“辩证唯物主义派”肯定并坚持辩证唯物主义。但是,“辩证唯物主义派”所理解的辩证唯物主义在很大程度上不同于苏联学者所理解的辩证唯物主义,所建构的马克思主义哲学体系在很大程度上不同于苏联马克思主义哲学体系。用“辩证唯物主义派”自己的话来说,就是重建南斯拉夫“型式”的辩证唯物主义。

“辩证唯物主义派”一是强调马克思主义哲学是同逻辑学、认识论和方法论密切联系的、关于世界普遍规律的科学;二是强调马克思主义哲学是具有人道主义性质的“批判的辩证唯物主义”。一句话,马克思主义哲学是“科学性和人道主义的统一”。以此为指导思想,“辩证唯物主义派”建构的马克思主义哲学体系具有鲜明的南斯拉夫“型式”:一是提出哲学基本问题包含四个方面的内容,即本体论、逻辑—认识论—方法论、价值规范和人本主义,并始终围绕着这一基本问题来阐述马克思主义哲学;二是认为马克思主义哲学是关于人与世界的认识关系和价值关系的科学,不仅阐述了本体论、认识论,而且阐述了价值论;三是强调马克思主义哲学的人道主义实质和社会主义人道主义的世界观意义,不仅阐述了世界的一般规律,而且阐述了人的生存的意义,阐述了人是最高价值和目的本身。但是,“辩证唯物主义派”在强调辩证唯物主义的同时却把历史唯物主义排除在马克思主义哲学之外,划归马克思主义社会学。这样一来,作为马克思第一个伟大发现的历史唯物主义就被束之高阁了,马克思主义哲学成了没有历史唯物主义的辩证唯物主义。

几乎与南斯拉夫“实践派”与“辩证唯物主义派”争论的同时,民主德国发生了“实践争论”,继而发生了“体系争论”。正是在这场“体系争论”过程中,1967年,柯辛出版了《马克思主义哲学》。《马克思主义哲学》建构了这样一种马克思主义哲学体系:物质和世界的统一性,生产力与生产关系;世界的合乎规律的秩序,客观实在的体系的性质(经济形态、政治形态、阶级结构);辩证的决定论,社会革命,规律及社会规律的有意识地利用;世界是发展的,作为质变的发展,作为否定之否定的发展,辩证的矛盾是运动及发展的源泉;人对客观世界的认识,认识过程的社会基础,认识的本质和结构;现代的社会形态及精神生活的改造,工人阶级创造新的世界,现代精神生活的变革。

可以看出,《马克思主义哲学》建构的马克思主义哲学体系与苏联马克思主义哲学体系有较大的差异。

在马克思主义哲学的对象上,苏联马克思主义哲学把马克思主义哲学对象规定为自然界、社会和思维运动的一般规律;《马克思主义哲学》则提出,从事实践的人才是马克思主义哲学的对象。“人对于世界的关系是通过人的能动的活动的各种形式来实现的。处于对世界的这种关系中的人,才是马克思主义哲学的主要对象。马克思主义哲学最重要的是研究人在革命实践中如何变革自己的周围世界和他们自身。”①

在马克思主义哲学的结构上,苏联马克思主义哲学把马克思主义哲学规定为辩证唯物主义与历史唯物主义“二分结构”;《马克思主义哲学》则强调辩证唯物主义与历史唯物主义的“一体化”,力图使马克思主义哲学的基本范畴、基本观点在这种“一体化”中得到说明。《马克思主义哲学》的基本原则,就是把社会生活及其历史置于客观实在的领域,即世界的物质统一性中加以考察,并认为马克思主义世界观的“优越性”就在于,以人的实践活动为出发点和中心内容,对社会历史进行唯物主义解释,“抛开历史唯物主义就不存在辩证唯物主义。两者在马克思主义的世界观中是融为一体的”。②

在探索辩证唯物主义与历史唯物主义“一体化”的道路上,《马克思主义哲学》的确迈出了重要一步。但是,《马克思主义哲学》所建构的马克思主义哲学体系又存在着内在的矛盾:一方面,强调“实践”是马克思主义哲学的基础和出发点,全部哲学问题的合理解决都在“社会实践和从概念上把握社会实践”;另一方面,又把“物质”“意识”“实践”这三个范畴并列,作为马克思主义哲学的基本范畴,并从自然史的角度出发阐述物质、意识、实践之间的关系,实际上仍然从“物质”出发阐述马克思主义哲学,只是在认识论部分才开始阐述实践的结构、地位以及主体与客体的关系。这就像太阳的单独运行轨道已经被指明,但关于整个天体运动的解释仍然通行着托勒密理论一样。

比西方学者重建马克思主义哲学体系晚了 60 年,比东欧学者重建马克思主义哲学体系晚了 20 年,到 20 世纪 80 年代,苏联学者才开始反思辩证唯物

① 李成鼎等:《当代哲学思潮述评》,求实出版社 1984 年版,第 45 页。
② 李成鼎等:《当代哲学思潮述评》,求实出版社 1984 年版,第 43 页。

主义与历史唯物主义“二分结构”体系,力图重建马克思主义哲学体系。1982年,《哲学问题》第12期发表编辑部文章,在苏联历史上首次提出,要从根本上反思辩证唯物主义与历史唯物主义的“二分结构”体系,并认为这一体系的根本缺陷就在于,分开阐述辩证唯物主义与历史唯物主义,忘记了二者的“本质同一”。1985年,格列察内、卡拉瓦耶夫、谢尔热托夫在《列宁格勒大学学报》第13期上发表《论辩证唯物主义和历史唯物主义的本质同一》一文,认为辩证唯物主义和历史唯物主义不是马克思主义哲学结构上的两个组成部分,而是马克思主义哲学的两个理论特征;超出社会存在,就没有意识与存在的关系,辩证唯物主义的辩证性质只有在历史唯物主义的形式中才成为可能,实践则是把辩证唯物主义和历史唯物主义整体化为统一的理论体系的哲学范畴;辩证唯物主义与历史唯物主义“二分结构”体系的根本缺陷在于,在一个完整的马克思主义哲学中形成两个对象、两种存在、两种唯物主义以至两个学科,从而造成了“本体论断裂”。①

由此,苏联哲学界开始全面反思辩证唯物主义和历史唯物主义“二分结构”体系,力图重建马克思主义哲学体系。正是在这个过程中,1989年,苏联出版了由苏共中央书记处书记弗罗洛夫主编的《哲学导论》。《哲学导论》力图“尽力揭示和证明”马克思主义哲学的新颖性和独创性,建构了这样一种马克思主义哲学体系:存在,物质,辩证法,自然界,人,实践,意识,认识,科学,社会,进步,文化,个性,未来。

从总体上看,这一体系有两个突出特点:一是以实践的观点为初始范畴。《哲学导论》明确指出:实践是人类对待世界的特殊方式,“马克思的主要的和基本的哲学思想在于对整个精神世界和文化(甚至包括离实践最远的文化表现)来说,实践是初始的和第一性的”。② 二是以人类解放为理论主题。《哲学导论》明确指出:“马克思主义的最高目的,是研究和从理论上论证被奴役的人类的解放问题”,③并沿着人与世界的关系、人与人的关系以及人的本质

① B.B.格列察内等:《论辩证唯物主义和历史唯物主义的本质同一》,沈未译,《哲学译丛》1986年第5期。

② 弗罗洛夫主编:《哲学导论》上卷,贾泽林等译,北京师范大学出版社2011年版,第183页。

③ 弗罗洛夫主编:《哲学导论》上卷,贾泽林等译,北京师范大学出版社2011年版,第174页。

这些“根本性的经典问题”、“对共产主义的含义进行哲学论证”和人道主义的思路而展开对人类解放论证的。“马克思主义继承和发展了以往哲学的各种人道主义趋向，阐明了将人道主义理想付诸实现的途径、使人获得解放的途径和建设无愧于自由的人的社会的途径”。① 因此，必须恢复和发展马克思主义的人道主义理想。

《哲学导论》力图把人道主义精神贯彻到马克思主义哲学之中，建构一种苏联式的人道主义的马克思主义哲学。从历史上看，从1953年斯大林逝世到1991年苏联解体，苏联马克思主义哲学演变的趋势就是人道主义化。《哲学导论》就是这种人道主义化趋势的历史延伸和集中体现，标志着苏联式的人道主义马克思主义哲学体系的形成与苏联辩证唯物主义和历史唯物主义哲学体系的终结。然而，1991年，随着苏共解散、苏联解体，《哲学导论》所建立的苏联式的人道主义马克思主义哲学体系也就寿终正寝了。在这个意义上，《哲学导论》又是整个苏联马克思主义哲学体系终结的标志。

三、中国学者对马克思主义哲学体系的探索和建构

在中国，首先较为系统阐述马克思主义哲学的是瞿秋白。1924年，瞿秋白出版了《社会哲学概论》，在中国开启探索和建构马克思主义哲学体系的先河。

按照瞿秋白的观点，马克思主义哲学是“新的宇宙观”，即“唯物主义的，互辩律的哲学”，②这种“唯物主义的，互辩律的哲学”认为，“宇宙的根本是物质的动，动的根本性质是矛盾——是否定之否定，是数量质量的互变”；③“唯物哲学之历史观”，即“社会学乃是研究人类社会及其一切现象，并研究社会形式的变迁，各种社会现象相互间的关系，及其变迁之公律的科学”，其方法就是“唯物主义的、互辩律的哲学”。所以，阐述马克思主义哲学应“先从哲学

① 弗罗洛夫主编：《哲学导论》上卷，贾泽林等译，北京师范大学出版社2011年版，“前言”第5页。

② 《瞿秋白文集：政治理论编》第2卷，人民出版社1988年版，第334页。

③ 《瞿秋白文集：政治理论编》第2卷，人民出版社1988年版，第357页。

上之宇宙根本问题研究起”,“继之社会现象的秘密之分析”。① 正因为如此,《社会哲学概论》在第一部分阐述了辩证唯物主义的观点,在第二部分阐述了历史唯物主义的观点。换言之,辩证唯物主义与历史唯物主义的“二分结构”体系在《社会哲学概论》中已初步形成。

1937年,李达出版了《社会学大纲》。这部系统阐述马克思主义哲学基本观点的著作以思维与存在的关系问题为基本线索,以辩证法、认识论和逻辑学三者的同一为基本原则,建构了这样一种马克思主义哲学体系:唯物辩证法,包括当作人类认识史的综合看的唯物辩证法,当作哲学的科学看的唯物辩证法,唯物辩证法的诸法则,当作认识论和论理学看的唯物辩证法;当作科学看的历史唯物论,包括历史唯物论序说、资产阶级社会学及历史哲学之批判;社会的经济构造,包括生产力与生产关系、经济构造之历史的形态;社会的政治建筑,包括阶级、国家;社会的意识形态,包括意识形态的一般概念、意识形态的发展。

可以看出,《社会学大纲》在体系安排上仍然实行辩证唯物主义与历史唯物主义“二分结构”。之所以如此,是因为李达当时认为,历史唯物主义是辩证唯物主义在社会历史领域中的“应用”与“扩张”:“所谓辩证唯物论与历史唯物论的关联,这句话的本来的意义,就是彻底地把辩证唯物论应用并扩张于历史的领域。”②

但是,与同一时期的苏联马克思主义哲学体系相比,《社会学大纲》所建构的马克思主义哲学体系又具有自身鲜明的特点。

其一,《社会学大纲》明确提出“当作实践的唯物论看的唯物辩证法”这一命题,并认为“辩证法的唯物论,以劳动的概念为媒介,由自然认识的领域扩张于历史认识的领域,使唯物论发生了本质的变化,变成了实践的唯物论”。③“实践的唯物论,由于把实践的契机导入于唯物论,使从来的哲学的内容起了本质的变革”。④

① 《瞿秋白文集:政治理论编》第2卷,人民出版社1988年版,第340页。
② 李达:《社会学大纲》,湖南教育出版社2008年版,第272—273页。
③ 《李达文集》第2卷,人民出版社1981年版,第60页。
④ 《李达文集》第2卷,人民出版社1981年版,第60—61页。

其二,《社会学大纲》明确提出:“至于实践唯物论,把实践当做历史的——社会的范畴,解释为感性的现实的人类的活动,并把它作为认识论的契机,所以能够在其与社会生活的关联上去理解人类认识的全部发展史,因而克服观念论哲学的抽象性与思辨性,而到达于唯物辩证法”。①

其三,《社会学大纲》明确提出:马克思“首先阐明了历史领域中的辩证法,其次由历史的辩证法进到自然辩证法,而在社会的实践上统一两者以创出科学的世界观的唯物辩证法”。② 正是基于对实践意义的正确理解,马克思发现了人类社会历史的物质基础,在把辩证法从历史领域“贯彻于”自然领域的同时,又把唯物论从自然领域“扩张于”历史领域,从而“建立彻底的唯物论、统一的世界观”。③

显然,《社会学大纲》对辩证唯物主义与历史唯物主义的关系有着独到而深刻的理解,已经自觉地意识到实践的观点是马克思主义哲学的理论基础,自觉地意识到实践唯物主义和历史唯物主义、辩证唯物主义存在着内在联系,自觉地意识到实践唯物主义的创立是哲学史上革命变革的契机。所以,在马克思主义哲学体系的安排上,《社会学大纲》力图用实践范畴连接辩证唯物主义和历史唯物主义。

这表明,《社会学大纲》所建构的马克思主义哲学体系既受到苏联马克思主义哲学体系的影响,又凝聚着中国学者对马克思主义哲学体系的独特理解,体现了中国学者的独创性。研读《社会学大纲》和同一时期的苏联马克思主义哲学教科书,可以看出,无论是对西方哲学史的分析,还是对马克思主义哲学史的考察;无论是对马克思主义哲学经典著作研究的广度,还是对马克思主义哲学基本观点阐述的深度;无论是对马克思主义哲学基本范畴界定的准确性,还是对马克思主义哲学体系建构的完整性,《社会学大纲》所建构的马克思主义哲学体系都比同一时期苏联马克思主义哲学体系高出一筹。《社会学大纲》的出版标志着具有“中国元素”的辩证唯物主义和历史唯物主义体系基本形成。

---

① 《李达文集》第2卷,人民出版社1981年版,第61页。
② 《李达文集》第2卷,人民出版社1981年版,第56页。
③ 《李达文集》第2卷,人民出版社1981年版,第58页。

在中国学者建构马克思主义哲学体系的过程中,艾思奇主编、1961 年出版的《辩证唯物主义历史唯物主义》具有标志性,即标志着具有“中国内涵”的辩证唯物主义和历史唯物主义体系的确立。

《辩证唯物主义历史唯物主义》明确提出:“哲学就是关于世界观的学问,哲学观点就是人们对于世界上的一切事物、对于整个世界的最根本的观点”,而“马克思主义哲学则是科学的世界观和方法论”;①“马克思主义哲学——辩证唯物主义和历史唯物主义”,历史唯物主义就是“把辩证唯物主义推广到对人类社会的认识”,是关于“全部人类社会历史发展的最基本过程和最一般的规律”的科学。② 以此为依据,《辩证唯物主义历史唯物主义》建构了这样一种马克思主义哲学体系:辩证唯物主义,包括世界的物质性、物质和意识、对立统一规律、质量互变规律、否定之否定规律、唯物辩证法的基本范畴、认识和实践、真理;历史唯物主义,包括生产力和生产关系、经济基础和上层建筑、阶级和国家、社会革命、社会意识及其形成、人民群众和个人在历史上的作用。

毋庸讳言,《辩证唯物主义历史唯物主义》所建构的马克思主义哲学体系受到苏联马克思主义哲学体系的影响。但是,《辩证唯物主义历史唯物主义》所建构的马克思主义哲学体系又不是苏联马克思主义哲学体系的“翻版”,在某些方面比苏联马克思主义哲学具有更高的水平,并具有独创性:一是结合中国传统哲学阐述马克思主义哲学的基本观点;二是结合中国新民主主义革命和社会主义建设的实践来阐述马克思主义哲学的基本观点;三是充分反映毛泽东哲学思想对马克思主义哲学的发展,力图把毛泽东哲学思想贯穿始终,而对对立统一规律、认识和实践的阐述,基本上采用了《矛盾论》《实践论》的体例。

按照主编艾思奇的观点,《辩证唯物主义历史唯物主义》“力求比较准确、简练地阐明马克思列宁主义哲学的一般原理;同时又在阐明马克思列宁主义的一般原理的基础上,说明毛泽东同志对马克思列宁主义哲学的发展。把阐明马克思列宁主义的一般哲学原理和说明毛泽东同志对马克思列宁主义哲学

---

① 艾思奇主编:《辩证唯物主义历史唯物主义》,人民出版社 1961 年版,第 2、19 页。

② 艾思奇主编:《辩证唯物主义历史唯物主义》,人民出版社 1961 年版,第 19、195、206 页。

的发展，两方面结合起来。我们的中心任务是结合中国革命和中国社会主义建设的实践来阐明马克思列宁主义哲学的发展”。① 实际上，这就是编写《辩证唯物主义历史唯物主义》的指导思想和基本原则，《辩证唯物主义历史唯物主义》也的确贯彻、体现了这一指导思想和基本原则。

因此，《辩证唯物主义历史唯物主义》在理论内容上具有“中国内涵”。《辩证唯物主义历史唯物主义》在马克思主义哲学史上的地位就在于它标志着具有“中国内涵”的辩证唯物主义和历史唯物主义体系的确立，并产生了广泛而深远的影响。

四、中国学者对马克思主义哲学体系的新探索

中国学者对马克思主义哲学体系的新探索实际上在20世纪50年代就开始了，其标志就是1958年出版的刘丹岩、高清海的《论辩证唯物主义与历史唯物主义的关系》。正是在这部著作中，刘丹岩、高清海明确对苏联马克思主义哲学体系提出质疑，并对重构马克思主义哲学体系提出了一系列深刻而富有启示意义的观点。

第一，明确提出马克思主义哲学是辩证唯物主义，辩证唯物主义就是关于自然、社会和思维运动的普遍规律的科学；历史唯物主义是“科学的社会学”，是关于社会生活发展规律的科学。按照《论辩证唯物主义与历史唯物主义的关系》的观点，辩证唯物主义与历史唯物主义的关系“一般地说，是一个哲学与科学的关系问题，特殊地说，则是哲学与社会学的关系问题”。②

第二，明确提出辩证唯物主义与历史唯物主义的统一不是指结构上的彼此连接，而是指二者“有着一个同一的思想作为共同的基础”，③这个“同一的思想”“共同的基础”就是科学的存在决定意识的观点。按照《论辩证唯物主

① 《艾思奇文集》第2卷，人民出版社1983年版，第824页。

② 刘丹岩、高清海：《论辩证唯物主义与历史唯物主义的关系》，上海人民出版社1958年版，第8页。

③ 刘丹岩、高清海：《论辩证唯物主义与历史唯物主义的关系》，上海人民出版社1958年版，第97页。

义与历史唯物主义的关系》的观点,“作为辩证唯物主义中心内容的关于存在决定意识的基本观点,这是历史唯物主义全部理论体系的哲学出发点,是它全部科学内容借以建立的基石;而作为历史唯物主义中心内容的社会存在决定社会意识的原理,又成了辩证唯物主义存在决定意识原理能够形成的科学基础和基本内容”。① 这就是说,没有历史唯物主义,就不可能形成辩证唯物主义;同时,由于把历史观的唯物主义基础内在地概括在唯物主义世界观的内容之中,这就使辩证唯物主义成为真正意义上的、以世界的整体性为研究对象的世界观。

第三,明确提出辩证唯物主义与历史唯物主义是在相互适应中形成的,同时,又是在各自的发展过程中分化的,即辩证唯物主义成为马克思主义哲学,历史唯物主义则成为马克思主义社会学。按照《论辩证唯物主义与历史唯物主义的关系》的观点,历史唯物主义的创立完成了“双重的任务”,即一方面科学地解答了历史观的唯物主义基础的问题,从而把社会学推上了科学的发展道路;另一方面,在变革历史观的同时,又把哲学推上了科学的发展道路。这种双重变革的实质就在于,“历史唯物主义与辩证唯物主义在相互适应的统一中的形成,同时,也就是它们在科学部门彼此分化的开始”。② 由于辩证唯物主义与历史唯物主义在形成之后各自确定了不同的研究对象,因而必然走上不同的科学发展道路,具有不同的科学内容。一言以蔽之,作为关于社会发展规律的科学,历史唯物主义具有特殊的理论内容和独立的科学地位。

第四,明确提出马克思主义哲学是实践哲学。按照《论辩证唯物主义与历史唯物主义的关系》的观点,人是存在于实践活动中的生命现象。人之所以成为人,首先是和人的生产实践这个存在条件直接同一的,实践因此成为人的存在方式,并构成了社会生活的真实本质和人的思维的真实基础,从而赋予人的一切活动均源自人的“本性”这一公式以历史唯物主义的内容。因此,

① 刘丹岩、高清海:《论辩证唯物主义与历史唯物主义的关系》,上海人民出版社 1958 年版,第 97 页。

② 刘丹岩、高清海:《论辩证唯物主义与历史唯物主义的关系》,上海人民出版社 1958 年版,第 79 页。

“从费尔巴哈的哲学到马克思主义哲学的发展，也就是从人本哲学向实践哲学的发展”。①

《论辩证唯物主义与历史唯物主义的关系》提出的这些观点，实际上否定了苏联马克思主义哲学体系，并提出了新的马克思主义哲学体系建构原则，对建构新的马克思主义哲学体系具有重要的启示作用。

然而，由于历史条件的限制，《论辩证唯物主义与历史唯物主义的关系》又留下两个有待解决的难题。

其一，如何理解列宁关于历史唯物主义与社会学关系的论述。

把辩证唯物主义规定为马克思主义哲学，把历史唯物主义规定为马克思主义社会学，认为历史唯物主义是科学的社会学的“别名”，主要的理论根据是列宁的《什么是“人民之友”以及他们如何攻击社会民主党人?》。正是在这部著作中，列宁指出，历史唯物主义，即唯物主义历史观的创立“第一次把社会学放在科学的基础之上”，“第一次把社会学提高到科学的水平”，“第一次使科学的社会学的出现成为可能”。② “在我们还没有看见另一种科学地解释某种社会形态……的活动和发展的尝试以前，没有看见另一种像唯物主义那样能把‘有关事实’整理得井然有序，能对某一社会形态作出严格的科学解释并给以生动描绘的尝试以前，唯物主义历史观始终是社会科学的同义词。”③

可以看出，列宁并没有把历史唯物主义本身划归社会学，而是说历史唯物主义的创立为建立“科学的社会学”奠定了理论基础；是说在历史唯物主义产生之前，没有真正意义上的社会科学，在整个社会科学成为“科学”之前，历史唯物主义是社会科学的“同义词”，即“别名”。按照列宁的观点，辩证唯物主义、历史唯物主义都属于“唯物主义哲学”，针对费尔巴哈的唯物主义，马克思和恩格斯“特别强调”辩证唯物主义，“特别注意”“特别坚持”历史唯物主义。④ 这就是说，在马克思主义哲学中，“辩证”与“历史”具有内在的关联性。

① 刘丹岩、高清海：《论辩证唯物主义与历史唯物主义的关系》，上海人民出版社 1958 年版，第 77 页。

② 参见《列宁全集》第 1 卷，人民出版社 2013 年版，第 109—112 页。

③ 《列宁全集》第 1 卷，人民出版社 2013 年版，第 112 页。

④ 参见《列宁全集》第 18 卷，人民出版社 2017 年版，第 345 页。

其二,如何理解历史唯物主义的性质和职能。

“科学越是发展,分门别类的研究越细致,也就越需要把这些细致的、分门别类的研究加以综合,进行统一的研究。而把这一切科学统一起来,从整体去认识客观世界的科学,即把科学综合起来,作为对各门科学的概括和总结的这门科学,就是哲学”。① 正是以此为依据,《论辩证唯物主义与历史唯物主义的关系》把研究自然、社会和思维运动普遍规律的辩证唯物主义规定为马克思主义哲学,而把研究社会发展规律的历史唯物主义排除在马克思主义哲学之外,作为马克思主义社会学。实际上,这是以传统的哲学观来规范马克思主义哲学、理解历史唯物主义。传统哲学的最大特点就在于,力图对“各门科学”进行“概括和总结”,把“一切科学”“综合”“统一”起来,描绘世界的普遍联系或总联系。问题在于,现代科学的发展已经使这种“关于总联系的任何特殊科学”成为“多余”的了。②

从表面上看,历史唯物主义研究的仅仅是社会历史,与自然无关。实际上,社会是在人与自然之间的物质变换中形成和发展起来的,人与自然之间的物质变换构成了社会存在和发展的“永恒的自然必然性”。同时,为了实现人与自然之间的物质变换,人与人之间必须进行活动互换,并必然结成一定的社会关系。这就是说,人与自然之间的物质变换和人与人之间的活动互换是相互制约的,在这个“物质变换”和“活动互换”过程中形成的人与自然之间的关系和人与人之间的关系同样是相互制约的。正是这种双重活动、双重关系构成了社会历史的基本内容。因此,历史唯物主义所关注、所要解答的基本问题,就是人的实践活动所包含、所展现出来的人与自然、人与社会的关系,即人与世界的关系问题。正因为如此,历史唯物主义不仅是“唯物主义历史观”,而且是“唯物主义世界观”,一种内含着“否定性的辩证法”的“真正批判的世界观”。③ 把历史唯物主义从马克思主义哲学中“分化”出去,就会使马克思主义哲学“空心”化。

① 刘丹岩、高清海:《论辩证唯物主义与历史唯物主义的关系》,上海人民出版社 1958 年版,第 105 页。

② 参见《马克思恩格斯选集》第 3 卷,人民出版社 2012 年版,第 400 页。

③ 《马克思恩格斯全集》第 3 卷,人民出版社 1960 年版,第 261 页。

尽管有这样或那样的不足，刘丹岩、高清海的《论辩证唯物主义与历史唯物主义的关系》实际上开启了中国学者对马克思主义哲学体系的新探索。然而，由于种种历史原因，这一探索中断了。

重启对马克思主义哲学体系新探索的是李达的《马克思主义哲学大纲》。1961 年，在艾思奇的《辩证唯物主义历史唯物主义》出版之际，毛泽东就委托李达再编一本马克思主义哲学教科书。受毛泽东之托，李达开始编写《马克思主义哲学大纲》。1965 年，李达完成了《马克思主义哲学大纲》（内部讨论稿）的唯物辩证法部分，并送毛泽东审阅。同年，毛泽东在阅读《马克思主义哲学大纲》时作了批注："辩证法的核心是对立统一规律，其他范畴如质量互变、否定之否定、联系、发展……等等，都可以在核心规律中予以说明。盖所谓联系就是诸对立物间在时间和空间中互相联系，所谓发展就是诸对立物（Anorises）斗争的结果。至于质量互变、否定之否定，应与现象本质、形式内容等等，在核心规［律］的指导下予以说明。旧哲学传下来的几个规律并列的方法不妥，这在列宁已基［本］上解决了，我们的任务是加以解释和发挥。至于各种范畴（可以有十几种），都要以事物的矛盾对立统一去说明。"他明确提出，在辩证法的阐述上"不必抄斯大林"。①

实际上，在阅读李达的《马克思主义哲学大纲》之前，毛泽东就已经对对立统一规律、量变质变规律、否定之否定规律这"三个平列的基本规律"提出质疑，并提出三个重要命题，即"哲学就是认识论"；②"哲学研究工作，要研究中国历史和中国哲学史的历史过程"；要"把哲学体系改造一下"。③

"旧哲学"传下来的几个规律并列的方法，"不必抄斯大林"，"哲学就是认识论"，"解释和发挥"列宁的辩证法思想，"研究中国历史和中国哲学史"，"改造哲学体系"，这实际上反映了毛泽东对建构具有"中国作风""中国气派""中国特点"的马克思主义哲学体系的期盼。正是在这个意义上，毛泽东委托李达编写《马克思主义哲学大纲》，实际上重启了中国学者对马克思主义

---

① 《毛泽东哲学批注集》，中央文献出版社 1988 年版，第 505—507 页。

② 《毛泽东年谱（一九四九——一九七六）》第 5 卷，中央文献出版社 2013 年版，第 396 页。

③ 《毛泽东年谱（一九四九——一九七六）》第 5 卷，中央文献出版社 2013 年版，第 548 页。

哲学体系的新探索。然而,由于“文化大革命”,这一探索再次中断了。①

五、中国学者对马克思主义哲学体系的新建构

改革开放以后,中国学者重启对马克思主义哲学体系新探索、新建构的思想进程。在这个过程中,高清海主编,1985、1987 年出版的《马克思主义哲学基础》上册、下册;辛敬良主编,1991 年出版的《马克思主义哲学导论》;肖前主编,1994 年出版的《马克思主义哲学原理》引人瞩目,具有标志性。

《马克思主义哲学基础》明确提出:“马克思主义哲学就是辩证唯物主义”,“‘辩证的’唯物主义,标示出了马克思主义唯物主义整个理论内容与旧唯物主义不同的性质”;②历史唯物主义既是辩证唯物主义得以形成的基础,又是体现在历史观上的辩证唯物主义,就理论性质而言,辩证唯物主义与历史唯物主义的关系是世界观与历史观的关系,辩证唯物主义在内容上包含着历史唯物主义的基本原则;实践是马克思主义哲学全部理论内容的核心,马克思主义哲学“把实践的观点提到首要和基本观点的地位”,“并且把这一原则彻底贯彻到哲学全部内容之中,建立了以实践为基础、与实践内在统一的哲学体系”。③

依据这一指导思想,《马克思主义哲学基础》建构了这样一种马克思主义哲学体系:意识与存在的关系——认识的基本矛盾,包括人类认识的基本矛盾及其历史发展,马克思主义哲学对存在与意识关系问题的科学解答;客体——世界的同一性和多样性,包括客体的规定性、客体的规律性、世界统一于运动着的物质;主体——人作为主体的规定性及其主体能力的根据和发展,即人作为主体的基本规定性、主体能力的自然基础、主体的社会规定性;主体与客体的统一——在实践基础上真善美的统一与自由的实现,包括主客体统一的规

① 由于“文化大革命”,李达主编的《马克思主义哲学大纲》上册没有出版,下册没有写完。“文化大革命”结束后,陶德麟主持《马克思主义哲学大纲》上册的修改工作,1978 年以《唯物辩证法大纲》为题由人民出版社出版。

② 高清海主编:《马克思主义哲学基础》上册,人民出版社 1985 年版,第 94—95 页。

③ 高清海主编:《马克思主义哲学基础》上册,人民出版社 1985 年版,第 107 页。

定性、实践、认识、自由。

这一体系的突出特征就在于，突破了苏联马克思主义哲学体系对实践范畴的认识论限定，明确强调实践的观点是马克思主义哲学首要的和基本的观点，并突出了“实践”在马克思主义哲学本体论、历史观和认识论中的整体性地位；突破了辩证唯物主义与历史唯物主义“二分结构”体系，在阐述“辩证唯物主义的物质观”时就说明了社会的物质性，包括社会存在、社会发展是自然—历史过程，以及自然的物质性与社会的物质性的关系，并以实践观点为理论基础和建构原则，以意识与存在的关系这一认识活动的基本矛盾为基本线索，以客体的规定性、主体的规定性、主体与客体的统一、自由的实现为逻辑结构，建构了一种新的马克思主义哲学体系。

但是，《马克思主义哲学基础》又留下了两个理论难题。

一是明确提出实践的观点是马克思主义哲学的首要观点和理论核心，但在具体阐述马克思主义哲学基本观点时，又没有把这一首要观点、理论核心贯穿始终。相反，只是在阐述了客体规定性、主体规定性之后，才在主体与客体的统一部分对实践的观点作出阐述。更重要的是，没有把实践的观点同客体的规定性、规律性有机结合起来，辩证法仍然游离于实践观之外。

二是强调历史唯物主义是辩证唯物主义形成的基础，同时，又认为在马克思主义哲学中，“基础理论”是辩证唯物主义，历史唯物主义则是辩证唯物主义在历史领域的“运用”，是从辩证唯物主义到历史科学的“中介性理论”。显然，这是一个逻辑矛盾。实际上，在马克思主义哲学中，并不存在一个独立的、仅仅作为理论基础的辩证唯物主义，也不存在一个独立的、仅仅具有应用性质或作为“中介性理论”的历史唯物主义。在马克思主义哲学中，辩证唯物主义与历史唯物主义是高度统一、融为一体的，构成了马克思主义哲学的两个理论特征。

《马克思主义哲学导论》向我们展示了这样一种马克思主义哲学体系：马克思主义的实践观，包括马克思主义实践观的创立及其意义、实践与主客体关系、实践是马克思主义哲学大厦的基石；以实践为中介的自然过程，包括自然的客观性及对人的优先地位、自然界的对象性及向人的呈现、自然界的历史性及其与人在社会中的统一；以实践为本质的社会历史过程，包括社会有机体，历史的主客体和历史过程,社会物质生产,人自身生产和人群共同体,社会精神生产,精神产品的两大类型——意识形态和科学,社会形态及其演进序列,人、人性和人的全面发展;以实践为基础的意识和认识过程,包括意识的发生和结构、认识过程、实践与真理、思维的规律和方法。

在这样一种新的马克思主义哲学体系中,实践观点的地位与作用是基础性和全方位的:在主体与客体的关系中,强调实践是主体与客体分化和统一的基础;在自然观和历史观中,强调“以实践为中介的自然过程”和“以实践为本质的社会历史过程”,以及以实践为基础和中介的“历史的自然和自然的历史”;在认识论和辩证法中,强调“以实践为基础的意识和认识过程”,认为“实践活动是主客体相互作用的过程,主体与客体的相互规定及双向运动的结构亦即对立统一的关系,就内化为辩证思维的规律也就是矛盾思维律”。① 作为辩证思维的内容,事物或对象的“辩证本性”是“由实践活动赋予的性质,而不是与人无关的所谓‘自然界的辩证法’”。② 但是,《马克思主义哲学导论》却没有说明实践活动是如何“赋予”事物以“辩证本性”的。

《马克思主义哲学导论》的显著特征就是,它把实践的观点作为整个马克思主义哲学的首要的和基本的观点,作为马克思主义哲学体系的建构原则,并认为马克思主义哲学不是对世界本原的终极性思考,而是把世界作为人的实践活动的对象来把握,以理论思维的形式从总体上把握人与世界的关系,从而成为科学体系和价值体系的统一,唯物主义自然观和唯物主义历史观的统一,唯物主义辩证法和唯物主义历史观的统一,辩证法、认识论和逻辑学的统一。但是,《马克思主义哲学导论》却没有说明实践唯物主义与辩证唯物主义、历史唯物主义的关系,实践唯物主义与“合理形态”辩证法的关系,以及辩证唯物主义与历史唯物主义的关系。问题的关键就在于,这一问题不解决,以实践的观点为理论基础和建构原则的马克思主义哲学体系也最终难以确立。

《马克思主义哲学原理》明确指出:“实践范畴是马克思主义哲学最为核心、最为基础的范畴。只是在实践范畴的基础上,马克思主义哲学才超越了以

① 辛敬良主编:《马克思主义哲学导论》,复旦大学出版社1991年版,第588页。
② 辛敬良主编:《马克思主义哲学导论》,复旦大学出版社1991年版,第588页。

往的全部哲学，构成了唯物论与辩证法相统一、自然观与历史观相统一、本体论与认识论相统一的完整严密的理论体系”。① 正是在这一思想的指导下，《马克思主义哲学原理》力图以实践的观点为理论基础和建构原则重构马克思主义哲学体系。

第一，“以实践概念为基础，唯物论和辩证法这两种哲学传统获得了统一”。② 按照《马克思主义哲学原理》的观点，实践是人们在自然物中实现自己目的的能动的活动，是人对自然的一种否定性的关系，因而构成了人的存在方式。当马克思主义哲学以实践活动来规定人的存在方式时，黑格尔哲学的“绝对精神”的矛盾运动便被转化为“现实的人和现实的自然界”的矛盾运动。辩证法由此就被置于唯物主义的基础之上，成为唯物主义辩证法或辩证唯物主义。

第二，“马克思主义哲学运用实践的观点，揭示了自然史和人类史的相互制约关系，从而使自然观与历史观统一起来”。③ 按照《马克思主义哲学原理》的观点，“马克思主义哲学对于社会历史的唯物主义理解，并不是脱离开对于自然的唯物主义理解的”，这不仅在于马克思主义哲学肯定了自然界对人的先在性，而且在于马克思主义哲学把由实践活动引起的人与自然之间的物质变换作为社会历史的现实基础；同时，“马克思主义哲学对于自然的唯物主义理解也不是脱离开对社会历史的唯物主义理解的”，相反，它“把历史的观念带进了自然领域”，④认为在人的实践活动中自在自然转化为“历史的自然”，“历史的自然”与“自然的历史”都是人的实践活动的结果。因此，在马克思主义哲学中，唯物主义历史观与唯物主义自然观在实践范畴的基础上统一起来了。

第三，“在马克思主义哲学中，认识论与本体论也在实践概念的基础上达成了统一”。⑤ 按照《马克思主义哲学原理》的观点，实践不仅是人类以观念

---

① 肖前主编：《马克思主义哲学原理》上册，中国人民大学出版社 1994 年版，第 56 页。
② 肖前主编：《马克思主义哲学原理》上册，中国人民大学出版社 1994 年版，第 53 页。
③ 肖前主编：《马克思主义哲学原理》上册，中国人民大学出版社 1994 年版，第 55 页。
④ 肖前主编：《马克思主义哲学原理》上册，中国人民大学出版社 1994 年版，第 54—55 页。
⑤ 肖前主编：《马克思主义哲学原理》上册，中国人民大学出版社 1994 年版，第 55 页。

的形式把握现存世界的基础,更重要的,是现存世界的基础。因此,实践的观点既是马克思主义认识论的首要的和基本的观点,又是马克思主义本体论的首要的和基本的观点。“马克思主义哲学既在实践概念的基础上建立了作为存在论或本体论的自然观和历史观,也在同一实践概念的基础上建立了它的认识论”。① 换言之,在马克思主义哲学中,认识论与本体论在实践范畴的基础上统一起来了。

第四,“马克思主义哲学把内含否定性、革命性规定的实践概念作为自身的基础,便从根本上决定了它的革命的批判的本质”。② 按照《马克思主义哲学原理》的观点,马克思主义哲学本身内在地包含着批判性、革命性的规定,这种批判性、革命性的规定又是内含于作为马克思主义哲学基石的实践范畴之中的。作为人的存在方式,实践本身就是一种否定性的活动,即主体不断否定并超越客体,同时,在这个过程中,主体又不断否定并超越自我,正是这种双重否定活动构成了人类一切否定性活动的原始形态。因此,当马克思主义哲学把实践的观点作为自己首要的和基本的观点时,就必然内在地具有批判性、革命性的规定。这种批判性、革命性体现在方法论上就是“合理形态”的辩证法。从实践出发去理解“对象、现实、感性”,“不仅是一个世界观或存在论的原则,而且也是一个根本的方法论原则”。③

完全可以说,《马克思主义哲学原理》这些观点体现了马克思主义哲学的本真精神,为重构马克思主义哲学体系开辟了新的天和地。但问题在于,《马克思主义哲学原理》在建构马克思主义哲学体系时,并没有把实践的观点是马克思主义哲学首要的和基本的观点这一精神真正贯彻下去,尤其是没有把实践的观点贯彻到本体论或存在论之中。具体地说,马克思主义哲学的“存在”是在人的实践活动中生成、具有社会关系的内涵这一根本特征没有得到彰显,“对象、现实、感性”何以成为这样的存在没有得到具体说明,“社会的物”何以成为“可感觉而又超感觉的物”也没有得到有效解答,“存在”仍然游离于实践的观点之外,辩证法仍然游离于实践的观点之外。

---

① 肖前主编:《马克思主义哲学原理》上册,中国人民大学出版社 1994 年版,第 56 页。
② 肖前主编:《马克思主义哲学原理》上册,中国人民大学出版社 1994 年版,第 58 页。
③ 肖前主编:《马克思主义哲学原理》上册,中国人民大学出版社 1994 年版,第 58 页。

正因为如此,《马克思主义哲学原理》建构了这样一种马克思主义哲学体系:世界的物质统一性;物质世界的联系和发展;世界联系和发展的基本环节;世界联系和发展的基本规律;人类社会生活的实践本质;物质生产;物质生产基础上的社会有机系统;阶级斗争的历史地位;人民群众和个人在历史中的作用;科学及其社会功能;认识的本质和特征;认识的辩证过程;思维方法;真理和价值;文化、文明和社会进步;人的全面发展和人类的解放。

显然,这是一个“新”“旧”交织的哲学体系。但是,对于哲学家的某一阶段的思想发展来说,重要的不是是否仍有旧思想、旧观点的痕迹,而是是否提出预示着新的发展方向、新的发展道路,并具有发展能力、发展空间的新思想、新观点。《马克思主义哲学原理》所提出的上述四个观点,就是具有发展能力、发展空间的新思想、新观点,并以其特殊的方式预示着重构马克思主义哲学体系的新方向、新道路。这就是,马克思主义哲学是实践唯物主义、辩证唯物主义、历史唯物主义“一体化”的哲学体系,或者说,是实践观点基础上的辩证唯物主义和历史唯物主义相统一的哲学体系。

实践唯物主义、辩证唯物主义、历史唯物主义不是马克思主义哲学的三个组成部分,不是三个“主义”,而是同一个“主义”,即马克思“新唯物主义”的三个理论特征:“实践唯物主义”体现的是新唯物主义所内含的实践性维度及其基础性和首要性;“辩证唯物主义”体现的是新唯物主义所内含的辩证法维度及其批判性和革命性;“历史唯物主义”体现的是新唯物主义的历史性维度及其彻底性和完备性。在马克思主义哲学体系中,“实践”“辩证”“历史”具有内在的关联性。人的实践活动的展开必然呈现出“否定性”的辩证法;“否定性”的辩证法的展开过程必然呈现出“历史性”。“实践”“辩证”“历史”的唯物主义,这正是马克思新唯物主义的“新”之所在。

实践唯物主义、辩证唯物主义、历史唯物主义的确是马克思主义哲学的三个理论特征。我们不能因为马克思一生只提过一次“实践的唯物主义”,而认为实践唯物主义这一概念不成熟;我们不能因为西方马克思主义、东欧新马克思主义在倡导实践唯物主义的同时偏离了马克思主义哲学,而忌讳实践唯物主义这一概念;我们也不能因为苏联辩证唯物主义和历史唯物主义体系的局限性,而“废”辩证唯物主义、历史唯物主义之“名”。实践基础上的辩证唯物主义和历史唯物主义的高度统一的确是马克思主义哲学的本质特征。从总体上看,改革开放以来,中国学者对马克思主义哲学体系的新建构,正是沿着以实践唯物主义、辩证唯物主义、历史唯物主义"一体化",或者说,沿着实践观点基础上的辩证唯物主义和历史唯物主义"一体化"这一研究路径展开的。无论是从广度上说,还是就深度而言,中国学者对实践唯物主义及其与辩证唯物主义、历史唯物主义关系的研究,对马克思主义哲学体系的探索和新建构,都是西方马克思主义、东欧新马克思主义、苏联马克思主义不可相比的,并在马克思主义哲学史上留下了浓墨重彩的一章。

原载于《中国社会科学》2023 年第 4 期

劳动之成为实践:历史嬗变及其意义

丁立群*

马克思的哲学以劳动为基础和基本的实践形式,这一点引起了哈贝马斯和阿伦特等很多西方哲学家的质疑和误解。由于劳动概念在马克思思想中的基础地位,这种质疑和误解甚至由马克思的劳动概念扩展到整个历史唯物主义以及马克思的实践哲学。这种质疑和误解追根溯源,其理解基础是由亚里士多德实践哲学奠定的。亚里士多德的实践哲学区分了理论、制作和实践,它们分别构成"成神""成物"和"成人"的活动,其中,劳动是一种成物活动,作为一种成物活动劳动并不是实践。哈贝马斯和阿伦特等西方哲学家对马克思的质疑和误解正是建立在对劳动的这种理解上。因此,有必要对从劳动到实践的演变过程进行梳理,探究在古希腊"低贱"的劳动经过历史演变具备了什么性质才提升为"崇高"的实践?劳动概念的真实内涵是什么以及劳动代替实践的意义究竟何在?

一、古代与近代的劳动观:从贬抑到高扬

在古希腊,人们一般认为,劳动是由于身体的需求而成为必需的辛苦操劳活动。在这种规定下,无论是从语词含义上还是考虑到与近代生产劳动相关

* 丁立群,黑龙江大学哲学学院教授。

意义上,我们可以确定古希腊广义的劳动包含两种活动,即奴隶的劳动和工匠的制作(工作)。阿伦特在谈到与劳动相对的自由生活时认为,“自由的前提条件就排除了所有主要目的在于维生的生活方式——不仅包括劳动的生活(劳动是奴隶的生活方式,为了活命,他忍受必然性的强迫和主人的统治),而且包括自由的手艺人的制作生活……”①这里已经把“劳动”和制作纳入广义的劳动之中。奴隶的“劳动”在古希腊比较接近于工匠的“制作”,但二者还是有区别的。古希腊城邦大多由三个阶层构成,即贵族、自由民和奴隶。狭义的“劳动”属于奴隶为维持生存而为主人服役的活动——在严格意义上它不属于完全意义的人的活动,所以,亚里士多德实践哲学并没有把它当做一个哲学概念来论述。制作的承担者是自由民或“外乡人”,他们原则上可以自由地离开私人领域进入公共领域,但由于其兴趣不在于广场的政治生活(实践)而在于从事工匠的技艺活动,被古希腊人称之为“贱民”。狭义的劳动是“不留任何痕迹”(不产生持存物)的活动;而制作的内容是技艺,它类似于现代的生产技术,是建造一个持存世界的活动。可见,在古希腊,劳动和制作是截然不同的。但是,在近代,狭义的劳动和技艺两种活动为社会化的生产劳动所覆盖,它们共同构成近代以后的劳动概念。在古希腊的奴隶和自由民中,前者没有资格从事城邦政治活动,后者没有兴趣从事实践活动,二者都不能成为实践的主体,因而,狭义的劳动和制作由于其承担者和活动的性质而受到贬抑。亚里士多德认为,劳动和工作未能摆脱身体的需要,不足以构成一种完整意义上的生活,未获得自主的和真正属于人的生活方式:劳动服务于必需的东西,工作生产有用的东西,它们都不能独立于人的需求。② 而受“有用”和“必需”支配的人无法成为真正意义上的自由人。

在中世纪基督教思想传统里,劳动成为一个宗教概念。但是劳动成为宗教概念并没有使它与神圣性联系起来,恰恰相反,劳动是与人的“原罪”联系在一起的。在《圣经·创世纪》里,人类的祖先亚当和夏娃由于偷吃了智慧之树的果子而被逐出“伊甸园”。从此,人类必须以汗流满面的日夜劳作来清赎

① 汉娜·阿伦特:《人的境况》,王寅丽译,上海人民出版社2009年版,第5页。
② 参见汉娜·阿伦特:《人的境况》,王寅丽译,上海人民出版社2009年版,第6页。

人类祖先的罪愆。有一种流行的看法,认为古希腊城邦国家的消失,加之人的辛勤劳作与上帝相关("原罪"与"清赎")逐渐产生了一种对劳动的近代阐释,认为劳动和工作在人类活动等级中逐渐上升,以至于成为与政治生活享有同等尊严的活动。① 对此,阿伦特明确指出,与这种阐释相反,"在《新约》和其他前现代的基督教著作那里,都没有显示出现代的尊崇劳动的任何迹象"。② 针对有的人认为《圣经》对劳动赋予了某种尊严的看法,卡尔·洛维特引证马克斯·韦伯的话,认为这"纯粹是无稽之谈",他指出,"圣经中的人并没有享受劳动的'祝福'的'果实',而是以它来清赎人侵染伊甸园果实的罪孽"。③ 实际上,中世纪人们对劳动的看法除了遵循《圣经》中的"原罪"说之外,古希腊哲学对劳动的看法仍然占据着重要地位。基督教哲学家托马斯·阿奎那追随亚里士多德对劳动的看法,认为"只有维生之必需才迫使人们干体力活"。④ 这种对劳动的看法,不仅为托马斯·阿奎那所继承,也为当代一些实践哲学家所坚持,比较典型的就是当代政治哲学家阿伦特。在广义的劳动与实践的关系中,阿伦特坚持在劳动与实践之间的判然分别,把劳动贬低为一种维持生存的活动:政治实践尽管以劳动为前提和基础,但是,它本身仍然是与劳动有着严格区别的、摆脱了生存压力和物质利害关系的独立的公共领域,人们在其中能够自由表达、行动、相互作用。

综上所述,劳动自古希腊起,一直与"苦难""痛苦""艰辛""损伤""惩罚"相关联。如同古希腊哲学家主张的那样,劳动是一种严格意义上的非人的活动,他们推崇的是贵族从事的实践活动即伦理和政治活动,这是人之为人的本质特征。由此,实践哲学的创始人亚里士多德提出了著名命题即"人是政治的动物"。这种看法一直被一些实践哲学家奉为圭臬,现代政治哲学家阿伦特认为,劳动在古希腊,是处于私人领域的受黑暗的必然性统治的活动。一言以蔽之,在资产阶级产生之前,人们对劳动的评价基本是贬抑的。

---

① 参见汉娜·阿伦特:《人的境况》,王寅丽译,上海人民出版社2009年版,第6页。

② 汉娜·阿伦特:《人的境况》,王寅丽译,上海人民出版社2009年版,第250页。

③ 卡尔·洛维特:《从黑格尔到尼采:19世纪思维中的革命性决裂》,李秋零译,生活·读书·新知三联书店2019年版,第356页。

④ 汉娜·阿伦特:《人的境况》,王寅丽译,上海人民出版社2009年版,第251页。

中世纪后期,在逐渐兴起的资产阶级观念里,劳动的地位逐渐提高,劳动的社会价值日益得到公认。① 到了近代,资本主义普遍兴起,产生于古希腊的理论(Theory)由原来的宗教概念逐渐转换为一种知识论概念,大部分内容演变为指向生产的近代科学并与制作结合起来成为近代科学技术。由于富于应用价值的科学技术逐渐融入了生产劳动,劳动完成了近代意义的转换。近代的生产劳动产生了巨大的物质作用和社会历史意义,因而,劳动的地位在社会意识和思想文化中,发生了相对于前资产阶级社会的全面逆转:劳动的地位得到了大幅度提升,就如阿伦特所说,"现代,颠倒了全部传统……把劳动赞颂为所有价值的源泉,把劳动动物提升到传统上由理性动物所占据的位置"。② 阿伦特所说的现代(the modern age)实际上是近代("modern"一词有"近代""现代"两种词义,从后面的内容来看,应译为"近代")。这段话说明了劳动的地位在资产阶级时期发生的巨大变化。反映在思想上,劳动在宗教意义和经济学意义两个方面得到了大幅提升。

首先,以路德教和加尔文教为代表的基督教新教伦理赋予劳动神圣的意义,它体现了新生的工业资产阶级身上典型的资本主义精神。如上述,劳动在传统基督教里是由于人类祖先的罪过而受到的报应和惩罚,人类必须以汗流满面的劳动来清赎人类祖先传递下来的罪愆。但是,这种看法在体现资产阶级意志的新教里发生了逆转:新教伦理表现出对劳动的从未有过的尊重。在新教中,世俗的"职业"(德语 Beruf,英语 calling)一词已经含有一种宗教的神圣涵义,即上帝安排的任务,由此而成为一个新词。这个新词并非出于《圣经》的原意,它最先出现在马丁·路德翻译的《圣经》中,所以,它体现的是马丁·路德自己的思想。这一新涵义在古代民族和信奉天主教的诸多民族语言中,并没有与此相对应的词汇。韦伯认为,"职业"一词所体现的思想内涵使日常的世俗活动具有了神圣色彩,它体现了新教的一个核心思想:上帝应许的唯一生存方式,并非要求人们以苦修的禁欲主义超越世俗道德,"我们所处的这个极有意义的组织结构以及整个宇宙的安排无疑是上帝为了人类的便利而

---

① 参见 P.布瓦松纳:《中世纪欧洲生活和劳动》,潘源来译,商务印书馆 1985 年版,第 343 页。

② 参见汉娜·阿伦特:《人的境况》,王寅丽译,上海人民出版社 2009 年版,第 63 页。

创造的,这样,就使得为非人格化的社会利益服务的劳动显得也是为了增添上帝的荣耀,从而这种劳动也就成为上帝的意愿了”。① 由此,圆满地完成“职业”活动就成为人的“天职”了:基督徒的尘世活动都是为了遵从上帝的戒律,完成上帝的意旨。积极从事世俗活动,争取职业上的成功,便成为获得救赎的唯一途径。在韦伯看来,新教的这一理论就为尘世的世俗活动(其中主要是职业劳动)赋予了某种宗教的合理性和崇高意义:劳动不再受到贬低,而是具有了荣耀上帝的神圣性质,勤勉地从事职业劳动成为一种值得赞赏的美德。按照韦伯的看法,在新教中,劳动甚至由在古希腊时期手段性的存在变成目的性的存在。

其次,古典经济家亚当·斯密和大卫·李嘉图提出了劳动是一切价值的来源,进一步提高了劳动的社会地位。新教伦理打开了中世纪以来宗教枷锁的束缚,为资本主义的发展提供了宗教和伦理根据。在这一前提下,资产阶级古典经济学家名正言顺地论证了劳动是一切价值和财富的源泉,进一步从劳动对社会财富的意义角度提高了劳动的社会地位。亚当·斯密提出了商品价值由生产过程中所消耗的劳动所决定的原理,把劳动与价值联系起来。另一位古典经济学家大卫·李嘉图则继承了亚当·斯密的理论,进一步提出决定商品价值的是社会必要劳动,同时提出决定商品价值的不仅有活劳动,还有凝结在生产资料中的劳动。所以,一切价值都是由劳动创造的,在这种意义上,劳动也是一切财富的创造者。

新教伦理和古典经济学一反古希腊和中世纪贬抑劳动的传统,提高了劳动的社会地位。这是资产阶级兴起的必然结果,同时也极大地促进了资本主义的发展。但是,资产阶级劳动观只能为资产阶级财富积累服务,因而对劳动的认识是有局限的。

其一,新教伦理和古典经济学仍然只是把劳动当作一种单纯物质性的活动,是局限于经济领域的简单的“成物”活动。资产阶级是从经济领域生长起来的阶级,具有天生的嗜利性,新教形成的经济伦理虽然对这种嗜利性具有一

① 马克斯·韦伯:《新教伦理与资本主义精神》,于晓、陈维纲等译,生活·读书·新知三联书店 1987 年版,第 83 页。

定的限制,把劳动从手段变成了目的,但是,新教伦理也并没有克服对劳动理解的单维性,只是使劳动和资产阶级剥削性的嗜利活动合理化、神圣化。

其二,尽管新教伦理把劳动当作一种与上帝相联系的美德,这也仅仅是对劳动的一种外在的道德评价和推崇,尚未注意到劳动对人的内在性的建构意义。换句话说,劳动的"成人"(教养、教化)的意义仍然没有进入劳动的内涵之中,用卡尔·洛维特的话说,"劳动处于一种它并不把人教育成人的状态中"。① 这一改变是从黑格尔开始的。

二、黑格尔:劳动的内在性与教化

与基督教新教和古典经济学对劳动的理解不同,黑格尔在新教伦理基础上,几乎与资产阶级古典经济学同时,第一次从哲学上系统地研究了劳动范畴,使劳动在历史上第一次具有了实践意义。这一思考是对资产阶级劳动观的一种提升,又直接启发了马克思的劳动思想。黑格尔关于劳动的思想是从人的"需要"和"需要的体系"开始的,由此引发并展开较为系统的关于劳动的哲学思考。

首先是人的特殊的主观需要。黑格尔认为,劳动产生于人的需要。人的主观需要是最初的"特殊性",这种需要通过以下两种手段达到它的客观性即达到它的满足:其一,通过某些外在物,这种外在物同样也是别人的需要和意志的所有物和产品。此时,人处于他的直接性之中,是一个自然的存在,在他之外尚有其他处于直接性的存在,因而他的需要也是别人的需要。但是,这种需要必须通过对外物的占有来满足。其二,通过活动和劳动,"这是主观性和客观性的中介"。② 黑格尔在这里由主观需要引申出了劳动,并把劳动看作主观性和客观性的中介。在他看来,正是劳动体现了人与动物的区别:人并不是在直接的本能驱使下,对物的直接破坏和消耗,而是通过消灭物的自在性和无我性,创造出满足自己需要的对象。"劳动陶冶事物",在这一"陶冶"过程中,

---

① 卡尔·洛维特:《从黑格尔到尼采:19世纪思维中的革命性决裂》,李秋零译,生活·读书·新知三联书店2019版,第355页。

② 黑格尔:《法哲学原理》,范扬、张企泰译,商务印书馆1982年版,第204页。

“在一切个别的环节里他扬弃了他对于自然存在的依赖性,而且他用劳动来取消自然的存在”。①

可见,这样一种劳动不像古希腊人所谓狭义的劳动一样,不造就任何持存的东西。人借助于工具的劳动类似于亚里士多德的“制作”和阿伦特构造周围世界的“工作”一样,是构成性的。人在这种劳动中,自我意识和意志由自在上升到自为,正是“在陶冶事物的劳动中则自为存在成为他自己固有的了,他并且开始意识到他本身是自在自为地存在着的”。② 不仅如此,动物“劳动”的手段和方法以及动物的“需要”都是有局限的和狭窄的,人的劳动却可以超出这种限制。正是在这种主观需要和劳动的特殊性中,“普遍性就在这种满足跟别人的需要和自由任性的关系中,肯定了自己”。③

其次是人的普遍的客观需要。文化人类学理论认为,在体质上,人与动物的最大区别在于人是未特定化的,人的器官与某一特定客体和环境不是完全对应的。动物则不然,动物的器官总是局限于某一特定客体和特定环境,是特定化的。正是这一特征使人具有了普遍性。黑格尔也认为,人的劳动虽然也受到手段和方法的限制,但是他能突破这些限制,证实他的普遍性。这一点与动物不同,动物从本质上说,需要和满足需要的手段都是特定化的,“动物用一套局限的手段和方法来满足它的同样局限的需要”,“这些手段是有限度而不能越出的”。④ 如有些昆虫只能寄生在一种特定植物上。而人虽然也受这种限制,但是人同时证实他能超越这种限制并证实其普遍性。这里有两个环节:

其一是“需要和满足手段的殊多性”。能理解差异的理智使人的需要殊多化了,同时,为殊多化的需要服务的手段和方法也“细分而繁复起来……以至于无穷”。⑤ 由此,趣味和用途已经超越了单纯的需要而成为评价劳动的标准。

① 黑格尔:《精神现象学》上卷,贺麟、王玖兴译,商务印书馆1979年版,第130页。
② 黑格尔:《精神现象学》上卷,贺麟、王玖兴译,商务印书馆1979年版,第131页。
③ 黑格尔:《法哲学原理》,范扬、张企泰译,商务印书馆1982年版,第204页。
④ 黑格尔:《法哲学原理》,范扬、张企泰译,商务印书馆1982年版,第205、206页。
⑤ 黑格尔:《法哲学原理》,范扬、张企泰译,商务印书馆1982年版,第206页。

其二是“具体的需要分解和区分为个别的部分和方面,后者又转而成为特殊化了的,从而更抽象的各种不同需要”。① 这就是说,需要的殊多化和满足手段的殊多化逐渐使劳动抽象化,使我们的劳动成为“为他人的存在”,并进一步形成了普遍的劳动分工体系。

由此产生了几种结果:一是趣味和用途成为判断需要的标准,必须满足的不再仅仅是生存需要而是“意见”。② 评判标准的变化影响了需要本身,它使需要摆脱了必然性(真理)而成为意见:前者是普遍的、必然的,后者是特殊的、个性化的。这意味着劳动不再是从手到嘴的活动,而是具有了自由的性质。二是个人的劳动成为一种“为他人的存在”。个人的劳动不再是直接满足自己需要的手段,“我既从别人那里取得满足的手段,我就得接受别人的意见,而同时我也不得不生产满足别人的手段”。劳动的交换使得“一切个别的东西就这样地成为社会的”。③ 这意味着劳动不是以一个人的形式存在的,劳动具有普遍性。三是理论教育在此基础上发展起来了。这是一种“劳动的实践教育”,它使做事的需要和勤劳的习惯产生,它起到限制人的活动的作用:使其活动既要适应物质的性质,又要适应别人的任性,同时在这一过程中学习劳动的技能。

最后是劳动的教化和解放意义。在由特殊的主观需要到普遍需要的劳动过程中,黑格尔重视的并不是劳动的外在形式,而是一种内在的“教化”过程。在黑格尔看来,整个劳动的过程就是人的“教化”过程。伽达默尔认为,“教化”是起源于中世纪的概念,其后经历了复杂的演变过程。但是黑格尔能够统一地把握他的时代对“教化”所做的理解。④

在黑格尔看来,纯粹的个体存在不过是一个纯自然的人,他沉湎于个别性,放纵于直接性和本能的东西之中,没有节制和分寸。而人之为人,就在于他本质上具有精神和理性的方面,所以人需要“教化”。所谓教化,就是人由

① 黑格尔:《法哲学原理》,范扬、张企泰译,商务印书馆1982年版,第205页。
② 参见黑格尔:《法哲学原理》,范扬、张企泰译,商务印书馆1982年版,第206页。
③ 黑格尔:《法哲学原理》,范扬、张企泰译,商务印书馆1982年版,第207页。
④ 参见汉斯-格奥尔格·伽达默尔:《诠释学Ⅰ:真理与方法》,洪汉鼎译,商务印书馆2012年版,第23页。

直接的个别性向普遍性的提升:进入人类的普遍理性之中获得理性的本质规定,使自身成为一个普遍的精神存在。这样,教化就成为解放的过程:自然需要本身及其直接满足只是精神在自然中的潜伏状态,“从而是粗野的和不自由的状态”,自由则仅存在于精神的自我反思、自然的反思之中,存在于精神与自然的差别中。① 劳动的过程就是这样一个过程。所以,黑格尔批判那种关于人的自然状态意味着人的生活是自由的观点,认为这种看法没有考虑到解放就是超越人的自然必然性而成为一个普遍的精神存在,因而“这种观念没有考虑到劳动所包含的解放的环节”。② 在这里,黑格尔对劳动的教化和解放意义的理解有两个方面值得我们注意。

其一,劳动的内在性。所谓劳动的内在性是指劳动对于人之内在理性和精神的构建作用。这里,我们要区分两个概念即精神性的劳动和劳动的精神性。精神性的劳动是马克思对黑格尔劳动思想的总体评价,马克思认为黑格尔“只是为历史的运动找到抽象的、逻辑的、思辨的表达”。③ 这种评价无疑是正确的,因为在黑格尔那里劳动是意识发展史中的一个环节,这就从总体上确定了黑格尔的劳动在存在论上属于精神性劳动的唯心主义性质。而劳动的精神性是指人借助工具的劳动不是动物的本能和自然的直接性,而是一种“理性活动”,是一种“精神的方式”,是人的理性和精神的构成性活动。劳动的这种构成性,不仅仅体现在外在的持存世界,更在于内在的理性和精神的生长和构成。黑格尔劳动思想的突出贡献就在于发现了劳动对人的内在精神的生长和构成意义,即劳动的“教化”意义。

其二,劳动与人的本质相联系。黑格尔遵循“人是理性的存在”这一古训,提出了“实体即主体”的思想。在他看来,人之高于自然和动物之处,就在于人本质上是一个具有自我意识的、具有普遍理性的精神实体,这是人之为人的本质特征。他把人的本质的自我产生看作一个过程,在人的生长过程中,自我意识通过一系列外化、对象化,同时扬弃对象化和外化,在对象中认识自己、回复到自己。在最高阶段,“绝对理念”终于回复到自身,意识和普遍理性成

① 参见黑格尔:《法哲学原理》,范扬、张企泰译,商务印书馆1982年版,第208页。
② 黑格尔:《法哲学原理》,范扬、张企泰译,商务印书馆1982年版,第208页。
③ 《马克思恩格斯文集》第1卷,人民出版社2009年版,第201页。

为“绝对理念”,实现了思维与存在的同一性。在这一过程中,劳动成为人的自我意识和普遍理性生长的一个不可或缺的环节。当他把劳动看作人由直接的个别性进入人类的普遍理性之中、获得理性的本质规定,成为一个普遍的精神存在的“教化”过程,他实际上是把劳动与人的本质的生成联系起来。马克思敏锐地看到这一点,他说,“黑格尔把人的自我产生看做一个过程,把对象化看做非对象化,看做外化和这种外化的扬弃;可见,他抓住了劳动的本质,把对象性的人、现实的因而是真正的人理解为人自己的劳动的结果。”①可见,他在劳动中看到了人的自我实现的本质。② 对马克思来说,这就实质上开启了由“人是政治的动物”到“人是劳动的动物”的转变。

通过这些论述,黑格尔形成了关于劳动的哲学思想。在这些思想里,与新教伦理和古典政治经济学单纯强调劳动“成物”的物质意义不同,黑格尔不仅论述了劳动的“成物”(陶冶)意义,而且着重论述了劳动的“成人”(教化和解放)意义。应当说,在关于劳动的思想史中,黑格尔具有特殊地位。他第一次从哲学上系统研究了劳动范畴,把劳动看作“人的自我实现”的重要环节,是人的本质的重要环节,从而使劳动从人类生存的基本活动层面得以提升,获得了实践的超越意义。这既是对资产阶级劳动观的一种提升,又直接启发了马克思的劳动思想。当然,黑格尔所说的劳动还只是自我意识和理性发展的一个阶段,即人的本质生成的一个环节而非整个过程,同时也正如马克思所说,劳动在黑格尔那里仍然只是“精神的劳动”。

三、马克思:劳动实践与实践哲学的基本逻辑

马克思批判地继承了黑格尔关于劳动的哲学思想,在完全意义上把劳动提升为实践,为构建一套系统的“劳动—社会”的全新的实践哲学奠定了基础。劳动在马克思的思想中有广义和狭义两种分别:广义的劳动外延十分广泛,它包括人类的一切创造性活动,既包括单纯物质性的活动即生产劳动,又

① 《马克思恩格斯文集》第1卷,人民出版社2009年版,第205页。

② 参见阿维纳瑞:《马克思的社会与政治思想》,张东辉译,知识产权出版社2016年版,第88页。

包括诗歌创作、艺术创造乃至哲学研究等精神性活动。马克思在思想活动的早期，经常在广泛意义上使用劳动概念，后来又把广义的劳动区分为体力劳动和脑力劳动，在《德意志意识形态》中又称“物质劳动”和“精神劳动”。在谈到未来理想社会时，他一般是在广义上使用劳动概念，把一切创造性的活动都归结为劳动。可以看出，在内涵上，马克思是以“创造性”作为广义劳动的共同特征；在外延上，则是在整个社会的总体分工体系意义上理解广义的劳动的。狭义的劳动概念是指物质生产劳动，主要在政治经济学批判语境中使用，即我们通常理解的具体劳动活动。实际上，马克思是把狭义的劳动作为广义的劳动的一个基本范型来使用的。因此，狭义的物质生产劳动同样是物质活动与精神活动的统一，是自然物质意义与人类学意义的统一。广义的劳动和狭义的劳动二者实质上是一致的。马克思的劳动思想扬弃了黑格尔唯心主义劳动思想。

首先，马克思扬弃了黑格尔“实体即主体”命题，把黑格尔作为“实体”和“主体”的形而上学的“自我意识”改造为一种现实的劳动实践活动。黑格尔认为，人本质上是一个具有自我意识的、具有普遍理性的精神实体，这是人之为人的本质特征。自我意识在其发展过程中经过外化、异化最终回到自身。在其最高阶段，意识和普遍理性成为“绝对理念”，实现了思维与存在的同一性。在这一过程中，黑格尔的自我意识只是抽象的“无人身的理性”，而劳动则是人的自我意识和普遍理性生长的一个环节。马克思深受黑格尔“实体即主体”思想影响，当然，马克思把这一命题现实化为一种感性活动。他认为，从前一切唯物主义的主要缺点是：对事物、现实和感性只是从客体或直观的形式去理解，而不是当作感性活动或实践去理解，“因此，和唯物主义相反，唯心主义却把能动的方面抽象地发展了，当然，唯心主义是不知道现实的、感性的活动本身的”。① 马克思正是用现实感性活动的劳动替代了抽象的自我意识活动，从而以现实的劳动替代了黑格尔的“精神的劳动”。于是，黑格尔的“实体即主体”命题标志的精神活动，便转换为环境的改变和人的自我改变的统

① 《马克思恩格斯文集》第1卷，人民出版社2009年版，第499页。

一即“革命的实践”。①

其次,马克思进一步提升了劳动对人的意义,使劳动成为人的普遍本质和完整本质。传统实践哲学把政治和伦理活动看作人的本质的自由活动,亚里士多德在《政治学》中提出了传统实践哲学的著名命题“人天生是一种政治动物”,②这一命题不仅把实践确定为一种以伦理为基础的政治活动,而且把整个实践哲学限制在伦理—政治领域。所以,在亚里士多德看来,劳动虽然是“伦理—政治”实践的前提,但是劳动本身并不是实践,劳动的承担者也并不具备真正人的本质,只是一个简单的“劳动的动物”(animal laborans)。黑格尔把劳动看作人的自我意识和普遍理性生成的一个不可或缺的环节:正是劳动使人由自然直接的个别性进入人类的普遍理性之中,使自身成为一个普遍的精神。马克思认为,黑格尔实际上是把劳动与人的本质联系起来。③ 但是,我们应当注意到,劳动在黑格尔那里仅仅是构成人的本质的一个环节,并不是人的普遍本质和完整本质。

马克思进一步把劳动作为人的现实活动,看作人的普遍本质(类本质)和完整本质,从而使劳动具备了代替实践的存在论性质。马克思早在《1844 年经济学哲学手稿》中指出,人区别于动物的本质是“自由的自觉的活动”即劳动,而异化劳动却把这种关系颠倒过来,把人自由的本质活动变成了维持生存的手段。在《德意志意识形态》中,马克思直接把作为人的意识和意志对象的现实生活资料的生产劳动活动,作为人与动物的本质区别;把这种创造性的生产劳动作为人的本质的实践活动,使劳动实践作为人的“类”本质活动具备了普遍性。马克思关于人的本质的很多其他论述,如“人的社会本质”“人的发展的本质”“人的共同体本质”等,这些思想都是人的劳动本质的派生结论。至此,劳动作为人的本质活动具有了本源性和完整性,从“人是政治的动物”到“人是劳动的动物”的转换已经完成。

最后,马克思强调劳动对人的内在本质和内在精神构成意义,使劳动在完

① 《马克思恩格斯文集》第 1 卷,人民出版社 2009 年版,第 500 页。
② 亚里士多德:《政治学》,颜一、秦典华译,中国人民大学出版社 2003 年版,第 4 页。
③ 参见《马克思恩格斯文集》第 1 卷,人民出版社 2009 年版,第 205 页。

全意义上成为“成物”与“成人”的二重性活动。黑格尔第一次使人的本质和内在精神成为一个生成过程,而劳动在人的本质和精神的生成过程中成为一个重要环节。在马克思看来,人的本质并不能简单归结为某个生物学上可确定的性质,如生物群体性、制造和使用工具、具有理性和逻辑性等,这只是科学人类学对人的本质的思考路径。在科学人类学的视野里,人只能是被给定的“是其所是”的存在,在人的确定的生物性质中,以形式逻辑的“种+属差”的方式在人与其他动物的比较中确定人的本质。马克思认为,人的本质绝不是科学人类学研究的任务,而是哲学人类学的任务:在哲学人类学的视野里,人并非一个确定的、“是其所是”的被给定存在,而是一个生成过程,是一个从现实到理想的生长过程。于是,他继承了黑格尔本质“生成论”的思想,认为人的本质不是一种给定的规定性,而是在人的创生性活动中逐渐生成、生长的,“劳动是人在外化范围之内的或者作为外化的人的自为的生成”。① 共产主义“因而是通过人并且为了人而对人的本质的真正占有;因此,它是人向自身、也就是向社会的即合乎人性的人的复归,这种复归是完全的复归,是自觉实现并在以往发展的全部财富的范围内实现的复归”。② 而劳动作为人的创造性活动,就是人的建构、生成和生长过程即完整人(人的全面发展)的实现过程。

于是,在马克思的思想中,劳动不仅仅是物质生活的生产活动,而且同时也是人的生成过程;不仅具有自然物质意义,而且具有哲学人类学意义。劳动是“成物”和“成人”两重性的统一。至此,劳动范畴经历了古希腊、中世纪、近代和德国古典哲学漫长的嬗变过程,终于由奴隶的非人活动和工匠低微的“贱行”,成为人类普遍的本质活动;由被贬低为维持生存必需的生物活动,成为人类自由崇高的实践活动。

以劳动实践为基础和核心,马克思创立了“劳动—社会”的实践哲学,从而在西方实践哲学传统上,实现了一场革命。

首先,在劳动实践与人类社会的关系上,实践是人类社会的基础,整个人类世界本质上都是实践的。马克思认为,在劳动实践的基础上,主体和客体是

---

① 《马克思恩格斯文集》第1卷,人民出版社2009年版,第205页。

② 《马克思恩格斯文集》第1卷,人民出版社2009年版,第185页。

对立统一的:客体是主体建构起来的,在客体中反映、蕴含着人的本质;而主体也是在与客体的作用中逐渐生长、由自在上升到自为的。“因此,劳动范畴不知不觉成为了一般意义上的构成世界的生命活动”。马克思强调,要避免把社会设定为一种与个体相对立的抽象物,个体是社会存在。正是在此意义上,在《关于费尔巴哈的提纲》中,马克思批判旧唯物主义时指出,“关于环境和教育起改变作用的唯物主义学说忘记了:环境是由人来改变的,而教育者本人一定是受教育的。因此,这种学说必然会把社会分成两部分,其中一部分凌驾于社会之上”。① 在马克思看来,人并非蛰居于世界之外的抽象存在,人就是人类世界、国家和社会。而这种人与社会环境统一,这种“环境的改变和人的活动或自我改变的一致,只能被看做是并合理地理解为革命的实践”。② 所以,马克思得出结论:“全部社会生活在本质上是实践的。”③

其次,在实践哲学的基本逻辑上,马克思依据劳动的两重性,构建了实践哲学的基本布局。亚里士多德把伦理学和政治学看作实践哲学的基本领域,伦理学和政治学的目标是一致的,即在于如何促进人的德性(潜能)的实现,促进人的生长和完整性(属人的善)。它们分别从个人和城邦两个方面论述了人的德性的实现和完善问题。其中伦理学从个人德性品质与幸福的关系出发,论述个人“德性”的实现和人的完善,即通过运用理性的实践而使德性成为一种现实中的实现活动,使人获得自己的本质力量即整全的德性(善);而政治学则侧重于从政治制度上为“德性”的实现和人的完善提供条件。在政治学中,亚里士多德从“人天生是一种政治动物”这一根本命题出发,提出人类种群的纯自然的联系并非人的特征,人要在城邦共同体中实现自己。政治学通过对政体和政治制度的研究,直到理想的城邦和制度即“由自由人组成的共同体”④为人的完善提供充分的条件。于是,政治学的目的与伦理学的目的是一致的,都是属人的至善。

① 转引自安德鲁·芬伯格:《实践哲学——马克思、卢卡奇和法兰克福学派》,王彦丽、葛勇义译,江苏人民出版社2022年版,第19页。
② 《马克思恩格斯文集》第1卷,人民出版社2009年版,第500页。
③ 《马克思恩格斯文集》第1卷,人民出版社2009年版,第501页。
④ 亚里士多德:《政治学》,颜一、秦典华译,中国人民大学出版社2003年版,第84页。

马克思早期偏重于从人的角度批判社会,带有人道主义色彩;成熟期的马克思则侧重于从社会结构上构建使人获得完整性和彻底解放的理想社会——这就是西方学者通常理解的马克思的人道主义与科学阶段的“矛盾”,它根源于劳动实践的两重性。当然,从人道维度到科学维度,体现了马克思思想的发展,它克服了早期人道主义的片面性。人与社会这一双重过程在实践哲学的范式里可以具体化为:马克思从批判人的异化到人的生长、潜能的展开以及人的全面发展,从批判现实社会到通过革命建立新社会,以及社会条件的改造和建设直至共产主义社会的构建。通过人与社会双重路线最终实现理想社会。马克思的共产主义理论提出要真正实现人的完整性,实现真正的共同体即“自由人的联合”。① 这一双重路线展开的基本思想结构,与亚里士多德通过伦理学和政治学互补而实现人的完善的思想是一致的。

再次,马克思转换了实践哲学的存在场域,在理论上用“社会”范畴取代传统实践哲学的“政治”“伦理”范畴,拓展了实践哲学的广度和深度。社会在古希腊属于由劳动和家庭的联合而产生的私人领域,社会性并非人的本质特征,而只是人与动物的共同属性,从而社会也不可能是人的实践领域。因此,传统实践哲学坚持把实践限制在“伦理—政治”领域。阿伦特认为社会只是人类的基本状态——这里所说的基本状态是相对于政治这种高级状态而言的:人在成为政治的动物之前是社会的动物。因此,阿伦特认为,人类的社会联合恰恰是自然加之于人的生物性限制。② 这就把社会和政治二元化了,使政治学研究的关注点局限于精英层面而无法深入到广大的社会领域。

马克思以劳动为起点,改变了实践哲学的存在场域:由“伦理—政治”领域进入社会领域。在思想上,马克思继承了传统的社会观念,同时又超越了这一观念。与狭义和广义的“劳动”概念相匹配,“社会”概念在马克思的思想中也有狭义和广义之分。狭义的“社会”是指“市民社会”,它是在商品经济中,与政治国家相对的人与人的物质交往关系和由这种交往关系所构成的社会生活领域。在马克思的思想中,它后来逐渐演变成经济基础概念。马克思广义

① 可对比亚里士多德“由自由人组成的共同体”。

② 参见汉娜·阿伦特:《人的境况》,王寅丽译,上海人民出版社2009年版,第15、20页。

的“社会”是一个总体性概念,可以称作“人类社会”。它不是与政治和国家分离的领域,而是包括政治和国家在内的总体性领域。马克思广义的“社会”包括了狭义的“社会”即“市民社会”(经济基础)蕴含的一切关系和原则,二者并不矛盾:它们是派生和原型的关系。其中,狭义的“社会”即“市民社会”是决定性的基础。在这种决定关系的基础上,马克思是用人类社会共同体代替了传统实践哲学的政治共同体,从社会总体结构上确定社会和政治的关系,克服了社会与政治的二元化,正如马克思所说,“旧唯物主义的立脚点是市民社会,新唯物主义的立脚点则是人类社会或社会的人类”。①

把社会作为实践的场域既是以劳动代替“伦理—政治”实践的自然结果,也是社会自身演变的思想反映:现代社会已经突破私人领域成为横跨公共领域和私人领域的特殊场域。所以,马克思以及后来的社会学家滕尼斯都把生产劳动作为结成社会共同体的逻辑起点。由此,马克思就合乎逻辑地把“人是劳动的动物”命题过渡到“人是社会的动物”②命题。

马克思把人界定为社会的动物无疑一方面打破了传统实践哲学的阶级局限;另一方面也克服了亚里士多德对人的本质的片面规定,从而也为一种彻底的社会革命奠定了前提。

最后,马克思重构了实践哲学的终极旨趣,用社会解放(人类解放)代替了狭隘的政治解放(阶级解放),使实践哲学成为无产阶级革命和人类解放的理论。马克思把人类实践活动拓展到人类的基本活动领域,使实践哲学由原来的“伦理—政治”领域,深入到“伦理—政治”的基础—总体性层面——社会领域。由此,这种“劳动—社会”的实践哲学所主张的革命,就不再仅仅是一场政治革命,而更是一场彻底的社会革命。

---

① 《马克思恩格斯文集》第1卷,人民出版社2009年版,第502页。

② 《马克思恩格斯全集》第12卷(人民出版社1962年版)第734页的编者注中,编者把亚里士多德《政治学》中提出的“人是政治的动物”直接译成“社会动物”,这造成一定的混乱。实际上,“政治的动物”并不等于“社会动物”,马克思明确界定了“政治的动物”:“政治的=城邦的,政治动物=城邦市民。”这是符合亚里士多德原意的,马克思在《资本论》第1卷(人民出版社2004年版)第379页中说:“人即使不像亚里士多德所说的那样,天生是政治动物,无论如何也天生是社会动物。”由此看来,马克思显然把政治和社会作了区分,把社会作为基础性、整体性的存在。从马克思的全部思想来看,社会和政治在马克思那里是有着严格区分的。

亚里士多德把实践哲学限制在“伦理—政治”领域,使实践哲学形成了一个延续至今的“伦理—政治”传统,由此引申出的革命也必然是政治革命,结果也只能是政治解放。现代政治哲学家阿伦特在《论革命》中极力推崇美国革命,认为它是一种建立民主自由的政治革命,而解放就意味着公共领域权力的恢复,自由的公民能够积极行动(实践),参与民主政治。可见,阿伦特所谓解放也只能是在政治领域的政治解放,这直接继承了亚里士多德的实践哲学精神。她批判马克思的社会革命,认为社会革命是一种满足物质“匮乏”的革命,它与关于自由的革命毫不相干。

实际上,政治革命恰恰是不彻底的革命,它无法触及传统深层的东西;政治解放往往只是一种政权的更替,导致的是一个阶级的解放。所以,仅仅政治革命并不能实现人类解放。正如法兰克福学派批判的社会理论所表明的,在当今发达工业社会,如果不彻底改变全部文明对人的本性的压抑,人们即使通过革命夺取了政权,也必然要恢复原来的压迫形式。在这一点上,法兰克福学派的断言具有真理性。马克思重构了实践哲学的终极旨趣,提出无产阶级的使命不是使社会的表层得到改造,而是使全部社会得到彻底改造;不是使一部分人获得解放,而是使全人类获得解放。所以,马克思把政治革命纳入社会革命之中,作为社会革命的一个环节。在马克思那里,满足物质匮乏的革命是获得自由的革命的前提,而获得自由的革命是满足物质匮乏的革命的继续。马克思的最终理想是“自由人的联合”的共产主义社会。这样,马克思革命的起点——满足物质匮乏,与革命的最终目的——人人获得自由的理想社会就完美地统一起来了。

四、劳动之成为实践的重要意义

我们通过考察劳动概念的历史演变,以及黑格尔特别是马克思对劳动内在性的阐释,确定了劳动的两重性:劳动具有“成物”与“成人”双重性质。这使劳动具有替代实践的“资质”,马克思在此基础上,构建了“劳动—社会”的实践哲学。劳动概念内涵的重建以及“劳动—社会”实践哲学的建构,具有非常重要的意义。

首先,从对实践哲学本身的意义来说,它强调劳动实践是理论、制作和实践统一的总体性实践,从而克服了传统实践哲学的片面性及其导致的现代性危机。在传统实践哲学中,理论、制作和实践是三分对峙的:理论处于永恒的领域,制作和实践处于变动的、偶然性的领域,其中制作属于物事领域的技艺活动,实践属于人事领域的伦理和政治活动。近代,这样一种三分对峙导致理论(科学)和制作(技术)脱离了实践"善"的规约而放纵了自己的逻辑,这成为现代性危机的深刻根源。在我们理解的劳动中,劳动本身具有实践意义,同时又内含着"理论"和"制作"从而构成一种总体性。人们在劳动实践中结成了人与自然的关系和人与人的社会关系。一方面,由对人与人的社会关系的认识进入对普遍性的认知,认识到与他人交往的必要性,逐渐获得人的类本质。换句话说,对实践的属人善的认识是需要理论沉思的。另一方面,由对人与自然关系的认识,劳动也实现了与科学技术(理论和制作的现代形式)的结合,创造了无与伦比的社会生产力。本质上,正是技术为实践提供了现代手段,而理论则为实践开拓着无限的空间,由此实践才能不断超越自身。① 三者的有机统一才能克服现代性的危机。因此,劳动实践构成了一种总体性领域,马克思把这种总体性领域称作"现实"。"现实"就是人的生活世界,它是人的实践的完整领域。伽达默尔认为,实践是包括我们一切实践的事务、所有的活动和行为的一个整体,它就是我们的生活形式(Lebensform),②这里所说的"生活形式"(生活世界)就是马克思所说的"现实"。

其次,从对马克思思想的总体性意义来说,在劳动实践基础上,我们可以克服将马克思早期思想与成熟期思想分割开来乃至对立起来的错误。关于马克思的思想演变,国内外学术界一直有"早期"和"成熟期"二分之说,即认为马克思的思想可以分为"早期"和"成熟期","早期"属于思想不成熟的人道主义阶段,"成熟期"属于思想成熟的科学阶段(历史唯物主义),两个阶段是对立的。从劳动实践的立场上重新理解马克思的总体思想,可以看出所谓"早期""成熟期"的二分法是错误的。马克思的劳动实践不但是物质生产资

① H-G.Gadmer, *Praise of Theory*, trans.C.Dawson, NewHaven: Yale University Press, 1998, p.36.

② 参见伽达默尔、杜特:《解释学美学实践哲学——伽达默尔与杜特对谈录》,金惠敏译,商务印书馆2005年版,第67—68页。

料和生活资料的生产与再生产,而且“劳动是人在外化范围之内的或者作为外化的人的自为的生成”,①是人由存在到本质即人的类本质的复归过程。劳动的这种两重性质正是马克思早期的人道主义思想和成熟期科学阶段思想的理论根据。自马克思《博士论文》开启的伦理与科学的关系一直是马克思思考的重要主题,这一主题所包含的矛盾在马克思的劳动思想中才构建起一种统一性。所以,马克思思想并不存在“早期”和“成熟期”的判然二分,只是分别有所侧重:马克思的哲学思想是一个完整统一的思想体系。当然,这并没有否定马克思的思想是不断发展的过程。马克思思想“早期”“成熟期”的二分法,直接导致了以卢卡奇、葛兰西、法兰克福流派等为代表的“人本主义的马克思主义”和以德拉-沃尔佩、阿尔都塞等为代表的“科学主义的马克思主义”两大思潮的对立。其中“人本主义的马克思主义”固执于马克思早期的人道主义思想,“科学主义的马克思主义”则固执于马克思成熟期的思想。从前述的理解出发,我们即发现两大流派对马克思的理解是片面的,从马克思重建的劳动实践出发,完全可以超越和整合他们的思想对立。

最后,对于历史唯物主义来说,在劳动实践的基础上,我们可以“重建”历史唯物主义。说到“重建”历史唯物主义,人们自然会想到哈贝马斯。哈贝马斯认为,“我们所说的重建是把一种理论拆开,用新的形式重新加以组合,以便更好地达到这种理论所确立的目标”。② 但是严格地说,哈贝马斯并非把一种理论“拆开”重新加以组合,而是在他所理解的历史唯物主义之外,引进了一个新的原则。所以他不是“重建”而是地地道道的改建。哈贝马斯的“重建”之所以不成功,就在于他片面理解了马克思的劳动实践概念。他认为马克思的劳动实践概念是一种单纯工具性活动,“工具的活动按照技术规则来进行,而技术规则又以经验知识为基础……”③以此为整个社会的基础,就会导致马克思社会理论的规范基础和批判维度的阙如。所以,必须在历史唯物

① 《马克思恩格斯文集》第1卷,人民出版社2009年版,第205页。

② 尤尔根·哈贝马斯:《重建历史唯物主义》,郭官义译,社会科学文献出版社2000年版,第3页。

③ 尤尔根·哈贝马斯:《作为“意识形态”的技术与科学》,李黎、郭官义译,学林出版社1999年版,第49页。

主义理论之外引进“交往行动理论”加以补充。然而,实际上马克思所指的劳动并非像哈贝马斯所理解的那样,仅仅是受工具理性支配的活动,而是物质资料的生产活动和人的生成的统一,因而是工具理性和价值理性、科学性与规范性的统一。因此,交往理论并非从理论体系的“外面”引进的,而是内在于马克思的历史唯物主义体系的。由此,以劳动实践为基础的历史唯物主义理论既是一种科学的社会发展理论,又是人的生成、发展与解放的理论。就目前的教科书体系而言,应当把后者补充进去,使历史唯物主义涵纳马克思主义人学内容:历史唯物主义就是马克思的实践哲学。这是真正意义上的历史唯物主义重建。

原载于《中国社会科学》2023 年第 9 期

马克思主义哲学史研究的奠基、拓展和深化

——庄福龄的学术历程及贡献

聂锦芳*

伴随着社会主义建设和改革开放实践的推进，我国的马克思主义专业研究也取得长足进步，其中“马克思主义哲学史”学科的创立和发展是标志性的成就之一。在世界马克思主义研究园地，尽管苏联和东德学者使用过“19世纪的马克思主义哲学”（Марксистская Философия в XIX веке）①、“德国的马克思—列宁主义哲学史”（Zur Geschichte der Marxistisch-Leninistischen Philosophie in Deutschland）②、“马克思主义哲学史”（История марксистской философии）③等概念，但是，是中国学者首次明确地开辟了“马克思主义哲学史”这一学科方向。老一辈学者筚路蓝缕，奠定了这一领域的研究基础，并不断拓展和深化，彰显出马克思主义研究的“中国特色”。其中庄福龄发挥了重要的作用。认真回顾和总结其学术成就和思想，对于在新的时代境遇下推进马克思主义理论的发展具有重要意义。

---

* 聂锦芳，北京大学哲学系教授、博士生导师。

① И.С. Нарский, Б. В. Богданов и М. Т. Иовчук: Марксистская Философия в XIX веке, Издательство“Наука”, Москва, 1979.

② Matthäus Klein, Erhard Lange und Fridrich Richtet: Zur Geschichte der Marxistisch-Leninistischen Philosophie in Deutschland, Dietz Verlag, Berlin, 1969.

③ ПодредакциейМ.А.Дыника, М.Т.Иовчука, Б.М.Кедрова, М.Б.Митина, Т.И.Ойзермана, А.Ф.Окулова: Историяфилософии（VI, кн.1）, ИздателъствоНаука, Москва, 1965, С.415.

一、为学科体系奠基

庄福龄1929年1月17日出生于江苏省镇江市一个城市贫民家庭,上高中时父亲病逝,母亲含辛茹苦地抚养他们姐弟几人,一直支持他到高中毕业。1947年,他考入国立上海商学院,除主修会计学专业之外,对经济学、社会学等理论学科抱有浓厚兴趣。1951年起,庄福龄在上海财经学院任教。适逢新中国开始系统培养马克思主义理论教学和研究人才,他于1953年至1955年在中国人民大学马列主义研究班学习,毕业后留校任教。1964年中共中央决定在中国人民大学成立马列主义发展史研究所,庄福龄参与筹建工作,并先后担任该所马克思主义哲学史研究室副主任、主任和副教授、教授,一直到他2016年11月30日去世。

这些貌似简单而平淡的学术人生,却与一门学科的创建和发展密不可分。诚如庄福龄在为《中国当代社科精华(哲学卷)》撰写的学术自述中所总结的:"在我个人的学术生涯中,研究马克思主义哲学史的思想发展轨迹,在一定程度上反映了这一学科在我国酝酿起步、奠定基础和拓展深化的历史进程。"①

马克思主义理论研究从它传入中国之始就开始了,但"马克思主义哲学史"作为其中一门相对独立的学科和一个颇具特色的研究领域,在我国有意识地展开系统的研究和建设,起步却较晚。它的酝酿和准备经历了一个漫长历程,有计划、有组织的准备工作是在新中国成立之后才开始的。随着1964年中共中央决定在中国人民大学成立"马列主义发展史研究所",全国第一个马克思主义哲学史研究室也在该所组建起来。

庄福龄是这一研究室的负责人,他以新中国成立后从事马克思主义哲学教学和研究的理论积累、实践经验为基础,参与了学科建设的起步性工作,诸如对国内外有关学术信息的收集,有关资料和研究成果的汇集和整理,关于马克思主义哲学发展史分期问题的研究,关于围绕马克思主义哲学史上重大问

① 《庄福龄自选集》,中国人民大学出版社2007年版,第703页。

题所产生的争论，等等。可惜的是，由于后来国内形势的变化，刚刚起步的马克思主义哲学史研究被迫中断。

严格意义上的马克思主义哲学史学科建设，是从1978年改革开放特别是党的十一届三中全会召开后开始的。庄福龄在新的历史条件下“重操旧业”，为学科建设做了以下工作。其一，重新组建被迫中断十余年的中国人民大学马克思主义哲学史研究室，拟定了从基础性课题着手的研究计划；其二，接受教育部委托，于1979年在桂林主持召开了全国第一次马克思主义哲学史教材编写会议，并在会上做了“关于马克思主义哲学史研究的历史、现状和当前任务”的主题报告，把编写全国高校文科第一本马克思主义哲学史通用教材的任务落实下来；其三，作为全国最早组建的马克思主义哲学史专业学术研究机构的负责人之一，在这次教材编写会议上联络兄弟单位一道发起成立“中国马克思主义哲学史学会”，并担任该会会长长达28年（1979—2007年）。

在教材编写组和中国马克思主义哲学史学会的推动下，全国第一本专业教材《马克思主义哲学史稿》于1981年出版。20世纪80年代初期问世的这一成果，反映和体现了当时学界在学科体系把握和主要内容设计方面的基本共识，标志着学科建设迈出初始阶段，面临着下一步为其健康发展打好基础的任务。

打好基础需要有系列配套的成果做支撑。结合当时的情况，庄福龄认为不能满足于仅有的一本教材，还要有相应的文献资料书，以满足专业工作者、广大干部和社会青年学习马克思主义哲学史的需要。于是他又同北京大学哲学系同人合作，共同主编了三卷本《马克思主义哲学史教学资料选编》，于1984年推出；此前一年应中国青年出版社委托，与所在研究室同人一起编写了《马克思主义哲学史纲要》。作为一门相对独立的学科，马克思主义哲学史还应当有自己的概念和范畴体系，而阐释有关概念、范畴时，也应当有其特有的视角和思路，为此，为这门学科编写工具书的任务摆在面前。庄福龄应《中国大百科全书（哲学卷）》编委会邀请，作为该卷马克思主义哲学史学科负责人，从拟定框架、选定词条、草拟编写纲要到直接撰写其中重要词条、审稿定稿，高质量完成了任务；在此基础上，后来他又主持编写了更全面、更丰富和更专业的《马克思主义哲学史辞典》，于1992年出版。

当然,由于事关学科的系统性建设和科学性发展,更重要的还是学科研究范式的开辟和雄厚的学术基础的奠定,庄福龄进一步思考,团结全国同行、集中力量撰写一部资料翔实、覆盖面广、理论性突出的系统专著。1983 年,作为我国"六五计划"哲学社会科学国家科研重点项目之一,八卷本《马克思主义哲学史》的编写工作正式起步,1986 年其又被列入"七五计划"。庄福龄与黄枬森、林利共同担任全书主编,此外他还兼任第二卷的主编,并独立承担马克思、恩格斯军事哲学思想的研究和相关章节的撰写。在三位主编的领导下,由全国 57 位学者参加,通过多年努力,这一宏大的学术工程于 1996 年完成,成为这一学科具有里程碑意义的奠基性成果。

这套规模达 410 万字的丛书,遵循历史发展的线索,通过对时代背景的梳理与经典著作的分析,分别梳理了经典马克思主义哲学思想的形成、马克思主义哲学在苏联和中国的传播与演进,以及当代国外马克思主义哲学的研究情况和嬗变过程,从总体上勾勒出马克思主义哲学萌芽、产生与发展的过程,并且结合当代社会和哲学研究的前沿问题,探讨了蕴含在马克思主义哲学历史原像背后的现实价值。编写者根据当时马克思主义著述的编译状况和文献条件,力图对重要的哲学著作及其观点作出具体的分析和评价,反对形而上学的非历史主义观点和相对主义观点。这一大型工程告成之日,庄福龄像长途跋涉者一样,回首研究和撰写之路上的深浅难易和曲折艰险,对于学科建设的难点、重点也有了更深的体会。该书问世后获得学界和社会的广泛好评,先后获全国"五个一工程"奖、国家社科基金优秀成果一等奖、"吴玉章奖"和北京市哲学社会科学优秀成果特等奖,并入选"中国文库"。

此外,庄福龄对我国马克思主义哲学史专业人才的培养也付出了极大的心血。1978 年研究生招生制度恢复时,他最早倡导设置马克思主义哲学史招生方向,其所在研究室也成为这一方向全国首批硕士点招生单位。他作为这一学科点的负责人一切从头开始,从拟定培养计划和教学方案、设置课程和组织教学,再到开展科研和编写教学用书,事无巨细都亲力亲为。随着学科建设的推进和博士点的建立,他又把工作重点转移到博士生的培养上,设置了马克思恩格斯哲学思想与现代西方思潮、毛泽东哲学思想与当代中国哲学、唯物史观和社会发展理论三个研究方向。他去世前,尽管已经退休多年,但还一直在培养博士生。

这样，从通用教材、专业辞典的编撰到通史性大型专著的出版，从学术机构的创办到人才培养机制的完善，“马克思主义哲学史”作为一门学科体系就建立起来了。庄福龄作为开创者、带头人之一，经历了上述各个环节和完整过程，为此付出了全部心力。

二、由“内史”向“外史”拓展

学科建设永无止境，需要不断拓展和深化。马克思主义作为一个具有严密体系的科学理论，包含领域极其广泛，哲学史虽然是其中相当重要的领域，但如果画地为牢、自我封闭，不仅妨碍其研究水准的进一步提升，还会割裂或破坏马克思主义理论体系的完整性。所以，作为相对独立学科的“马克思主义哲学史”必须探索向完整的“马克思主义史”拓展的途径和方式，即沟通、促进“内史”与“外史”之间的关联和融通。庄福龄对此有自觉而深刻的认知。

在集体编写八卷本《马克思主义哲学史》时，庄福龄就高屋建瓴地注意到学科未来发展的这一趋势，开始做出尝试。八卷本问世后，他几乎把思考和研究重点都转移到“马克思主义史”的建构上来。如果说在以往的“马克思主义哲学史”学科体系奠基和八卷本编写时期，他与黄枬森、林利是“三驾马车”合作发力，作为共同主编带动全局前行，那么，这之后由于黄枬森转向马克思主义哲学原理、人学、文化问题等领域的研究，林利因年事已高、身体欠佳无法展开正常学术组织和科研工作，庄福龄就独立承担了多种重要著述的主编工作，团结更为年轻的同行继续展开探索。他借助向“马克思主义史”的拓展将“马克思主义哲学史”研究推进到新的层次，其重要成果主要体现在《马克思主义史》和《简明马克思主义史》中。

1995—1996 年问世的四卷本《马克思主义史》，是由庄福龄带领中国人民大学马列主义发展史研究所同仁共同编撰的。在由庄福龄执笔撰写的“导言”中，从“马克思主义史的研究对象”“马克思主义史的分期”“马克思主义的历史命运和特点”“时代的挑战和马克思主义的生命力”“马克思主义史的研究历史和研究方法"等方面对此书的意旨做了阐释,①强调仅仅把马克思主义归结为哲学、政治经济学和科学社会主义三个组成部分,无法概括其所包含的其他丰富的学科领域和系统的理论体系。这样,从"马克思主义哲学史"拓展到"马克思主义史"、从整体上研究马克思主义形成和发展史就成为马克思主义研究的必然选择。他更进一步指出,马克思主义史有别于它的各个组成部分的历史,它不是马克思主义哲学史、政治经济学史、科学社会主义史等各个组成部分的简单拼凑与机械组合,而是一个在相对区分基础上的进一步关联和融合,要从整体上呈现马克思主义丰富内涵和复杂变迁的过程。

基于上述考量,《马克思主义史》在把握和阐释马克思主义的综合性、整体性方面下了较大功夫,做出了有益探索。从该书所反映的内容看,它几乎包括了马克思主义理论的全部内容(包括哲学、经济学、科学社会主义以及政治学、美学、伦理学等),而不是它的某个方面的内容;从时限角度看,它涉及从马克思主义的产生、发展一直到当代的全过程;从研究视角看,它不仅全面地触及马克思主义理论的发展历史,同时又把研究的视角延伸到马克思主义理论在实践中的经历和命运,总结了其中的经验教训。该书无论对马克思主义的经典著作、基本观点和思想的阐释,还是对马克思主义发展史上重要的历史事件、历史人物及其思想的梳理,乃至对20世纪各种与马克思主义相关联的思潮和派别包括反马克思主义的主张的评价,都尽可能做到客观、准确和公允。特别是该书不回避重大的争议性问题,诸如关于斯大林模式的分析和评论、关于我国"文化大革命"经验教训的总结、关于苏联剧变经验教训的剖析等,都尽可能做到既持论有据又颇具新意。诚如有评论所指出的,该书的"一个最显著的特色,就在于它以马克思主义的立场、观点和方法为指南,立足于现实,着眼于时代,对马克思主义发展的历史作出了比较全面、准确、新颖、全景式的反映"。②

在四卷本《马克思主义史》基础上,庄福龄又主编了一卷本《简明马克思主义史》,于1999年出版,之后更多次再版。本书在保持四卷本特色和深度的

---

① 庄福龄主编:《马克思主义史》第1卷,人民出版社1996年版,第1—23页。

② 崔自铎:《〈马克思主义史〉(四卷本)出版》,《教学与研究》1997年第12期。

基础上，力图站在今天的高度来审视马克思主义的历史，以“奠基篇”“开拓篇”“发展篇”“创新篇”的结构，简明扼要地阐述1842—1997年马克思主义产生、发展的历史，论述了马克思主义产生和发展的历史背景、基本原理、重要事件和重要人物，其中“历史发展的必然成果”“历史转折的理论分歧”“捍卫真理的列宁主义”“实践呼唤的理论飞跃”“苏联东欧的改革和剧变”等章节设计和具体论述，别开生面。

当然，必须指出，向整体性的“马克思主义史”的拓展，并不能完全取代“马克思主义哲学史”“内史”的深化。为此，庄福龄在八卷本《马克思主义哲学史》的基础上，开辟了“中国马克思主义哲学传播史”方向，并对“毛泽东哲学思想史”进行了纵深探究。

早在八卷本《马克思主义哲学史》尚未出齐之前，1988年6月，由庄福龄主编的45万余字《中国马克思主义哲学传播史》就出版了。它把五四运动以来马克思主义哲学在中国的传播、同实践相结合以及在理论上发展的历史作为一个相对独立的领域来研究。在他撰写的“绪论”中就这一领域研究的对象、任务和方法，对马克思主义哲学在中国传播的历史条件和特点做出了具体阐释。① 该书将马克思主义哲学在中国的传播放在一个广阔的社会实践、群众的革命斗争、思想理论问题的论争中去考察，注重同当时众多的哲学流派的比较，从理论和实践的结合上进行梳理，从政治上、哲学上、思想文化上的斗争中加以分析。因此，该书不是单纯的历史纪年和史实的陈述与罗列，而是借助马克思主义哲学史研究已有“范式”和成果所进行的“国别史”探索的尝试。

三卷本《毛泽东哲学思想史》则是庄福龄及其领导的团队在马克思主义哲学史研究领域所取得的另一部厚重的成果，于1990年出版。毛泽东哲学思想是在中国土壤上生长的中国化的马克思主义哲学，是在中国革命和建设实践中形成、发展出来的马克思主义哲学。该书以毛泽东哲学思想的形成与发展脉络为核心，深入系统地论述了毛泽东哲学思想的基本理论特征、毛泽东哲学思想产生的社会历史条件以及毛泽东哲学思想科学体系的形成、丰富和发展，力求客观分析毛泽东哲学思想同中国革命和建设实践的关系，从革命和建

① 庄福龄主编：《中国马克思主义哲学传播史》，中国人民大学出版社1988年版，第3—56页。

设实践中说明它的历史地位、贡献和作用,并结合我国社会主义现代化建设的实际,探讨在当前形势下研究和贯彻毛泽东哲学思想的重要意义。目前,有关毛泽东的著作、传记、回忆录及其研究成果可以说汗牛充栋,特别是《毛泽东选集》《建国以来毛泽东文选》《毛泽东年谱》《毛泽东传》等提供了关于毛泽东研究的权威文献。然而,在这些斑斓的研究图景中,《毛泽东哲学思想史》仍以其明晰的历史线索、严谨的论证逻辑和深入的理论分析而别开生面。

这样,由"内史"向"外史"的拓展,再加上对"内史"本身的深化,把"马克思主义哲学史"推进到新的层次和高度。

三、"史""论"关系的系统阐发

庄福龄带领同行和团队取得马克思主义哲学史学科建设和学术研究的上述成就的同时,也大大促进了他个人的理论思考和"历史意识"的建构,他将其结集为《马克思主义中国化的伟大理论成果》《中国体制改革的哲学探索》《庄福龄自选集》《荀子新注》等论著。特别是《庄福龄自选集》中的很多论述,显示了他作为马克思主义哲学史家、理论家高深的学术造诣,而关于马克思主义研究中"史""论"关系的理解和阐释更是其中的精华。

史论结合是人们在史学研究中经常提到的一个重要原则。那么,这一原则同马克思主义哲学的关系如何、研究马克思主义哲学是否也必须遵循史论结合的原则、马克思主义哲学的基本理论和马克思主义哲学的历史是一种什么样的关系……对于这些问题,论者往往停留于表层抽象的理解,而很少往深里进行探究。为此,庄福龄从实践中概括、从思想史上考辨,进而在学理上展开了系统的阐发。①

从马克思主义哲学的形成和发展来看,它的每一个理论观点都是一定历史条件下的产物。劳动异化理论是马克思主义形成前的历史产物,它是同马克思尚未彻底摆脱费尔巴哈哲学影响的历史时期相适应的;剩余价值理论是马克思主义形成后的历史产物,它是同马克思主义哲学科学地剖析资本主义

---

① 参见庄福龄:《史论结合和开展马克思主义哲学史研究》,《人文杂志》1984年第5期。

矛盾的历史时期相适应的;系统的阶级斗争和社会革命的理论,是在马克思主义哲学总结 1848 年欧洲革命的基础上提出的;完全打碎资产阶级国家机器的学说,则是在马克思主义哲学经历了人类历史上第一次无产阶级专政的尝试后加以总结的;如此等等。而马克思主义哲学达到如此系统化和完善化的程度,也是迄今大约一个半世纪历史发展的结果。因此,庄福龄认为,脱离历史,孤立地抽象地去考察马克思主义哲学的任何一个具体观点和具体结论,都不可能正确认识这些观点、结论的正确性和生命力究竟在哪里,它们的历史作用又是什么,也不可能正确认识它们在什么样的条件下应当坚持,在什么样的条件下必须进一步发展。可见,离开了历史,就不可能正确理解和运用马克思主义哲学;也可以说,研究、掌握马克思主义哲学是离不开研究、掌握它的历史的。他引用清代思想家龚自珍的一句话来阐明这一方面的道理,即"欲知大道,必先为史"。

而从另一方面看,马克思主义哲学的产生给人类提供了科学的历史观。人类历史特别是马克思主义哲学产生后的历史,第一次得到了科学的说明、分析和总结。在这种情况下,要正确理解历史,把握历史的特点和时代的矛盾,就不能离开马克思主义哲学。马克思主义哲学作为时代精神的精华,第一次把时代的波澜壮阔的历史画面和风起云涌的革命风暴科学地反映出来了。它对社会矛盾的剖析、历史经验的概括、发展规律的揭示,都达到了前所未有的深度和高度。面对席卷欧洲的 1848 年革命风暴,形形色色的资产阶级哲学还在肆无忌惮地指责它是什么社会的"病态"、人类的"灾难"、历史的"倒退"等,而马克思主义哲学却认为它是合理的、进步的社会现象,是社会矛盾发展的必然结果,是推动历史前进的动力。当巴黎响起无产阶级革命的春雷,资产阶级哲学把这场深刻的历史变动视为"洪水猛兽"而惊恐万分的时候,马克思主义哲学却认定这是"19 世纪社会革命的开端"①,"是把人类从阶级社会中永远解放出来的伟大的社会革命的曙光"②。对于同一场历史事变所得出的两种截然相反的结论说明,用什么样的哲学、历史观来认识世界和改造世界是

① 《马克思恩格斯文集》第 3 卷,人民出版社 2009 年版,第 194 页。
② 《马克思恩格斯全集》第 18 卷,人民出版社 1964 年版,第 61 页。

问题的关键。实践证明，离开了马克思主义哲学，历史往往会成为不可捉摸的怪物、难以清理的疑团。而一旦有了马克思主义哲学，纷繁复杂的历史现象就成了一种有内在联系的有规律可循的研究对象，甚至当历史事变初露端倪或刚刚终结的时候，“就能准确地把握住这些事变的性质、意义及其必然后果”①。从这种意义上说，历史也需要马克思主义哲学来分析、整理、概括和总结。可见，科学地说明和研究历史，是离不开马克思主义哲学的。

综合地看，马克思主义哲学的形成和发展有赖于一定的历史条件，马克思主义哲学的正确性需要历史来论证，而历史的内在联系和发展规律又需要马克思主义哲学来揭示，马克思主义哲学始终把科学地说明和研究历史作为认识世界一个必不可少的组成部分。马克思主义哲学这种史论结合的特点，要求我们在研究中既要把马克思主义哲学的理论观点和结论，放到一定的历史条件和历史范围内去考察和分析，同那种脱离历史、丧失时代气息的经院哲学、神秘哲学、僵化哲学划清界限，又要坚持运用马克思主义哲学来说明社会历史，力求对历史和历史发展的规律作出科学的分析和概括，同那种脱离历史、歪曲历史本来面貌的唯心史观划清界限。可见，史论结合是马克思主义哲学内在的基本要求。

据此，庄福龄指出，马克思主义哲学史作为一门研究哲学思维发展的历史科学，必须把史论结合的要求贯穿整个研究过程。既不要脱离历史作抽象的逻辑推论，也不要脱离理论作历史的流年记录。质言之，马克思主义哲学史研究有两项根本性任务：“把马克思主义哲学形成和发展的历史如实地反映出来，把马克思主义哲学在一个半世纪内的经验教训和发展规律揭示出来。”②

那么，如何在马克思主义哲学史研究中达致“历史性”呢？对此，庄福龄专门做了分析。

首先，“历史性”追溯应当有时代高度。即站在反映时代精神精华、概括和总结实践经验的高度开阔视野，把历史上影响和决定马克思主义哲学发展的物质条件、社会实践特别是无产阶级认识世界和改造世界的活动，把哲学研

---

① 《马克思恩格斯文集》第3卷，人民出版社2009年版，第99页。

② 参见庄福龄：《史论结合和开展马克思主义哲学史研究》，《人文杂志》1984年第5期。

究的重大成果及对社会实践和科学发展的哲学概括和理论斗争的哲学分析等,作为研究的主要内容,把反映上述活动、成果和思想的马克思主义哲学原著和包含着重要哲学思想的其他马克思主义原著,作为研究的主要文献。

其次,“历史性”追溯必须尊重历史。即按照历史的本来面貌去认识历史,绝不允许对历史作任何的歪曲和篡改。庄福龄指出,马克思主义哲学作为无产阶级的世界观,从根本利益上同历史的发展是完全一致的。历史的未来也就是无产阶级的未来,历史的进步可以作为无产阶级继续前进的起点,历史的曲折和倒退可以作为总结经验教训的课堂。所以,历史是我们最宝贵的财富,对于历史的进步固然应当如实地反映,而对于历史的曲折和倒退也绝不应当忌讳和掩盖。尊重历史还应当尊重历史的辩证法,因为历史本身是辩证地发展的。应当把历史当作一个多方面联系的、错综复杂的、充满矛盾而又有规律的发展过程来研究。如果离开了历史的矛盾和斗争,离开了历史发展中迂回曲折的情况,把马克思主义哲学的发展说成是一帆风顺的从胜利走向胜利的过程,这不仅会使人们对历史的理解陷入直线性和片面性、死板和僵化、主观主义和主观盲目性的错误,也会把马克思主义哲学发展的历史弄得面目全非。尊重历史就要同种种歪曲马克思主义哲学史的现象作斗争,就要面向当代世界范围内对马克思主义哲学史提出的种种挑战,特别要对非马克思主义乃至反马克思主义的论点作出科学的分析和评论,澄清对历史的歪曲,还历史的本来面目。

再次,“历史性”追溯的要旨是把握哲学思维的特点,揭示马克思主义哲学发展的规律。马克思主义哲学的发展当然首先是由社会经济条件和社会实践所决定的,但是它并不总是跟在社会物质条件后面亦步亦趋地发展,而是具有相对的独立性和巨大的能动性。哲学的发展往往同先驱者的思想资料有一定的联系,有前后相连的继承关系。这种情况往往产生一种历史现象,即经济上落后的国家哲学上有时却能处于领先的地位。同时,马克思主义哲学产生以后,也不仅仅是消极地适应世界,而是积极地发挥启迪、组织、动员、鼓舞的作用。它能够通过对实践经验和理论思维的哲学概括,从世界观和方法论上作出具有普遍意义的结论,把人们的认识提到一个新的高度,推动物质文明和精神文明的建设,在认识世界和改造世界中发挥巨大的作用。马克思主义哲学的发展,不能离开一定的历史条件和历史范围,但是在这个历史范围内发展的又是一些概念、范畴、原理、规律和理论思维的逻辑形式。马克思主义哲学诚然要对历史上的许多重要问题作出自己的分析和结论,其中许多精辟的思想仍然保持着历史的光辉和现实的价值,但是它作为科学的世界观和方法论,更重要的价值和意义还在于作出分析和结论的认识过程。研究这个认识过程就应当具体研究马克思主义哲学在不同的历史条件下是怎样分析和总结社会发展过程的,是怎样吸取和改造科学和哲学的成就的,是怎样反映无产阶级利益的,是怎样确定改造社会的方向的,等等。因此,从纵的历史发展和横的社会生活各个方面去研究马克思主义哲学的特点和作用,目的是科学地总结马克思主义哲学史的经验教训,揭示马克思主义哲学发展的规律。

最后,"历史性"追溯要面向未来。马克思主义哲学既是一门历史的科学,也是一门发展的科学,它要在对不断出现的新情况、新问题的认识和解决过程中发展。马克思主义哲学发展的历史,不是单纯的时间上的延伸,而是它的正确性和生命力的进一步验证。马克思主义哲学从恩格斯逝世以来,差不多经历了九十年的历史。对于这段历史也必须做认真研究,研究新的历史条件和新的历史经验,研究马克思主义哲学的新发展和新问题。这种研究,不仅对于了解马克思主义哲学在当代的发展是必要的,而且对于分析马克思主义哲学在未来的发展也是必要的。所以,庄福龄指出,研究马克思主义哲学史必须面向未来,坚信只要在研究中坚持史论结合的原则,既打好根底又面向未来发展,就一定能把这门新兴的学科建设好,不断开创马克思主义哲学史研究的新局面。

从今天的视角看,在包括"后现代"、"历史诠释学"、解构主义等在内的思潮的影响下,"历史哲学"中的"历史性"所蕴含的时代性、客观性、规律性和未来指向等备受质疑和否定,所以,庄福龄的上述思考和理论阐释似乎显得"陈旧"和"落伍"。然而,评判思想是否具有真理性并不以时间先后作为标准,当对"历史性"的理解走到了"非历史性"境地,特别是引发了社会上"非理性"情绪泛滥的时候,上述思考和阐释的价值和意义就更加凸显。

四、新的时代境遇下的深化

“马克思主义诞生于19世纪中叶,在社会革命的风云变幻中经历了19世纪和20世纪,当前正在一个动荡多变的21世纪中破浪前进,以自己的理论‘书写’着自己的‘历史’。这就是马克思主义发展史。”①这是庄福龄对自己毕生献身的学术研究对象的凝练概括。在跨世纪新的时代境况下,他发表一系列重要论文,着重分析了马克思主义哲学史研究如何“继往开来”。除了再度强调尊重历史、史论结合、论从史出等原则,他更提出了深化这一领域研究的一些具体思路和举措。

第一,认真总结历史经验。庄福龄指出,由于世界格局的变化,社会主义运动暂时处于低潮,马克思主义面临严重挑战,对它的研究也存在多元化的倾向,如何有针对性地使马克思主义研究不断提高其科学水平,不断占领更多的思想阵地并扩大其影响,应当成为新世纪马克思主义研究的首要任务。对于马克思主义哲学史来说,重要的是发挥其自身所特有的功能。对于刚刚过去的20世纪,要在充分占有大量史料的基础上,认真而细致地去思考和分析马克思主义的每一个重要历程,既总结其应当肯定的重要经验,也揭示人们在理解和运用上的失误而导致的重要教训,让百年来马克思主义发展的历史经验真正成为指导我们前进的科学财富。

第二,进一步拓宽研究领域。庄福龄认为,马克思主义哲学作为科学的世界观和方法论,在马克思主义中占有重要地位和作用,是马克思主义的重要组成部分。但是从马克思主义形成发展的历史来考察,它在多数场合往往是作为一个整体来阐述和研究的。从它的早期巴黎手稿,到后来的《神圣家族》《德意志意识形态》,以至《共产党宣言》《反杜林论》等,都凸显了这一思路。因此,马克思主义哲学史的研究不能仅仅停留在纯粹哲学的发展上,要从马克思主义的整体上,从各个组成部分彼此的关系上,从全部马克思主义史上去研究哲学的特点和作用,去研究哲学发展的规律性。也就是说,要从马克思主义

① 庄福龄:《学习马克思主义经典作家治学立论的基本功》,《马克思主义研究》2012年第7期。

的整体性、综合性和系统性上去研究马克思主义哲学史,要以马克思主义史为基础、从马克思主义史的宽广视角去研究马克思主义哲学史。让马克思主义哲学像在它的创始人著作里那样,真正渗透和融合在政治、经济、文化、军事、科学、自然、思维和一切领域,使其真正发挥出普遍性的指导作用。

第三,注意学科划分的相对性和渗透性。马克思主义哲学史学科建设在历史进程中自然要涉及与邻近学科的关系,如与马克思主义发展史研究的关系、与科学社会主义史研究的关系、与经济学说史研究的关系等。彼此交叉和渗透是学科建设的内在要求,相得益彰,一损俱损,学科之间不应相互争地盘,而应相互协作、补充和深化。对待学科的建立和变化要慎重严谨。事实上,马克思主义思想史的建设从分类到综合,从部分到总体,已经取得不少向纵深发展的可喜成果,对理论队伍一专多能的培养也是有益的。当然,"各学科、各理论之间的融合并非易事,它绝不像儿童积木、食品拼盘、组合家具、活动房屋那样容易处理,而要通晓相关学科之间的内在联系和彼此差别,研究其来源、现状和发展趋势,这本身就是一项严肃、细致的重大研究课题"①。

第四,下功夫解读经典原著。庄福龄指出,深化马克思主义哲学史研究就是要"学习马克思主义经典作家治学立论的基本功",特别强调,马克思、恩格斯留下了极其珍贵的理论财富,他们以半个世纪的艰辛奋斗和忘我精神所塑造的光辉形象和举世无双的科学理论,不论从广度和深度来看,都是需要永远传承和反复学习的理论经典。对于学界出现的轻视诸如《路德维希·费尔巴哈和德国古典哲学的终结》等著述的现象,他指出,这些作品"均可称为人类智慧的结晶,是理论成熟的著作",需要认真解读、辨析和公正对待。他质问:不认真阅读恩格斯的著作,怎么能够理解马克思主义的基本原理?又如何把握马克思主义哲学的精髓实质?可以说,这本经典著作是马克思主义哲学形成史的基础性读本,是对马克思主义哲学来源史和形成史的经典阐述。马克思主义"'大道'蕴藏于这段历史之中,下功夫读懂这本书,才能真正掌握马克思主义哲学形成的精髓"。②

① 庄福龄:《深化马克思主义哲学史学科建设》,《教学与研究》2010年第12期。

② 庄福龄:《学习马克思主义经典作家治学立论的基本功》,《马克思主义研究》2012年第7期。

第五,突出思想史特色。庄福龄特别撰文强调,深化新时期的马克思主义哲学史研究,应注重突出其思想史的特色。① 既尊重马克思主义哲学史的连续性,把握思想精髓的一脉相承,又尊重其变革性,强调思想观念的与时俱进。具体而言,就是抓住马克思主义哲学史的本质和主流,严肃对待那些对历史发展具有决定意义的文献、文本和经过长期历史考验的典籍,严肃对待那些约定俗成的译文和译本,不纠缠个别细节和野史传言;坚持整体分析和系统分析的方法,准确把握马克思主义哲学的基本立场、观点、方法,不断拓宽研究思路,努力为其增添新的内容;尊重客观事实,把握时代流变,避免偏激冲动和个人好恶,努力体现马克思主义哲学的本质。

第六,填补断代史或专题史的某些研究领域空白与薄弱环节。庄福龄特别罗列的课题有:关于欧洲风暴的哲学分析、关于马克思主义军事辩证法研究、关于恩格斯晚年哲学思想研究、关于马克思主义哲学来源研究、关于马克思主义哲学史上杰出人物的生平和思想研究、关于马克思主义经济哲学思想研究、关于《资本论》创作史研究、关于马克思主义独创性理论成果的研究等。通过这些断代史和专题史的研究,可以更清楚知道,一部由马克思和恩格斯创立、列宁和毛泽东等继承与发展的马克思主义哲学史,树立的是理论联系实际的学风和史论结合的典范。

第七,同国外研究者展开深入对话。庄福龄认为,随着国内改革开放的推进和国际上全球化趋势的发展,马克思主义哲学史研究既要总结 20 世纪国外马克思主义哲学研究的特点和趋势,也要及时分析新世纪国外马克思主义哲学所提出的问题、所出现的流派分歧、所表现的研究热点和发展趋向。要在东西文化交流的背景下注意彼此的对话,总结成功对话的经验,善于在对话中坚持和发展马克思主义,促进更多的人在马克思主义基础上团结起来。应当指出,21 世纪以来世界的多极化将进一步发展,不同的历史传统和文化背景必然使人们在接受和理解真理上形成多视角、多方位、多途径的局面,虽然真理只有一个,检验真理的尺度也只有千百万人民群众的实践,而认识和接受真理的过程有些却是漫长的、复杂的和各不相同的。

---

① 庄福龄:《马哲史研究应突出思想史特色》,《人民日报》2010 年 8 月 27 日。

第八,加强马克思主义中国化和马克思主义哲学中国化的研究。庄福龄指出,这是一项内容丰富、立意深远、经过百年理论探索和实践验证的宏伟事业和永恒课题,也是中国理论工作者义不容辞的责任。过去的百年,中国经历了多难兴邦、屡创奇迹的历史巨变,需要有宏伟史册为之立史、立论。但更辉煌的事业、更艰巨的长征还在前头,还在当今的新世纪,还在未来的百年。总结我们党的全部理论和全部实践,特别是改革开放以来的经验,归结起来就是四点:怎样对待马克思主义、怎样对待社会主义、怎样建设党、实现什么样的发展。把这些经验归结到一点,就是把马克思主义基本原理同中国具体实际相结合,走自己的路,建设中国特色社会主义。可以说,进一步学好马克思主义是我们新的起点,实现马克思主义中国化是面向未来的事业,是我们永远需要承担的历史使命。

在上述深思熟虑的基础上,庄福龄不顾年事已高,将这些思路和举措付诸科研实践。2007 年,中央马克思主义理论研究与建设工程将《马克思主义哲学史》列入重点教材项目,他作为首席专家之一主持编写工作,参与大纲制订、内容划分、初稿起草、难点讨论等各个环节,要求编写者特别注重总结以往同类教材编写中的经验教训、吸收世界马克思主义研究界和改革开放以来我国在相关领域取得的学术成就。2012 年推出的这一新编教材,相当程度上体现了庄福龄的构思和设想,凝聚了他的心血。

更重要的是,在四卷本《马克思主义史》出版将近 20 年之后,在生命历程的最后两年,庄福龄提议并组织了更大规模的科研项目——十卷本《马克思主义发展史》,出任首席总主编。在他拟定的大纲中,全书将以 700 万字的篇幅,从整体性的视野梳理马克思主义 170 余年来形成、发展和在新的实践中不断深化的历史过程,这将成为世界上体系最完整、规模最大的马克思主义史研究著作,反映和体现中国马克思主义研究的最新发展。遗憾的是,十卷本启动不久,他就身患重病。病中他仍念念不忘工作进展,一直给予关注和指导,先后提供了很好的意见和建议,并在病榻上撰写了全书“总序”草稿。最终这一浩大工程成了他未竟的事业,只能留待后继者来完成了。

精深的马克思主义哲学史研究是对研究者知识、素养、能力的极大挑战;融文本与思想、历史与现实、理论与实践于一体展开思考,是进行这项研究的内在要求。作为中国马克思主义哲学史学科的奠基者、开创者之一，庄福龄将自己的一生奉献给这一事业。作为后学，我们只有继承传统、开拓创新，在先辈奠定的基础上，推进马克思主义哲学史研究，随着社会主义现代化事业的推进和经济全球化的发展，谱写出马克思主义研究的当代篇章，才是对先贤最好的报答。

原载于《中国高校社会科学》2023年第2期

马克思主义社会理论的学科意义探析

邹诗鹏*

社会理论在现代人文社会科学学科体系中的基础意义越来越显著。从问题域而言,大体说来,在国家、社会与个人关系的学科建构中,对国家的建构与把握通常依靠政治学与政治哲学,对个人的定位与理解常依托于经济学与实定法学,对社会关系的把握,同时也是对国家、社会与个人关系的全面把握,则特别取决于社会理论。从理论资源上讲,社会理论连同伦理学与政治哲学,乃是支撑现代人文社会科学的基础性的实践哲学学科,从理论、方法乃至运用等各个方面直接支撑着整个现代人文社会科学学科。其中,社会理论不只是社会学学科的一个领域,而是涉及几乎所有的人文社会科学学科,而各门具体的人文社会学科,也越来越自觉地引入社会理论及其方法。可以说,在现代人文社会科学学科体系中,社会理论的地位不容忽视。在诸多社会理论资源中,古典的且在现代性状况下愈加凸显和巩固的马克思主义社会理论传统,因在整个现代人文社会科学体系,特别是在现当代中国哲学社会科学学科体系建设中的基础和导引性地位,又特别值得分析。

在本文看来,学科性的社会理论反映着现代人文社会科学学科与知识体系的完备程度,而是否能够将马克思主义社会理论资源有机地纳入人文社会科学体系,又在很大程度上决定着人文社会科学的质量、创造性以及自我革新

* 邹诗鹏,复旦大学哲学学院暨当代国外马克思主义研究中心教授。

能力。马克思的学说并不适合于在现代的学科范式下进行定位，在马克思那里从属于其“人的科学”的社会理论，不宜被看成是社会学或哲学或史学之下的学科。但马克思主义社会理论又有理由作为整个现代人文社会科学的基础，并在不同的学科中具体化。马克思的社会理论带来了社会科学范式的现代转变，并在一定意义上确定了现代社会科学的分化及分科。马克思批判的社会理论传统不只是从属于古典社会理论，也是对整个现代性的分析批判，从而构成了现代社会科学之基础理论。马克思主义社会理论乃是直接反映人类社会及其历史进步的唯物史观的具体化，但在理论义涵方面又要求历史唯物主义、辩证唯物主义以及新唯物主义实践观的内在统一，由此决定了马克思主义社会理论的哲学性质及其总体性。古典社会理论均不宜被直接置于某门单一的现代人文社会科学学科之下，马克思的社会理论更是如此。但是，现代人文社会科学在总体上却有必要将马克思的社会理论作为基础理论，并全面理解唯物史观。在此前提下，若干人文社会科学显学学科，很有必要将社会理论尤其是马克思主义社会理论作为本学科的基础学科，并开放学科视野。

一、马克思社会理论的非学科性及其对“人的科学”的从属性

今天，我们不得不在繁杂的现代人文社会科学学科体系中定位马克思的社会理论，但首先应当清楚：马克思完全是在非学科的背景下创立社会理论的。直面马克思社会理论本质上的非学科性，也有益于反思现代人文社会科学学科体系存在的问题。

总的说来，马克思本人并不希望将其学说定位为某一门具体的学科。“问题就是时代的口号”，①马克思按照真实存在的问题，而绝不可能依照学科既有的样式展开理论探索。“马克思主张知识与现实的统一、人与自然的统一以及社会科学与自然科学的统一。他在其产生过程和当前的发展阶段中探索总体性，即一种包含着相互补充、相互区别、相互矛盾的不同方面和层次的

① 《马克思恩格斯全集》第40卷，人民出版社1982年版，第289页。

总体性。这样,他的理论就不是历史学,不是社会学,不是心理学,等等,但却领悟了它们的方法、视角和整体的各个层次。这正是其原则性、创新性和持久的兴趣。"①在马克思所处的时代,学科分化并不明显,马克思的学术探索过程带有非学科性,他不满于当时的学科性质的研究。按照列斐伏尔的分析:"正是从马克思所处的年代开始,个别科学才被专业化为一个学术划分的体系,我们可以肯定,马克思是会抑制这种划分的。"②马克思对实证主义的拒斥与批判,也直接反映了反学科体制的倾向,因为实证主义实际上设定了某种看似严格、实则缺乏内涵的人文社会科学学科阈限与规范。青年时代的马克思从法学转向哲学,经过若干年学院式的训练并获得博士学位,但在其踏入社会不久,即明确提出"消灭哲学",展开了一条反对既有哲学范式并开启实践批判的道路。《1844 年经济学哲学手稿》中有关法、道德、国家等进行分门别类研究的设想,也流露出一种并不希望在既有知识学科中展开理论探索的意向。马克思在法学、宗教、哲学、政治学、经济学、史学、人类学等诸多学科的自由转换及跨越,看上去是对当时主流的"国家学"(19 世纪初古典社会科学的代称,诸如国民经济学、道德科学、伦理学、政治哲学、历史学以及观念论哲学都从属于"国家学")名目下诸多学科的自觉批判与反叛,在这一过程中,马克思开创了批判的社会理论以及与此相关的政治经济学批判(政治经济学批判的实质,即市民社会批判,本身就是批判的社会理论的展开)。总之,马克思的批判的社会理论,乃实践批判、实证主义批判、意识形态批判、政治经济学批判的结果,同时也是对已有"国家学"展开自觉批判的结果,换句话说,对当时诸多人文社会科学学科的批判,成就了马克思批判的社会理论。

马克思的社会理论究竟应当予以何种学科定位?显然,与其相关理论一样,马克思也无意于建立大全式的并且分门别类的社会理论。马克思的整个人文社会科学研究,是基于唯物史观展开的关于社会、经济、政治、历史、文化以及环境等各个方面及领域的科学研究,总是保持着面向实践及问题意识的开放性,不是一种完成了的理论体系,但又呈现为一种总体的理论样态,马克

① 列斐伏尔:《马克思的社会学》,谢永康、毛林林译,北京师范大学出版社 2013 年版,第 14 页。
② 列斐伏尔:《马克思的社会学》,谢永康、毛林林译,北京师范大学出版社 2013 年版,第 14 页。

思自己称之为"人的科学"。马克思认为,"全部历史是为了使'人'成为感性意识的对象和使'人作为人'的需要成为需要而作准备的历史(发展的历史)",因而,人的科学与自然科学都将融会为"一门科学"。[①] 因此,马克思所开辟的人文社会科学有理由从总体上被命名为"人的科学",相应地,马克思的社会理论应属于"人的科学",并成为"人的科学"的理论基础。马克思将人的本质定义为"现实的社会关系的总和",本身就是总体的社会理论原则,而就人的生产及交往关系的具体的理解与批判而言,马克思的社会理论又是"人的科学"的具体化。但这并不意味着,马克思主义理论必须分门别类地列为诸如社会理论、历史理论、经济理论、政治理论、文化理论等不断增加的诸多理论——这样一种理解显然也肢解了马克思主义理论。同理,马克思批判的社会理论也不能被窄化为学科性的社会学。马克思批判的社会理论与其"人的科学"的从属关系,并没有过强的学科义涵,因为无论是其"人的科学",还是社会理论,都是古典时代整个社会科学范式刚刚兴起、学科色彩并不浓厚的产物,自然也不存在当代状况下的学科定位问题。在更大的意义上,整个马克思主义也不宜被具体化为现代人文社会科学学科。

马克思所处的时代,是人文社会科学学科兴起的时代,学科分化相对简单。今天的人文社会科学学科体系则日趋细化而庞杂。可以想象,面对细碎庞杂的当代人文社会科学学科体系,马克思会感到困惑,甚至还会展开某种以破除"物质利益难题"、学科官僚制及学科帝国主义为旨向的学科批判,并要求将其社会批判理论从烦琐的学科体系及其藩篱中解放出来,直面社会实践及其问题意识,进而展开面向经济社会的社会历史研究。

不过,确定马克思社会理论的非学科性,并不意味着有理由拒绝将马克思社会理论置于现代人文社会科学体系之中进行学科定位。马克思虽批判和超越学科,但其并非彻底否定学科,马克思批判"国家学",但并非要否定人文社会科学学科,其"人的科学"本身就应当被看成是人文社会科学学科的总的称谓。当今时代我们已经置身于其间的宏大的现代人文社会科学体系,本身就是现代性持续累积的结果,而且已经成为一个规范性的学科知识体系。因而,

---

① 马克思:《1844年经济学哲学手稿》,人民出版社2000年版,第90页。

作为现代性批判尤其是现代性社会批判的理论,马克思主义也要求置身于现代人文社会科学体系之中,并进行建设性的定位。

基于对从抽象到具体的研究方法的自觉,基于其社会批判理论对诸多人文社会科学的高度介入与融会,现代马克思主义既要求超越学科分化,也需要因势利导地参与学科建设,建构符合马克思主义需要的现代人文社会科学体系。就社会理论而言,由于马克思主义社会理论面向整个现代性,因而也要求在充分吸取具体人文社会科学学科成果的同时,不断再现马克思主义社会理论对于整个人文社会科学的基础性学科意义,要求马克思主义社会理论同哲学、社会学、历史学等学科关联起来,进而呈现马克思主义社会理论对于整个现代人文社会科学的基础意义。

二、现代人文社会科学体系下马克思主义社会理论的基础性意义

在马克思之前,孔德开创了实证主义的古典社会学传统,并在理论上创立了社会学,但却并未创立现代人文社会科学。从学科意义上说,诸多古典学术理论都在一定意义上被归于并命名为哲学。但是,从马克思开始,学科格局及其论域就发生了改变。马克思所谓的"消灭哲学",即有消除哲学一统学科天下的意味,"消灭哲学"与"国家学"批判是关联在一起的。马克思对已有的"国家学"的批判,既针对古典政治经济学的西方主流社会科学传统,也逐渐针对孔德的实证主义。这意味着不仅既有的经济学、道德科学、伦理学、政治哲学等在内的"国家学"建构不再有,而且,孔德的实证主义也不能直接成为现代社会科学范式。

马克思通过提出"消灭哲学"展开"国家学"批判,形成唯物史观及其批判的社会理论,开创现代哲学社会科学的具体时间应确定于1845—1846年,即马克思新唯物主义暨唯物史观形成时期。当然,学科化的现代人文社会科学的形成还要晚一些。按照美国社会理论家小威廉·休厄尔的判断:"我们现在所熟悉的社会学、历史学、政治学、人类学、地理学还有经济学,都是在19世纪80年代到第一次世界大战期间才逐渐独立和专门化的学科。在那之前,思

想讨论通常游走于界限尚未明确的不同学术类型之间。”①休厄尔所列出的都是现代社会科学的显学学科，是在马克思的基础上由涂尔干、马克斯·韦伯、滕尼斯以及穆勒、斯宾塞等进一步巩固的古典社会理论传统的学科结果。没有马克思的唯物史观及其批判的社会理论，就不可能有涂尔干、韦伯等人的古典社会理论，进而也不可能有现代社会科学学科。马克思的社会理论对整个现代社会理论及社会科学的根基性十分明显。正是马克思的社会理论带来了社会科学范式的现代转变，而社会科学的不同论域及其类型才得以区分开来，进而确定为不同的学科门类。通过对资产阶级社会（市民社会）的历史批判，包括对实证主义社会学的批判；通过对人类现实生活世界、人类社会及现代世界史的把握，马克思开创了批判的社会学传统，通过对资本主义社会全面深入的研究，通过对现代社会政治及其历史更为深入的洞察及把握，马克思促使了社会哲学转变为社会理论。

马克思开创了批判的社会理论传统，并使实证主义古典社会学传统转变为哲学性质的社会理论，从而不仅开创了古典社会理论传统，也实质性地开创了现代人文社会科学。孔德的实证主义的社会学传统，必然要经历马克思批判的社会理论之洗礼，才能转变为以涂尔干为代表的现代人文社会科学。这不只是中介性的洗礼，只有通过马克思的社会存在，孔德的社会概念才可能成就涂尔干反思性的社会事实概念。马克思在开创现代社会科学方面的意义，不能下降至涂尔干与韦伯社会学的层面进行理解。后两位是清晰（虽不限于）的学科意义上的社会学家，把这一定位安在马克思头上，则可能矮化马克思。“马克思不是一个社会学家，但在他的思想中有一种社会学。”②这里说马克思思想中有一种“社会学”，很可能是某种广义和宽泛的“社会学”。与此同时，考虑到孔德与社会学这一学科名谓的直接关联性，以及马克思对孔德及其实证主义的批判与拒斥，马克思的社会思想也不宜被称为“社会哲学”，库诺的《马克思的历史、社会和国家学说——马克思的社会学的基本观念》，即以当时流行的“社会哲学”讲述马克思的社会思想，但讲到历史、社会、政治以及

① 小威廉·休厄尔：《历史的逻辑：社会理论与社会转型》，朱联璧、费滢译，上海人民出版社 2021 年版，第 2 页。

② 列斐伏尔：《马克思的社会学》，谢永康、毛林林译，北京师范大学出版社 2013 年版，第 14 页。

国家时,总是不顺。显然不应以“社会哲学”来称谓马克思的社会理论,也不能将其理解为一般的社会学,“马克思的社会理论”本身就是一个正当名谓。

马克思开创了现代人文社会科学,其批判性的社会理论有理由作为整个现代人文社会科学的基础。批判性的社会理论这一说法,并非马克思自己的定义,而是现代学术思想特别是法兰克福学派对马克思社会理论的定义与定位。这一定位既精确地描述了马克思社会理论在古典社会理论中的特征及地位,又未将其限于古典社会理论传统。事实上,法兰克福学派将社会批判理论传统追溯到马克思,既突破了经典社会理论,也将批判的社会理论传统带入现代社会。马克思批判的社会理论不仅决定着现代社会科学在创立时期的自我批判与超越,也造就了现代社会科学不断变革和创新的动力与机制。并且,当现当代社会科学出现过度分化而发生不应有的隔阂时,马克思批判的社会理论传统还应是不同社会科学学科得以沟通对话并展开自我批判的平台——至于马克思社会理论传统是否得到现代社会科学的领会与承认,则是另一回事。

从本质上说,马克思提供的是一种既理解又超越现代性社会的理论范式,而且致力于探究并呈现世界历史的转变及现代社会世界的转变。确切地说,是唯物史观及其社会理论,而不是古典政治经济学与实证主义的社会学,真正开创了现代人文社会科学。恩格斯明确指出,马克思建立了“关于社会的科学”,且是“历史科学和哲学科学的总和”。① 没有马克思批判的社会理论传统,就没有涂尔干以降的实证主义的现当代社会学以及现当代人文社会科学传统。显然,把握马克思的批判的社会理论,仍然是当代诸多人文社会科学的重大课题。

以经济学为例,作为现代社会科学显学的经济学,实是在经历了从古典经济学到现代经济学的转变之后才真正转向现代社会科学。从古典政治经济学到现代经济学的转变,经历了社会哲学或社会理论这一环节。斯密在创立古典政治经济学时,曾将这一学科同政治学及道德哲学加以区分。不过,在边沁前后,古典政治经济学已逐渐自觉地向政治学、伦理学、心理学、历史理论等拓展,与社会哲学的结合更加密切。当然,在一定意义上,实证主义的古典社会

① 《马克思恩格斯选集》第4卷,人民出版社2012年版,第237页。

学与社会哲学，本身就可以看成是古典政治经济学传统结下的果实。而古典政治经济学发展的后期也逐渐接纳了社会哲学，穆勒 1848 年出版的《政治经济学原理》的全名，就是“政治经济学原理及其在社会哲学上的若干运用”，可见当时政治经济学与社会哲学的结合与融合程度。但这一结合依然缺乏批判和超越的环节，而这种批判和超越恰恰要归功于马克思的政治经济学批判及其社会批判。从西方古典经济学到现代经济学的转变在很大程度上是汲取了马克思政治经济学批判及其社会批判的结果。正是由于马克思将古典社会理论核心论域的市民社会及其批判，转变为政治经济学批判，从而将经济社会的分析以及剩余价值学说引入经济学，经济学才实现了现代转变。但西方现代经济学传统往往停留于所谓边际效应革命理论，对马克思政治经济学批判带来的现代经济学的实际转变视而不见。与此同时，同实证性的现代社会科学门类一样，一些当代西方经济学学科不仅拒斥马克思社会理论对现代人文社会科学的开创性意义，也自外于现代社会科学，其自身的专业性特征越来越深地掩盖了其在视野、视域甚至价值观上的狭隘性。

三、马克思社会理论的哲学性质及其总体性

自唯物史观及其经典社会理论形成之后，其对现代社会科学的基础性即已凸显，并事实上规定着现代社会科学的发展。这当然是一种总体的哲学意义，而非学科层面的规定。强调马克思社会理论对现代人文社会科学的基础意义，显然并不意味着否定现代人文社会科学的学科性质。但问题的确表现在：强调事实判断与价值判断区分的现代人文社会科学学科，总会拒绝承认唯物史观及其社会理论的哲学性质及其总体性，进而不可避免地导致现代人文社会科学陷入学科性的碎片化。然而如库诺所言，“专门化领域的碎片性不能不加限制地以严格和准确为借口继续下去”，所以，我们又得依靠马克思的社会思想。①

① 亨利希·库诺：《马克思的历史、社会和国家学说——马克思的社会学的基本观念》，袁志英译，上海译文出版社 2018 年版，第 4 页。

马克思从对人的“哲学”式的理解(主要是观念论或唯心主义式的理解)转变为唯物史观及其社会理论,但就其与实证主义的原则的区别看,马克思的社会理论显然又是哲学性的,特别关联于马克思主义哲学及其学科表达。要理解这一点需要开放相关理论资源。20世纪80年代,国内有关马克思主义实践观的建设性的探索已经形成这样的共识:实践观不仅是马克思主义哲学认识论的首要的和根本的观点,也是整个马克思主义哲学的首要的和根本的观点。肯定马克思的实践观,有益于确证马克思主义哲学有关社会理论的建构。总的说来,马克思的哲学学说就是辩证唯物主义与历史唯物主义,其对整个现当代人文社会科学的影响不言而喻。社会理论则是辩证唯物主义与历史唯物主义的题中应有之义。值得注意的是,与在政治、历史、文化等方面容易出现辩证唯物主义与历史唯物主义两种范式的矛盾乃至冲突有别,在马克思主义社会理论中,两种范式之间一直呈现为平衡和统一的关系。从广义上说,马克思的社会理论就是社会历史理论,是历史唯物主义在社会理论上的体现。但这并不意味着对辩证唯物主义的排斥,马克思有关社会结构的把握与理解,特别诉诸辩证唯物主义,而从唯物辩证法论证社会结构的合理性,也具有很强的理论优势。阿尔都塞与列斐伏尔的突出贡献,就是依靠辩证唯物主义范式,创造性地解释和建构了一个激进的社会结构空间。在马克思那里,辩证唯物主义、历史唯物主义与其本人命名的新唯物主义或实践的唯物主义是相通的。新唯物主义或实践的唯物主义特别强调人的感性活动与感性关系,强调人本质的社会关系规定,实践的唯物主义对社会生活及其实践性的强调,也就是马克思社会理论的重心与特质所在。晚近以来,学界的辩证唯物主义、历史唯物主义以及实践的唯物主义之名谓之争,并不会实质性地影响到对马克思社会理论的把握或理解。换句话说,在承认辩证唯物主义与历史唯物主义的前提下,新唯物主义或实践的唯物主义完全是一种有益的补充阐释模式,而且特别有益于开放和阐释马克思的社会理论,但这一方面的工作仍然有待于做实。实际上,当断定了唯物史观及其社会理论的哲学性质时,它就已不是黑格尔观念论意义上的“哲学”,而是马克思的新唯物主义哲学及实践观,并基于此体现出唯物史观及其社会理论对于整个社会科学的总体性。

社会理论是唯物史观在社会发展上的运用,强调马克思社会理论的学科意义,其前提便是确立唯物史观对于现代人文社会学科的基础地位。这同时也需要恰当地理解和处理从唯物史观及其社会理论的理论样式向学科形态的转化与拓展,实际上是定位唯物史观的学科性要求。马克思主义性质的人文社会科学的统称是“哲学社会科学”,这一马克思主义性质的人文社会科学称谓,本身也包含着唯物史观对具体人文社会科学的统领性。这里,就理论论域而言,唯物史观所包含的现代世界历史视域同批判的社会理论是内在贯通的(但在学科对话方面不尽如人意)。在这里,唯物史观既是科学,也是马克思主义的意识形态,此即唯物史观的总体性。这决定了唯物史观及其社会理论介入社会科学专业的界限。从理论上说,唯物史观及其社会理论,不能具体化为某一门社会科学。历史唯物主义作为“现实的人及其发展的科学”,“不能降低为一种文化史,也不能降低为一种经济史”,①在列斐伏尔看来,也不能降低为学科意义上的社会学。在马克思主义传统中,的确存在着第二国际那种“马克思主义的社会学主义”,列斐伏尔直接批评“马克思主义的社会学主义只适合于马克思在对‘哥达纲领’(1875)的评论中有力批判过的那种意识形态和政治框架”,②实即资产阶级改良主义,因为唯物史观及其社会理论的哲学性质及其总体性,不宜于降低为(更不能由此否定)某一具体的社会科学(包括社会学)。但是,另一方面,从客观上说,苏联时期历史唯物主义对具体的社会学的替代并且在同一阵营的扩散,也带来了消极的学科效应。列宁曾称唯物史观为“科学的社会学”,并提出“唯物主义历史观始终是社会科学的同义词”。③ 这原本是特别值得把握和阐释的判断,其中,从唯物史观建立马克思科学的社会理论,应当是建立“科学的社会学”以及整个哲学社会科学的理论基础。但是,在一种偏激的态势下,列宁的判断被误读为是以“科学的社会学”排斥和祛除社会学的实证主义传统,由此将作为“实证科学”的唯物主义与实证主义的社会学传统绝然对立起来,并在实践层面一度导致社会科学学科的齐一化,社会学学科也干脆被废止。这显然走向了否定社会科学学科的极端。不过,重建后的包括社会学在内的社会科学学科,又存在一定的矫枉

---

① 列斐伏尔:《马克思的社会学》,谢永康、毛林林译,北京师范大学出版社2013年版,第134页。
② 列斐伏尔:《马克思的社会学》,谢永康、毛林林译,北京师范大学出版社2013年版,第134页。
③ 《列宁选集》第1卷,人民出版社2012年版,第10页。

过正的倾向,即对唯物史观及其社会理论的简单化理解甚至拒斥(无论是否真正理解唯物史观)。

不只是社会学学科,不少现代人文社会学科实际上都存在着简单理解、疏离或拒斥唯物史观的倾向,由此很难将马克思的社会理论把握为自己所在学科的基础。正因为如此,在今日的社会科学学科格局中,把握唯物史观及其社会理论对整个哲学社会科学的基础意义,进而理解和建构整个人文社会科学学科,显得至关重要。当然,如何将唯物史观内涵性地而不是形式性地纳入现代社会科学,一直都是有待于突破的难题。比如,如果不同的社会科学学科所理解的唯物史观依然不过是马克思恩格斯在晚年所反对的经济决定论,如果现代社会科学因为强调实证主义精神,从而必须排斥社会历史的总体性以及应有的社会批判意识,那么,唯物史观及其社会理论就始终外在于现代人文社会学科;当然,如果唯物史观及其社会理论只能坚持其单一的非学科性而难以同具体社会科学学科形成实质性的沟通对话,那么,唯物史观也可能自外于现代人文社会学科。随着当代人文社会学科体系的细琐繁杂,上述情形均在加剧。

要摆脱这种局面,除了全面深入地理解唯物史观,还特别需要将唯物史观及其社会理论内在地融入诸人文社会学科体系之中。当然,在很大程度上,只有当严峻而复杂的社会问题倒逼社会理论成为整个社会科学的基础,并且要求足够地引入马克思的资源并进行开放性研究的时候,唯物史观与社会科学的实质性的对话与交融,才能真正成为可能。应当指出的是,经过改革开放以来几十年快速的学科建设与发展,中国诸人文社会学科实际上已经拥有了将唯物史观及其社会理论融会于一般人文社会科学,并促进学科内生发展的条件。

四、现代人文社会科学复杂学科体系中马克思主义社会理论的学科定位

在现代复杂的人文社会学科体系中如何定位马克思的社会理论,颇值得思量。当然,这里首先需要讨论社会理论在人文社会科学学科体系中的定位

问题。社会理论在中西方学科体系中的情形不太一样,西方的社会理论跨学科较为明显,而中国的社会理论(如果考虑的话)往往被学科性地归属于社会学学科,通常具体归属于社会学理论或理论社会学。不过,值得注意的是,20世纪80年代初,中国社会科学院在进行社会学学科设置时却有着独特的深谋远虑的考量。彼时,苏国勋先生认为,社会理论是哲学性质的,因而当时即将相应的研究室定为社会理论研究室(而不是看起来更切合社会学学科要求的社会学理论或理论社会学研究室)并延续至今。应当说,面对今天这种极其繁复的人文社会科学体系,苏国勋先生对社会理论的定位极具眼光。社会理论具有更大的人文社会科学学科基础意义,因而实在不必限于社会学学科。当然,将社会理论归于社会学学科,本身就意味着社会学学科要承担更大的面向人文社会科学学科体系的对话与融通功能,实际上超出了社会学的学科功能。因此,很有必要在大学通识教育中大力引入社会理论课程,特别是人文社会科学专业,也有理由将社会理论设为基础课程。实际上,现代人文社会科学的成熟,越来越取决于能够将社会理论引入学科基础,并超越因学科细化而带来的狭隘的学科视界。相关人文社会科学自不必说,就是管理学这样的运用性很强的社会科学学科,也有必要引入社会理论,因为管理理论的根,也许就在社会理论中:难道提出失范、整合以及集体文化认同思想的涂尔干不应该被看成是管理学的资源?仅仅限于以彼德·德鲁克为“鼻祖”的学科史叙事,难道就能确保管理科学的理论底气?笔者不揣冒昧且无意于置喙,但还是愿意抛出这样的问题供业界同仁参考。

马克思主义社会理论还是应当扎根于现代人文社会科学学科体系中的。在多种可能的人文社会科学定位中,基于马克思社会理论对古典社会学的开创性意义,将马克思主义社会理论定位为社会学有一定的合理性甚至优越性。不过,这样的定位还是弱化并且误解了马克思社会理论。前面已经分析过,马克思的社会理论不能被具体化为社会学(无论是理论社会学还是应用社会学)。实际说来,马克思主义社会理论在学科体系中的定位与发展,要更加复杂一些。在三大古典社会学传统中,马克思开创了批判的社会科学这一奠基性的现代社会科学范式。但马克思学说却不如涂尔干及韦伯那样专业性地从属于社会学,把马克思学说完全收缩为社会学,的确可以满足一些学科建设需要甚至理论需要,但与马克思学说应有的现代性批判及其宽广的学科视野是不符的。把马克思学说(包括从中抽取社会批判理论)看成是专业性的社会学理论,显然是不妥的。马克思提供的是一种总体性的弥漫性的社会政治批判理论。从这一意义而言,如果在现代社会学中只是章节性地讲述马克思,而在讲述其他社会理论时又仿佛马克思不在场,那么显然难以反映马克思社会理论在整个现代社会理论中应有的位置。然而,将马克思的社会理论资源摒弃于理论资源之外,却是西方主流社会学学科传统一直以来的做法。在西方主流社会学学科传统中,马克思这位现代社会科学的开创者,竟因其社会批判而被后起的涂尔干(结构主义)与韦伯(制度文明分析)及现当代社会理论传统看成非实证的,并因此是“不规范”的理论样式,而被摒弃于西方主流社会学之外;甚至马克思主义对实证主义的批判反过来也巩固了马克思社会理论的“不规范性”。现代西方的主流社会学,弥漫着对马克思主义社会理论传统的轻视、傲慢与偏见。实际上,不仅马克思的社会理论资源,还有法兰克福学派的社会批判理论资源,以及20世纪60年代法国激进社会理论的兴起及其至今的延展,如阿尔都塞、列斐伏尔、霍耐特、卡斯特尔斯等左翼社会理论传统,均没有进入西方主流社会学理论序列。而福柯、哈贝马斯与吉登斯等,则常常是在其宣称不属于马克思主义传统时,才被西方主流社会理论所接纳。当然,与学科方面有意排斥马克思的理论资源情形有别,当代西方社会理论研究还是比较多地吸纳了马克思社会理论资源的。对此我们需做出恰当的评估。在一定程度上,中国社会学重建之后,因为学科怨恨、偏见以及论域等方面的原因,一度还是存在自觉或不自觉地排斥马克思社会理论的倾向。好在如今毕竟已经形成了一种马克思主义社会理论传统,并且越来越多的社会理论学者已经具有跨学科视野及前沿眼光,在追踪、批判并汲取国外马克思主义社会理论研究的最新成果。近年来,越来越多的中国社会学学人开始自觉在社会学中引入或还原马克思主义社会理论资源,并卓有成效。

现在看来,在社会学学科中嵌入马克思主义社会理论,除了在社会学学科方面存在困难,还有一个马克思主义社会理论本身的跨学科问题。马克思社会理论不只属于社会学,其不仅属于马克思当时所关注的若干学科,而且有理由延伸到马克思所开创的整个现代哲学社会科学。将马克思的学说局限于某一具体学科,实际也是对马克思思想本身的限定。列斐伏尔说过:“马克思的思想视野简直太宽广了,不能适应后来哲学、政治经济学、历史学的狭窄(甚至更为狭窄)的范畴。”①在列斐伏尔看来,正是将马克思的社会学归于具体社会科学的做法,“武断地肢解了马克思的思想,并导致了无休止的争论,其登峰造极处就是一种新的拜占庭主义和经院哲学”,使得马克思主义“掉入实证主义的行列中”。② 不过,尽管不能简单地将社会理论特别是马克思主义社会理论归于某一具体的社会科学,但在中国已经形成的复杂而又现实的人文社会科学学科体系中,一些主要的学科,如哲学、社会学、史学以及马克思主义理论学科,在学科层面引入社会理论特别是马克思主义社会理论,不仅必要而且可行。当代中国社会理论的发展,已经显示出其跨学科方面的效应,在诸多研究领域,其受学科的负面影响较少,在进一步的跨学科研究以及新文科建设方面,社会理论特别是马克思主义社会理论发挥的空间很大。

社会理论是整个现代社会科学的基础,而不是一门独立存在或依附于某门社会科学而存在的学科,社会理论的学科建设从属于整个社会科学。社会学更有理由重视社会理论尤其是马克思的社会理论,但也不必将社会理论看成是一门从属于社会学学科的二级学科,马克思的社会理论更不必从属于某一门具体的学科领域。社会理论具有哲学性质,马克思的社会理论也具有马克思主义哲学的性质,但并不是说其社会理论依附于哲学学科或从属于马克思主义哲学学科,如果说社会理论尤其是马克思的社会理论面对现代性社会问题仍然具有卓越的和不可代替的反思批判及综合分析能力,那么其就更有必要超越学科范式。社会理论尤其是马克思的社会理论,是整个现代社会科学共享的基础,其标示着人文社会科学的总体的活力与创造性,也反映了人文社会科学对愈益复杂的现代性问题的分析与应对能力。从更大的意义上说,吸纳了马克思社会理论资源的现代社会理论,也标示着一个社会、国家、民族以及地区对现代性展开了系统的反思与重建,从而是现代文明成熟的标志。这也是我们为什么要强调马克思的社会理论对于现代社会科学建设的重要价

① 列斐伏尔:《马克思的社会学》,谢永康、毛林林译,北京师范大学出版社2013年版,第14页。
② 列斐伏尔:《马克思的社会学》,谢永康、毛林林译,北京师范大学出版社2013年版,第13页。

值。对于当今中国而言更当如此。治理能力与治理体系的现代化任务,社会固化以及全面深化改革面临的深层次矛盾,全球资本主义及其新变化对中国发展的阻碍及挑战,当然也包括当前中国人文社会科学学科发展中社会理论不应有的滞后,都表明社会理论尤其是马克思主义社会理论的培植与开拓,有理由成为当前中国人文社会科学发展与创新的理论与学科自觉。

原载于《社会科学》2023 年第 2 期

马克思的社会转型思想

仰海峰*

在《共产党宣言》中，马克思曾以散文诗一般的笔调描述资本带来的社会转型："资产阶级在它已经取得了统治的地方把一切封建的、宗法的和田园诗般的关系都破坏了。它无情地斩断了把人们束缚于天然尊长的形形色色的封建羁绊，它使人和人之间除了赤裸裸的利害关系，除了冷酷无情的'现金交易'，就再也没有任何别的联系了。它把宗教虔诚、骑士热忱、小市民伤感这些情感的神圣发作，淹没在利己主义打算的冰水之中。它把人的尊严变成了交换价值，用一种没有良心的贸易自由代替了无数特许的和自力挣得的自由。"①这是一次从经济、政治到文化、社会意识的全面的社会转型，资本推动着西方社会从传统转向现代，改变着社会结构、人们的交往方式和思想观念。

对于社会转型，学术界一般从社会学视角出发，将之理解为从传统社会向现代社会的结构性转变，并从描述性视角出发来讨论引发社会转型的各种因素。在过去的研究中，一些学者或者全盘接受这一社会转型及其后果，或者对之进行感伤性批判。马克思的社会转型思想不是简单的社会学描述，也不是回到传统的浪漫主义。经过从理性批判、异化逻辑批判、生产逻辑的建构到资本逻辑批判等思想发展阶段，马克思形成了以资本逻辑为主导的批判性社会

---

* 仰海峰，北京大学马克思主义学院、哲学系教授、博士生导师。

① 《马克思恩格斯文集》第2卷，人民出版社2009年版，第33—34页。

转型思想。资本支配的时代,是一个不断地打破现有结构、又不断地重新建构自身的时代,这是一个不断变动的、有着内在矛盾与冲突的结构化进程。对这一时代的分析与反思,探索这一时代的出路,构成了马克思哲学的根本主题。在今天这样一个发生历史巨变的时代,探讨马克思的社会转型思想,对于我们理解当下的社会,有着直接的指导意义。

一、资本与社会转型

在《孤独的人群》中,里斯曼曾把资本主义社会自产生以来到 20 世纪 40 年代的发展过程区分为两个不同阶段的革命,“第一次革命在过去的 400 年里荡涤了统治人类大部分历史的以家庭或家族为核心的传统生活。这次革命包括文艺复兴、宗教改革、反宗教改革、工业革命以及 17、18、19 世纪的政治革命等。这次革命仍在进行中……”他所谓的第二次革命则是第二次世界大战后开始兴起的消费社会所带来的影响。① 马克思所处的时代正是第一次革命的兴盛时期。

对于这样一次革命性的社会转型,马克思在不同时期的著作中有着不同的论述。在撰写博士论文及随后主编《莱茵报》时期,由于深受青年黑格尔派的影响,马克思以自我意识为基础,批评书报检查令的非理性特征,并由此批判普鲁士专制国家。这一论述抓住的是资本主义社会转型在人的思想观念上的重要表现,即理性,并以理性的自我意识作为评论一切的基础。经过主编《莱茵报》时期关于物质利益问题的争论,马克思从德国转向巴黎,开始了政治经济学的研究,通过研究政治经济学,马克思开始从理论与历史的内在联系中理解劳动价值论的产生过程及其社会基础。在《1844 年经济学哲学手稿》中,马克思确立了讨论社会变迁的两个重要理念:第一,从社会变迁中去理解思想与观念的变迁。在第Ⅲ手稿一开始的“私有财产和劳动”部分,马克思讨论了从重商主义、经重农学派到斯密的劳动价值论的形成过程。这个讨论表明,马克思开始理解资本主义在不同时期的存在状态及其内在的转变,以及由

① 参见大卫·里斯曼:《孤独的人群》,王崑、朱虹译,南京大学出版社 2002 年版,第 6 页。

此带来的思想家对于这一转变的态度。比如在讨论到重农学派时,马克思指出:“在重农学派看来,劳动首先只是地产的主体本质(重农学派是以那种在历史上占统治地位并得到公认的财产为出发点的);他们认为,只有地产才成为外化的人。他们既然把生产(农业)宣布为地产的本质,也就消除了地产的封建性质;但是,就他们宣布农业是惟一的生产来说,他们对工业世界持否定态度,并且承认封建制度。”①当斯密将劳动作为自己的立论基础时,他就扬弃了财富的外在规定性,确认了主体在资本主义社会中的地位,并站在了现代社会的立场上。社会的变迁总会在人们的思想观念上产生反应,而这些不同的反应则表明了思想者对于社会变迁的立场与价值取向。在“私有财产和共产主义”中,马克思对共产主义不同形式的讨论,展现的是面对资本主义社会变迁时人们的不同思想观念以及社会改造方案。第二,工业劳动是已经变化了的世界的基础。在《1844 年经济学哲学手稿》中,虽然马克思将现实的工业劳动看作是异化劳动,但这一劳动却是当下社会的基础,它推动着整个世界历史的生成,推动着自然界的人化,因此,工业是一本打开了的人的本质力量的书,资本主义社会的形成建立在工业劳动的基础上,这构成了历史唯物主义生产逻辑的理论起点。

马克思第一次较为系统的关于资本主义社会转型的讨论体现在《德意志意识形态》中。《德意志意识形态》确立了以生产逻辑为基础的历史唯物主义,这成为马克思理解社会历史的理论构架。聚焦于社会转型问题,马克思的讨论可以分为三个层面:一是从物质生产特别是分工出发来对比资本主义社会与前资本主义社会;二是关于资本主义社会产生过程的历史性描述;三是社会转型中的思想观念。

把分工作为资本主义生产方式的根本特征,这是斯密在《国民财富的性质和原因的研究》一书中开篇就讨论的问题。《德意志意识形态》关于生产逻辑的讨论深受斯密的影响,分工同样构成了他讨论生产方式的切入点。在前资本主义社会,生产以自然工具为基础,由于分工的发展,在资本主义社会形成了人与生产工具的组合,两者之间存在着根本的差异,这种差异表现在八个方面:

---

① 《马克思恩格斯全集》第 3 卷,人民出版社 2002 年版,第 292 页。

在前一种情况下,各个人必须聚集在一起,在后一种情况下,他们本身已作为生产工具而与现有的生产工具并列在一起。因此,这里出现了自然形成的生产工具和由文明创造的生产工具之间的差异。耕地(水,等等)可以看做是自然形成的生产工具。在前一种情况下,即在自然形成的生产工具的情况下,各个人受自然界的支配,在后一种情况下,他们受劳动产品的支配。因此在前一种情况下,财产(地产)也表现为直接的、自然形成的统治,而在后一种情况下,则表现为劳动的统治,特别是积累起来的劳动即资本的统治。前一种情况的前提是,各个人通过某种联系——家庭、部落或者甚至是土地本身,等等——结合在一起;后一种情况的前提是,各个人互不依赖,仅仅通过交换集合在一起。在前一种情况下,交换主要是人和自然之间的交换,即以人的劳动换取自然的产品,而在后一种情况下,主要是人与人之间进行的交换。在前一种情况下,只要具备普通常识就够了,体力活动和脑力活动彼此还完全没有分开;而在后一种情况下,脑力劳动和体力劳动之间实际上应该已经实行分工。在前一种情况下,所有者对非所有者的统治可以依靠个人关系,依靠这种或那种形式的共同体;在后一种情况下,这种统治必须采取物的形式,通过某种第三者,即通过货币。在前一种情况下,存在着小工业,但这种工业决定于自然形成的生产工具的使用,因此这里没有不同的个人之间的分工;在后一种情况下,工业只有在分工的基础上和依靠分工才能存在。①

这八个方面以生产方式的变化为参照系,较为完整地概括了前资本主义社会与资本主义社会的根本差异,在后来的《1857—1858 年经济学手稿》中,马克思以人的依赖性关系、物的依赖性关系更为简洁地描述了两种社会形态的差异。这是一种根本的社会转型,是社会存在的根本变迁,是人与人的关系、人与自然的关系的根本变化,特别是以商品生产与商品交换为目的的生产方式与交往方式的形成,从根本上改变了人的存在状态。

以分工为基础,马克思描述了西方社会从封建社会向资本主义社会的转

① 《马克思恩格斯文集》第 1 卷,人民出版社 2009 年版,第 555—556 页。

型过程，这个过程主要体现为以下几个环节：第一，精神劳动与物质劳动的分离，以及这一分离的最高表现，即城市与乡村的分离。这一分离也表现为从野蛮向文明、从部落向国家、从地域局限性向民族的转变，城市体现了资本、人口和生产资料等的集中，出现了公共机构，乡村则成为城市的附属，表现出一种隔绝和分散的状态。这一分离可以看作资本与地产的最初分离。

第二，中世纪城市发展、城市联盟的形成以及行会主导的物质生产过程。随着城市的发展，农奴不断地逃入城市，手工业者也提出自己的利益要求，在城市形成了以行会为主导的生产组织形式，产生了保护城市利益组织的军事力量等。在城市内部，行会中的师傅对学徒、帮工的绝对权力，以及他们对自然形成的资本如住房、劳动工具等的控制，使得这种宗法制的关系较为稳固，虽然帮工有可能联合起来反对雇主，但这种反抗总体上处于弱势地位。由于城市之间存在着一定的分工，商人资本开始产生，这一方面加强了城市间的联盟，另一方面也推动了新的劳动工具在城市间的移动，促进了分工与生产力的发展。

第三，从中世纪城市向资本主义社会转型的流浪期，也是资本主义的发轫期。商业的发展推动着传统向现代社会的转型，但这个过程并不是一蹴而就的，在西方社会经过了从 13 世纪开始持续到 15、16 世纪的流浪期。在这一阶段，封建的关系开始解体，如封建的侍从关系开始松散，农村的土地有的开始变为牧场，城市工场手工业的发展则进一步吸收了传统社会中释放出来的人口。在工场手工业内部，师傅与学徒的关系开始从过去的宗法关系转向金钱关系。新航路的开辟，进一步推动了商业与工场手工业的发展，也加速了资本的积累，小资金的手工业主在遇到工场手工业时处于劣势，受到新资本的挤压。这个过程在《共产党宣言》中得到了清晰的表述。

第四，自 17 世纪中叶到 18 世纪末的商业引领时期，也是工商业开始集中于英国，英国引领自由资本主义的发展时期。1651 年航海条例的颁布和殖民地建设，使英国在商业和工场手工业生产上都占有巨大优势，通过对国内市场进行关税保护和鼓励自由贸易，对外实行垄断和拓展殖民地，形成了世界市场。在生产方式上，分工进一步细化，机器开始被较为广泛地用于工业生产，并在工业生产和贸易集中的地方形成了大城市。在这一时期，农村的小农生产方式日益成为工业化生产的障碍，自由竞争和自由贸易打破了地方性的局限，推动着世界历史的形成和发展,民族的独特性开始消退,无产阶级与资产阶级的矛盾日益成为社会的主要矛盾,传统的宗教、意识形态等日益受到冲击。

马克思的这一描述,让我们看到了从中世纪到现代资本主义社会的全面转型,这是从生产方式到交往形式、从社会整体结构到思想观念的根本变化。到马克思所处的时代,机器化大生产开始主导着社会的生产过程,资本主义社会的转型在主要层面已经展开。传统社会具有很强的稳定性,而以资本为内核的现代社会,其转型的过程表现为不断的自我解构和建构的过程,从而使得现代社会处于永恒的流动性之中,"资产阶级除非对生产工具,从而对生产关系,从而对全部社会关系不断地进行革命,否则就不能生存下去……生产的不断变革,一切社会状况不停的动荡,永远的不安定和变动,这就是资产阶级时代不同于过去一切时代的地方。一切固定的僵化的关系以及与之相适应的素被尊崇的观念和见解都被消除了,一切新形成的关系等不到固定下来就陈旧了。一切等级的和固定的东西都烟消云散了,一切神圣的东西都被亵渎了"。[①] 这种流动性构成了现代社会的一个重要特征。

马克思对西方社会从传统向现代的转型所进行的深刻描述与讨论,展现了一幅历史的画卷,揭示了西方社会转型的重要动力,即资本主义生产方式的发展。但马克思并不停留于对社会发展的描述上,他要做的是对资本主义社会转型进行批判式的考察,从而展现未来社会发展的图景。因此,对正在转型、发展中的资本主义社会展开批判,构成了马克思思想中的重要环节。

二、资本主义社会转型与马克思的哲学批判

对于资本主义社会的转型,马克思一方面剖析其转型的动力与主要内容,另一方面对之持一种辩证的批判态度。由于历史性的坐标不同,这种批判也就展现出不同的理论维度。这种不同的维度首先体现了所面对的社会形态本身的差异,其次体现了面对资本主义社会时理论基础的差异。

就第一个维度来说,马克思的哲学一开始体现为以资本主义社会转型为

① 《马克思恩格斯文集》第2卷,人民出版社2009年版,第34—35页。

参照,批判还未实现社会转型的德国社会,这是马克思在主编《莱茵报》时期的理论主题。这一时期的理论建构体现为两个层面:一是博士论文中关于自由的自我意识的讨论;一是以自由的自我意识批判当时的德国社会。前一个问题是对资本主义社会理性意识形态的认同,后一个问题则以理性面对现实,批判德国的封建君主专制。

马克思博士论文的写作一方面受到青年黑格尔派特别是鲍威尔等人的影响,他们对古希腊哲学有着共同的兴趣,认为它不仅直接影响到古罗马的思想,而且包含着现代思想的萌芽;另一方面,马克思认为,他所处的情境与亚里士多德之后的希腊相似,在这个意义上,研究古希腊哲学及其发展可以有助于反思同时代的哲学,从而找到未来之路。在具体的探讨中,当时的学者喜欢上溯到古希腊的各种学派,在物理学上转向自然哲学家,在伦理学上转向苏格拉底学派。马克思选择伊壁鸠鲁作为研究对象,一方面伊壁鸠鲁学派体现了古希腊哲学的主观形式,是当时哲学体系的精神承担者;另一方面,在具体内容上,伊壁鸠鲁的伦理学与自然哲学是相通的,自我意识不仅体现了古希腊哲学的主观形式,更是伊壁鸠鲁将伦理学与自然哲学整合在一起的基点。从当时的研究旨趣来说,对伊壁鸠鲁的自我意识思想进行研究,实际上可以实现对青年黑格尔派所弘扬的自我意识的进一步阐释。在具体论述中,马克思着力于两个方面:一是在自然哲学上,通过比较伊壁鸠鲁与德谟克利特的原子论,指出伊壁鸠鲁的原子偏斜学说强调了事物在自身中打破定在状态的束缚,打破了一种盲目的必然性,这既是原子的运动状态,也是事物自由与独立的表征。二是当原子脱离直线进行偏斜运动时,在打破定在的过程中,也意味着对定在的否定,“在抽象的个别性以其最高的自由和独立性,以其总体性表现出来的地方,那里被摆脱了的定在,就合乎逻辑地是全部的定在,因此众神也避开世界,对世界漠不关心,并且居住在世界之外”。① 这在伦理学的意义上,就是回到内心的宁静,这种宁静才是真正的自由与独立。很显然,马克思在这里强调的是自由的自我意志,强调其打破必然性的束缚的独立性,这实际上是从哲学上论证了自由资本主义社会的个体精神,这种精神是封建专制社会无法拥有

① 《马克思恩格斯全集》第1卷,人民出版社1995年版,第35页。

的,但恰恰是现代社会所需要的。

在主编《莱茵报》时期,理性、自由、独立的自我意识成为马克思批判德国现实的基点。相比于英法等资本主义国家,德国当时处于城邦林立、封建割据的状态,但在思想上,经过德国古典哲学的发展,特别是青年黑格尔派的激进化,启蒙所展现的自由、平等、独立的思想开始为人们所接受,因此,从理性的自我意识出发批判德国现实,体现了对启蒙理性的认同。在《评普鲁士最近的书报检查令》《关于新闻出版自由和公布省等级会议辩论情况的辩论》《〈科隆日报〉第179号的社论》《历史法学派的哲学宣言》《关于林木盗窃法的辩论》《奥格斯堡的〈总汇报〉论普鲁士等级委员会的文章》《摩塞尔记者的辩护》等论文中,马克思的批判可以概括为如下方向:

第一,以自由的理性作为评判国家一切行为的标准。在谈到普鲁士的书报检查令时,马克思就指出,精神就其本质而言,就是按照事物的本质特征去面对各种事物的那种普遍的思想自由,“国家应该是政治理性和法的理性的实现”。① 而普鲁士的书报检查令则相反,禁止的正是这样的理性与自由,以检查官的任性取代理性的思考,以政府的强制取代个人的自由,这恰恰违背了理性的原则。在谈到林木盗窃案和摩塞尔地区的贫困问题时,马克思指出,国家本应按照理性的原则来行事,但在普鲁士,国家理性却被私人利益所污染,国家及行政当局成为维护私人利益的物质手段。普鲁士的等级会议,从根本上来说就没有超越封建的中央集权制度,私人利益才是等级制度的构建者。

第二,自由的理性构成人的本质。在林木盗窃案中,马克思指出特权者制订的法是一种不自由、不平等的法,这种法正是封建社会的特征,而“封建制度就其最广泛的意义来说,是精神的动物王国”,②在这里自由的联系被割裂、被拆解,而人总是把构成其真正本质的东西当作最高的本质。什么是人的本质?“自由确实是人的本质,因此就连自由的反对者在反对自由的现实的同时也实现着自由”。③ 马克思关于人的本质的这一思考贯穿于其理论的建构中,在《1844年经济学哲学手稿》中,他将自由看作人的类本质的重要规定,在

① 《马克思恩格斯全集》第1卷,人民出版社1995年版,第118页。
② 《马克思恩格斯全集》第1卷,人民出版社1995年版,第248页。
③ 《马克思恩格斯全集》第1卷,人民出版社1995年版,第167页。

《共产党宣言》及后来的著作中，他把人的自由而全面的发展看作未来社会的重要特征。

第三，哲学是服务于自由的活动。马克思认为，任何真正的哲学都是自己时代精神的精华，在他当时所处的时代，这一精神就体现为理性与自由，追求理性与自由成为马克思当时的思想指向，也是他评判一切思想活动的基础。比如在讨论到以胡果为代表的历史法学派时，马克思就指出，胡果看起来继承了启蒙的成果，但他的自然法理论所对应的恰恰是传统的社会。“如果说有理由把康德的哲学看成是法国革命的德国理论，那么，就应当把胡果的自然法看成是法国旧制度的德国理论。”①

可以说，在这个时期，马克思强调自由、独立的精神，强调自由的自我意识，他把这些作为现代资本主义社会的根本精神，并以之批判封建专制的德国，追求人的解放。当然，在《关于林木盗窃法的辩论》和《摩塞尔记者的辩护》等文章中，马克思也意识到这种理想中的精神与这种精神落到现实时的差异。比如按照黑格尔的逻辑，国家应该是理性的，但在现实中，国家成为维护林木所有者和土地所有者的工具；个人应该是自由的、理性的，但在现实中却是私利性的、受奴役的。正是思想与现实的差异，推动着马克思重新审视自己的理论基础，反思现实生活，并形成了一种将资本主义精神激进化的思路，这体现在《论犹太人问题》《黑格尔法哲学批判》《〈黑格尔法哲学批判〉导言》等著作中。在这些讨论中，马克思从以资本主义的精神批判封建的德国转向了对资本主义精神本身的反思。比如他在关于犹太人解放的讨论中就指出，鲍威尔所谈的政治解放并不是犹太人的真正的解放，这种解放只不过是将犹太人变成市民社会中的人。如果我们考虑到马克思之前关于自由的自我意识的讨论，那么我们可以说，这种自由的自我意识的实现就是成为市民社会中的人，这种人仍然是以私利性为原则的个体。马克思对犹太人问题的反思，不仅是对鲍威尔的批评，实际上也是对自己早年思想的反思。在《黑格尔法哲学批判》及《〈黑格尔法哲学批判〉导言》中，马克思对黑格尔国家概念的反思，实际上是对理性的反思，而这种理性曾是他评判现实的根据。在这些反思的基

① 《马克思恩格斯全集》第1卷，人民出版社1995年版，第233页。

础上,马克思提出了一个更高的要求:人的解放。人的解放说到底是要从市民社会中解放出来,这意味着,马克思面临的问题不再是以资本主义精神批判封建的德国,而是要对资本主义社会本身提出批判。他从德国到巴黎,不仅是一种空间与场地的变换,更是一种思想的转变。正是在巴黎,马克思接触到更为发达的资本主义社会,他的思想开始发生根本性的变化。如果说过去的批判对象从社会形态上来说指向封建社会,现在则指向资本主义社会。从 1844 年开始,马克思的资本主义批判理论表现为三种不同的历史形态,即以异化逻辑为内核的批判理论、以生产逻辑为内核的批判理论与以资本逻辑为内核的批判理论。

在《1844 年经济学哲学手稿》中,马克思从人的类本质出发,以异化劳动为纽带,形成了较为系统的异化逻辑,展开了对资本主义社会的第一种批判,这包括如下方面:

第一,人的类本质是自由自觉的,并通过劳动的对象化表现出来。人的类本质的这一规定性源自费尔巴哈。“人本身,既是‘我’,又是‘你’;他能够将自己假设成别人,这正是因为他不仅把自己的个体性当作对象,而且也把自己的类、自己的本质当作对象。”①因此,人是在其类本质中得到规定的,“一个完善的人,必定具备思维力、意志力和心力。思维力是认识之光,意志力是品性之能量,心力是爱。理性、爱、意志力,这就是完善性,这就是最高的力,这就是作为人的人底绝对本质,就是人生存的目的”。② 人在类本质的规定性上是理性的、自由的、相互关爱的,只有思维着的,才是自由的和独立的。马克思指出:“人是类存在物,不仅因为人在实践上和理论上都把类——他自身的类以及其他物的类——当做自己的对象;而且因为——这只是同一种事物的另一种说法——人把自身当做现有的、有生命的类来对待,因为人把自身当做普遍的因而也是自由的存在物来对待。”③相比于费尔巴哈,马克思非常强调类本质的实践规定性,即对象化的劳动才能体现人的类本质。“正是在改造对象世界的过程中,人才真正地证明自己是类存在物。这种生产是人的能动的类

① 《费尔巴哈著作选集》下卷,读书·生活·新知三联出版社 1962 年版,第 27 页。

② 《费尔巴哈著作选集》下卷,读书·生活·新知三联出版社 1962 年版,第 28 页。

③ 《马克思恩格斯文集》第 1 卷,人民出版社 2009 年版,第 161 页。

生活。通过这种生产,自然界才表现为他的作品和他的现实。因此,劳动的对象是人的类生活的对象化”。①

第二,现实生活中的异化劳动不仅造成了人与劳动产品、人与劳动过程、人与人的类本质的异化,而且带来了人与人的全面异化。在这里,马克思充分吸收了费尔巴哈、黑格尔以及古典经济学的思路,从劳动出发整合出一条面对资本主义社会的理论逻辑。在私有制主导的情况下,对象化劳动变成了异化劳动,这使人和劳动产品的关系、人与劳动过程的关系、人与人的关系都发生了全面的颠倒,本该体现人的生命活动、人的类本质的劳动变成了维持肉体生存的需要的手段,人与自然之间的关系、人与人之间的关系只有通过异化的劳动才能表现出来,人通过劳动反而将自己变得越来越非现实化,从而造成了人与自然、人与社会、人与人的类本质、人与人之间的全面对立。这种异化表面看起来发生在工人身上,实际上也发生在非工人身上,凡是在工人那里表现为外化的、异化的活动的东西,在非工人那里同样表现为外化的、异化的状态。与《莱茵报》时期不同,虽然马克思还在用理性、自由、平等这些概念,但他的批判对象不再是封建制的德国,而是以法国为代表的资本主义社会,上述概念更多具有理想性的含义。资本主义社会分裂为两个平行的世界:一是现存的、异化的世界,一是理想的、体现人的类本质的世界,后者是前者的真理,前者是后者的坟墓,它们之间相互参照、相互印证。

第三,共产主义与人的类本质的回归。马克思认为只有在未来的共产主义社会,才能摒弃异化的劳动,充分实现对象化的劳动,从而推动社会关系的重构,实现人的类本质的回归。马克思强调个体是社会存在物,虽然个体生活只是类生活的特殊方式,人是特殊的个体,但个体的生活是类生活的个体表现,个人是作为类的总体的人的社会存在物,人的生命表现为类存在意义上的总体的生命,同样,只有在社会中,个体的意识才会具有类的意识,才是对象化的、活生生的、体现人的本质的意识。“社会的人的感觉不同于非社会的人的感觉。只是由于人的本质客观地展开的丰富性,主体的、人的感性的丰富性,如有音乐感的耳朵、能感受形式美的眼睛,总之,那些能成为人的享受的感觉,

① 《马克思恩格斯文集》第1卷,人民出版社2009年版,第163页。

即确证自己是人的本质力量的感觉,才一部分发展起来,一部分产生出来。"①而这些只有在人是社会的存在物时才是可能的。共产主义社会就是人成为社会存在物的社会,"它是人和自然界之间、人和人之间的矛盾的真正解决,是存在和本质、对象化和自我确证、自由和必然、个体和类之间的斗争的真正解决",②是历史之谜的解决。

可以说,《1844 年经济学哲学手稿》是马克思第一次试图整合哲学、古典经济学与社会主义思潮,形成的一套批判资本主义社会的话语体系。人的类本质、劳动、异化、对象化、社会、社会主义等,构成了这一批判话语的概念表达。人的类本质—类本质的异化—类本质的回归,是整合上述概念的理论构架,异化逻辑批判具有非常强的理论冲击力。

在 1845—1846 年的《关于费尔巴哈的提纲》和《德意志意识形态》中,马克思确立了从物质生产出发的历史唯物主义构架,形成了批判资本主义社会的另一种逻辑与话语体系,即生产逻辑的话语体系。这一批判逻辑与话语体系表现为以下方面:

第一,生产力与生产关系的矛盾是人类社会的基本矛盾。将矛盾置于社会存在中的"本体论"位置,这是理论逻辑与话语表达方式的重要变化。在《1844 年经济学哲学手稿》中,人的类本质及其异化构成资本主义社会存在的根本规定,这是从主体的本质出发的设定,但在新的构架中,马克思从客观存在出发来描述这一存在中的矛盾,即人类社会结构中的矛盾。这一社会结构在《德意志意识形态》中被描述为由生产力、交往形式、国家制度、意识形态等建构的总体,由于分工的原因,这些要素之间存在着根本的矛盾。在《〈政治经济学批判〉序言》中,马克思将之概括为生产力与生产关系、经济基础与上层建筑的矛盾。当一个社会的生产关系不再能够容纳生产力的发展时,这个社会就会崩溃。资本主义社会已经是这样一个社会,私人占有与社会大生产之间的矛盾已经成为它无法解决的矛盾,因此共产主义取代资本主义社会,已经成为必然的趋势。马克思的这一描述,从客观层面来分析资本主义社会局

① 《马克思恩格斯文集》第 1 卷,人民出版社 2009 年版,第 191 页。
② 《马克思恩格斯文集》第 1 卷,人民出版社 2009 年版,第 185 页。

限,相比于带有道德性的评判,更为冷峻,也更为理性。

第二,资本主义社会的基本矛盾通过无产阶级与资产阶级的矛盾及冲突表现出来,无产阶级成为革命的主体。生产力与生产关系的矛盾体现的是社会中客观存在的矛盾,这一矛盾如何被主体所觉察并使这一矛盾激进化？马克思认为,在资本主义社会的产生过程中,由于分工的发展和商品生产的普遍化,必将导致社会人员结构的简单化和两极化,形成无产阶级与资产阶级,中间阶级只有依附于其中一个阶级时才能表达自己的立场。在这样的社会结构中,社会运行的过程从根本上依赖于工人的生产、资本家对工人的压制与剥削,当社会基本矛盾日益激烈时,无产阶级与资产阶级之间的对立与冲突也就日益激烈,在这种冲突中,只有无产阶级的革命才能从根本上解决资本主义社会的矛盾。马克思通过这样的逻辑转换,将社会存在的客观性与人的主体性联系起来,这种主体性既是对社会存在的回应,也是对自身存在的反思。在这个反思中,必然会对所处的历史情境加以反思与批判,实际上,也只有在这样的批判过程中,主体才能确证自身存在的状态。

第三,意识形态批判是社会存在批判的继续与完成。在历史唯物主义框架中,社会意识是对社会存在的反映,个体的意识是对其生活过程的表现,虽然个体在社会存在中的位置和生活过程不同,这会导致个体意识间存在着诸多差异,不同的社会群体由于生活情境的相似性或相关性,会形成不同的社会意识,但从总体上来说,在特定的社会存在中,总会有一种社会意识占据主导地位,其他的社会意识都受到这一主导的社会意识的影响,意识形态实际上就是对此的总称。这种占主导地位或统治地位的意识,或者直接地、或者间接地,甚至是颠倒性地反映了占统治地位的阶层的要求,因此对现存意识形态的批判,是马克思批判理论的重要组成部分。在意识形态批判中,马克思以社会存在为基础,展现不同的思想观念与社会存在及其发展之间的关系,正是在这样的维度中,马克思才能鉴别不同思潮,特别是各种共产主义思潮的底色。正是通过意识形态批判,马克思才能从根本上将自己的理论与当时的各种理论自觉地区别出来。

以生产逻辑为基础,马克思形成了新的社会批判理论,这一理论从人类历史发展的一般进程出发来面对资本主义社会,从而将资本主义置于历史发展的长河中,形成了不同于早期的理论逻辑和话语体系。在这一新的话语体系中,一些不同于早期以人的类本质为基础的概念呈现出来,如生产力、生产关系、经济基础、上层建筑、意识形态、阶级,等等,这些概念通过上述的构架融为一体,形成了以客观分析为基础的批判话语,这也是过去被广泛接受的理论构架。

按照笔者的理解,马克思的资本主义社会批判理论还存在着第三种逻辑和话语体系,这是在《资本论》及相关手稿中表现出来的、以资本逻辑为内核的理论构架和话语表达方式。在过去的研究中,一般将《资本论》看作历史唯物主义的确证与延伸。笔者一直认为,《资本论》不仅是经济学著作,更是哲学著作,《资本论》有其自身的哲学逻辑,这一逻辑并不能通过历史唯物主义的框架来做简单描述,更不能将之看作是这一框架的应用与说明。在马克思的思想发展中,存在着从生产逻辑向资本逻辑的转变,如果说《德意志意识形态》《共产党宣言》《〈政治经济学批判〉序言》展现了以生产逻辑为基础的批判理论,那么《资本论》及相关手稿则建构了以资本逻辑为基础的批判理论。①

---

① 关于马克思思想中的这一逻辑转变以及生产逻辑与资本逻辑的关系,请参阅拙著《〈资本论〉的哲学》(北京师范大学出版社 2017 年版)第 3、11 章。马克思的这一思想转变,并不是简单地否定生产逻辑,而是以资本逻辑统摄生产逻辑,从而实现了对资本主义社会的科学分析与批判。由于不能区分《资本论》中存在的双重逻辑及其内在关系,马克思之后的思想家,在面对资本主义社会时,大多陷入经过第二国际时代传统马克思主义所中介的生产逻辑构架中,他们对马克思的批评也没能达到《资本论》的水平。在第二国际时代,考茨基、伯恩施坦就有以经济唯物主义的生产逻辑取代资本逻辑的倾向。卢卡奇关于社会存在本体论的讨论,就是以生产逻辑为基础的。他从《1857—1858 年经济学手稿》中的劳动本体论出发来解释《资本论》,同样缺失了资本逻辑,这一缺失在他的《历史与阶级意识》中同样存在。这种解释思路直接影响到后来者,如古尔德关于马克思的社会本体论的解释、詹姆逊的生产符码理论、哈特与奈格里的劳动—欲望理论等,都建立在劳动本体论的基础上。相反,批评马克思的学者,如海德格尔在晚年讨论班中从技术视角对马克思的批评、鲍德里亚对生产之镜的批评,同样只看到了生产逻辑构架中的马克思。吉登斯对马克思的讨论同样以生产逻辑为主导构架,因此在讨论现代性时,他将工业社会与资本主义区分开来,这当然与马克思的思路相差甚远。在当代关于消费社会的讨论中,尽管有学者将之看作是资本主义社会的又一次重要转型,但在讨论这一新的社会形态时,一些学者又是从生产逻辑,特别是技术变革的视角展开思考的,对于资本逻辑在当代的具体内涵和运行方式,缺少自觉的意识和深入的讨论。当然,面对当下社会和当代思潮,并不能简单地照搬马克思的资本逻辑,需要做的是分析资本逻辑在不同历史时期的具体特征与运动方式,并在此基础上去分析相应时期的哲学与意识形态。《资本论》中资本逻辑与生产逻辑内在关系的思路,能够有助于我们更好地把握当代社会变化,并根据历史情境的变化建构新的理论构架。

第一，资本逻辑是推动资本主义社会产生与发展的源动力。资本的本性是获取最大限度的剩余价值，这一本性成为资本主义社会整合与发展的动力。就社会存在的建构来说，正是资本的本性推动着生产方式的变革。在《资本论》第一卷关于剩余价值的讨论中，马克思指出，为了获取更多的相对剩余价值，资本改变了社会生产的方式，形成了以协作、分工、机器化生产为一体的现代生产体系，这是整个生产方式的变革，与之相应的就是工厂管理体制的变革，以及工厂内部层级结构的变化。按照韦伯后来的讨论，这一变化带来了新的管理制度，即官僚制，它不仅体现在工厂内部，而且成为整个社会的管理体系。可以说，这是资本逻辑社会化的主要途径。在个体层面，资本追求剩余价值的本性通过资本家这一载体表现出来，在人的自然需要的基础上，建构出一个无限扩张的欲望结构，"经济人"的理性设定，说到底就是建立在这一欲望结构的基础上，讨论资本的本性，我们要从"需要"概念转向"欲望"概念。"经济人"就是市民社会中的理想人，每个人按照利益最大化原则，通过市场获得自己的利益，就是把他人作为手段，即把他人作为实现自己欲望的手段。人与人之间关系的充分市场化，是马克思早年所说的"异化"的根源。资本主义生产的展开过程，就是资本主义社会存在不断的建构、解构、再建构的过程，即结构化的过程。因此，《资本论》并不只是历史唯物主义在资本主义社会的推广与应用，资本逻辑统摄生产逻辑，成为资本主义社会存在中的主导逻辑。

第二，资本逻辑结构化过程中的内在断裂。资本逻辑虽然不断地结构化着当下现实，但这个过程并不是铁板一块。马克思在充分讨论资本通过不断地获取剩余价值、实现社会扩张的同时，也揭示了资本逻辑结构化过程中的内在裂缝。这主要体现在：首先，商品的生产与交换过程的裂缝。在马克思时代，资本主义生产的一个重要特征就是自由竞争，个体生产的规划性与社会总体层面的自由竞争状态，导致生产的商品可能卖不出去，这就是马克思所说的"惊险的一跳"。当商品无法实现交换时，资金不能回笼，资本再生产就会停滞。这个过程在 20 世纪后有所缓解，但至今也没有得到彻底解决。其次，就资本的本性来说，剩余价值最大化与利润率下降之间的矛盾无法解决。资本要获取最大限度的剩余价值，就必须充分地利用科技来改进生产方式，随着不变资本的增大，利润率不断下降，这是资本主义社会无法改变的现实，这一趋势有悖于资本的本性,形成了资本本性中的内在冲突。这些矛盾与冲突,决定了资本逻辑结构化是一个有着内在冲突与裂缝的过程,这种矛盾与冲突决定了资本主义社会存在的限度。

第三,资本逻辑结构化使人与物都成为资本的附属物。"资本主义生产过程是社会生产过程一般的一个历史地规定的形式。而社会生产过程既是人类生活的物质生存条件的生产过程,又是一个在特殊的、历史的和经济的生产关系中进行的过程,是生产和再生产着这些生产关系本身,因而生产和再生产着这个过程的承担者、他们的物质生存条件和他们的互相关系即他们的一定的经济的社会形式的过程。"①在这个过程中,资本家是资本的人格化,劳动者是资本生产的活工具,劳动资料与劳动对象是资本再生产的物质条件。现代哲学中作为主体的人,说到底是资本的附庸,资本才是真正的主体,建构出一个客观的物化社会,即近代以来所认可的自然社会。就表象而言,生产过程、交换过程都以个体的自由意志为基础,但从社会存在的本质来看,自由的主体在资本生产和流通过程中只是载体。

从资本逻辑而来的批判理论有其新的话语表达体系,主要表现为商品拜物教、货币拜物教与资本拜物教这三大话语。商品拜物教源自生产商品的劳动所特有的社会性质,由于私人劳动只有在产品交换中才能成为社会总劳动的一部分,因此,"在生产者面前,他们的私人劳动的社会关系……不是表现为人们在自己劳动中的直接的社会关系,而是表现为人们之间的物的关系和物之间的社会关系"。② 社会关系变成了物与物之间的形式关系,这是商品拜物教的重要规定。随着商品交换的发展,货币在日常生活中获得了至高无上的地位,另外在资本循环中,资本的增殖在表面上来看就是货币的自我增殖,从而催生并强化了货币拜物教。货币当然不可能自我增殖,增殖源自资本的生产过程,但由于从表面看来,劳动力的价值已由工资结算,这样资本的增殖就是构成资本的物的增殖,资本作为一种物化存在的表象获得了最高的地位,这就是资本拜物教。"这种拜物教把物在社会生产过程中像被打上烙印一样

① 《马克思恩格斯文集》第7卷,人民出版社2009年版,第926—927页。

② 《马克思恩格斯文集》第5卷,人民出版社2009年版,第90页。

获得的社会的经济的性质,变为一种自然的、由这些物的物质本性产生的性质。”①在拜物教话语中,物、主体、自由、平等这些传统哲学所关注的概念,现在有了不同的解释维度,从而形成了一套完整的理论逻辑与话语体系。

马克思针对资本主义社会的三种不同的批判理论,既体现了他在不同时期面对资本主义社会的不同思考,也体现了他对资本主义社会认识的不断深入,成为当代批判理论的重要来源。但批判并不是马克思的最后目的,批判是为了重建,这构成了马克思面对资本主义社会变迁的根本旨归。

三、面向未来的社会重建

面对资本主义社会的矛盾及其所带来的社会结构的急剧变化,哲学家们在不同的社会立场和理论基础上,给出的重建方案也存在着根本的差异,大致可分为以下几种思路:

第一,浪漫主义。在从传统社会向现代社会的转型中,处于其中的人们或者由于经历了两个时代,或者由于在文化上保留着传统社会的印象,新社会带来的问题和压力不可避免地使一些人想回到传统社会那个熟悉的、带有玫瑰色的环境之中,从而形成了一种浪漫主义,其解决问题的方案也就打上了传统的底色。

这种浪漫主义的思想,在现代社会转型的初期就已有表现,塞万提斯的《唐·吉诃德》中的主人公唐·吉诃德就是这一思想的典型。唐·吉诃德生活的年代,正是从传统向现代转型的阶段,他一方面生活在现代社会初期,他所遭遇的人与物,如带有现代气息的宾馆侍从、商队,体现现代特征的风车装置,以及生了锈的铁矛,都意味着现代生活已经开始。但是,作为从传统生活中成长起来的主人公,这一新的时代未必真的合乎他的生活理想和价值取向,这才有了他想回到中世纪骑士生活的念头。在这一怀旧的生活中,他的英雄主义以及爱情都在想象中得到了实现,并在这一浪漫主义的情绪中,实现了现代生活的批判与超越。这种超越当然是想象的。对于怀旧的浪漫主义来说,

① 《马克思恩格斯文集》第6卷,人民出版社2009年版,第251页。

现代社会打破了传统社会那种相对完整的、稳定的生活,让人走向了一个碎片化的、风险激进的生活,现代小说就是在这样的语境中产生的。在《小说理论》中,卢卡奇曾指出:“小说是这样一个时代的史诗,对这个时代来说,生活的外延整体不再是显而易见的了,感性的生活内在性已经变成了难题,但这个时代仍有对总体的信念。”①《唐·吉诃德》中的主人公就是想在碎片化的时代重新回到传统的那种想象的总体性中。马克思在写作中也常从这样的角度去讨论唐·吉诃德与桑丘,将他们与怀旧的唯美主义联系起来。这样一种浪漫主义的怀旧情绪,在任何一个转型的时期都会出现。在中国的现代化过程中,今天仍然随处可见这样的情绪。这种情绪有时就只是一种情绪,一种伤感,认为传统的生活虽有困苦,但相对简单,人与自然的直接融合,人与人之间有着内在的伦理,这或许是对乡村灭亡发出感叹的重要原因;有时则表现为无所适从,形成对当下生活的抽象否定。

虽然早年马克思的诗歌中有着浪漫主义的内容,但马克思批判以浪漫主义的方式来解决现实问题的思路。马克思从康德、费希特走向黑格尔后,就对浪漫主义开始了批判。他批评法的“历史学派”与德国浪漫主义之间的联系,批评对林木占有者的浪漫式的看法,认为他们有着诗意的自我。面对资本主义社会的长足发展,浪漫主义的一个重要思路就是回归前资本主义社会传统,从而形成了从唯美主义出发来批判资本主义社会的思想,对此的批判,可以说成为马克思在1844年之后的一个重要理论主题。在《德意志意识形态》时期对“真正的社会主义”的批判,指出这种诗歌与散文式的社会主义并不能真正地直面资本主义社会的问题。《共产党宣言》将封建的社会主义视为浪漫主义的极端表现,认为对于封建的社会主义者来说,他们对现代生活的批评,“半是挽歌,半是谤文,半是过去的回音,半是未来的恫吓”,②这种社会主义并不是真的面对未来,常常是想回到过去之中去想象未来。在浪漫主义的语调中,又常常伴随着保守主义的话语,就像卡莱尔所表现的那样。在《资本论》第三卷中,马克思批判浪漫主义者弥勒的胡说,认为他关于利息的讨论所用的

---

① 卢卡奇:《小说理论》,燕宏远、李怀涛译,商务印书馆2012年版,第49页。

② 《马克思恩格斯文集》第2卷,人民出版社2009年版,第54页。

方法，是一切行业中浪漫主义的特征，其内容由日常的偏见构成，是从事物最表面的假象中获得的。①

第二，自然主义。这里所讲的自然主义就是对以商品生产与交换普遍化的社会持完全肯定与认同的态度，并加以论证。在他们看来，资本主义社会是最合乎自然、合乎人性的社会，相比于这一社会，过去的社会都是人为的社会，这使得资本主义社会具有了永恒的、自然的特征。这种论证既体现在对经济生活的态度上，也体现在对社会制度与意识形态的安排上。马克思在《1844年经济学哲学手稿》以及《1857—1858 年经济学手稿》中，在谈到劳动价值论的形成时指出：从重商主义经重农学派，到斯密的劳动价值论，一方面体现了以工业生产为主导的现代经济体系的建立，另一方面也意味着对这一经济体系的认同与证明，这种认同在政治与法的领域，得到了更为直接的体现，这也构成了早期自由主义的一个重要特征。在自由主义的论证中，资本主义社会是一个自然社会，这种自然状态才是人类本性的真正状态。

将人的劳动作为价值确立下来，这既是对人的尊重，也是对人的贬值。从尊重方面来看，将人的劳动作为价值，而不是将种族、血缘、地位作为价值的来源，这体现了人本身的地位的重要性，意味着人与人之间先天就是平等的，阶级差异和地位差异从根本上来说都不合乎人的本性。这一界定既涉及人的本体论地位，又涉及这一本体论在现实生活中的设定，即人先天就是平等的。但换个视角来看，这种平等是进行商品生产与商品交换的前提，就像马克思所说的："商品是天生的平等派和昔尼克派"，②同样，如果个体不能自由地买卖劳动力、自由地买卖商品，商品生产与交换也就无法全面展开，当近代以来的哲学家宣称人天生是自由平等的时候，只不过是对商品社会的认可与证明。黑格尔在《法哲学原理》中讨论到的意识自由以及由此生长出来的契约关系，说到底是对现实经济关系的描述。马克思在描述商品交换关系时指出，在商品交换过程中，一方只有符合另一方的意志，或者说双方达成共同一致的意志行为，才能进行商品交换。"这种具有契约形式的（不管这种契约是不是用法律

---

① 参见《马克思恩格斯全集》第 46 卷，人民出版社 2003 年版，第 447—448 页。

② 《马克思恩格斯文集》第 5 卷，人民出版社 2009 年版，第 104 页。

固定下来的)法的关系,是一种反映着经济关系的意志关系。这种法的关系或意志关系的内容是由这种经济关系本身决定的。"①传统的关系在市民社会中消解了,人在新的社会关系中确立了自身的自由而平等的存在状态,这是对商品生产与流通普遍化的市民社会的确证。

但是,如上所言,这种对人的尊重实际上也是对人的贬值。商品的普遍化包含人的商品化,这意味着人与其他商品一样,成了可买卖的东西,人被物化了。在《1844年经济学哲学手稿》中,马克思以异化劳动理论对此进行了批判。马克思对异化劳动四个层面的讨论,最为根本的是人与人的类本质的异化、人与人的异化,这是人与其整个存在的异化,人变成了与自身相对立的外在物,人的肉体与精神都变成了个体生存的手段,人与人的关系变成了一种外在的、异己的关系,在人与人的交往中,人变成了他人的手段,整个社会存在也变成了人的异己存在,这是人的存在的全面堕落。"通过异化劳动,人不仅生产出他对作为异己的、敌对的力量的生产对象和生产行为的关系,而且还生产出他人对他的生产和他的产品的关系,以及他对这些他人的关系。"②一切都是可以买卖的,不仅人的劳动,而且包括人的精神和良心。在《哲学的贫困》中,马克思就指出:交换经历了三个阶段,第一阶段是剩余产品的交换,第二阶段是一切产品的交换,第三阶段是一切东西都成为交换对象,包括人们过去认为不能出卖的东西,如爱情、信仰、德行、知识与良心等。③ 在《资本论》中,马克思以商品拜物教来展示了人的异化存在状态。商品拜物教源自商品的形式,商品形式的奥秘在于经历了多重抽象:一是抽象了商品的质,使之成为可以度量的东西;上述抽象的基础又是劳动的抽象,即抽象了劳动的质性规定,使之成为可比较的量的规定性意义上的劳动;当这种意义上的劳动产品普遍交换时,就形成了第三重抽象,即社会关系的抽象,使社会关系变成了一种无质性内容的形式化存在。完成了这些抽象之后,商品成为可感觉而又超感觉的物,物与物之间的关系遮蔽了人与人的关系并主导着人们的日常生活。商品拜物教带来了人的分裂,人拜倒在自己的创造物前,这种创造物是看不见

① 《马克思恩格斯文集》第5卷,人民出版社2009年版,第103页。
② 《马克思恩格斯文集》第1卷,人民出版社2009年版,第165页。
③ 参见《马克思恩格斯全集》第4卷,人民出版社1958年版,第79—80页。

的,但又以可见的具体物作为载体,这使得人更不易发现真相。

在自然主义的思路中,虽然也有对人的存在贬值以及社会关系物化的关注,但从总体上来说,他们更易把这些看成是社会存在中可以调适的道德问题,如斯密的《道德情操论》,或者以一种更为完善的自由主义的政治策略或其他方式来校准,比如卢梭的《社会契约论》,认为只要理性得到充分的发挥,这个社会就会走向一个更合理、更合乎人性的社会。正如恩格斯在《反杜林论》中所说的:"他们认为,应当建立理性的国家、理性的社会,应当无情地铲除一切同永恒理性相矛盾的东西。"①即使是批评卢梭的黑格尔,在其《法哲学原理》中关于"国家"的讨论,仍然显示了一种理性主义的信心。

第三,改良的批判主义。资本主义社会带来的问题,引起了诸多哲学家特别是社会主义者的反思与批判。这些批判虽然在理论的直接指向上,提出了超越资本主义社会的要求,但由于理论前提的局限,他们提出的批判从根本上来说,是一种改良主义,虽然有些激进的批判思想超越了改良的界限,但由于从总体上来说并不能真正地改变世界,仍然可以归于激进的改良主义的框架。

从哲学上来说,黑格尔也可算是批判的改良主义者。黑格尔看到了市民社会的进步与缺陷,现代市民社会以个体自由的劳动体系以及相应的司法制度为基础,这一方面固然带来了人的解放,但另一方面却并不能真正地实现个人与社会共同体的良性同步发展,所以黑格尔提出要以国家理性来修正市民社会,他的"君主"概念虽然还有实在性的嫌疑,但实际上更像一个权力的象征,这种权力一方面从上而下地调节着市民社会,引导着市民社会走出盲目自由竞争的状态,走向一种带有计划性的社会存在;另一方面引导着个体与共同体的共同发展。在这一思考中,黑格尔对以英国为主导的自由贸易体系从哲学上进行了批判,与之对应的则是李斯特在《政治经济学的国民体系》中对斯密的批判。这种批判看到了自由主义的问题,但其解决问题的框架则是改良主义的,对资本及其未来的信心支撑着黑格尔的理论。

对现存社会的激进批判体现在空想社会主义的思想中。这种激进性体现在两个方面:一是对资本主义社会的激进批判,如傅立叶等。这些空想社会主

① 《马克思恩格斯文集》第9卷,人民出版社2009年版,第272页。

义者的讨论,虽然看到了阶级对立,但由于他们看不到无产阶级的主体性,理解不了共产主义社会的物质条件,加之拒绝激进的政治行动,特别是革命活动,这就决定了他们一方面力图探索一种社会规律,并以规律来确保未来社会的实现,另一方面迷恋于社会实验。空想社会主义者的著作体现了无产阶级尚未成熟时的早期理想,启发着无产阶级的觉悟,但当后来者完全陷入社会实验并呼吁富有者进行捐助时,这些改革社会的方案注定成为现存社会的附属品。一是要将资本主义社会的原则彻底实现出来,如平等理念、劳动价值论等。人天生是平等的,但在现实社会中,人与人之间恰恰是不平等的,将平等进行到底,这成为一些社会主义者如勒鲁等人的理想。对于李嘉图派社会主义者来说,如果劳动创造价值,那么只有劳动者才应得到价值,汤普逊、格雷、布雷等人,把这一原则看作社会主义的一个重要原则。但在变革社会的具体方案中,他们又认为,劳动创造价值的前提必须有作为生产资料和劳动工具的资本,因此,要创造价值就必须保持资本,这样所有的变革就只能在分配领域展开。格雷在谈到国民福利的条件时就指出,以下方面是非常必要的:“第一是土地。……第二是劳动。劳动是财富的源泉,或者说是购买任何物品都可以用它来支持的原始货币。第三是资本。拥有资本也非常重要,为了获得次日到来以前不应消费的一天食品储备,我们应该拥有储备,即拥有足够维持到次日到来为止的生活的资本。”①布雷、汤普逊也有同样的看法。在保留资本的条件下去改变资本主义社会的结构与制度,在当时的语境中,从根本上来说同样是对现实的认同。这种态度虽然与自然主义态度有着内在的联系,但相比于自然主义的态度,这种认同是通过不认同,或者说是通过批判的态度表现出来的,从社会思潮的类型来看,将之区别开来,更能看清不同社会思潮的差异和类属。

第四种思路是面向未来的重建,这是马克思的态度。马克思对前面三种不同的态度进行了深入的考察。虽然马克思具有浪漫主义的气质,但对以浪漫主义的方式来解决社会问题,他一直持批评的态度。在《1844 年经济学哲学手稿》以及《共产党宣言》中,关于封建主义式的反动的社会主义的批评,特

① 《格雷文集》,陈太先、眭竹松译,商务印书馆 1986 年版,第 17 页。

别是在《德意志意识形态》中关于"真正的社会主义"的批评，指出这种以"爱"为基础的真正的社会主义，实际上是对现实问题的幻想性解决。相比于浪漫主义的否定态度，马克思充分承认资本主义社会的历史合理性，在《共产党宣言》中，马克思就明确写道："资产阶级在它的不到一百年的阶级统治中所创造的生产力，比过去一切世代创造的全部生产力还要多，还要大。"①但与自然主义的态度不同，马克思对资本主义社会提出了批判，这种批判并不是来自一种先验价值的设定，也不是一种改良式的认同，而是肯定中的批判，批判中的扬弃，在资本主义成果的基础上，重建一种新型的社会，这使得他与空想社会主义者区别开来。正是在这样的区分中，马克思、恩格斯面对资本主义社会的态度，可以描述为面向未来的重建，这个未来就是他们理想中的共产主义社会。

在这一态度中，马克思根据当时的情境，特别讨论了面向未来社会的可能性，这一可能性体现在两个方面：第一，资本主义社会为未来社会准备了前提条件。马克思认为共产主义社会的前提是高度发达的物质基础及普遍交往，这两点随着商品生产的普遍化都在逐步实现之中。资本主义社会的发展极大地提高了生产力，创造了巨大的物质财富，没有这样的物质前提，社会生活就难以摆脱贫困状态。商品生产与流通，推动着历史向世界历史转变，促进着历史的一体化。只有在这样的前提下，才能推动人类社会的共同发展，推动人的自由而全面的发展。第二，资本主义社会催生了实现社会革命的主体。在《资本论》等著作中，马克思在肯定了资本主义社会的历史合法性基础上，揭示了资本主义社会存在的内在矛盾，这一矛盾生长于资本主义生产制度。商品生产天生就具有二重性，这种二重性不仅产生了资本主义社会生产中的内在矛盾，也产生了生产与流通中的矛盾，最后导致了资本主义生产的总目的与现实生产制度之间的内在断裂，这些矛盾是资本主义社会本身无法解决的。上述矛盾又表现为人与人之间的矛盾，即资产阶级与无产阶级的矛盾，无产阶级由之成为社会革命、走向共产主义社会的主体力量。正是这两个方面的重要分析，马克思、恩格斯使社会主义从空想变成了科学，变成了在现实中可行

---

① 《马克思恩格斯文集》第2卷，人民出版社2009年版，第36页。

的社会变革的方案。这一方案面向的是自由王国,这是面向未来的当下重建。

浪漫主义、自然主义、批判的改良主义是社会转型中最为常见的态度和思潮,其他的各种思潮都不过是上述几种态度的不同表现。马克思对上述不同思想倾向的批判性分析,更能让我们在社会的巨大变迁中保持一种乐观而又可行的思考,这也是我们面对百年未有之变局时的一个基本姿态。

当然,自19世纪中叶以来中国的社会转型,相比于马克思时代更为复杂。在近二百年的时间里,这一社会转型可以划分为不同的阶段,由于是后发展国家,在每一阶段,不同的问题叠加在一起,形成了各种层次的褶皱,有时不同阶段之间甚至存在着"断裂",但马克思对资本主义社会转型的批判性思考,为我们分析和理解中国的社会转型,提供了理论的自觉和实践的指引。马克思批判的社会转型思想要求我们将社会作为一个整体,在历史与思想的双重变迁及其相互关联中去把握时代旋律,在面向未来的维度中去洞察社会变迁的根本问题及由此产生的不同解决方案,这是我们重温马克思社会转型思想的意义所在。

原载于《中国社会科学》2022年第2期

马克思对古典经济学的超越及其哲学意义

唐正东*

随着政治经济学批判进入马克思主义哲学研究的主导领域，弄清楚马克思与英国古典经济学家之间的思想关系显得尤为重要，因为这不仅牵涉到深化对马克思经济学视域中哲学思想发展史的理解，而且还与能否准确地抓住马克思资本批判理论的核心要义直接相关。英国古典经济学对社会理论研究的贡献在于建构了社会唯物主义的解读视域，亚当·斯密基于手工业资本主义的背景在市场主体之间的契约交换关系层面、大卫·李嘉图基于资本主义机器大工业的背景在社会化主体层面的探讨，尽管因缺乏历史发生学的维度而在社会理论研究的方法论上存在着明显的缺陷，但无疑都是在社会问题研究中贯彻唯物主义方法论的有益尝试。马克思从 1843 年开始接触古典经济学，当青年马克思还无法领悟经济现实的历史观意义时，他对古典经济学是持外在批判态度的。而当他通过唯物主义历史观的中介而把握住了经济事实的社会历史内涵时，他便对古典经济学的理论地位作出了全面和深刻的解读。马克思的历史唯物主义因其独特的理论特性而使其在发生、发展和运用的各个环节，都与英国古典经济学发生着某种批判或扬弃的关系。对这一点的领悟，可以使我们更为准确地从现实内在矛盾运动的层面来把握马克思唯物史观的本质内涵。

---

* 唐正东，南京大学哲学系教授，博士生导师。

一、古典经济学的社会唯物主义视域

以弄清资本主义交换关系之内在机理为背景的英国古典经济学家,相比于以宗教批判为背景的法德唯物主义哲学家,在方法论起点上的优势是,直接以社会关系为研究对象。这种社会唯物主义①的解读视域,一方面与以非关系态的经验事实为研究对象的一般唯物主义相区别;另一方面与从历史性社会关系的角度来展开的历史唯物主义解读视域相区别。当然,在英国古典经济学内部,理论家对社会关系的解读是不尽相同的,其原因在于作为其解读背景的资本主义经济形式的不同,即手工业资本主义与资本主义机器大工业之间的区别。

斯密的解读背景是手工业资本主义,对于他写作《国富论》的 18 世纪 70 年代来说,资本主义机器大工业还没有在英国完全成型。资本主义工场手工业在工厂内部是有劳动分工的,资本只是把原先存在于手工作坊中的劳动者集中到一个大的工厂中,部分劳动者还是带着自己的劳动工具而来的。就劳动过程而言,其原先的性质尚未得到根本改变,还属于马克思所说的劳动对资本的形式上的从属阶段。这种资本主义工厂所生产出来的商品会被投入到市场交换关系之中,此时的市场交换关系尚未达到普遍化的程度,因而商品的价格还依赖于市场上出现的买者的数量及其主观需要程度。正因为如此,斯密尽管试图通过强调商品的价值是由该商品所内含的劳动量所决定的来剖析资本主义经济过程的内在机理,但当他面对基于分工的私有制尤其是资本主义社会时,仍然不得不从劳动价值论的上述内在价值论维度退回到其外在价值论的维度,即承认商品的价值是由该商品所能购得的商品所内含的劳动量来决定的。“但自分工完全确立以来,各人所需要的物品,仅有极小部分仰给于自己劳动,最大部分却须仰给于他人劳动。所以,他是贫是富,要看他能够支配多少劳动,换言之,要看他能够购买多少劳动。一个人占有某货物,但不愿自己消费,而愿用以交换他物,对他说来,这货物的价值,等于使他能购买或能

① 张一兵:《回到马克思》,江苏人民出版社 1999 年版,第 37 页。

支配的劳动量"①。

对斯密来说,商品交换关系只是一种市场主体之间的社会关系,或者说,这种社会关系是以直接的主体际性关系而表现出来的,它还没有因为交换关系的普遍化而被赋予一种客观决定性的内容。一种商品的价格在很大程度上取决于购买者的相对需要程度。譬如,如果在今天的集市中只有很少的人在卖铁,而某个购买者却必须在今天买到一块铁,那么,在理论上就有可能出现一磅黄金换取一块铁的情况。正因为如此,斯密在谈到商品交换时总是从"提议"的角度来切入,"不论是谁,如果他要与旁人作买卖,他首先就要这样提议。请给我以我所要的东西吧,同时,你也可以获得你所要的东西:这句话是交易的通义。我们所需要的相互帮忙,大部分是依照这个方法取得的。"②而商品的价值也正是通过这种"市场上的议价"③来获得的。可以说,斯密透过商品交换关系而对社会关系的这种理解,体现的是社会唯物主义视域的初级层面。就他已经从关系态的维度来展开唯物主义的解读思路而言,他在社会问题的解读上已经比当时的法德唯物主义者来得深刻了。但就他对社会关系本身的理解来说,囿于其所处的手工业资本主义阶段在整个资本主义经济形态发展史上的未成熟特性,他的这种社会唯物主义解读视域仍然具有未触及资本主义社会化过程的缺陷。

透过斯密的视角来切入古典经济学的人,对资本主义经济过程的分析往往会有以下两种结论:一是像斯密本人那样,相信市场主体之间的商品交换关系会通过看不见的手这一中介而呈现出天然的社会关系之优越性;二是像西方学界的一些人本主义批判理论家那样,抓住斯密理论中展现出的劳动者的劳动产品必须通过与他人的产品相交换才能获得其本身的价值、市场交换关系所呈现的是市场主体的劳动量之间的关系等观点,而得出劳动产品不属于

① 亚当·斯密:《国民财富的性质和原因的研究》上卷,郭大力、王亚南译,商务印书馆1972年版,第26页。

② 亚当·斯密:《国民财富的性质和原因的研究》上卷,郭大力、王亚南译,商务印书馆1972年版,第14页。

③ 亚当·斯密:《国民财富的性质和原因的研究》上卷,郭大力、王亚南译,商务印书馆1972年版,第17页。

劳动者本人(劳动产品的异化)、劳动过程必须通过劳动量之间的交换才能表现出来(劳动过程的异化)等具有人本批判性的观点。

英国古典经济学发展到大卫·李嘉图的时代,其现实背景已经转变为资本主义机器大工业。虽然他并没有像后来的马克思那样敏锐地观察到机器大工业所推动的资本主义劳动过程的转型(劳动对资本的实际上的从属),但这一新的发展阶段的确从以下两个方面对李嘉图的经济思想产生了推动作用。

首先,它促使李嘉图坚定地站在生产力发展的维度上,从而在对资本主义经济制度的生理学进行梳理和总结时能无所顾忌地体现出科学上的诚实,而不是像斯密那样既想探讨资本主义制度的生理学,又想迁就于资本主义竞争现象中表面上呈现出来的外在联系。在对劳动价值论的认识上,李嘉图在内在价值维度上贯彻到底,认为无论在什么样的前提下,商品的价值都是由该商品所内含的劳动量所决定的,它与这种劳动量能交换到多少其他的商品没有关系。也就是说,困扰亚当·斯密的那个劳动价值论与工人劳动所得之间的不对应性问题,在李嘉图这里被绕过去了。对李嘉图来说,即使工人在劳动产品中什么都得不到,那也与商品的价值由内在劳动量决定这一论断一点关系都没有。马克思曾经这样评价道:“李嘉图的冷酷无情不仅是科学上的诚实,而且从他的立场来说也是科学上的必要。因此对李嘉图来说,生产力的进一步发展究竟是毁灭土地所有权还是毁灭工人,这是无关紧要的。如果这种进步使工业资产阶级的资本贬值,李嘉图也是欢迎的。如果劳动生产力的发展使现有的固定资本贬值一半,那将怎样呢?李嘉图说。人类劳动生产率提高了一倍。这就是科学上的诚实。”①

其次,它促使李嘉图透过普遍化竞争关系的视角看到了社会关系的抽象化特征。机器大工业所建构的商品普遍交换关系使李嘉图的商品概念不再是斯密的那种作为剩余物的商品,而是其本身就是作为商品而生产出来的,“说到商品、商品的交换价值以及规定商品相对价格的规律时,我们总是指数量可以由人类劳动增加、生产可以不受限制地进行竞争的商品。”②这种市场竞争

---

① 《马克思恩格斯全集》第34卷,人民出版社2008年版,第127—128页。

② 大卫·李嘉图:《李嘉图著作和通信集(第一卷):政治经济学及赋税原理》,郭大力、王亚南译,商务印书馆1962年版,第8页。

关系普遍化的视角使李嘉图看到了商品的价值不可能由该商品所交换到的劳动量来决定，或者说不可能由该商品购买者的相对需要来决定，而必然是由该商品本身的内含劳动量即其生产成本所决定。在他看来，如果说在一个竞争不充分的市场中有可能出现一磅黄金换一磅铁的现象的话，那么，在竞争普遍化的市场关系中，这种情况是不可能出现的。“在我所假设的这样一个市集中，也许有人会在了解铁的种种用途的情况下，愿意付出一磅黄金，换取一磅铁。但是，当竞争在自由地起作用的时候，他就不会付出那样的价值来换取铁。为什么？因为铁将无可避免地下降到它的生产成本。而生产成本乃是一切市场价格的枢轴。”①李嘉图很清楚，价格竞争将使商品的价格回归到生产成本，而不再由购买者的相对需要所决定。因此，当他在劳动价值论上坚守内在价值论的维度，坚定地把商品的价值归于它所内含的劳动量时，他无疑看到了普遍竞争关系在价值决定问题上所具有的抽象化功能。马克思后来也曾清晰地指出这一点，“斯密起初是从事物的内部联系考察事物，后来却从它们在竞争中表现出来的颠倒了的形式去考察事物。他天真地把这两种考察方法交织在一起，没有觉察到它们之间的矛盾。相反，李嘉图为了把握规律本身，有意识地抽象掉了竞争形式，抽象掉了竞争的表面现象。”②

当然，李嘉图的这种“抽象”只是基于价格竞争的视域，或者说只是基于数量关系维度上的社会化视域，而不是基于社会历史过程中劳动过程的转型即历史唯物主义的社会化视域。就劳动价值论来说，李嘉图的确把所有商品的价值都归于内含的劳动量，但可惜的是，他对这种创造商品价值的劳动本身的性质却没能作出很好的理解。实际上，资本主义条件下商品的价值是由与生产资料相脱离的雇佣劳动所创造的，而雇佣劳动这种抽象化的劳动形式除生产出它本身的生产成本之外，还生产出了剩余价值。因此，资本主义的普遍化竞争关系事实上不会像李嘉图所想象的那样，把商品价格无可避免地下降到生产成本的水平，而是会通过一般利润率的中介环节使商品的价格以生产价格表现出来。李嘉图没有对资本主义生产关系的特殊性作出深刻领悟，他

① 大卫·李嘉图：《李嘉图著作和通信集（第二卷）：马尔萨斯〈政治经济学原理〉评注》，蔡受百译，商务印书馆1979年版，第32页。

② 《马克思恩格斯全集》第34卷，人民出版社2008年版，第115页。

当然无法把握上述这一点。资产阶级经济学家的那种数量化解读方法使李嘉图天真地认为,价格竞争必然会使商品的内在价值在市场上呈现出来。我们从中也可以看出,资本主义条件下最重要的抽象化过程,其实不是李嘉图所说的那种由价格竞争所推动的商品内在价值的凸显过程,而是工人的劳动过程居然以资本增殖即资本自我运动的形式表现出来。在这种最核心的抽象化过程中,我们能透过资本关系的吊诡性和资本剥削的残酷性看到资本主义生产关系的内在矛盾性。马克思在《资本论》及其手稿中的解读视域就是这样的。

李嘉图的这种劳动价值论对资产阶级主流经济学家来说,一定会因为其弱化了现实竞争关系的维度而被认为不适合用来分析现实经济问题。而对西方人本主义批判理论家来说,李嘉图的劳动价值论会呈现出以下两个特点:第一,因为他在价值决定问题上强调的只是商品的自然价值而不是其市场价格,所以他的这种价值论很容易被指责为,把现实经济生活抽象化了;第二,因为他为了坚守劳动价值论的内在价值维度而对劳动者在劳动成果中的获得量不感兴趣,所以他的这种经济学观点很容易被批评为,对工人阶级的生活状况毫不关心。客观地说,李嘉图不仅对工人阶级的生活状况不感兴趣,而且对资产阶级或者土地所有者的生活状况也不感兴趣。他唯一感兴趣的是产业革命背景下劳动生产率的提高。李嘉图想搞清楚劳动生产力发展的社会机理,他把在斯密那里还左右摇摆的劳动价值论在内在价值维度上贯彻到底就是为了这一目的。可以说,李嘉图的劳动价值论在社会唯物主义视域上已经越过了斯密的那种初级路径,推进到了由普遍竞争所带来的社会关系抽象化的中级路径层面。虽然我们要看到他的这种社会关系抽象化并没有越出基于价格竞争的数量化分析视域,也就是说,他还没有领悟到由资本主义机器大工业所带来的劳动过程抽象化的理论意义,但他毕竟已经触及了社会关系的抽象化问题,因此,我们在审视马克思对李嘉图劳动价值论的借鉴和批判过程时要充分注意这一点。

二、马克思对古典经济学的扬弃和超越

《1844 年经济学哲学手稿》(以下简称《巴黎手稿》)及同时期的《巴黎笔记》是青年马克思阅读和批判英国古典经济学的首次尝试。《巴黎手稿》三个

笔记本的思想演进过程与青年马克思在《巴黎笔记》中阅读和批判资产阶级政治经济学家的进程直接相关。我们在第一笔记本的前三栏中能够看到,青年马克思是从资本家与工人的斗争、资本家之间的竞争、租地农场主与土地所有者的斗争的角度来谈论工资、资本的利润、地租的内容及本质的。在紧接着的"异化劳动和私有财产"一节中,他谈论的重点是劳动产品的异化、劳动过程的异化等异化劳动的内容。相比于该手稿第二笔记本中对"商品人""劳动人"的抽象性之重视来说,第一笔记本明显地更重视对劳动产品及劳动者的异化性的剖析。在我看来,这与青年马克思在这一阶段的阅读对象是斯密和萨伊有关。从《巴黎笔记》中呈现出来的马克思对萨伊《论政治经济学》、斯密《国富论》的摘录和评注中可以发现,马克思此时关注的重点的确是资产阶级政治经济学视域中劳动产品的异化性以及生产这些劳动产品的劳动过程的异化性。

在摘录萨伊著作时的评注中,马克思指出:"财富。这里已经是以还没有展开的价值概念为前提了,因为给财富下的定义是'价值的总和'、人们占有的'有价值的物的总和'。——由于相对财富是由人们所必需的物的价值与人们能够提供交换的物的价值相比决定的,所以'交换'从一开始就是财富的根本因素。财富就在于人们'不必要的'、于个人需要所不需要的物。"①对此时持人本主义立场的青年马克思来说,财富被解读为生产财富的人所不需要且必须把它交换给其他人的"物",这显然是无法被接受的。由此而及的是,生产这种财富的劳动被紧紧束缚在物的价值的层面上,与人自身的自由发展没有一点关系,这也是无法被接受的。青年马克思把导致这些问题的原因归咎于私有制,认为正是由于私有制的存在才导致了以财富为中心的资本主义经济现实以及理论层面上的资产阶级政治经济学。

在对斯密著作的摘录和评注中,马克思也表达了类似的观点。在批判斯密的分工和交换观点时,他指出:"十分可笑的是斯密所作的循环论证。为了

① 北京图书馆马列著作研究室编:《马恩列斯研究资料汇编》(1980 年),书目文献出版社 1982 年版,第 30 页。

说明分工,他以交换为前提。但是为了使交换成为可能,他事先又必须以分工、以人类活动的差异为前提。因此,他使问题原封未动,一点也没有解决。"①在马克思看来,斯密不去思考劳动在人的类本质维度上的内涵,而是专注于基于分工的劳动或以差异性为特征的劳动活动,这虽然能为他的商品交换观点提供说明,但终究无法彻底地说明分工和交换的缘由。在他看来,这是由于斯密把有待论证的私有制的合理性问题当成了一个想当然的理论前提来看待了。

《巴黎笔记》中的这种观点在《巴黎手稿》第一笔记本的"异化劳动和私有财产"一节中表现为:马克思一上来就紧紧抓住了私有制、私有财产的合理性问题,并明确地指出了资产阶级政治经济学完全没有意识到这一问题的严重性。"国民经济学从私有财产的事实出发。它没有给我们说明这个事实。它把私有财产在现实中所经历的物质过程,放进一般的、抽象的公式,然后把这些公式当作规律。它不理解这些规律,就是说,它没有指明这些规律是怎样从私有财产的本质中产生出来的。"②在此基础上,马克思从劳动产品异化的角度对劳动产品不属于劳动者而属于与之相交换的他人的现象进行了剖析,从劳动过程异化的角度对生产财富的劳动不仅不能表征劳动者的生命力,而且还必须通过价值的中介而以商品的形式表现出来的现象进行了深刻的解读。显然,这是马克思从人本主义哲学的高度对在《巴黎笔记》中已经关注到的经济现实的一种批判性分析。青年马克思此时只读到了斯密和萨伊的著作,他所理解的商品交换关系只是斯密式的那种市场主体之间的交换关系,这种交换关系的发展程度即商品买者的相对需要程度,不仅决定了该商品所能交换到的劳动量,而且还决定了它本身的价值。他此时还尚未接触到李嘉图所讲的那种由彻底的市场竞争所带来的社会关系的抽象化过程。或者说,他暂时还无法理解商品的价值会由于价格竞争而导向生产成本的层面。对此时的马克思来说,不认可、不研究劳动产品及劳动过程的人性论内容,就是对劳动本质的抽象化解读,而这也是斯密等人所犯错误的最根本原因。

---

① 北京图书馆马列著作研究室编:《马恩列斯研究资料汇编》(1980年),书目文献出版社1982年版,第31页。

② 《马克思恩格斯全集》第3卷,人民出版社2002年版,第266页。

在写完第一笔记本之后,青年马克思对李嘉图等人的经济学著作都进行了摘录和评注,这部分内容在《巴黎笔记》中也清晰地呈现了出来。在对李嘉图《政治经济学及赋税原理》一书的摘录中,马克思写了很多的评注,我们从中可以明显地看出他对李嘉图劳动价值论的重视。概括起来,主要聚焦在以下两个方面:

第一,如果说在阅读斯密和萨伊著作时,他所理解的"抽象"是指斯密等人没有关注劳动的人性论内容而只关注劳动的财富价值论内容,那么,此时马克思所理解的"抽象"已经转变为,李嘉图只关注商品的自然价值而不关注它的市场价格,从而硬生生地把经济现实抽象化了,"当他谈交换价值时总是指自然价值,而撇开他称之为暂时或偶然原因的竞争的偶然性。国民经济学为了使自己的规律更严密和更确定,必需把现实当作偶然的,把抽象当作现实的。"①李嘉图看到了彻底的市场竞争会使商品价值超越市场主体相对需要的维度,进入到商品本身的生产成本即内含的劳动量的层面上。这种由竞争关系的普遍化所建构的社会关系之抽象化过程,显然已经被马克思掌握。虽然他此时还没有认识到这种社会抽象化过程所具有的理论意义,但他对经济现实的认知水平无疑比写作第一笔记本时要深刻一些。

第二,马克思对李嘉图的劳动价值论在不顾工人死活这一维度上的特点有了比以前更为深入的理解。斯密为了解释工人在劳动总产品中的所得额与劳动创造的价值之间的不对应性,把资本主义条件下的劳动价值论引向了外在价值的维度,即承认商品的价值是由该商品所能换得的劳动量所决定的。这在一定程度上表明了斯密的劳动价值论是很注重工人的劳动所得这一问题的,尽管他也拿不出解决上述不对应问题的办法。但李嘉图的劳动价值论索性把劳动创造的价值与劳动者的所得额区分开来,认为即使工人在劳动总产品中一无所得,也不影响商品的价值由内在的劳动量所决定。他在这一层面上对劳动价值论的彻底坚守,呈现出了对工人的死活漠不关心的特征。青年马克思在对李嘉图著作的摘录中清晰地抓住了这一点,他指出:"由于国民经

① 北京图书馆马列著作研究室编:《马恩列斯研究资料汇编》(1980年),书目文献出版社1982年版,第34页。

济学否认总收入即生产和消费的量(撇开剩余不论)的一切意义,从而否定生活本身的一切意义,所以它的抽象无耻到了极点。由此可以作出结论:(1)国民经济学关心的完全不是国家利益,不是人,而仅仅是纯收入、利润、地租,这些就是国家的最终目的。(2)人的生活本身没有什么价值。(3)特别是工人阶级的价值仅仅限于必要的生产费用,工人阶级仅仅是为纯收入即为资本家的利润和土地所有者的地租而存在"。①

马克思在《巴黎笔记》中所获得的上述思想,在《巴黎手稿》第二笔记本中体现为:他不再特别关注劳动产品及劳动过程的异化,而是转而关注工人在资本主义经济过程中的抽象性。青年马克思此时对李嘉图在经济学维度上关于自然价值与市场价格之关系的观点,除指责它把现实经济问题抽象化之外,尚无足够的经济学知识来对此作出更深的评价。因此,他在第二笔记本中的阐述重点是对《巴黎笔记》中所获得的上述第二个观点的拓展与深化。这具体表现为:马克思除了强调在资本主义生产过程中工人只是作为"商品人"②"劳动人"③而存在之外,还明确地指出了李嘉图等人在对人的存在、工人的存在漠不关心的道路上越走越远的事实。"李嘉图、穆勒等人比斯密和萨伊进了一大步,他们把人的存在——人这种商品的或高或低的生产率——说成是无关紧要的,甚至是有害的。在他们看来,生产的真正目的不是一笔资本养活多少工人,而是它带来多少利息,每年总共积攒多少钱"④。他在《巴黎手稿》第三笔记本中也延续了这种解读路径。把对工人生存状态的解读视域从纯粹的产品异化、劳动过程异化等层面转移到对社会关系抽象化的理论层面,可以推动青年马克思对现实过程本身的研究与解读。虽然在整个《巴黎手稿》中马克思还尚未找到理解这种社会关系抽象化的正确路径,即还不理解这种抽象化背后的社会历史过程,但解读路径的这种转向不仅使我们对《巴黎手稿》的手稿性质(即马克思在此文本中的学术思想不是铁板一块的,而是处在不断变

① 北京图书馆马列著作研究室编:《马恩列斯研究资料汇编》(1980年),书目文献出版社1982年版,第39页。

② 《马克思恩格斯全集》第3卷,人民出版社2002年版,第282页。

③ 《马克思恩格斯全集》第3卷,人民出版社2002年版,第283页。

④ 《马克思恩格斯全集》第3卷,人民出版社2002年版,第282页。

化之中的)有了新的认识,而且也能明确地看到对古典经济学的阅读和研究的深入对马克思的私有制批判理论所带来的积极影响。

当然,学术思想的发展不可能是一蹴而就的。马克思在《神圣家族》中仍然从直接劳动时间而不是社会必要劳动时间的角度来确定物品的价值,“在直接的物质生产领域,确定某物品是否应当生产,即确定这种物品的价值,这主要取决于生产该物品所需要的劳动时间。因为社会是否有时间来实现合乎人性的发展,就取决于时间。”①即使在《评弗里德里希·李斯特的著作〈政治经济学的国民体系〉》一文中,马克思对交换价值的理解也只是从对人类需要的维度上来谈论的,“交换价值完全不以‘物质财富’的特殊性质为转移。它既不以物质财富的质量为转移,也不以物质财富的数量为转移。当物质财富的数量增加的时候,交换价值就降低,尽管物质财富在增加以前和增加以后对人类的需要处于同样的关系”②。这说明此时的马克思还无法理解李嘉图的劳动价值论所凸显的社会关系抽象化思路。

《德意志意识形态》所建构的唯物史观赋予了马克思全面理解李嘉图劳动价值论的学术能力。于是,我们在《哲学的贫困》中看到了这样的表述:“李嘉图的价值论是对现代经济生活的科学解释;而蒲鲁东先生的价值论却是对李嘉图理论的乌托邦式的解释。……李嘉图的话是极为刻薄的。把帽子的生产费用和人的生活费用混为一谈,这就是把人变成帽子。但是用不着对刻薄大声叫嚷!刻薄在于事实本身,而不在于表明事实的字句!”③马克思此时之所以能够直面把人变成帽子的资本主义经济事实,是因为在唯物史观视域中这种经济事实具有了历史观上的意义,它不再只是一种僵硬的经济学事实,而是内含着生产力与交往形式矛盾运动内涵的一种社会历史现象。尽管马克思在此文本中对这种经济事实的理解主要还只是从由劳动产品的不平等分配而凸显出来的劳资阶级对抗的角度来展开的,但我们仍然要看到他在理论发展上所迈出的这一步是非常重要的。

实际上,李嘉图只是从普遍化的价格竞争这一经济学维度来理解社会关

① 《马克思恩格斯文集》第1卷,人民出版社2009年版,第270页。
② 《马克思恩格斯全集》第42卷,人民出版社1979年版,第253—254页。
③ 《马克思恩格斯全集》第4卷,人民出版社1958年版,第93—94页。

系的抽象化的，而马克思此时已经站在劳资阶级对抗的角度来把握这一点。对他来说，是资本主义社会关系的特殊性才导致了现实关系的抽象化，而不是仅仅由于价格竞争才出现这一问题的。因此，当马克思说李嘉图的价值论是对资本主义经济生活的科学解释时，他实际上是从自己已经获得的唯物史观的角度来理解李嘉图的价值论。我们不应从这一论断中得出李嘉图劳动价值论本身就足以构成对资本主义经济生活的科学解释的结论。

马克思在《哲学的贫困》中已经开始从对抗性阶级关系这一现实社会关系的角度来剖析资本主义经济关系的抽象性，但真正完成这种理论剖析则是在《资本论》及其手稿中。对此时的马克思来说，资本关系的抽象性既不来源于普遍化的价格竞争，也不来源于交换或分配领域的不公平，而是源自于资本主义生产过程的独特本质，即资本对雇佣劳动所创造的剩余价值的剥削。

在对资本关系抽象性的分析上，马克思为什么会从李嘉图所主张的价值论视角转变为剩余价值论视角呢？这是因为，唯物史观所强调的社会历史性思路使马克思准确地看到资本主义条件下的普遍化商品交换关系，其本质并不在于一般性的商品买卖关系，而在于由资本主义生产过程中各要素的分离所决定的劳资交换关系。这种劳资关系的特性并不能简单地从商品关系的性质中推论出来，“他们作为资本家和工人的关系，是他们作为买者和卖者的关系的前提。……这种关系并不是像例如使鞋匠成为靴子的卖者和皮革或面包的买者那样的社会分工，和不同劳动部门的相互独立化。相反，这是生产过程本身互相联系的各要素的分离，以及这些要素的一直达到彼此人格化的相互独立化，借助于这种分离和独立化，货币作为对象化劳动的一般形式变成劳动能力的买者，即交换价值的从而财富的活源泉的买者。”①也就是说，原先由李嘉图所揭示的、由商品价值论所凸显出来的资本关系之抽象性，其实是由资本主义生产过程中掌握生产资料的资本与拥有劳动能力的劳动力商品之间的交换所造成的，这种交换的本质恰恰不在于交换关系本身，而在于决定这种交换关系之性质的资本主义生产过程的独特性，即剩余价值的创造和被剥削的过程。马克思同时也清晰地看到，资本关系的抽象性不能仅仅从劳动产品的不

① 《马克思恩格斯全集》第38卷，人民出版社2019年版，第101—102页。

公平分配的角度来阐释，因为这里其实并不是独立生产者之间的产品分配问题，而是与生产资料相脱节的雇佣劳动者在生产过程中被剥削的问题。

更进一步，马克思在这里还看到了上述这些现象其实是与资本主义劳动过程的转型分不开的。与资本主义机器大工业相对应的是以劳动对资本的实际上的从属为特征的劳动过程，这种劳动过程的特点是，随着科学和机器在直接生产中应用的发展，劳动的社会生产力获得了快速的提高。“除劳动社会生产力的发展以外，资本主义生产的物质结果就是生产量的提高和生产领域及其分支的增加与多样化；随着这种情况，产品的交换价值相应地发展起来，产品作为交换价值发挥作用或实现为交换价值的范围也相应地发展起来。”①马克思在这里准确地看到了资本主义机器大工业的发展带来了生产领域的多样化以及交换价值的普遍化，因此，资本关系的抽象性最根本的还在于生产过程中所呈现的抽象性，而不仅仅在于交换关系层面上所呈现出来的抽象性。

对马克思来说，资本主义生产过程的第一级抽象来自于劳动力商品的抽象性。工人的劳动能力与生产资料相脱节，被迫与资本相交换并成为资本的一部分。这种抽象性在本质上反映的是资本主义生产关系的内在矛盾性，而不是一般商品交换关系中的价值形式性。它同劳动价值论中所说的与具体劳动相对应的抽象劳动概念并不在同一个理论维度上。因此，我此处所讲的劳动力的抽象性与索恩·雷特尔、莫伊舍·普殊同等人所讲的抽象劳动概念是不同的。资本主义生产过程的第二级抽象来自于劳动过程本身的抽象性。这种劳动过程在事实层面上是工人的劳动，是他们的生产能力的实现，但它又必须通过资本的劳动过程即资本的自我增殖过程的形式而表现出来。马克思将其称为“人本身的劳动的异化过程”②。这种抽象性反映的是资本主义生产过程的矛盾性和危机的必然性。严格地说，一般交换关系层面上由抽象劳动所反映出来的那种物质抽象或实在抽象，只有上升到上述这种劳动过程之抽象性的层面才有意义。由此，马克思在《资本论》及其手稿中，将对资本关系之

---

① 《马克思恩格斯全集》第 38 卷，人民出版社 2019 年版，第 122 页。

② 《马克思恩格斯全集》第 38 卷，人民出版社 2019 年版，第 73 页。

抽象性的批判推进到生产关系和生产过程的层面,从而完成了对斯密、李嘉图等古典经济学家的学术超越。

三、马克思超越古典经济学的哲学意义

强调马克思在唯物史观的形成和发展过程中对古典经济学解读视域的超越,是为了突出历史唯物主义在本质上与社会唯物主义在哲学方法论上的重要区别。斯密、李嘉图等古典经济学家尽管也从人与人之间相互关系的角度来理解经济关系的本质,但他们没有把这种相互关系放在现实历史过程之中,并从中看出这种相互关系的内在矛盾本质。对他们来说,社会唯物主义视域只是用来阐述资本主义经济制度的生理学基础,其背后是对资本主义私有制的天然合理性之认可。而马克思的历史唯物主义不是用解剖刀剖析资本主义的生理学,而是用科学的抽象力揭示资本主义制度的内在矛盾性。这与他从整个私有制社会发展过程的角度来解读资本主义经济过程的科学方法论直接相关。

当马克思把哲学上的唯物史观具体化为政治经济学批判视域中从抽象上升到具体的方法论时,他所凸显的是资本主义经济关系与其他私有制关系相比所呈现出来的历史特殊性。只有在历史观上坚持基于生产方式内在矛盾运动的唯物史观,在资本批判理论层面上才可能强调资本关系作为一种特殊的商品关系、货币关系的重要性,才可能正确地辨析资本逻辑与商品逻辑、货币逻辑之间的区别。马克思在《资本论》中所呈现的是对资本关系的批判,是对资本主义的商品关系和货币关系的批判,而不是对一般性的商品关系或货币关系的批判。

国外学界有人说资本主义的商品关系就是一般商品关系的普遍化时,他所讲的只是一种现象陈述,而不是理论分析。正像我在前面所说明的那样,资本主义的商品关系并不能简单地从商品关系本身的性质中产生出来,它不是一种独立的商品所有者之间的买卖关系,而是由资本主义生产过程的特殊性所造成的。是资本主义机器大工业(劳动对资本实际上的从属)所推动的社会化分工(只拥有劳动力的雇佣劳动者与拥有生产资料的资本家之间的分

工),而不是斯密与李嘉图所看到的那种鞋匠与面包匠之间的社会分工,才是建构资本主义商品关系的社会历史前提。看不到这一点,就无法真正把握住资本主义经济关系的本质特征,即使是像李嘉图那样已经在数量维度上对资本主义条件下商品交换关系的内涵作出深刻分析的理论家也不例外。正因为如此,马克思在《1861—1863 年经济学手稿》中批评李嘉图的劳动价值论既不充分也不真实,"应该指责李嘉图的是,一方面,他的抽象还不够充分,不够完全,因而当他,比如说,考察商品价值时,一开始就同样受到对各种具体关系的考察的限制;另一方面是,他直接把表现形式理解为一般规律的证实或表现;他根本没有揭示这种形式。就第一点来说,他的抽象是极不完全的,就第二点来说,他的抽象是形式的,本身是虚假的。"①可见,深入到生产过程之特殊性的层面是正确解读马克思资本关系批判理论或者说资本主义商品关系、货币关系批判理论的前提条件。

由此引出的理论质点是,马克思资本逻辑批判理论的核心内涵到底是什么?当代国外学界的不少学者忽视了马克思对古典经济学的方法论超越,抱着一种固有的偏见,即马克思在劳动价值论上完全照抄斯密和李嘉图的观点,他只是在剩余价值理论上才体现出了属于自己的东西。这些学者由此而得出了以下这个错误观点:马克思只有在与古典经济学家一样的劳动价值论上才具有科学性,而在属于他自己的剩余价值理论上则是基于意识形态维度的一种主观伦理判断。基于此,他们只从经济学维度上的劳动价值论视角来审视马克思的资本批判理论,并得出了价值形式的抽象性是马克思批判理论的本体论基础的结论。这种观点的最大问题是,没有看出马克思对古典经济学的方法论超越,因而只是用古典经济学家所使用的社会唯物主义的解读视域来审视马克思的资本批判理论的全部内容。这是导致他们在价值理论上只看到价值形式而看不到价值内容、在商品关系上只看到价值决定而看不到价值实现的原因。而基于历史唯物主义方法论的马克思,实际上是从历史性社会形态的角度来理解经济事实的,因此,对于他来说,并不存在独立的商品交换关系,而只有基于特定生产关系的资本主义商品交换关系。由此,马克思抓住的

① 《马克思恩格斯全集》第 34 卷,人民出版社 2008 年版,第 115 页。

批判支点,不可能只是主体间关系的物化或由抽象劳动所凸显出来的社会统治的抽象性,而必然会深入到社会经济形态的层面揭示经济关系背后所蕴含的内在矛盾运动。

于是,在斯密等古典经济学家只看到商品交换关系的地方,马克思发现了普遍化商品交换关系的核心是劳资交换关系,而劳资交换关系的前提是资本主义生产过程的独特性,即生产资料与劳动力相分离。这种由生产力发展的特定阶段所决定的资本主义生产关系形式,由于上述独特性而必然表现出其自身的内在矛盾以及与生产力发展之间的矛盾性。由此,在古典经济学视域中看似平常的商品交换关系,在马克思所采用的唯物史观的视域中便呈现出了历史观层面上的意义,即由内在矛盾运动推进社会形态发展的意义。正因为如此,马克思的资本批判理论才不需要在现实历史之外去寻找一个批判的支点,不管这一支点是人性还是抽象的理性。

马克思资本批判理论的核心内容是,揭示资本主义社会经济形态的内在矛盾及其运动规律,揭示资产阶级必然灭亡、无产阶级必然胜利的历史发展趋势。单一的物化批判或抽象统治批判理论不足以构成马克思资本批判理论的核心内容,因为资本主义条件下人与人关系的物化、由价值形式所决定的抽象统治等现象,其实只不过是资本主义社会经济形态内在矛盾运动过程中的外在表现。对马克思来说,资本关系中最大的物化并非一般性商品交换关系层面上由人与人之间的关系转变为物与物之间的关系而表现出来的那种物化,而是在劳动对资本的实际从属的条件下,劳动能力由于生产资料与之相脱离而表现为劳动力商品这种物化形式。只有从这种物化中才能既看出特定的生产力发展水平,又看出资本主义社会关系的内在矛盾性,而从前一种物化中只能看出人的本真状态的缺失。

同样,对马克思而言,资本关系中最大的抽象其实并不在于由商品交换价值所凸显出的那种抽象劳动形式,而在于工人的劳动过程偏偏要以资本的自我增殖的形式表现出来。这种抽象性不是指某种“应有”的异化或缺失,而是指出了某种历史的现实,因为资本主义条件下雇佣工人的劳动过程的确是以资本自我运动的形式而表现出来的;但这并不意味着它是一种历史的真实,因为资本的自我运动所呈现的恰恰是工人劳动过程的内容,而不是作为物的资本的神秘的自我运动。不管是资产阶级经济学家还是当代西方学界的一些左派学者,在对这种抽象性的认识上都出现了问题。譬如,克里斯多夫·阿瑟说,“我的观点是,黑格尔逻辑学可被用于对资本主义的这种研究,因为资本是一个非常特殊的对象,它以交换中真实的抽象过程为基础,这种交换中的真实抽象与黑格尔以思想抽象力分解和重建现实在很大程度上是相同的。正是在这个意义上才可能展现出黑格尔的‘无限’和马克思的‘资本’之间的联系。”①看来,阿瑟真的把资本的自我运动当作资本自身的神秘运动过程了。由此也可以看出,深化对马克思超越古典经济学之哲学意义的理解,有助于推进对马克思资本主义批判理论以及整个唯物史观之深层内涵的理解。

原载于《北京师范大学学报》2022 年第 4 期

① 克里斯多夫·约翰·阿瑟:《新辩证法与马克思的〈资本论〉》,高飞等译,北京师范大学出版社 2018 年版,第 10 页。

历史地看待恩格斯的谢林批判

刘森林*

尽管马克思比恩格斯更早地评论(晚期)谢林,但恩格斯于 1841 年底至 1842 年初连续写作三篇文章对谢林的批判显然更具影响力。如何看待恩格斯的谢林批判?当时的恩格斯为什么钟情黑格尔而批评晚期谢林?当晚期谢林批评黑格尔哲学是否定哲学、尚未进展到肯定哲学之时,为什么当时的恩格斯不认可这种批评,而钟情于理性科学(否定哲学)的理性?为什么不久之后恩格斯又高度肯定感性、经验、实存,并批评先验的逻辑、抽象的理性?恩格斯后来一直赞赏的"实证科学"(肯定性科学)同谢林提出的"实证哲学"(肯定哲学)是什么关系?如何看待恩格斯这方面思想的进展和变化?我们沿着这些问题作一些探究。

一、德国晚期启蒙运动背景下的选择

晚期谢林哲学的一个重要成果就是通过区分否定哲学与肯定哲学(一般又译为"实证哲学"或"积极哲学",本文中除马恩经典文本外,统一使用"肯定哲学")而对未来哲学发展进行展望。否定哲学是在理性、概念、逻辑、本质层面上把握世界,肯定哲学则是在否定哲学的基础上进一步拓展到经验、感性、

* 刘森林,山东大学哲学与社会发展学院教授、博士生导师。

具体、实存层面去把握世界。如果说否定哲学的核心是理性和逻辑,那么肯定哲学的核心就是生命、生活和经验。谢林初到柏林大学所作的启示哲学讲座,很快就涉及区分否定哲学与肯定哲学这部分内容。恩格斯认真听了讲座,并在评论谢林的第二篇文章中作了较详细的梳理分析,这说明他对该部分内容很熟悉。我们感兴趣的是,1841 年底至 1842 年初的恩格斯为什么欣赏推崇理性的黑格尔并批判限制理性的谢林?与强调感性、实存的肯定哲学相比,为什么恩格斯更欣赏作为理性科学的否定哲学?

首要原因在于,当时恰逢德国晚期启蒙运动时期,恩格斯采取了青年黑格尔派以哲学与宗教的对立来理解启蒙的框架。理性被视为启蒙运动的核心原则,但这种理性应该是与经验联系在一起的新理性,而不是指向上帝的传统理性。在康德那里,理性可分为纯粹理性与“被感觉所限制的理性”。从康德到黑格尔、晚期谢林、费尔巴哈,这种理性的经验色彩越来越浓,与上帝的关联越来越淡化,但毕竟都没有断开与上帝的联系,没有从感觉出发进一步处理与激情、欲望、利益的关系问题,因而还比较传统,现代性不足,不尽适应德国现代化的急切要求。就对待激情和传统形而上学的态度来看,如彼得·盖伊所说,“启蒙运动并不是一个理性的时代,而是一个反叛理性主义的时代”①。启蒙欢迎的是同经验、感性、激情、利益、欲望结合的理性,反叛的是从高高在上的上帝立场出发贬抑感性、激情、欲望的传统理性。贝尔纳·布尔乔亚说,“因此,启蒙运动的‘理性主义’变得越来越少理性,越来越多经验”,以至于“启蒙哲学是作为健全理智和常识的大众哲学而出现的”。② 就是说,理性本来就是强调的重心。问题不在于强调理性与否,而在于强调什么样的理性,强调理性朝什么方向发力、与什么力量结盟、主要用于解决什么样的问题。用勒佩尼斯的话说,“启蒙的基础不是理性思辨,而是与身体政治有关的涵盖一切的情感与欲望”③。理性如何看待和处理与情感、欲望的关系,才是现代启蒙的关键所在。由此,我们把马克思恩格斯对启蒙的理解分为三个阶段:第一阶段采用哲学与宗教对立的框架,在传统人文学意义上看待启蒙理性;第二阶段是进展

---

① 盖伊:《启蒙时代》下册,王皖强译,上海人民出版社 2016 年版,第 175 页。

② 布尔乔亚:《德国古典哲学》,冯刚译,人民出版社 2013 年版,第 34、54 页。

③ 勒佩尼斯:《德国历史中的文化诱惑》,刘春芳、高新华译,译林出版社 2010 年版,第 78 页。

到社会政治层面看待启蒙理性;第三阶段则是进一步拓展到社会、经济甚至更广泛的领域,在人文与社会科学的统一、思想与经济社会变革的统一中看待启蒙理性。把启蒙理性视为与感性、激情、欲望、利益不但不冲突反而相容的新理性。从第一到第三阶段,理性与现代社会生活中的日常经验、激情、利益的联系越来越密切。1841—1842 年的恩格斯还处在第一阶段,至多是从第一阶段导向第二阶段的过渡期。在这个阶段,启蒙被视为理性与信仰、哲学与宗教的斗争。对当时的恩格斯来说,理性意味着批判现存、自我意识、观念万能。①

此时恩格斯心目中的启蒙理性最本质的特征与其说是指向日新的现代社会生活,不如说是挣脱同上帝的内在关联。从康德到黑格尔,这种理性的背后都隐藏着上帝。康德的纯粹理性、黑格尔的历史理性,恐怕都是如此。虽然康德已开始重视理性在与感性、知性的联系中的使用,并在认识论范围内限制上帝的出场(上帝才有能力认识"物自身"),但在实践哲学中,背后站着上帝的实践理性仍然强势地介入人的实践生活。从早年的《信仰与知识》到《精神现象学》中启蒙与迷信之争,黑格尔都在宣扬一种哲学与神学的统一,对上帝作一种在谢林看来是唯理主义的解释。上帝代表着一种理性、精神,上帝在世界中的贯彻和实现就是理性在世界历史中的贯彻和实现。"上帝的活动不是别的,就是理性在世界之中的活动"②,而"理性是关于上帝的知识"③。世界历史就是精神实现的过程,是上帝实现的过程,是上帝作品的展现。黑格尔虽然比康德更重视社会经济生活中的理性,甚至比马克思更早地吸收了政治经济学,但最终仍然认定上帝在背后左右、主宰着世界。只是黑格尔的上帝是一种理性化的上帝,即使信仰也可以纳入理性解释之中。"信仰不是以明显合理性的或合逻辑的方式,而是以具体的意象、图像化的表象这种方式——诸如上帝的'恩典'和'爱'——来容纳理性的。"④信仰一般被认为是非理性的宗教,被黑格尔予以理性的解释,以至于这种理性化解释离无神论仅一步之遥。

① 参见《马克思恩格斯全集》第 2 卷,人民出版社 2005 年版,第 393 页。
② 霍尔盖特:《黑格尔导论:自由、真理与历史》,丁三东译,商务印书馆 2013 年版,第 390 页。
③ 黑格尔:《哲学科学百科全书 I 逻辑学》,先刚译,人民出版社 2023 年版,第 120 页。
④ 霍尔盖特:《黑格尔导论:自由、真理与历史》,丁三东译,商务印书馆 2013 年版,第 392 页。

这样一来，相较于康德和黑格尔，反对对宗教进行黑格尔“唯理主义”解释的晚期谢林，就容易被理解为持非理性主义立场。再加上晚期谢林主要讨论神话与宗教，就更易于被归到哲学与宗教、理性与信仰对立框架的后者一边，进而被视为对其先前所持启蒙理性立场的倒退。这势必导致当时人们首先关注的是肯定哲学中与上帝创世、启示密切相关的一面，而不是强调经验、实存、生成的一面。显然，黑格尔已关注与社会、经济生活密切联系的理性，更接近当时急切推进德国启蒙的青年黑格尔派。这一派别对黑格尔的不满不在于他谈论社会经济生活，更不在于他所持的共和主义立场，而在于这种立场还不够激进，偏于保守。而宣讲神话哲学和启示哲学的谢林当时恰好被普鲁士政府认可，青年黑格尔派对谢林的不满就不仅仅是立场激进程度的问题了，而是与谢林直接处于对立面了。

更何况，晚期谢林对黑格尔的质疑和批评，采取了这样的形式：为什么是存在，而不是无？为什么是理性的，而不是非理性的？这种质疑在哲学上是深刻的，富有意义的，有利于纠正黑格尔哲学把世界过于理性化的弊端①，但在当时的启蒙语境中，这容易被视为对非理性的赞许。于是，质疑理性至高无上的地位，还宣讲神话哲学与启示哲学，就成为违背启蒙理性精神的象征。支持谢林的普鲁士国家没有体现理性原则，体现的是基督教原则，因而与黑格尔哲学的理性原则对立。这就是恩格斯基于哲学理性与宗教启示的对立框架对黑格尔和晚期谢林所作的基本判断。相应的，否定哲学与肯定哲学的对立，也被置于这一框架之中：否定哲学推崇理性，对世界只作一种理性化解释；而肯定哲学推崇感性、实存、生成、偶然，却可能通向神秘和信仰。在这个框架中，实证原则成为理性的对立面。经验、实证、感性的东西成为落后的东西，成为同神话和启示起类似作用的东西。这同恩格斯随后批评黑格尔体系先有抽象逻辑而后神秘地派生出自然和精神很不相同。理性、逻辑是批判当时无法令人满意的普鲁士国家实存、现实的象征和立足点。恩格斯认为，谢林“把合乎理性的东西称为先于经验[a priori]理解的东西，把不合乎理性的东西称为根据

① 有学者认为，正是在对理性自身基础和依据的探究这一问题上，谢林超越了黑格尔达到了德国唯心论的顶峰。在反思和限定理性的作用、追问理性的基础和根据方面，谢林优于黑格尔。参见张旭：《在后现代发现谢林》，《山东大学学报》2003年第6期。

经验[a posteriori]理解的东西,并且把前者归入'纯理性科学或否定哲学',把后者归入应当重新创立的'实证哲学'"①。显然,此时的恩格斯站在理性一边,倾向于作为理性科学的否定哲学,而与处在其对立面的感性、实存保持距离,不赞成谢林的肯定哲学。当时恩格斯认为,迷信、感觉、神秘主义、诺斯替教派的幻想都是肯定哲学肯定的东西,而否定哲学肯定的就是理性原则,启蒙精神站在否定哲学一边。

在1841—1842年的恩格斯眼里,本质比实存更重要,理性比经验更重要,观念比实在更重要。对理性、观念的信奉意味着把它变成现实,而谢林的否定哲学要把理性变成可能,降低和否认了理性通向现实的革命性意义。恩格斯强调理性作为"认识的无限潜在力"本身所具有的力量,强调存在论所蕴含着的逻辑力量,认定思维具有这样一种处于先验地位的无限的潜在力。"它无需经验的帮助就能认识全部现实存在的内容。理性把现实中发生的一切,都理解为逻辑上必然的可能性。它不知道世界是否存在,它只知道,如果世界存在,世界就应当具有这样那样的属性。"②显然,恩格斯欣赏一种先于经验就确立的理性立场,一种批判普鲁士现存制度的立场。恩格斯是为理性对实存的指导性、批判性立场辩护。在理性与实存之间,恩格斯站在理性一边。理性意味着应该、理想、观念、自我意识、激进,实存则意味着宗教、信仰、固守、现存、不足。前者由黑格尔提供,后者由谢林提供。当然,恩格斯绝不认为晚期谢林在作为理性科学的否定哲学中能够提供一种批判现实的理性,而是认为理性在否定哲学中还受到了压制、扭曲;而肯定哲学则限制否定哲学中的理性,凸显这种理性不够现实、没有触及真实的自然界和社会精神世界。恩格斯明确指出,"谢林在纯理性科学即否定哲学中,不允许理性进行任何自我吹嘘,而是大大贬低它,羞辱它,让它意识到自己的弱点和罪孽,并且心存忏悔转向仁慈,因为只有仁慈可以使它变得神圣,受到启发,获得新生,从而能够认识上帝"③。而"在实证哲学中,理性通过自由的即启蒙的思维,借助神的启示,才

---

① 《马克思恩格斯全集》第2卷,人民出版社2005年版,第344页。
② 《马克思恩格斯全集》第2卷,人民出版社2005年版,第346页。
③ 《马克思恩格斯全集》第2卷,人民出版社2005年版,第400页。

获准得到基督的恩赐"①。在黑格尔与晚期谢林之间,恩格斯认可的是黑格尔的理性,不是晚期谢林的理性。如果撇开黑格尔与谢林来说,稍后的恩格斯认为黑格尔的理性也不够积极。

显然,问题不在于否定哲学还是肯定哲学,问题在于立足启蒙理性还是宗教启示、本质还是经验、观念还是实存。在启蒙理性与宗教启示之间作旗帜鲜明的选择,才是此时恩格斯判断的关键所在。他质询道,在论证启示是事实时,谢林"惟独不用理性的方法,因为谢林自己关上了理性论证的大门"②。这个立场就决定了恩格斯当时对晚期谢林的否定性态度。

二、晚期谢林的启蒙立场有些暧昧

恩格斯钟情黑格尔而批评谢林的原因还在于晚期谢林的启蒙立场不够鲜明,有些暧昧。

虽然康德、费希特、谢林和黑格尔都是启蒙哲学家,但同黑格尔相比,晚期谢林对启蒙理性原则的强调更不明显。理性对激情、利益、情感的接纳正在被视为启蒙理性的本质要求,但神话、宗教仍被视为启蒙的对立面。如恩斯特·卡西尔在论述伏尔泰时所指出的,虽然针对宗教的斗争"并非针对信仰,而是针对迷信,并非针对宗教,而是针对教会"③,但人们不会理会这个细节,一概把宗教信仰视为启蒙的对立面。谢林当时关注的恰恰就是神话、宗教,即使谢林试图在非理性中揭示理性,在无意义的假象中揭示意义,但仍然会给人以重视非理性甚至沉溺于非理性的印象。威尔海姆·G.雅各布斯曾特意强调,"在这一点上,谢林的运思努力保持在启蒙方案的范围内,即一定要寻得和揭示出理性。……谢林也是一样,也是努力在表面上看起来的非理性中揭示理性。在这种努力中,谢林的思想表明自己是一种对'更启蒙'方案的执行……谢林哲学应被理解为对启蒙任务的推进"④。"谢林思想刻着启蒙的烙印,这

① 《马克思恩格斯全集》第2卷,人民出版社2005年版,第401页。
② 《马克思恩格斯全集》第2卷,人民出版社2005年版,第330页。
③ 卡西尔:《启蒙运动的哲学》,李日章译,浙江大学出版社2022年版,第112页。
④ 雅各布斯:《谢林导读》,王丁译,东方出版中心2022年版,第172—173页。

一点在此也表现在他所用的方法上,即先验方法,也就是追问可能性条件的方法。"①

谢林在启示哲学后半部分的讲座中对自己是以哲学理性分析神话、宗教,而不是以神话和宗教贬抑哲学理性作了专门解释,可惜恩格斯没有听这部分讲座。谢林强调,神话哲学并不敌视人,而是探讨人的意识的历史,即代表着人类的"前历史时代的空间"。就是说,神不是物,而只能理解为具有自由品格和自为品性的"人",只不过在人类自我意识的早期阶段,"人类源初并不自为地自身存在,而是完全朝向着神,仿佛沉浸在神之中的自然物"②。神、神话就是人最初的自我想象物,神话哲学分析也就是一种人类意识的内在分析,而不是对人外在性的分析。就此,"关联于人类意识来看,神话进程的目的不是其他,正是把人类意识重新带回到对神的设定活动中,即恰恰把人类意识重新带回人类之中,重新治愈它,就此而言,走在神话进程这一纯然自然道路上的人类意识,是可以得到治愈的"③。在谢林看来,神性意图"本该寓居在人类中",不是从外部进入人的"另一种存在",因而,探究神话哲学的目的不是宣传神话、启示,而是回溯根源,还原本真,祛除各种形形色色、五花八门的误解或"混淆和未经批判的运用"。在恩格斯没有听的《启示哲学》第25讲中,谢林在谈到启示哲学的方法时特别指出:"启示哲学的内容不是其他,正是一种更高的历史,它同时回溯事物的开端,也指向它们的终点。启示哲学的意图不是其他,正是说明这一更高的历史,把它回溯到那些从另一方面已经为它所知晓并获得的本原上。"④启示哲学不是去树立一种学说或者思辨性的教义,只是历史性的哲学回溯;通过这些回溯,纠正教会提供的教条框框、经院哲学提供的非历史的固化教条,以及坚持内在神秘性并忽视外在因素和历史性因素的神秘主义处理方式。启示哲学之"启示"的本意是展开,鉴于"神秘主义跟唯理主义一样,都不理解历史性的东西"⑤,启示哲学就是在启示的展开过程

① 雅各布斯:《谢林导读》,王丁译,东方出版中心2022年版,第173页。
② 参见雅各布斯:《谢林导读》,王丁译,东方出版中心2022年版,第172—173页。
③ 谢林:《启示哲学》上册,王丁译,北京大学出版社2022年版,第235页。
④ 谢林:《启示哲学》上册,王丁译,北京大学出版社2022年版,第34页。
⑤ 谢林:《启示哲学》上册,王丁译,北京大学出版社2022年版,第38页。

中哲学地考察它,即在"一种更为宏大的关联脉络中""以同样自然且可把握的方式阐述为可能的",而"不是去要求某种教义性的东西"①;以便对多神教的神话和一神教的宗教作一种哲学考察。他希望自己对基督教作一种"渊博学识和广博的探究",即"必须像其他事实那样以纯粹理性的方式得到查验"。② 如果说启示是一种有待解释的秘密,那么基督教则"是一种已得开显的奥秘"③,一种哲学理性可理解的秘密。迄今只有自然的秘密受到人们如此的对待,而神话和启示还没有。谢林自认为他对基督教的哲学解释是呈现"在其整全本真性中的基督教","比那些自诩纯粹理性或者唯理主义的观点(它们把基督教的实在性要素消解得无影无踪)更理性地理解基督教"。④ 在《哲学与宗教》中,谢林曾"把理性的产物——理念——当作知性概念来对待,并且借助于知性概念来解释理念"⑤的做法称为独断论。虽然与恩格斯后来致力于揭示宗教的社会经济基础不同,谢林揭示的是宗教的意识与心理根基以及自然基础,但二者都致力于探寻观念的历史根基,不把宗教观念的生与灭视为简单的思想操作,视为理性一下子就能消解、抹去的事情。因此,认为哲学可以放弃探究超验性存在而只追究经验性事物,"仅仅适用于经验对象和有限事物,而对于理性以及超感性世界的事物,它只能保持一种纯粹的观望,或更确切地说,它完全看不到这些东西"⑥,这肯定属于谢林所谓"平庸浅薄的启蒙时代"之所为。费尔巴哈就有这样的嫌疑。

从这些论述来看,晚期谢林还是试图对神话、宗教作一种既非神秘主义亦非唯理主义但仍属理性的哲学考察。在这方面,当时的恩格斯认可黑格尔,不认可谢林。恩格斯指出,"迄今为止,任何哲学给自己规定的任务都是要把世界理解为合乎理性的";黑格尔对此的立场异常鲜明,而晚期谢林暧昧不清地"漫游在理性与非理性之间"。⑦ 至少,恩格斯在以下三点上不认可晚期谢林,

① 谢林:《启示哲学》上册,王丁译,北京大学出版社2022年版,第38、39页。
② 谢林:《启示哲学》上册,王丁译,北京大学出版社2022年版,第37页。
③ 谢林:《启示哲学》上册,王丁译,北京大学出版社2022年版,第35页。
④ 谢林:《启示哲学》上册,王丁译,北京大学出版社2022年版,第97页。
⑤ 谢林:《哲学与宗教》,先刚译,北京大学出版社2017年版,第22页。
⑥ 谢林:《哲学与宗教》,先刚译,北京大学出版社2017年版,第22页。
⑦ 《马克思恩格斯全集》第2卷,人民出版社2005年版,第344页。

不认为谢林能持一种理性立场,并由此批评他。

第一,虽然谢林自称在哲学与信仰的关系上坚持哲学理性的立场,拒斥“以信仰来补充哲学”并视这种立场“完全不可理喻”①,更拒斥宗教信仰高于哲学理性,明确认定信仰不是“处于哲学层面之上,而是必然把它置于哲学层面之下”②,但谢林对宗教的考察还是将把握基督人格作为启示哲学的唯一课题,认为“启示哲学要讨论的唯一课题,或者也可以说最优先的课题,就是把握基督这一人格”③,这使得谢林的肯定哲学仍然把肯定上帝、基督的实存(而不是其理念)当作重要任务,仍然在维护基督和上帝。这在当时的恩格斯看来显然已经落后于费尔巴哈的人本主义立场了。连费尔巴哈也在1842年的《关于哲学改革的临时纲要》中批评“谢林的理性主义只是表面的,他的反理性主义才是真实的”,断言“谢林归结到一种与理性原则矛盾的、神秘的、想象的存在和实在”了。④

第二,谢林对感性、经验、实存的强调,是一种哲学式的强调,不像浪漫派那样采取诗学的方式,以非常感性的(诗歌、小说、绘画、音乐、雕塑等)直接形式进行,而且这种强调所针对和展开的却是神话和宗教领域,而不是黑格尔那样关注社会经济生活。晚期谢林同以诗学方式丰富、直接地展现感性存在的浪漫派相比没有那么直接和具体;而与在经济社会层面展现现代性分析的黑格尔相比又没有那么接近社会现实,这都使谢林显得比较传统、不够现代,同时也显得比较抽象和晦涩。

第三,在当时恩格斯那里,从否定哲学到肯定哲学是走错了路。晚期谢林哲学不偏重肯定哲学的话会更有成就。“他如果不是把他的实证哲学的珍宝,而是把对施特劳斯的《耶稣传》、费尔巴哈的《基督教的本质》等等的批驳带来,那他还可以搞出点名堂来。”⑤这里的意思应该是肯定哲学导向上帝,而时代要求的则是告别上帝。“如果从潜在力转化为行动[apotentiaadactum]的

① 谢林:《哲学与宗教》,先刚译,北京大学出版社2017年版,第23页。
② 谢林:《哲学与宗教》,先刚译,北京大学出版社2017年版,第26页。
③ 谢林:《启示哲学》上册,王丁译,北京大学出版社2022年版,第39页。
④ 《费尔巴哈哲学著作选集》上册,荣震华等译,商务印书馆1984年版,第113页。
⑤ 《马克思恩格斯全集》第2卷,人民出版社2005年版,第367—368页。

假设不可避免地导致完全以这一假设为转移的逻辑上的上帝，那么为经验所证明的现实的转化也应当导致现实的上帝，而实证科学就是多余的了。”①

费尔巴哈曾总结道：“思辨哲学的本质就表现为对上帝的理性化、实在化和具象化，思辨哲学是真实的、彻底的，理性的神学。”②实在化、具象化在费尔巴哈眼里都是理性化的进一步推进，而不是相反，刚接触到谢林晚期哲学的恩格斯把这种具象化和实在化视为对理性化的偏离或弱化，并以更进一步的启蒙理性立场予以批判。此时恩格斯还没有形成自己成熟的思想，他是以青年黑格尔派的立场来看待晚期谢林的。所以此时恩格斯还没有立足于自己成熟的思想（历史唯物主义）对晚期谢林进行哲学批判。“青年恩格斯将这些课程理解为信仰和理性之间斗争的另一个方面……青年恩格斯对黑格尔的捍卫是对超越信仰的理性优越性的捍卫。黑格尔是正确的，而谢林是错误的，因为黑格尔是理念的发言人，而谢林是超自然力量的辩护者。”③理性与信仰的二分，是恩格斯当时批评谢林的第一个基本框架。第二个框架和第三个框架都不如这第一个框架重要。

三、社会政治批判与哲学批判：与马克思和费尔巴哈的比较

恩格斯批评晚期谢林的第二个框架是专制主义与共和主义的对立。黑格尔及青年黑格尔派多是共和主义者，而谢林阵营多是君主专制的拥护者。如果说还有第三个框架，那就是否定哲学与肯定哲学的区分。立足自己新创立的哲学对晚期谢林作出哲学批判，对恩格斯来说是《德法年鉴》时期之后才发生的事情。

在撰写的第二篇关于谢林的文章中，恩格斯用“批判反动派扼杀自由哲

① 《马克思恩格斯全集》第2卷，人民出版社2005年版，第368页。

② Ludwig Feuerbach, *Kritiken und Abhandlungen* II (1839–1843), Suhrkamp Verlag Frankfurt am Main, 1975, S.249.

③ 莱文：《不同的路径：马克思主义与恩格斯主义中的黑格尔》，臧峰宇译，北京师范大学出版社2009年版，第166页。

学的最新企图”作为副标题更进一步凸显了这一点。恩格斯采用的“黑格尔学说战无不胜的威力”的确切词汇,以及意味着谢林从南德慕尼黑来的“南德意志群山上空,乌云已经笼罩了10年之久,并且对北德意志的哲学变得越来越咄咄逼人和阴森可怕”①的修饰语汇,表明了他坚定维护黑格尔派的立场。这种立场不仅是哲学理性的立场,也是以赞成共和主义、用宪法约束国王的权力、增加自由派的权利为特征的。此时的恩格斯曾以共和主义者自称,称“1842年,青年黑格尔派成为公开的无神论者和共和主义者”②,随后就连续以第一人称“我们”说话。这意味着在共和主义与普鲁士专制国家之间,恩格斯站在前者一边。

第一个框架与第二个框架的结合,导致了一种日趋鲜明的社会政治批判。恩格斯在批判谢林的文章中虽然没用“时代精神”一词,但显然是在青年黑格尔派推崇理性、启蒙、自由、观念、自我意识等时代精神背景下进行的。启蒙理性使得世界“已经无须在非理性面前为自己辩解,因为后者不可能理解它”③。“自我意识的光辉日子”、“自由的桂冠”、作为“圣物”的“人类的自我意识”将开启一个新时代,在这个新时代中令人瞩目的就是“观念的力量”,一个足以超越利益甚至生命的最有力的力量,“观念永远平静地徘徊着,以便最后深入这一斗争并成为它的最深刻、最生动、自觉的灵魂”④,助力我们改变并缔造新世界。这个新时代喻示“继之而来的必将是自由的千年王国”⑤。观念就是力量,就是信念,就是替代宗教信仰的东西,“观念,人类的自我意识就是那只奇异的凤凰”;“这种相信观念万能,相信永恒真理必胜的信念,这种即使遭到全世界的反对也永远不动摇、永远不让步的坚定信心,就是每一个真正的哲学家的真正的宗教,就是真正的实证哲学即世界史哲学的基础”。⑥ 恩格斯在这里很稀奇地正面使用了“实证哲学”一词,但是加了一个“真正的”限定词,应该是为了与谢林的“肯定哲学”作出区分。

---

① 《马克思恩格斯全集》第2卷,人民出版社2005年版,第332页。
② 《马克思恩格斯全集》第3卷,人民出版社2002年版,第490页。
③ 《马克思恩格斯全集》第2卷,人民出版社2005年版,第392页。
④ 《马克思恩格斯全集》第2卷,人民出版社2005年版,第393页。
⑤ 《马克思恩格斯全集》第2卷,人民出版社2005年版,第393页。
⑥ 《马克思恩格斯全集》第2卷,人民出版社2005年版,第393页。

从恩格斯批判晚期谢林的两个框架出发，可以推断，恩格斯在听谢林讲课的同时，也听了老年黑格尔派成员马尔海内克和亨宁的课并对之表示肯定，因为两人赞成共和主义。政治上的先进性是第一位的，其他是第二位的。恰如诺曼·莱文指出，批判谢林的恩格斯“撰写的是一种直接的长篇政论”①。恩格斯 1842 年 7 月致卢格的信中也说，“我还年轻，是个哲学自学者”“‘兜售哲学的人’”，对于“要想有效地、有的放矢地为这种信念去工作，这些知识还不够”。② 这表明恩格斯对自己要求很高，他的谢林批判离这一要求还有距离。这几篇文章恩格斯没署真名，除了秘密从事政治活动不便让父亲知道外，显然还有学术考虑的缘故。当恩格斯说“我希望，当我再写点什么，同时署上自己的名字的时候，能够满足这些要求”③时，他也是真诚的。就连为恩格斯辩护的古斯特·科尔纽也认同这一点。“恩格斯当时还缺乏足够的知识来同谢林进行斗争。虽然他曾经通过自学深入地研究了黑格尔的哲学，但他对谢林学说却不很熟悉；他首先是把谢林当作一个政治上的敌人来加以攻击的。”④

青年恩格斯敏锐、聪明、勇敢、文笔流畅，但跟当时已获得博士学位的青年马克思相比，毕竟还有差距，甚至早就认识谢林并与之建立通信联系的费尔巴哈，当时也更了解谢林。通过与马克思及费尔巴哈的比较，我们更能看清这一点。

马克思比恩格斯更早、更多地了解谢林晚期哲学。在转入柏林大学的第一学期，马克思选修了谢林的学生亨利克·斯特芬斯的《人类学》课程，从而“对自然科学、谢林、历史有了某种程度的了解”⑤。马克思在大学期间积累的关于晚期谢林哲学的知识，充分反映在他的大学毕业论文即博士论文中。在比较德谟克利特与伊壁鸠鲁时，马克思较为频繁地使用“实证知识”（肯定知识）、“经验知识”、“实证科学”（肯定科学）、“感性知识”、“实在”等概念，这表明马克思对晚期谢林区分否定哲学与肯定哲学非常了解，而且比恩格斯甚

① 莱文：《不同的路径：马克思主义与恩格斯主义中的黑格尔》，臧峰宇译，北京师范大学出版社 2009 年版，第 189 页。

② 《马克思恩格斯全集》第 47 卷，人民出版社 2004 年版，第 301 页。

③ 《马克思恩格斯全集》第 47 卷，人民出版社 2004 年版，第 301 页。

④ 科尔纽：《马克思恩格斯传》，刘丕坤等译，生活·读书·新知三联书店 1963 年版，第 284 页。

⑤ 《马克思恩格斯全集》第 47 卷，人民出版社 2004 年版，第 13 页。

至早五年。由此,学界才有马克思的博士论文比较德谟克利特与伊壁鸠鲁其实隐含着对黑格尔与谢林的比较;以及这篇博士论文受到黑格尔1801年的论文《费希特和谢林哲学体系的差别》的启发并对其有所模仿的讨论。在博士论文的最后部分和附录中,马克思两次直接评论了谢林的肯定哲学,认为哲学自我意识的双重性表现为两个对立流派:一是自由派;二是“把哲学的非概念即实在性的环节作为主要的规定。这第二个派别就是实证哲学”①。只不过此时青年马克思也是欣赏前者而不欣赏后者。

在与谢林在埃尔兰根任教时的学生、听过谢林第一次神话哲学课程的卢格合编《德法年鉴》时,马克思1843年10月3日致信费尔巴哈,约他为《德法年鉴》写批判谢林的文章。当时的谢林已经与普鲁士政治高度捆绑,因而从政治启蒙角度批判谢林比较流行。马克思也认为“谢林是德意志联邦第三十八个成员。德国所有警察都归他统辖;我作为《莱茵报》编辑一度亲自领教过这一点。就是说,书报检查令不会放过任何反对神圣的谢林的东西”②。所以,“对谢林的抨击就是间接地对我们全部政治的抨击,特别是对普鲁士政治的抨击。谢林的哲学就是哲学掩盖下的普鲁士政治”③。马克思的评论立场鲜明、铿锵有力。在1857年致拉萨尔的信里,马克思说自己早年研究伊壁鸠鲁“与其说出于哲学的兴趣,不如说出于[政治的]兴趣”④。研究伊壁鸠鲁都如此,评论晚期谢林理应更甚;恩格斯的谢林批判就更不用说了。

不过,影响过青年马克思与恩格斯的费尔巴哈却正好相反,他先是对晚期谢林作了哲学批判而后才转向政治批判。费尔巴哈同卢格一样,在埃尔兰根时期就认识谢林,并有通信联系,不过费尔巴哈自那时到1839年一直是黑格尔主义者。从1838年《肯定哲学批判》开始,他对晚期谢林作哲学批判。在1843年3月31日写的《基督教的本质》第2版序言附记中“新谢林哲学……经报纸正式宣布为‘国家权力’”⑤前,费尔巴哈是青年黑格尔派中评论晚期

① 《马克思恩格斯全集》第1卷,人民出版社1995年版,第76页。
② 《马克思恩格斯全集》第47卷,人民出版社2004年版,第68页。
③ 《马克思恩格斯全集》第47卷,人民出版社2004年版,第69页。
④ 《马克思恩格斯全集》第29卷,人民出版社1972年版,第527页。
⑤ 《费尔巴哈哲学著作选集》下册,荣震华等译,商务印书馆1984年版,第24页。

谢林哲学最多的人。在《肯定哲学批判》中，他明确批评肯定哲学维护上帝的立场，批评谢林在哲学与启示之间调和而不旗帜鲜明拥护启蒙的暧昧立场，但也把肯定哲学视为最新的哲学，赞赏这种肯定哲学具有清新风格，不再像醉醺醺的传统哲学。① 费尔巴哈 1839 年的《黑格尔哲学批判》正式转向对其一度崇拜的黑格尔哲学的批判。在一直延续到 1842 年的《关于哲学改革的临时纲要》中，费尔巴哈都旗帜鲜明地把黑格尔与谢林的对立视为讨论未来哲学发展的基本构架，而不再单纯地在黑格尔哲学的分化中探究未来哲学的发展。费尔巴哈部分地肯定了晚期谢林对黑格尔哲学的批判，接受了晚期谢林关于黑格尔颠倒抽象本质与感性实在的关系等正确观点，并正面地影响了青年马克思和恩格斯。费尔巴哈向往的未来"新哲学"就是"新的唯一肯定的哲学"②，就是肯定哲学的进一步发展，因而既是对黑格尔也是对谢林的批判改造。如果说黑格尔哲学"作为旧哲学的完成，乃是新哲学的否定性的开始"，那么"谢林哲学是带着想像和幻觉的旧哲学，是新的实在哲学"。③ 只是，随着 1843 年初谢林形象的政治化和负面化，费尔巴哈才在随后的《未来哲学原理》中偶尔提及谢林，不再把谢林跟黑格尔并列，而把黑格尔视为传统哲学的代表，将谢林降低为传统哲学中的次要人物，并一直延续下来。

对于恩格斯更为关键的是，费尔巴哈在感性、经验中探寻一切抽象的根源，力图给一切抽象形而上学找到一个感性基础，显然是在把晚期谢林哲学的感性、经验、实存原则激进化。由于费尔巴哈"对对象、现实、感性，只是从客体的或者直观的形式去理解，而不是把它们当做感性的人的活动，当做实践去理解"④，因而找不到提出和解决黑格尔与晚期谢林争论的关键问题的路。费尔巴哈虽早于马克思和恩格斯对晚期谢林作哲学批判，但无奈能力有限，无法深化和拓展，反而在迅速转向政治批判中一度放弃了哲学批判，进而迅速落后于马克思恩格斯，并很快被超越了。费尔巴哈对谢林的哲学批判匆匆收场，未

---

① Ludwig Feuerbach, *Kritiken und Abhandlungen* Ⅰ (1832－1839), Suhrkamp Verlag Frankfurt am Main, 1975, S.204－205.

② Ludwig Feuerbach, *Kritiken und Abhandlungen* Ⅱ (1839－1843), Suhrkamp Verlag Frankfurt am Main, 1975, S.240.

③ 《费尔巴哈哲学著作选集》上册，荣震华等译，商务印书馆 1984 年版，第 114 页。

④ 《马克思恩格斯选集》第 1 卷，人民出版社 2012 年版，第 133 页。

能开花结果,而最后结出硕果的,却是马克思和恩格斯。

四、哲学批判:恩格斯的拓展

恩格斯对晚期谢林哲学的政治批判多且仍有效,构成其哲学批判的基础和先声。伴随着思想的推进,加上费尔巴哈的影响,恩格斯对晚期谢林的哲学批判不断展开,并取得进展。

不管是哲学启蒙还是政治启蒙,黑格尔都已无法满足青年黑格尔派的需要,因而受到这一学派的批评。晚期谢林一度要与青年黑格尔派联合来批评黑格尔,却由于谢林与普鲁士国家的联盟而告吹。恩格斯写完批判谢林的文章后不到一年就到达英国,在那里,他进一步接触资本主义社会现实,接触古典经济学,增强了他对从逻辑、理性出发的黑格尔哲学的不满。在社会现实的触动下,也得益于费尔巴哈的影响,马克思在 1843 年的《黑格尔法哲学批判》中已经批判了黑格尔哲学颠倒概念、逻辑与现实的关系,用先验的理念、逻辑遮蔽实在、具体事物,“不是从对象中发展自己的思想,而是按照自身已经形成了的并且是在抽象的逻辑领域中已经形成了的思想来发展自己的对象”,并指责“这是露骨的神秘主义”。① 恩格斯在跟马克思合著的《神圣家族》中批评“黑格尔哲学……把现实的问题变为思辨的问题”②,力主以感性、实在对抗抽象形而上学。这同谢林强调应立足自然界,“亦即立足于经验事物的层面”③,而批评黑格尔抽象地建构他的逻辑学较为类似。只是由于谢林负面的政治化形象,1843 年初以后的青年黑格尔派已不愿再提及他。施蒂纳甚至完全不提及谢林,就把晚期谢林的肯定哲学激进化到比费尔巴哈更严重的程度,声称只有实存才是本质,此外再无普遍本质。费尔巴哈直观地推崇感性,简单粗暴地对待超感性的普遍、本质维度的存在,施蒂纳则否定一切普遍本质,把世界完全实存化、碎片化。这两个激进方案把晚期谢林肯定哲学所推崇的感性、实存、生成原则极端化到令人忧虑甚至荒谬的程度,引发恩格斯与马克思

① 《马克思恩格斯全集》第 3 卷,人民出版社 2002 年版,第 18—19 页。
② 《马克思恩格斯全集》第 2 卷,人民出版社 1957 年版,第 115 页。
③ 谢林:《近代哲学史》,先刚译,北京大学出版社 2016 年版,第 166 页。

的高度关注，促使他们合写了《德意志意识形态》这部标志着马克思主义的诞生的名著。他们明白，并不是越强调感性、具体、实存就越唯物主义和合理，像施蒂纳这种极端之论，同样会导致唯心主义。如果说费尔巴哈的失误是过分强调感性并且只在直观意义上理解感性，不能进一步在实践层面理解感性，那么施蒂纳的失误就是完全否定了普遍本质，陷入了极端唯名论，其感性反而非常抽象。他们都没有找到正确处理感性、经验、实存、生成及其与普遍本质，否定哲学与肯定哲学的关系的方案。恩格斯与马克思在把感性、实存置于实践层面加以理解的基础上，以全新的思路来把握普遍本质与感性实存、整体与部分、抽象与具体之间的辩证关系，建构了历史唯物主义新理论。在此过程中，有两点值得注意。

第一，从《神圣家族》开始正面使用“实证科学”（肯定性科学）一词起，恩格斯与马克思在《德意志意识形态》及其后著作中一直都强调“肯定性科学”。他们把晚期谢林、费尔巴哈对“肯定哲学”的讨论调整为“肯定性科学”。谢林在讨论否定哲学时也曾用过“唯理论哲学”“纯粹的理性科学”等概念，而与之对立的就是“肯定性科学”。[①] 既然“否定哲学”可被称为理性科学，那么肯定哲学也可以被称为实证科学或“肯定性科学”。这样，实证科学（肯定性科学）就可以是理性科学的对立面。在《德意志意识形态》中，恩格斯与马克思使用了“真正的实证科学”这一表述。从其所用概念来看，他们高度肯定从现实出发、基于科学方法的非抽象知识。他们指出，“在思辨终止的地方，在现实生活面前，正是描述人们实践活动和实际发展过程的真正的实证科学开始的地方。关于意识的空话将终止，它们一定会被真正的知识所代替。对现实的描述会使独立的哲学失去生存环境，能够取而代之的充其量不过是从对人类历史发展的考察中抽象出来的最一般的结果的概括。这些抽象本身离开了现实的历史就没有任何价值”[②]。对世界作抽象、逻辑把握的传统哲学，即“否定哲学”，将被终止，在未来将失去独立生存资格，会被“真正的实证科学”（真正的肯定性科学）取代。这“真正的实证科学”（真正的肯定性科学）比之前的“实

① 参见谢林：《启示哲学导论》，王丁译，北京大学出版社2019年版，第149—151页。
② 《马克思恩格斯选集》第1卷，人民出版社2012年版，第153页。

证科学”(肯定性科学)更强化了。恩格斯与马克思用“肯定性科学”取代了“肯定哲学”,否定了晚期谢林为肯定哲学奠基的否定哲学。但在肯定性科学之中,仍有依赖于“现实的历史”的普遍和抽象,这种普遍与抽象不能为感性、实存奠基,也不能为崇尚感性、实存的肯定哲学奠基,却高度依赖于现实和具体的存在。

这个观点在1888年的《路德维希·费尔巴哈和德国古典哲学的终结》中一直延续着。思辨哲学被具体的科学替代,实证哲学(肯定哲学)转换为实证科学(肯定性科学)。正如恩格斯指出的,唯物主义历史观“结束了历史领域内的哲学,正如辩证的自然观使一切自然哲学都成为不必要的和不可能的一样。……这样,对于已经从自然界和历史中被驱逐出去的哲学来说,要是还留下什么的话,那就只留下一个纯粹思想的领域:关于思维过程本身的规律的学说,即逻辑和辩证法”①。与《德意志意识形态》相比,新的变化是,传统哲学不再被全部否定,还有保留下来的部分,即“逻辑和辩证法”。

第二,本质与实存、抽象与具体的关系,一直贯穿恩格斯与马克思的哲学思想发展。从《神圣家族》批判黑格尔哲学把先验的逻辑置先、具体经验实在居后,到发现费尔巴哈把感性具体直观化、施蒂纳把实存绝对化并完全否定普遍本质,再到《资本论》时期重新强调本质针对经验个别的重要性,恩格斯和马克思一直在调整本质与实存辩证关系的合理结构。对于黑格尔与谢林之争关涉到的这个根本问题,恩格斯与马克思一生都在不断思考、不断推进。对于其中蕴含着的某些问题,比如精神与自然的关系问题,恩格斯在告别自己1841—1842年时的唯心主义立场之后,也在一直批评黑格尔,并同谢林批评黑格尔“概念本身只能存在于意识之内,因此它们不是在自然界之先,而是在自然界之后,才被当做客观的东西。黑格尔把概念放置在哲学的开端处,也就剥夺了它们的自然的地位”②的立场较为接近。直到恩格斯在《路德维希·费尔巴哈和德国古典哲学的终结》中批评黑格尔对概念与自然关系的颠倒,强调“唯物主义把自然界看做唯一现实的东西,而在黑格尔的体系中自然界只

---

① 《马克思恩格斯选集》第4卷,人民出版社2012年版,第264页。

② 谢林:《近代哲学史》,先刚译,北京大学出版社2016年版,第169页。

是绝对观念的‘外化’，可以说是这个观念的下降”①，他既批判黑格尔也批判谢林。洛维特说，谢林的“肯定哲学不像否定——理性哲学那样从思维走向存在，而是从‘径直的存在’走向思维”②。强调存在先于思维，很容易同恩格斯后来在《路德维希·费尔巴哈和德国古典哲学的终结》中关于存在与思维关系的观点一致起来，但谢林的肯定哲学最终要证实完满之神的实存，即“整个(肯定)哲学不是其他，正是对绝对精神的证实”③，这与恩格斯后来强调经验之物的优先性不同。在谢林那里，肯定哲学要以否定哲学为基础，优先的仍然是否定哲学致力于探讨的那种理性、神，恩格斯对这一点的批评自始至终都不会改变，只是对实践维度的评价会有一些调整。而本质与实存的关系却在《德意志意识形态》《资本论》中有不同的调整和推进，其论证角度、深度、结构有进一步的完善。就前者而言，在《谢林和启示》一文中，青年恩格斯虽然肯定谢林对基督教的解释“还包含许多有教益的东西”④，但总的来说倾向于激进地否定基督教。晚年恩格斯却在《反杜林论》中强调，无产阶级平等观“起初采取宗教的形式，借助于原始基督教”⑤获得表达；在《论原始基督教的历史》一文中，恩格斯探寻“原始基督教的历史与现代工人运动有些值得注意的共同点”，甚至把原始基督徒说成是“纯粹由奴隶构成的当时的工人阶级”⑥，肯定了基督教对于无产阶级事业的实践性意义，这与他在青年时期批判晚期谢林相比有了一定程度的调整。⑦

看来，批判思辨哲学，肯定基于感性经验、自然现实的肯定(实证)哲学，进一步赞赏实证(肯定性)科学，一直是恩格斯和马克思努力推进的立场，并没有因为它已在《德意志意识形态》中确立起来就一成不变。当时恩格斯对晚期谢林的批评，是一个正在形成自己思想的青年思想家所作的批评。随着

---

① 《马克思恩格斯选集》第4卷，人民出版社2012年版，第228页。

② Karl Löwith, *Von Hegel zu Nietzsche*, J.B.Metzlersche Verlagbuch handlung Stuttgart, 1988, S.153.

③ 谢林：《启示哲学》上册，王丁译，北京大学出版社2022年版，第82页。

④ 《马克思恩格斯全集》第2卷，人民出版社2005年版，第381页。

⑤ 《马克思恩格斯选集》第3卷，人民出版社2012年版，第484页。

⑥ 《马克思恩格斯选集》第4卷，人民出版社2012年版，第327页。

⑦ 参见刘森林、冯争：《从上帝之死到真诚信仰：恩格斯与克尔凯郭尔》，《马克思主义与现实》2021年第2期。

时代的进步和思想的推进、与马克思的合作、费尔巴哈影响因素的介入、施蒂纳以极端形式的刺激,都驱使恩格斯的批判不断调整、不断深入、不断结出硕果。所以,应该用不断发展的眼光看待恩格斯的谢林批判,把它视为一个不断调整和完善的过程。

原载于《马克思主义与现实》2023 年第 6 期

关于《资本论》创作方法的再探析

李佃来*

在哲学社会科学的研究中，方法和内容往往具有同等重要的意义，甚至构成研究内容的前提。《资本论》是马克思倾注毕生精力创作的巨著，而其创作方法，是一个研究者们不能绕开或回避的重大问题。在一定意义上，我们只有真正透彻地理解了这个问题，才能够切实地把握《资本论》的理论内容和思想实质。20世纪60年代初期，我国学术界曾就这个问题进行过专题讨论，人们在当时不仅没有达成共识，而且在一定意义上使得关于这个问题的研究成了一桩"疑案"。之后，学术界在谈到这个问题时，也一直是众说纷纭。人们在一些重大问题上存在分歧，是学术研究中的一种正常现象。然而，就《资本论》的创作方法而言，在人们莫衷一是的理解中，却始终存在许多似是而非、模糊不清甚至极端错误的地方，而这也正是学术界长期以来难以在该问题上取得共识的一个深层次的原因。这不仅严重影响到人们对《资本论》和马克思政治经济学思想的整体把握，而且也影响到对马克思主义哲学的界定。本文力图在文本与思想史的综合性视域中，对《资本论》的创作方法作出正本清源的考察和分析，既由此从根本上阐明这一具有前提性意义的重大基础理论问题的关键方面，也一并消除有关该问题的一些模糊认识和错误理解，为相关研究提供一个确当的认知框架和学术出发点。

---

* 李佃来，武汉大学哲学学院教授。

一、《资本论》创作方法的内核是辩证法

《资本论》创作的方法问题,既是马克思的研究者们不能回避的重大问题,也是马克思本人极为重视的问题。在《资本论》创作的前前后后,马克思多次就这个问题发表过自己的意见。例如,在为《资本论》的奠基性文本——《政治经济学批判》写的导言中,马克思对政治经济学的方法曾给予过专题性的说明。在致恩格斯的信中,马克思希望恩格斯为自己出版不久的《政治经济学批判》写一个短评,重点是"谈一下方法问题和内容上的新东西"。① 在致《资本论》第一卷法文版出版者拉沙特尔的信中,马克思则直言不讳地指出,自己使用的方法"至今还没有人在经济问题上运用过,这就使前几章读起来相当困难"。② 他为此还担心,急于追求结论的法国人会因为一开始就不能继续读下去而气馁。在为《资本论》第一卷第二版所写的跋中,马克思再一次重点提到方法问题,强调"人们对《资本论》中应用的方法理解得很差,这已经由对这一方法的各种互相矛盾的评论所证明"。③ 问题在于:这个为马克思所重视,而人们在理解上常常又不得要领的方法的内核是什么?我们需要回到马克思和恩格斯的有关文本,来梳理和阐释这个问题。

在应马克思的要求而为《政治经济学批判》写的书评,即《卡尔·马克思〈政治经济学批判。第一分册〉》中,恩格斯郑重指出:对待科学的方法有两种,一是黑格尔创立的那种具有完全抽象思辨形式的辩证法,二是平庸的、沃尔弗式的形而上学方法。资产阶级经济学家们通常采用后者来著书立说,但前者却是唯一可以改造使用的方法。黑格尔的辩证法包含着巨大的历史感和划时代的历史观,且结束了过去的全部逻辑学和形而上学。对这个方法进行批判和改造,是马克思承担起的一项重任,也构成了其政治经济学批判的坚实基础。具体地说,马克思"从黑格尔逻辑学中把包含着黑格尔在这方面的真正发现的内核剥出来,使辩证方法摆脱它的唯心主义的外壳并把辩证方法在

① 《马克思恩格斯全集》第29卷,人民出版社1972年版,第442页。
② 《马克思恩格斯文集》第5卷,人民出版社2009年版,第24页。
③ 《马克思恩格斯文集》第5卷,人民出版社2009年版,第19页。

使它成为唯一正确的思想发展形式的简单形态上建立起来。马克思对于政治经济学的批判就是以这个方法做基础的，这个方法的制定，在我们看来是一个其意义不亚于唯物主义基本观点的成果”。① 恩格斯在这里对马克思政治经济学批判的方法给予了极高评价，而这一方法根本说来，就是在黑格尔基础上予以改造使用的辩证法。

在《资本论》第二版跋中，马克思呼应恩格斯的评论，对自己在黑格尔基础上改造使用辩证法这一重要事实，又作了进一步说明：“正当我写《资本论》第一卷时，今天在德国知识界发号施令的、愤懑的、自负的、平庸的模仿者们，却已高兴地像莱辛时代大胆的莫泽斯·门德尔松对待斯宾诺莎那样对待黑格尔，即把他当做一条‘死狗’了。因此，我公开承认我是这位大思想家的学生，并且在关于价值理论的一章中，有些地方我甚至卖弄起黑格尔特有的表达方式。辩证法在黑格尔手中神秘化了，但这决没有妨碍他第一个全面地有意识地叙述了辩证法的一般运动形式。在他那里，辩证法是倒立着的。必须把它倒过来，以便发现神秘外壳中的合理内核。”②我们看到，马克思在这个说明中，不仅表达了自己在创作《资本论》时甘愿以黑格尔为师的诚恳态度，而且也指出了自己对后者的辩证法进行改造的基本方案——将倒立着的辩证法颠倒过来。这是一个极为根本的“摆脱唯心主义外壳”的唯物主义改造，其中心思想就在于把辩证法视为以现实事物而非以观念为本体的方法。

如果说恩格斯的评论和马克思的说明以确凿无疑的证据表明，《资本论》创作方法的内核，就是在黑格尔的基础上予以唯物主义改造的辩证法，那么，要在这个问题上作出深层次的把握和全方位的理解，则需要继续追问：马克思为何对辩证法给予如此之高的重视？

马克思在《1844 年经济学哲学手稿》中的一段重要论述，对于我们理解上述问题富有启示。马克思指出：“国民经济学从私有财产的事实出发。它没有给我们说明这个事实。它把私有财产在现实中所经历的物质过程，放进一般的、抽象的公式，然后把这些公式当做规律。它不理解这些规律，就是说，它

① 《马克思恩格斯文集》第 2 卷，人民出版社 2009 年版，第 603 页。

② 《马克思恩格斯文集》第 5 卷，人民出版社 2009 年版，第 22 页。

没有指明这些规律是怎样从私有财产的本质中产生出来的。国民经济学没有向我们说明劳动和资本分离以及资本和土地分离的原因。例如,当它确定工资和资本利润之间的关系时,它把资本家的利益当做最终原因;就是说,它把应当加以阐明的东西当做前提。同样,竞争到处出现,对此它则用外部情况来说明。至于这种似乎偶然的外部情况在多大程度上仅仅是一种必然的发展过程的表现,国民经济学根本没有向我们讲明。"①显而易见,马克思这段论述的主旨,就是对国民经济学进行批判。如果将马克思的批判概括为一句话,即国民经济学把应当加以阐明的东西当成了前提,那么,马克思在政治经济学的探索上所确立的根本问题意识和关键致思路向,则是对国民经济学的前提和出发点,在纵深层面上予以不断质询、追问和考察。《资本论》是马克思 1844 年之后持续不断地研究政治经济学的一个伟大理论结晶,而《1844 年经济学哲学手稿》是这个工作过程的起点文本。马克思在这个起点文本中所确立的问题意识和致思路向,贯穿在其政治经济学研究的始终。《资本论》创作的整个过程,也就是马克思在英法政治经济学的基础上不断地向纵深追问和追溯的过程。对于这一点,恩格斯在为《资本论》第二卷所写的序言中,有过一个明确的表述:马克思的意见"是和所有他的前人直接对立的。在前人认为已有答案的地方,他却认为只是问题所在"。②

马克思的上述问题意识和致思路向,决定和昭示了其所使用的方法。毋庸置疑,这一问题意识和致思路向,表征的是一种穿越表面现象而达及本质层面的深度理论思考。这种深度理论思考的一个根本前提,就是对本质和现象、原因和结果作出敏锐把握和精确区分。这种把握和区分所需要的思维方法,不是在一成不变的思维界面上非此即彼地进行推理的形而上学方法,而必定是用联系和发展的眼光分析问题的辩证方法。这不仅仅是因为本质和现象、原因和结果原本就是辩证法的范畴,同时也是因为马克思所要探知和捕获的本质和原因,往往是那种在事物的内部联系中被"包裹"起来或在事物的发展过程中动态"生成"的东西,而对于这种东西的探知和捕获而言,形而上学方

① 《马克思恩格斯文集》第 1 卷,人民出版社 2009 年版,第 155 页。
② 《马克思恩格斯文集》第 6 卷,人民出版社 2009 年版,第 21 页。

法显然无能为力，辩证法才是唯一有效的思维工具。实质上，在对事物的认识和分析上，辩证法不仅强调联系的观点和发展的观点，而且与形而上学方法相比，也具备一种跨界、进阶和上升的思维能力。这种卓越不凡的能力，几乎就是把握深层次的本质和原因之不可或缺的重要条件。这样来看，马克思将辩证法引入政治经济学，并使之成为方法论的内核，①就是顺理成章的事情。相反，以亚当·斯密、大卫·李嘉图为代表的英国古典政治经济学家并不注重对深层次的本质和原因进行追问，所以，他们也不可能运用辩证思维逻辑来对经济学的范畴加以分析。

二、从抽象到具体是《资本论》创作方法的逻辑形式

在《〈政治经济学批判〉导言》中专论政治经济学的方法时，马克思明确提出、界划了“从具体到抽象”和“从抽象到具体”这两种方法。学术界在理解《资本论》创作方法上的分歧，主要就来自对这两种方法的认识。毫无疑问，要对以辩证法为内核的《资本论》创作方法作出透彻把握，并解决人们在理解上的分歧点，就必须廓清这两种方法的真正含义。

对于“从具体到抽象”和“从抽象到具体”，马克思这样说道：“从实在和具体开始，从现实的前提开始，因而，例如在经济学上从作为全部社会生产行为的基础和主体的人口开始，似乎是正确的。但是，更仔细地考察起来，这是错误的。如果我，例如，抛开构成人口的阶级，人口就是一个抽象。如果我不知道这些阶级所依据的因素，如雇佣劳动、资本等等，阶级又是一句空话。而这些因素是以交换、分工、价格等等为前提的。比如资本，如果没有雇佣劳动、价值、货币、价格等等，它就什么也不是。因此，如果我从人口着手，那么，这就是关于整体的一个混沌的表象，并且通过更切近的规定我就会在分析中达到越来越简单的概念；从表象中的具体达到越来越稀薄的抽象，直到我达到一些最简单的规定。于是行程又得从那里回过头来，直到我最后又回到人口，但是这

---

① 需要说明的是，在黑格尔和马克思的全部理论语境中，辩证法既是一种思维方法，也代表了一种真理观以及关涉到人的生命创造活动的价值观。

回人口已不是关于整体的一个混沌的表象,而是一个具有许多规定和关系的丰富的总体了。……后一种方法显然是科学上正确的方法。具体之所以具体,因为它是许多规定的综合,因而是多样性的统一。因此它在思维中表现为综合的过程,表现为结果,而不是表现为起点,虽然它是现实的起点,因而也是直观和表象的起点。在第一条道路上,完整的表象蒸发为抽象的规定;在第二条道路上,抽象的规定在思维行程中导致具体的再现。"①我们看到,马克思在这段论述中,不仅把"从具体到抽象"和"从抽象到具体"概括和认定为政治经济学的两条道路即两种方法,而且还提出了自己对这两种方法的基本判断:前者是一种看似正确实则错误的方法,后者才是科学上正确的方法。我们该如何认识这两种方法?它们与辩证法是什么关系?

在关于上述两种方法的认识上,学术界长期以来一直存在一种颇为流行的观点,即认为"从具体到抽象"和"从抽象到具体"是两种不同类型的方法——前者是一种研究方法,后者是一种叙述方法。这种观点的立论依据大致在于:马克思作为最坚定的唯物主义者,将研究和批判世俗世界与感性现实确立为自己的根本理论主张,所以在政治经济学上,他遵从的研究思路和研究方法,应当是从具体到抽象。至于从抽象到具体,则是一种以先在观念为起点的纯粹逻辑演绎方法,故而它不可能成为马克思的研究方法,而只是其叙述方法。而如果将它认定为研究方法,那就注定会陷入唯心主义的解释逻辑,其结果,就是将《资本论》判定为一部由观念推导而来的非科学著作。我们必须指出:这种观点虽然也有深刻之处,如看到了研究方法和叙述方法的区分,但总体而言,并没有把握住"从具体到抽象"和"从抽象到具体"的真正含义,在其中存在着深层次的、需要从源头上予以澄清的认知混乱和理论误区。

实质上,马克思在这里提出的从具体到抽象,是一种在认识论意义上与辩证法判然有别的经验主义方法。之所以将这一方法论定为经验主义方法,是因为经验主义的标志性思维路径和认识过程,正在于从具体直观的经验对象中,直接归纳、引申、抽象出普遍一般的结论、原理、规律。这正如黑格尔在《小逻辑》中指出的,经验主义者将属于知觉、感觉和直观的内容提升为普遍

① 《马克思恩格斯文集》第8卷,人民出版社2009年版,第24—25页。

的观念、命题和规律，亦即“把这类具体的内容抽象化”。① 追溯起来，经验主义作为一种思维方式和研究方法得以流行，是培根之后的事情。培根之后，经验主义不仅发展为一个与唯理论分庭抗礼的哲学认识论传统，而且它还被广泛运用到物理学和政治经济学等多个领域。英国古典政治经济学之父威廉·配第在17世纪创立其理论体系时，就明确地运用了培根的经验主义方法，其核心也就是从具体到抽象的方法。马克思显然是因为看到了这一基本事实，才在《〈政治经济学批判〉导言》中指出，17世纪的经济学家走的就是从具体到抽象的道路。

黑格尔在建立其辩证逻辑体系时，曾对经验主义作出过深刻批判。依黑格尔的批判，经验主义在从具体到抽象的路径上求得普遍结论和原理时，注重对认识对象的各种不同规定性在知性意义上进行区分，但并不重视在理性意义上对这些规定性加以综合，这就会不可避免地造成思维和认识上的“短视”，从而使具体的、丰富的、有生命的内容，变成贫乏的、干瘪的、僵死的、抽象的东西。列宁曾经指出：“人的认识不是直线（也就是说，不是沿着直线进行的），而是无限地近似于一串圆圈、近似于螺旋的曲线。这一曲线的任何一个片断、碎片、小段都能被变成（被片面地变成）独立的完整的直线，而这条直线能把人们（如果只见树木不见森林的话）引到泥坑里去，引到僧侣主义那里去（在那里统治阶级的阶级利益就会把它巩固起来）。”②经验主义的认识路径和认识过程，相当于列宁在这里指认的认识直线。在政治经济学的研究中，这条缺乏辩证思维的认识直线，会把复杂的经济关系作“简单化”和“平面化”的处理，会把存在种种内部联系的经济事物和经济表象蒸发为抽象的规定。马克思既然注重的是在纵深层面上予以追问和考察，那么他也就不可能遵循这条直线分析经济现象。而他之所以将从具体到抽象认定为一种看似正确实则错误的方法，根本原因就在这里。

进一步说，从具体到抽象作为一种经验主义方法，总体来看，也是一种归纳方法。与归纳方法呈现相反路径的是逻辑演绎方法。但从抽象到具体却并

---

① 黑格尔：《小逻辑》，贺麟译，商务印书馆1980年版，第111页。

② 《列宁专题文集 论辩证唯物主义和历史唯物主义》，人民出版社2009年版，第152页。

不是逻辑演绎方法,虽然演绎方法通常就是要求从抽象和一般,合乎逻辑地推演出具体和个别。要对马克思提出的从抽象到具体作出准确而完整的理解,就不能不再次回到黑格尔,因为这一方法的发明者和首创人是黑格尔,而马克思对这一方法的评判是以黑格尔为基础的。

从抽象到具体虽然不是逻辑演绎方法,但本质上是一个逻辑的方法,其体现形式就是逻辑。从黑格尔的文本来看,作为逻辑的从抽象到具体,最终是在《逻辑学》中创立起来的。众所周知,《逻辑学》包括前后相接的三个部分,即存在论、本质论和概念论。这三个部分之间的关系不是随意的、松散的,而是一种严密的逻辑关系。这个逻辑关系的实质之所在,就是从抽象到具体。之所以这么说,是因为在从存在论到本质论再到概念论的过渡中,起点范畴是最抽象的“纯存在”,而终点范畴则是最具体的“绝对理念”。对于这个从“纯存在”到“绝对理念”、从抽象到具体的逻辑,黑格尔在《逻辑学》的结尾部分,曾作过一个明确的总结和说明:“这种前进是这样规定自身的,即:它从单纯的规定性开始,而后继的总是愈加丰富和愈加具体。因为结果包含它的开端,而开端的过程以新的规定性丰富了结果。普遍的东西构成基础;因此不应当把进程看作是从一个他物到一个他物的流动。绝对方法中的概念在它的他有中保持自身;普遍的东西在它的特殊化中、在判断和实在中保持自身;普遍的东西在以后规定的每一阶段,都提高了它以前的全部内容,它不仅没有因它的辩证的前进而丧失什么,丢下什么,而且还带着一切收获和自己一起,使自身更丰富、更密实。……愈加丰富化也在概念的必然性那里继续前进,被概念保留下了,并且每一规定都是一个自身反思。走出自身之外,即是进一步的规定,它的每一新阶段也是走入自身之内,而更大的外延同样又是更高的内涵。”①

根据黑格尔的以上总结和说明,所谓从抽象到具体,不是指从作为公理的普遍范畴推导出个别范畴,而是指从最简单的、缺乏内在规定性的范畴,向越来越复杂、内在规定性越来越丰富的范畴过渡和推进。在这个过渡和推进的逻辑进展中,前面的范畴不会在形式逻辑的意义上构成后面的范畴的推理前提,相反,后面的范畴构成了对前面的范畴予以规定的内容。从抽象到具体作

① 黑格尔:《逻辑学》下卷,杨一之译,商务印书馆1976年版,第549页

为一个逻辑，无论如何都不是近代唯理论哲学传统所推崇的演绎逻辑。在本质上，它是辩证法的逻辑形式，即辩证逻辑。一方面，在从抽象到具体的过渡和推进中，存在显而易见的概念和范畴上的分层与升级，亦即存在“从低级形式发展出高级形式”①的逻辑关系；另一方面，这个过渡和推进是在一个矛盾逐次展开和不断解决的上升运动中完成的，不但是联系、变化、发展的原则构成了这一上升运动的根本原则，而且作为这一上升运动之结果的东西，往往是处于本质层面而非现象层面的东西。进而言之，作为辩证逻辑的从抽象到具体，与辩证法的三大规律——质量互变规律、对立统一规律和否定之否定规律并不矛盾，它们共同构成辩证法的整体。或者更准确地说，辩证法的这三大规律，蕴含在从抽象到具体的逻辑之中。从抽象到具体的辩证本性决定了，它不仅不是一种以先在观念为起点的、容易导向唯心主义的方法，相反，它必然像马克思所判定的，是一种“科学上正确的方法”。而马克思的这个判定也表明，在其政治经济学批判和《资本论》的创作中，必定存在一个如何贯彻和运用从抽象到具体这一逻辑方法的重大问题。

对于上述重大问题，学术界长期以来的理解和把握都不尽如人意。与此形成鲜明对比的是，恩格斯和列宁都曾对该问题作过深刻阐释。恩格斯指出，采用逻辑的方法开展政治经济学的批判，“是从历史上和实际上摆在我们面前的、最初的和最简单的关系出发，因而在这里是从我们所遇到的最初的经济关系出发。我们来分析这种关系。既然这是一种关系，这就表示其中包含着两个相互关联的方面。我们分别考察每一个方面；由此得出它们相互关联的性质，它们的相互作用。于是出现了需要解决的矛盾。但是，因为我们这里考察的不是只在我们头脑中发生的抽象的思想过程，而是在某个时候确实发生过或者还在发生的现实过程，因此这些矛盾也是在实践中发展着的，并且可能已经得到了解决。我们考察这种解决的方式，发现这是由建立新关系来解决的，而这个新关系的两个对立面我们现在又需要展开说明，等等”。② 恩格斯在这段文字中没有提到“从抽象到具体”的字眼，但他描述和阐释的，正是马

① 《马克思恩格斯文集》第 9 卷，人民出版社 2009 年版，第 487 页。
② 《马克思恩格斯文集》第 2 卷，人民出版社 2009 年版，第 603—604 页。

克思以从抽象到具体为逻辑方法开展政治经济学批判的方法。

列宁对上述问题的阐释,既印证了恩格斯的阐释,也使这个问题变得更加清晰可见。以列宁之见,在最简单的概念和命题中,就已经包含着向更复杂的关系伸展的辩证法。对于资本主义生产关系的认识,就是要从最简单的东西出发,去揭示出复杂的社会联系和社会矛盾。“马克思在《资本论》中首先分析资产阶级社会(商品社会)里最简单、最普通、最基本、最常见、最平凡、碰到过亿万次的关系:商品交换。这一分析从这个最简单的现象中(从资产阶级社会的这个‘细胞’中)揭示出现代社会的一切矛盾(或一切矛盾的萌芽)。往后的叙述向我们表明这些矛盾和这个社会——在这个社会的各个部分的总和中、从这个社会的开始到终结——的发展(既是生长又是运动)。”①与恩格斯一样,列宁在这里也没有提到“从抽象到具体”的字眼,但显而易见,他的阐释对象就是从抽象到具体的逻辑方法,而这个逻辑方法在他看来,贯穿在《资本论》的分析和叙述当中。

对于恩格斯和列宁的阐释,我们在马克思本人的文本中不难找到佐证。在《资本论》第一卷中,马克思从“商品”这个最简单、最一般的范畴开始,逐步剥离和引申出使用价值和价值、具体劳动和抽象劳动、价值形式、作为价值尺度和流通手段的货币、作为商品的劳动力、作为货币转化形式的资本以及剩余价值等一系列关键范畴。这些不同范畴在逻辑上不是一种并行关系,而是一种逐次递进和上升的关系。后面的范畴在很大意义上是理性综合的结果,包含着更多的联系和规定性,在内容和内涵上构成了对前面的范畴的推进、深化和提升。所以总体而论,这个范畴的递进序列,展现的正是从抽象到具体的辩证逻辑。在《资本论》中,定型化的逻辑体现着马克思运用的方法,而其主要方法,自然也就是从抽象到具体的逻辑方法。对于马克思运用从抽象到具体的逻辑方法来创作《资本论》的事实,在此需要作三点概括性和延展性的说明。

首先,从抽象到具体作为一个逻辑方法,是《资本论》创作方法的最重要逻辑形式。这个逻辑形式是《资本论》创作的主要逻辑线索,构成了《资本论》

① 《列宁专题文集　论辩证唯物主义和历史唯物主义》,人民出版社2009年版,第150页。

的逻辑主干。它不仅在一个逻辑演进的总框架中，整体性地展现了辩证法的思维特质，而且也包含了马克思从黑格尔《逻辑学》中借用的一些与辩证法相关联的范畴，如“存在论”中的质、量、度以及“本质论”中的映象、本质、根据、现象、现实等（马克思当然不是机械地套用这些范畴，而是将它们灵活运用到对经济范畴和经济关系的剖析中，使之成为《资本论》的逻辑要素）。由此来看，从抽象到具体作为《资本论》创作方法的逻辑形式，最集中、最完整、最生动、最纯粹地体现和刻画了马克思运用辩证法来开展政治经济学批判的伟大工作，以及他在这一工作中所发展的辩证法思想。

其次，马克思虽然是在充分吸收黑格尔思想的基础上运用从抽象到具体的逻辑方法的，但他在对这一逻辑方法的界定上，又与黑格尔形成了根本分殊。按照黑格尔的界定，从抽象上升到具体是观念自身运动的结果，而非外在于观念的现实逻辑演进。对于马克思而言，在从抽象到具体的逻辑序列中，每一个范畴都不是自我运动着的观念或不关乎现实的纯粹逻辑思维的产物，而是在对商品生产关系特别是资本主义生产关系进行深刻考察的基础上抽象和引申出来的。这说明从一个范畴到另一个范畴的逻辑推进，不是一种观念化的概念运动，而是对现实关系进行把握的逻辑表达。这个逻辑表达自然也是由从抽象到具体这个把握世界的专有方法所赋予的，但这并不影响现实关系作为本体或主体的在先性原则。用马克思自己的话说，“实在主体仍然是在头脑之外保持着它的独立性；只要这个头脑还仅仅是思辨地、理论地活动着。因此，就是在理论方法上，主体，即社会，也必须始终作为前提浮现在表象面前。”①马克思与黑格尔的这个分殊，是对从抽象到具体的唯物主义改造，也是“颠倒”黑格尔辩证法的题中应有之义。这个改造不仅使从抽象到具体保持了其作为方法的纯粹性、科学性及在把握对象物上的客观性，而且也使逻辑与历史在唯物主义的基点上达到了深度一致。之所以存在后一种情况，倒不是因为从抽象范畴到具体范畴的进展与这些范畴在历史上出现的先后次序是完全一致的，而是因为马克思凭借从抽象到具体，出色地完成了由表及里地向纵深予以追问和探索的理论任务，从而在深刻揭示资本主义生产之不可自解的

① 《马克思恩格斯文集》第8卷，人民出版社2009年版，第25—26页。

矛盾和不可逆转的规律基础上,使认识的逻辑成为表征现实历史的坐标系。

最后,理论研究的一个重要目标,在于通过概念来构造体系。这样来看,马克思固然把从具体到抽象认定为看似正确实则错误的方法,但我们依然有理由将其政治经济学的研究历程,在总体上归结为“从具体到抽象”的思维进程。这个思维进程,也就是马克思基于对现实经济生产关系的深刻考察而加工概念并构造体系的过程。不过,必须郑重申明,这个从具体到抽象,与作为经验主义方法的从具体到抽象,有着本质不同。这个从具体到抽象,反映的是人类从感性认识向理性认识不断升华的一般认识规律,而马克思以《资本论》为结晶的政治经济学研究,自然也符合这个规律。这里讲的“抽象”是指马克思的理性认识结果,这个“抽象”比作为经验主义认识结果的“抽象”,在内涵上要远为丰富和深刻。它不是那种空泛的、表层化的、缺乏历史感的一般结论,而是以马克思的新发现为标志的深刻思想概括和科学理论总结。参照列宁的话说,这个“抽象”不是离开了真理,而是达到了对真理和客观实在的认识。① 既然如此,我们也就不难发现,在马克思政治经济学的研究中,反映“从感性认识到理性认识”的“从具体到抽象”,与作为辩证逻辑的“从抽象到具体”,并不存在一种不可融通的互斥关系,而我们同时用这两者来描述马克思的研究时,也不存在任何矛盾。真实的情形是,与英国古典政治经济学家相比,马克思在从具体到抽象的路径上达到了科学认知的新高度,这与他贯彻和运用从抽象到具体的辩证逻辑方法是分不开的。另外,在从抽象到具体这一《资本论》的逻辑总线索中,也必定存在若干“从具体到抽象”的子环节。这些子环节同样不同于作为经验主义方法的从具体到抽象,毋宁说它们体现着马克思在把握直观和表象上的辩证思维,也构成了从抽象上升到具体的“中间要素”。不少学者在理解《资本论》的创作方法时,明确提出为“从具体到抽象”正名的要求,但通常的一种做法,是在不对辩证法与经验主义方法作任何区分的情况下,将“从具体到抽象”与“从抽象到具体”予以简单相加,即认为先有“从具体到抽象”这第一步,再有“从抽象到具体”这第二步。殊不知,这种做法既容易将辩证法与经验主义方法混杂在一起,也容易弱化“从抽象到

① 《列宁专题文集　论辩证唯物主义和历史唯物主义》,人民出版社2009年版,第135页。

具体”的意义和地位。“从抽象到具体”是马克思在创作《资本论》时运用的最具有标志意义的逻辑方法，它与经验主义的思维方式并不相容，也是理解马克思的“从具体到抽象”的关键所在。

三、《资本论》的创作方法是研究方法与叙述方法的统一

在人们通常的认知框架内，研究方法是一个比叙述方法更加重要的问题，甚至于人们在谈论方法时，往往就是指研究方法。不过，对于一个文本的创作来讲，叙述方法同样具有重要意义，因为它涉及的核心问题，是如何对研究的内容和相应的范畴按照某种逻辑规则加以编排，而任何一个严肃的文本都内在地包含了这个问题。在《资本论》的创作中，叙述方法的重要性不言而喻，马克思本人也多次谈到这个方法。在《〈政治经济学批判〉导言》中，马克思强调：“把经济范畴按它们在历史上起决定作用的先后次序来排列是不行的，错误的。它们的次序倒是由它们在现代资产阶级社会中的相互关系决定的，这种关系同表现出来的它们的自然次序或者符合历史发展的次序恰好相反。问题不在于各种经济关系在不同社会形式的相继更替的序列中在历史上占有什么地位。更不在于它们在‘观念上’（蒲鲁东）（在关于历史运动的一个模糊的表象中）的顺序。而在于它们在现代资产阶级社会内部的结构。”①马克思在这里向人们指示的是排列经济范畴的规则，这是一个实至名归的叙述方法问题。马克思指示的规则，是一个显而易见的逻辑规则，其中心命意，就是在对相关范畴加以排列时，不能遵照它们的自然次序或在历史上起作用的先后次序，而要看它们在现代资产阶级社会的内部结构中所处的逻辑位置。

概言之，上述逻辑规则，是一个围绕“资本”而确立起来的叙事规则。从表层看，这个规则与从抽象到具体漠不相关，但究其实质，却是符合从抽象到具体的规则的。之所以存在这个情形，是因为凭借从抽象范畴到具体范畴的逻辑演进，马克思构建的是一个以“资本”为逻辑中心点的政治经济学体系。

① 《马克思恩格斯文集》第8卷，人民出版社2009年版，第32页。

在《〈政治经济学批判〉导言》中,马克思曾以“人体解剖”和“猴体解剖”为形象比喻来间接地说明这个问题。“资产阶级社会是最发达的和最多样性的历史的生产组织。因此,那些表现它的各种关系的范畴以及对于它的结构的理解,同时也能使我们透视一切已经覆灭的社会形式的结构和生产关系。……人体解剖对于猴体解剖是一把钥匙。反过来说,低等动物身上表露的高等动物的征兆,只有在高等动物本身已被认识之后才能理解。因此,资产阶级经济为古代经济等等提供了钥匙。”①从抽象到具体的逻辑方法在《资本论》的篇章安排中得到了更加鲜明的体现。《资本论》第一卷所确立起来的从商品章到货币章再到资本章的叙述结构,自然就是这个方法的生动写照。

更关键的问题是:在《资本论》的创作中,研究方法和叙述方法究竟是什么关系?从抽象到具体是否也构成马克思的研究方法?让我们以马克思在《资本论》第二版跋中的一段论述为切入点,来分析和解答这两个问题。马克思是这样说的:“在形式上,叙述方法必须与研究方法不同。研究必须充分地占有材料,分析它的各种发展形式,探寻这些形式的内在联系。只有这项工作完成以后,现实的运动才能适当地叙述出来。这点一旦做到,材料的生命一旦在观念上反映出来,呈现在我们面前的就好像是一个先验的结构了。”②在这段论述中,马克思对研究方法和叙述方法作了区分,并对它们的不同进行了简要说明。这两种方法的不同,也就是研究工作和叙述工作的不同。研究工作涉及对材料的占有、甄别、分析、概括等,而叙述工作则涉及对研究结论的“在后”表达。从形式上看,这两者之间的不同是一目了然的。

进一步说,研究工作和叙述工作之间还存在更深层次的不同:研究工作由于尚处于一个开放的、尽可能全面占有材料的探索阶段,所以难免具有一种散漫无定的非逻辑性,而叙述工作则必须摆脱此种情形,上升到高度自觉的逻辑化状态。需要指出,就《资本论》的创作而言,由叙述结构所呈现的逻辑进程与马克思实际经历的研究历程,并不具有完全对等的绝对一致性。一个直接的例证在于,根据《资本论》的叙述结构,“商品”是打开问题的起点范畴,“商

① 《马克思恩格斯文集》第8卷,人民出版社2009年版,第29页。

② 《马克思恩格斯文集》第8卷,人民出版社2009年版,第21—22页。

品的二重性”和“劳动的二重性”构成了后面的范畴得以展开的起点问题。但在上溯至《1844年经济学哲学手稿》的理论历程中，马克思并不是以“商品的二重性”和“劳动的二重性”为起点问题，来开展其政治经济学研究的。他率先研究的是工资、利润、地租、私有财产、分工以及雇佣劳动等。在《资本论》的叙述结构中，这些先已成为马克思研究对象的问题和范畴，恰恰排在商品的二重性、劳动的二重性以及价值形式的后面。例如，“工资”排在第一卷的第六篇，而“利润”和“地租”则是在第三卷中得到集中论述的。这个情况表明，《资本论》的叙述结构，在一定意义上是一个与实际研究历程相较而言的“倒叙”结构。

研究工作和叙述工作固然存在上述不同，但我们不能将它们的不同无限放大，更不能由此而草率地用“从具体到抽象”和“从抽象到具体”，来对这两项工作的方法作“贴标签”式的硬性区分。我们应当同时看到如下深层次的问题。

第一，从抽象到具体作为一种叙述方法，是不难被人们所识别的，因为叙述出来的东西，往往具有一目了然的既定性和明晰性。但这绝不意味着，这一方法只能在马克思对研究的内容加以叙述时才使用，而不能成为他的认识方法和研究方法。如果说从抽象上升到“许多规定的综合”和“多样性的统一”的具体，是一个运用具有理性统合能力的辩证法来建立联系并由此加工概念的过程，那么，我们就应当在一个实至名归的研究界面，来看待这一过程。具体到马克思，情况更是一目了然。不但是恩格斯和列宁在阐释从抽象到具体的逻辑方法时，通过“分析”“考察”“说明”“揭示”等术语，表达了这一方法作为马克思的认识方法和研究方法的基本事实，而且马克思本人在《〈政治经济学批判〉导言》中，也曾经明确地把从抽象到具体，指示为他的研究方法。这么说的根据在于，马克思把掌握具体的过程视为一个由“思维”来完成的过程：具体“在思维中表现为综合的过程”，“抽象的规定在思维行程中导致具体的再现”。“从抽象上升到具体的方法，只是思维用来掌握具体、把它当做一个精神上的具体再现出来的方式。……具体总体作为思想总体、作为思想具体，事实上是思维的、理解的产物；但是，决不是处于直观和表象之外或驾于其上而思维着的、自我产生着的概念的产物，而是把直观和表象加工成概念这一过程的产物。整体,当它在头脑中作为思想整体而出现时,是思维着的头脑的产物,这个头脑用它所专有的方式掌握世界,而这种方式是不同于对于世界的艺术精神的,宗教精神的,实践精神的掌握的。”①马克思在这些表述中没有直接使用“研究”的字眼,但毋庸置疑,他描述的正是其研究的过程和方法。因为谁也不能否认,思维是研究的必要前提,思维行程是研究工作得以推进的最根本体现,思维对具体的掌握是研究工作的一个结果。从抽象到具体作为马克思的研究方法,归根结底,就是他用辩证法这一思维工具来剖析经济范畴及其指代的客观对象之间的复杂联系,从而揭示资本主义生产之本质的一个特定方式。

第二,与叙述工作存在明显不同的研究工作,在一定意义上是指马克思在1844年之后所经历的、最后通向《资本论》的“前研究”。这个“前研究”构成了马克思创作《资本论》的准备工作和基石。没有这项工作打基础,也就难以设想《资本论》作为一个成熟文本的定型。然而,这项前研究工作并不是马克思研究工作的全部。亦即,这项工作的结束,并不意味着马克思研究工作的最终完成。这不仅仅是因为,在一个文本的全部内容得以最终确立之前,研究工作并不可能结束,而且也是因为,在前研究中还包含着杂多的、并不关乎根本的材料,各种材料之间的关系,也会因为前研究工作的开放性和一定程度上的散漫无定性而处于一种非逻辑化状态,而诸如此类的问题都要靠进一步的研究来加以解决。由此可见,在《资本论》的创作中,叙述工作并非那种单纯的编排现成内容、罗列既定范畴的形式化工作,而是承载和代表着马克思的一种“再研究”。这种再研究与前研究具有同等重要的地位,其中心任务,既在于对前研究阶段的材料和内容加以整理、概括、总结、完善、提升(例如,在前研究中,马克思并没有对“劳动”和“劳动力”进行明确区分,而这个区分在一定意义上,是通过再研究完成的),也在于建立各范畴之间的内在逻辑关系。马克思本人虽然没有对这种再研究给予过直截了当的说明,但当他明确告诉人们要以“资本”为逻辑中心点来排列经济范畴时,已经隐含地指示出了这种再研究。因为单靠对范畴进行排列,是无法真正建立起“资本”这个逻辑中心点

① 《马克思恩格斯文集》第8卷,人民出版社2009年版,第25页。

及围绕这个中心点的各种关系的。毋宁说，只有把排列范畴的叙述工作同时视为一种深刻的研究工作，这个问题才能够得到合理的解释。这就像黑格尔在《法哲学原理》中严格按照从抽象法到道德再到伦理的顺序来排列法的概念，本身也代表了一种深刻的研究工作一样。对叙述工作与研究工作作一体化的理解，并不会弱化叙述工作的基础意义，相反这是对其意义的一种内在提升。而更重要的是，这两项工作的独特关系表明，将马克思的研究方法不由分说地认定为从具体到抽象的方法，是站不住脚的。既然《资本论》的叙述逻辑是从抽象到具体的辩证逻辑，那么，由叙述工作所承载和代表的再研究，自然也是遵照从抽象到具体的方法和路数开展的。

第三，在长时段的前研究中，马克思未必一直注重对黑格尔的辩证逻辑予以改造使用，他在这个阶段的思维行程，似乎也不完全符合从抽象到具体的逻辑规则。不过，我们需要进一步看到，从抽象到具体在形式上，展现为一个从简单范畴到复合范畴的逻辑演进过程，而就其实质来讲，则展现为一个由表及里、由现象到本质的问题深化过程。对于马克思而言，向纵深予以不断追问和探索，是其在政治经济学研究的任何一个阶段都坚持的致思路向。思维在这一路向上所经历的行程，总体论之，并不是一个平行的问题前后相接的过程，而正是一个从表层问题到深层问题、从现象到本质的递进过程。这告诉我们一个基本事实，即马克思的前研究虽然在概念和范畴层面，尚未上升到一种高度自觉的逻辑化状态，他在这个阶段虽然不是完全像《资本论》的叙述结构那样打开和推进问题，但整体而言，其前研究与其再研究一样，在把资本主义生产所涉及的关系加以逐层剥离时，也体现了从抽象到具体这个表征辩证思维的原则。

由上可知，《资本论》的创作方法既包括研究方法，也包括叙述方法。在这两种方法之间并不存在不可打通的鸿沟，相反它们构成了一个方法论上的整体，渗透在马克思分析问题、加工材料、建立各个范畴之间的逻辑关联以及构造科学理论体系的诸环节中。不管是叙述方法还是研究方法，都强调对于从抽象到具体这一辩证逻辑的灵活运用。如果把研究方法和叙述方法硬性地区隔开来，想当然地认为前者是从具体到抽象的方法，后者才是从抽象到具体的方法，就不仅会造成对《资本论》创作方法本身的严重误解，而且也会连带地遮蔽辩证法在马克思政治经济学研究中的重大意义,特别是遮蔽马克思凭借辩证法而发现和揭示的深层次的东西。因为仅仅停留在叙述方法的层面上来认识从抽象到具体,我们既无法想象马克思何以能够把深层次的东西揭示出来,更无法从马克思的字里行间捕捉到这些深层次的东西。

四、基于《资本论》创作方法的唯物主义是彻底的唯物主义

在最直接的意义上,《资本论》的创作方法是一个方法论和认识论问题。但向纵深看,它也是一个本体论问题,直接涉及如何把握马克思的唯物主义。之所以这么说,不仅仅是因为,人们在提到从具体到抽象和从抽象到具体时,总是本能地将这两种方法与唯物主义和唯心主义关联起来,并以此来判断它们是研究方法还是叙述方法,而且也是因为,以从抽象到具体为逻辑形式的辩证法所通达到的认知层面,正是我们把握马克思的唯物主义最该到达的本体界面。

为了使这个问题变得清晰可见,我们必须从根本上澄清长期以来始终没有引起人们足够重视的一些错误认识。在此需要特别指出的是,人们不假思索地把从具体到抽象判定为马克思的研究方法,反映出人们对唯物主义的一个基本认知,即唯物主义就是把具体的东西而非抽象的东西作为出发点,而马克思的唯物主义也不外于此。这个认知有其合理之处,它至少符合我们对唯物主义的直觉。不过,因为从具体到抽象直接涉及经验主义,所以,实际情形比人们通常以为的要更加复杂。由培根创立的近代经验主义,的确是一种唯物主义。黑格尔在《小逻辑》中就曾提到这个问题:“经验主义一般以外在的世界为真实,虽然也承认有超感官的世界,但又认为对那一世界的知识是不可能找到的,因而认为我们的知识须完全限于知觉的范围。这个基本原则若彻底发挥下去,就会成为后来所叫做的唯物论。”①马克思和恩格斯在《神圣家族》中,则干脆把培根称为英国唯物主义的“真正始祖”,并认为注重经验的英

① 黑格尔:《小逻辑》,贺麟译,商务印书馆1980年版,第115页。

国唯物主义，是 18 世纪法国唯物主义的理论源头之一。

经验主义作为唯物主义，实质上是一种直观唯物主义。因为经验主义从具体中归纳和引申出作为抽象的一般结论，如果相当于列宁指认的认识直线，那么这条认识直线反映的，就是一个"直观"的认识过程。对于经验主义代表的直观唯物主义，马克思持守的是一个批判的态度。比如，在《关于费尔巴哈的提纲》第一条中，马克思就曾提出如下批判："从前的一切唯物主义（包括费尔巴哈的唯物主义）的主要缺点是：对对象、现实、感性，只是从客体的或者直观的形式去理解，而不是把它们当做感性的人的活动，当做实践去理解，不是从主体方面去理解。"①马克思在这里批判的是从前的一切唯物主义，其实也就是在批判直观唯物主义，而经验主义自然也包含在马克思的批判对象中。人们在把从具体到抽象与唯物主义对应起来，从而将之判定为马克思的研究方法时，往往没有意识到马克思的这个重要批判，这实际上隐含着一个把马克思的唯物主义与其批判对象混杂在一起的严重问题。

这一问题不仅涉及经验主义，还涉及实证主义。当人们本着唯物主义的原则来认识作为方法的从具体到抽象时，也把马克思的唯物主义无形中拉向了一个实证主义的解释框架。因为实证科学往往也把对具体的东西的确证，树立为自己的标志性主张。实证主义和经验主义有所不同，但在思维范式上也有相似或相通的地方，比如，都强调既定的实存之物的实在性和真理性，都反对用实践活动和历史来解释静态的感性现实，等等。所以总体来看，实证主义在思维的深刻性上，并没有超出直观唯物主义，在对具体的东西的确证上，它依然是一种直观唯物主义。尽管在马克思哲学的理解史上，实证主义的声音总是不绝于耳，但真正说来，马克思不是实证主义者，其唯物主义也不是一种实证科学。对这个基本事实，马克思本人在《资本论》第一卷第一版序言中，曾作过一个郑重说明："分析经济形式，既不能用显微镜，也不能用化学试剂。二者都必须用抽象力来代替。"②谁都知道，显微镜和化学试剂是实证科学的重要手段。马克思既然明确表示不用这个手段，那么这就确凿无疑地表

① 《马克思恩格斯文集》第 1 卷，人民出版社 2009 年版，第 499 页。
② 《马克思恩格斯文集》第 5 卷，人民出版社 2009 年版，第 8 页。

明,他的唯物主义不可能是一种实证科学。

不过,有的研究者经常会提出反例,来证明马克思的唯物主义就是一种经验科学和实证科学。他们的依据是,马克思和恩格斯在《德意志意识形态》中,曾明确使用“经验”和“实证科学”等语词,来阐释他们正在制定的唯物主义哲学观。例如,他们这样说道:“经验的观察在任何情况下都应当根据经验来揭示社会结构和政治结构同生产的联系,而不应当带有任何神秘和思辨的色彩。……甚至人们头脑中的模糊幻象也是他们的可以通过经验来确认的、与物质前提相联系的物质生活过程的必然升华物。”①他们还说道:“在思辨终止的地方,在现实生活面前,正是描述人们实践活动和实际发展过程的真正的实证科学开始的地方。关于意识的空话将终止,它们一定会被真正的知识所代替。”②我们需要看到,马克思和恩格斯在这里使用“经验”和“实证科学”这两个词,主要是为了批判德国唯心主义哲学的神秘性和思辨性,并以此表明他们的唯物主义是在把握世界上的客观实在性,而绝不是为了附和经验主义和实证主义及其代表的直观唯物主义。

在对事物的认识上,经验主义和实证主义代表的直观唯物主义,往往只是看到直接性、既定性的存在物,而不能捕捉到更多的东西。这说明它在绝大部分情况下,只能抓住事物的表层现象以及一些零散的、偶然的事实,而难以实质性地触及事物的本质和必然的东西。这既是思维和认识上的“短视”,也是在把握“物”上的重大缺陷。在对社会历史问题的把握上,这个缺陷体现得尤为明显。而这个重大缺陷表明,直观唯物主义在贯彻“唯物”原则上,具有显而易见的不彻底性。这种不彻底性,正是马克思的唯物主义要超越的地方。

马克思对直观唯物主义的批判告诉我们,他的唯物主义必定是一种与人的实践活动链接在一起的唯物主义,实质上就是历史唯物主义。我们不能把历史唯物主义简单地理解为关于历史或在历史领域中的唯物主义,而应把它理解为以“历史性”为原则、以揭示历史的本质为己任的唯物主义。与直观唯物主义相对照,历史唯物主义是彻底的唯物主义。其彻底性的一个重要标志,

---

① 《马克思恩格斯文集》第1卷,人民出版社2009年版,第524—525页。

② 《马克思恩格斯文集》第1卷,人民出版社2009年版,第526页。

就在于它真正拥有透过繁芜丛杂的表面现象而直抵历史本质的能力和资格。历史唯物主义何以拥有这种能力和资格？从恩格斯对黑格尔的评价中，我们可以找到这个问题的答案。恩格斯指出，黑格尔的辩证思维方式“有巨大的历史感做基础。形式尽管是那么抽象和唯心，他的思想发展却总是与世界历史的发展平行着，而后者按他的本意只是前者的验证。……他是第一个想证明历史中有一种发展、有一种内在联系的人，尽管他的历史哲学中的许多东西现在在我们看来十分古怪，如果把他的前辈，甚至把那些在他以后敢于对历史作总的思考的人同他相比，他的基本观点的宏伟，就是在今天也还值得钦佩。……这个划时代的历史观是新的唯物主义世界观的直接的理论前提，单单由于这种历史观，也就为逻辑方法提供了一个出发点”。① 我们看到，恩格斯在对黑格尔的这个评价中，把辩证法、历史、唯物主义关联了起来。他提到的“新的唯物主义世界观”，就是指历史唯物主义的世界观。这个世界观以他之见，建基于有巨大的历史感、与世界历史的发展平行着的“划时代的历史观”，而这个历史观的思维前提就是辩证法。恩格斯的这个重要评价间接地告诉我们，历史唯物主义拥有揭示历史本质的能力和资格，与辩证法这个思维前提和理论分析工具是分不开的。脱离了辩证法，我们就无法看到历史唯物主义在揭示历史本质上的深刻性以及它与直观唯物主义的真正区别。

辩证法之所以构成了揭示历史本质的思维前提，倒不是因为它是研究历史的专有方法，而是因为历史本质是一种唯有通过辩证法才能够达及的深层次的“物”。如果用决定意识的“存在”来指称，这种深层次的“物”，就是“存在之存在”，而非直观唯物主义所承认的那种直接性、既定性的存在。毫无疑问，辩证法通过从抽象到具体的上升而在认识上实现的由表层问题到深层问题、由现象到本质的深化，是达及“存在之存在”的先决条件。黑格尔根据从抽象到具体的辩证逻辑而建立的存在概念，就是“存在之存在”，其所指涉的对象，是作为本体的实体。按照他的说法，这个“存在之存在”扬弃了直观的、抽象的“纯存在”，通过内容最丰富、内涵最高的具体范畴，揭示了万物存在的本质以及最高真理。当然，我们也要看到，黑格尔的辩证思维方式虽然具有巨

① 《马克思恩格斯文集》第2卷，人民出版社2009年版，第602页。

大的历史感,但在绝对精神这个唯心主义总框架下,“存在之存在”概念并没有把历史本质真正揭示出来。在以《资本论》为结晶的政治经济学批判中,马克思则通过对黑格尔的辩证法予以唯物主义改造,深刻把握了蕴藏于商品生产和交换关系中的历史本质。马克思实现这一重大推进的前提,就是凭借以从抽象到具体为逻辑形式的辩证法,拨云见日般地发现了过往政治经济学从未发现的新东西,从而通达到了“存在之存在”的认知层面。马克思发现了哪些新东西?在其政治经济学的批判中,“存在之存在”是指什么?

马克思在《资本论》第一卷中对商品拜物教性质的剖析,是理解上述问题的关键所在。马克思独具慧眼地指出,商品这种初看起来简单平凡的东西,具有谜一般的古怪性质。这种古怪性质的奥秘,就在于商品的拜物教性质,“商品形式在人们面前把人们本身劳动的社会性质反映成劳动产品本身的物的性质,反映成这些物的天然的社会属性,从而把生产者同总劳动的社会关系反映成存在于生产者之外的物与物之间的社会关系。由于这种转换,劳动产品成了商品,成了可感觉而又超感觉的物或社会的物”。① 根据马克思的剖析,商品是一个可感觉而又超感觉的物,或者说商品既有可感觉性又有超感觉性。可感觉性是商品的物性,涉及商品作为物的一般关系,而超感觉性则是商品的社会性,涉及包含在物的关系中的复杂社会关系。以财富的生产为根本主题的英国古典政治经济学,侧重于商品的可感觉性和物性来建立其理论体系,从而遮蔽了商品的超感觉性和社会性。与此不同,马克思则抓住了商品的超感觉性和社会性一面。他所发现的新东西,就是在商品的超感觉性和社会性的链条上定格下来和呈现出来的事物、性质、关系、规律、矛盾、趋势,如商品的二重性、劳动的二重性、作为特殊商品的劳动力、剩余价值、商品生产所有权规律向资本主义占有规律的转化、商品的社会化大生产与资本主义私人占有之间的矛盾、资本主义终将灭亡的规律和趋势等。当然,在这些新东西中,剩余价值的发现是最具有标志意义的发现。

商品的可感觉性和物性与超感觉性和社会性,并不是并驾齐驱的两个方面。如果把可感觉性和物性看作“存在”,那么超感觉性和社会性,就是“存在

---

① 《马克思恩格斯文集》第5卷,人民出版社2009年版,第89页。

之存在”。之所以这么说，是因为超感觉性和社会性是商品的本来属性，而可感觉性和物性只是外在表现形式，甚至是一种“虚幻形式”。上述以剩余价值为标志的新东西的发现，直接意味着商品生产和交换关系中的“存在之存在”，被马克思极其深刻、极其全面地揭示了出来。马克思对这一“存在之存在”的揭示，也就是对历史和历史本质的揭示。所以，我们从《资本论》中，能够感受到比黑格尔的辩证思维方式所包含的更加坚实、更加强烈的历史感。相反，只看到经验直观的存在物的英国古典政治经济学，无法建立起一个历史的概念，更无法深入到历史本质的层面。

如果说马克思对作为“存在之存在”的历史本质的深刻揭示，将政治经济学的科学认知水平提升到一个前所未有的新高度，那么这个新高度所代表的认知层面，必定也就是马克思的唯物主义即历史唯物主义得到充分展现的本体界面。在这个本体界面上得到展现的唯物主义的彻底性，在于关联在一起的两个方面。一方面是对历史本质的揭示，这涉及对历史领域中“本真之物”的把握，另一方面是理论批判视角的建立。前一方面已经清晰可见，而后一方面也不难理解。事实上，英国古典政治经济学是一种缺乏批判性的理论，它实际上充当了为资本主义生产关系鸣锣开道的意识形态工具。马克思则在对作为“存在之存在”的历史本质的揭示基础上，建立起了一个指向资本主义社会矛盾的分析视角，由此形成了对资本主义制度最深刻、最彻底、最具革命性的批判，同时终结了英国古典政治经济学将资本主义制度予以永恒化认知和对待的理论逻辑。马克思的这个批判最终要追溯到辩证法，这表明，辩证法不仅因为在认知上的深刻性和透彻性而构成通向历史本质的思维前提，而且也具有一种直指社会深层矛盾的批判性和革命性。这正如马克思在《资本论》第二版跋中所指出的：“辩证法，在其合理形态上，引起资产阶级及其空论主义的代言人的恼怒和恐怖，因为辩证法在对现存事物的肯定的理解中同时包含对现存事物的否定的理解，即对现存事物的必然灭亡的理解；辩证法对每一种既成的形式都是从不断的运动中，因而也是从它的暂时性方面去理解；辩证法不崇拜任何东西，按其本质来说，它是批判的和革命的。”①

① 《马克思恩格斯文集》第5卷，人民出版社2009年版，第22页。

马克思的唯物主义在以上两方面所体现出来的彻底性,从一个侧面彰显了以从抽象到具体为逻辑形式的辩证法在《资本论》创作中的重大理论意义。这也意味着,我们是否对《资本论》的创作方法本身作出正确的理解,直接关系到我们是否对马克思的唯物主义作出正确的把握。如果相沿成习地按照研究方法和叙述方法的思路来认识从具体到抽象和从抽象到具体,不仅难以把马克思的思想放置在唯物主义的基点上,而且还很容易造成把马克思的唯物主义误读和降格为他所批判的直观唯物主义的错误。

在纪念马克思诞辰200周年大会上的讲话中,习近平同志指出:“1867年问世的《资本论》是马克思主义最厚重、最丰富的著作,被誉为‘工人阶级的圣经’。”①这部巨著在今天依然彰显着不凡的理论和思想伟力,而源源不断地挖掘其中所包含的理论宝藏和思想资源,是一项具有重大时代意义的、永不过时的、永无止境的工作。推进这项工作的一项前提工作,是对《资本论》的内容和思想本身作出准确理解和把握,而全面、透彻地理解其创作方法,则既是这项前提工作的题中应有之义,又是其必要前提。

原载于《中国社会科学》2023年第11期

---

① 习近平:《在纪念马克思诞辰200周年大会上的讲话》,人民出版社2018年版,第3页。

马克思创立唯物史观的发生学探究

杨洪源*

综观马克思哲学所实现的根本性变革，唯物史观的创立是一个标志性的思想成果。自恩格斯将发现人类历史发展规律，总结为马克思一生的“两个发现”之一以来，国内外理论界围绕唯物史观的创立过程，进行了广泛而深刻的探讨，并且一直延续至今。其间虽在一些细节性问题上，始终存有一定的分歧和争论，却不妨碍相关研究者就理论来源、立场转变、阶段划分、标志文献、基本原理、思想价值、现实意义等，达成了关于唯物史观形成过程的较为普遍的共识，不断推动人们对马克思哲学变革的理解走向深入。当前，政治经济学批判对于唯物史观的形成有着决定性意义的判断，业已在学术界得到了充分肯定。从马克思与其同时代思想家进行论战的角度，深化对唯物史观创立过程的考察，逐渐成为新的研究趋向。上述研究路径绝非对政治经济学批判之决定性作用的否定，而是一种必要且有益的补充。

近年来，一些经过新的考证和发现的文献及研究成果的问世，特别是对青年黑格尔派主要成员于19世纪40年代发表在《文学总汇报》《维干德季刊》等报刊上的论战性文章的译介，为全面理解马克思以批判他者的方式，所作的关于唯物史观主要内容的正面阐释，提供了翔实而直观的材料。基于对这些文本的系统解读，梳理马克思为清算旧的哲学信仰而同青年黑格尔派

* 杨洪源，中国社会科学院大学哲学院教授。

进行的三次思想论战,从发生学的角度考察其创立唯物史观的思想历程,既可以避免只强调文献考据而漠视思想本身的教条倾向,反驳以标志性著作是否有意成书来否定唯物史观诞生地的片面解释,有力地维护唯物史观的合理性,又有助于破除过去如下解释模式的局限性,即忽视马克思的直接批判对象及其观点而"自说自话",进一步证实唯物史观的批判性,更能够澄清把马克思哲学归结为回到费尔巴哈所实现的"颠倒"之水准的误解,呈现马克思"新唯物主义"的基础和性质,也就是诉诸实践并借助人的实践力量,来解决观念论与实在论之间、唯灵论与唯物论之间的对立,充分彰显唯物史观的超越性。

一、马克思同青年黑格尔派的三次论战概观

在马克思创立唯物史观的过程中,青年黑格尔派是一个重要参照系。19世纪30年代中期到40年代中期,青年黑格尔运动在德国思想界极为活跃。恩格斯曾总结说,正像18世纪法国唯物主义为法国大革命奠定理论基础一样,19世纪德国以青年黑格尔派为代表的哲学革命,"也作了政治变革的前导"。① 从积极融入到发生分歧再到公开论战、彻底决裂,马克思和青年黑格尔派之间的复杂纠葛,构成其早期思想演变的一条主线。从这个意义上讲,"复原"马克思同青年黑格尔派进行思想论战的具体情形,是把握唯物史观形成过程的重要维度。

当然,这种"复原"并不止于外在过程的再现,更在于内在逻辑的揭示。换言之,马克思唯物史观的核心概念、基本观点和主要内容的源起,不完全是预设的理论演进的结果,还包括与同时代思想家进行激烈论战时作出的正面阐释。关于这一点,马克思在对自身思想历程作阶段性总结回顾时说,他一方面经由"副本批判"(国家和法哲学批判)转向"原本批判"(政治经济学批判),得到了用以指导其研究工作的"总的结果",即人们通常所讲的唯物史观的经典表述;另一方面"以批判黑格尔以后的哲学的形式",阐明他和恩格斯

① 《马克思恩格斯文集》第4卷,人民出版社2009年版,第267页。

的共同主张"与德国哲学的意识形态的见解的对立"，实现对"从前的哲学信仰"的清算。①

从整个青年黑格尔运动来看，其代表人物的主要观点之间的差异性远大于同一性。在继承启蒙运动的批判精神、超越黑格尔哲学的理论旨归、诉诸观念来解释历史的发展、崇尚法国大革命的原则、从黑格尔辩证法引申出革命的和无神论的结论等共同基本特征之外，更多的是青年黑格尔派主要成员在具体的理论与现实问题上的相互批判及论争，这从他们各自不同的宗教批判学说中可见一斑。19世纪的德国实行的是政教合一制度，宗教作为维护封建专制统治的主导意识形态，已经渗透到现实生活的各个方面，以致全部的现实问题都集中表现为宗教问题。普鲁士政府颁布的书报检查令，又使得马丁·路德改革所争取的作为人的权利的宗教问题，成为极少数能自由讨论的内容。于是，青年黑格尔派聚焦宗教批判问题，以大卫·施特劳斯《耶稣传》的发表为标志，经由鲍威尔的"自我意识哲学"、费尔巴哈的"人本主义哲学"、施蒂纳的"唯一者哲学"、切希考夫斯基的"实践哲学"、赫斯的"行动哲学"、卢格的"自由哲学"等，开启了从观念自身出发批判和变革现实的思想运动。

马克思的大学时代适逢青年黑格尔运动的勃兴，青年黑格尔派对马克思的早期思想塑造曾起到不容忽视的作用。自参加由青年黑格尔派主导的"博士俱乐部"起，马克思就因思想活跃而受到该团体成员的高度赞赏，被誉为"思想的牛者""当今活着的唯一真正的哲学家"。② 出于对人的自由这一现实问题的关切，马克思在《博士论文》时期开始分析哲学与世界、理论与实践的相互作用。他既充分肯定了鲍威尔所作的"批判"，即"哲学转向外部""使世界哲学化"，③也一度坚信自我意识的批判性，指出可以借助它来消除历史中的非理性因素，从而引导历史发展。然而，马克思并不赞同批判是自我意识的本质要求与内在力量，他认识到精神只有在完整把握外部世界的基础上，才具有改变它的力量。到了《莱茵报》时期，解决"物质利益难题"的探索，促使

① 参见《马克思恩格斯文集》第2卷，人民出版社2009年版，第593页。

② 奥古斯特·科尔纽：《马克思恩格斯传》第1卷，刘丕坤等译，生活·读书·新知三联书店1980年版，第187、289页。

③ 《马克思恩格斯全集》第1卷，人民出版社1995年版，第76、77页。

马克思转变了之前的理性自由主义立场,开始研究具体的现实问题,同时也让马克思与鲍威尔在“哲学世界化”方面的分歧逐渐显现。

为了解决理性的观念与反理性的德国现实之间的对立和冲突,马克思不仅尝试诉诸历史事实弄清所有制、阶级、国家和法的问题,破解社会有机体的深层结构及其问题的根源,探寻政治国家的异化及其扬弃,而且通过批判黑格尔法哲学的方式,将对历史的考察提升到理性自觉的高度,进而认识到私人利益体系即市民社会决定着政治国家,要对市民社会进行深入批判和实际改革,以便为人的自由寻得真正的出路。在这个过程中,借鉴费尔巴哈首倡的“法德科学联盟”、赫斯主张的德国哲学革命同法国政治革命相结合,马克思和卢格等人一道着手创办《德法年鉴》。他旗帜鲜明地提出,“要对现存的一切进行无情的批判”,①设法让各种教条主义者摆脱抽象的观念或原则的束缚,继而投身于实际的斗争并使之成为批判的出发点,虽然马克思彼时对费尔巴哈持高度肯定的态度,②但他们在实际斗争问题上存在根本性歧见:前者在找寻斗争目标的同时,不断探索达成目标的策略与手段;后者认为理论因尚须完备而没有形成转化为实践的成熟时机,要对“行动”保持冷静。

进行实际的斗争离不开对现实生活及其问题的把握。在认清君主制下的德国已沦为“庸人世界”的基础上,面对专制制度对新思想的扼杀以及德国思想界中的各种乱象,马克思明确提出对专制制度要毫不妥协,在实际斗争中坚持自我约束和据理力争,重新唤醒“庸人”心中的自信心即自由,“彻底揭露旧世界,并积极建立新世界”。③ 相形之下,鲍威尔却加入了“自由人”团体,仍偏执于用自我意识批判国家、宗教、财产等一切现存的事物。于是,马克思聚焦“犹太人问题”同其展开了首次公开论战。“犹太人问题”又称作“犹太人的解放”,指现代犹太人如何获得平等的政治权利,进而实现自身解放。在《犹太人问题》《现代犹太人和基督徒获得自由的能力》中,鲍威尔指出,“犹太人问题”的根源在于宗教信仰的排他性本质,也就是犹太人对犹太教的固守、不愿同其他信仰的教徒彼此平等相待。同理,压迫和排挤犹太人,是符合基督教

① 《马克思恩格斯文集》第10卷,人民出版社2009年版,第7页。
② 参见《马克思恩格斯文集》第10卷,人民出版社2009年版,第13页。
③ 《马克思恩格斯全集》第47卷,人民出版社2004年版,第63页。

国家与基督徒的本质的做法。因此,消灭宗教、使现代犹太人和基督徒获得自由的个性,构成了解决“犹太人问题”的先决条件。

诚然,马克思此时也认同人在宗教批判后具有的现实性是其解放的前提,他把青年黑格尔派在宗教批判中得出的命题“人是人的最高本质”,归结为人的解放的理论立足点。但是,宗教批判绝不等同于政治解放乃至人的解放。基于对市民社会与政治国家二分的认识,马克思在《论犹太人问题》中明确了政治解放和人的解放的区别及联系,指明了私有财产异化是宗教产生的根源,并据此提出扬弃私有财产以消灭宗教继而实现人的解放。在稍晚所写的《〈黑格尔法哲学批判〉导言》中,马克思不仅把政治解放视作人在宗教批判后向其本质复归的首个环节,以彰显对费尔巴哈哲学的超越,而且准确看出青年黑格尔派的内部分歧所在,将他们划分为主张哲学高于现实的“理论政治派”、止于否定现存哲学的“实践政治派”,批判它们均无法解决理论需要与实践需要之间的张力,以此寻求突破人的解放之限度的方式。

马克思和鲍威尔的首次公开论战,是在他们各自所创办的《德法年鉴》和《文学总汇报》上进行的。彼时,已迁居巴黎的马克思不仅切身感受到了革命的传统,还有了直接接触无产阶级和工人运动的机会。与德国的现实状况完全不同,法国的无产阶级在实际斗争中逐渐具有了明确的阶级意识,并且日趋形成了强大的变革力量。正是在对法国社会运动的考察中,马克思对社会主义和共产主义运动进行了理性的思考。鉴于鲍威尔兄弟等在刊物上发表诋毁“群众”、谴责政治激进主义、攻击共产主义等的言论,公开反对马克思对当时社会状况及其变革出路的看法,尤其是《文学总汇报》第1、4、8期刊载了鲍威尔就“犹太人问题”进行自我辩护及匿名回应的文章,马克思决定写一本小册子来反对鲍威尔等人所标榜的“批判”的如下谬误,即只承认进行理论批判这一现实的需要,“意识或自我意识被看成是唯一的人的本质”,①从而为革命思想的传播与发展扫清道路。正是经由同青年黑格尔派部分成员的第二次思想论战,马克思得以在揭穿思辨结构的秘密、进一步探究异化问题、梳理唯物主义史的基础上,阐明了唯物主义的特点及其

① 《马克思恩格斯文集》第10卷,人民出版社2009年版,第15页。

同社会主义的关系。

此外,马克思在同期完成的《1844 年经济学哲学手稿》中,也表达了清算青年黑格尔派思辨哲学的计划。其中,“不学无术的评论家”“批判的神学家”“历史的涅墨西斯”特指鲍威尔及其伙伴,“乌托邦的词句”“密集的大批群众”出自鲍威尔发表在《文学总汇报》上的文章。① 在这部手稿中,马克思着眼于鲍威尔等人所忽视的现实经济生活,看到了工人同资本家的对立这一资产阶级社会中的明显经济事实。他通过对工资、地租和利润的剖析,准确把握到工人及其产品的异化,提出了扬弃私有财产和异化劳动、实现共产主义的理论,批判了黑格尔的辩证法和整个哲学,为其同青年黑格尔派部分成员的第二次思想论战奠定了坚实的思想基础。

旨在清理鲍威尔及其伙伴学说的《神圣家族》,于 1845 年 2 月出版后未能立即得到批判对象的回应和辩驳。直到当年 5 月,才在《威斯特伐利亚汽船》杂志上出现了一篇第三者匿名书评,其内容却是“作了一个可笑的、直接同这本书相矛盾的概括”,②对《神圣家族》的一些论断的叙述也是完全歪曲的,甚至不惜捏造了一些细节来讨论。此后不久,《维干德季刊》第 2、3 期相继刊载了一系列重头文章,诸如《因〈唯一者及其所有物〉而论〈基督教的本质〉》《评路德维希·费尔巴哈》《施蒂纳的评论者》等。它们分别系费尔巴哈对来自施蒂纳的批评的自我辩护、鲍威尔对费尔巴哈哲学及其同施蒂纳之间争论的总体评述、针对来自《神圣家族》的批判的辩解、施蒂纳对其著作《唯一者及其所有物》在思想界中所受批评的回应,可谓青年黑格尔派“主将”的一次集中亮相。

此时的欧洲正值革命形势逐渐临近,尽管马克思和恩格斯已经与工人组织建立了联系,其理论也得到了一些知识分子的拥护,但是他们认为必须科学地论证自己的观点,同青年黑格尔派彻底划清界限,以更好地指导工人运动。由此,马克思、恩格斯在《德意志意识形态》中首先系统驳斥了鲍威尔的文章,最终证实在《神圣家族》中给他作的“死刑判决”;③紧接着详尽剖析了代表着

① 参见《马克思恩格斯文集》第 1 卷,人民出版社 2009 年版,第 111、113 页。
② 《马克思恩格斯全集》第 42 卷,人民出版社 1979 年版,第 365 页。
③ 《马克思恩格斯全集》第 42 卷,人民出版社 1979 年版,第 367 页。

“黑格尔主观主义化的最终极限”①的施蒂纳“唯一者”哲学，并在此过程中改变原有计划，同时专门批驳了费尔巴哈的唯物主义和抽象人道主义，正面论述了唯物史观的基本内容及其与唯心史观的区别。不仅如此，他还厘清了为“真正的社会主义”奠定哲学根基的费尔巴哈和赫斯的思想实质，进而对这一思潮进行了彻底清算。总而言之，通过与青年黑格尔派主要成员的又一次论战，马克思正式创立了以唯物史观为基础的“新世界观”。

二、从“犹太人问题”看人的解放及群众史观

从发生学上探究唯物史观的创立过程，体现着逻辑与历史的统一；它不仅是对马克思和青年黑格尔派的思想论战情形的还原与描述，还应把马克思在论战中逐步确立的唯物史观的理论前提、思想旨归、重要特质、基本观点，重新予以正面的阐释。坚持问题导向是马克思主义的鲜明特点，在唯物史观正式问世前，马克思最先明确的并非研究的出发点，而是理论目标与行动主体。正是马克思围绕“犹太人问题”同鲍威尔展开的持续论战中，人的解放目标与以群众为历史主体的观点，得到了充分彰显和不断明确。

“犹太人问题”作为一个专门的术语出现，可以追溯到18世纪中期的英国，用来指代犹太人的归化和置地问题。随后，受启蒙运动、法国大革命、拿破仑战争等的影响，欧洲犹太人积极谋求自由平等的社会地位，尽管他们的普遍政治权利要求，直到维也纳会议时期仍未被欧洲社会当作现实问题来对待。1828年，关于英国天主教徒要求进入议会并实现自身解放的争论一经传入德国，德国犹太人便正式提出“犹太人的解放”的口号，并且在较长时期内把解放视为自身政治诉求的表达。自此往后近二十年间，犹太人是否属于市民社会成员、能否将他们归为平等的市民个体，始终是“犹太人问题”中的焦点。期间，普鲁士国王却倒行逆施，颁布了禁止犹太人参与公共事务、恢复犹太人同业公会、将他们同市民社会隔绝的立法提案，从而引发了对犹太人在基督教

① 奥古斯特·科尔纽：《马克思恩格斯传》第3卷，管士滨译，生活·读书·新知三联书店1980年版，第58页。

国家中地位的大讨论。《科隆日报》编辑海尔梅斯、《犹太人总汇报》主编菲利普逊、赫斯、鲍威尔、马克思等纷纷参与进来,主要就犹太史的意义、犹太教戒律的作用、犹太人与基督教国家的关系,展开了深入讨论。

显然,犹太人对政治权利的诉求实属人的现实生活。可是,鲍威尔却把"犹太人问题"完全限定于观念层面,主张让理论"完成它自己的事","以安静的形态信心满满地等待历史……做出最后的宣判"。① 秉承德国思辨哲学的一贯思路——问题的提法包含着它的解决方法,鲍威尔认为犹太人解放的拥护者和反对者均未正确提出该问题:前者只讨论这种不公平的表现,未能进一步追问其根源是否在于基督教国家的本质;后者尽管看到基督教国家与犹太人之间的对立,但没有同时批判地研究国家。他指出,宗教的排他性及其导致的宗教徒特权意识,决定了犹太人的解放是一个自相矛盾的提法:非但基督教国家和基督徒不会也不应该解放犹太人,并且犹太人不可能也不愿意获得解放。因此,唯有将"犹太人问题"界定为消灭宗教以摆脱特权这个"时代的普遍问题"的一部分,使犹太人、基督教国家和基督徒都从宗教中解脱出来,方可从根本上得到解决。这才是问题的正确提法。

按照马克思在《论犹太人问题》中的理解,鲍威尔在"犹太人问题"上犯了双重错误:一是没有具体问题具体分析;二是把政治解放和人的解放混为一谈。对此,马克思一方面立足犹太人的不同现实生活,将德国、法国、美国的"犹太人问题"分别归结为神学问题、立宪制问题、世俗问题;另一方面,他指明了政治解放与人的解放的内涵,即国家在制度上从宗教中解放出来而不是人对宗教的彻底摆脱、人不再受特殊性要素——包括私有财产、等级、宗教等——的制约而实现全面发展,揭示出政治解放的不彻底性的根源在于国家与市民社会的二元对立,肯定了政治解放所带来的社会财富极大丰富对实现人的解放的基础作用,发现了扬弃"人的自我异化的最高实际表现""世俗的神"(金钱)②是人的解放的直接方式。

不止于此,马克思还在《〈黑格尔法哲学批判〉导言》中从前提、现状、限度

① Bruno Bauer, *Die Judenfrage*, Braunschweig: Druck und Verlag von Friedrich Otto, 1843, S.114.

② 《马克思恩格斯文集》第1卷,人民出版社2009年版,第49页。

和途径等方面，完成了对人的解放理论的初步体系化建构。其一，使人摆脱宗教的束缚而意识到独立性，继而形成解放的需要和能力，是人的解放的前提。其二，精神生活及精神动力的缺乏，致使德国人只能在“自己的锁链本身的强迫”①下，产生普遍解放的需要和能力，故此德国人的解放等同于人的解放。其三，德国在现实生活特别是经济和政治上的全面落后、在理论生活中表现出来的思想禁锢，构成了人的解放的现状，人的解放的出路便在于对它的批判。其四，唯一与时代发展保持一致的德国思想（法哲学和国家哲学）同落后的德国现状之间的“错乱”，极大地制约着人的解放的彻底性。其五，只有把握哲学与无产阶级之间的“头脑”和“心脏”关系，才能真正地将哲学革命和政治实践结合起来从而实现人的解放。

马克思创作《论犹太人问题》期间，鲍威尔于 1843 年 12 月在《文学总汇报》第 1 期发表了《评讨论犹太人问题的最新著述》，论述了“精神”和“群众”的对立，指责群众缺乏发现并贯彻真理的精神，提出“在群众中必然可以找到精神的真正敌人”，②认为菲利普逊、希尔施等论敌因自身群众性而无法形成关于“犹太人问题”的正确看法，再次强调消灭宗教之于解决“犹太人问题”的前提性。尔后，面对里瑟尔等人对《犹太人问题》的批评，鲍威尔在 1844 年 3 月出版的《文学总汇报》第 4 期发表了第二篇《评讨论犹太人问题的最新著述》进行辩解。他先是阐述了“批判”在世界历史进程中的作用，对“犹太人问题”的定性进行了修正，承认它是一个政治问题，随后反思了过去对犹太人与社会之间关系的疏忽，转而分析犹太人的民族性，却把“守护神”即“特权”界定为“民族性最崇高、最神圣的表达”，③仍然坚持将犹太人在社会中被隔绝归咎于其自身宗教信仰的排他性。

随着马克思的《论犹太人问题》正式刊出后得到了理论界的充分肯定，被誉为将“犹太人问题”提升到“对整个社会进行彻底改造的高度”；④加之《〈黑

① 《马克思恩格斯文集》第 1 卷，人民出版社 2009 年版，第 16 页。

② Bronu Bauer, "Der neuesten Schriften über die Judenfrage," *Allgemeine Literatur-Zeitung*, Nr. 1, Charlottenburg: Verlog von EgbertBauer, Dezember 1843, S.3.

③ Bronu Bauer, "Der neuesten Schriften über die Judenfrage," *Allgemeine Literatur-Zeitung*, Nr. 4, Charlottenburg: Verlog von EgbertBauer, März 1844, S.15.

④ 《马克思恩格斯全集》第 3 卷，人民出版社 2002 年版，第 656 页。

格尔法哲学批判〉导言》中关于由群众组成的德国无产阶级使命的阐释,鲍威尔于1844年9月在《文学总汇报》第8期发表《目前什么是批判的对象?》,不点名地反驳来自马克思的批评。在他看来,旨在争取自由、摆脱宗教桎梏的法国大革命和启蒙运动,之所以有着同样结局——陷入暴力斗争和滑向“恐怖”深渊,就在于颠覆了基督教的教养却没有形成新的教养,只是用个别的自我意识的“自由”——将对象变为“有用”的、“为他”的对象——取代宗教信仰。关于如何组织群众这个“最富有意义的革命成果”,①鲍威尔认为,尽管在经由大革命和启蒙运动洗礼的法国,已经产生了一系列理论,但它们皆由于“把真正的群众看作有用的材料”②而以失败告终。易言之,受限于教养水平的不高,群众缺乏对激进事业的热情,很难被组织起来;即使建立起以群众为主体的新社会,也会因缺乏必要的教养而难逃暴政的厄运。因此,当务之急不是用漂亮话讨好群众以便更好地组织他们,而是以他们为“纯粹批判”或“绝对批判”的对象。

上述关于群众及其作用的谬解,势必受到马克思的严厉批判。不同于鲍威尔对群众组成部分的偏见,片面地认为他们既包括缺乏教养的“一些失败的存在”“最下层的群众”,也有“所谓有教养的阶层”、苟同于现存世界的知识分子,③马克思早在《〈黑格尔法哲学批判〉导言》中,就正确揭示出构成无产阶级的两类群众。一类是由于人为(而非自然)所导致的贫困而形成的;另一类则是随着社会结构变动尤其是中间等级解体(而非社会压迫)而产生的。前一类群众作为社会对私有财产的否定的产物,意味着无产阶级否定私有财产的主张,不过是重申已经提升为社会的原则和无产阶级的原则;后一类群众本身即为社会解体的结果,这表明无产阶级推翻现有制度的宣告,无非是“揭示自己本身的存在的秘密”。④ 要而言之,无产阶级的权利诉求与历史使命具

① Bronu Bauer, “Was ist jetzt der Gegenstand der Kritik?” *Allgemeine Literatur-Zeitung*, Nr.8, Charlottenburg: Verlog von EgbertBauer, Juli1844, S.24.

② Bronu Bauer, “Was ist jetzt der Gegenstand der Kritik?” *Allgemeine Literatur-Zeitung*, Nr.8, Charlottenburg: Verlog von EgbertBauer, Juli1844, S.25.

③ Bronu Bauer, “Der neuesten Schriften über die Judenfrage,” Nr.1, S.1-2; Bronu Bauer, “Was ist jetzt der Gegenstand der Kritik?” S.25.

④ 《马克思恩格斯文集》第1卷,人民出版社2009年版,第17页。

有充分的合理性。

到了《神圣家族》中,马克思分别以“犹太人问题”第一、二、三号为题,针锋相对地批判鲍威尔的三篇辩解文章。其中,前两号批判站在被鲍威尔当作论敌的菲利普逊等人一方,从剖析并支持这些人的主要观点出发,再次批驳了鲍威尔的理论舛误,诸如在问题提法上重演思辨“戏法”,以抽象的观念或原则为现实问题的现成答案,未能认清政治解放之于人的解放的有限性,完全用思辨的教条来解释法、社会、世界、民族等。第三号批判则基于历史的观点“重写”了《论犹太人问题》,不仅驳斥了鲍威尔以过去受制于旧有水平和“被迫”讨论政治问题为由进行的狡辩,揭穿了其“真正神学”“虚假政治”①的立场,包括没有现实地看待犹太人与犹太教、无法历史地把握犹太精神、未能看到宗教解放的现实基础等。马克思进一步剖析了鲍威尔在政治解放和人的解放方面犯的严重错误,尤其是缺乏对政治解放本质的批判,曲解了人权和“自由的人性”的关系。

针对鲍威尔将群众置于精神对立面的做法,马克思直指这是思辨哲学的教条使然,只是在用想象的对立定义群众。在缺乏对群众的精神及作用进行任何研究的情况下,出于“捍卫”精神的绝对合理性、精神发展与人类进步的一致性的需要,鲍威尔便直接把精神的“无能为力”归咎于群众,将历史的停滞乃至倒退归罪于群众。究其实,鲍威尔所谓的精神与群众的对立,“不过是黑格尔历史观的批判的漫画式的完成”。② 鲍威尔继承了黑格尔关于人类历史即为精神发展史、人类只是精神的承担者——群众的基本看法,同时把批判和绝对精神——具有自我意识的批判家等同起来,强调批判本身就是创造历史的力量,试图以此消除黑格尔历史观的“不彻底性”,即把哲学明确为绝对精神的定在而不承认哲学家是绝对精神、绝对精神只能在事后通过哲学家意识到自己是历史发展的动力。

诚如马克思所言:“历史的活动和思想就是‘群众’的思想和活动。”③反对群众的历史主体作用,意味着对整个历史的否定。鲍威尔却妄言历史活动

① 《马克思恩格斯文集》第 1 卷,人民出版社 2009 年版,第 306 页。
② 《马克思恩格斯文集》第 1 卷,人民出版社 2009 年版,第 291 页。
③ 《马克思恩格斯文集》第 1 卷,人民出版社 2009 年版,第 286 页。

中最重要的是思想或观念,而不是行动着的群众、经验的活动、决定着思想的利益。鲍威尔强调,正是群众对一些伟大历史活动的过于关注,使得那种满足于肤浅理解的、迎合群众热情的思想取得支配地位,进而导致这些活动从一开始就显得不合时宜且无法取得显著成效。马克思则清晰地指出,一项伟大历史活动的成功与否,一种新的思想能否付诸实践,归根结底取决于其是否真正代表群众的利益。以法国大革命为例,它虽然对于实现资产阶级的利益是切合时宜、卓有成效的,但对于那些与资产阶级不同的绝大多数群众则是不合时宜、无济于事的。其所以如此,不在于群众对这场革命的关注的热情,而在于它本质上仍停留在少数有限的群众范围内,在于这场革命的原则没有体现绝大多数群众的现实利益,未能满足他们借以解放的现实条件。只有坚持群众的现实利益和革命原则,诉诸外在的感性的现实斗争而非纯粹的抽象的思想斗争,才能打破现实生活的枷锁从而实现社会革命。行文至此,马克思以批判鲍威尔的方式,初步建立起将群众作为历史主体的群众史观。

三、考察唯物主义史和确证现实的人为起点

从总体上看,人的解放理论和群众史观的初步确立,是马克思基于"现实人道主义"的立场,同鲍威尔等人代表的"思辨唯心主义"的思想论战中得出的。正如马克思和恩格斯在《神圣家族》中开宗明义地指出:"现实人道主义在德国没有比唯灵论或者说思辨唯心主义更危险的敌人了。"①作为《神圣家族》中的纲领性概念,现实人道主义为唯物史观的创立打下了坚实的理论基础。马克思此时认为,"现在为思辨本身的活动所完善化并和人道主义相吻合的唯物主义",②是继黑格尔建立的哲学体系之后哲学的新发展方向,可以当作现实人道主义加以发展。《神圣家族》中关于现实人道主义的主要内容的阐释,大多集中于批判鲍威尔的部分,除却坚持群众是历史主体的群众史观,还包括对唯物主义史的考察、以"现实的个体的人"为研究出发点。

---

① 《马克思恩格斯文集》第1卷,人民出版社2009年版,第253页。

② 《马克思恩格斯文集》第1卷,人民出版社2009年版,第327页。

马克思关于唯物主义史的梳理，始于他在法国大革命问题上对鲍威尔的抨击。从这个角度来说，法国革命史研究与唯物史观的形成有着密切的关联。在马克思所处的时代，相比于其他国家，法国历史上的每一次阶级斗争都会有更为彻底的结局，故而作为阶级斗争之手段和结果的政治形式转换也表现得最为明显。法国的无产阶级斗争亦不例外，其表现形式之尖锐在当时达到了其他各国均未有的程度。因此，马克思不仅对法国史研究尤为热衷，还对法国时事的全部细节详加考察，搜集整理相关材料以备将来之需。早在《莱茵报》和《德法年鉴》时期，马克思就阅读和摘录了法国革命史研究的相关著作，并且在部分著述和书信中对法国大革命作了详略不一的分析与评判。其中，《论犹太人问题》以法国大革命的成果为参照，区分了公民权和人权、作为公民的政治解放和作为个体的人的解放，指明政治解放是人的解放的重要环节。《〈黑格尔法哲学批判〉导言》则诉诸同法国大革命的对比，探讨了“彻底的德国革命”①的困难和可能性，表达了以德国革命实现人的解放的期许。

相形之下，将历史发展的动力归结为精神、用精神与群众的对立解释历史活动，决定了法国大革命在鲍威尔那里只能是思想或观念的活动、“一种与自由的政治本质一样的象征”和“虚幻表达”。② 为了证明这一点，他在《目前什么是批判的对象?》中，简要叙述了法国大革命的时代印记、思想成果及其局限、失败原因、曲折历程。其一，法国大革命完全属于18世纪的实验。其二，它试图促成一种新的秩序，但其产生的思想并未“超出革命想用暴力来推翻的那个秩序的范围”。③ 其三，这场革命既消除了封建等级制度，使个人不再受制于共同体而成为像单个的原子一样的存在，甚至催生出民族的纯粹利己主义；又不得不通过承认最高存在物的方式来抑制这种利己主义，“最大限度地确认那应该把单个的利己主义原子连接起来的普遍国家秩序”。④ 其四，罗

① 《马克思恩格斯文集》第1卷，人民出版社2009年版，第12页。

② Bronu Bauer, “Was ist jetzt der Gegenstand der Kritik?” *Allgemeine Literatur-Zeitung*, Nr.8, Charlottenburg: Verlog von EgbertBauer, Juli1844, S.24.

③ Bronu Bauer, “Was ist jetzt der Gegenstand der Kritik?” *Allgemeine Literatur-Zeitung*, Nr.8, Charlottenburg: Verlog von EgbertBauer, Juli1844, S.24.

④ Bronu Bauer, “Was ist jetzt der Gegenstand der Kritik?” *Allgemeine Literatur-Zeitung*, Nr.8, Charlottenburg: Verlog von EgbertBauer, Juli1844, S.24.

伯斯比尔和圣茹斯特政府之所以垮台,就在于他们以正义和美德为准则生活的“自由人民”思想同纯粹利己主义之间的矛盾。其五,拿破仑政变是这场政治的启蒙和运动的结局。

鲍威尔的这种未经任何翔实考察便妄下结论的做法,势必受到马克思的严厉驳斥。他在《神圣家族》中以“对法国革命的批判的战斗”为标题,逐句摘录并批驳了鲍威尔的观点。首先,鲍威尔用思辨哲学一贯反对的事实描述来界定法国大革命,不过是为了彰显其占据绝对真理而采取的伎俩。其次,鲍威尔把政治活动和思想活动混为一谈,根本没有认识到法国大革命所产生的超过旧秩序范围的思想成果,即共产主义。最后,法国大革命的真正意义,并不在于形成了民族的纯粹利己主义这个普遍国家秩序的必然产物,而在于将个人在社会中的地位的确立、实现人的解放提上日程。这里的“个人”作为市民社会成员,不是类似于把外部世界当作“绝对的空虚”的原子,而是有着自身需要的活的个体和感性存在物;他们之间的现实纽带不是政治生活,而是由需要及其满足构成的市民生活。

在法国大革命的曲折历程的理解上,鲍威尔同样谬误百出。马克思继续写到,罗伯斯比尔和圣茹斯特所强调的“自由人民”、正义、美德等,是用古典古代的人物及事例来表达对法国大革命未来的憧憬。鲍威尔却完全无视这些具体内容,把它们皆抽象为任人摆布的概念。更为重要的是,除了其实施的过激和恐怖的政策以外,没有将施政思想建立在对现实状况的分析之上,“混淆了以真正的奴隶制为基础的古典古代实在论民主共同体和以被解放了的奴隶制即资产阶级社会为基础的现代唯灵论民主代议制国家”,①才是雅各宾派及其政权灭亡的主要原因。最后,法国大革命的目的并不在于政治的启蒙和运动,拿破仑政变亦不意味着政治启蒙和政治运动的终结,而是法国大革命的重要转折点,标志着资产阶级真正成为历史舞台的主角。

马克思通过对鲍威尔的法国大革命观的审视,揭示出囿于观念领域的思辨唯心主义在理解历史和现实时的内在缺陷,促使他进一步探寻把握历史的正确思维方式。一方面,任何历史活动都难免受到观念的影响,思想活动虽不

① 《马克思恩格斯文集》第1卷,人民出版社2009年版,第324页。

等同于客观现实，却也可以转化为现实存在。另一方面，法国大革命的历程向人们昭示，能否以唯物主义的思维方式观照社会和历史的发展趋势，是社会革命成功与否的一个关键性前提。可是，鲍威尔却将法国唯物主义归结为斯宾诺莎主义的一个流派，认为它继承了斯宾诺莎的“广延”概念、主张以物质为实体，指出它同另一个派别即“赋予物质以精神名称的自然神论”相对立，而它们均不可避免地走向灭亡，并且“已经淹没在浪漫主义里”。① 鉴于法国唯物主义在反对形而上学中的重要地位，以及它所孕育的共产主义在实践领域发展了人道主义，加之马克思此时已意识到即将构建的新哲学是一种新的唯物主义，他由此转向了对唯物主义史的清理，针对鲍威尔在《目前什么是批判的对象？》中寥寥数语的评论，展开了长篇幅的“征讨”。

从根本上说，18 世纪法国唯物主义是反对 17 世纪乃至一切形而上学的，这表明它是斯宾诺莎主义的批判者而非“后嗣”。不同于鲍威尔的脱离事实的错误判断，马克思指明了法国唯物主义的两个思想来源：笛卡尔的物理学和以洛克为代表的唯物主义经验论。其中，笛卡尔派唯物主义由他的学生勒鲁瓦所开创，最终形成了以拉美特利为中心、以卡巴尼斯为顶峰的机械唯物主义。他们力主用科学来解释现象，以科学实验为方法研究精神与肉体的关系；消除理性主义中的神学“残余”、推动自然科学的突破性变革，是其在唯物主义发展史中的重要功绩。当然，受限于当时科学发展程度不高，机械唯物主义对物质与意识关系的论断并不完全正确；它片面强调物质对意识的决定作用，使得意识、精神、思想这些人之为人的重要特质，被湮没于物质的机械运动中，进而成为革命行动的“绊脚石”。相较之下，提出知识源于经验和政治自由主义的洛克学说，得到了法国革命思想家的广泛青睐。经由孔狄亚克的译介，洛克的唯物主义经验论在法国被爱尔维修、霍尔巴赫等人继承下来，继而融入傅里叶、德萨米、盖伊等人的社会主义学说中。

在梳理英国唯物主义的起源和发展、探究法国唯物主义的历史进程及现实境遇的同时，马克思结合自身所处的黑格尔哲学体系——“形而上学的包

---

① Bronu Bauer, “Was ist jetzt der Gegenstand der Kritik?” *Allgemeine Literatur-Zeitung*, Nr.8, Charlottenburg: Verlog von EgbertBauer, Juli1844, S.25.

括万象的王国"——分化解体的思想图景,比照法国唯物主义反对形而上学的斗争,得出了黑格尔之后哲学的未来发展趋势:同思辨的形而上学相对立并且诉诸"和人道主义相吻合的唯物主义"。马克思认为,这种唯物主义的理论表现是费尔巴哈哲学,它的实践表现则为法国和英国的社会主义和共产主义。显然,上述结论延续了马克思在《〈黑格尔法哲学批判〉导言》中对费尔巴哈所代表的"实践政治派"的如下批评:停留在哲学变革层面,只提出实践需要而不付诸政治革命。尽管如此,马克思仍给予费尔巴哈哲学以充分肯定,强调后者"为批判黑格尔的思辨以及全部形而上学拟定了博大恢宏、堪称典范的纲要"。①

在费尔巴哈对唯物主义的贡献面前,鲍威尔关于唯物主义的错误评述便相形见绌了。在马克思看来,鲍威尔形成对斯宾诺莎体系及其"实体"范畴、法国唯物主义与斯宾诺莎主义的关系、斯宾诺莎哲学与唯物主义的命运等的不客观、不准确的认识,是其思辨唯心主义使然;他非但没有涉及任何真实的历史,反而偏执于到黑格尔《哲学史讲演录》中找寻依据,甚至还不如黑格尔把法国唯物主义解释为斯宾诺莎的实体的实现。如果说,黑格尔尚且认识到实体朝唯物主义方向发展的可能,那么,鲍威尔的做法就完全是一种倒退,"是以思辨的黑格尔的形式恢复基督教的创世说"。②

在结束了"对法国唯物主义的批判的战斗"后,马克思紧接着剖析了"绝对批判的思辨循环和自我意识的哲学"的实质,加上之前针对施里加对《巴黎的秘密》的批判所作的"思辨结构的秘密"的揭示、对鲍威尔及其伙伴以《文学总汇报》作为"批判"和群众之中介的批评等,完成了关于鲍威尔等人对黑格尔思辨哲学的拙劣模仿和教条发挥的清算。其要义如下:第一,思辨唯心主义的方法与黑格尔哲学的如下基本特征相吻合:"把实体了解为主体,了解为内在的过程,了解为绝对的人格。"③第二,鲍威尔自我意识哲学由于敌视人和整个世界而根本无法改变现实世界,其秘密在于黑格尔的《精神现象学》,后者"把对象世界、感性现实的世界变成'思想的东西',变成自我意识的单纯规定

① 《马克思恩格斯文集》第1卷,人民出版社2009年版,第342页。
② 《马克思恩格斯文集》第1卷,人民出版社2009年版,第339页。
③ 《马克思恩格斯文集》第1卷,人民出版社2009年版,第280页。

性……就自以为征服了这个世界了”。[①] 第三,《文学总汇报》上的“批判的批判”是以“批判”与群众的对立为前提的,其秘密不过是割裂现实的世界、现实的人及其活动与哲学思维之间的联系,将普遍的自我意识和思辨的哲学家确立为诠释一切的绝对的主体。这种结构明显是按照黑格尔哲学的思辨方法建立起来的。

经由上述分析,不难得出鲍威尔等人代表的思辨唯心主义的危险性:一是“用‘自我意识’即‘精神’代替现实的个体的人”,[②]把历史发展解释为自我意识的生成过程,处于其中的不具有自我意识的群众则被“批判”当成必须消灭的敌人;二是“在一切领域中都贯彻自己同实体的对立”,主张消灭群众的实体性,却又“不得不只同他自己头脑中的幻想打交道”,从未给群众的现实生活带来任何改变。[③] 有鉴于此,马克思对思辨唯心主义的批判,必须将现实的个体的人作为构建新哲学的出发点。从其同期写作的《1844 年经济学哲学手稿》中,不难看出马克思此时对于现实的个体的人的理解,不仅继承了费尔巴哈人本主义的观点,肯定人是感性的对象,而且吸收了思辨哲学的积极成果,特别是黑格尔辩证法和历史性原则,把人视为自身活动的产物、处于一定的历史阶段和社会关系中的具体的人。在市民社会中,人为私有财产和货币异化所统治,因而要批判市民社会、消灭非人性需要和货币制度及其存在的前提,也就是扬弃私有财产继而实现共产主义。

四、唯物史观的主要内容与观点的系统阐释

马克思在同思辨唯心主义进行论战时秉持的现实人道主义,虽然聚焦到现实的人及其社会,但主要是基于人道主义人性论的维度来批判市民社会的,与唯物史观对社会和历史的把握之间存在一定的差距,尚未达到在剖析社会分工发展和所有制形式变迁的基础上,提出扬弃私有财产、实现共产主义的高

① 《马克思恩格斯文集》第 1 卷,人民出版社 2009 年版,第 357 页。

② 《马克思恩格斯文集》第 1 卷,人民出版社 2009 年版,第 253 页。

③ 参见《马克思恩格斯文集》第 1 卷,人民出版社 2009 年版,第 345 页。

度。面对青年黑格尔派主要成员鲍威尔、施蒂纳、费尔巴哈等以相互论辩的方式进行的集中亮相,马克思在《德意志意识形态》中通过对这些人的新著述及新观点的全面批判,确立了以现实的个人为社会和历史的前提,辨明了现实的个人与共同体之间的复杂关系,梳理了"历史向世界历史的转变"①的过程及环节,论述了分工的后果与发展前景、共产主义的物质基础等,从而正式完成了唯物史观的创立。

在《德意志意识形态》中,青年黑格尔派主要成员在《维干德季刊》上的思想聚会,被马克思形象地比喻为"莱比锡宗教会议"。他们讨论的不是现实问题,而是诸如自我意识、实体、唯一者、批判之类的抽象事物,因此是一场没有意义的争论。充当"审判官"的是鲍威尔和施蒂纳,前者头上笼罩"纯粹批判"的"灵光",身上披着"自我意识"的"法衣",俨然一副创造一切的上帝、精神领域的"拿破仑"的面孔;后者宣称"我"就是一切,确证了"自我"的唯一性和不可重复性。被审判的"异教徒"有费尔巴哈、赫斯、马克思、恩格斯。但是,除了严厉控诉费尔巴哈这位"诺斯替教徒"之外,那两位"圣者"对其他人仅仅作了"缺席审判",让"他们在整个尘世生活期间永远被驱逐出精神的王国"。②

具体而言,鲍威尔先是基于对费尔巴哈主要著作及其要点的梳理,概述了费尔巴哈思想的演进历程,强调将它置于黑格尔以后的哲学发展中加以考察;论述了费尔巴哈的神秘主义和黑格尔主义特征,指明了其唯物主义的客观主义局限以及无法认识宗教本质的缺陷;把他界定为"被人道主义既鼓舞又败坏了的唯物主义者","不能思考也不能建立精神世界,而被唯物主义所累的人道主义者"。③ 紧接着,鲍威尔评述了费尔巴哈与施蒂纳之间的争论,认为这是"圣人"和"凡人"的对立、共产主义者和利己主义者的斗争,但他们同时均为教条主义者,指出相比于施蒂纳的"抽象利己主义"未能摆脱"思想的痛苦""宗教的梦魇",④费尔巴哈倒是取得了一些进步。鲍威尔随即将矛头直

---

① 《马克思恩格斯文集》第1卷,人民出版社2009年版,第541页。

② 《马克思恩格斯全集》第3卷,人民出版社1960年版,第90页。

③ Bronu Bauer, "Charakteristik Ludwig Feuerbachs," *Wigands Vierteljahrsschrift*, Bd. 3, Leipzig: Werlag von Otto Wigand, Oktober 1845, S.123.

④ Bronu Bauer, "Charakteristik Ludwig Feuerbachs," *Wigands Vierteljahrsschrift*, Bd. 3, Leipzig: Werlag von Otto Wigand, Oktober 1845, S.138.

指马克思、恩格斯和赫斯，声称现实人道主义是对费尔巴哈哲学教条的进一步发挥，赫斯的理论则是费尔巴哈哲学的完成形态；谴责他们根本不了解“批判”的发展性、反超验性、能动创造性，用“类”来压制人的个体性、自我意识，以此回应来自《神圣家族》的批判。

与鲍威尔略有不同，施蒂纳并未把马克思和恩格斯直接列为论战对手，而是反驳了以下三种公开批评意见。一是被施蒂纳在《唯一者及其所有物》一书中视为思想对立面的费尔巴哈，后者在《因〈唯一者及其所有物〉而论〈基督教的本质〉》一文中，辩称自己既非唯物主义者亦非唯心主义者，而是“社会人”和“共产主义者”，因为费尔巴哈“把人的实体仅仅置放在社会性之中”。①二是鲍威尔及其伙伴，特别是公开发表关于《唯一者及其所有物》评论文章的施里加。站在为鲍威尔辩护的立场上，施里加在《北德意志批评、文学和座谈杂志》上发表的《论〈唯一者及其所有物〉》中指出，施蒂纳的“唯一者”哲学深受鲍威尔自我意识哲学的影响，并且没有超过它的思想水准。三是以赫斯为代表的“真正的社会主义”。在《晚近的哲学家》这本小册子中，赫斯基于人本主义对施蒂纳的哲学观点进行了驳斥。

“莱比锡宗教会议”可谓青年黑格尔派主要成员的最后一次集体登场，在青年黑格尔派行将解体之前，却依然发出了严重误解的声音，尤其是将马克思和恩格斯划入费尔巴哈的坚定继承者行列，把他们视为“真正的社会主义”这一非科学的社会主义流派的核心人物。由此，全面清算青年黑格尔派及其学说，正面阐释自己业已成熟的思想，成为马克思和恩格斯的首要任务。他们聚焦于鲍威尔的文章，很快就写成了《对布鲁诺·鲍威尔反批评的回答》一文，戳穿了鲍威尔直接抄袭他人文章中的材料的不端行为，揭露了其重申在《神圣家族》中被批驳的空话和旧调的天真无知。尔后，马克思和恩格斯按照鲍威尔的文章结构顺序，逐一反驳了他从前提和特性、缺点和局限等方面对费尔巴哈的“征讨”，否定了其关于费尔巴哈与施蒂纳斗争的定性，揭示出鲍威尔对现实的人及其社会关系的毫无所知，仍在思辨的基地上施展伎俩、解决思辨的矛盾。

---

① 《费尔巴哈哲学著作选集》下卷，荣震华等译，商务印书馆1984年版，第435页。

在完成了对鲍威尔文章的系统剖释后,马克思和恩格斯意识到批判施蒂纳的《唯一者及其所有物》会需要更大的篇幅,继而产生了关于《莱比锡宗教会议》的写作计划。其中,《圣布鲁诺》章是已经写成的批判鲍威尔的文章,而《圣麦克斯》章则是针对施蒂纳的。事实上,早在《唯一者及其所有物》付梓之际,马克思与恩格斯、赫斯之间即已开始写信交流关于该书的意见。由于施蒂纳著作的论域宽泛、议题庞杂、词义难辨、篇幅冗长,马克思按照自己的习惯围绕这本书的结构写作时,不得不将大量精力投入异常繁琐的解读过程中,使得叙述的篇幅不断扩大。在上述过程中,马克思和恩格斯拟定了新的写作计划,打算专门设立一章来批判费尔巴哈,并且正面阐释自己思想的主要内容。为此,他们从《圣布鲁诺》章和《圣麦克斯》章已写好的部分中抽出相关观点,加上一些新的论述,共同构成了《费尔巴哈》章,实现了对唯物史观的系统论述,由此标志着它的创立。

唯物史观与青年黑格尔派哲学的首要区别,就在于对社会与历史的前提的不同认识。在马克思和恩格斯看来,社会和历史不是用头脑中的思维来感知的神秘存在,也不是随意想象和虚构的王国,而是能够以纯粹的经验方法确认的具体现实。构成社会与历史之前提的,亦非意识、观念、精神、思想,而是现实的个人及其活动和物质生活条件。现实的个人自身活动和生活状态取决于其进行生产的物质条件,生产又与个人彼此之间的交往互为前提。所以,个人生产范围的扩大和不同的个人生产之间的联结,就构成了整个社会的结构和运动。而生产力、分工、交往等现实因素,则是社会形态更迭即人类历史演进的动力所在。从最广泛的意义上说,一旦个人之间的交往方式无法适应或者直接阻碍生产力的发展,就会促使人们改变一直沿袭下来的全部社会形式。由此可见,既不一味地固守实存的社会形式,也不盲目地维持已取得的生产力,是现实的个人在社会和历史中的地位及作用的重要表现。

明确社会和社会的前提在于现实的个人,绝不意味着后者可以直接成为社会和历史的主体,个人所归属的共同体才是历史发展中的社会的主体。马克思和恩格斯进一步分析说,现实的个人在发挥社会历史作用的过程中,首先结为一定的阶级。逃亡农奴、单个的市民、地方性的市民团体、市民阶级、资产阶级、无产阶级,是中世纪以来先后出现于欧洲社会中的共同体形式。生存条件对个人的“强迫”、实现个人之间共同利益的需要，是阶级的产生与发展的根本动力。阶级相对于个人的独立性，使得个人可以发现其生存条件的预先确定性，即“他们个人的发展是由阶级决定的，他们隶属于阶级”。① 这种现象的产生同分工所导致的个人力量转化为物的力量，具有内在一致性；只有诉诸共同体来让个人重新驾驭物的力量，使之具有实现自由个性的可能，才能从根本上消除它。然而，过去的形形色色的“冒充的共同体”“虚幻的共同体”，成为人的自由全面发展的新的阻碍。“在真正的共同体的条件下，各个人在自己的联合中并通过这种联合获得自己的自由。”②

承前所述，马克思和恩格斯将社会与历史发展的推动力，归结为生产力、分工和交往。在此基础上，他们一方面梳理出一条由分工所表征的历史演进路径：从部落所有制到公社所有制和国家所有制，再到封建的和等级的所有制。另一方面，马克思和恩格斯探讨了分工的不同表现及作用，揭示出历史向世界历史转变的过程及环节。他们指出，通过对比世界历史形成前后的不同时代，不难发现，分工具有重要的指标性意义。自物质劳动与精神劳动的分工以降，先后出现了城市内部分工、商业的形成和不同城市间分工、工场手工业内部分工、现代大工业内部分工等。与之对应的历史进程为：城市和乡村的分离和对立；城市中行会制度的建立与发展；商人阶层的出现；工场手工业的产生；人口跨国度的迁徙及“流浪”；商业和工场手工业向同一国家集中；现代大工业的发展与垄断。

除却分工在世界历史形成中的具体表现和积极作用，马克思和恩格斯还注意到了分工所导致的消极后果，尤其是不平等的分配和私有制、特殊利益与共同利益的矛盾、国家内部的阶级斗争、个体的活动及生命本质的异化。在其中，尤以人的异化为甚。在自然形成的社会中，分工是自然而然的、不是出于自愿的，故而特殊利益与共同利益是分裂的。此时，对于个人而言，其自身的活动成为一种异己的、相对立的、压迫他的力量。自然形成的分工强加给每个个人一定的、不能超越的特殊活动范围：“他是一个猎人、渔夫或牧人，或者是

① 《马克思恩格斯文集》第1卷，人民出版社2009年版，第570页。
② 《马克思恩格斯文集》第1卷，人民出版社2009年版，第571页。

一个批判的批判者,只要他不想失去生活资料,他就始终应该是这样的人。"①只有具备了以下现实前提之后,人的异化状态才会被消灭:让这种异化成为不堪忍受的力量,使之将绝大多数人变为没有任何财产的人;"同时这些人又同现存的有钱有教养的世界相对立"。②

上述现实前提的形成有赖于生产力的巨大增长和高度发达。其所以如此,一方面在于,如果没有高度发达的生产力,就会产生极端贫困达到普遍化的程度,以致人们不得不重新开始争取生活必需品的斗争,各种陈腐污浊之物势必死灰复燃。另一方面在于,个人之间的普遍交往唯有伴随生产力的普遍发展,方可真正地建立起来,而只有普遍交往才能带来普遍竞争,进而使地域性的个人完全被世界历史性的、普遍经验性的个人取代。马克思和恩格斯指出,如果共产主义失去了巨大增长且高度发达的生产力,就很可能带来以下严重后果:"(1)共产主义就只能作为某种地域性的东西而存在;(2)交往的力量本身就不可能发展成为一种普遍的因而是不堪忍受的力量:它们会依然处于地方的、笼罩着迷信气氛的'状态';(3)交往的任何扩大都会消灭地域性的共产主义。"③由此可见,共产主义不是应当确立的状况、使现实与之相适应的理想,而是消灭现存状况的现实的运动。相应之下,在生产力普遍发展和世界交往普遍扩大的前提下,占统治地位的各民族"一下子"同时行动起来,就是共产主义运动在经验上可能实现的路径。

综上所述,再结合马克思在《〈政治经济学批判〉序言》等文献中的相关表述,不难对唯物史观的创立过程(包括马克思与青年黑格尔派三次思想论战的内在联系)作如下概括总结:为了解决《莱茵报》时期遇到的"苦恼的疑问",马克思着手进行黑格尔法哲学批判,得出了"不是政治国家决定市民社会,而是相反"的结论,意识到人的关系的根本问题及其答案就隐藏于政治经济学领域,进而从"副本批判"转向"原本批判"。在此期间,马克思同青年黑格尔派"主将"鲍威尔,以"犹太人问题"为中心展开了第一次论战,揭示出现代市

① 《马克思恩格斯文集》第1卷,人民出版社2009年版,第537页。
② 《马克思恩格斯文集》第1卷,人民出版社2009年版,第538页。
③ 《马克思恩格斯文集》第1卷,人民出版社2009年版,第538页。

民社会中的异化现象，提出了实现人的解放的目标和途径。不仅如此，他还在几乎同时创作的《〈黑格尔法哲学批判〉导言》中，提出“以宣布人是人的最高本质这个理论为立足点”，①并初步完成了对人的解放理论的体系化建构。

随着马克思开始系统研究政治经济学，特别是对“当前的国民经济的事实”②的考察，他完成了《1844年经济学哲学手稿》的创作，从政治经济学的各个前提即私有财产、分工、竞争和交换价值等出发，揭示出现代市民社会中工人及其劳动产品的异化现象，探讨了异化的规定、根源与扬弃方式，评判了当时几种主要的社会主义和共产主义学说。此外，他还意识到要对黑格尔辩证法和整个哲学进行批判，试图超越它来实现异化观的变革。在批判和发展黑格尔哲学这个问题上，马克思对“当代批判的神学家”即鲍威尔及其伙伴的作为是极不满意的，因为他们非但没有结合现实问题和德国哲学新成果来作进一步发展，反而固守黑格尔哲学的思辨前提，用观念或精神的发展来代替现实，把思辨哲学的教条推向极致。加之鲍威尔对来自马克思的批评的反驳，马克思站在现实人道主义的立场上，同以鲍威尔为代表的青年黑格尔派部分成员展开第二次论战，明确了群众的历史主体地位及作用，考察了唯物主义发展史，指明了以“现实的个体的人”为建构新哲学的出发点。

系统阐明唯物史观，对于当时的人们理解政治经济学批判这一新思想，具有前提性的作用。正如马克思本人所说：“在发表我的正面阐述以前，先发表一部反对德国哲学和迄今的德国社会主义的论战性著作，是很重要的。为了使读者对于我的同迄今为止的德国科学根本对立的经济学观点有所准备，这是必要的。”③面对青年黑格尔派主要成员的最后一次集中亮相，马克思又一次通过和他们的思想论战，正面阐释了社会和历史的前提、社会发展和历史演进的动力、个人与共同体的辩证关系、世界历史的形成过程及其环节、分工的后果与发展前景以及共产主义的物质基础等，最终完成了唯物史观的创立。

原载于《中国社会科学》2023年第10期

① 《马克思恩格斯文集》第1卷，人民出版社2009年版，第18页。

② 《马克思恩格斯文集》第1卷，人民出版社2009年版，第156页。

③ 《马克思恩格斯全集》第47卷，人民出版社2004年版，第383页。

下篇:马克思主义中国化时代化
重大理论问题研究

21 世纪马克思主义主题

——内涵、结构与认知

梁树发*

一些学者提出了 21 世纪马克思主义理论阐释的要求,这个要求提得很及时。21 世纪马克思主义主题是这一阐释的重要内容。关于 21 世纪马克思主义主题的认识是 21 世纪马克思主义认识的前提,不懂得它的主题,就不懂得什么是 21 世纪马克思主义,当然更谈不上发展 21 世纪马克思主义。本文力图对 21 世纪马克思主义主题的内涵、结构及认识方法作出初步探索。不当之处,望得到学界同仁的指教。

一、21 世纪马克思主义主题的内涵

什么是 21 世纪马克思主义主题? 这个问题暂且不做具体回答,留待后文的"21 世纪马克思主义主题的结构"部分讨论,这里先阐述对 21 世纪马克思主义主题概念的理解。

1. 主题与问题

谈主题离不开问题。主题本来就是问题,它是问题中的主题,是具有特殊意义的问题。马克思指出:"主要的困难不是答案,而是问题。""问题是时代

---

* 梁树发,中国人民大学马克思主义学院教授。

的格言,是表现时代自己内心状态的最实际的呼声。”①马克思指出的问题的意义,对于实践和对于科学与理论研究的行动来说,就是主题的意义。

第一,主题是对象化的问题。自在的自然界无所谓问题。问题产生于人作用于其间的客观世界的运动,问题的产生离不开人的活动。问题实际上是客观世界及其运动(包括人在其中的活动的影响)对于人的关系,是主观与客观的统一。问题一经形成并被人们意识到,就意味着将进入被解决的过程。而一旦这个过程实际发生,问题就发生意义的转化,成为人们“再活动”的对象,成为对象化的存在。

第二,主题是被选择的问题。一般地说,一切问题都可能成为主题,但实际上只有部分问题才成为主题。问题成为主题通常需要满足三个条件:首先,由客观历史形势和人们的行动目的决定的问题的迫切性。目的是表现主体价值要求的范畴,主题被认为是能够满足主体价值要求的问题。其次,问题的可选择性,即问题本身的性质与意义。被选择为主题的问题是对问题的解决可能具有重要意义的问题,通常是处于核心地位的问题。最后,主体的接受性。问题成为主题,不仅有对问题本身的要求,而且有对主体的要求。主体不仅应该具有发现和选择问题的能力,而且应具有接受主题的能力,亦即使主题得以实现的能力。

第三,主题是主体化的问题。问题归根结底是外部世界与人的关系,问题本就具有主体性意蕴,成为主题主体化的基础。问题的主体化是问题的主体性内涵在主体行为中的现实展开。对象性、选择性都是主题主体化的表现,都在一定程度上反映了在问题发现和主题实现中主体的自觉能动性。二者是主题主体化的其他表现的基础,是一般的主题主体化。这里所说的主题主体化的其他表现尤指主题的批判性和建构性,它们是主题的深度主体化。但是,不是所有主题的主体化都能够达到深度主体化。批判性和建构性是马克思主义主题的特殊内在属性。

2. 马克思主义主题

(1)发展意蕴中的马克思主义主题

发展是马克思主义的内在品质,它规定了马克思主义主题的基本内涵。

① 《马克思恩格斯全集》第1卷,人民出版社1995年版,第203页。

所谓马克思主义主题,就是马克思主义发展主题。

马克思主义具有发展的内在品质并不意味着它自然而然地实现发展。除了作为发展基础的一定的客观物质条件外,无产阶级和人民群众的实践、马克思主义者和马克思主义理论家的努力,是实现马克思主义发展的必要条件。从历史经验看,发展马克思主义是对作为主体的无产阶级特别是马克思主义者和马克思主义理论家的基本要求。发展马克思主义是马克思主义者和马克思主义理论家的活动的基本目标,而每一个具有实质意义的马克思主义主题都是具有马克思主义发展意义的主题,都从不同方面、以不同形式回答什么是马克思主义发展和怎样发展马克思主义的问题。

理论和实践是马克思主义的两种具有内在联系的存在与发展形式,也是马克思主义主题的两种基本类型。就二者的关系来说,正如马克思主义实践决定着马克思主义理论一样,马克思主义实践主题决定着马克思主义理论主题,马克思主义理论主题反映着马克思主义实践主题的要求。在这个意义上,马克思主义理论主题与实践主题是一致的。所以,在马克思主义主题总的意义上,我们说马克思主义主题就是马克思主义发展主题;在主题实现的意义上,我们说马克思主义主题既是马克思主义实践主题,又是马克思主义理论主题。根据不同意义,马克思主义主题可以有发展、实践、理论三种不同表达形式,但根本说来它们是一致的。这种一致构成关于马克思主义主题认识的基础。

(2)比较视阈中的马克思主义主题

以上是在发展意蕴和它的实现形式意义上谈马克思主义主题内涵,下面从主题的基本选择方向和性质意义上谈这个问题。我们选取三个比较维度作为理解马克思主义主题内涵的维度,即马克思主义分别与一般哲学社会科学、非马克思主义的马克思主义研究和作为特殊学科的马克思主义的比较。

第一,马克思主义与一般哲学社会科学的比较。一般哲学社会科学包括马克思主义的哲学社会科学和非马克思主义的哲学社会科学两个部分。马克思主义的哲学社会科学是一般哲学社会科学中具有马克思主义性质的部分。目前情况下,这个部分还不是与一般哲学社会科学体系中的具体学科并列的独立学科,而是从属于其中某一具体学科的部分。这个部分在我国哲学社会科学体系中由于成熟程度不同,有的是一定具体学科中的专业(称二级学科),有的仅仅是一定学科中的一个特殊方向。马克思主义理论成为法学门类下的一级学科,是一个特例,也是一个创举,是中国特色哲学社会科学体系的标志之一。不管马克思主义的哲学社会科学体系的具体学科是否已经成为独立的学科或者专业,它们作为一般哲学社会科学的一个部分,分别是这个学科体系中具有马克思主义哲学、马克思主义政治经济学、马克思主义政治学、马克思主义历史学或者马克思主义法学等性质的科学内容。在主题选择的基本方向和性质上,作为整体的马克思主义的哲学社会科学与非马克思主义的哲学社会科学之间有明显的差异。造成这种差异的主要原因不在于它们共同的学科背景,而在于对双方施以影响的社会方面,尤其是制度的和意识形态的上层建筑。任何哲学社会科学的发展,包括其主题的选择与设置,都受到学科性因素和社会性因素的双重制约。因而,资本主义条件下和社会主义条件下的哲学社会科学发展有着两种不同的命运,表现出不同的发展特征。这一情况也反映在学科发展主题的选择、设置的方向和性质上。马克思主义的各具体哲学社会科学学科的发展主题,除了具有决定其所属学科的性质和发展基础的科学性的因素外,凸显的决定性因素则是马克思主义的基本精神和基本价值的影响。因而同非马克思主义的哲学社会科学相比,马克思主义的哲学社会科学主题具有科学性、人民性、实践性和开放性等突出特征。在更大的范围内,它是马克思主义主题相对于非马克思主义的哲学社会科学主题具有的优势和特征。

第二,马克思主义的与非马克思主义的马克思主义研究的比较。在马克思主义研究问题上,马克思主义与非马克思主义的划分依据是研究者所持的立场、观点、方法及其研究成果的性质。立场、观点、方法对于马克思主义研究具有不同的意义。立场是前提,立场错了,观点和方法就会跟着错。我们从马克思主义研究者或非马克思主义研究者的个人经验中可以看到这一点。

马克思主义的和非马克思主义的研究有观点和方法方面的表现。它们的正确与否是由研究得出的结论显示的。马克思主义本来是一种科学的思想体系,但如果研究得出一堆与马克思主义的基本精神和基本原理相背离的结论,无法通过实践的检验,就不能说这个研究是马克思主义的。问题可能出在立场,也可能出在方法。

马克思主义研究主题的提出、选择和设定是马克思主义研究的前提性环节,预先规定了这一研究的性质。马克思主义研究中马克思主义与非马克思主义的差异在主题上的表现,特别表现在主题的选择上。非马克思主义的研究,特别是来自资产阶级学者、资产阶级意识形态家的研究,往往打着学术的旗号而提出大量伪造的命题、选题,提出大量以马克思主义为挑战和攻击对象的问题,如“青年马克思”与“成熟马克思”的关系、马克思与恩格斯的关系、马克思与马克思主义的关系、“恩格斯主义”、马克思主义已经“过时”等。这些具有意识形态导向的问题被作为研究主题提出来,而结论则预先存在其中了,他们只是力图通过这种虚假合理形式把他们对于马克思主义的成见灌输给他人。这种假象当然不会仅仅停留于其郑重其事地提出的所谓主题中,还表现在他们的所谓研究过程中。他们以为只要结论有任何马克思主义经典作家的个别文本文献或其中的个别片段、个别观点作为“根据”,有任何马克思主义发展过程中的个别事件、事例作为“根据”,它就是十分“科学”的了。

从马克思主义研究正反两方面的经验看,马克思主义主题的内涵概括起来大体有以下三个方面。

其一,马克思主义主题是来自客观现实和马克思主义发展经验的真问题,而不是假问题。从虚构的假问题出发,不可能得出正确的结论,也不可能得出能够解决问题的结论。

其二,马克思主义主题是一个系统。马克思主义研究不仅仅是对马克思主义基本原理的研究,也不仅仅是对马克思主义经典作家的思想的孤立研究,而是包括马克思主义经典文本文献,人物和思想流派,马克思主义思想史,马克思主义发展中的重大事件,马克思主义的起源、传播和教育等的研究在内的整体研究过程。这个过程决定马克思主义研究有多重的“问题域”,决定马克思主义主题必然是一个由多方面和多层次的具体主题构成的复合主题,即主题系统。

其三,马克思主义发展经验表明,马克思主义发展过程不是一帆风顺而无曲折的。曲折有的是马克思主义的敌对力量等外部条件造成的,有的来自马克思主义自身。马克思主义自身的原因,一方面在于曲折是符合一般认识规律和马克思主义发展规律的，马克思主义是一种真理体系，也是一种历史上最进步的阶级的意识形态，因而它的发展必然要经历矛盾、失误与曲折；另一方面在于有的马克思主义者、马克思主义理论家及其组织在认识马克思主义和对待马克思主义问题上的失误。为了防止和减少马克思主义发展中的曲折，马克思主义者、马克思主义理论家及其组织在理论上的自我反思是必要的。有学者甚至把这称为“马克思主义的自我反思”，认为“实事求是地反思、总结马克思主义发展的经验与教训，这对继续推进马克思主义和中国特色社会主义的发展至关重要”①。正是在这个意义上，自我反思性是马克思主义的内在品质，也是它的主题内涵。

第三，马克思主义与作为特殊学科的马克思主义的比较。在我国哲学社会科学体系中，马克思主义理论具有学科的性质与意义。它是法学这一大的学科门类下同法学、政治学、社会学并列的一级学科。它下辖马克思主义基本原理、马克思主义发展史、马克思主义中国化研究、国外马克思主义研究、思想政治教育、中国近现代史基本问题研究、党的建设七个二级学科。正如国务院学位委员会在《关于调整增设马克思主义理论一级学科及所属二级学科的通知》（学位〔2005〕64 号）（以下简称《通知》）中指出的，这是根据《中共中央国务院关于进一步加强和改进大学生思想政治教育的意见》和《中共中央关于进一步繁荣发展哲学社会科学的意见》精神，“为了加强马克思主义理论体系研究、马克思主义发展史和马克思主义中国化研究、思想政治教育研究，推进党的思想理论建设和巩固马克思主义在高等学校教育教学中的指导地位，加强高校思想政治理论课建设、培养思想政治教育工作队伍”②，决定在《授予博士、硕士学位和培养研究生的学科、专业目录》（以下简称《目录》）中增设马克思主义理论一级学科及所属二级学科。虽然从《通知》可以看出，设立马克思主义理论一级学科的目的主要是为了加强和改进高校思想政治教育，但是目的又不止于此，特别是它强调了作出在《目录》中增设马克思主义理论一级学科及所属二级学科的决定的根据之一是《中共中央关于进一步繁荣发展哲学

① 许全兴：《马克思主义的自我反思与创新》，人民出版社 2019 年版，第 1 页。

② 《关于调整增设马克思主义理论一级学科及所属二级学科的通知》，http://www.moe.gov.cn/srcsite/A22/moe_833/200512/t20051223_82753.html。

社会科学的意见》精神，并首先强调这个决定是“为了加强马克思主义理论体系研究、马克思主义发展史和马克思主义中国化研究、思想政治教育研究，推进党的思想理论建设和巩固马克思主义在高等学校教育教学中的指导地位”，这表明“增设”决定具有更为广泛甚至更高的意义。从这个《通知》以及后来增加的中国近现代史基本问题研究、党的建设两个二级学科看，关于马克思主义研究对象、主题以学位授予目录的形式出现，不仅使我们对马克思主义主题有了更具体的认识，而且有了更广泛和更高层次的认识。七个二级学科视阈下的马克思主义研究主题，比前两种研究视阈中的主题更广泛更全面，它充分打开了我们关于马克思主义主题认识的眼界。

3. 21 世纪马克思主义主题

世纪主题是以百年为计算单位的时间内的科学研究对象。在这个时间内，最有可能发生若干引起重大历史变动的事件。这些事件可能带来重大的历史进步，也可能给人类造成重大的损失和灾难，甚至造成历史的暂时倒退。这些事件和事变因其给世纪的历史打上烙印而具有世纪意义。所以，一定世纪内发生的一切事件、事变，就其社会性质来说，无论是经济的、政治的、文化的、社会的和生态的，都可能成为这些不同领域的学者们的研究对象，成为专业研究的世纪主题。马克思主义研究既是以一定历史、一定世纪内特别是所处世纪的人的一定性质或领域的实际生活为对象的研究，也是对一定历史、一定世纪的马克思主义发展的经验与规律的研究，特别是以历史的和所处世纪的经验为根据的马克思主义基本理论研究。

马克思主义主题的历史性存在表现为主题在任何时间范围内的存在，世纪性无疑是它的典型存在形式。对于马克思主义这样一种 180 年来极大地影响了历史同时也创造了历史的伟大思想体系来说，关于它的发展经验包括主题问题，放在世纪这样一个时间跨度内来观察是适当的。其发展中因差异性而引起的阶段性、因失误而发生的曲折和暂时的停滞与危机、因对重大历史行动的正确指导和在同一切敌对思潮的斗争中赢得的主动和胜利，它的包括经验、特征、胜利与暂时失败的命运等一切属性的“世纪表现”，可能是更为鲜明、典型、成熟和稳定的，从而凸显马克思主义在 20 世纪的发展不同于 19 世纪的发展、21 世纪的发展不同于 20 世纪的发展的差异。主题之间的差异是其整体差异的一个部分,反映了马克思主义的世纪差异,从而决定必须联系20世纪的马克思主义主题乃至19世纪的马克思主义主题,才能真正认识21世纪的马克思主义主题和总体的21世纪马克思主义。

那么,所谓21世纪马克思主义主题是什么意思呢?它是指马克思主义的21世纪“专属”主题,还是马克思主义在21世纪“存在”的所有主题?“世纪存在主题”不同于“世纪专属主题”。它是以存在于一定世纪中的矛盾和问题为根据和内容的主题。存在于一定世纪中的主题,不一定完全属于这个世纪,其中包括属于该世纪的主题,也包括历史延续下来有待在新的世纪继续解决的问题。世纪更迭并没有使前一世纪或以往世纪的所有主题失去意义。所以,“世纪存在主题”较之“世纪专属主题”更具广泛性。把“世纪专属主题”与“世纪存在主题”区别开来的意义在于使研究者能够更准确更全面地认识和把握所处世纪的主题,并能够给予“世纪专属主题”以特别关注。

谈马克思主义的世纪主题,不能不涉及马克思主义的时代主题。这是与马克思主义的世纪主题有联系也有区别的主题。它们之间的关系取决于时代与世纪之间的关系。一方面,任何时代都是一定世纪中的时代。它可能是一个世纪中的时代,也可能是跨越一个世纪或者一个以上世纪的时代。所以,我们总是在世纪的马克思主义主题中认识时代的马克思主义主题。因为标志历史重大变动特别是历史重大进步的时代,总是在一定的世纪中酝酿发生的,正是在世纪中的矛盾和问题造成了新的时代得以产生的条件,使新时代的产生成为可能。另一方面,以时代对于世纪来说的意义为根据,马克思主义的时代主题相较于世纪主题则更具根本性。世纪作为一种自然时间本没有意义,正是人的活动赋予其意义,而特别通过在世纪中生成的、以一定的重大历史事件和历史变动为内容并标志着历史发展阶段性的时代,使其获得特别的意义,从而使一个世纪与其他世纪真正区分开来。20世纪对于人类历史的意义在于一个新的时代的生成,这个时代就是俄国十月社会主义革命的胜利所开辟的社会主义时代。马克思主义在这个世纪中的主题遂以这个新时代的主题为核心、为主要内容。那么,人类进入21世纪,这个时代是否发生了改变呢?是否出现了一个相对于20世纪中的时代更新的时代呢?如果说在21世纪的前20年发生了时代变迁,或者说在21世纪的后80年可能发生时代变迁,那么这个时代将可能是什么时代呢？本文以为，在整个 20 世纪，社会主义的时代性质没有发生改变，20 世纪 80 年代末 90 年代初发生的苏联解体、东欧剧变，也没有使这个时代性质发生改变。时代也好，与之密切相关的社会形态也好，它只要符合历史发展规律并与历史发展趋势相一致，即使在发展中遭遇过重大曲折，也不会发生根本改变，也就是说，在 20 世纪初已经开辟的社会主义时代没有发生根本改变。

就一般历史发展来说，任何时代都有其特定的主题。新时代的形成是既定的主题实现的结果，也是这个时代的主题形成的现实条件。问题只在于新阶级是否意识到新时代的到来，是否能够发现并提出与这个时代契合的行动主题。无产阶级按其性质和地位来说，是能够认识自己所处时代和确立自己的主题的。对于马克思主义来说也是如此。马克思主义本来的性质、品质决定它应该并且能够把握自己所处时代的主题及肩负的使命。

二、21 世纪马克思主义主题的结构

21 世纪马克思主义主题是一个系统，它是历史总体，又是结构总体。它既有不同的层次，又有不同的类型或存在形式。从历史意义看，它是总体主题、世纪主题、世纪存在主题、时代主题的统一；从结构意义看，它是总体主题、基本主题、一般具体主题的统一。由于前面已经谈到世纪主题、世纪存在主题、时代主题，这里只谈结构意义上的 21 世纪马克思主义主题。

1. 总体主题

马克思主义的总体主题，即最高主题，是无产阶级和全人类的解放。这既是由它的无产阶级的科学世界观和方法论这一根本性质决定的，也是由它所肩负的历史使命决定的。马克思主义的总体主题表达为“双重解放”，并不意味着这个主题是并列的“两种解放”，即一个是无产阶级的解放，另一个是全人类的解放。本质上它们是一种解放、一种革命，即无产阶级的解放就是全人类的解放，反之亦然。无产阶级这个人类历史上最后一个被剥削被压迫的阶级获得了解放，整个人类也就同时获得了解放。消灭了最后一个被剥削被压迫的阶级，也就同时消灭了包括最后一个剥削和压迫阶级——资产阶级——

在内的一切阶级。在二者关系的理解上存在的一种片面性,是离开无产阶级的解放谈全人类的解放,把马克思主义的历史使命仅仅理解为全人类的解放。其实,历史不会有独立存在的“全人类的解放”,人类自从进入有阶级的社会以来,人的解放就总是同一定阶级的解放相联系,而就“全人类的解放”来说,就一定与无产阶级的解放相联系,并以这一阶级的解放为其前提和实现形式。

在这里,还有个无产阶级解放、全人类的解放与人的自由而全面的发展之间的关系问题,简称“解放”与“发展”的关系问题。在21世纪马克思主义的总体主题问题上,人的自由而全面的发展与无产阶级和全人类的解放没有实质性区别,它们是同一层次并具有相同内涵和意义的主题。无产阶级解放和全人类的解放作为一个过程,通过为人的自由而全面的发展开辟道路、提供条件而具有人的自由而全面发展的意义。“解放”可以理解为“发展”的条件和前提,而且作为过程的“解放”也是“发展”。就实质而言,“解放”与“发展”是同一个过程,既不是有“解放”无“发展”,也不是先“解放”后“发展”。

马克思主义的总体主题不以世纪和时代为限,而是贯穿于马克思主义形成与发展的始终,并对其他任何类型和层次的主题具有统摄性。关于无产阶级的解放和全人类的解放这一马克思主义的历史总主题、总目标,从19世纪中叶马克思主义诞生起,经过20世纪的曲折发展而到21世纪的今天,从未发生过改变,今后也不会发生改变。

2. 基本主题

在21世纪马克思主义总体主题下有两个基本主题,一个是“外向对象性主题”,一个是“内向对象性主题”。前者指马克思主义面对的在21世纪产生并需要解决的新矛盾新问题和在21世纪仍然具有现实性的以前世纪遗留下的矛盾和问题。它们是马克思主义认识和发生作用的“外部”对象。后者指马克思主义自身的理论问题,概括地说,它们是:什么是马克思主义和怎样对待马克思主义问题,什么是马克思主义发展和怎样发展马克思主义问题。它们是马克思主义在发展中呈现的,也在研究者的反思性的认识中发现的矛盾和问题,是马克思主义的自我意识和自我诊断的症候。

(1)外向对象性主题

英国学者罗纳尔多·蒙克在《马克思在21世纪——晚期马克思主义的

视角》一书中，谈到马克思主义在 21 世纪面对的八个问题，即所谓马克思已经“过时”、生态、发展、工人、妇女、民族和后（现代）马克思主义①。国内学者对 21 世纪马克思主义主题的思考更具体、更深入。国内有学者指出，在资本主义与社会主义两大社会制度并存条件下，21 世纪马克思主义必须解决的矛盾与课题是：第一，回答好如何既学习借鉴吸收资本主义社会创造的一切有价值的文明成果，又与资本主义思潮和敌对势力进行交锋和斗争的新课题；第二，回答社会主义如何赢得与资本主义相比较的各种制度优势②。还有学者认为，21 世纪马克思主义要探索解决的问题是：第一，研究经济全球化现象，形成对当代资本主义的科学认识；第二，科学总结 20 世纪世界社会主义实践的历史经验，据以展望社会主义在 21 世纪的发展前景，回答如何认识并解决我国改革开放和现代化建设中提出的一些深层次理论问题；第三，当代马克思主义者必须研究科学技术例如计算机技术的发展带来的新变化，利用人类对自然界、社会和自身的新认识来丰富马克思主义理论，同时必须面对科技发展带来的问题并在解决这些问题的过程中不断向前发展；第四，深刻反省并自觉调整人类现代的生存方式；第五，科学地对待各种非马克思主义甚至反马克思主义思潮③。

受学者们关于 21 世纪马克思主义主题思考的启示，本文把以下八个方面理解为 21 世纪马克思主义的基本主题：世界发展趋势与时代性质，当代发达资本主义国家和经济文化相对落后国家通向社会主义的道路，现实社会主义国家的发展道路与未来前景，世界历史与人类命运，科学技术进步与历史进步及其形态，适合人的自由全面发展需要的生存与生活方式，当代资本主义社会阶级结构变化与无产阶级的历史地位，当代社会思潮和社会运动的演变、现状与性质分析。可以发现，这里所谈的八个基本主题，与以上列举的学者们关于马克思主义主题的认识一样，都属于“外向对象性主题”。造成这一情况的原

① 参见罗纳尔多·蒙克：《马克思在 21 世纪——晚期马克思主义的视角》，张英魁等译，江苏人民出版社 2011 年版，“前言”第 1—8 页。

② 参见陈锡喜：《不断开辟 21 世纪马克思主义发展新境界》，《思想理论教育导刊》2016 年第 9 期。

③ 参见方军：《走向新世纪的马克思主义哲学》，《天津社会科学》2000 年第 1 期。

因并不在于这些学者们轻视或不承认“内向对象性主题”的存在,而在于对主题概念的不同理解,即由于马克思主义特别关注的是改变外部世界的实践,因而也就只在“对外关系”的意义上理解自己的活动对象,而关于马克思主义的自我意识、自我反思类型的主题并未被纳入对象范畴。实际情况则是,马克思主义既在改变外部世界的实践中发展,也在自我意识、自我反思的过程中发展。

(2)内向对象性主题

有学者谈到21世纪世界马克思主义的“热点问题”“核心问题”“难点问题”。“热点问题”是:$MEGA^2$编辑出版研究,马克思经典著作研究,马克思思想及其当代价值研究,西方马克思主义及其当代发展研究,阶级、阶级理论、两极分化问题研究,民粹主义、民族主义与民族问题研究,当代左翼思潮与新社会运动研究,金融资本主义批判与后期资本主义危机批判性剖析,“现实社会主义”批判与未来社会构想,中国特色社会主义道路问题研究。“核心问题”是:如何把握21世纪世界马克思主义基本格局与基本框架?如何理解21世纪世界马克思主义理论实质与当代价值?如何理解21世纪国外马克思主义对21世纪中国化马克思主义的意义?如何理解21世纪中国化马克思主义对21世纪世界马克思主义的意义?“难点问题”是:马克思与马克思主义的关系问题,马克思主义之科学性与批判性的关系问题,马克思主义之理论与实践的关系问题,马克思主义科学与共产主义信仰的关系问题,马克思主义作为意识形态与作为学术的关系问题,马克思主义之学术性、思想性、现实性的关系问题,马克思主义之学术话语、政治话语、大众话语的关系问题,马克思主义之世界性与民族性、普遍性与特殊性的关系问题,马克思主义之单数性与复数性、统一性与多样性的关系问题,国外马克思主义与中国化马克思主义的关系问题①。

由上,似乎可以得出如下结论:第一,不管是“热点问题”“核心问题”还是“难点问题”,都是马克思主义发展的21世纪存在主题;第二,这些被看作21

① 参见王凤才等:《多重视角中的马克思——21世纪世界马克思主义发展趋向》(上),中国社会科学出版社2021年版,第7—14页。

世纪世界马克思主义主题的各类问题，均不涉及“外向对象性主题”，而限于“内向对象性主题”，由此可以看到国内学者在关于 21 世纪马克思主义主题的理解上的不同思路；第三，从马克思主义发展的事实和经验看，作为基本主题的马克思主义主题系统中的“内向对象性主题”和“外向对象性主题”都是不可否认的。

3. 一般具体主题

总体主题和基本主题都是具体主题，为了与之区别开来，我们把区别于总体主题、基本主题而从属于它们的那部分具体主题称为一般具体主题。一般具体主题是基本主题以下层次的具体主题。就“外向对象性主题”中关于“世界发展趋势与时代性质”这个基本主题而言，关于当代发达资本主义国家的发展，关于广大发展中国家、民族和地区的发展，现实社会主义国家的发展，可以分别被看作当今时代主题下的具体主题，即马克思主义的当今时代主题系统中的第三层次的具体主题。而经济发展、政治发展、文化发展、社会发展、生态文明建设等，则可以分别被看作其中任一类型的国家、民族和地区在当今时代或在 21 世纪马克思主义主题系统中的第四层次的具体主题。当然，它们中的任一国家、民族和地区，它们的经济、政治、文化、社会、生态等任一方面的发展，又可以被看作它们在当今时代或 21 世纪马克思主义主题系统中的更深层次的具体主题。

三、21 世纪马克思主义主题的认识方法

21 世纪马克思主义主题研究的直接目的，是对 21 世纪马克思主义主题的内涵、类型、结构和特征等有一个明确的认识，有利于我们的 21 世纪实践和马克思主义在 21 世纪的发展。正确的认识来源于正确的方法。所谓 21 世纪马克思主义主题的认知，在这里是指认识这个主题的方法。

1. 把对 21 世纪马克思主义主题的认识建立在科学马克思主义观基础上

第一，用系统的马克思主义观认识 21 世纪马克思主义主题。这是要求把 21 世纪马克思主义主题看作一个系统，并把对它的研究深入到系统的结构之中，把握其要素、环节、层次、功能之间的逻辑关系和运动状态。我们关于 21

世纪马克思主义主题两大类型、四种基本存在形式(总体主题、世纪主题、世纪存在主题、时代主题)的认识,以及关于"世纪存在主题"的认识,正是运用系统方法的结果。

第二,把创新意识与创造精神运用于对马克思主义主题的认识上。创新意识与创造精神的运用之所以成为关于21世纪马克思主义主题认识的方法,理由在于"理论创新的过程就是发现问题、筛选问题、研究问题、解决问题的过程"①。这里强调的是"问题"对于理论创新的意义,而"问题"与理论创新的辩证关系还表现为,问题的发现、筛选、研究和解决要贯彻创新意识与创造精神。只有贯彻创新意识与创造精神才能够建构适应21世纪实际的马克思主义主题。

2. 从21世纪马克思主义实践主题认识理论主题

列宁在《论马克思主义发展中的几个特点》一文中指出:"俄国近年来发生的急剧变化异常迅速、异常剧烈地改变了形势,改变了迫切地、直接地决定着行动条件,因而也决定着行动任务的社会政治形势"②。随着这种具体的社会政治形势的改变和由此决定的迫切的直接行动的任务的极大的改变,"马克思主义这一活的学说的各个不同方面也就不能不分别提到首要地位"③。这里所谓基于社会政治形势的"行动的任务"指的就是俄国无产阶级的实践主题;而被"分别提到首要地位"的马克思主义学说的"各个不同方面",就是将得以发展的马克思主义理论主题。

从已经过去的21世纪20余年的短暂历史看,世界形势复杂多变,谓之世界百年未有之大变局。马克思主义不会停留于对复杂世界形势的消极观察,而要积极地思考在这样一种形势下"人类向何处去"和"应该怎么办"的问题。"人类向何处去"是关于历史发展的方向和道路问题,是基于对现实经济政治形势的分析而要在理论上给以科学回答的问题;"应该怎么办"是个实践问题,是基于对"人类向何处去"问题的科学认识而如何行动的问题。二者作为"时代之问",是21世纪马克思主义的当然主题。习近平总书记在谈到我国

① 《习近平谈治国理政》第二卷,外文出版社2017年版,第342页。
② 《列宁选集》第2卷,人民出版社2012年版,第278页。
③ 《列宁选集》第2卷,人民出版社2012年版,第279页。

哲学社会科学的发展问题时指出："我国哲学社会科学应该以我们正在做的事情为中心，从我国改革发展的实践中挖掘新材料、发现新问题、提出新观点、构建新理论，加强对改革开放和社会主义现代化建设实践经验的系统总结，加强对发展社会主义市场经济、民主政治、先进文化、和谐社会、生态文明以及党的执政能力建设等领域的分析研究，加强对党中央治国理政新理念新思想新战略的研究阐释，提炼出有学理性的新理论，概括出有规律性的新实践。这是构建中国特色哲学社会科学的着力点、着重点。"①习近平总书记对如何发展我国哲学社会科学提出的上述要求，对发展当代中国马克思主义、21世纪马克思主义同样具有根本指导意义。

3. 在历史经验中认识21世纪马克思主义主题

这里所说的"历史经验"，是指马克思主义发展的历史经验。这种经验有积极的也有消极的。对它的正确认识和总结可以使我们从中发现什么是必须回答的迫切问题以及怎样回答这些迫切问题。例如，19世纪末20世纪初发生的伯恩施坦修正主义，被认为是马克思主义发展史上第一次正式提出"什么是马克思主义"的问题②。第二次世界大战结束后，西方国家的马克思主义研究者关于马克思主义与人道主义的关系的争论，实际也是提出了一个究竟"什么是马克思主义"的问题。我国改革开放之初发生的关于"两个凡是"是不是马克思主义的争论，实质也是"什么是马克思主义"的问题。经验表明，"什么是马克思主义"的提问是马克思主义发展中的一种规律性现象。我们会问，在马克思主义发展史和国际共产主义运动史上为什么总是以不同形式反反复复地出现这样一个问题？这意味着一个关系马克思主义发展规律的"什么是马克思主义"提问现象这样一个研究主题产生了。

在马克思主义发展史上，有一个马克思主义创始人和无产阶级的伟大领袖诞辰和逝世周年纪念性话语现象。这种话语直接表现为是否承认和如何理解马克思主义发展过程中发生的曲折问题。而我们一旦意识到、关注到这个问题，意味着一个关于"马克思主义历史命运"、21世纪马克思主义发展前景

---

① 《习近平谈治国理政》第二卷，外文出版社2017年版，第344页。

② 参见E.J.霍布斯鲍姆：《判断马克思主义的思想或观点的标准》，《国外社会科学动态》1983年第3期。

的问题现实地摆在了面前。

4. 把我们的21世纪马克思主义主题研究有机地融入国际

德国学者扬·霍夫在一篇题为《马克思在德国》的文章结尾处提出,“希望德国关于马克思的讨论将更加彻底地融入国际马克思研究中”①。扬·霍夫的这个关于马克思研究方式的要求具有普遍性,不仅适用于德国学者的马克思研究,也适用于世界各国学者的马克思研究。对于马克思主义研究主题,各国学者可能有各国学者的感悟和认识,因为他们的认识都受着他们所处国度或地区的特殊环境的影响。他们关于一定时期马克思主义研究主题的认识是反映本国实际的,因而对于本国的马克思主义研究是适用的。但是,即便如此,这种研究也有融入国际研究的必要。因为研究者们可以从国际学者的研究中获得启示,既能够开阔自己的研究思路,又可能拨正自己得出的不当结论。

本国的马克思主义研究融入国际研究的合理性还在于,根据经验,关于马克思主义主题的认识在一定程度上可以在马克思主义与各种思潮的相互联系中获得。当我们关于一定时期的马克思主义主题的考察直接地或间接地进入到马克思主义与各种思潮或流派的关系中、进入与马克思主义相关的意识形态斗争领域时,对马克思主义发展的过程、经验就会有更直接的和更深刻的感悟和认知,在其中可以认识马克思主义在19世纪、20世纪的存在与发展状况,认识哪些问题可能成为与21世纪马克思主义发展相关的问题,发现马克思主义发展的21世纪问题。马克思主义发展史的经验表明,与国际的各种马克思主义的、非马克思主义的思潮的联系,从来是推动本国的马克思主义研究和实现马克思主义发展的必要形式。

5. 倾力于马克思主义主题的深度发掘

理论主题不是直接显现的,而是研究者辛勤劳动的结果。如果说从时代和客观历史形势到理论主题有一定程度的直接性的话,那么从思潮关系和意识形态冲突以及从马克思主义发展的历史经验到理论主题的认识,就完全是

---

① 马塞罗·默斯托主编:《今日马克思》,孙亮、杨小峰译,中国人民大学出版社2019年版,第226页。

一个理论思维过程了。总的说来，理论主题的发现，需要做深度发掘。就马克思主义发展史研究主题来说，“所谓深度发掘，就是超越马克思主义发展史基本层面的主题而向更深层次发掘。这一层次的主题，或者是被以往研究忽略了的因而需要拓展的，或者是对马克思主义发展史研究具有重要意义而研究尚未触及的”①。提出马克思主义主题深度发掘问题的主旨，不是要提供一个现成的关于 21 世纪马克思主义的应有深度的主题系统，而是倡导一个强化主题发现与建构的方法。

原载于《马克思主义研究》2022 年第 9 期

---

① 梁树发：《马克思主义发展史研究主题的深度发掘》，《马克思主义理论学科研究》2016 年第 1 期。

“第二个结合”与
中国式现代化文化形态的建构

郝立新[*]

马克思主义中国化时代化的进程与中国文化发展紧密联系。中国特色社会主义文化的发展，是在马克思主义基本原理同中国具体实际相结合、同中华优秀传统文化相结合的过程中实现的。习近平在庆祝中国共产党成立 100 周年大会上的讲话和党的二十大报告中，明确提出“两个结合”，以及“中国式现代化”和“人类文明新形态”等重大命题，这在一定程度上揭示了“两个结合”与现代化进程中文化发展的内在关联。2023 年 6 月 2 日，在文化传承发展座谈会上的讲话中，习近平再次强调了“两个结合”特别是“第二个结合”的重大意义，指出马克思主义同中华优秀传统文化二者彼此契合、相互成就，“造就了一个有机统一的新的文化生命体，让马克思主义成为中国的，中华优秀传统文化成为现代的，让经由‘结合’而形成的新文化成为中国式现代化的文化形态”。[①] 这一重要论断揭示了“第二个结合”的深刻内涵，指明了建构中国式现代化文化形态的必由之路。

* 郝立新，中国人民大学哲学院教授，教育部长江学者特聘教授，中国人民大学马克思主义学院教授，中国人民大学习近平新时代中国特色社会主义思想研究院研究员。

① 《习近平在文化传承发展座谈会上强调　担负起新的文化使命　努力建设中华民族现代文明》，《人民日报》2023 年 6 月 3 日。

一、“马克思主义基本原理同中华优秀传统文化相结合”判断提出的重大意义

如果说“两个结合”中的“第一个结合”凸显了马克思主义中国化时代化的实践基础和问题导向，那么“第二个结合”则彰显了马克思主义本土化的历史基础和文化向度。“第一个结合”是“第二个结合”的现实基础或实践依据；而“第二个结合”是“第一个结合”的历史延伸和文化拓展。“第二个结合”判断的提出，表明我们党对马克思主义中国化时代化规律性认识的深化，对中国特色社会主义文化发展规律认识的深化；标志着我们党对马克思主义基本原理同中华优秀传统文化相结合的必要性和重大意义认识的升华，是我们党高度的历史自信、文化自信的充分体现；为我们在中国式现代化进程中如何建设新文化形态、推进文化强国建设指明了方向。

首先，在“第一个结合”基础上提出“第二个结合”，体现了马克思主义中国化时代化在实践基础上的历史纵深和文化拓展。马克思主义是在一定民族文化的土壤中产生的，它本身就是人类文明发展成果的一部分，是在同一定民族历史和文化的结合中实现本土化的。马克思主义之所以“赢得了世界历史性的意义”，是因为它“吸收和改造了两千多年来人类思想和文化发展中一切有价值的东西”。① 马克思主义充分吸收了人类思想史上的积极成果，成为“时代的精神精华”。德国古典哲学、英国古典政治经济学和英法空想社会主义，构成马克思主义产生的直接理论来源。马克思主义在世界范围内的发展也离不开一定国家或民族的历史文化和现实情况。马克思和恩格斯在《共产党宣言》1872 年德文版序言中强调了理论运用的“历史性”“条件性”。他们指出，马克思主义的“这些原理的实际运用，正如《宣言》中所说的，随时随地都要以当时的历史条件为转移”。② 在 1882 年俄文版序言中，他们强调《共产党宣言》的思想要同俄国的历史条件相结合，指出俄国公社和俄国革命道路

① 《列宁选集》第 4 卷，人民出版社 2012 年版，第 299 页。
② 《马克思恩格斯选集》第 1 卷，人民出版社 2012 年版，第 376 页。

的特殊性。后来恩格斯在《共产党宣言》1888 年英文版序言中,再次强调了“随时随地都要以当时的历史条件为转移”的观点。列宁在《我们的纲领》中指出,对于马克思主义政党来说,“尤其需要独立地探讨马克思的理论,因为它所提供的只是总的指导原理,而这些原理的应用具体地说,在英国不同于法国,在法国不同于德国,在德国又不同于俄国”。① 这些论述为马克思主义中国化时代化包括“两个结合”奠定了科学的方法论原则。“第二个结合”是在“第一个结合”论断基础上提出来的,并且与马克思主义中国化时代化的理念紧密相连。马克思主义与中国具体实际相结合,始终受到我们党的高度重视。这里的“实际”主要指的是实践生活、实际问题,广义来讲,“中国具体实际”还应包括中国的历史和文化。虽然“第二个结合”命题的提出晚于“第一个结合”命题的出现,但是在我们党推进马克思主义中国化时代化的进程中,并未忽视把马克思主义基本原理同中华优秀传统文化相结合。正如毛泽东在 1941 年《改造我们的学习》中所指出:“今天的中国是历史的中国的一个发展;我们是马克思主义的历史主义者,我们不应当割断历史。从孔夫子到孙中山,我们应当给以总结,承继这一份珍贵的遗产。”②他在 1944 年回答英国记者斯坦因的提问时说,“我们信奉马克思主义是正确的思想方法,这并不意味着我们忽视中国文化遗产”。③ 毛泽东思想生动地体现了马克思主义基本原理同中华优秀传统文化的结合,例如用马克思主义哲学对古训“实事求是”进行了创造性地运用,在《实践论》《矛盾论》中对中国古代知行观和矛盾观进行了创新性地吸收与发展。党的十七届四中全会通过的《中共中央关于加强和改进新形势下党的建设若干重大问题的决定》强调,要大力推进马克思主义中国化、时代化、大众化。在马克思主义“中国化”基础上进一步提出“时代化”的重要命题,目的是要把马克思主义与时代特征结合起来,与时俱进,把握时代脉搏,顺应时代潮流,回答时代问题,凝聚时代精神,在与中国国情相结合的基础上,正确回答和应对中国与世界、现实与未来的一系列重大理论和实践问题。“时代化”包括在思想文化上要与时俱进,要站在时代发展的高度对待传

① 《列宁选集》第 1 卷,人民出版社 2012 年版,第 274—275 页。
② 《毛泽东选集》第 2 卷,人民出版社 1991 年版,第 534 页。
③ 《毛泽东文集》第 3 卷,人民出版社 1996 年版,第 191 页。

统文化。“第二个结合”的提出，在新的历史条件下对马克思主义中国化时代化的内涵进行了深化和拓展。

其次，对“第二个结合”的必要性和可能性的揭示，表明对夯实马克思主义的历史基础和群众基础的认识上升到新的高度。坚持把马克思主义基本原理同中华优秀传统文化相结合，这既是始终保持马克思主义的蓬勃生机和旺盛活力的需要，也是中华优秀传统文化在当代中国继续发扬光大的需要。只有植根本国、本民族历史文化沃土，马克思主义真理之树才能根深叶茂，才能夯实马克思主义中国化时代化的历史基础和群众基础，才能在中国大地深深扎根。

马克思主义基本原理之所以能够同中华优秀传统文化相结合，是因为二者之间具有高度契合性。中华优秀传统文化源远流长、博大精深，是中华文明的智慧结晶；中华优秀传统文化中具有讲仁爱、重民本、守诚信、崇正义、尚和合、求大同的精神特质，是中国道路的深厚文化底蕴；中华优秀传统文化的重要因素决定了中华文明具有突出的连续性、创新性、统一性、包容性、和平性等特性，共同构成中国式现代化的文明基础。除此之外，中华优秀传统文化还蕴含了具有恒久价值的积极的向善向上的道德规范和社会理想。

中华优秀传统文化具有的积极向上的上述价值理念同科学社会主义价值观主张具有高度契合性。马克思主义是时代精神的精华。科学社会主义是马克思主义的重要组成部分。科学社会主义是关于人类解放、社会全面进步、人的自由全面发展的理论。其价值观或价值追求蕴含了人民性、人民立场，主张人与自然、人与社会、人与自身的和谐，把社会全面进步、人的全面发展和人类的幸福作为最高的价值目标。虽然马克思主义基本原理与中华优秀传统文化产生的背景、土壤和理论基础不一样，但是在价值追求上存在着一致性或共同性。这是二者相契合的基本的重要的方面。最后，对“第二个结合”的实现路径的阐释，为增强马克思主义的民族文化内涵和文化活力，推动中华优秀传统文化的创造性转化和创新性发展提供了科学遵循。必须坚定历史自信、文化自信，坚持古为今用、推陈出新。要树立科学的马克思主义观和文化观，正确地理解和对待马克思主义的发展及其与中华优秀传统文化之间的关系。“第二个结合”作为“第二次思想解放”，对中华文化和中国精神产生深刻影响。

一方面,发展马克思主义需要在文化发展层面上突破藩篱、摆脱思想束缚,既要超越西方文化中心主义、文化虚无主义,又要克服教条主义的狭隘理解;另一方面,弘扬中华优秀传统文化需要以科学理论为指导,正确认识和把握文化发展规律,超越文化自然主义和复古主义,克服简单地认为"传统"优越于"现代"的思维模式,或者简单地用"现代"来取代"传统"的思维定势。

要把马克思主义思想精髓同中华优秀传统文化精华贯通起来。要把握好马克思主义基本原理的精髓,提炼好中华优秀传统文化精华。要"让马克思主义成为中国的,中华优秀传统文化成为现代的",①并非仅仅是地理位置的变化或时间形式上的包装,而是真正使马克思主义具有中国性质或中国特色,使中华优秀传统文化具有新的时代特征和符合新的时代要求。要把马克思主义基本原理同人民群众日用而不觉的共同价值观念融通起来,即要接地气,把这种结合落细落小落实,融合进人民群众的日常文化生活和观念之中,通过深化对人民的思想文化影响而不断夯实马克思主义的历史基础和群众基础,让马克思主义在中国人民心中牢牢扎根,让中华优秀传统文化焕发新的活力。

二、从"第二个结合"的内在机理看中国式现代化文化形态的建构

在以中国式现代化推进中华民族伟大复兴的历史进程中,在马克思主义基本原理同中华优秀传统文化的结合中构建中国式现代化的文化形态,是摆在我们面前的重要任务。当代中国社会实践发展与文化进步紧紧交织在一起。中国式现代化进入新阶段,需要有更多的文化动力和文化支撑。我们要研究如何通过"第二个结合"造就一个"有机统一的新的文化生命体",如何使"第二个结合"形成的"新文化"成为中国式现代化的文化形态的内在机理。笔者认为,这种内在机理主要表现在以下几个方面。

首先,马克思主义基本原理同中华优秀传统文化的结合相互契合、相互融

---

① 《习近平在文化传承发展座谈会上强调 担负起新的文化使命 努力建设中华民族现代文明》,《人民日报》2023年6月3日。

合。马克思主义同中华优秀传统文化相结合，不是相互取代，也不是彼此同化，而是二者内在精神的契合和融合。这种结合虽然具有形式上或表达上的呈现，如像有人所形容的那样，马克思主义从“穿西装革履”或“戴礼帽”变为“穿粗布短袄”或“中国风衣裳”，但是，实质的结合是内容上、精神上的结合或融合，并形成一种统一的文化生命体。这种文化生命体兼有马克思主义魂脉和中华优秀传统文化根脉，具有时代赋予的新特征和生命力。

其次，马克思主义基本原理同中华优秀传统文化之间彼此互动、相互成就，发生“化学作用”。二者结合并非中外文化的简单碰撞，不是外在的结合、机械的结合，而是内在的有机的结合，而是经过实践检验和历史证明的马克思主义科学理论的精髓同历史悠久的中华优秀传统文化的精华之间深度的彼此作用、相互成就。二者的结合产生的不是“物理反应”，即不仅仅是一些外在属性的变化，而是犹如“化学反应”一样，会通过改变双方的某些内在属性而生成新的文化生命体，这种文化极具生机、富有活力，具有未经“结合”的单独的马克思主义或单独的中华优秀传统文化各自尚不具有的一些新的文化属性。在这种文化中，马克思主义成为中国的，中华优秀传统文化成为现代的。

再次，中国式现代化的文化形态是在中国特色社会主义“五位一体”总体布局中的“五个文明”协调发展中形成的。中国式现代化是“第二个结合”的实践基础。现代化进程面临的一个重大问题是文化的选择问题。近代以来，中国历史进程与文化发展是交织在一起的，现代化道路的选择和现代化进程与文化的选择和发展是同行并进的。在传统社会向现代社会转化的过程中，文化构成社会前进的重要动力。中国式现代化的文化形态，是对中国式现代化的物质文明、政治文明、精神文明、社会文明、生态文明的反映，是这些文明相互作用的产物。中国式现代化的文化形态既受社会其他因素的制约，同时也影响甚至规定了现代化的发展方向。

最后，中国式现代化的文化形态是在坚持文化自信自立的姿态和胸怀天下的视野的辩证统一中构建的。现代化有其自身的文化基础或文化动力。中国式现代化与西方现代化的一个重大区别在于它所具有的指导思想、文化基础不同，集中表现在中国式现代化的文化形态是建立在“第二个结合”基础上的。无论是马克思主义的科学世界观和方法论，还是中华优秀传统文化具有的突出特性,都决定了在文化选择和文化发展上必须坚持文化自信自立的姿态,同时也要坚持胸怀天下的世界眼光。要实现精神上的独立自主,积极建构中国自主的知识体系,构建中国特色哲学社会科学的学科体系、学术体系、话语体系。同时,要面向世界,积极吸收和借鉴世界文化发展的优秀成果,实现多种文明交流互鉴。

“第二个结合”决定了中国式现代化文化形态的根本特征,这就是以马克思主义为核心、中华优秀传统文化为根基、中国式现代化为基础。马克思主义的根本特性和中华文明的突出特性决定了中国式现代化的文化形态本质上仍然是中国特色社会主义文化。它是民族的科学的大众的文化,是面向现代化、面向世界、面向未来的文化。这种文化形态既要反映世界各国现代化的文化发展的共性,从而具有世界性;又要反映中国式现代化的特殊性,反映中华文明的突出特性,因而具有鲜明的民族性。中国式现代化的文化形态包含了马克思主义基本原理的精髓、中华优秀传统文化的精华,还包含了革命文化和社会主义先进文化的优秀成果,以及世界文化的积极成果等,它体现了时代发展的要求和人民群众的根本利益,对推动中国式现代化起到极为重要的作用。

三、中国式现代化文化形态的具体形式

中国式现代化进程是实践创新和文化创新相统一的过程。中国式现代化蕴含了丰富而独特的文化观念。正如习近平所指出的,“中国式现代化蕴含的独特世界观、价值观、历史观、文明观、民主观、生态观等”,①产生于中国式现代化的实践,以马克思主义理论为指导,扎根于中华优秀传统文化,构成中国式现代化的文化基础或文化支撑。笔者认为,上述“六个观”构成中国式现代化文化形态的具体形式,是“第二个结合”所形成的新文化形态的生动表现。

第一,对中国式现代化进行根本分析和总体把握的独特世界观。科学的

① 《习近平在学习贯彻党的二十大精神研讨班开班式上发表重要讲话强调　正确理解和大力推进中国式现代化》,《人民日报》2023年2月8日。

世界观是理解中国式现代化的“总钥匙”。中国式现代化蕴含的独特世界观包含三层意思。一是马克思主义哲学世界观和方法论,它是认识和分析现代化问题所遵循的根本观点和根本方法。例如:唯物辩证法观点,历史唯物主义的社会历史运动的自然性和历史性及其规律的原理和方法,等等。二是习近平新时代中国特色社会主义思想的世界观和方法论,以及贯穿其中的立场观点方法,即必须坚持人民至上、必须坚持自信自立、必须坚持问题导向、必须坚持守正创新、必须坚持系统观念、必须坚持胸怀天下。三是回答世界之问、破解世界难题的国际社会观。中国式现代化是中国特色社会主义伟大实践的有机组成部分。中国式现代化理论是习近平新时代中国特色社会主义思想的重要内容。习近平新时代中国特色社会主义思想的世界观和方法论构成了中国式现代化理论的哲学基础,同时成为中国式现代化实践的根本理论遵循。在中国式现代化进程中,形成了中国化时代化的马克思主义的世界观,其主要内容包含两个方面。

其一,以辩证唯物主义和历史唯物主义为基础,在“两个结合”中形成的具有中国特色的哲学世界观。习近平新时代中国特色社会主义思想凝结了中华文化和中国精神的时代精华,在结合中国实际、时代特点的同时,汲取了中国文化中积累的宇宙观、天下观、社会观和道德观的精华,即天人合一的宇宙观、协和万邦的天下观、和而不同的社会观、人心和善的道德观等思想精华,形成了科学的理论体系,代表了马克思主义中国化时代化的最新成果,开辟了马克思主义在当代中国发展的新境界。

习近平新时代中国特色社会主义思想蕴含了丰富而独特的哲学观念,主要包括:人与自然是生命共同体的思想,人民主体思想,实践创新和理论创新互动的思想,新发展理念,人类命运共同体理念,社会主要矛盾观,社会主义核心价值观,科学思维方法论等。概括地说,习近平新时代中国特色社会主义思想中蕴含的哲学思想具有鲜明的中国特色和时代特征,主要表现在:以中国问题和时代问题为导向、以中国实践和世界发展为观照,以中国特色社会主义为主题,以人民幸福、民族复兴、世界大同为价值目标。它充分体现了“两个结合”,占据了真理和道义的制高点。贯穿习近平新时代中国特色社会主义思想的世界观和方法论中的立场观点方法,即“六个必须坚持”,是习近平新时代中国特色社会主义思想的精髓,是我们认识和把握中国式现代化的实践与理论的“总钥匙”。虽然“六个必须坚持”中的每一个坚持都各有侧重,或侧重于立场,或侧重于观点,或侧重于方法,但从整体上看,“六个必须坚持”都体现了根本性和贯通性的统一、世界观和方法论的统一、价值立场和科学态度的统一、认识路线和思想路线的统一、民族性和世界性的统一。同时,“六个必须坚持”作为贯穿习近平新时代中国特色社会主义思想中世界观和方法论的基本立场观点方法,是一个相互联系的有机整体和极其严密的思想体系。

其二,在回答世界之问、破解中国发展与世界发展难题中形成的对世界发展格局和走向的独特认识。世界是一个地球村,是一个相互联系的整体。作为当代解决人类向何处去问题的中国方案,人类命运共同体理念汇聚了中国智慧,集中体现了对当今世界发展格局和命运的观点。人类命运共同体理念是科学性和价值性高度统一的有机体,它建立在对全人类共同价值的认同上,符合世界人民的利益和愿望;它建立在对世界发展格局科学认识的基础上,能够推动全球治理体系向更加公正合理的方向发展。人类命运共同体是世界历史演进的必然产物,是共同体发展的高级阶段,它表达了构建和谐国际关系的美好愿望。坚持推动构建人类命运共同体,被确立为新时代坚持和发展中国特色社会主义的基本方略,在国际社会引起强烈反响。人类命运共同体理念彰显了全人类共同价值,体现了中国作为负责任大国的担当。这些认识既体现了马克思主义的世界历史思想,也显示了中华优秀传统文化胸怀天下的情怀。

第二,以坚持人民至上、实现共同富裕、培育和践行社会主义核心价值观、弘扬全人类共同价值为主要内容的独特价值观。现代化如同其他社会运动过程一样,都具有一定的价值维度。正确的价值观是确定中国式现代化的根本目的或解决“为什么人”问题的哲学理念,它涉及现代化的价值指向、价值目标、价值选择。这种价值观的“独特性”在于:把中国人民和世界人民联系起来,强调以人民性为核心的价值取向、价值选择。中国式现代化的价值观表达了不同于资本主义制度的社会主义的价值诉求,如坚持人民至上,实现共同富裕,培育和践行社会主义核心价值观,弘扬全人类共同价值,主张物质价值和精神价值、人的价值和物的价值的有机统一。人民至上是党和国家最高的价值理念;社会主义核心价值观是当代中国主流的价值观念,反映了国家的发展目标、社会的价值基础和人民的价值诉求;共同富裕是中国式现代化的本质和价值目标。习近平强调中华优秀传统文化是“涵养社会主义核心价值观的重要源泉,也是我们在世界文化激荡中站稳脚跟的坚实根基”;①管仲“国有四维,礼义廉耻,四维不张,国乃灭亡”的古训正是说明培育和践行社会主义核心价值观的重要性。除此之外,还包括倡导讲仁爱、重民本、守诚信、崇正义、尚和合、求大同等思想。

全人类共同价值是构建人类命运共同体的价值基础。这些价值理念为当代中国和世界发展确定了正确的价值取向。2015 年 9 月 28 日,习近平在出席第七十届联合国大会一般性辩论时发表题为《携手构建合作共赢新伙伴,同心打造人类命运共同体》的讲话,指出:“和平、发展、公平、正义、民主、自由,是全人类的共同价值,也是联合国的崇高目标。目标远未完成,我们仍须努力。当今世界,各国相互依存、休戚与共。我们要继承和弘扬联合国宪章的宗旨和原则,构建以合作共赢为核心的新型国际关系,打造人类命运共同体。”②这一论断明确宣示了中国特色社会主义的世界发展价值理念。坚持全人类的共同价值,发展世界和平。这体现了崇高的道义原则和深厚的人类情怀。我们提倡的全人类共同价值,就是实现持久和平、共同发展、文明进步。人类的共同价值不等同于西方国家所谓的“普世价值”,共同价值是以尊重各个文明形态的个性作为历史前提的,而“普世价值”则把西方国家资本主义制度及其价值观念的个性说成是整个人类文明的共性。全人类共同价值的实现,需要一定社会制度和国际秩序的支撑,需要世界人民和各国政府的共同努力,需要构建人类命运共同体来推动。我们生活在同一个世界,这个世界越来越成为你中有我、我中有你的命运共同体,和平、发展、合作、共赢成为时代潮流。应该牢固树立“共商、共建、共享”的命运共同体意识,坚定不移走和平发展道路。坚持友好合作的对外方针和正确的义利观。我国周边外交的基本方针,就是坚持睦邻、安邻、富邻,突出体现亲、诚、惠、容的理念;坚持有原则、讲

---

① 《习近平关于社会主义文化建设论述摘编》,中央文献出版社 2017 年版,第 167 页。

② 《习近平谈治国理政》第二卷,外文出版社 2017 年版,第 522 页。

情谊、讲道义,向发展中国家提供力所能及的帮助。对待朋友,要讲“真”字;开展对外合作,要讲“实”字;加强中外友好,要讲“亲”字;解决合作中的问题,要讲“诚”字。在上述价值观中,体现了中华优秀传统文化的“民为邦本”“亲仁善邻”“讲信修睦”“天下为公”等理念。

第三,反映中国式现代化历史进程和世界历史发展趋势的独特历史观。习近平运用辩证唯物主义和历史唯物主义的哲学思维把握中国发展和世界发展的走向及趋势,形成了科学的大时代观和大历史观。习近平提出,“要树立大历史观、大时代观,把握历史进程和时代大势”。① 大历史观基于唯物史观特别是世界历史理论,主张社会历史发展包括现代化发展的多样性和开放性;主张坚持自觉的历史意识,立足当代,从历史长河、时代大潮、全球风云中探究历史规律,确立历史自信和历史自觉。这种历史观是对唯物史观的卓越运用与发展,体现了恢宏而深邃的历史感,展现了历史认识的宽阔视野和宏大格局。

大历史观主张从“时代”与“大局”的联系中认识当今的中国与世界,认识现代化的历史进程。从一定意义上说,历史是由各个既相互联系又相互区别的“时代”所构成。“时代”具有丰富的社会历史内涵,并总是同一定历史阶段所要回答或解决的重大问题相联系。时代不仅仅是历史的或时间的概念,它蕴含了丰富的社会历史内容,是一个集经济、政治、文化、民族和世界等因素为一体的总体性的概念。把握时代首先要清醒地把握“两个大局”,即中华民族伟大复兴的战略全局和世界百年未有之大变局。“时代观”和“大局观”为回答“时代之问”“世界之问”提供了科学的指导。大历史观还体现在从理论逻辑和历史逻辑的统一中理解中国特色社会主义。中国特色社会主义不是从天上掉下来的,它是科学社会主义的理论逻辑与中国社会实践发展的历史逻辑的有机统一。

第四,以弘扬中华优秀传统文化、促进文明协调发展、尊重文明多样性和创造人类文明新形态为基本内容的独特文明观。马克思主义文明观揭示了人类文明发展的历史进程及其发展规律。从一般意义上说,文明是同一定的国家或民族相联系的社会进步状态。对文明的向往和追求,体现了特定主体的

① 《习近平谈治国理政》第四卷,外文出版社2022年版,第321页。

利益诉求,构成了一定社会主体前进的力量。人类文明进程出现过几次重大变化,从“自然状态”到“文明状态”、从民族历史阶段的文明到世界历史阶段的文明、从资本主义文明形态到社会主义文明形态。以马克思主义文明观为指导、植根于中华优秀传统文化土壤之中并产生于中国式现代化进程中的文明观,主张物质文明、政治文明、精神文明、社会文明和生态文明协调发展,把创造人类文明新形态作为中国式现代化的实践形态。马克思主义文明观认为,社会主义文明是人类文明发展的新阶段、新形态。社会主义文明形态对以往文明的超越性表现为历史前提和价值目标的超越。中国特色社会主义创造的人类文明新形态具有独特的、新颖的特征。这是迄今人口规模最大的国家和民族的文明,是历史最悠久而又延绵不断的中华文明的延续,是中国共产党领导中国人民在20世纪中叶实现了民族独立、建立伟大的中华人民共和国基础之上推进的文明,是在取得新民主主义革命胜利以后继而完成社会主义革命、建立社会主义制度基础之上建设的文明,特别是在改革开放和中国特色社会主义伟大事业进程中发展的文明。这种文明形态在社会基本制度上区别于资本主义社会形态下的文明,在发展理念上坚持创新发展、协调发展、绿色发展、开放发展、共享发展,在发展模式上坚持经济、政治、文化、社会、生态文明五位一体。这种文明形态是中国人民创造性实践的结果,也是积极吸收和借鉴世界文明发展成果的产物。它对世界文明发展作出了重要贡献,为发展中国家的文明进步提供了经验和借鉴。中国式现代化蕴含的独特的文明观还包括全球文明观。中国向世界提出的“全球文明倡议”,倡导文明的开放性和包容性,尊重文明的多样性,反对加剧文明之间的仇恨和分歧,反对阻碍国际合作与交流的“特定文明优越论”和“文明冲突论”等论调。

第五,以在中国式现代化进程中实现全过程人民民主为基本内容的独特民主观。中国式现代化的本质要求之一就是建设全过程人民民主。全过程人民民主是政治价值、政治文明的重要体现,或者说是上述价值观、文明观在政治领域的具体体现。全过程人民民主是社会主义民主政治的本质属性,是最广泛、最真实、最管用的民主。全过程人民民主实现了过程民主和成果民主、程序民主和实质民主、直接民主和间接民主、人民民主和国家意志相统一,是全链条、全方位、全覆盖的民主。党的十八大以来,我们坚持走中国特色社会主义政治发展道路,全面发展全过程人民民主,社会主义民主政治制度化、规范化、程序化全面推进,有效保证了人民当家作主。这种民主观有别于西方的民主观,前者是人民至上、人民当家作主的集中体现,也是政治民主的全面性、整体性、实质性的充分体现。中国式现代化蕴含的民主观,也吸收和借鉴了中国传统文化中治国理政的智慧。民主政治建设同执政党的建设息息相关。习近平把党性教育这门共产党人的必修课比喻为共产党人的"心学";要求共产党员和干部要"不忘初心,方得始终",嘱咐领导干部牢记"民惟邦本,本固邦宁""政得其民";要求领导干部"为政以德""正己修身""居安思危"等。

第六,以人与自然生命共同体为核心的独特生态观。绿水青山就是金山银山。人们熟知的"两山理论",以生动通俗的中国话语表达了人与自然和谐共生的深刻理念。我国现代化注重同步推进物质文明建设和生态文明建设,走生产发展、生活富裕、生态良好的文明发展道路。中国式现代化是人与自然和谐共生的现代化,既要创造更多物质财富和精神财富以满足人民日益增长的美好生活需要,也要提供更多优质生态产品以满足人民日益增长的优美生态环境需要。西方传统工业化在创造巨大物质财富的同时,也加速了对自然资源的攫取,打破了地球生态系统原有的循环和平衡。一些西方国家曾发生多起环境公害事件,损失巨大,震惊世界,引发人们对资本主义发展模式的深刻反思。中国式现代化坚决抛弃轻视自然、支配自然、破坏自然的现代化模式,坚定不移走生态优先、绿色发展之路,建设人与自然和谐共生的现代化,这与中国传统生态文化中的"天人合一"不谋而合,也是马克思主义关于人与自然关系思想的中国表达。坚持把马克思主义基本原理同中华优秀传统文化相结合,并在这种结合中构建中国式现代化的文化形态,是一项长期的任务。上述"六个观",并非是中国式现代化文化形态的全部内容,也非中国式现代化文化形态的最终完成形式。中国式现代化在向纵深推进,在此基础上马克思主义基本原理同中华优秀传统文化的结合也在不断发展,而这种结合将推进新的文化生命体的成长,将在内容和形式上继续丰富和发展中国式现代化的文化形态。

原载于《马克思主义理论学科研究》2023 年第 7 期

中国式现代化的理论体系和话语体系

韩庆祥*

党的十八大以来，我们在理论和实践上的一个重大创新突破，就是成功推进和拓展了中国式现代化。针对并为破解西方中心论的理论体系和话语体系①，当今特别需要立足于中国式现代化，从"历史方位""根本问题""哲学根基""分析方法""核心理念""体系主干""体系支干""原创贡献"等方面，建构中国式现代化的理论体系和话语体系。基于大历史观分析框架，本文着重从哲学上探究"中国式现代化及其理论体系和话语体系究竟是如何成功创造和建构起来的"这一重大问题。

一、从对西方现代化潮流冲击的被动防御到主动应对

现代化运动和潮流是自西方启蒙运动，尤其是西方工业革命开启的。工业革命、市场经济、资本逻辑和政治民主等，是西方开启现代化运动的标志性符号。马克思、恩格斯的《德意志意识形态》《共产党宣言》等著作，揭示了西方现代化运动和潮流开启的内在机理。《德意志意识形态》主要揭示、分析和阐述了生产力、资本、世界市场、普遍交往（世界交往）所开辟的世界历史，使

---

* 韩庆祥，中共中央党校（国家行政学院）教授、博士生导师。

① 所谓西方中心论的理论体系和话语体系，总体上是围绕"线性道路""单数文明""民族优越""天赋人权""社会进化""理性尺度""开化使命""美丽神话""唯一哲学"等建构起来的。

地域性历史转变为世界历史。《共产党宣言》主要揭示、分析和阐述了生产工具、大工业、世界市场、世界交往“创造出一个世界”①,一个具有“统一性”的世界。埃里克·沃尔夫认为:“我们中间许多人甚至开始认为西方世界拥有一个系谱,就像古希腊孕育了古罗马;古罗马孕育了基督教欧洲;基督教欧洲孕育了文艺复兴、启蒙运动以及随之出现的政治民主和工业革命。而工业夹杂着民主,反过来催生了象征生命、自由与追逐幸福权利的美国。”②西方开启的现代化运动和潮流极大推动了生产力发展和人类文明发展,促进地方历史、民族历史转变为世界历史。马克思、恩格斯指出:“资产阶级在它的不到一百年的阶级统治中所创造的生产力,比过去一切世代创造的全部生产力还要多,还要大。”③弗洛姆认为:“近一百年来,西方世界创造了巨大的物质财富,这是人类历史上任何一个社会都没有获得过的。”④然而,在西方现代化发展历程中,却逐渐导致无产阶级和资产阶级的对立、先发现代化国家和后发现代化国家的对立,导致人和自然的疏离、人和社会的疏离、人和人的疏离、人的身心疏离。西方现代化演进的逻辑,是从启蒙现代性、经典现代性、经资本现代性批判和反思现代性,最后走向后现代主义。

“现代性”的共同点是具有强烈的历史意识和时间意识。“启蒙现代性”呈现在启蒙运动历史时期,诞生于资本主义工业化初期,其根基是人的主体性、理性和个人自由,其核心是理性逻辑。它以人的主体性反对“神性”,以理性反对蒙昧,以个人自由反对宗教禁锢,在摆脱“神性”且培育“人的独立性”上发挥了历史进步作用。启蒙现代性在高扬理性主义的同时,也使理性走向膨胀,使经验理性超验化,使有限理性无限化,使属人理性实体化。

“经典现代性”呈现于资本主义工业化时期,是对 18 世纪工业革命以来西方国家现代化进程,即传统社会向现代社会转型的理论阐释,18 世纪法国启蒙运动是其体现。它扬弃启蒙现代性的理性和自由,立足现代工业文明阐

① 《马克思恩格斯选集》第 1 卷,人民出版社 2012 年版,第 404 页。
② 转引自鲍登:《文明的帝国——帝国观念的演化》,杜富祥、季澄、王程译,社会科学文献出版社 2020 年版,第 280—281 页。
③ 《马克思恩格斯选集》第 1 卷,人民出版社 2012 年版,第 405 页。
④ 弗洛姆:《占有还是生存——一个新社会的精神基础》,关山译,生活·读书·新知三联书店 1988 年版,第 1 页。

释现代性。经典现代性以理性人为起点，以合理性为目标（具有语言、认识和行为能力的人获得和使用知识，获取物质财富），它使理性日益工具化、世俗化和物化，成为工具理性和世俗理性。线性历史观、物质主义至上的单向度发展观、自由主义和工具理性是其鲜明标识，理性逻辑和物化逻辑是其内核。经典现代性强调现代化模式的唯一性和普遍性，认为后发国家实现现代化须遵循它所设定的现代化模式。这就为“特殊”披上“普遍”的外衣，蕴含西方中心论的基因。

马克思从资本批判和理性批判展开“资本现代性批判”。资本批判主要是对资本占有劳动并具有控制社会权力的资本逻辑的批判；理性批判主要是遏制理性主义膨胀，矫正工具理性和科技理性。马克思所处的资本主义社会及其现代性基础，是资本扩张的逻辑。资本是处在特定社会关系中的物，具有独立性和个性，是统治社会的力量，成为资本主义社会的“最后本体”“终极实在”“最高主宰”，具有万物归一的最高统一性和终极解释性，把整个社会和人都卷入资本主导逻辑之中，受资本“同一性”和“总体性”控制。资本具有投资、经营、扩张、统治、寄生的本性，具有增殖、掠夺、操纵、功利和恶的基因，这种本性和基因内生出的线性历史观、单向度发展观、理性主义和自由主义，是为资本主导逻辑辩护的，同时也作为资本形而上学，与注重“同一性”的理性形而上学“结盟”，是理性形而上学的“一”在资本主义社会的集中体现。马克思毕生的使命就是从根本上瓦解资本逻辑、颠覆理性形而上学，实现社会主义和人在思想、现实中的双重解放。它的实质就是对经典现代性的批判和超越，由资本逻辑走向人本逻辑。

“反思现代性”则注重对经典现代性及其负效应的反思、批判和修正，实质是重建西方现代社会新的现代性。“后现代主义”产生于后工业社会，从哲学上关切信息社会的现代性问题，注重对以理性为基础的现代性的全面颠覆。后现代主义走向经典现代性的反题即多元逻辑，其哲学标志就是从整体上终结理性形而上学，颠覆机械决定论世界观，构建新的哲学范式及其逻辑，即否定理性、超验性、一元性、统一性、整体性、线性、精确性、普遍性、连续性、决定论、可控性、均衡性、永恒性和宏大叙事，注重感性、经验性、多元性、独特性、个体性、多线性、不确定性、差异性、断裂性、非决定论、批判精神、非均衡性、突变性和微观叙事。概言之,它告别启蒙运动关于人性解放、唯心主义关于精神目的论、历史主义关于意义阐释的神话,告别注重主体、本质和中心的世界观,坚持注重感性、"多元论"和"非决定论"的世界观,本质上是对"不确定时代"的概括,一定意义上开始动摇"西方中心论"的哲学根基。

现代化运动作为一种世界潮流,把各国卷入其中,追求现代化成为世界各国面临的共同命运,中国亦不例外。"它使未开化和半开化的国家从属于文明的国家,使农民的民族从属于资产阶级的民族,使东方从属于西方。"①西方一些现代化理论以"传统—现代"为解释框架看待先发现代化国家和后发现代化国家之间的关系,强调在实现现代化问题上,后发国家必须依附于先发国家,其中蕴含着"西方中心论"的逻辑。西方现代化潮流对清朝末年的中国产生强烈冲击,也加速了晚清的没落。面对冲击,中国开始一次次具有被动防御性的回应。

第一次回应是洋务运动,主要是"器物"层面对西方现代化的回应。当时西方的洋枪洋炮打开了中国大门,以曾国藩、李鸿章、左宗棠、张之洞等为主要代表,强调引进西方的武器装备,学习西方的科学技术,兴办洋务,办军用企业和钢铁工业,生产洋枪洋炮和舰船。与之相应,也产生其理论主张,即张之洞强调的"中学为体,西学为用"。洋务运动在性质上是晚清内部部分官僚为了挽救封建统治,从武器装备和科学技术等器物层面向西方学习的自救自强的改革运动。它的历史进步意义在于冲破封建主义封闭保守的狭隘眼界,打破重农轻商的历史传统,一定程度上促进了近代中国生产力的发展,也促使了国防的近代化,使中国人初步具有了现代化意识。它的消极影响在于为帝国主义、官僚资本主义、封建主义的勾结提供了条件。这也是导致国家蒙辱、人民蒙难、文明蒙尘的根本原因之一。它表明:晚清官僚承担不了中国实现现代化的历史重任。

第二次回应是戊戌变法,主要是"制度"层面对西方现代化的回应。以康有为、梁启超、谭嗣同等为主要代表。戊戌变法在性质上是资产阶级改良的爱国救亡的政治运动,其目的是用资本主义的政治、经济、社会、文化、教育等制度来

---

① 《马克思恩格斯选集》第1卷,人民出版社2012年版,第405页。

取代封建专制的政治体制、自给自足的自然经济,从制度层面推进中国现代化。它的积极作用在于推动了晚清政府的自我改革,推动知识分子由维新向革命转化,使其成为革命党人,推动了辛亥革命的到来,也从制度上推动了中国现代化。它的消极作用在于不敢否定封建专制,对帝国主义抱有幻想。百日维新最终以失败而告终,其根本原因在于资产阶级的软弱性和封建专制守旧势力的顽固性,强大的封建守旧势力极力反对变法。这表明:在半殖民地半封建的旧中国,没有代表无产阶级和人民群众的强有力的先进政治组织,没有广大人民群众支持,仅依靠资产阶级自上而下的改良道路来实现中国现代化,是行不通的。

第三次回应是“五四”运动,主要是“文化”层面对西方现代化的回应。主要代表人物有陈独秀、李大钊、蔡元培、胡适等。“五四”运动是一场以青年学生为主,广大群众、市民、工商人士等阶层共同参与的反对帝国主义、封建主义的爱国运动,也称“新文化运动”。它的目的就是在工人阶级领导下,向西方学习科学和民主,推翻帝国主义、封建主义统治。它的积极意义是为马克思主义在中国的传播创造了条件,为推进中国现代化提供了思想文化基础。它的消极影响是隔断了中华文化传统。“五四”运动前后,在中国思想文化界,在如何应对西方现代化冲击问题上,争论较为激烈。归结起来,主要有五种路线和观点:完全接纳西方化、现代化;完全拒绝西方化、现代化;可以西方化但不能现代化;接受现代化但不能西方化;在现代化进程中,起飞阶段可以吸收西方文化中的许多因素,在现代化加快发展阶段,西方化的比率要下降,本土文化应获得复兴和伸张。“五四”运动表明:解决中国现代化问题,最为关键的,一是必须有正确的科学思想引领,二是必须有强有力的领导组织力量。

第四次回应是中国共产党诞生及其对道路的探寻。这种回应,首要在“文化”层面,积极主动推进马克思主义中国化,把马克思列宁主义基本原理同中国具体实际相结合,具有先进思想引领;更有“领导组织”层面,马克思列宁主义与中国工人运动相结合产生了中国共产党,具有先进组织领导;还建立起马克思主义中国化同“中国道路”的本质联系,从根本上积极探寻解决中国问题的中国道路。探索中国现代化道路的重任,历史地落在中国共产党身上。马克思主义中国化时代化历史进程,马克思主义基本原理同中国具体实际相结合、同中华优秀传统文化相结合,最为实质的就是中国共产党从根本上找到一条能解决中国问题的现代化道路。道路探寻是贯穿马克思主义中国化时代化的一条根本主线。毛泽东指出:“应该把马列主义的基本原理同中国社会主义革命和建设的具体实际结合起来,探索在我们国家里建设社会主义的道路了。”①中国共产党诞生,对中国实现现代化具有开天辟地的历史转折意义。它一改过去中国对西方现代化潮流冲击的被动防御性回应为积极主动性应对,从指导思想、领导力量、中国道路三个根本方面掌握了历史主动,使中国不断开辟了实现社会主义现代化进而实现中华民族伟大复兴的正确道路,为实现现代化创造了根本社会条件,从根本上改变了中国人民的前途命运,逐步展示了马克思主义的强大生命力。其中,道路问题,就成为我们党搞革命、搞建设、搞改革的最根本问题。② 这一时期我国对现代化道路的探索和实践所形成的最大成果,就凝练为“走自己的路”。这表明中国共产党在中国实现现代化问题上开始掌握历史主动。

在新中国成立以后的社会主义革命和建设时期,我们党确立了社会主义基本制度,为现代化建设奠定根本政治前提和宝贵经验、理论准备、物质基础;同时,为解决中国经济落后问题,周恩来明确提出实现“四个现代化”;毛泽东提出以苏为鉴、独立自主地探索适合中国国情的社会主义现代化建设道路。这是中国共产党执政以后治理国家,对中国实现现代化第一次作出较为全面的战略性思考和主动性谋划,影响深远。

作为中国共产党百年奋斗一个历史分期的“改革开放和社会主义现代化建设新时期”,其主线就是全面建设社会主义现代化。中国共产党主动继承发展、推进拓展了“四个现代化”,为追赶世界现代化潮流,建立起了社会主义与现代化的本质联系,积极主动致力于全面实现“社会主义现代化”,并把中国特色社会主义作为实现社会主义现代化的必由之路,鲜明地把实现社会主义现代化作为中国特色社会主义的总任务之一,为中国式现代化提供了充满活力的体制保证和快速发展的物质条件。这一时期,西方现代化理论包括狭义现代化理论(20 世纪 50—60 年代兴盛于美国的现代化理论)和广义现代化

---

① 《毛泽东年谱(一九四九——一九七六)》第 2 卷,中央文献出版社 2013 年版,第 550 页。

② 参见习近平:《关于坚持和发展中国特色社会主义的几个问题》,《求是》2019 年第 7 期。

理论（基于西方工业化和民主化进程，研究因资本主义发展而在欧洲兴起的现代化运动和潮流）对我国产生了影响，其中的“冷战意识形态”“文明开化使命论”“西方优越论”具有意识形态因素。对此，我们党主动提出要防止西方意识形态渗透。这一时期，对社会主义现代化道路的探索和实践所形成的最大成果，就凝练为“中国特色社会主义道路”。

中国特色社会主义进入新时代，作为具有划时代意义的全面深化改革的总目标之一，就是积极主动“推进国家治理体系和治理能力现代化”。如果说改革开放之初建设社会主义现代化主要是解放和发展社会生产力的话，那么中国特色社会主义进入新时代所推进的全面深化改革，则主要是坚持和完善中国特色社会主义制度、推进国家治理体系和治理能力现代化。其中提出的中国特色社会主义“制度”和国家“治理”，涉及的都是中国特色社会主义的“根”和“本”，是建设社会主义现代化的“根”和“本”，是全面性的、根本性的，具有“治本”性，其实践意义就是以“制度”更好地“治理”国家，解决我国经济社会发展的动力机制和平衡机制问题。因而，这实质上是从“治本”意义上主动提出国家治理现代化。从“四个现代化”，经“社会主义现代化”，再到“国家治理体系和治理能力现代化”，反映和体现的是我国不断实现现代化的历史演进逻辑。总结这一历程可以看出，中国共产党掌握了中国实现社会主义现代化的根本和主动，那就是党的坚强领导、先进思想引领、选择正确道路和以制度优势治理好国家。

二、中国式现代化成功创造和建构的演进逻辑

在新中国成立以来的历史演进中，中国共产党逐步成功创造了中国式现代化。习近平总书记指出：“在新中国成立特别是改革开放以来长期探索和实践基础上，经过十八大以来在理论和实践上的创新突破，我们党成功推进和拓展了中国式现代化。”①这实质上讲的就是中国式现代化的生成逻辑和创造

① 习近平：《高举中国特色社会主义伟大旗帜　为全面建设社会主义现代化国家而团结奋斗——在中国共产党第二十次全国代表大会上的报告》，人民出版社2022年版，第22页。

建构逻辑。我们党究竟是如何通过创造性突破从而成功推进拓展中国式现代化的?

2021年以来,党的重要文献先后提出“走自己的路”“中国特色社会主义道路”“创造了中国式现代化新道路”“中国式现代化”四个重要概念或论断。对这四个重要概念或论断的关系,我国理论界还缺乏全面深入探讨。笔者曾认为现在仍强调,从哲学上讲,这四大重要概念或论断是沿着历史逻辑、理论逻辑、实践逻辑“出场”的,是历史逻辑上步步递进提升,理论逻辑和实践逻辑上不断推进拓展的关系。

最早提出的是“走自己的路”。“走自己的路”之关键词是“自己的”。这一论断虽简洁,但具有三大实质意义:一是从“破”上力求破除对西方现代化道路和传统“苏联模式”的路径依赖,为开启走“自己的”路提供前提;二是从“立”上确立中国实现现代化“道路”问题上的“中国自主性”,为走“自己的”路提供自主性基础;三是从“走”上达到认识自觉,即无论“破”还是“立”,都意味着脚下的路坎坷曲折,需要具备守正创新的科学态度和勇毅前行的精神状态。显然,这是一种前提性、基础性的突破,着重体现了中国实现现代化的“自主性”,没有这种“自主性”,中国式现代化便无从谈起。

之后提出了“中国特色社会主义道路”。中国特色社会主义道路是“走自己的路”在改革开放和社会主义现代化建设新时期的具体体现。它源于“走自己的路”,同时又推进拓展为“中国特色社会主义道路”,赋予“走自己的路”以新的具体内涵:一是把“自己的”转换为“中国特色社会主义”。我们既走的是“中国特色”之路,要适合改革开放和社会主义建设新时期的国情,又走的是“社会主义”道路。二是确定了“中国特色社会主义道路”的基本内涵。这就是“四个坚持”:坚持以经济建设为中心,坚持四项基本原则,坚持改革开放,坚持独立自主。换一种表述方式,就是坚持“一个中心、两个基本点”的党的基本路线,坚持独立自主。① 其中,最值得从学理上关注的,就是“基本路

① 参见习近平:《高举中国特色社会主义伟大旗帜　为全面建设社会主义现代化国家而团结奋斗——在中国共产党第二十次全国代表大会上的报告》,人民出版社2022年版,第27页。

线”和“独立自主”。这意味既坚持党的“基本路线”一百年不动摇，又表达“自主性成长”的意义。三是从基本内涵中提炼出本质内涵，就是“坚持中国共产党领导”“坚持人民至上”和“坚持社会主义市场经济体制”基本经济制度。党的基本路线中有坚持四项基本原则，坚持四项基本原则中有“坚持中国共产党的领导”，中国共产党领导是中国特色社会主义最本质的特征，是中国特色社会主义制度最大的优势；也有“坚持社会主义道路”，社会主义道路本质上就是创造人民美好生活、为中国人民谋幸福之路①，这是“坚持人民至上”的体现。党的基本路线中也有坚持以经济建设为中心，坚持改革开放，它们都与构建高水平社会主义市场经济体制本质相关。四是坚持中国特色社会主义道路，既要坚定不移又要守正创新。坚定不移，就是坚持道不变、志不改；守正创新，就是既不走封闭僵化的老路（创新），也不走改旗易帜的邪路（守正）。② 确立中国特色社会主义道路意义重大，它是党和人民在“走自己的路”问题上，历经千辛万苦、付出巨大代价取得的根本成就③，在坚持自主性的同时，又赋予、拓展了中国实现现代化的“内涵”。由“自主性”到“内涵”，就是一种创造性生成、推进和拓展。

其后提出了“中国式现代化新道路”。中国式现代化新道路是从对中国特色社会主义道路的推进拓展角度讲的，它源于并进一步推进拓展了“中国特色社会主义道路”。“源于”是说中国特色社会主义道路本质上就是实现社会主义现代化的道路，中国式现代化新道路就是从中国特色社会主义道路中“走”出来的，中国特色社会主义道路是来源和基础。“进一步推进拓展”表明：

（1）“中国式”是从“中国特色”创造性地转换、提升出来的

笔者曾讲过，“中国特色”表达的是蕴含中华文化，体现中国国情，具有中国特点，“中国式”则把这种中华文化、中国国情、中国特点提升为一种中国范

① 参见《中国共产党第十九届中央委员会第六次全体会议文件汇编》，人民出版社2021年版，第98页。

② 参见习近平：《高举中国特色社会主义伟大旗帜　为全面建设社会主义现代化国家而团结奋斗——在中国共产党第二十次全国代表大会上的报告》，人民出版社2022年版，第27页。

③ 参见《习近平谈治国理政》第三卷，外文出版社2020年版，第13页。

式,它是相对于西方现代化范式而言的。这是一种更为规范的表述,表达的是世界现代化的一种类型,因而具有类型学意义;它可以与西方现代化处在同一主题上进行平等对话,因而具有对话传播意义;它表明在世界现代化进程中"有我"的存在及其世界意义,能增强我们在现代化问题上的自信。

(2)"现代化"是从"社会主义"转换、凝练出来的

西方曾经质疑"中国特色社会主义"是国家资本主义、权贵资本主义等,否认"中国特色社会主义"与现代化的本质联系。针对这种质疑,我们申明并澄明,"中国特色社会主义"在本质上就是实现社会主义现代化的根本道路。既然如此,就可直接使用中国式"现代化"这一话语,并建立起"中国式现代化"与社会主义现代化的本质联系。中国式现代化首先是社会主义现代化,从应然性来讲,它区别于又高于西方资本主义现代化,因为它既要克服西方资本主义现代化的历史弊端,又在注重减少改革开放之初我国社会主义现代化建设所出现的代价。显然,"现代化"既是更为明确地把中国特色社会主义道路确定为实现社会主义现代化道路,也是为了突出现代化。

(3)"新"在一定场景和语境有其独立存在的价值

笔者曾经对此作过系统阐述,认为这里的"新"是相对于三方面而言的。①一是相对于西方现代化而言的"新",它为人类实现现代化开辟出一种新的范式或类型,打破了那种把现代化完全等于西方化的迷思,也努力克服西方现代化的代价。二是相对于我国改革开放之初"中国式的现代化道路"而言的与时俱进意义上的"新"。"中国式现代化新道路"是在改革开放之初所讲的"中国式的现代化道路"基础上推进拓展出来的。邓小平明确提出:"要在本世纪内实现四个现代化,把我国建成一个社会主义强国,这是一个非常艰巨的任务。过去搞民主革命,要适合中国情况,走毛泽东同志开辟的农村包围城市的道路。现在搞建设,也要适合中国情况,走出一条中国式的现代化道路。"②他还指出:我们叫中国式的现代化,就是把标准放低一点,目标是小康社会,"这个小康社会,叫做中国式的现代化"③。这些阐述表明,邓小平强调的"中国式

---

① 韩庆祥:《深刻把握中国式现代化新道路丰富内涵》,《学习时报》2021 年 8 月 30 日。

② 《邓小平文选》第 2 卷,人民出版社 1994 年版,第 163 页。

③ 《邓小平文选》第 3 卷,人民出版社 1993 年版,第 54 页。

的现代化道路”有两层含义，即“适合中国情况”和“建成小康社会”。当今习近平总书记所讲的“中国式现代化新道路”，同样强调要“适合中国情况”；同时也要看到，“中国式现代化新道路”既是积极克服改革开放之初中国式的现代化前进道路上出现的代价，又是明确对接“新时代”的，其目标是指向全面建成社会主义现代化强国、全面推进中华民族伟大复兴。“我们坚持和发展中国特色社会主义，推动物质文明、政治文明、精神文明、社会文明、生态文明协调发展，创造了中国式现代化新道路，创造了人类文明新形态。”①这里，“两个创造”是坚持和发展中国特色社会主义并推动“五大文明”之“果”，坚持和发展中国特色社会主义并推动“五大文明”是“两个创造”之“因”。“五大文明”协调发展是党的十八大以后提出的概念和论断，是对改革开放之初实践上那种相对注重物质财富增长和人民基本需求满足的“中国式的现代化道路”的推进和拓展。三是相对于中国现代化发展在世界现代化发展进程中的地位而言的“新”。在世界现代化发展进程中，过去我国存在邓小平所讲的“被开除球籍的危险”，用学理话语表达，就是“世界失我”；在总结社会主义现代化建设经验教训的基础上，我们“确立自我”，在中国实现现代化道路问题上具有了中国自主性，坚定不移走“中国特色社会主义道路”，而且这条路走得通、走得快、走得稳、走得好、走得宽，使中国大踏步赶上了时代，赶上了世界现代化发展潮流，用学理话语表达，就是“世界有我”。中国特色社会主义进入新时代，我们进一步创造了中国式现代化新道路，拓展了发展中国家走向现代化的途径，为人类实现现代化提供了新的选择，为人类对美好社会制度的探索提供了中国方案，为世界实现现代化发展开辟了一条具有光明前景的新路，为解决人类问题贡献了中国智慧。② 中国式现代化新道路打破了世界现代化问题上的“话语霸权”，也在一定意义上蕴含“世界向我”的趋向。从“世界失我”到“世界有我”再到“世界向我”，表明中国式现代化新道路在世界现代化发展历程中不断彰显步步提升的新地位，也彰显了中国实现现代化的“世界性意义”。就此而言，提出中国式现代化新道路，具有独特的历史内涵和存在

① 习近平：《在庆祝中国共产党成立100周年大会上的讲话》，人民出版社2021年版，第13—14页。

② 参见《习近平谈治国理政》第三卷，外文出版社2020年版，第8—9页。

的特殊价值。

今天又提出“中国式现代化”。这进一步推进拓展了中国式现代化新道路,既体现在它跳出了仅从道路来谈中国式现代化,而拓展为从更为广阔的道路、理论、制度、文化等层面和维度来理解和把握中国式现代化;又体现在它把新中国成立特别是改革开放尤其是党的十八大以来中国实现现代化的实践经验上升到理论建构,初步形成了中国式现代化的新的理论体系和话语体系;也体现在我国由过去在现代化问题上的“话语依赖”走向今天的“话语自主”,掌握了中国实现现代化问题上的“中国话语权”。这有助于中国实现现代化的“理论建构”。

在中国实现现代化的实践历程中,我们从走自己的路的“自主性”,经中国特色社会主义道路的“内涵式”,到中国式现代化新道路的“世界意义”,再到中国式现代化的初步“理论建构”,这一连串的创造性推进拓展,就集中体现为成功创造和建构起了中国式现代化。中国式现代化就是这样成功创造出来的。

三、从实践经验到中国式现代化

理论体系和话语体系的初步建构在探索和实践基础上创造突破和成功推进的中国式现代化,需要进一步作出理论上的阐述和论证,从总体上建构起中国式现代化的理论体系和话语体系。这正是党的二十大报告的一个重大贡献,从创新突破、使命任务、性质方向、共同特征、中国特色、本质要求、重大原则等方面,总体上初步建构起中国式现代化的新的理论体系和话语体系。

(一)创新突破

这是中国式现代化的生成逻辑,主要回答中国式现代化就形成而言“由何而来”的问题。对其生成逻辑,我国理论界还缺乏系统深入的分析研究。

新中国成立特别是改革开放以来的长期探索和实践,是党成功推进和拓展中国式现代化的“基础”,这就保持了中国式现代化同“长期探索和实践”的历史连续性,但它还不是中国式现代化“主体本身”。党的十八大以来我们在理论和实践上的“创新突破”,就聚焦和提升为“成功”推进和拓展了中国式现代化，这就阐明了中国式现代化“主体本身”同“长期探索和实践”的关系，表明了“质的创新突破”或飞跃。① 换言之，以质的创新性突破且成功推进拓展中国式现代化“主体本身”的历史起点，是新时代这十年。新中国成立特别是改革开放以来的长期探索和实践，主要是为这种质的创新性突破且成功推进拓展中国式现代化“主体本身”提供基础。党的二十大报告对中国式现代化的系列重要论述，都是对接“新时代”即强国时代这一历史方位，“新时代”创造性且具有质上的突破性成果，就是成功推进拓展了中国式现代化“主体本身”，其目标是“全面建成社会主义现代化强国”和“实现中华民族伟大复兴”。

新时代以来，党在已有基础上继续前进，不断实现理论和实践上的创新突破。集中体现在：

（1）实现“整体转型升级”，这是创新突破、成功建构中国式现代化的第一个鲜明标识

习近平总书记指出：中国要实现的现代化，是人口规模巨大的现代化，是全体人民共同富裕的现代化，是物质文明和精神文明相协调的现代化，是人与自然和谐共生的现代化，是走和平发展道路的现代化。② 这五个“中国特色”即本质特征都是逻辑对接“新时代”的，主要是从“新时代”强国建设所推进和拓展的现代化来讲的，直接目标是指向“全面建成社会主义现代化强国”和“实现中华民族伟大复兴”。这对改革开放之初所讲的“中国式的现代化道路”来说，是一种整体转型升级。一是新时代中国实现的现代化是人口规模巨大的现代化，这是对新时代中国实现现代化的国情、条件、现实基础、难度和贡献的深刻认知。从主体和目标看，我国是十四亿多人口整体迈进现代化社会，中国实现了现代化就对人类实现现代化贡献很大，一定意义上可以改变世界现代化的版图；从实际和过程看，十四亿多人口意味着，中国式现代化取得的巨大成就除以十四亿多人口，享受现代化成果之平均值就相对较低，推进和拓展中国式现代化过程中出现的问题乘以十四亿多人口，遇到的困难就大、难

① 参见习近平：《高举中国特色社会主义伟大旗帜　为全面建设社会主义现代化国家而团结奋斗——在中国共产党第二十次全国代表大会上的报告》，人民出版社2022年版，第22页。

② 参见习近平：《高举中国特色社会主义伟大旗帜　为全面建设社会主义现代化国家而团结奋斗——在中国共产党第二十次全国代表大会上的报告》，人民出版社2022年版，第22—23页。

题就多,因而艰巨性和复杂性前所未有;从路径和方式看,发展途径和推进方式必然具有自己的特点,不可照搬西方(其合理之处是需要学习借鉴的,如科学化等),最关键的是要充分发挥亿万人民群众的创造伟力;从意志和定力看,要保持历史耐心,坚持稳中求进、循序渐进、持续推进。这种认知自觉在改革开放之初是达不到的。二是新时代中国实现的是全体人民共同富裕的现代化,超越了改革开放之初我们所注重的让一部分地区、一部分人先富起来的富裕理念和思路。三是新时代中国实现的是物质文明和精神文明相协调的现代化,超越了改革开放之初一些地方那种多注重社会物质财富积累而忽视人的精神世界丰富的片面发展方式。四是新时代中国实现的是人与自然和谐共生的现代化,注重绿色发展,超越了改革开放之初一些地方那种经济发展以牺牲自然环境为代价的发展模式。五是新时代中国实现的是走和平发展道路的现代化,更加强调以中国的新发展为世界提供新机遇,注入新动力,更加强调参与全球治理体系改革和建设,以求"以中国发展贡献于世界",促进合作共赢,这对改革开放之初相对注重在"维护世界和平中谋求国内发展",是一种推进和拓展。此外,新时代中国式现代化更加注重坚持和完善中国特色社会主义制度,推进国家治理体系和治理能力现代化,致力于全面建成社会主义现代化强国,全面实现中华民族伟大复兴,即解决"强起来"的问题,这对改革开放之初中国式的现代化道路相对注重提高社会生产力、综合国力和人民生活水平,相对注重解决"富起来"并全面建成小康社会来说,是一种推进和拓展。这表明:中国式现代化继承又推进和拓展了改革开放之初的中国式的现代化道路,是党的十八大以来我们在理论和实践上的最大且最成功的创新突破。

(2)中国式现代化从"现代化在中国"走向"中国式现代化在世界"

如前所述,它彰显了"世界有我"乃至"世界向我"的存在,这是创新突破、成功建构中国式现代化的第二个鲜明标识。起初我们的"中国特色社会主义道路",相对侧重于国内实现社会主义现代化、实现中华民族伟大复兴,中国特色社会主义是实现中华民族伟大复兴的必由之路;随着中国特色社会主义进入新时代,中国式现代化也注重为发展中国家走向现代化提供新的途径,为人类实现现代化提供新的选择,为解决人类问题贡献中国智慧和中国方案。

(3)从实践经验到重大论断再走向理论建构

这是创新突破、成功建构中国式现代化的第三个鲜明标识。党的十九届六中全会通过的《中共中央关于党的百年奋斗重大成就和历史经验的决议》提出“中国式现代化”概念,但对其理论内涵未展开系统阐述。党的二十大报告第一次对中国式现代化作出了系统的理论阐述并初步建构起中国式现代化的理论体系和话语体系。

(二)使命任务

这是中国式现代化的目标逻辑,主要回答中国式现代化就目标而言“要干什么”的问题。

“中国共产党的中心任务就是团结带领全国各族人民全面建成社会主义现代化强国、实现第二个百年奋斗目标,以中国式现代化全面推进中华民族伟大复兴。”①把“以中国式现代化全面推进中华民族伟大复兴”作为党的中心任务,意味着中国式现代化是全面推进中华民族伟大复兴的必由之路。这是我们在长期探索和实践中得出的至关紧要的规律性认识。“规律性”,意味着中国式现代化与实现中华民族伟大复兴具有“因果上的内在本质联系”,体现的是社会主义建设规律。我们无论搞革命、搞建设、搞改革,道路问题都是最根本的问题,是第一位的问题。为解决这个最根本的问题,我们党积极推进马克思主义中国化时代化,把马克思主义基本原理同中国具体实际相结合、同中华优秀传统文化相结合,其中最根本的创新成果,就是找到了中国实现现代化的正确道路。历史和实践表明:我们之所以能够创造出人类历史上前无古人的发展成就,找到一条正确道路是根本原因。把中国式现代化同全面推进中华民族伟大复兴在本质上联系起来,意味着中国式现代化蕴含使大国成为强国的“强国逻辑”。

(三)性质方向

这是中国式现代化的政治逻辑,主要回答中国式现代化就政治而言“由谁领导、具何性质”的问题。

---

① 习近平:《高举中国特色社会主义伟大旗帜　为全面建设社会主义现代化国家而团结奋斗——在中国共产党第二十次全国代表大会上的报告》,人民出版社2022年版,第21页。

中国式现代化,是中国共产党领导的社会主义现代化。“党的领导直接关系中国式现代化的根本方向、前途命运、最终成败。”①党的领导决定中国式现代化的根本性质,只有毫不动摇坚持党的领导,中国式现代化才能前景光明、繁荣兴盛。这实质上谈的是中国式现代化的性质方向和政治基础。从毛泽东所讲的“中国工业化”,到周恩来所讲的“四个现代化”,经邓小平所讲的“社会主义现代化”,再到习近平总书记所讲的“推进国家治理体系和治理能力现代化”“中国式现代化新道路”,都是在中国共产党领导下不断探索和实践所取得的重要成果,不仅都坚持中国共产党领导,而且坚持社会主义方向。“中国式现代化”同样坚持中国共产党领导,坚持社会主义方向,党的二十大报告所讲的中国式现代化的“中国特色”“本质要求”“重大原则”等,都首先是基于这一性质方向和政治基础来确定的,离开这一点,其他都无从谈起。

(四)共同特征

这是中国式现代化的“统一性”逻辑,主要回答中国式现代化就现代化而言“是什么”的问题。

中国式现代化有各国现代化的共同特征。② 就是说,中国要走向现代化,与世界各国现代化一样,从静态讲都蕴含现代化的一般要素,从动态讲都要遵循现代化一般规律。这是前提,也是中国式现代化融入并影响人类实现现代化进程的前提。正如列宁所说:“个别一定与一般相联而存在”,“任何个别(不论怎样)都是一般”。③ 从一般要素讲,在从农业社会向工业社会转变的社会结构变迁进程中,必然注重工业化、城市化、全球化,注重市场经济、科学技术,注重民主法治、公平正义、自由平等。自改革开放以来,我国社会主义现代化建设从总体上也注重这些一般性要素。

究竟如何揭示世界现代化发展的一般规律?这是学术界还需要进一步深

① 《习近平新时代中国特色社会主义思想学习纲要(2023年版)》,学习出版社、人民出版社2023年版,第55页。

② 参见习近平:《高举中国特色社会主义伟大旗帜　为全面建设社会主义现代化国家而团结奋斗——在中国共产党第二十次全国代表大会上的报告》,人民出版社2022年版,第22页。

③ 《列宁全集》第55卷,人民出版社2017年版,第307页。

究的一个重要理论问题。世界现代化发展的一般规律,窃以为从动态和纵向上遵循的是“现代化起飞阶段相对注重发展动力、持续运行阶段相对注重发展的平衡和谐、当动能不足发展失衡时要注重治理”的发展规律。中国式现代化也遵循这种一般规律。在改革开放之初,首先注重的是激活我国经济社会发展的动力,强调解放思想、解放人、解放生产力,强调敢闯敢干、敢为人先,杀出一条血路。在我国社会主义现代化进一步发展进程中,一定程度上出现了发展不全面、不兼顾、不平衡、不协调、不和谐的新情况新问题,我们党提出的科学发展观特别强调构建社会主义和谐社会,就是直奔解决这种新情况新问题而去的。党的十八大以来,我国发展步入新的历史方位。党的十八届三中全会的主题是全面深化改革,其总目标就是完善和发展中国特色社会主义制度、推进国家治理体系和治理能力现代化,这就把国家治理体系和治理能力现代化问题推到了我国历史发展的前台,着重强调“治理”的现代化。

(五)中国特色

这是中国式现代化的“多样性”逻辑,主要回答中国式现代化就中国式而言“是什么”的问题。

“一般只能在个别中存在,只能通过个别而存在”,“任何个别都不能完全地包括在一般之中”。① 中国要走向现代化,更要符合本国实际,具有本国特点。五大“中国特色”深刻揭示了中国式现代化的科学内涵,揭示了中国式现代化的本和源、根和魂。从学理上,可以从五大基础深化对其本质特征的理解:

(1)政治基础是中国共产党领导的社会主义现代化

中国共产党领导的社会主义现代化,内在要求它应是全体人民共同富裕的现代化,是物质文明和精神文明相协调的现代化,是人与自然和谐共生的现代化,是走和平发展道路的现代化。

(2)现实基础是人口规模巨大

正因为人口规模巨大,所以必须实现全体人民共同富裕,使物质文明和精神文明相协调,促进人与自然和谐共生,走和平发展道路,否则,如果出现两极

① 《列宁全集》第55卷,人民出版社2017年版,第307页。

分化、物质主义膨胀的单向度发展、掠夺和破坏自然资源，这对十四亿多中国人民来说将是灾难。

(3)哲学基础是“主主平等”

西方现代化以两极分化、单向度发展、掠夺自然资源和殖民主义扩张为本质特征，其哲学基础是“主统治客”，它把资本家当作“主”，把工人当作“客”，正如弗洛姆指出，资本主义制度中的一切经济活动都围绕利润而旋转，这种“以利润为取向的社会”和“重占有的生存方式”，本质上使人的劳动能力成了抽象的金钱活动①；把人类当作“主”，把自然当作征服和掠夺对象的“客”；把西方世界当作“主”，把非西方世界当作“客”，它使“东方从属于西方”②。中国式现代化的哲学基础是“主主平等”，强调全体人民在实现共同富裕、物质文明和精神文明齐头并进，以及在人与自然的关系、世界各国之间的关系上的“主主平等”。因为中国式现代化力求克服西方现代化的中国式现代化的理论体系和话语体系因为中国式现代化力求克服西方现代化的弊端，包括中国实现现代化进程中出现的代价，所以它从哲学范式上既区别于又高于西方现代化，能够为人类实现现代化提供具有光明前景的新的选择，由“东方从属于西方”历史性地转向“中国式现代化为人类实现现代化提供新的选择”。

(4)理论基础是新发展理念

贯彻新发展理念是新时代我国发展壮大的必由之路，这是我们在长期实践中得出的至关紧要的规律性认识。贯彻新发展理念对中国式现代化提出了本质要求：协调发展要求物质文明和精神文明相协调；绿色发展要求人与自然和谐共生；开放发展中我们必须走和平发展道路，所追求的目标就是世界和平发展、合作共赢；共享发展要求实现全体人民共同富裕；创新发展可以破解人口规模巨大的现代化难题。人口规模巨大是中国实现现代化的起点，体现的是一种国情和条件，其特点是人口多、起点低、难度大，其艰巨性、复杂性前所未有，发展途径和推进方式的独特性前所未有，唯有创新，方是出路。

① 参见弗洛姆：《占有还是生存——一个新社会的精神基础》，关山译，生活·读书·新知三联书店1988年版，第75、87、88页。

② 《马克思恩格斯选集》第1卷，人民出版社2012年版，第405页。

(5)时代基础是“强国时代”

我们是在新时代全面建成社会主义现代化强国的时代背景下提出中国式现代化及其本质特征的,其目标追求及实质就是全面建成社会主义现代化强国,为人类实现现代化提供新的选择。其中蕴含的就是,使我国发展壮大或使大国成为强国即实现“强起来”的“强国逻辑”。

(六)本质要求

这是中国式现代化的实践逻辑,主要回答中国式现代化就实践而言的“目标愿景”问题。

习近平总书记指出:“中国式现代化的本质要求是:坚持中国共产党领导,坚持中国特色社会主义,实现高质量发展,发展全过程人民民主,丰富人民精神世界,实现全体人民共同富裕,促进人与自然和谐共生,推动构建人类命运共同体,创造人类文明新形态。”①要理解和把握其背后的道理学理哲理,笔者曾认为现在更加强调,可以从三方面入手:

(1)“本质要求”何意?

本质特征和本质要求既区别又联系,二者都是“本质性”的,这是共同点,但“本质特征”属于对中国式现代化的本质规定,是中国式现代化之所以成其为中国式现代化(得以存在)的本质性根据,离开其根据,中国式现代化就不再是中国式现代化了,它属于“属性”范畴;“本质要求”则是“本质规定”在实践推进中需要实现或落实的目标要求(实践愿景),属于“实践”“实现”范畴。

(2)九大“本质要求”体现的是“什么逻辑”?

它们是按照“总体—五位一体—共同体”的逻辑思路来讲的:坚持中国共产党领导,坚持中国特色社会主义,属于“总体”,管全局、管根本、管引领;实现高质量发展,发展全过程人民民主,丰富人民精神世界,实现全体人民共同富裕,促进人与自然和谐共生,属于“五位一体”,是分别从经济、政治、文化、社会、生态五大领域来讲的;推动构建人类命运共同体,创造人类文明新形态,属于“共同体”,注重“共同”。

---

① 习近平:《高举中国特色社会主义伟大旗帜　为全面建设社会主义现代化国家而团结奋斗——在中国共产党第二十次全国代表大会上的报告》,人民出版社2022年版,第23—24页。

(3)把创造人类文明新形态放在最后位置"意味着什么"?

实现高质量发展,发展全过程人民民主,丰富人民精神世界,实现全体人民共同富裕,促进人与自然和谐共生,推动构建人类命运共同体,是中国共产党领导的中国特色社会主义所创造的人类文明新形态"新"之所在,一定意义上可以看作创造人类文明新形态的基本内涵。坚持中国共产党领导,坚持中国特色社会主义,实现高质量发展,发展全过程人民民主,丰富人民精神世界,实现全体人民共同富裕,促进人与自然和谐共生,推动构建人类命运共同体,既区别于西方文明,也为人类文明发展指明了方向、展现了光明前景。

(七)重大原则

这是中国式现代化的保障逻辑,主要回答中国式现代化就遵循和方略而言的"怎样干"问题。

推进中国式现代化,是一项前无古人的开创性事业,必然遇到各种可以预料和难以预料的风险挑战、艰难险阻甚至惊涛骇浪。因此,在以中国式现代化全面推进中华民族伟大复兴的新征程中,必须增强忧患意识,坚持底线思维,牢牢把握五个"重大原则",即坚持和加强党的全面领导,坚持中国特色社会主义道路,坚持以人民为中心的发展思想,坚持深化改革开放,坚持发扬斗争精神。① 这里,人们从学理上关注的问题是:

(1)何谓"重大原则"?

"重大原则"也属于"实践""实现"范畴,旨在为以中国式现代化全面推进中华民族伟大复兴与全面建设社会主义现代化国家提供根本遵循和总体方略。

(2)五个"重大原则"具有怎样的逻辑结构?

它们分别回答在谁领导下,依靠谁又为了谁,需要采取何种路径方略,"动力之源"何来,应以什么样的"精神状态"应对前进道路上的重大考验和风险挑战。因而,它聚焦解决的是以中国式现代化全面推进中华民族伟大复兴与全面建设社会主义现代化国家前进道路上的领导主体、目标追求、路径方

---

① 参见习近平:《高举中国特色社会主义伟大旗帜 为全面建设社会主义现代化国家而团结奋斗——在中国共产党第二十次全国代表大会上的报告》,人民出版社2022年版,第26—27页。

略、动力之源和精神状态问题。

(3)五个“重大原则”的目的及其实质是什么?

它既是以中国式现代化全面推进中华民族伟大复兴与全面建设社会主义现代化国家的根本遵循和总体方略,也是应对前进道路上重大考验和风险挑战的“根本保障”和“定海神针”,它们分别提供领导保证、力量保证、道路保证、动力保证和精神保证。

综上所述,可以从中提炼概括出中国式现代化理论体系的总体框架:历史方位是“强国时代”;根本问题是“如何全面建成社会主义现代化强国”;哲学根基是“主主平等”;分析方法(解释框架)是“坚持统一性和多样性统一”;核心理念是“坚持人民至上”;体系主干是“为中国人民谋幸福、为中华民族谋复兴、为世界谋大同、为中国共产党人谋强大、为马克思主义谋生机”;体系支干是“本质要求、重大原则和重大关系”;原创贡献是“自主创造中国式现代化道路、创造人类文明新形态、构建人类命运共同体,为创新发展21世纪马克思主义奠定基石”。

原载于《哲学研究》2023年第8期

“人民民主”：何以是人类民主进程中的一种新形态

徐俊忠*

习近平总书记在中国共产党第二十次全国代表大会上的报告中指出：“我国是工人阶级领导的、以工农联盟为基础的人民民主专政的社会主义国家，国家一切权力属于人民。人民民主是社会主义的生命，是全面建设社会主义现代化国家的应有之义。”①这是对“人民民主”作为新型民主形态的发展与意义的集中论述。

坚持“人民民主”是马克思主义的基本政治立场。马克思指出：“必须使国家制度的实际体现者——人民成为国家制度的原则”。“人民是否有权来为自己建立新的国家制度呢？对这个问题的回答应该是绝对肯定的，因为国家制度如果不再真正表现人民的意志，那它就变成有名无实的东西了。”②在实践上，“人民民主”开始于俄国十月革命后，尤其是苏联时期社会主义建设过程中。但由于苏联长期不正视人民内部矛盾问题，社会的精英政治、经济、文化等意识过强，以至于后来在新的社会背景下，形成了高高在上的“特殊利益集团”，“人民民主”形同虚设，最后不得不在苏联的失败中潸然泪下而

* 徐俊忠，中山大学马克思主义哲学与中国现代化研究所暨哲学系教授。

① 习近平：《高举中国特色社会主义伟大旗帜　为全面建设社会主义现代化国家而团结奋斗——在中国共产党第二十次全国代表大会上的报告》，人民出版社2022年版，第37页。

② 《马克思恩格斯全集》第1卷，人民出版社1956年版，第315、316页。

终结。然而,"人民民主"在苏联的失败,无法也不能等同于"人民民主"本身的失败。

中国共产党诞生于国家处在半殖民地半封建的背景下,在帝国主义分子的视野中,中国等东方国家无非就是他们所构建的国际政治体系中的"客体",是他们发展本国资本主义文明与文化的"肥料"。正是出于这种邪恶的主张,他们勾结中国内部的封建和官僚资本主义势力,把中华民族和中国人民推入灾难的深渊。求解中华民族的伟大复兴,中国共产党的哲学就是"人民,只有人民,才是创造世界历史的动力"①,它的革命逻辑是"民众的大联合"②。信仰人民、依靠人民、组织人民、为了人民,造福人民是中国共产党不二的政治选择,这是中国致力于"人民民主"实践的历史和理论的最深厚基础。

"民主",相当长时期以来,都被人们作为对于公共领域治理的理想追求。但在资本主义发展过程中,基于市民社会与政治国家的二元化理论和产生这个理论的资本主义社会的阶级分化状况,民主主要被限制于政治领域,并以所谓人人都是国家主权的平等参与者为理论根据。在任何一个社会中,如果人们的平等仅被限制在政治领域里,而在经济、社会、文化、教育等领域却是严重的不平等,这种所谓政治平等的说辞无异于一种对大众的欺骗和维护强势阶级实现政治垄断的虚假意识形态。所以,民主如果主要是或者仅仅是被体现于政治上的民主,这实际上就是社会强势集团或阶级以政治民主为名,行政治垄断之实的政治欺骗。因此,民主的发展必须突破资产阶级民主的羁绊,民主必须向真正体现人民立场的方向发展,也就是向"人民民主"的方向发展。其实际的要求就是:民主不应该被限制于政治领域,民主应该成为支配社会公共生活全部领域的基本原则。社会公共生活绝对不仅仅限于政治领域,还必须全面体现在社会的经济、社会、文化、教育以及生态等层面的领域中。换言之,它应该涉及公共生活的全领域。

从这一意义上说,人民民主应该是社会公共生活全领域的民主。实现这样的民主,唯有在社会主义基本制度下,尤其在以社会主义公有制为主体的基

① 《毛泽东选集》第3卷,人民出版社1991年版,第1031页。
② 毛泽东:《民众的大联合》,《湘江评论》1919年7月21日。

本经济制度下才是可能的。经济民主的合法性只能由社会主义的生产资料公有制所赋予,社会、文化、教育等领域的民主要求,也由于社会主义消除了这些领域主要以私营为主的状况才具有法理上的合法性。甚至我们可以说,“人民民主”与社会主义之间,具有一种“内生互构”的关系。没有社会主义就没有“人民民主”,社会主义必须充分体现“人民民主”,正是这种关系的具体体现。我们也可以说,社会主义民主本身就是人民民主。社会主义民主和“人民民主”,可以被看作是“一体两面”的同一性概念。综上所述,我们完全可以理直气壮地说:“人民民主”或社会主义民主本质上都是不同于资产阶级民主或资本主义民主的一种崭新要求和主张。两者之间并非仅存在着表现形式上的不同,更有着实质上的根本区别。

中国共产党的民主实践开始于根据地建设时期,并不断探索、丰富、完善于新中国的社会主义革命与建设时期、社会主义改革开放时期和新时代中国特色社会主义建设过程中。认识和理解这种民主,需要深入理解以下几个方面。

一、何谓“人民”

“人民民主”,主体是人民。何谓“人民”?周恩来曾作专门表述:“有一个定义须要说明,就是‘人民’与‘国民’是有分别的。‘人民’是指工人阶级、农民阶级、小资产阶级、民族资产阶级,以及从反动阶级觉悟过来的某些爱国民主分子。而对官僚资产阶级在其财产被没收和地主阶级在其土地被分配以后,消极的是要严厉镇压他们中间的反动活动,积极的是更多地要强迫他们劳动,使他们改造成为新人。在改变以前,他们不属人民范围,但仍然是中国的一个国民,暂时不给他们享受人民的权利,却需要使他们遵守国民的义务。”①这段说明包含着两方面的思想,一是认为,“人民”是由诸多复杂的阶级、阶层和个人构成,这意味着它是一个“非同质性”的概念;二是认为,“人民”与“国

① 《建党以来重要文献选编(1921—1949)》第26册,中央文献出版社2011年版,第732—733页。

民"是有明确区别的。基本根据在于:国民的资格一般随着人的出生而获得,"人民"的资格则主要根据政治认同的状况。只有那些对于国家和代表国家的政权持有正向的、积极的认同立场的国民,才具备成为人民的资格。

从这个意义上说,人民就是一个表征国民政治认同的政治性范畴。这个区分的最直接意义在于确保人民政权在革命和后革命时期,得以有效防范敌对人群的消极政治行为。其逻辑与孙中山先生的"民权"思想一脉相承:"近世各国所谓民权制度,往往为资产阶级所专有,适成为压迫平民之工具。若国民党之民权主义,则为一般平民所共有,非少数者所得而私也。"但是,"必不轻授此权于反对民国之人,使得借以破坏民国。详言之,则凡真正反对帝国主义之个人及团体,均得享有一切自由及权利;而凡卖国罔民以效忠于帝国主义及军阀者,无论其为团体或个人,皆不得享有此等自由及权利"①。

二、如何"民主"

民主的本来意义来自于人民是国家主权平等参与者的政治预设,所谓一切权力属于人民,就是它的集中表达。依据这一精神,毛泽东在著名的"窑洞对"中,强调民主不仅仅是"让人民来监督政府",还应该让"人人起来负责"②。20世纪50年代末,毛泽东借批评苏联"政治经济学教科书"的机会,阐述了一个具有高度马克思主义水准的、深刻和光辉的民主思想。他说,"教科书""讲到苏联劳动者享受的各种权利时,没有讲劳动者管理国家、管理军队、管理各种企业、管理文化教育的权利。实际上,这是社会主义制度下劳动者最大的权利,最根本的权利。没有这种权利,劳动者的工作权、休息权、受教育权等等权利,就没有保证"。"我们不能够把人民的权利问题,了解为国家只由一部分人管理,人民在这些人的管理下享受劳动、教育、社会保险等等权利"③。

---

① 《孙中山全集》第9卷,中华书局1986年版,第120页。

② 中共中央文献研究室编:《毛泽东年谱(一八九三——一九四九)》中卷,中央文献出版社2013年版,第611页。

③ 中共中央文献研究室编:《毛泽东年谱(一九四九——一九七六)》第4卷,中央文献出版社2013年版,第266—267、267页。

在“人民民主”中,人民是主体,不是客体。“人人起来负责”,必须落实于人民实际地参与各种社会公共事务的管理中。这个社会公共事务,不仅包括政治事务,更包括公共性的经济、社会、文化、教育与生态等事务。因此,“人民民主”并非那种每隔几年,让选民在不同政治集团中选择政治统治者的游戏,而是要体现“人人起来负责”,参与对于政治、经济、社会、文化、教育以及生态等公共事务全领域的实际管理。从这一意义上看,相对于那种把民主局限于几年一次让选民参与选择政治统治者的游戏,“人民民主”不仅是对于“精英史观”的否定,也是对于民主内涵上的革命性突破。甚至可以说,相对应于“全过程人民民主”,我们还需要提出“公共事务全领域民主”的概念。

三、“人民民主”的基本功能是实现人民之间的协同与合力

“人民民主”只能产生于“人民政权”的体制下。没有人民政权,就没有“人民民主”。人民实际上是由各民主阶级和民主分子所组成的,它是一个“非同质性”的存在。实现“非同质性”的人民,共同拥有在“人民政权”之下,参与对于社会公共事务的管理,从而创造出人民平等地享有美好生活的公共空间,是“人民民主”实现的基本内容。所以,“人民民主”是一种不同于彼此相互对立的政治集团进行竞争、博弈,以寻求“彼此相互代替”的所谓“政党政治”的新的政治文明形态。这种新的政治文明形态,需要通过暴风骤雨式的阶级斗争,在克服压迫和统治人民的反动势力与集团的前提下,建立起人民的政权。随着暴风骤雨式的阶级斗争的基本结束,这种新的政治文明形态就必须以正确处理人民内部矛盾作为新的社会生活主题,以利于不断在“非同质性”的人民中,创造彼此之间协同、合力的机制,从而及时地消除人民之间的矛盾与冲突,实现人民之间的大联合、大团结,从而推动新中国走向民族持续复兴之路。

毛泽东指出,“我们的任务要求我们必须很好地处理我国人民内部的关系”①。

① 《毛泽东文集》第6卷,人民出版社1999年版,第390页。

这种关系的正确处理，不是人民内部不同阶级和阶层之间的竞争、博弈，更不是寻求彼此之间的“相互交替”，而是在“统筹兼顾、适当安排”的原则下，努力消除不同阶级、阶层的“小圈子主义”的政治的、经济的、文化的、教育的等主张，以“调动一切积极因素，团结一切可能团结的人，并且尽可能地将消极因素转变为积极因素，为建设社会主义社会这个伟大的事业服务”①。这里的逻辑，全然不同于西方通行的竞争性、博弈性民主的逻辑。可以说，“人民民主”是一种实现人民内部不同阶级与阶层协同、合力的新型民主。

四、协商是“人民民主”实现的内在形式

毛泽东直截了当地指出，“民主是商量办事，不是独裁”②，“商量办事，这是共产党和国民党不同的地方”③。周恩来也指出：“到开会的时候才把只有少数人了解的东西或者是临时提出的意见拿出来让大家来讨论决定，这是旧民主主义议会中议事的办法。新民主主义议事的特点之一，就是会前经过多方协商和酝酿，使大家都对要讨论决定的东西事先有个认识和了解，然后再拿到会议上去讨论决定，达成共同的协议。”“我们所要反对的是旧民主主义的议会制度，因为它不是事前协商，只是便于剥削阶级政党间互相争夺，互相妥协，共同分赃的制度……我们却是长期合作，不是彼此互相交替。”④以寻求“彼此相互交替”为目的的政治，一切都是博弈的手段和方式。所以，协商民主从根本上看，不可能属于以寻求执政权的“彼此相互交替”为根本目的的“政党政治”的基本政治方式。它只能属于以寻求人民中不同阶级、阶层之间的相互协同，形成合力为目的的“人民民主”的内在政治形式。发展和完善“协商民主”，既是“人民民主”的体现，也是发展和实现“人民民主”的重要途径和基本方式。

---

① 《毛泽东文集》第7卷，人民出版社1999年版，第228页。
② 《毛泽东文集》第6卷，人民出版社1999年版，第387页。
③ 《毛泽东文集》第6卷，人民出版社1999年版，第311页。
④ 《建党以来重要文献选编（1921—1949）》第26册，中央文献出版社2011年版，第693、703页。

五、"人民民主"必须平衡好"公意"与"众意"的关系

在政治思想史上,区分"公意"与"众意"是卢梭的贡献。卢梭认为,"众意和公意之间往往是有很大的差别的;公意只考虑共同的利益,而众意考虑的则是个人的利益"。"公意之所以能成为公意,不在于它所得的票数,而在于其间有使人们结合起来的共同的利益"①。卢梭的公意思想在马克思主义中是得到积极回应的。马克思在《论犹太人问题》中就谴责推崇个人主义、自私自利原则的意识形态,他批评资产阶级的人权主张,从来"没有超出封闭于自身、封闭于自己的私人利益和自己的私人任意行为、脱离共同体的个体"。他指出,"当只有最英勇的献身精神才能拯救民族、因而迫切需要这种献身精神的时候,当牺牲市民社会的一切利益必将提上议事日程、利己主义必将作为一种罪行受到惩罚的时候"②,继续鼓吹这种人权就是对于民族的堕落性背叛。在领导中国人民革命的过程中,中国共产党从来都是自觉地以民族、国家的救亡与复兴为旗帜,并反复以"人民的公意""人民的共同利益和统一意志"去宣示自己的政治主张的基本依据。新中国不断建构起来的"人民民主"的制度与理论,必须也只能以"人民的公意"作为它的基本前提。但如果罔顾社会中不同阶级、阶层在不同时期对于各自利益的特殊关注,或者失去对于不同阶级与阶层利益的合理平衡,"公意"就有可能成为罔顾人民实际利益诉求的幌子而导致政治危机。

所以,推进"人民民主"的发展,永远都必须认真地平衡好社会"公意"与"众意"之间的关系。当然,"人民的公意"是人民的根本利益、共同利益的体现。失去这一关注与追求,政治就会陷入机会主义而危及国家、民族和人民的前途,协同全国不同阶级与阶层的关系,就会因为失去共同利益基础而成为不可能。因此,"人民的公意"永远是推进"人民民主"的根基。然而,如果由此而失去对于不同阶级、阶层人民的利益照顾与平衡,政治也不可能得到持续的

① 卢梭:《社会契约论》,李平沤译,商务印书馆 2017 年版,第 32—33、36 页。

② 《马克思恩格斯文集》第 1 卷,人民出版社 2009 年版,第 42 页。

健康发展。所谓“关心群众生活,注意工作方法”,就是要求我们在坚持“人民的公意”这一根本的、具有战略性意义的原则的同时,认真地、平衡地实现“众意”的要求。从这一意义上看,任何把“人民民主”与平衡好“公意”和“众意”关系对立起来的说法,都是没有根据的。准确地把握好他们之间的关系,是确保“人民民主”顺利实现、持续发展的基本政治思维和应有实践路径。

上述表明,在把民主理解为人民的权力,或者一切权力归于人民的逻辑下,诞生出西方基于资本主义经济基础上的竞争、博弈性民主,是有其历史根据的。就其意义而言,封建专制主义政治几乎就是全社会屈从于一个人的统治,而且这个人行使统治权的合法性根据就在于其出身。马克思曾经调侃过这种政治:马生下来就是马,国王生下来就是国王,两者的根据均无异于出身①。近代西方资本主义对于政治文明的重要贡献,就在于打断封建专制主义的这种政治进程。然而,任何竞争、博弈即使有着形式上的平等规则,实际上都只能是社会强势阶级与集团之间的竞争和博弈。在社会不同阶级和等级的人们处于财富上、文化上和精神上都极不平等的条件下,尤其在社会存在着庞大的贫困、弱势人群的条件下,任何所谓政治上的竞争、博弈,实质上都只能是社会强势阶级的不同政治集团对于公共权力的垄断,而且还必然带来全社会持续不断的对抗和撕裂。“人民民主”的意义在于力图克服西方资本主义民主的历史性缺憾和种种羁绊,努力探索全面实现人民主权的途径,扭转民主即是内耗与撕裂的糟糕局面。新中国七十多年的历史,尽管有过曲折与蹉跎,但它使中国结束了政治即是政客之间恶斗、分赃的黑暗历史,它在结束旧中国“一盘散沙”状况的同时,重塑起中国人民的主体地位,牢固地形成了引领民族复兴的主心骨,汇集起中华民族伟大复兴的磅礴伟力。新中国的“人民民主”正朝气蓬勃地走在人类政治文明的大道上。总之,新中国全面践行与建设的“人民民主”,之所以成为人类民主进程中的崭新形态,不仅在于它践行的是一种完全不同于西方建立在资本主义经济基础上的、以不同的政治集团之间的竞争、博弈为特质的旧式民主,还在于它以其实践开创出中国日益风清气爽的政治局面,创造出中华民族伟大复兴的欣欣向荣的局面。

① 参见《马克思恩格斯全集》第1卷,人民出版社2009年版,第375—377页。

当然,我们也应该清醒地看到,“人民民主”作为一种崭新的民主形态,对其探索、丰富、完善和建设永远在路上。在这里,我们在道路、理论、制度和文化等方面,拥有足够的自信和足够的清醒,都是十分必要的。

原载于《中山大学学报》2023年第2期

论中国式现代化与新时代唯物史观的中国逻辑

任　平*

中国式现代化具有风格鲜明的哲学自觉，谱写了唯物史观中国逻辑的新篇章。习近平指出："中国式现代化蕴含的独特世界观、价值观、历史观、文明观、民主观、生态观等及其伟大实践，是对世界现代化理论和实践的重大创新。"①在马克思主义哲学视野中，世界观是人们对世界的总的看法和根本观点，因而是价值观、历史观、文明观、民主观、生态观等的理论前提具有统领地位和决定作用，而揭示人类社会发展普遍规律的唯物史观又构成新世界观的核心。唯物史观聚焦一个国家对象，揭示这一国家的发展目标、发展道路与发展规律，成为指引这一国家发展的科学逻辑与价值旨归。中国式现代化与唯物史观的中国逻辑是时代与哲学之间相互缠绕、相互映照、对应表达的共进线。中国式现代化内蕴着鲜明的理论自觉，而唯物史观的中国逻辑深度包含着实践自觉。中国式现代化对世界现代化理论和实践的创新，不仅体现为从中国特色、本质要求、战略安排、重大原则等方面对西方资本主义现代化、旧中国的现代化尝试、苏联式现代化等现代化道路的超越，而且体现为唯物史观的

---

*　任平，苏州大学中国特色城镇化研究中心、苏州大学新型城镇化与社会治理协同创新中心首席科学家，哲学博士。

①　《习近平在学习贯彻党的二十大精神研讨班开班式上发表重要讲话强调　正确理解和大力推进中国式现代化》，《人民日报》2023年2月8日。

中国逻辑对上述现代化道路所遵循的指导思想的超越,是对涉及现代化道路选择的“马克思之问”和“列宁之问”的中国解答。在新时代新征程上,中国共产党带领中国人民拓展中国式现代化道路,客观上要求不断推进马克思主义中国化时代化,与时俱进地理解和把握新时代唯物史观的中国逻辑,从而为全面建成社会主义现代化强国和实现中华民族伟大复兴提供科学指引。

一、实践之问:中国式现代化出场的问答逻辑

任何理论创新都源于实践提出的问题。马克思强调:“问题就是公开的、无畏的、左右一切个人的时代声音。问题就是时代的口号,是它表现自己精神状态的最实际的呼声。”①党的二十大报告指出:“必须坚持问题导向。问题是时代的声音,回答并指导解决问题是理论的根本任务。”②任何真正的哲学总是时代精神的精华,总是从实践发端到理论创新,对时代之问、人民之问作出正确的解答。中国式现代化蕴含的独特世界观、价值观、历史观、文明观、民主观、生态观等之所以能够生成,贯穿其中的唯物史观的中国逻辑之所以能够出场,其根本动力源于中国式现代化的伟大实践,源于这一伟大实践在超越以往现代化模式的历史进程中不断提出问题,通过理论创新推动马克思主义中国化时代化。

深描问答逻辑的主题主线,可以发现,它源于实践而成于哲学自觉。判定中国式现代化的“本质之新”,有赖于可供比较的参照系,没有这样的参照系,就无法识别“新”与“旧”。然而,参照系绝非可以脱离历史实际而任意选择。中国式现代化的出场有其客观过程及必然指向,它主要超越了西方资本主义现代化、旧中国的现代化尝试和苏联式现代化。中国式现代化的实践创新和理论创新呈现为双重超越的共进线,每一次都经历由“实践之问”转向“理论之问”、从“问题中的哲学”升华为“哲学中的问题”的过程,最终使唯物史观的中国逻辑得以出场,并在新时代的中国谱写出新的篇章。

---

① 《马克思恩格斯全集》第40卷,人民出版社1982年版,第289—290页。

② 习近平:《高举中国特色社会主义伟大旗帜　为全面建设社会主义现代化国家而团结奋斗——在中国共产党第二十次全国代表大会上的报告》,人民出版社2022年版,第20页。

作为一种对社会主义现代化道路的探索，中国式现代化超越的第一个对象是已经建构起资本全球霸权体系的西方资本主义现代化，这是世界现代化的历史起点，也是曾长期宰制整个旧的世界现代化进程的唯一模式。如何从唯物史观的基本原理出发，科学地揭示以历史扬弃方式超越西方资本主义现代化的必然性，是从马克思到21世纪马克思主义一以贯之追问的主题。西方资本主义现代化进程，经历了启蒙现代性、经典现代性、后现代和欧洲新现代的不同阶段，在创造了一系列值得人们汲取借鉴的共同经验的同时，由于受到资本逐利本性的驱使，一贯奉行“生存竞争、弱肉强食”的“丛林法则”，必然导致三大崩溃。一是造成人与人关系的全面异化、冲突和对抗，进而导致社会崩溃。二是造成人与自然关系的全面异化、冲突和对抗，导致人类生存所需自然条件的崩溃。三是以美国为首的西方世界主张单边主义、霸权主义、帝国主义和新帝国主义，导致全球治理体系崩溃。中国式现代化主张全体人民共同富裕的现代化、人与自然和谐共生的现代化以及走和平发展道路的现代化，并希望以此来扭转上述三大崩溃的趋势，从而实现对西方资本主义现代化的超越。

中国式现代化不仅要扬弃传统资本形态，更面临21世纪资本新形态的挑战。21世纪资本批判是新时代唯物史观的中国逻辑出场的根本使命之一。21世纪资本全球化出场形态的根本灵魂即资本创新逻辑。21世纪资本批判即资本创新逻辑批判。资本创新逻辑没有根本改变资本本性和资本主义经济发展的周期性规律，但是试图以超越大工业资本主导时代的后工业资本文明，即金融资本、虚拟资本、AI资本、生命资本、生态资本、文化资本、消费资本、社会资本等来摆脱原有危机，重建全球霸权体系，榨取更多利润。资本霸权为了维护自己的宰制体系，正在竭力围剿代表未来新的文明形态的中国。这一资本创新逻辑在深刻改变历史场域，更在拜物教式地颠倒重塑历史场景，造成更多领域、更大规模、更深层次的危机，而中国式现代化的成功推进和拓展，必将使这一状况得到改变。

中国式现代化超越的第二个对象是旧中国的现代化尝试。旧中国不仅照抄照搬西方资本主义现代化道路，而且有其自身的封建劣根性，不免跌入“半现代陷阱”。清王朝经过洋务运动、戊戌变法和清末新政而在“半现代”途中轰然倒塌。自辛亥革命崛起的国民党统治也在新的“半现代”途中悄然退场。

由帝国主义、封建主义和官僚资本主义为了维护和强化自身统治而推行的现代化,无论其目标选择、领导力量和利益主体,都是背离人民大众的,最终只能使中国坠入半殖民地半封建社会的深渊之中而不能自拔。由此,“半现代”成为中国革命的现实对象,同时也是后来中国式现代化必须超越的坐标;不打破旧中国的“半现代陷阱”,就不能带领中国人民站起来、富起来、强起来,实现中华民族伟大复兴。中国式现代化是中国共产党领导的社会主义现代化,要求不断实现发展为了人民、发展依靠人民、发展成果由人民共享,让现代化建设成果更多更公平惠及全体人民。唯物史观的中国逻辑,就是要科学揭示新中国如何从旧中国的“半现代陷阱”中摆脱出来,进而以中国式现代化成功推进中华民族伟大复兴。

中国式现代化超越的第三个对象是苏联式现代化。中华人民共和国成立之后,毛泽东在明确反对全盘西化的同时,也明确反对全盘苏化。走自己的路,这就是结论。在探索中国社会主义建设道路的过程中,毛泽东写下了《论十大关系》等马克思主义中国化史上的名篇,随后又结合我国开始全面建设社会主义的实践,对斯大林的《苏联社会主义经济问题》和苏联科学院的《政治经济学教科书》进行了认真研读,并对其中涉及的问题进行了科学的分析,这些都是从唯物史观的中国逻辑的高度对开辟中国式现代化所作的重要尝试。在新中国成立特别是改革开放以来长期探索和实践基础上,经过党的十八大以来在理论和实践上的创新突破,我们党成功推进和拓展了中国式现代化,主要表现在三个维度。一是社会主义现代化目标不断完善。从新中国成立初期提出“四个现代化”,到改革开放初期提出“三步走”发展战略,再经过坚持物质文明和精神文明两手抓、两手都要硬,加强社会主义民主和法治建设,建设社会主义和谐社会,进而到党的十九大正式提出建设富强民主文明和谐美丽的社会主义现代化强国,再到党的二十大全面阐述中国式现代化的中国特色、本质要求、战略安排和重大原则,我国现代化实践的目标设计不断完善,道路选择更加科学。二是中国式现代化的探索方式不断丰富。从中华人民共和国成立之初的自力更生、艰苦奋斗,到改革开放初期诉诸感性实践的“大胆试”“大胆闯”“摸着石头过河”,再到中国特色社会主义新时代立足中华民族伟大复兴战略全局和世界百年未有之大变局,理性把握社会主义建设规律,自觉进行远景规划和顶层设计,成功推进和拓展中国式现代化,取得了举世瞩目的伟大成就,创造了中国奇迹,大踏步赶上世界潮流。三是中国式现代化的自主性大幅提升。中国特色社会主义进入新时代,中国式现代化正在实现从"自主输入型现代化"阶段向"自主辐射型现代化"阶段的跨越,在许多方面实现了从"争第一"到"创唯一"的转变,在诸多领域实现了从跟跑到领跑的飞跃。与此相适应,科学揭示中国式现代化必然过程和客观规律的行动指南,也从唯物史观的中国逻辑与时俱进地创新发展为新时代唯物史观的中国逻辑。

二、哲学之问:反思现代性的唯物史观创新演化逻辑

中国式现代化蕴含的独特世界观、价值观、历史观、文明观、民主观、生态观等的"本质之新",不仅源于实践的重大创新,而且源于阐释实践的哲学观的重大创新。反思现代性的马克思主义哲学之问同样通过"问题中的哲学"转向"哲学中的问题",推动新时代唯物史观的中国逻辑逐步出场。

第一,对资本现代性的批判使唯物史观实现了对启蒙现代性的超越。资本现代性以抽象的、大写的"人"代替"神",以抽象的、大写的"理性"代替"蒙昧",从而构筑了其文化意识形态。从启蒙现代性、经典现代性到后现代以及欧洲新现代思潮,本质上都是资本现代性的唯心史观。马克思发动哲学革命和唯物史观的出场,不能不是对资本全球化过程中的资本现代性的批判和超越;而在创造新世界观的同时,也就开辟了新现代性视域。实际上,马克思在继承启蒙现代性革命精神的同时,又颠覆了这一现代性赖以存在的两大根基:抽象的、大写的"人"和抽象的、大写的"理性"。马克思的哲学革命是三阶递进的革命。第一阶是由《关于费尔巴哈的提纲》倡导的两大基点革命的统一完成的:批判感性直观,进而批判抽象的人,通过实践达到现实的、历史的人;批判抽象理性,以实践理性视域代之,开辟实践理性、历史理性、相对理性、后天理性的先河。第二阶是《德意志意识形态》《哲学的贫困》和《共产党宣言》对以资本全球化为基本形态的现代社会的一般结构作历史唯物主义的分析,指明现代性视域的三大变革:其一,社会现代性的基础不是抽象的人和抽象的

理性,而是实践的力量;其二,从传统封建社会向资本现代性社会转变是历史的必然过程;其三,共产主义社会是生产和交往发展的高级形态,必然超越资本现代性社会。第三阶是随着《政治经济学批判大纲》《资本论》的问世,马克思真正进入对整个资本现代性社会的经济社会形态的分析和批判,从而指明超越资本现代性社会的必然逻辑。在马克思看来,唯物史观所要揭示的有其内在必然性规律的人类历史,无非是由前资本社会、资本现代性社会和超越资本逻辑的后资本社会构成的。换言之,资本现代性社会是人类历史演化的中轴,人类历史就是从古代社会走向资本现代性社会,再走向未来的共产主义社会。应当说,没有当年的资本现代性批判,就没有马克思唯物史观的出场;没有《资本论》对以市民社会为标志的资本现代性社会展开的政治经济学的批判性分析,就没有唯物史观从早期哲学革命抽象原则的表达走向具体、全面、系统的表达;没有 21 世纪的资本现代性批判,就没有 21 世纪马克思主义的唯物史观。可以说,脱离资本现代性批判谈唯物史观是空洞的,而脱离唯物史观谈马克思主义的新现代性视域也是盲目的。在中国式现代化的语境中重演这一超越资本现代性意识形态的进程,是中华民族最正确的历史选择,从此成功开辟了中华民族伟大复兴的光明前景。这一超越历史地证明了马克思主义行。

第二,对当年法国教条派所谓唯物史观西欧逻辑的超越,成功推动了唯物史观中国逻辑的出场。这一超越推动了马克思主义的历史发展进程,推动了中国共产党人用中国方式自主回答现代化道路探索中的“马克思之问”和“列宁之问”。马克思不仅在《资本论》等系列著作中深刻分析批判了西方资本主义现代化的本质、结构、特征、内在矛盾,揭示了其“规律本身”,即“以铁的必然性发生作用并且正在实现的趋势”①,指明这一“现代社会的经济运动规律”,“既不能跳过也不能用法令取消自然的发展阶段”②。然而,晚年马克思坚决反对将这一仅限于西欧的结论僵化教条地演绎为唯物史观的西欧逻辑,即当作是超历史的一般历史哲学,并进而阐发了关于东方道路可能性的猜想。

---

① 《马克思恩格斯选集》第 2 卷,人民出版社 2012 年版,第 82 页。
② 《马克思恩格斯选集》第 2 卷,人民出版社 2012 年版,第 83 页。

列宁正是通过破除考茨基等第二国际理论家们主张的经济唯物主义的思想教条而发动十月革命,从而破除了西方资本主义现代化一统天下的原初格局,开辟了通往现代性的社会主义道路。在马克思主义中国化时代化进程中,破除所谓唯物史观西欧逻辑的束缚,创制唯物史观的中国逻辑,以及开辟中国式现代化,是三位一体的。唯物史观的中国逻辑是中国式现代化的哲学表达和思想引领;中国式现代化是唯物史观中国逻辑的实践主题和本质内容;唯物史观的中国逻辑,正是在中国的场域中破除所谓唯物史观西欧逻辑的束缚,创造性地回答"马克思之问""列宁之问",以及探索中国式现代化的历史进程中出场的。

第三,对苏联教条化地理解和运用马克思主义的超越,历史地证明了中国化时代化的马克思主义行。自中华人民共和国成立以来,特别是改革开放 40 多年来,理论创新的出场史将唯物史观的中国逻辑推进到新形态。社会主义市场经济体制的建立和社会主义基本经济制度的不断完善,从体制和制度变革上刷新了"四个现代化"的原初视界。改革的哲学和哲学的改革,现代化的哲学和哲学的现代化,都成为哲学研究领域的重要学术生长点。发展哲学、经济哲学、管理哲学、政治哲学、文化哲学、社会哲学、生态哲学等,都以唯物史观中国逻辑的新时期方式出场,极大地突破了原初仅限于抽象表达的历史唯物主义教科书的体系框架。这一进展,展现出唯物史观的中国逻辑对于中国式现代化的全面阐释。党的十八大以来,站在新的历史方位继续深刻认识我国社会主义现代化目标的内涵和外延,逐渐明确建设富强民主文明和谐美丽的社会主义现代化强国的战略安排和一系列重要举措,新时代唯物史观的中国逻辑揭示了新时代中国式现代化的本质和规律。这是理论转化为实践、马克思主义基本原理结合中国实际的不断创新和具体化的过程,走向了用中国精神、中国风格和中国话语自主创新地阐释唯物史观中国逻辑的当代形态。

三、原创之思:新时代唯物史观中国逻辑的创新特色

新时代唯物史观的中国逻辑,是中国式现代化内蕴的一系列独特的哲学观的出场形态与理论表达,呈现出理论创新的体系化和学理化特点。它聚焦

中国共产党在新时代新征程的使命任务,具有鲜明的时代创新特色。

第一,新的时代观。新时代唯物史观的中国逻辑作为新时代精神的精华,厚植于新时代的历史方位,自觉揭示新时代的本质和问题,肩负新时代新征程的新使命,表达新时代以中国式现代化全面推进中华民族伟大复兴的强国道路与强国规律。关于新时代的历史方位,党的十九大报告已经科学阐明:“中国特色社会主义进入新时代,意味着近代以来久经磨难的中华民族迎来了从站起来、富起来到强起来的伟大飞跃,迎来了实现中华民族伟大复兴的光明前景”,“这个新时代,是承前启后、继往开来、在新的历史条件下继续夺取中国特色社会主义伟大胜利的时代,是决胜全面建成小康社会、进而全面建设社会主义现代化强国的时代,是全国各族人民团结奋斗、不断创造美好生活、逐步实现全体人民共同富裕的时代,是全体中华儿女勠力同心、奋力实现中华民族伟大复兴中国梦的时代,是我国日益走近世界舞台中央、不断为人类作出更大贡献的时代”。① 新时代观也表明了新使命观。党的二十大庄严宣示:“从现在起,中国共产党的中心任务就是团结带领全国各族人民全面建成社会主义现代化强国、实现第二个百年奋斗目标,以中国式现代化全面推进中华民族伟大复兴。”②作为思想旗帜,新时代唯物史观的中国逻辑就是要站在新的历史方位上,科学阐明中国式现代化的中国特色、本质要求、战略安排和重大原则,深刻揭示中国式现代化的强国道路和强国规律,让中国人民在实现站起来、富起来之后,继续实现强起来的伟大飞跃。中国式现代化强国道路和强国规律是中华人民共和国成立以来社会主义建设道路和建设规律的延续,也是其更高形态。纵观整个新中国历史,可以更全面、更系统地把握中国式现代化的整体演进规律,进而呈现完整的唯物史观的中国逻辑。

第二,独特的世界观。如果说当年马克思发动哲学革命、创立唯物史观,是开辟了新世界观的先河,那么中国式现代化内蕴的独特世界观则是主导新时代唯物史观中国逻辑的思想纲领。这一独特世界观站在新时代的历史方位

---

① 习近平:《决胜全面建成小康社会　夺取新时代中国特色社会主义伟大胜利——在中国共产党第十九次全国代表大会上的报告》,人民出版社2017年版,第10、10—11页。

② 习近平:《高举中国特色社会主义伟大旗帜　为全面建设社会主义现代化国家而团结奋斗——在中国共产党第二十次全国代表大会上的报告》,人民出版社2022年版,第21页。

上，重新思考世界百年未有之大变局的根源、形态、本质和趋势，把握人类命运共同体的未来走向。这里需要着力阐明和把握两个重大问题：一是全球大变局的根源和本质，二是中国与世界关系的变化。关于前者，主要是着力阐明这样一个事实：在21世纪，新科技革命、资本创新逻辑和中国式现代化全面引发了全球大变局。而要揭示当今世界历史格局的根本变化，必须要首先阐明21世纪新科技革命如何推动资本逻辑从过去的以大工业资本为主导转向虚拟—金融资本主义、AI—数字资本主义、生命—生态资本主义、空间生产资本主义、文化—社会资本主义、新帝国主义，等等。这一批判必须是跨界的，要深刻揭示资本创新逻辑何以通过联通经济领域与技术领域来创新资本主义，何以深刻改变历史场域和历史场景。可以说，没有21世纪资本创新逻辑批判，就没有21世纪的历史唯物主义。全球大变局的趋势是中国式现代化推动的多元主体、和平发展、合作共赢、文明互鉴的新全球化体系正在取代以美国为首的西方宰制的单边主义霸权体系，即旧全球化体系。这一新旧全球化体系转换的必然性、合法化、正当性正需要新时代唯物史观的中国逻辑加以阐明。就后者而言，中国与世界的关系正在发生着历史性的大转变。中国特色社会主义进入新时代，不断为全人类的生存和发展作出更大贡献，这也推动了新时代唯物史观中国逻辑的必然出场。应当说，新时代唯物史观的中国逻辑不仅是中国的，也是世界的，是科学社会主义在21世纪的中国焕发出强大生机活力，在世界上高高举起中国特色社会主义伟大旗帜的思想标志。

第三，独特的价值观。唯物史观不仅揭示人类社会发展的一般规律，而且以深邃之思揭示历史之为历史所具有的价值向度，坚持历史规律性与历史目的性的有机统一。聚焦中国式现代化，也必然要深刻揭示其价值指向。推进中国式现代化需要牢牢把握的重大原则之一是坚持以人民为中心的发展思想。由此，维护人民根本利益，增进民生福祉，不断实现发展为了人民、发展依靠人民、发展成果由人民共享，让现代化建设成果更多更公平惠及全体人民，就成为开辟马克思主义中国化时代化新境界、谱写唯物史观中国逻辑新篇章的核心理念和价值准则。

第四，独特的历史观。思考中国式现代化问题，需要有大历史观的眼光，将其放到党史、新中国史、改革开放史、社会主义发展史、中华民族发展史、人类社会发展史中加以深入研究,搞清楚中国式现代化的历史发展逻辑,深刻认识厚植其中的历史文化底蕴。其实自宋朝以来,中华民族某些地方自主的、内生的、有机的现代化探索就已经开始,不过因为历史原因进展缓慢并屡遭挫折,自 1840 年之后更是被西方列强的侵略彻底打断。历史的经验和教训反复证明,中国式现代化必须坚持中国共产党领导,走社会主义道路,坚持人民共同富裕,这是历史的选择。

第五,独特的文明观。中国式现代化开创人类文明新形态,有三重含义。一是以全体人民共同富裕的现代化,来超越西方资本主义现代化导致的人与人关系的全面异化和对抗;二是以人与自然和谐共生的现代化,来解决由于资本逐利本性导致的人与自然全面对抗的生态危机;三是以走和平发展道路的现代化,来取代那种通过战争、殖民、掠夺等方式实现现代化的老路。中国式现代化的出场,必然要同步创造中华民族现代文明,让新时代唯物史观的中国逻辑成为这一文明的哲学表达。

第六,独特的民主观。民主观是唯物史观指导下马克思主义政治哲学研究的对象,现在也成为中国式现代化内蕴的一个关键问题。世界现代化进程大致可以分为两类:一类是先发现代化国家,以英、法、美等为代表,从自发的资本逻辑造成的自由市场推动工业革命起步,进而与传统政治国家上层建筑发生根本冲突,由此引发革命。这就是马克思在《〈政治经济学批判〉序言》中阐明的唯物史观的社会变革图景。另一类则是后发国家的现代化道路,至少需要走出两步。第一步是推动国内工业化与城市化进程,政府直接成为支配资源配置的主导力量并与市场高度结合。然而,从德、日开始,第二步即民主化进程却屡屡失败,直至在第二次世界大战后才逐步走向正常化。拉美陷阱、韩国政权更迭风波,都与这类情况相关。苏东剧变在很大程度上也与没有解决好这一世界难题有密切关系。中国式现代化不断探索坚持党的领导、人民当家作主、依法治国有机统一的中国特色社会主义政治发展道路,坚持发展全过程人民民主,努力超越西方资本主义民主政治带来的若干弊端,为解答后发国家的现代化难题提供了中国方案,丰富了新时代唯物史观中国逻辑的科学表达。

第七,独特的生态观。生态危机是全球性问题,解决生态危机是全人类共同肩负的责任。中国式现代化是人与自然和谐共生的现代化，将生态文明建设、绿色发展与生态为民、生态富民的价值理念相结合，创造了独特的新生态观，既超越了人类中心主义，也超越了生态中心论。只有在中国新现代性主张的意义上，在中国式现代化强调的人与自然和谐共生的境界中，才能建构、发展、实现生态文明。这一主张站在了人类文明新形态的最前锋，成为新时代唯物史观中国逻辑的特色之一。

原载于《马克思主义与现实》2023年第5期

中国式现代化：一种文明自觉

吴向东[*]

中国式现代化是我们党在实践中逐步提出并不断丰富其内涵的重大理论概念，是对新近中国的百年实践，特别是改革开放以来伟大实践和理论创新突破的概括总结，其所表达的意蕴，包含着对中国实践的道路自觉，对中国道路的文明自觉，对新文明形态的意义自觉，因而上升到了一种文明自觉的高度。

一、中国实践的道路自觉

鸦片战争之后，中国面临着向何处去的问题，实际上就是如何实现从传统社会向现代社会的转型，如何实现现代化的问题。这个问题是在世界历史背景下凸显出来的，如马克思、恩格斯所强调的，西方资本主义生产方式和现代性的确立，创造了世界历史，把一切民族都卷入现代资本主义文明中来，并因此使现代化成为每一个民族普遍的历史性命运，“如果它们不想灭亡的话”①。同时，这种现代性还布展了一种权力关系，即支配和从属关系：“正像它[资产阶级——引者注]使农村从属于城市一样，它使未开化和半开化的国家从属于文明的国家，使农民的民族从属于资产阶级的民族，使东方从属于西方。”②

---

* 吴向东，北京师范大学价值与文化研究中心暨哲学学院教授。

① 《马克思恩格斯文集》第2卷，人民出版社2009年版，第35页。

② 《马克思恩格斯文集》第2卷，人民出版社2009年版，第36页。

这也为落后国家如何如何走出一条自己的道路，实现现代化提出了一个难题。

在这样的背景下，中国社会里自由主义、保守主义等各种思潮粉墨登场。文化上的中西古今之争由此彰显出来，而且影响至今。毛泽东说，十月革命一声炮响，给我们送来了马克思列宁主义。中国共产党在历史实践中，把马克思主义基本原理同中国具体实际相结合，同中华优秀传统文化相结合，中国的革命、建设、改革、发展走过百年奋斗历程。在这个过程中，我们对实践和道路不断进行理论总结和自我认识，得出来两个根本性的结论：一是走自己的路，建设中国特色社会主义；二是中国式现代化。

走自己的路，建设中国特色社会主义，这是我们党自改革开放以来始终坚持、反复申明的一个根本性结论。在改革开放之初，邓小平就明确指出："走自己的道路，建设有中国特色的社会主义，这就是我们总结长期历史经验得出的基本结论。"①2021 年，习近平总书记在庆祝中国共产党成立一百周年大会上的讲话中再次明确指出："中国特色社会主义是党和人民历经千辛万苦、付出巨大代价取得的根本成就，是实现中华民族伟大复兴的正确道路。"②中国式现代化是我们党在实践中形成的又一个根本性结论。事实上，中国特色社会主义与中国式现代化本质性地联系在一起。习近平总书记反复指出：中国特色社会主义道路，是实现我国社会主义现代化的必由之路。随着中国实践的不断展开和自觉反思，中国式现代化这一概念得以提出，其理论内涵得以不断被丰富和深入阐述。

在新中国成立初期，我们把现代化理解为工业化，并以这一思想为指导制定了第一个五年计划。在五年计划的实施过程中，工业化的思想逐渐被发展成"四个现代化"的思想。改革开放后，邓小平一方面提出"建设有中国特色的社会主义"，同时提出了"中国式的现代化"这个新概念。对此，他首先强调这是个新概念，之前讲四个现代化，主要是强调经济、科学技术的发展，现在讲中国式的现代化，更加强调社会整体的全面的发展；其次，强调我们的现代化从中国特点、中国实际出发，因而是中国式的。再次，表明我们现代化的水平

① 《邓小平文选》第 3 卷，人民出版社 1993 年版，第 3 页。
② 《习近平谈治国理政》第四卷，外文出版社 2022 年版，第 10 页。

实际是小康社会,与世界上发达国家相比较还不够高。正如邓小平所解释的那样:“我们开了大口,本世纪末实现四个现代化。后来改了个口,叫中国式的现代化,就是把标准放低一点。”①

随后,党的历次代表大会都强调了走中国特色社会主义道路,根据国际环境变化和我国发展实际对中国式现代化的战略目标步骤进行了规划安排。党的十八大以来,一方面不断创造性推进中国式现代化的实践发展;另一方面,正是在新时代的伟大实践中,习近平总书记对中国式现代化的重大理论和实践问题进行了深邃思考,提出了一系列原创性新理念新思想新战略。2021年,习近平总书记在庆祝中国共产党成立一百周年大会上的讲话中,首次明确将中国式现代化新道路与人类文明新形态联系起来,提出:“我们坚持和发展中国特色社会主义,推动物质文明、政治文明、精神文明、社会文明、生态文明协调发展,创造了中国式现代化新道路,创造了人类文明新形态。”②党的十九届六中全会通过的《中共中央关于党的百年奋斗重大成就和历史经验的决议》进一步指出:“党领导人民成功走出中国式现代化道路,创造了人类文明新形态”。在党的二十大报告中,习近平总书记进一步阐明了中国式现代化的中国特色、本质要求、重大原则、战略安排、总体目标、主要任务等。2023年2月,习近平总书记在学习贯彻党的二十大精神研讨班上发表重要讲话,第一次提出“中国式现代化理论”这一命题,强调对于中国式现代化,我们必须倍加珍惜、始终坚持、不断拓展和深化。

从“中国式的现代化”,到“中国式现代化新道路”“中国式现代化道路”,再到“中国式现代化”,实际上是我们党对中国实践的一种道路自觉。我们的实践,我们走的路,是中国特色社会主义,也是中国式现代化。在我看来,中国特色社会主义和中国式现代化是一体两面,前者是后者的内在性说明,后者则是前者的形式化表达。如果说邓小平在改革开放之初提出的中国式的现代化,更多的还是一种设想、一个概念,我们今天讲的中国式现代化,则是拥有了中国式现代化的丰富实践,并在这一实践基础上的一种自我总结和自我认识、

① 《邓小平文选》第2卷,人民出版社1994年版,第194页。
② 《习近平谈治国理政》第四卷,外文出版社2022年版,第10页。

自我规定。我们自觉以中国式现代化为主线，来把握和理解新近中国的百年实践，如习近平总书记在学习贯彻党的二十大精神研讨班上的重要讲话中所指出的：新民主主义革命为实现现代化创造了根本社会条件；社会主义革命和建设为现代化建设奠定根本政治前提和宝贵经验、理论准备、物质基础；改革开放和社会主义建设新时期，为中国式现代化提供了充满新的活力的体制保证和快速发展的物质条件；中国特色社会主义新时代，成功推进和拓展了中国式现代化，初步构建中国式现代化的理论体系，为中国式现代化提供了更为完善的制度保证、更为坚实的物质基础、更为主动的精神力量。① 如此，新近中国百年实践实际就是中国式现代化展开其自身内在的发展逻辑和本质规定性的历史，我们因此走出了中国式现代化道路。

他者的视野也可以验证我们对实践的这种道路自觉。美国学者费正清20世纪40年代在《美国与中国》一书中说，“西方能从自身文明内部实现现代化”，“中国由于它早已有了与众不同的文化传统，就非借鉴外界来实现现代化不可”②。在他看来，中华帝国是一种稳定的但并非一成不变的传统秩序，一直延续到19世纪，它遇到了一种截然不同的而且更为强大的文明。西方的入侵产生了一种前所未有的动力，西方的冲击无可挽回地改变了中国的社会和政治，西方注入了引起现代化并导致永久性变化的力量。费正清把中国近代史看作是中国从传统向现代化缓慢迈进的过程，这种现代化过程就是西方不断冲击，我们不断作出反应。在很长时间里面，这个“冲击—反应”模式是西方学者对中国开展的现代化道路的一种共识。这一模式似乎看到“韦伯式命题”的影子。马克斯·韦伯（Max Weber）在《儒教与道教》一书中提出了著名的“韦伯式命题”，追问如果没有西方冲击，中国自身能否发展起类似西方的理性资本主义。他的结论是否定的，即传统中国社会缺乏一种类似基督新教的特殊宗教伦理作为不可缺少的鼓舞力量，以至于缺失西方文明冲击下的中国无法靠自身的力量走上理性化资本主义的道路。经过50年的阅历和观察，20世纪90年代初，费正清在《中国新史》这本书中对以前的观点进行修

---

① 参见《习近平在学习贯彻党的二十大精神研讨班开班式发表重要讲话强调 正确理解和大力推进中国式现代化》，《人民日报》2023年2月8日。

② 费正清：《美国与中国》，张理京译，世界知识出版社1999年版，第132页。

正,他说:“如果我们要理解中国,第一件必须做的事是,避免用欧洲的尺度来判断。”①他认为,中国的现代化发展很可能不是一个冲击——反应的结果,而是一个自身内在基因变革和内在发展冲动的结果,也就是说,中国的现代化道路具有她自身的内在性和动力源。我们则把它称为中国式现代化。

二、中国道路的文明自觉

中国式现代化,不仅是对中国实践的道路自觉,更是表达了中国道路的文明性质,是一种文明自觉。这种文明性质和文明自觉,通过中国式现代化的中国特色、本质要求的理论阐述得到集中表达与体现。基于对我国社会主义现代化建设长期探索和实践的科学总结,党的二十大报告阐明了中国式现代化的中国特色和本质要求。本质要求是对中国特色的具体展开,中国特色是对本质要求的抽象概括,二者都呈现出中国式现代化所蕴含的独特世界观、价值观、历史观、文明观、民主观、生态观,表明了中国式现代化的文明性质,表现为与西方式现代化不同的文明类型或者文明范式。这种文明类型或者范式,我称之为建构性文明,与之相对应的西方式现代化,某种意义上可视为是一种对抗性文明。

对于西方式的现代化及其形成的现代性,首先必须肯定这是一种历史性成就,相对于前资本主义而言是文明的巨大进步。但同时我们要看到西方式现代化及其形成的现代性,在根底上是一种对抗性的文明。本质上强调的是主客二分,对立,克服,消灭,从而是力的文明。为自由主义奠基和论证的近现代西方哲学、经济学、政治学理论,在理论层面上,揭示、呈现了这种文明的对抗性,包括对自由主义和现代性进行反思批判的批判理论中,都可以体察到这种对抗性。

这种文明确立的是理性自我的中心地位,它在哲学中表现为这样一种结构,即笛卡儿“我思故我在”中的抽象主体性和康德哲学中绝对的自我意识。黑格尔认为,现代世界的原则就是主体性的自由。主客二分、主客对立的主体实现原则,也即主体自由原则。这种原则在实践层面上,一方面通过矛盾、斗

① JohnK.Fairbank:*China:A New History*,Cambridge:Harvard University Press,1992,p.47.

争、竞争带来进步,取得现代性的诸种成就;另一方面,主体性不仅使理性自身,还使整个生活系统都陷于分裂和对抗状态,导致了时代困境:“人与自然之对立……;个体与社会之对立,以及有限精神与无限精神之对立。最后这一对立也反映在人与命运的关系上。”①现代性诸般危机和对抗性文明的后果,比从前任何时候都更加剧烈更加普遍化。

中国式现代化就其性质而言,是一种建构性文明,本质上是建设性的。它强调的是人口规模巨大的现代化,要从中国实际出发,人类历史上没有一个民族或国家可以通过依赖外部力量、照搬外国模式、跟在他人后面亦步亦趋实现强大和振兴;强调全体人民共同富裕而不是两极分化,坚持以人民为中心,把实现人民美好生活的向往作为现代化建设的出发点和落脚点;强调物质文明与精神文明相协调,促进物的全面丰富与人的全面发展;强调全过程人民民主,坚持党的领导、人民当家作主、依法治国有机统一;强调人与自然和谐共生,坚定不移走生产发展、生活富裕、生态良好的文明发展道路;强调走和平发展的道路,坚持和平、发展、合作、共赢,在维护世界和平与发展中谋求自身发展,又以自身发展更好维护世界和平与发展。这里鲜明表现了中国式现代化所蕴含的独特世界观、价值观、历史观、文明观、民主观、生态观,其背后所包含的是实践合理性、关系思维、共同体原则。

理性是现代性的原则,康德在解释什么是启蒙运动时说:“要有勇气运用你自己的理智! 这就是启蒙运动的口号”②。韦伯认为,近代欧洲资本主义文明的一切发展成果都是理性主义的产物。理性本来一开始是全面的、完整的,不仅包括工具理性,还包括价值理性。但随着时间的推移,理性分裂的倾向日益明显,理性主义在实践中不断地片面化,工具理性取代价值理性,工具理性逐渐成为了一种观察问题和处理问题的普遍化的思维方式和方法,以致于最后成为如恩格斯所说的:“理性专制主义”,或如韦伯所说的“形式的合理性和实质的非理性”,造成“现代的铁笼”。

实践合理性是对理性原则的一种扬弃。第一,针对传统理性主义把理性

① 查尔斯·泰勒:《黑格尔与现代社会》,徐文瑞译,吉林出版集团有限责任公司2009年版,第76页。

② 康德:《历史理性批判文集》,何兆武译,商务印书馆1991年版,第22页。

理解成一种先验的绝对的本体,实践合理性强调理性本质上根源于人的实践,基于人类实践活动而形成的理性是具体的、历史的、开放的、发展的。这表现为,中国式现代化始终坚持问题导向,在现代化实践中不断回答什么是社会主义、怎样建设社会主义,建设什么样的党、怎样建设党,实现什么样的发展、怎样实现发展,建设什么样的社会主义现代化强国、怎样建设社会主义现代化强国,建设一个什么样的世界,如何建设这个世界等一系列的中国之问、世界之问、人民之问、时代之问;中国式现代化始终坚持从中国实际出发,探索现代化的路径和方式,强调“一个国家走向现代化,既要遵循现代化一般规律,更要符合本国实际,具有本国特色”,这就在哲学层面上解决了中国式现代化的一个根本的前提性问题;中国式现代化始终坚持普遍性与特殊性的辩证法,推进马克思主义中国化时代化,形成了与时俱进的理论成果。第二,针对传统理性主义的理性失衡,工具的异化,实践合理性强调人的活动的合规律性与和合目的性的统一,工具理性和价值理性的统一,合理与合情的统一,并强调价值理性统领工具理性。这充分体现在社会主义市场经济的建立和发展上,体现在人民至上价值原则对资本逻辑的驾驭上。一方面,我们充分运用市场经济,发挥市场在资源配置中的决定性作用,发挥资本的文明面。另一方面,社会主义和市场经济相结合,用人民至上的价值原则驾驭资本逻辑,社会主义市场经济坚持以人民为中心的发展思想,把“有效的市场”与“有为的政府”有机结合,始终坚持发展为了人民,发展依靠人民,发展成果由人民共享,从而使得市场经济和资本的运用不断满足人民群众日益增长的美好生活需要,推动实现共同富裕。第三,针对传统理性主义理性的宰制性,实践和理性强调对话与互鉴的原则。西方理性主义背后蕴含的普遍主义逻辑,使得理性及其价值具有一种宰制性和独霸性。它所主张的价值被描绘成唯一合乎理性的、有普遍意义的价值,唯一正确的价值体系,是一切社会、民族、国家、时代都必须无条件服从和接受的价值,因而成为一种宰制力量。实践合理性强调“尊重世界文明多样性,以文明交流超越文明隔阂、文明互鉴超越文明冲突、文明共存超越文明优越”①。无论是

① 习近平:《高举中国特色社会主义伟大旗帜　为全面建设社会主义现代化国家而团结奋斗——在中国共产党第二十次全国代表大会上的报告》,人民出版社2022年版,第63页。

构建人类命运共同体，还是弘扬和平、发展、公平、正义、民主、自由的全人类共同价值，凸显的是平等、互鉴、对话、包容的理念与原则。

实践合理性，之所以强调调和情与理、价值理性与工具理性，背后起支配作用的是关系思维。西方现代性建立在个体原子主义的价值思维基础之上。自由主义强调个体本位，“经济人假设”强调理性的个人追求自身利益的最大化。马克思主义哲学的世界观则强调现实世界是一种在实践基础上的关系性存在，“当我们通过思维来考察自然界或人类历史或我们自己的精神活动的时候，首先呈现在我们眼前的，是一幅由种种联系和相互作用无穷无尽地交织起来的画面”①，其中的任何事物都不是孤立的，都处于与其他存在物的内在关系中。这种现实关系是在实践中不断生成的，也随着实践的发展不断变化着，因而也是历史的。

关系思维，超越个体原子主义和社会整体主义，强调个人与社会的双向还原和历史生成。人的本质在其现实性上是一切社会关系的总和，而社会是表示个人彼此发生的那些联系和关系的总和。作为关系性的存在，个人与社会之间存在着不可相互归约的张力关系，并存在着双向生产或双向创造的关系。这种个人与社会关系的实际境况在不同社会历史发展阶段上表现出不尽相同的性质和水平，反映这种关系的价值原则表现为具体性和历史性。中国特色社会主义社会，与其生产方式、物质生活条件和文化传统相适应，个人与社会关系的价值原则表现为理性集体主义，强调个人与社会的互相促进、辩证统一、和谐共生。它强调个人与社会都是目的与手段、权利与义务的统一，它们之间也互为目的与手段。它肯定个人的利益、自由与独立人格，并主张“只有在共同体中，个人才能获得全面发展其才能的手段，也就是说，只有在共同体中才可能有个人自由”②。关系思维强调系统观念，坚持用普遍联系的、全面系统的、发展变化的观点观察事物，把握事物发展规律。这充分体现在党的十八大以来，以习近平同志为核心的党中央统筹中华民族伟大复兴战略全局和世界百年未有之大变局，统筹推进“五位一体”总体布局、协调推进“四个全

① 《马克思恩格斯选集》第3卷，人民出版社2012年版，第790页。
② 《马克思恩格斯文集》第1卷，人民出版社2009年版，第571页。

面”战略布局,对党和国家事业发展作出科学完整的战略部署。比如,在经济社会发展方面,坚持综合考虑政治和经济、当前和长远、物质和文化、发展和民生、资源和生态、国内和国际多方面因素;在深化改革方面,坚持顶层设计和整体谋划,做到全局和局部相配套、治标和治本相结合、渐进和突破相衔接,实现整体推进和重点突破相统一。

基于关系思维,共同体原则必然成为一种价值原则。马克思曾经指出:真正的共同体,是人的本质。德国社会学家滕尼斯对“共同体”与“社会”作出了一个著名区分。这种区分虽然对于我们理解共同体的本质特征具有意义,但是在马克思那里,腾尼斯所说的社会,仍然是属于共同体,只不过是不同于传统自然共同体的抽象共同体。在自然共同体中,个人不是把自己当作劳动者,而是当作所有者和共同体的成员,劳动的目的不是为了创造价值,而是为了维持各个所有者及其家庭以及整个共同体的生存。随着劳动的社会历史性展开,导致资产阶级社会的抽象共同体。在这个抽象共同体里,以物的依赖性为基础的独立性替代了人的依赖关系,“个人现在受抽象统治,而他们以前是互相依赖的。但是,抽象或观念,无非是那些统治个人的物质关系的理论表现。”①随着劳动内在矛盾的进一步展开,特别是全球化、信息技术的快速发展以及自然限度的凸显,合理形态的共同体不仅成为事实性存在,也必然要求成为一种价值原则。

共同体原则强调共同体是人的存在方式。我们生活在共同体之中,人和共同体就是一种关系中的存在,共同体并不仅仅是人的客体,它也是人的他在,是人本身。我们强调人与自然是生命共同体,构建人类命运共同体,对人与共同体的关系形成一种自觉。特别是人类命运共同体不再是抽象的概念,或者一种想象性的观念,而是一个现实。“人类生活在同一个地球村里,生活在历史和现实交汇的同一个时空里,越来越成为你中有我、我中有你的命运共同体”②。我们今天所说的合理形态的共同体,是经过了市民社会、契约社会洗礼之后的共同体,它强调的是作为有机体,具有共同利益、共同价值、共同责任,是利益共同体、价值共同体、责任共同体。共同体原则强调共商共建共享。

① 《马克思恩格斯全集》第30卷,人民出版社1995年版,第114页。

② 《习近平谈治国理政》,外文出版社2014年版,第272页。

这充分体现在推进社会治理现代化中,我们把党的领导和我国社会主义制度优势转化为治理优势,建设人人有责、人人尽责、人人享有的社会治理共同体;也体现在积极参与全球治理体系改革和建设中,我们坚持真正多边主义,推动世界各国在千差万别的利益和诉求中实现共商共享、和而不同、合作共赢,推进国际关系民主化,为完善全球治理贡献中国智慧和力量。

中国式现代化所蕴含的这种以实践合理性、关系思维、共同体原则为核心的文明,在人与自然、人与社会、人与自身、人与世界的关系上,表现出的是一种建构性而非对抗性。它是一种建构性的文明而非对抗性文明,表达的是一种新的文明形态。这种文明及其形态何以可能,是一个更加深层次的问题。这不是纯粹的理论思辨和概念推演,而是要靠中国式现代化的实践证成。这里面关涉历史、文化、传统、世界历史、政党以及共同利益等诸多因素的综合作用。这种文明,不是与西方式现代化的对抗性文明相对抗的另一种文明,而是在西方式现代化前提和历史成就基础上的一种扬弃。因此,它同样是一种历史性事业。

三、人类文明形态的新自觉

中国式现代化创造了人类文明新形态,这表明:在对中国道路文明自觉的基础上,中国式现代化还呈现出文明形态的意义自觉。这种自觉,通过中国式现代化与中华民族伟大复兴、社会主义发展和人类历史发展关系的三重叙事得以充分表达出来。

中华民族伟大复兴,最根本的是文明复兴。文化是一个国家、一个民族的灵魂。一个民族的复兴,不仅是物质财富的极大丰富,也是精神财富的极大丰富;不仅是物质的富足,也是制度的先进、文化的繁荣,因而是文明的整体性发展和强大影响力,从而表现为文明的复兴。中华文明绵延五千年,曾以其大一统的自发秩序和天下主义的扩展秩序自成一体,取得过辉煌的历史成就,对人类文明作出过不可磨灭的贡献。但鸦片战争以后,中国社会逐步成为半殖民地半封建社会,"国家蒙辱、人民蒙难、文明蒙尘"①。中国式现代化不仅使中

① 《习近平谈治国理政》第四卷,外文出版社2022年版,第4页。

华文明的深厚底蕴得到了充分的彰显,而且把中华文明的发展推到了一个现代文明新高度。

中国式现代化,深深植根于中华优秀传统文化,并生成着中华民族的现代文明。无疑,中华文明赋予中国式现代化以深厚底蕴。现代与传统始终是现代化过程中必须处理的一种关系。一个历史悠久、延绵不断的文明,必然有其丰富而深刻的文化内涵,并形成文化传统。中华优秀传统文化在历史发展中总是会自觉不自觉地转化为中华文明活的文化传统,这一传统是不可或缺的,它是中华民族的根,构成了中国社会创造和再创造自己的文化密码。海德格尔曾这样说过:"一切本质的和伟大的东西都只有从人有个家并且在一个传统中生了根中产生出来。"①中国式现代化,作为一种建构性文明,其蕴含的实践合理性、关系思维、共同体原则,深深体现着中华优秀传统文化的深厚底蕴和丰厚滋养,深刻体现了中华文明活的文化传统。更重要的是,中国式现代化的实践过程生成着中华民族现代文明。中华民族具有突出的创新性和包容性,决定了中华文化的进取精神和对世界文明兼收并蓄的开放胸怀。中国式现代化在其发展历程中,守正创新、兼收并蓄,广泛借鉴吸收一切人类优秀文明成果,对中国传统文化进行创造性转化和创新性发展,特别是把马克思主义与中华优秀传统文化相结合,造就了一个有机统一的新的文化生命体,"让马克思主义成为中国的,中华优秀传统文化成为现代的,让经由二者'结合'而形成的新文化成为中国式现代化的文化形态"②,构成中华民族现代文明的精神支撑。正是由中国式现代化所生成和建设的中华民族现代文明形态,构成实现中华民族伟大复兴最鲜明的标志。

中国式现代化焕发科学社会主义强大生机活力。毫无疑问,中国式现代化,是以社会主义为定向的,它与中国特色社会主义是一体两面,或者说是同一件事,只是两个角度而已。社会主义思想是随着资本主义产生而产生的,自托马斯·莫尔的《乌托邦》1516 年出版以来,社会主义思想史至今 500 多年了。正是唯物史观和剩余价值学说的发现,马克思主义使社会主义变成了科

① 《海德格尔选集》下卷,孙周兴译,上海三联书店 1996 年版,第 1305 页。
② 习近平:《在文化传承发展座谈会上的讲话》,《求是》2023 年第 17 期。

学。如马克思所强调改变世界那样，马克思主义的社会主义使世界历史发生了深刻改变。社会主义从个人学说变成广泛的社会运动、社会制度和历史实践。20 世纪 90 年代的冷战结束之前，社会主义国家在世界版图上占据了半壁江山。

20 世纪无疑是人类历史巨变的世纪。在它的前半期，社会主义以其在世界范围内所取得的伟大胜利而震惊了世界；而在它的后期即 90 年代，社会主义又因其在苏联和东欧的失败震惊了世界。在此背景下，美国学者福山的《历史的终结》，运用所谓现代自然科学的逻辑，指认历史终结于资本主义文明形态，它在资本主义的各种建制，包括经济的、政治的、社会的和文化的建制中得到了最后的完成，历史不再可能展现出什么其他的可能性。然而，事实是历史并没有按照福山的主观设想所谓终结了。中国式现代化、中国特色社会主义的实践和成就，不仅深化和推进了对社会主义本质的理论把握，更使得科学社会主义在 21 世纪的中国显示着新的蓬勃生机、强大活力，呈现了社会主义文明形态的当代面貌。

中国式现代化拓展发展中国家走向现代化的路径，是人类实现现代化的一种全新选择。近代以来西方国家率先走上现代化道路，这也引起一种错觉：现代化等同于西方化。这种错觉，西方人有，中国人也有。其认识论根源在于错误理解普遍与特殊的关系，把特殊的东西说成是普遍的东西，把普遍的东西加以抽象化、非历史化，再把普遍的东西说成是统治的东西。同时，为自身利益所驱动，西方中心主义将现代化等于西方化变成一种意识形态，进而使之成为一种迷思。就像意识形态把特殊阶级的利益说成是普遍利益、把“普遍的东西”说成是占统治地位的东西一样，它也把西方资本主义这种一定历史阶段上的特殊文明形态虚构为普遍的和永恒的文明。

中国式现代化的实践，打破了“现代化＝西方化”的迷思，凸显了主观主义、教条主义的荒谬，瓦解了其意识形态幻象。中国式现代化无疑是在世界历史背景下来展开的，又“是在我国历史传承、文化传统、经济社会发展的基础上长期发展、渐进改进、内生性演化的结果”①。它既有各国现代化的共同特

① 《习近平谈治国理政》第一卷，外文出版社 2018 年版，第 105 页。

征,更有基于自己国情的中国特色。它充分显示现代化实践是现实的、具体的和历史的,是普遍性和特殊性的统一,普遍性是寓于特殊性之中的抽象。中国式现代化展现了现代化道路是多样的,并非只有西式道路的"独木桥",每个国家都可以基于自身实际,走一条符合自身特点的现代化道路。不仅如此,中国式现代化表现了对西方资本主义现代化的扬弃与超越,开展出新的文明形态。

不仅如此,中国式现代化表现了对西方资本主义现代化的扬弃与超越,开展出新的文明形态。作为在世界历史背景下的后发现代化,作为在有着自己的独特文化传统和深厚文明底蕴基础上的现代化,作为以中国化的马克思主义和中国特色社会主义为本质定向的现代化,中国式现代化在自身内在的历史发展逻辑中,摒弃了西方以资本为中心、两极分化、物质主义膨胀、人与自然对立、对外扩张掠夺的现代化老路,取而代之的是坚持以人民为中心、实现全体人民共同富裕、物质文明和精神文明相协调、实现人与自然和谐共生、走和平发展道路的现代化。它所蕴含的世界观、价值观、历史观、文明观、民主观、生态观,特别是这些观念背后包含的实践合理性、关系思维、共同体思想,不仅表明它对西方现代性文明成果的积极占有,更表现出对其历史性超越,展现了建构性文明的特质和新文明形态的样貌。这种文明性质和文明形态,不仅意味着对中华文明传统的历史性重构和复兴,还意味着它获得的世界历史的意义,即获得并开展出由之代表的普遍性。无论是打破"现代化=西方化"的迷思,还是创造了超越资本主义文明的新形态,在此意义上,中国式现代化为广大发展中国家自主探索现代化道路提供了全新选择。

因此,中国式现代化,无疑是一种文明叙事,具有一种文明性质。它展现了不同于西方现代化模式的新图景,生成着一种全新的人类文明形态。这种全新的文明形态,正是对毛泽东所说的"中国应当对人类有较大的贡献"的最深切的回应。

原载于《马克思主义哲学》2023 年第 5 期

“中国马克思主义哲学”何以可能

单继刚*

金岳霖在为冯友兰《中国哲学史》写的审查报告中，曾发出著名的“金岳霖之问”：“所谓‘中国哲学史’是中国哲学的史呢？还是在中国的哲学史呢？”①在金岳霖看来，前者是把中国哲学当作国学的一种，不必讳言它与普遍哲学（西方哲学）的差异；后者是把中国哲学当作发现于中国的普遍哲学。中国马克思主义哲学，也面临着类似的两种理解。一方面，它可以指“中国化”或“中国特色”马克思主义哲学；另一方面，也可以指“在中国的”马克思主义哲学。本文默认在第一种意义上使用此概念。

笔者曾尝试为“中国马克思主义哲学”下过这样一个定义：中国马克思主义哲学是原生形态马克思主义哲学经过汉语世界的创造性转化与创新性发展而形成的具有中国特色、中国风格、中国气派的马克思主义哲学。相对于原生形态的马克思主义哲学而言，中国马克思主义哲学具有独特的地域、民族色彩，具有独特的形式与内容，因而也具有独特的、不可替代的价值。

马克思主义哲学中国化始于马克思主义哲学文本被翻译成汉语之时，或者说，“中国化”的第一步是文本说“中国话”。但这并不意味着，中国化伊始就形成了中国马克思主义哲学。中国马克思主义哲学形成的首要标志，是具

* 单继刚，中国社会科学院哲学研究所研究员。

① 金岳霖：《冯友兰〈中国哲学史〉审查报告》，金岳霖学术基金会学术委员会编：《金岳霖学术论文选》，中国社会科学出版社1990年版，第280页。

备了原创性成果。这些原创性成果既“创新”又“守正”——坚守马克思主义哲学的基本立场、观点和方法。所以,它是马克思主义哲学,而不是什么别的哲学。中国马克思主义哲学,除了具备“原创性”与“继承性”特征,还具备“主体性”特征——形成自我意识,宣示自我主张。本文第一部分,通过探讨中国马克思主义哲学生成机制,展现其原创性。第二部分,通过探讨中国马克思主义哲学传统,展现其继承性。第三部分,通过追溯中国马克思主义哲学形态发展史,展现其主体性。

一、从生成机制看中国马克思主义哲学的原创性

中国传统哲学现代化需要创造性转化、创新性发展,马克思主义哲学中国化也需要创造性转化、创新性发展(以下简称“两创”)。对于中国马克思主义哲学生成机制的探讨,旨在揭示作为中国马克思主义哲学的方式和途径的原生形态马克思主义哲学“中国化”问题,同时也间接回答了作为中国马克思主义政治经济学以及中国特色社会主义理论的方式和途径的原生形态马克思主义政治经济学以及科学社会主义理论“中国化”问题。这里主要讨论“两创”机制的三种具体实现形式:文本翻译与解释、“两个结合”、哲学大众化。

马克思主义中国化始于马克思主义文本被翻译为汉语之时,翻译往往包含着解释。中国人阅读和研究马克思主义经典著作主要借助汉语文本,所以,意识到翻译、解释的限度和不确定性就变得非常重要。现当代语言学、语言哲学、解释学、翻译学中的许多理论都支持这样的观点:译文并非原文的摹仿,而是重写;翻译是不确定的,即便面对所有的文本和证据,仍然如此(本体论的不确定性)。翻译与解释的不确定性,不应成为自身合理性的证明,相反,翻译和解释的目的恰恰是要通过排除不确定性寻求确定性。

语言的差异不仅体现在语音、语汇、语法、语义、语体、语用等方面,还体现在世界观方面。无论是本地化的(domesticating)翻译策略,还是异域化的(foreignizing)翻译策略,在传递语言的意义和世界观方面,都存在着局限性。不同的翻译策略是可以选择的,在很多情况下并没有高低优劣之分。马克思、恩格斯用以写作的德语、英语、法语等,均属于印欧语系,而汉语则属于另外一

个完全不同的语系——汉藏语系，它与前述语言的亲缘关系相当遥远，不论是就语言的形式要素而言，还是就语言包含的世界观和体现的思维方式而言，均差别巨大。因此，翻译和解释时总是会不时出现意义的增加、减少、转移现象。

文本具有文本性(textuality)，例如复数性、片段性、开放性、他者性等。文本的文本性越强，意味着翻译与解释的不确定性越大。马克思的文本是公认的文本性很强的文本。他生前公开发表和出版的著作，就招致了各种误读，以至于他发出了“我不是马克思主义者”的感叹，更不要说那些数量更多的、凌乱的、未出版的手稿和笔记了。伽达默尔的解释学承认理解存在前结构，据此我们就应承认一个以汉语为母语的人在进行理解时，带入了与这种语言相关的经验、知识以及文化背景。同一时代的人，如果理解的前结构不同，理解的结果就会不一样，更不要说不同时代的人了。马克思主义著作传入中国的100多年里，多次被翻译，有些经典文本如《共产党宣言》的翻译更是多达十余次，而每次的新译本都会有一些重要的变化。

马克思主义著作具有很强的意识形态性，其翻译与解释仅仅使用认识论工具加以分析显然是不够的。例如，“无产阶级”(proletariat)在马克思、恩格斯那里，有泛指、特指之分。它可以泛指私有制社会“没有财产的阶级”“穷人”，其对立面是“有产者”“中产阶级”“富人”；也可以特指资本主义社会“不占有生产资料的阶级”“现代雇佣工人阶级”，其对立面是“占有生产资料并使用雇佣劳动的阶级”“资产阶级”“资本家”。在默认的情况下，也是在绝大多数情况下，经典文献中的“无产阶级”为特指。然而，李大钊在对“无产阶级”进行解释的时候，总是强调它的泛指意义，这并非因为李大钊不清楚经典作家对于该词的用法，而是他发现在现代无产阶级并未充分发育的中国，只有做这样的解释，才能最大限度地进行社会动员。再如，改革开放后，《共产党宣言》中的“Aufhebung des Privateigentums”究竟应该译作“消灭私有制”还是“扬弃私有制”，似乎也不仅仅是一种认识论意义上的讨论，采用何种译法在很大程度上反映了意识形态诉求。

“两个结合”——马克思主义基本原理同中国具体实际相结合、同中华优秀传统文化相结合——是马克思主义中国化的基本途径。马克思主义哲学原理运用于中国实际的过程，可以表现为以马克思主义哲学指导中国的实践，也可以表现为以中国的经验论证马克思主义哲学的正确性。但这些还远远不足以揭示全貌。更为重要的表现,是马克思主义哲学接受中国实践的检验、随着中国实践的发展而发展。实践、认识、再实践、再认识,马克思主义哲学在这一过程中不断改变着面貌,一些以西欧为样本得出的具体结论被修改甚至被放弃,而那些适用于中国实际的新经验新理论新方法经过提炼与总结,逐渐上升为中国马克思主义哲学的一部分。

马克思主义哲学的中国化,从“创新”角度看,主体或主线是唯物史观的中国化。这是由唯物史观的性质和特点决定的。目前主流的马克思主义哲学体系(辩证唯物主义和历史唯物主义体系)之中,辩证唯物主义类似于形而上学意义上的哲学,具有较强的形式性,中国化的程度受到明显约束。历史唯物主义则不然,它的强烈的实践品格使之趋向于千差万别的现实——一个充满着“偶然”与“偏斜”的世界,这为中国化打开了充分的可能性与空间。

虽然我们对“马克思哲学”“马克思主义哲学”这样的称呼早已习以为常,但一个有意思的现象是,马克思并不把自己的新世界观(唯物史观)、新唯物主义(历史唯物主义)称作“哲学”,而称其为“科学”——“经验科学”“实证科学”“历史科学”。在1845年的“认识论断裂”之前,马克思曾经先后着迷于黑格尔的精神哲学以及费尔巴哈的类哲学,并希望成为像他们那样的“哲学家”。而这之后,“哲学家们只是用不同的方式解释世界,问题在于改变世界”,《关于费尔巴哈的提纲》中的这句名言意味着此时的马克思已经自觉地与“哲学家”——既包括黑格尔这样的能动唯心主义者,也包括费尔巴哈这样的直观唯物主义者,当然也包括从前的自己——划清了界限。此后,马克思使用“哲学家”一词的时候,往往带有调侃性质,例如声称使用异化概念只是为了使“哲学家”容易听懂而已。在马克思葬礼上的讲话中,恩格斯称马克思为“科学家”和“革命家”,而不称其为“哲学家”,并且指出,作为科学家的马克思有两大发现,分别为唯物史观和剩余价值理论。

马克思主义的后来者们很早就注意到唯物史观的社会科学性质,例如布哈林把唯物史观称为“马克思主义社会学”。这种看法影响了瞿秋白、李达等第一代中国马克思主义者。在20世纪50年代末60年代初关于历史唯物主义学科性质的讨论中，这一观点再次出现，不过是以更激烈的方式——辩证唯物主义研究对象是物质世界的普遍规律，是马克思主义哲学；而唯物史观，研究对象只是社会运动的规律，是马克思主义社会学，应该从马克思主义哲学体系中排除出去。其实这殊无必要。虽然马克思不把唯物史观称为“哲学”，但这并不妨碍我们仍然按照某种学科分类标准对之冠以“哲学”的名称。例如，在“研究社会发展规律”的意义上，我们也可以把唯物史观称为“哲学”。

作为一种社会科学，唯物史观的某些结论是具体的、有条件的，如果用那些以西欧为样本建构的社会进步模型来解释西欧以外的社会历史发展，就得作出某些修正。马克思、恩格斯关心中国革命进程，预言了中国社会主义国家的出现，甚至为它取名“中华共和国”（République Chinoise），但是，他们明确拒斥鼓吹所谓“一般发展道路”的“历史哲学”。在一个众所周知的段落里，马克思指出，如果一定要把他关于西欧资本主义起源的历史概述彻底变成一切民族的一般发展道路的“历史哲学”理论，那么就是给了他“过多的荣誉”，也给了他“过多的侮辱”。①

马克思明确提到，“中国社会主义之于欧洲社会主义，也许就像中国哲学与黑格尔哲学一样”。② 在西方主流学术话语体系里，中国哲学与黑格尔哲学的区别是十分巨大的。有时候，为了凸显这种区别，中国哲学甚至不被称作“哲学”，而只被称作“思想”。马克思此处以两者之关系喻指中国社会主义与欧洲社会主义之巨大差别，实际上赋予了中国独立探索社会主义道路的合法性。

中国共产党成立之初，陈独秀曾提出“二次革命论”，认为中国由半殖民地半封建社会迈向社会主义社会的过程中，要经历两次革命。第一次为资产阶级性质的革命，由资产阶级领导，革命胜利后建立资本主义社会。资本主义社会经过充分发展之后，再由无产阶级发动第二次革命，建立社会主义社会。以往的研究没有注意到“二次革命论”的理论基础或思想来源。根据相关史

---

① 参见《马克思恩格斯选集》第 3 卷，人民出版社 2012 年版，第 730 页。

② 《马克思恩格斯论中国》，人民出版社 2018 年版，第 134 页。

料,似可推测它受到了"两个决不会"的影响。① "两个决不会"是以西欧为范本得出的结论,并非放之四海而皆准。这一点在《〈政治经济学批判〉序言》中并未清晰表达,给《祖国纪事》杂志编辑部的信、给维·伊·查苏利奇的复信(含草稿)、《共产党宣言》1882年俄文版序言等文献才逐渐加以明确。"二次革命论"是对唯物史观作了教条化理解的结果,是将马克思关于西欧道路的论述机械照搬于中国的结果。1927年,国共合作的失败宣告了这种理论的失败。此后,中国共产党人以唯物辩证法和辩证唯物主义的历史观为指导,独立探索中国道路,渐次完成了一系列理论创新,不断推动着中国马克思主义哲学向纵深前进。其中,新民主主义论是马克思主义中国化的第一次历史性飞跃过程中唯物史观中国化所产生的最具标志性的成果。它包含"新民主主义革命论"和"新民主主义社会论"两个部分,后者更具原创性。

"两创"的方法论自觉,不仅体现在中国共产党人主动地而不是被动地、积极地而不是消极地将马克思主义哲学与中国实际相结合,在中国的环境中创造性地运用它并将中国的创新经验上升为理论,还体现在他们主动且积极地将马克思主义哲学与中华优秀传统文化相结合,将其中的某些观念转化为马克思主义的语言或对它们作出马克思主义的解释。一个成功的转化例子是"实事求是"。《汉书·景十三王传》中的这个成语,描述的是河间献王刘德严谨的治学态度。毛泽东将它阐释为:"'实事'就是客观存在着的一切事物,'是'就是客观事物的内部联系,即规律性,'求'就是我们去研究。"②这就把

① 陈独秀的《马克思学说》这样介绍"两个决不会":"一个社会制度,非到了生产力在其制度内更无发展之余地时,决不会崩坏。新制度之物质的生存条件,在旧制度的母胎内未完全成立以前,决不能产生"。(任建树主编:《陈独秀著作选编》第2卷,上海人民出版社2010年版,第445页)现在翻译为:"无论哪一个社会形态,在它所能容纳的全部生产力发挥出来以前,是决不会灭亡的;而新的更高的生产关系,在它的物质存在条件在旧社会的胎胞里成熟以前,是决不会出现的。"(《马克思恩格斯选集》第2卷,人民出版社2012年版,第3页)值得注意的是,《马克思学说》演讲之后仅一周,陈独秀即在《告做劳动运动的人》一文中表达了这样的"二次革命论"观点:"劳动者在自己阶级(即无产劳动者阶级)没有完全力量建设革命的政府以前,对于别的阶级反抗封建式的政府之革命党派,应该予以援助;因为援助这种革命的党派成功了,劳动者即少可以得着集会、结社、出版、罢工底自由,这几种自由是劳动运动重要的基础。"(任建树主编:《陈独秀著作选编》第2卷,第451页)

② 《毛泽东选集》第3卷,人民出版社1991年版,第801页。

它哲学化了,变成了唯物主义世界观最根本的方法论原则。

中华文化强调的“民惟邦本”“天人合一”“和而不同”“天下为公”“言必信,行必果”“仁者爱人”“扶贫济困”“不患寡而患不均”等价值观念,老百姓日用而不觉,彰显了中国人独有的精神世界。“我们提倡的社会主义核心价值观,就充分体现了对中华优秀传统文化的传承和升华。”①对于社会主义核心价值观内涵,不应从“普世”视角去理解,而应从传统文化“两创”视角去理解。没有中华五千年文明,也就谈不上中国特色社会主义。只有把马克思主义立场观点方法与中华优秀传统文化中的精华结合起来,中国特色社会主义道路才会越走越宽广。两者之所以能够结合,是因为它们有相通相契之处,表现在唯物论、辩证法、实践品格、社会理想等诸多方面。

中华优秀传统文化的“两创”,也涉及方法论问题。毛泽东提出过“吸收精华”说;冯友兰的“抽象继承法”和张岱年的“综合创新论”也都作过有益的探讨;习近平总书记在哲学社会科学工作座谈会上的讲话中还提到了古往今来各种知识、观念、理论、方法“融通生成”的方法论。总之,我们既要注意汲取传统文化科学性、民主性的“精华”,又要注意剔除其封建性的“糟粕”;既要注意继承某些传统哲学命题的“抽象意义”“一般意义”,又要注意扬弃和发展它们的“具体意义”“特殊意义”;既要注意挖掘和提炼中华民族基本文化基因和独特精神标识,又要注意使之与当代中国文化相适应、与现代社会相协调,“以古人之规矩,开自己之生面”。

马克思主义哲学以改变世界为旨归,它的一个重要特征是实践性。广大人民群众是改造世界的主体,所以马克思主义哲学一定要从哲学家的书本里解放出来,而变为群众手里的“尖锐武器”。知识分子对马克思主义哲学基本原理与方法的普及与宣传,同人民群众基于自己的生活经验和日常语言对它们的理解与表达交织在一起,“学点哲学,终身受益”,成为许多人的共识。

大众化,意味着简易化、通俗化、实用化(应用化)。为了便于大众学习和掌握,哲学家们和哲学工作者们对经典作家的思想进行了各种提炼总结,编撰了各种教材、读本,不断将马克思主义哲学基本原理简易化。在传授和学习的

① 《习近平谈治国理政》第一卷,外文出版社 2018 年版,第 170、171 页。

过程中,这些原理又进一步“结晶”。例如,世界观简化为“世界是物质的,物质是运动的,运动是有规律的”;认识的两次飞跃简化为“物质变精神,精神变物质”;矛盾概念简化为“对立统一”;等等。“精髓论”的提出,更是将马克思主义哲学精练到极致。邓小平认为,“实事求是”是毛泽东哲学思想的精髓,是马克思主义哲学的精髓,也是整个马克思主义的精髓。“搞社会主义一定要遵循马克思主义的辩证唯物主义和历史唯物主义,也就是毛泽东同志概括的实事求是,或者说一切从实际出发。”①在这里,“实事求是”与“辩证唯物主义和历史唯物主义”同属一个逻辑层次,也可以说,“实事求是”是马克思主义哲学总的方法论。

通俗化,要求结合老百姓的日常生活实践,用浅显的语言将熟悉的事例讲出深刻的哲学道理。《矛盾论》用“三打祝家庄”的例子说明认识应该求其全面性、客观性、本质性而力戒片面性、主观性、表面性。《实践论》用“吃梨子”的例子说明知识来源于变革现实的实践。《大众哲学》树立了将马克思主义哲学通俗化的典范,它以照相比喻讲唯物论的反映论;以卓别林和希特勒的分别讲感性认识和理性认识的矛盾;以雷峰塔的倒掉讲质量互变规律;以孙悟空七十二变讲现象与本质;等等。如此,不仅“失学者们”爱读,而且把“应该埋头在经典里的好学生”也夺去了。

中国哲学的经世致用精神,像一个巨大的漩涡,将马克思主义哲学深深卷入其中。实用化(应用化)的诉求从两个方面塑造着马克思主义哲学的基本理论形态。

一是唯物辩证法在原理体系中居于核心地位。这个特征在1927—1937年表现得最为典型。那时,人们普遍以“辩证(法)唯物论”或“唯物辩证法”来称呼马克思主义哲学,普遍以“一总三分”的结构来表述马克思主义哲学——先讲唯物辩证法总的原理或一般辩证法,然后讲它在三个具体领域的应用。以唯物辩证法研究自然界,便形成辩证唯物主义自然观或自然辩证法;以唯物辩证法研究社会历史,便形成辩证唯物主义历史观或社会辩证法(历史辩证法);以唯物辩证法研究人类思维,便形成辩证唯物主义认识论或思维辩证法。

---

① 《邓小平文选》第3卷,人民出版社1993年版,第118页。

二是方法论体系格外发达。马克思主义哲学大众化的一个成功经验是“化原理为方法”,即把辩证唯物主义以及历史唯物主义的基本原理转化为思想方法和工作方法。有的原理本身即为方法。以艾思奇《辩证唯物主义历史唯物主义》为代表的一批教科书,往往在讲解原理之后会用一定的篇幅讲解方法论,即我们应该怎样做才符合原理的要求而避免犯这样那样的错误。

推进马克思主义哲学中国化的主体,既有政治领袖,也有知识分子,还有最广大的人民群众。这三类群体虽有交叉,但边缘基本清晰。“文本翻译与解释”主要是知识分子的工作,并往往被政治领袖所推动;“两个结合”得益于三个主体的共同努力,政治领袖往往发挥重要的引领作用,其成果充分反映在马克思主义中国化的三次飞跃之中;“哲学大众化”是政治领袖和知识分子普遍关心的,也是人民群众自己的事业,必须激发自身的主体性才能成功。

通过对马克思主义哲学中国化机制的分析,我们可以得出这样的结论:中国马克思主义哲学的形成是历史的必然。它处于中国哲学的“漩涡”之中,成为现当代中国哲学的有机组成部分以及当代中国哲学的一种主要样式。我们所说的“文化自信”中的“文化”,既包括在5000多年文明发展中孕育的中华优秀传统文化,也包括党和人民在伟大斗争中孕育的革命文化和社会主义先进文化。中华优秀传统文化的核心是儒释道哲学精华,革命文化和社会主义先进文化的核心则是马克思主义哲学。儒、释、道、马,扮演的角色不同,教化的对象不同,发挥的作用不同,是相互补充的关系,而非相互排斥的关系。马克思主义哲学存在的价值,不在于它与中国传统哲学相契合(当然有契合之处),而恰恰在于它回答了传统哲学不能回答的问题——关于社会进步的各种问题,弥补了传统哲学的不足,才使得它具有不可替代性。

二、从哲学传统看中国马克思主义哲学的继承性

中国马克思主义哲学与原生形态马克思主义哲学之间,是继承与发展的关系。中国马克思主义哲学仍处于马克思主义哲学传统的理路内,在于三个最基本的判别标准:人民立场、“两个决定”观点、唯物辩证法。

在马克思、恩格斯生活的时代,社会日益分裂成无产阶级和资产阶级两大

敌对的阵营,无产阶级构成人民的主体。对他们而言,坚持人民立场,意味着捍卫无产阶级利益,谋求无产阶级解放,发挥无产阶级在社会革命中的主体地位,反对阶级调和与阶级妥协。1845 年之前,马克思是一个抽象人道主义者或者说历史观上的人道主义者。他认为,不仅无产阶级是“异化”的牺牲品,而且资产阶级也是“异化”的牺牲品,同样需要从“异化”的状态中解放出来。支持这一观念的是费尔巴哈的类哲学与黑格尔的三一式论证逻辑。在唯物史观创立之后,马克思强调了阶级斗争在推动社会进步中的作用,“历史本身就是审判官,而无产阶级就是执刑者”。① 恩格斯晚年反思《英国工人阶级状况》中的“德国古典哲学”痕迹时指出,当时把共产主义的最终目的理解为“把连同资本家在内的整个社会从现存关系的狭小范围中解放出来”,只在“抽象的意义上”才是正确的,而在实践中、在大多数情况下,这种观念“是无益的,甚至是有害的”。②

在半殖民地半封建的中国,阶级成分、阶级结构有着不同于西欧社会的更为复杂的特点,区分人民和敌人这一革命的“首要问题”尤为重要。以大革命时期为例,“人民”范畴大致涵盖了无产阶级(工业无产阶级、农村无产阶级、游民无产者等)、半无产阶级(绝大部分半自耕农、贫农、小手工业者、店员、小贩等)、小资产阶级(自耕农、手工业主、小知识阶层等)、中产阶级(主要指民族资产阶级)的左翼等阶级、阶层、社会集团。在这个范围内,工业无产阶级是革命的领导力量,其他阶级、阶层、社会集团是同盟军。一切勾结帝国主义的军阀、官僚、买办阶级、大地主以及附属于他们的一部分反动知识界,是革命的敌人。③ 土地革命时期、抗日战争时期、解放战争时期,随着社会主要矛盾的变化,“人民”范畴亦随之变化。

根据马克思、恩格斯的设想,在社会主义(共产主义)社会,生产资料私人占有制被废除了,因而资产阶级也就不存在了,作为对立面的无产阶级也就相应地不存在了。与马克思、恩格斯的设想不同,中国是在生产力不发达情况下进入社会主义社会的。政治上大地主大资产阶级的统治被推翻,共产党成为

---

① 《马克思恩格斯选集》第 1 卷,人民出版社 2012 年版,第 777 页。
② 参见《马克思恩格斯选集》第 1 卷,人民出版社 2012 年版,第 70 页。
③ 参见《毛泽东选集》第 1 卷,人民出版社 1991 年版,第 3—9 页。

执政党。经济上虽然一度废除生产资料私人占有制，但是却不得不恢复。既然存在生产资料私人占有制，那就必然存在占有私人生产资料的、具有阶级性质的阶层和社会集团（内部还可以细分），我们怎样称呼它们不重要，总之这些具有阶级性质的阶层、社会集团是存在的。当然，它们占有的手段和方式，具有时代的特点。不占有私人生产资料的、具有阶级性质的阶层和社会集团也是存在的，只是它们的成分和结构与半殖民地半封建社会以及新民主主义社会相比已经发生了明显变化。在剥削阶级作为阶级被消灭以后，阶级斗争已经不是主要矛盾，只是还将在一定范围内长期存在，在某种条件下还有激化的可能。

经典作家所说的生产资料私人占有制与中国的非公有制经济是不同的，内涵不同，形式不同，存在的制度条件也不同。在当今中国，坚持人民立场绝不是要强调阶级斗争。非公有制经济是社会主义市场经济的重要组成部分，非公有制经济人士为社会主义市场经济的发展作出了巨大贡献，他们大都属于社会主义劳动者、社会主义事业建设者、拥护社会主义的爱国者，属于爱国统一战线的阵营，其中一些人本身就是中共党员。根据毛泽东的界定，“在建设社会主义的时期，一切赞成、拥护和参加社会主义建设事业的阶级、阶层和社会集团，都属于人民的范围；一切反抗社会主义革命和敌视、破坏社会主义建设的社会势力和社会集团，都是人民的敌人。”①当前的非公有制经济人士总体上属于人民的范围，他们与其他社会成员的矛盾在绝大多数情况下属于人民内部矛盾，应该注意用团结—批评—团结的方法去解决。

在当今中国，坚持人民立场意味着贯彻以人民为中心的发展思想，更好地满足人民群众对美好生活的需要。以人民为中心的发展，其重要内涵是人的全面发展，以及全体人民的共同富裕。在这种发展思想的指导下，经过长期努力，人民日益增长的物质文化需要与落后的社会生产之间的矛盾已经基本解决，中国特色社会主义进入新时代，社会主要矛盾已经转化为人民日益增长的美好生活需要和不平衡不充分的发展之间的矛盾。美好生活，从需要的层级来讲，是比物质文化更高的需要。美好生活需要，则不仅提出了物质文化方面

---

① 《毛泽东文集》第7卷，人民出版社1999年版，第205页。

的更高要求,还将需要的范围扩大到民主、法治、公平、正义、安全、环境等方面。

"两个决定"——生产力决定生产关系,经济基础决定上层建筑——是唯物史观的核心命题,也可以称作唯物史观的"基石"。抽掉了这块基石,整个唯物史观的大厦便会坍塌。"两个必然"——资本主义必然灭亡,社会主义共产主义必然胜利——就奠定在"两个决定"基础上。如果"两个决定"不成立,那么"两个必然"也就不会成立。

在马克思、恩格斯关于历史合力的描述中,我们可以看出,经济是至关重要的因素。生产力决定生产关系是经济的内部决定,经济基础决定上层建筑是经济的外部决定。人类社会的发展最终可以在经济发展的意义上获得说明。亚细亚的、古希腊罗马的、封建的和现代资产阶级社会(经济的社会形态)的划分根据是生产关系或生产方式,毫无疑问是一种经济因素。渔猎、农业、工业社会(技术的社会形态)的划分根据是生产力特别是生产工具,仍然是一种经济因素。人的依赖关系、人的独立性、人的自由个性社会(人的社会形态)的划分根据是人的存在方式,归根到底要靠诸如人的生产能力、社会物质交换关系、社会财富基础等经济因素加以说明。

唯物史观传入中国之初,"物"的"经济"含义即获确认。李大钊受河上肇、塞利格曼影响,指出唯物史观的四种名称——"历史之唯物的概念""历史的唯物主义""历史之经济的解释""经济的决定论"——之中,前两者"泛称物质,殊与此说的真相不甚相符",最后一种"有倾于定命论、宿命论之嫌",相比来说,还是"经济史观"一辞妥当些。经济史观,即"历史之经济的解释",有"二要点",其一是"关于人类文化的经济的说明",其二是"社会组织进化论"。从李大钊的具体论述看,"二要点"即"两个决定"。① 同时期的先进知识分子如陈独秀、李达等人均在经济史观意义上理解唯物史观。

毛泽东称"唯物史观是吾党哲学的根据"。② "若问一个共产主义者为什

① 参见中国李大钊研究会编注:《李大钊全集》第3卷,人民出版社2013年版,第216、27—28页。原文"关于人类文化的经验的说明"中的"经验"是印刷错误,应为"经济",现根据河上肇《马克思的社会主义理论体系》校正。

② 《毛泽东文集》第1卷,人民出版社1993年版,第4页。

么要首先为了实现资产阶级民主主义的社会制度而斗争，然后再去实现社会主义的社会制度，那答复是：走历史必由之路。”①半殖民地半封建社会性质决定了革命的任务是反抗帝国主义、封建主义，而革命的任务又决定了革命的性质是资产阶级民主革命。在半殖民地半封建基础上进行资产阶级性质民主革命，目标首先是建立新民主主义社会，待到各方面条件成熟，再过渡到社会主义社会。根据新民主主义社会理论，新民主主义共和国成立以后，生产力很不发达也很不平衡，这决定了多种所有制形式多种分配方式并存的局面。国营经济是社会主义性质，是整个国民经济的主导力量，但并不禁止“不能操纵国民生计”的资本主义的发展。在农村实行“耕者有其田”的政策，土地变为农民的私产，富农经济也是容许其存在的。既然经济领域允许资产阶级和小资产阶级存在，那么思想上层建筑领域也就应该允许他们有自己的立场和思想，政治上层建筑领域也就应该允许他们的利益在国家政权中得到表达。新民主主义共和国的国体是各革命阶级的联合专政，政体是民主集中制。新民主主义文化是民族的、科学的、大众的文化。应该说，无论是新民主主义革命论，还是新民主主义社会论，都很好地坚持了“两个决定”观点。

“文化大革命”期间，由于过分追求社会主义生产关系的纯粹性，过分强调生产关系的反作用，超越了生产力的发展阶段，所以只能靠阶级斗争和“文化革命”来维持。这十年过后，中国特色社会主义理论让中国重新回到“两个决定”的轨道上来。此时的中国，虽然进入社会主义阶段，但它是“不够格的”社会主义，生产力水平远远落后于发达资本主义国家。按照邓小平的理解，社会主义是共产主义的初级阶段，我们处于社会主义的初级阶段。这个阶段至少持续上百年时间，期间要去实现别的许多国家在资本主义条件下实现的工业化和生产的商品化、社会化、现代化。“在初级阶段，尤其要在以公有制为主体的前提下发展多种经济成分，在以按劳分配为主体的前提下实行多种分配方式，在共同富裕的目标下鼓励一部分人通过诚实劳动和合法经营先富起来。”②社会主义初级阶段超越了新民主主义社会，因而在经济、政治、文化制

① 《毛泽东选集》第2卷，人民出版社1991年版，第559页。

② 中共中央党校教务部编：《十一届三中全会以来党和国家重要文献选编》（修订本），中共中央党校出版社2015年版，第155页。

度和体制方面,呈现出不同的特点。

坚持和发展中国特色社会主义,必须不断调整生产关系以适应生产力的需要、不断完善上层建筑以适应经济基础的需要。“改革开放只有进行时、没有完成时。这是历史唯物主义态度。”①中国特色社会主义的前途是共产主义。中国特色社会主义道路、理论、制度,是根据共产主义和社会主义理想确立的。如果去掉了这个前提,“就完全变成了实用主义”。② 实现共产主义是一个一个阶段性目标逐步达成的漫长历史过程,需要若干代人接续奋斗、艰苦奋斗、不懈奋斗。到21世纪中叶,随着中国建成社会主义现代化强国,我们将迎来社会主义更高的发展阶段,经典作家描述的社会主义特征在这一阶段将表现得更为明显。

马克思的历史辩证法源于对黑格尔历史辩证法的成功改造。在黑格尔那里,实体即主体,历史即绝对理念(世界精神)自我认知、自我发展、自我实现的过程,所以历史与逻辑是直接统一的,存在的即合理的,合理的也是现实的。马克思把历史理解为人的活动,即在某种社会关系特别是生产关系中的实践活动,从而把它改造成某种经验科学。由于现实的人成为了历史活动的承担者,所以逻辑和历史变成了间接的统一。这种间接性不仅表现为历史规律必须通过人的活动体现出来,还表现为规律本身即带有某种不确定性。从总体和长远来看,历史发展规律是可以认识、可以描述的,是可以作为人的活动之依据的;但是从局部和短期来看,这种规律有时又不免与经验事实相悖。在黑格尔那里,逻辑与历史是同一条线;在马克思那里,逻辑和历史是两条线,有时互相重合,有时若即若离。唯物史观曾被后现代主义者攻击为“宏大叙事”,好像它“大而无当”,然而实际上,历史发展规律只有通过“宏大叙事”才能揭示出来。无论对于黑格尔的历史哲学体系而言,还是对于马克思的历史科学体系而言,都是如此。

马克思将决定论与辩证法结合起来,这意味着“两个决定”一定是辩证决

---

① 习近平:《坚持历史唯物主义不断开辟当代中国马克思主义发展新境界》,《求是》2020年第2期。

② 参见中共中央文献研究室编:《习近平总书记重要讲话文章选编》,中央文献出版社、党建读物出版社2016年版,第133页。

定论。恩格斯坦率地承认,人们之所以把唯物史观曲解为机械经济决定论,马克思和他要负一部分责任。在致约瑟夫·布洛赫的信中,他说:"我们在反驳我们的论敌时,常常不得不强调被他们否认的主要原则,并且不是始终都有时间、地点和机会来给其他参与相互作用的因素以应有的重视。"①恩格斯巧妙地为马克思作了辩护。在笔者看来,马克思关于"两个决定"的应用也有一个由强纲领向弱纲领的发展过程。《〈政治经济学批判〉序言》中的"两个决不会"是一个强纲领,历史哲学的色彩还比较浓,而给《祖国纪事》杂志编辑部的信表达的观念——"极为相似的事变发生在不同的历史环境中就引起了完全不同的结果"②——是一个弱纲领,体现了更强烈的科学主义精神。弱纲领仍然坚持"两个决定",但同时认为在一个包含多种因素的历史场域中,相对某一具体事件而言,哪些因素参与决定、以什么方式决定以及决定到什么程度,需要考虑不同的时间、地点、条件以及各种力量的对比情况。

马克思主义的辩证决定论,有两个维度。一是"归根到底"维度。因果规律是决定论的内在逻辑,是唯物史观科学性根据之所在。马克思阐明的因果逻辑或因果规律,除了黑格尔逻辑学中已经出现的单线因果、单向因果、必然因果形式之外,还包含一因多果、一果多因、多因多果、互为因果、偶然因果等因果形式。"历史过程中的决定性因素归根到底是现实生活的生产和再生产";"经济的前提和条件归根到底是决定性的";"归根到底是经济运动作为必然的东西通过无穷无尽的偶然事件……向前发展"。③ 二是"交互作用"维度。"对历史斗争的进程发生影响并且在许多情况下主要是决定着这一斗争的形式的,还有上层建筑的各种因素";"政治等等的前提和条件,甚至那些萦回于人们头脑中的传统,也起着一定的作用";许多单个的意志,"产生出一个合力,即历史结果,而这个结果又可以看做一个作为整体的、不自觉地和不自主地起着作用的力量的产物。"④

在辩证法三大规律中,毛泽东特别重视对立统一规律。"辩证法的核心

① 《马克思恩格斯选集》第4卷,人民出版社2012年版,第606页。
② 《马克思恩格斯选集》第3卷,人民出版社2012年版,第730页。
③ 《马克思恩格斯选集》第4卷,人民出版社2012年版,第604、604—605、605页。
④ 《马克思恩格斯选集》第4卷,人民出版社2012年版,第604、605页。

是对立统一规律,其他范畴如质量互变、否定之否定、联系、发展……等等,都可以在核心规律中予以说明。”①这个看法与恩格斯(以及列宁)的看法非常接近。恩格斯认为,质量互变规律和否定之否定规律揭示的是事物运动和发展的形式、状态、方向和过程,而对立统一规律揭示的是事物发展的动力和源泉。因此,恩格斯在《反杜林论》中把辩证法称为“矛盾辩证法”。在论述否定之否定规律的时候,毛泽东多次指出决不能把它变成黑格尔式的“三段法儿戏”,而应注意揭示它的辩证否定、连续否定含义。辩证法的生命力在于矛盾斗争性推动下一事物向他事物的转化,万物都要经历由发生到发展再到消灭的过程。社会主义作为一种历史现象,总有一天要灭亡,要被共产主义制度所否定。共产主义也分阶段,也会发生质变,将来也要灭亡。② 这种“否定的辩证法”与马克思的下述论断在精神上是完全一致的:“辩证法不崇拜任何东西,按其本质来说,它是批判的和革命的。”③

正是借助对立统一规律,毛泽东完成了对辩证决定论的重述。资产阶级民主革命的决定因素,既包括归根到底意义上的经济因素(半殖民地半封建社会的生产力、生产关系),也包括阶级力量对比(主要是无产阶级和资产阶级的对比)、国际环境(例如苏联以及共产国际的支持)等其他因素。在众多矛盾中,有主次之分;在矛盾的诸方面中,也有主次之分。但是,各种矛盾的地位、矛盾的各方面的地位,是可以转化的。这是理解辩证决定论的关键。“生产力、实践、经济基础,一般地表现为主要的决定的作用……然而,生产关系、理论、上层建筑这些方面,在一定条件之下,又转过来表现其为主要的决定的作用,这也是必须承认的。”④当生产关系、理论、上层建筑成为矛盾的主要方面,则起主要的、决定的作用,也就是毛泽东讲的“反作用”。就无产阶级与资产阶级这对矛盾来说,资产阶级因握有经济命脉,故居于主导地位。无产阶级只有联合农民和小资产阶级与之抗争,才有可能实现地位的转化。如果工农

① 中共中央文献研究室编:《毛泽东哲学批注集》,中央文献出版社 1988 年版,第 505 页。

② 参见中国社会科学院马克思主义毛泽东思想研究所编:《马克思、恩格斯、列宁和我国领导人论社会主义发展阶段》,社会科学文献出版社 1989 年版,第 214、218 页。

③ 《马克思恩格斯选集》第 2 卷,人民出版社 2012 年版,第 94 页。

④ 《毛泽东选集》第 1 卷,人民出版社 1991 年版,第 325 页。

小资产阶级多数觉悟与组织起来的话,那么革命的决定的主导作用,就属于无产阶级了。

辩证法既是客观世界的法则,也是主观世界的法则。辩证法、认识论、逻辑学相统一的原理要求我们运用辩证思维或者思维辩证法,发展地而不是静止地、全面地而不是片面地、系统地而不是零散地、普遍联系地而不是单一孤立地观察事物,妥善处理各种重大关系。“弹钢琴要十个指头都动作,不能有的动,有的不动。但是,十个指头同时都按下去,那也不成调子。要产生好的音乐,十个指头的动作要有节奏,要互相配合。”①邓小平理论强调“以经济建设为中心”的同时,又提出了一系列“两手抓”的战略方针;“三个代表”重要思想一方面巩固了党的阶级基础,另一方面又扩大了党的群众基础;科学发展观的基本要求是全面协调可持续,根本方法是统筹兼顾。所有这些,也都体现了很高的“弹钢琴”艺术。改革开放的深入以及国内国际形势的变化,要求我们更加强化辩证思维能力。习近平提出“坚持系统观念”的原则,系统观念(系统思维)是一种复杂性思维,其尤为注重“整体”和“全局”,对世界的把握更普遍、更深入、更及时。

唯物辩证法的内容非常丰富,受篇幅所限,这里只就辩证决定论、辩证法规律、思维辩证法等方面作了一些论证,虽然是管中窥豹,但也足以看出中国马克思主义哲学对原生形态马克思主义哲学传统的继承和发扬。

三、从知识体系看中国马克思主义哲学的主体性

马克思主义哲学中国化的百余年历程中,产生了若干种知识体系。如果从主体性的角度审视,并不是所有的知识体系都可以称作“中国马克思主义哲学”。

将马克思哲学解读为社会进化论,将社会进化论阐释为社会主义的哲学基础,是 20 世纪头 20 年的普遍做法。这种知识体系的传播者主要是资产阶级革命派以及无政府主义者,资产阶级改良派也作过一些介绍。无一例外地,

① 《毛泽东选集》第 4 卷,人民出版社 1991 年版,第 1442 页。

他们都强调中国社会的特殊性而质疑马克思主义哲学的普遍性。较早表达这一观点的是马君武。《社会主义与进化论比较》(1903)一文在对马克思的社会形态理论作了介绍之后,特地加了一段按语:“泰西之变级如是。中国则家奴、农仆、雇工三者,常兼包并容,而无显然分划之阶级,至今尚然。此中国与泰西历史比较之异点也。”①中国“无显然分划之阶级”,所以马克思的阶级斗争理论在中国行不通。孙中山一方面承认三民主义属于社会主义的范围,另一方面又认为“我们今日师马克思之意则可,用马克思之法则不可”。② 在这里我们看不到任何将马克思主义哲学中国化的理论自觉,更谈不上中国马克思主义哲学的主体性。

五四运动之际,唯物史观知识体系通过日本传入中国,先进知识分子开始尝试运用它去分析中国的现实。中国共产党成立之后,对唯物史观的运用就更加主动了。大革命时期,共产党人无论是对唯物史观的理解,还是对它的应用,都带有机械论的性质。“共产党的加入国民党,是要力争非资本主义的前途,事实上却变成‘既然加入国民党,自然就是承认中国革命是资本主义的前途’。加入国民党是要力争无产阶级领导权的,事实上却变成‘既然加入国民党,可见革命领导权应当是资产阶级的’。”③大革命时期,唯物史观仍被称为“社会进化论”,足以反映社会发展须遵循“两个决不会”原则而“不能躐等”的机械唯物主义观念影响之深。虽然年幼的共产党人也能意识到中国革命实践与马克思主义理论之间存在着差距,但是由于既缺乏对中国社会的深刻认识,又缺乏对马克思主义哲学本身的反思,所以在实现两者结合方面办法不多,未能达到“两创”的方法论自觉。

大革命失败的1927年,唯物辩证法呈现“一日千里”之势,才真正开始为中国马克思主义奠定逻辑前提。此前,马克思主义要么被认为不适用于中国,要么被照搬于中国。按照机械的唯物史观,社会主义前途只能在资本主义充分发展之后才会到来。这个结论显然是中国共产党人不能接受的。“中国虽然是封建社会,然而它具体条件并不允许它依然走上西欧式的资

① 莫世祥编:《马君武集(1900—1919)》,华中师范大学出版社1991年版,第85—86页。

② 孟庆鹏编:《孙中山文集》(上),团结出版社2016年版,第172页。

③ 《瞿秋白文集》(政治理论编)第5卷,人民出版社2013年版,第374—375页。

本主义革命，也不容许建立起资本主义社会。这一切，都不是形式逻辑的推演法可以看出的，而必得要辩证法来研究才行。”①这里的“形式逻辑”是“形而上学”的同义语，“辩证法”也并非经典意义的唯物辩证法，而是明显融入了中国辩证法“易”的观念——穷则变、变则通、通则久。斯大林的《辩证唯物论与历史唯物论》(《辩证唯物主义与历史唯物主义》)小册子翻译为中文出版之前，人们习惯于使用“辩证(法)唯物论”“唯物辩证法”来称呼马克思主义哲学，这足以显示人们对辩证法的重视以及对马克思主义哲学的“期待”。辩证唯物主义起到了“破”的作用，历史唯物主义起到了“立”的作用。

正是在破除教条主义、“公式主义”的意义上，艾思奇率先提出了“马克思主义哲学中国化”的主张。“现在需要来一个哲学研究的中国化、现实化的运动”；“我们要根据每一时期的经验，不断地来丰富和发展我们的理论，而不是要把固定了的哲学理论，当做支配一切的死公式。”②这里的意思表达得很清楚，所谓的“中国化”，就是要根据中国的经验来发展理论。在稍后的一篇文章中，艾思奇用了一个更能表达他对于“发展”之理解的词语：创造。“马克思主义者所谓的精通马克思主义不仅是指马克思主义的理论研究，而同时是指要能在一定的具体环境之下实践马克思主义，在一定国家的特殊条件之下来进行创造马克思主义的事业。这里就一定有‘化’的意思，也就有‘创造’的意思。”③

毛泽东反对“本本主义”所使用的激烈措辞，表明了他对于根据中国特点应用、发展马克思主义更强烈的愿望。“马克思主义的‘本本’是要学习的，但是必须同我国的实际情况相结合。我们需要‘本本’，但是一定要纠正脱离实际情况的本本主义。”④《反对本本主义》以“没有调查，没有发言权”开篇，点明了文章的主旨。如果按照这个逻辑，经典作家对于中国问题恐怕也是没有太多发言权的，因为他们没来中国进行过调查。马克思主义是对的，是因为经

① 《艾思奇文集》第1卷，人民出版社1981年版，第309页。
② 《艾思奇文集》第1卷，人民出版社1981年版，第387页。
③ 《艾思奇文集》第1卷，人民出版社1981年版，第481页。
④ 《毛泽东选集》第1卷，人民出版社1981年版，第111—112页。

过了实践的证明,但经典作家本人并非“先哲”或者“先知”,他们的理论也有可能是错的,同样需要靠实践来检验。正确的态度,是坚持真理、修正错误、在实践中发展马克思主义。从《反对本本主义》到《实践论》《矛盾论》,“马克思主义经典著作应该围着中国现实转”的思维方式越来越清晰,为“马克思主义中国化”命题的提出奠定了思想基础。

改革开放之前的辩证唯物主义和历史唯物主义知识体系,无论是形式还是内容,均受到苏联教科书的影响,这是不争的事实。特别是“两大块”(辩证唯物主义、历史唯物主义)和“四小块”(世界观、辩证法、认识论、历史观)的结构,难以突破。但是,也要看到它的创新之处。以艾思奇的《辩证唯物主义历史唯物主义》(1961)为例,这本教材的很多地方都体现了马克思主义哲学中国化的经验和成果。例如,矛盾普遍性和特殊性的关系是矛盾学说的精髓;在总的量变过程中有许多阶段性的部分质变;事物的发展是螺旋式上升波浪式前进的运动;马克思主义认识论是能动的革命的反映论;实践是检验真理的唯一标准;自由是对必然性的认识和对客观世界的改造;社会主义社会的基本矛盾仍然是生产力与生产关系的矛盾、经济基础与上层建筑的矛盾;注意区分社会主义条件下两类不同性质的矛盾——敌我矛盾和人民内部矛盾;革命发展阶段论和不断革命论相统一;等等。这些论断明显有别于苏联教科书,反映出中国马克思主义者特别是毛泽东的哲学贡献。由于毛泽东的很多表述自成体系,如果用苏联教科书模式嵌套,就会破坏它的有机联系从而变得“索然无味”,因此书中有的地方干脆保留了原文的叙述结构而变成转述。例如第四章“对立统一规律”就是如此。与原理体系并行的,还有一个方法论体系,这也是中国特色的体现。另外,该书撷取了很多中国古代典籍中的语句阐述唯物主义、辩证法的道理。除了前文提到的“实事求是”,还有“形存则神存,形谢则神灭”,“静者静动,非不动也”,“天行有常,不为尧存,不为桀亡”,“一阴一阳,盖言天地之化不已也,道也”,“相反皆相成也”,“积于柔则刚,积于弱则强”,“乱极而治”“无平不陂,无往不复”,“大曰逝,逝曰远,远曰返”,“凡以知,人之性也,可以知,物之理也”,“仓廪实则知礼节,衣食足则知荣辱”等。这些传统思想精华虽然是作为朴素唯物主义、朴素辩证法介绍的,但经过“两创”之后,完全可以纳入中国马克思主义哲学知识体系中。《艾思奇全书·

序》称，该教材“体现了中国化、大众化、现实化的特点”，[①]诚哉斯言。

“文化大革命”时期，强调“以阶级斗争为纲”在哲学上的表现就是，只讲矛盾双方的对立，不讲统一；只讲一分为二，不讲合二而一。“文化大革命”结束后，中国哲学界出现的人道主义讨论，直接起源于对“文化大革命”各种非人道行为的反思。虽然人道主义知识体系对某些问题的探讨出现了一些偏差、甚至是严重偏差，但它能够根据中国的社会实践对马克思主义哲学的内容和特征进行再思考，以及能够运用再思考的成果对中国现实作出分析，无疑表现出了中国马克思主义哲学的主体性。由于人道主义讨论持续时间相对较短，严格来说，这一体系的完成度并不是太高。

人道主义知识体系终结后不久，中国哲学界迎来了实践唯物主义知识体系。它既是真理标准大讨论的合乎逻辑的延伸，又是对社会实践带来的问题的哲学回应，同时也以另一种方式承继了对“人”的关怀。这个体系的产生，还有一个直接的诱因，就是教科书改革。高清海认为，中国当时通行的哲学教科书体系，所反映的主要是 20 世纪 30—50 年代人们对马克思主义哲学的认识水平，原来就存在许多缺点，在新的条件下更应当加以改革。不是原有体系的修修补补，而是一种根本性的、结构性的改革。基本原则是，从实践观点去理解一切哲学问题，把实践观点当作马克思主义哲学体系的基础和出发点。[②]他主编的《马克思主义哲学基础》进行了初步尝试。90 年代，肖前主编的《马克思主义哲学原理》出版，实践唯物主义知识体系探索更趋深入。“这部教科书是力图把实践的观点作为中心线索贯穿于全书的。作为改革哲学原理教材体系的尝试，它的主要之点正是在这里。”[③]实践唯物主义体现出了高度的“两创”方法论自觉。令人遗憾的是，实践唯物主义只是以“实践观点”为基础重构了马克思主义哲学知识体系，并未向感性的实践活动本身迈出实质性步伐。它忽略了“实践导向”或“行动导向”，既缺少辩证唯物主义丰富的方法论，又缺少历史唯物主义强大的叙事逻辑，因而未能最终取代辩证唯物主义和历史

① 艾思奇著作编委会编：《艾思奇全书》第 1 卷，人民出版社 2006 年版，“序”第 12 页。

② 参见高清海主编：《马克思主义哲学基础》上册，人民出版社 1985 年版，“序”第 1—2 页；高清海主编：《马克思主义哲学基础》下册，人民出版社 1987 年版，“后记”第 472 页。

③ 肖前主编：《马克思主义哲学原理》上册，中国人民大学出版社 1993 年版，“前言”第 2 页。

唯物主义知识体系。

无论如何,人道主义知识体系与实践唯物主义知识体系“反哺了”辩证唯物主义和历史唯物主义知识体系,以及从外部刺激了这种体系的自我反思,从而使它呈现出新的面貌。这个现象在李秀林、王于、李淮春主编的《辩证唯物主义和历史唯物主义原理》的各个版次的演进过程中表现得格外明显。其中,第四版(1995)较之于第三版(1990)变化尤大。主要有两点,一是进一步强调实践的观点是马克思主义哲学首要的和基本的观点,是马克思主义哲学理论体系的基础、核心。二是突出体现辩证唯物主义和历史唯物主义“一体化”的思想。第五版继续强化了这两种倾向,并且指明,“实践唯物主义与辩证唯物主义(历史唯物主义)不是两种不同的哲学形态,而是同一种哲学形态——马克思主义哲学的不同表述。”①2009年,马克思主义理论研究和建设工程重点教材《马克思主义哲学》出版,接续展陈了马克思主义哲学中国化最新成果、中国特色社会主义丰富实践、本学科领域最新进展,向着建设中国特色、中国风格、中国气派教材体系的目标又迈出了扎实的一步。我们可以看到,这本教材将“两大块”合为“一块整钢”,增加了价值论内容,并重新梳理了各部分的内在联系。

纵观马克思主义哲学中国化历史,我们可以找到五种主要知识体系:社会进化论、唯物史观、辩证唯物主义和历史唯物主义、人道主义、实践唯物主义。马克思主义哲学中国化始于其文本被翻译成汉语之时,但是,中国马克思主义哲学的形成,一定要经过“创造性转化”与“创新性发展”。“两创”之后的中国马克思主义哲学,不仅具备原创成果,而且具备主体意识。1927年之前的社会进化论和唯物史观知识体系显然并不在此列。可以预计,上述五种知识体系之外,不太可能再出现代表性的整全性知识体系。今后整全性知识体系的完善,将主要是辩证唯物主义和历史唯物主义知识体系的内部完善。

中国马克思主义哲学,还包括各种分支性或部门性(领域性)知识体系。它们在改革开放以后获得迅猛发展,经济哲学、发展哲学、社会哲学、历史哲

① 李秀林、王于、李淮春主编:《辩证唯物主义和历史唯物主义原理》,中国人民大学出版社2004年版,“第五版说明”第2页。

学、文化哲学、人学、价值哲学、政治哲学、生态哲学的表现尤为引人注目，有的已经成为当之无愧的时代显学。它们大都是在整全性知识体系特别是在实践唯物主义知识体系之外发展起来的，以问题为导向，具有鲜明的时代特征。对于上述某些知识体系而言，由于马克思主义经典作家的相关论述并不充分，或者即便有所论述但已经无法满足现实需要，一定要随着实践的发展而发展，所以很多学者纷纷打出了“建构”的旗帜，把马克思主义基本原理同中国具体实际相结合、同中华优秀传统文化相结合，表现出中国马克思主义哲学高度的主体性与强烈的身份意识。

百年来，中国马克思主义者运用马克思主义立场、观点、方法研究解决各种重大理论和实践问题，及时回答中国之问、时代之问、人民之问，持续推进马克思主义哲学中国化，塑造了马克思主义哲学的中国形态。中国马克思主义哲学的原创性，让我们在实现中华民族伟大复兴的道路上充满朝气；中国马克思主义哲学的继承性，让我们在实现中华民族伟大复兴的道路上充满底气；中国马克思主义哲学的主体性，让我们在实现中华民族伟大复兴的道路上充满勇气。习近平新时代中国特色社会主义思想是当代中国马克思主义、21 世纪马克思主义，是中华文化和中国精神的时代精华，实现了马克思主义中国化新的飞跃。其中蕴含的哲学思想，对于丰富和发展马克思主义哲学作出了原创性贡献。马克思主义哲学中国化形成的成果，是马克思主义哲学学科体系、学术体系、话语体系建设的最大增量。我们要以辩证唯物主义为指导，以正在做的事情为中心，加快构建马克思主义哲学分支性或部门性知识体系，更好服务于“五位一体”总体布局、“四个全面”战略布局以及中华民族伟大复兴战略全局。只要我们坚持理论创新，并且以新的理论指导新的实践，那么，马克思主义哲学的真理性力量就一定会在中国大地上更充分地展现出来。

原载于《中国社会科学》2022 年第 5 期

马克思主义哲学中国化研究与中国哲学社会科学话语体系建构

何　萍*

在人类思想史上，任何话语体系的建构都不是某几个思想家的任意的和人为的虚构，而是思想史发展的结果，思想家的作用在于把一定时代、一定民族的思想精髓提炼出来，并用一套完整的逻辑范畴表述出来，使其成为该时代、该民族的话语体系。这也就是说，任何话语体系的建构都是思想史的反思与创造，因而是主观与客观的有机统一。根据这一规定，我们今天谈中国哲学社会科学话语体系建构，准确地说，应该是对 20 世纪 80 年代以来的中国改革开放的思想历程的反思与创造，它所体现的是中国思想世界的一种理性的自觉。基于此，本文将联系 20 世纪 80 年代以来的中国思想世界的变化和马克思主义哲学中国化研究的兴起与发展，来思考 21 世纪中国哲学社会科学话语体系建构的问题。

一、中国学术启蒙与中国哲学社会科学话语体系的建构

今天，我们之所以要提中国哲学社会科学话语体系建构这个问题，是因为

* 何萍，武汉大学哲学学院教授，马克思主义理论与中国实践湖北省协同创新中心研究员，博士生导师。

自20世纪80年代开始，中国哲学社会科学的学术话语体系出现了断裂且至今还未建构起成体系的哲学社会科学话语体系，因此，我们要建构中国哲学社会科学话语体系，首先要对20世纪80年代以来的学术启蒙以及所引起的中国哲学社会科学话语体系的变化作一历史的梳理。

自20世纪80年代开始，中国学术思想的发展经历了两次重大的学术启蒙：第一次学术启蒙是20世纪70年代末至80年代在中国大地上发生的"实践是检验真理的唯一标准"的大讨论；第二次学术启蒙是20世纪90年代中期围绕中国应该建设什么样的市场经济而开展的学术讨论。这两次学术启蒙对中国哲学社会科学话语体系的变革产生了深远的影响。

20世纪70年代末至80年代的"实践是检验真理的唯一标准"大讨论，既是一场轰轰烈烈的思想解放运动，也是一场意义深远的学术启蒙运动。作为思想解放运动，"实践是检验真理的唯一标准"大讨论的意义在于破除教条主义，解放思想，推动中国社会的变革；作为学术启蒙运动，"实践是检验真理的唯一标准"大讨论的意义在于破除旧的哲学观念，建构新的哲学观念，推动中国理性的进步。正是后者，使中国哲学社会科学的话语体系发生了断裂。在20世纪80年代以前，中国哲学社会科学话语体系是以马克思主义哲学原理教科书为研究范式建构起来的，故中国学术界将其称之为马克思主义哲学原理教科书时代。从总体上看，马克思主义哲学原理教科书体系是为巩固社会主义意识形态而建构的，其价值功能占据了主导地位，其认识功能是从属于价值功能的。不可否认，任何话语体系都具有价值功能，都会以不同的方式发挥意识形态的作用，但同样不可否认的是，在任何话语体系中，认识论功能都必须是价值功能的学术支撑点，具有不可取代的地位。如果一个话语体系中的认识论功能不具有相对独立性，不能为价值功能提供学术支撑，那么，这个话语体系就是非理性的，必然会因此失去活力。马克思主义哲学原理教科书体系亦是如此。作为一种话语体系，马克思主义哲学原理教科书体系在初建时是具有一定活力的，但由于认识论功能的丧失，逐渐变得僵化起来，变成了脱离实际的教条，严重地窒息了思想的创造和学术的发展。正因为如此，20世纪80年代的中国学术启蒙首先对准了马克思主义哲学原理教科书体系。于是，批判马克思主义哲学原理教科书体系就成为20世纪80年代中国学术启蒙的思想起点。在这个思想起点上,中国学术界开展了认识主体的研究、人性和人道主义的讨论、马克思哲学的实践概念的反思,力图借助世界科技革命和市场经济发展中酝酿出来的新思想,建构开放的、富有时代精神的学术话语体系。这无疑是在原有的马克思主义哲学原理教科书体系中打开了一个缺口,但由于中国的市场经济体制尚未建立起来,人们的思维方式还停留于计划经济时代,这就决定了这场学术启蒙不可能完成自己的历史使命。

自20世纪90年代中期开始,中国进入了全面建构市场经济的时期,在理论上提出了许多新的研究课题:如何看待市场经济与计划经济的关系,如何看待中国的市场经济建设与全球化的关系,中国的市场经济应该走什么道路,是继承和发展中国社会主义革命的成果,坚持走社会主义市场经济的道路,还是采用新自由主义的方案,走资本主义市场经济的道路,等等。面对这些课题,中国学术界展开了新一轮学术讨论。这场讨论,在研究的问题上,突破了20世纪80年代学术启蒙中对认识论、人性和人道主义等问题的抽象思考,开始直面中国市场经济建设的问题,于是,全球化、现代性、消费社会等成为中国学术研究的关键词;在思维方式上,以个体性、市场、市民社会、民主政治、消费社会等概念取代了民族国家、计划等概念,来思考中国市场经济建设的问题,从而摆脱了计划经济的思维方式,逐渐形成了市场经济的思维方式。这种研究问题的更新和思维方式的变革把中国思想世界卷入了一场狂飙突进运动,开启了继20世纪80年代之后的新启蒙。这次新启蒙的发起者是中国的新自由主义。中国的新自由主义者强调市场经济的普遍性,要求以新自由主义的全球化、普世价值观为价值理念来主导中国市场经济的建设。这是中国最早出现的市场经济建设的话语体系。然而,仅过了短短几年时间,这套话语体系就在中国遭遇了挑战。这一挑战的起因是中国人从新自由主义的全球实施给拉美等欠发达国家带来的灾难性后果中认清了新自由主义的实质,意识到新自由主义不过是西方资本主义国家为自己进行快速资本积累、维持自己的世界霸权地位的政策和意识形态,因此,中国市场经济建设绝不能盲从西方新自由主义的价值理念,更不能在实践中推行新自由主义的政策,而应该确立本民族的价值理念,走适合本民族的市场经济建设道路。正是在这一思想背景下,中国政治儒学率先发展起来,主张以中国儒学为价值体系建设中国的市场经济。

这是中国出现的第二套市场经济建设的话语体系。这套话语体系在抵御新自由主义的政策和意识形态在中国蔓延和泛滥上起了积极的作用，但中国政治儒学的代表人物在用这套话语体系批判新自由主义话语体系的同时，又以中国文化的身份合法性挑战了中国马克思主义哲学的话语体系。在他们当中，有人以马克思主义是西方的学说为由来否定马克思主义哲学具有中国文化身份的合法性，有人以马克思主义中国化是儒学化来消解中国马克思主义哲学的马克思主义性质。面对中国政治儒学对中国马克思主义话语体系的挑战，中国马克思主义哲学学界开展了马克思主义哲学中国化的研究，力图通过中国思想史的研究来论证马克思主义哲学具有中国文化身份的合法性，并明确提出中国社会主义市场经济建构必须遵从马克思主义的价值理念，建构有中国特色的社会主义话语体系。这一过程表明，20 世纪 90 年代中期至 21 世纪的头十年，中国哲学社会科学的话语体系是在新自由主义、政治儒学和马克思主义哲学这三种话语体系的博弈中展开的。这是中国哲学社会科学多种话语体系并存的时代。

2007—2008 年全球金融危机的爆发把世界历史带入了一个危机时代，也是一个充满挑战和机遇的时代。在这个时代，世界格局也悄然地发生着变化，美国的霸权主义依然存在，但其在全球的经济和政治的统治力已日趋衰落；东盟国家快速发展，成为全球经济的新增长点；金砖国家的通力协作形成了新的经济体，为构造世界经济、政治新秩序打下了基础。世界格局发生的这一切变化强烈地冲击了西方资本主义国家的单边主义政策和观念，世界多边主义的格局和观念正在形成。在这样的国际背景下，中国应该选择什么样的发展道路，需要一种什么样的理性精神、什么样的思想体系，这些都是关乎 21 世纪中国社会发展的大问题。为了解答这些问题，中国学术界开展了中国现代性的讨论，力图从中发现中国哲学社会科学话语体系建构的内核。

二、中国的现代性性质与中国哲学社会科学话语体系的内核

自文艺复兴以来，现代社会的兴起与变迁始终是在思想启蒙和反思启蒙

的节奏中展开的。如果我们对文艺复兴时期的思想启蒙、18 世纪的思想启蒙与反思启蒙、20 世纪二三十年代的反思启蒙作一精神史的梳理，就会发现，近代以来的所有思想启蒙和反思启蒙都是围绕现代性建构这一论题展开的，而每一次的启蒙和反思启蒙又都赋予了现代性之时代精神和民族精神，从而构成了一定时代、一定民族的话语体系。由此决定，任何时代、任何民族的话语体系建构都是一定时代、一定民族的现代性精神的理性表达，因此，我们要反思以往的中国哲学社会科学的话语体系，明确我们今天应该建构什么样的中国哲学社会科学的话语体系，就需要了解现代性的内涵，尤其是要知晓中国现代性的性质。

在现代西方哲学中，现代性通常是在两层含义上使用的：一层含义是在广义上指现代化的内在精神。在这里，现代性是以一定的物质形态表现出来的现代文明，是任何民族、任何国家的现代化进程中都必然具有的现代理性，因而也是一定民族、一定国家的现代化水平的标志；一层含义是在狭义上指西方晚期资本主义社会，指那种以大众文化和现代科学技术包裹起来的极权主义社会。可见，现代性的广义和狭义之分，其实就是现代性的观念与现实之分。广义的现代性是以观念的形式表达出来的现代性，狭义的现代性是在现代化道路中实现了的现代性。

广义的现代性之所以是观念的东西，是因为它发生于启蒙思潮期间，是启蒙思潮中的各派围绕着现代化的诸多问题而展开的思想争论，由此决定，广义的现代性具有两个重要的特点：其一，广义的现代性是在近代启蒙思潮中生长出来的现代社会的理念，即我们通常所说的自由、民主、进步、发展、平等、公正、正义、理性等观念，是思想的东西；其二，广义的现代性作为近代启蒙思潮期间各种观念的集合，是一个十分复杂的系统。在这个系统中，既有各自不同的现代化主张，比如有保守派的主张，也有革命派的主张，而在革命派中又有资产阶级革命的主张和社会主义革命的主张之分，等等。此外，还有表达现代化观念的不同思想形式，如有宗教的、美学的、艺术的、哲学的，等等。从这些不同的思想形式中产生了浪漫主义思潮和理性思潮。由于这种复杂性，广义的现代性作为观念形态的现代性，必然是多元的。这样一来，广义的现代性的这两个特点就成为近代启蒙思潮的尺度，彰显了现代性的一般性和普遍性。

任何国家、任何民族的启蒙思潮，只有具备了这两个特点，才能称得上是近代启蒙，否则，就不能称之为真正意义上的近代启蒙。

我们把狭义的现代性定义为在现代化道路中实现了的现代性，讲的是现代性的实践品格。法兰克福学派把晚期资本主义社会定义为现代性，就是这种狭义的现代性。在这里，晚期资本主义社会是18世纪西方启蒙观念的实现，又是西方启蒙观念的凝结。它是通过实际的现代化道路，将启蒙思潮中的现代化观念凝结成一个时代、一定民族的精神。这是现代性从观念变为现实的过程。这个过程，从理论上分析，是从可能到现实的过程，也是由多而一的过程。因为现代性在观念层面上只是可能的现代性，而不是现实的现代性，而任何观念的东西只有变成现实、得到实现，才能内化为一定时代、一定民族的精神；凡是不能实现的东西，不能变成现实的东西，不能够进入人们的生活世界的东西，是不可能成为一定时代、一定民族的内在精神的，当然也不是实现了的现代性。在这层意义上，真正的现代性一定是实现了的现代性，或者说，是经历了现代化道路的现代性。从另一方面看，一定时代、一定民族不可能把启蒙思潮中的所有的观念都变成现代化的道路，而只能选择其中的一种作为现代化的道路，因此，现代化的道路只能是一，而不能是多。至于选择哪一种现代化观念作为自己的现代化道路，以及如何走自己的现代化道路，是由这个时代、这个民族的具体情况而定的。正是这种具体情况，决定了现代化道路的特殊性，也决定了一定时代、一定民族的现代性的性格和特点。在这里，我们看到了狭义的现代性不同于广义的现代性的两个特点：一是现代性的特殊性；二是现代性的单一性。

如果把广义的现代性和狭义的现代性联系起来思考，我们就可以清晰地看到近代启蒙、现代化道路和现代性之间的关系：首先，现代化道路和现代性都根源于近代启蒙，是近代启蒙的观念及其实现，因此，不论是现代化道路，还是现代性，都根源于近代启蒙思潮，是近代启蒙的一般观念的表达；其次，现代性有一般与特殊之分：现代性的一般，指的是近代启蒙思潮中提出的理性与科学、自由与民主、平等与正义等现代社会的原则，这些原则既是衡量一种启蒙运动是否具有近代的性质、能否称得上是近代启蒙的标志，也是衡量一定民族、一定国家的现代化水平的尺度。这一点，无论对于广义的现代性来说，还是对于狭义的现代性来说,都是适用的;现代性的特殊是与现代化的道路相联系的,指的是一定时代、一定民族的现代性,它所彰显的是一定时代、一定民族的内在精神;最后,现代性不能离开现代化道路,离开了现代化道路,现代性就只能是一种抽象的观念,而不具有现实性,不能变成一个时代、一定民族的内在精神。在这个意义上,可以说,离开了现代化道路的现代性,只是一种可能的现代性,而不是现实的现代性,只有变成了现代化道路的现代性,才是实现了的现代性,也才是现实的、具体的现代性。据此,我们得出这样的结论:现代性不是一个抽象的概念,而是一个具体的概念,是一个具有强烈的时代特征和民族特性的概念。既然如此,那么,作为现代性精神的理性表达的话语体系,也必然是具体的、唯一的。

以现代性的广义内涵和狭义内涵来看今天中国的哲学社会科学话语体系的建构,我们可以得出这样的结论:20 世纪 80 年代和 90 年代中期的学术启蒙中出现的各种不同的话语体系,只是以观念形式表现出来的现代性,因而是广义的现代性;在这些广义上的现代性中,新自由主义和中国政治儒学提出的中国市场经济建设的构想虽然对中国的市场经济建设产生了这样或那样的影响,但终未成为中国市场经济建设的实际道路,因而不是现实的现代性,当然不能够成为构造中国哲学社会科学话语体系的经验原型。与之不同,马克思主义哲学中国化的研究提出的中国市场经济建设的构想在中国特色社会主义道路中找到了现实的基础,成为中国的现实的现代性,代表了中国社会主义市场经济建设的主流话语,理应作为中国哲学社会科学话语体系建构的经验原型。这就是马克思主义哲学中国化的研究能够在 90 年代中期的中国学术启蒙中脱颖而出的原因。关于这一点,我们可以分别在历史和理论中找到证明。

历史地考察,马克思主义哲学中国化的研究兴起于 20 世纪 90 年代末期,在理论上,是为了回应新自由主义和政治儒学对马克思主义哲学作为中国社会科学主流话语体系的挑战;在实践上,是基于中国市场经济建设的历史基础,以中国社会主义的现代性来解答中国市场经济建设的理论难题,提出了中国特色社会主义的治理理念,有效地解决中国市场经济发展的问题。

理论地分析,马克思主义哲学中国化的研究是完全符合中国哲学社会科学话语体系建构的原则的。从现代性与话语体系建构的内在联系看,中国哲学社会科学话语体系的建构必须遵循以下原则:第一,时代性。自近代以来,中国的现代化始终与世界的现代化进程相联系,随着世界现代化的变化而呈现出阶段性的变化,因此,我们今天构建中国哲学社会科学的话语体系一定要有时代性,要回答时代问题。马克思主义哲学中国化的研究虽然晚于新自由主义和政治儒学对中国市场经济建设道路的探讨,但它对这个问题的解答却比新自由主义和政治儒学的解答更符合中国实际,因而也更有说服力。第二,民族性。民族性的概念,严格地说,是在世界化的语境中形成的。但是,对于民族性,人们可以从两个相反的向度来理解:一个向度是从反现代化的向度来理解,以民族性来拒斥世界性,这是现代化中保守派的理解;一个向度是从社会主义现代化的向度来理解,反对将世界性等同于资本主义的现代化,而要求将世界性建立在各民族的现代化道路之上,把世界性理解为现代各民族共同创造的精神财富,这是马克思恩格斯在《共产党宣言》中阐发的"世界文学"的思想。在中国,这两个向度的民族性理解,分别体现在中国传统儒学和马克思主义哲学对现代化道路的探索中。中国传统儒学以东方中心论来规划中国现代化的前景,要求在中国传统的农业文明上建设中国的现代化,而马克思主义哲学则以马克思恩格斯的"世界文学"的思想来规划中国现代化的前景,要求用现代工业文明来改造中国传统的农业社会,在世界文明的水平上建设中国的现代化。中国道路的实践证明,马克思主义哲学所规划的中国现代化道路也是中国的真正出路。因此,中国道路的民族性话语只能在马克思主义哲学中国化的研究中找到自己的理性表达。第三,思想传统。中国马克思主义哲学的创造离不开世界马克思主义哲学和中国传统哲学的思想资源,但是,在中国马克思主义哲学创造的历史进程中,世界马克思主义哲学和中国传统哲学的思想资源不是一成不变的,而是不断流变的,就世界马克思主义哲学的思想资源来说,中国马克思主义哲学相继吸取了第二国际的马克思主义哲学、苏俄马克思主义哲学和西方马克思主义哲学的思想资源;就中国传统哲学的思想资源来说,中国马克思主义哲学是在批判地改造中国古代哲学和近代哲学的思想资源中创造出的中国的新哲学。这就提出了如何看待国外马克思主义哲学的思想资源和中国传统哲学的思想资源的问题,应该利用哪些思想资源来建构21世纪的中国哲学社会科学话语体系的问题。这正是使马克思主义哲学中国化所思考的问题,因而也只有在马克思主义哲学中国化的研究中找到答案。第四,方法论,即要有表达中国现代性的特殊方法论。第五,相对独立的范畴体系。这两个原则是中国马克思主义哲学家们在探讨中国革命和中国社会主义建设的特殊道路中阐发出来的,因而也只有在马克思主义哲学中国化的研究中得到阐发。

上述历史的考察和理论的分析充分证明,今天,我们要建构中国哲学社会科学话语体系既不能是新自由主义的,这个话语体系已经在21世纪的危机中被证伪了,也不能是中国政治儒学的,这个话语体系是缺乏现实的实践基础的,而只能是马克思主义哲学中国化的。因此,我们要建构中国哲学社会科学话语体系,就需要对20世纪90年代末以来的马克思主义哲学中国化研究进行反思和总结。

三、马克思主义哲学中国化研究的开展与中国马克思主义哲学学术话语体系的构成

马克思主义哲学中国化作为历史进程,早在新文化时期就开始了,但是作为一个思想史反思的对象,作为21世纪中国哲学社会科学话语体系的建构,则始于20世纪90年代。为什么这样说呢?因为20世纪90年代兴起的马克思主义哲学中国化研究不是一种实践活动,而是思想的创造活动,其目的是建构中国马克思主义哲学的学术话语体系。因此,我们研究马克思主义哲学中国化研究的历史开展,就是研究中国马克思主义哲学学术话语体系的构成。

马克思主义哲学中国化的研究,最早是由华东师范大学冯契团队提出来的,其动因是为了回应儒学的研究者对马克思主义哲学的挑战。冯契团队的曾乐山教授在讲述研究这一课题的动机时指出:“最近几年马克思主义哲学‘过时’论、马克思主义及其哲学在中国的传播中断了中国的启蒙运动论、马克思主义哲学的中国化是封建主义化等谬论,甚嚣尘上。为了明辨是非,澄清思想,以及总结理论思维的经验教训,我也觉得十分需要对这个问题进行学

习、探索和研究。”①这一论述表明，当时开展马克思主义哲学中国化的研究既是回应来自儒学研究者的挑战，理清马克思主义哲学中国化的理论问题，也是为了给马克思主义哲学中国化正名，建构马克思主义哲学中国化的话语体系。为此，冯契研究团队以马克思主义实践哲学为理论框架，研究了中国哲学从古代到近代的嬗变，建构了研究马克思主义哲学中国化的思想史语境。这个思想史语境有别于马克思主义哲学史的研究语境。马克思主义哲学史的研究语境是马克思主义哲学的世界化与民族化，马克思主义哲学中国化的研究语境是中国哲学的现代化，它所揭示的，是马克思主义哲学传入中国，一方面对中国近代哲学的变革起了革命性的作用；另一方面又在批判中国近代哲学的进化论中、在总结中国革命实践的经验教训中，创造了具有中国特色的革命的、能动的反映论的认识论哲学。冯契的《中国近代哲学的革命进程》一书就是对马克思主义哲学中国化的这一思想史叙述，也是马克思主义哲学中国化研究在中国哲学史研究领域取得的最高成就。

进入 21 世纪后，马克思主义哲学中国化研究有了更加宽广的领域：首先是马克思主义哲学的研究群体与西方哲学史和中国哲学史的研究群体展开了“中西马”学术对话，共同讨论中国哲学社会科学的发展问题和中国现代性的方案，通过这种方式的对话，马克思主义哲学中国化的研究获得了马克思主义哲学之外的学术研究群体的认同；其次是在马克思主义哲学学科内部，马克思主义哲学中国化的研究与国外马克思主义哲学的研究、马克思主义哲学史的研究相互碰撞、相互借鉴和相互融合，获得了新的思想资源，实现了中国马克思主义哲学传统的更新。通过这两个方面的研究，中国马克思主义哲学界达成了共识：马克思主义哲学中国化研究的使命，就是创造新时代有中国特色、中国气派的马克思主义哲学。在这一共识下，中国马克思主义哲学的研究发生了三大变化。

第一是研究问题的变化，即从研究中国革命问题转向了研究中国市场社会建设的问题。在这个转变中，20 世纪 80 年代的学术启蒙是一个转折点。在 20 世纪 80 年代以前，中国马克思主义哲学的研究是围绕着革命问题而展

---

① 曾乐山：《马克思主义哲学的中国化及其历程》，华东师范大学出版社 1991 年版，第 284 页。

开的,在哲学理论上主要研究经济基础决定上层建筑的基本原理,探讨社会进步的规律;20 世纪 80 年代的学术启蒙提出了中国社会转型问题,在哲学理论上借助西方马克思主义哲学的思想资源提出了研究马克思主义的人性、人道主义理论和马克思的实践概念的课题,开启了马克思主义的文化哲学和历史哲学的研究,为中国学术界在 20 世纪 90 年代接受西方马克思主义的文化产业、消费社会、生态问题、现代性批判等概念,创造有中国特色的社会主义哲学理论做了理论上的准备。

第二是学术平台发生了变化,即从以马克思主义哲学原理教科书体系为学术平台转变为以马克思主义哲学史的研究为学术平台。在马克思主义哲学史上,马克思主义哲学史与马克思主义哲学原理教科书体系是两个完全不同的学术平台。马克思主义哲学原理教科书体系的学术平台是苏联学界在 20 世纪 30 年代建构起来的,这个学术平台强调苏联的辩证唯物主义哲学是唯一正确的马克思主义哲学,视西方马克思主义哲学为马克思主义哲学的异端,具有强烈的意识形态化的特点。与之不同,马克思主义哲学史的学术平台是在批判苏联马克思主义哲学原理教科书体系这个学术平台中发展起来的,它要求以马克思主义哲学的理论与实践相统一为标准来衡量各国的马克思主义哲学,通过对各国马克思主义哲学发展史的研究来说明马克思的哲学何以能够发展出多个思想派别、多种思潮,以此叙述马克思主义的哲学传统及其流变,具有浓厚的学术化特点。在 20 世纪 50 年代,中国马克思主义哲学学界围绕着建设中国的马克思主义哲学原理教科书体系开展马克思主义哲学基本原理的研究,使马克思主义哲学原理教科书体系成了马克思主义哲学研究的学术平台。[①] 这个学术平台是容不下西方马克思主义哲学的。正是因为如此,在 20 世纪 80 年代有关西方马克思主义哲学是否具有马克思主义的性质的讨论中,一些学者挑战了马克思主义哲学原理教科书的哲学观,要求确立马克思主义哲学史观。这一挑战推动了中国的马克思主义哲学史的研究,而马克思主义哲学史的研究又为中国马克思主义哲学的研究提供了新的学术平台,在这

① 关于这个问题的详细论述,参见何萍:《一本教科书、一个时代、一种评价——对 20 世纪 50—60 年代中国马克思主义哲学原理教科书的再思考》(上、下),《现代哲学》2002 年第 3、4 期。

个平台上,马克思哲学、第二国际的马克思主义哲学、西方马克思主义哲学、马克思主义哲学中国化都纳入了马克思主义哲学的研究视野,形成了新的马克思主义哲学的学科体系。

第三是学术资源发生了转换,即从以苏联马克思主义哲学为思想资源转向了以西方马克思主义哲学为思想资源。苏联马克思主义哲学与西方马克思主义哲学都形成于 20 世纪二三十年代,但是,由于中国与俄国都属于政治、经济落后的后发现代化国家,所以,中国的早期马克思主义者选择了以苏联马克思主义哲学为自己的思想资源,建构了中国的马克思主义哲学;在 20 世纪 80 年代的学术启蒙中,中国马克思主义哲学学界为了破除马克思主义哲学原理教科书体系,转而接受西方马克思主义哲学,以西方马克思主义哲学为自己的思想资源。这种思想资源的转换表明,中国马克思主义哲学研究的范畴体系已经发生了变化,从表达宏观革命的范畴转变成了表达市场社会的范畴。

上述三大变化本身就已经构成了中国马克思主义哲学研究的学术话语体系。这个学术话语体系的基本构成是:以创造有中国特色、中国气派的马克思主义哲学为目的,以马克思主义哲学史的研究为学术平台,以西方马克思主义哲学为思想资源。这个话语体系就是我们今天建构中国哲学社会科学话语体系的文本,而中国哲学社会科学话语体系的建构就是把这个文本从自发的形成提升为理性的自觉。

原载于《山西师大学报(社会科学版)》2022 年第 6 期

深入理解中国式现代化创新理论

杨明伟*

概括提出并深入阐述中国式现代化理论，是党的二十大的一个重大理论创新，是科学社会主义的最新重大成果。在学习贯彻习近平新时代中国特色社会主义思想和党的二十大精神研讨班开班式上发表重要讲话时，习近平总书记深刻阐述了中国式现代化的一系列重大理论和实践问题，极大丰富和发展了中国式现代化理论。深入理解习近平总书记关于中国式现代化的重要论述，全面把握中国式现代化创新理论的重大原则和关系，有助于在实践中更好地以中国式现代化全面推进中华民族伟大复兴。

一

习近平总书记强调："要守好中国式现代化的本和源、根和魂，毫不动摇坚持中国式现代化的中国特色、本质要求、重大原则，确保中国式现代化的正确方向。"①中国式现代化是有历史来源的，要搞清其"从哪里来"，就必须深入理解中国共产党的历史责任与中华民族伟大复兴的逻辑关系。

中国式现代化来源于近代以来中国人民的共同梦想，来源于无数仁人志

---

*　杨明伟，中央党史和文献研究院对外合作交流局局长、研究员。

①　《正确理解和大力推进中国式现代化》，《人民日报》2023年2月8日。

士的苦苦求索，来源于中国共产党人主动承担起的探索中国现代化道路的重任。中国式现代化的发展逻辑是与中华民族伟大复兴的历史进程紧紧连在一起的，必须"牢牢把握以中国式现代化推进中华民族伟大复兴的使命任务"。中国共产党成立以来，团结带领中国人民进行的一切奋斗、一切牺牲、一切创造，归结起来就是一个主题，实现中华民族伟大复兴。从一定意义上讲，也包含把中国建设成为现代化强国。中国式现代化，正是伴随着中华民族伟大复兴的历史进程一步步走来并全面深化发展的。

为了实现中华民族伟大复兴的梦想，中国共产党"奋斗目标一以贯之，一代一代地接力推进"。在新民主主义革命时期，党团结带领人民浴血奋战、百折不挠，实现民族独立、人民解放，由此"为实现现代化创造了根本社会条件"。新中国成立后，党团结带领人民确立社会主义基本制度，建立起独立的比较完整的工业体系和国民经济体系，由此"为现代化建设奠定根本政治前提和宝贵经验、理论准备、物质基础"。改革开放和社会主义建设新时期，党团结带领人民以经济建设为中心，大力推进实践基础上的理论创新、制度创新、文化创新以及其他各方面创新，实行社会主义市场经济体制，实现了从生产力相对落后的状况到经济总量跃居世界第二的历史性突破，实现了人民生活从温饱不足到总体小康、奔向全面小康的历史性跨越，由此"为中国式现代化提供了充满新的活力的体制保证和快速发展的物质条件"。党的十八大以来，我们党在已有基础上继续前进，不断实现理论和实践上的创新突破，"成功推进和拓展了中国式现代化"，使中国式现代化更加清晰、更加科学、更加可感可行。正是在沿着这样一条主线展开的历史进程中，中华民族迎来了从站起来、富起来到强起来的伟大飞跃，中华民族伟大复兴进入了不可逆转的历史进程，展现出走向富强民主文明和谐美丽的新图景。

在这一历史进程的主线上，我们党始终有着清晰的战略安排。习近平总书记指出，我们在战略上不断完善，深入实施了一系列重大战略。今后要增强战略的前瞻性、全局性和稳定性、原则性，一方面要谋划战略目标、制定战略举措、作出战略部署；另一方面战略一经形成，就要长期坚持、一抓到底、善作善成。从战略安排上看，我们党对中国式现代化的探索也是逐步深化的。新中国成立以来，始终坚定地沿着建设社会主义现代化国家、实现中华民族伟大复兴的战略目标前进,为此一开始就按照一个一个的五年计划(规划)和一段一段的远景目标设想,逐步推动经济社会向前发展,逐步朝着现代化国家的目标迈进。尽管我们最初对“现代化”内涵的理解还不够全面,但走向“现代化”的目标是确定的,认识也是不断发展和深化的。比如1964年,在研究第三个五年计划过程中,我们党就提出了分两步走的战略安排,即从第三个五年计划开始,第一步用15年时间建立一个独立的比较完整的工业体系和国民经济体系;第二步,再用15年时间,在20世纪末实现工业、农业、国防和科学技术现代化的目标,由此开启了我们党用“两个十五年”、按“两步走”的战略安排传统。中国特色社会主义进入新时代,我们党在更高起点上提出了新的“两步走”战略,确定从2020年到2035年,在全面建成小康社会的基础上再奋斗15年,基本实现社会主义现代化;从2035年到本世纪中叶,在基本实现社会主义现代化的基础上再奋斗15年,把我国建成富强民主文明和谐美丽的社会主义现代化强国。党的二十大再次明确了全面建成社会主义现代化强国的“两步走”战略安排。

从中国式现代化与中华民族伟大复兴的逻辑关系中,可以清晰地看出:中国共产党对建设社会主义现代化国家在认识上不断深入、在战略上不断成熟、在实践上不断丰富,党和人民建设社会主义现代化国家的意志和决心始终没有动摇。由此,也为开启全面建设社会主义现代化国家新征程打下了坚实的实践基础、理论基础、制度基础和群众基础。中国式现代化的发展逻辑,充分印证了我们党能够在各个历史时期因地制宜、因势而动、顺势而为地认识发展规律、把握战略主动,也充分证明了通过中国式现代化推动中华民族伟大复兴这一历史进程的不可逆转。

二

习近平总书记强调,“一个国家走向现代化,既要遵循现代化一般规律,更要符合本国实际,具有本国特色”。① 中国式现代化是有丰富内涵的。把握

① 《正确理解和大力推进中国式现代化》,《人民日报》2023年2月8日。

中国式现代化理论的核心要义和深刻内涵，需要认清这一理论与中国共产党根本宗旨和目标追求之间的内在联系。

中国式现代化，从实践主体上来说是中国共产党领导全国各族人民的探索和实践活动，推进中国式现代化需要党和人民团结奋斗、共同探索、大胆探索；从价值追求上来说是要坚持以人民为中心的发展思想，准确把握人民群众的共同愿望，实现中国人民的共同梦想；从政治方向上讲是党的领导与人民当家作主的高度统一，人民民主是社会主义的生命，发展全过程人民民主是中国式现代化的本质要求；从内生动力上讲是要充分激发全体人民的主人翁精神，激发人民的创造活力；从最终目标上讲是要实现全体人民共同富裕，实现中华民族伟大复兴；等等。

习近平总书记指出："党的二十大报告明确概括了中国式现代化是人口规模巨大的现代化、是全体人民共同富裕的现代化、是物质文明和精神文明相协调的现代化、是人与自然和谐共生的现代化、是走和平发展道路的现代化这5个方面的中国特色，深刻揭示了中国式现代化的科学内涵。"①从这些科学内涵中可以清晰地看出，中国式现代化独特的本质特征和基本属性，是与中国共产党的根本宗旨和目标追求紧紧连在一起的。中国式现代化是中国共产党领导的以人民为中心的现代化，是体现全心全意为人民服务宗旨的现代化。中国式现代化的内涵、特征和要求，是由中国共产党的根本宗旨和目标追求决定的，只有在中国共产党的坚强领导下，中国式现代化的人民特色和质量成色才能彰显出来。把握中国式现代化理论科学内涵，就要坚持中国共产党领导、坚定走中国特色社会主义道路、坚持以人民为中心的价值追求、不断满足人民对美好生活的需要，最终带领全体人民走向共同富裕。

从中国共产党的宗旨和追求上把握中国式现代化理论的核心要义，需要弄清中国式现代化包含的四个方面的高度统一。一是党的领导地位与人民主体地位的高度统一，强调的是主体的一致性。中国共产党是伟大事业、伟大斗争、伟大梦想的领导主体，这个主体与人民群众在社会实践中的主体地位具有高度的一致性。习近平总书记指出，"党的领导凝聚建设中国式现代化的磅

① 《正确理解和大力推进中国式现代化》，《人民日报》2023年2月8日。

礴力量”,“我们党坚持党的群众路线,坚持以人民为中心的发展思想,发展全过程人民民主,充分激发全体人民的主人翁精神”。① 二是物质文明与精神文明的高度统一,强调的是发展的协调性。中国式现代化要求物质文明和精神文明同步发展,促进物的全面丰富和人的全面发展。三是人与自然关系的高度统一,强调的是人与自然的和谐性。中国式现代化要求坚守人与自然和谐共生,走生产发展、生活富裕、生态良好的文明发展道路。四是中国发展与世界发展的高度融合。融合发展是世界发展的大趋势,也是人类社会发展重要规律,中国的发展离不开世界,世界的繁荣也需要中国。中国式现代化坚守本国繁荣和世界繁荣的一致性、发展自身和造福世界的统一性,主张各种文明之间的交流互鉴,愿意同世界各国互利共赢,携手推动构建人类命运共同体。

中国式现代化,打破了“现代化=西方化”的迷思,展现了现代化的另一幅图景,拓展了发展中国家走向现代化的路径选择,为人类对更好社会制度的探索提供了中国方案。以人民为中心的中国式现代化理论,蕴含的创造性思想观点和创新性理论体系,实现了具有中国特色和世界意义的话语体系的初步构建。这一理论与西方现代化理论有着本质区别,充分表明了世界上既不存在定于一尊的现代化模式,也不存在放之四海而皆准的现代化标准。我们推进的现代化,是中国共产党领导的社会主义现代化,摒弃了西方以资本为中心的现代化、两极分化的现代化、物质主义膨胀的现代化、对外扩张掠夺的现代化老路,立足于以人民为中心、实现中华民族伟大复兴和推动构建人类命运共同体。这样的理论具有科学性、广泛性和生命力,经得起历史和人民的检验,必将推动中国历史朝着中华民族伟大复兴的方向健康有序地发展。

三

习近平总书记指出:“方向决定道路,道路决定命运。”②中国式现代化是有明确导向和前进方向的。要看清中国式现代化的实践导向和发展方向,必

① 《正确理解和大力推进中国式现代化》,《人民日报》2023年2月8日。

② 《习近平谈治国理政》第二卷,外文出版社2017年版,第36页。

须搞清与中国特色社会主义道路的必然联系。

中国式现代化，深深植根于中华优秀传统文化，体现科学社会主义的先进本质，借鉴吸收一切人类优秀文明成果，代表人类文明进步的发展方向。习近平总书记的重要论述，既讲的是实践导向，也讲的是发展方向。只有把稳方向，“中国式现代化”才能善作善成。

中国式现代化理论有着清晰的实践导向，主要体现在问题导向、目标导向和结果导向上，彰显中国特色社会主义本质属性和清晰路径。在问题导向方面，充分体现了中国共产党为中国人民谋幸福、为中华民族谋复兴的初心使命，以解决人民日益增长的美好生活需要和不平衡不充分的发展之间的矛盾作为工作着力点，以人民群众对美好生活的向往作为奋斗目标，坚持一切从实际出发、实事求是地解决改革发展中面临的问题，处处体现出人民主体地位，处处彰显着以人民为中心的发展思想。在目标导向方面，强调必须准确认识和深刻把握全面建设社会主义现代化国家新征程新任务，要求用党的二十大提出的各种新思路、新举措来全面推进社会主义现代化国家建设，坚定不移地带领人民始终沿着中国特色社会主义的正确发展道路不动摇、正确改革方向不偏离，坚决贯彻新发展理念，着力解决各种不平衡不充分发展的问题，用创新、协调、绿色、开放、共享的新发展理念推动高质量发展，把党和人民事业发展宏观愿景转化为一个个具体行动，以一步一个脚印、脚踏实地、步步为营的态度，以咬定目标不放松、持之以恒、久久为功的执着，扎实推进每一个目标的实现，不断推动党和人民事业实现新发展。在结果导向方面，强调要用人民的获得感、幸福感、安全感来衡量工作成果，一切工作都必须以最广大人民根本利益为最高标准，以人民高兴不高兴、满意不满意、答应不答应作为标尺来检验工作成效，把人民群众的口碑作为最好的奖励。

中国共产党走过的百年历程和取得的辉煌成就充分证明，只有社会主义才能救中国，只有社会主义才能发展中国，只有坚持和发展中国特色社会主义才能实现中华民族伟大复兴。中国式现代化的基本目标，就是实现社会主义现代化强国目标。党的二十大报告确定了中国共产党从现在起团结带领全国各族人民全面建成社会主义现代化强国、实现第二个百年奋斗目标，并以中国式现代化全面推进中华民族伟大复兴的中心任务。实践已经证明并还将证明习近平总书记所作出的正确判断：“中国式现代化走得通、行得稳，是强国建设、民族复兴的唯一正确道路。”①

原载于《红旗文稿》2023 年第 4 期

① 《正确理解和大力推进中国式现代化》，《人民日报》2023 年 2 月 8 日。

坚持用马克思主义
观察时代把握时代引领时代

董振华*

习近平总书记在庆祝中国共产党成立100周年大会上的重要讲话中指出，我们必须“用马克思主义观察时代、把握时代、引领时代，继续发展当代中国马克思主义、21世纪马克思主义”。党的十九届六中全会审议通过的《中共中央关于党的百年奋斗重大成就和历史经验的决议》进一步强调，“全面贯彻习近平新时代中国特色社会主义思想，用马克思主义的立场、观点、方法观察时代、把握时代、引领时代”。马克思主义是我们立党立国、兴党兴国的根本指导思想。拥有马克思主义科学理论指导是我们党坚定信仰信念、把握历史主动的根本所在。我们必须坚持以科学的态度对待科学、以真理的精神追求真理，始终坚持用马克思主义观察时代、把握时代、引领时代，才能够不断回答中国之问、世界之问、人民之问、时代之问，作出符合中国实际和时代要求的正确回答，得出符合客观规律的科学认识，形成与时俱进的理论成果，更好指导中国实践。

* 董振华，中央党校（国家行政学院）哲学教研部副主任、教授。

一、始终坚持马克思主义世界观和方法论，坚持好、运用好贯穿其中的基本立场、观点和方法

习近平总书记在十八届中央政治局第十一次集体学习时的讲话中强调："马克思主义哲学尽管诞生在一个半世纪之前，但由于它深刻揭示了客观世界特别是人类社会发展一般规律，被历史和实践证明是科学的理论，在当今时代依然有着强大生命力，依然是指导我们共产党人前进的强大思想武器。"① 马克思主义作为科学的理论，在批判吸收人类优秀思想成果的基础上，确立了以实践观点为基础的辩证唯物主义世界观，创造性地揭示了人类社会发展规律，为人们认识世界和改造世界提供了科学的世界观和方法论，是指导无产阶级发现真理、追求真理、实践真理以及实现人类解放的强大思想武器。用马克思主义观察时代、把握时代、引领时代，必须牢牢把握其科学的世界观、方法论，始终坚持并运用其基本立场、观点、方法不断发现问题、分析问题和解决问题。

马克思主义本身就具有真理的力量和道义的力量，集中体现在马克思主义基本立场观点方法的科学逻辑和崇高价值追求中。我们要搞清楚马克思主义的一脉相承的"脉"，即贯穿其中的科学世界观和方法论，才能够端起发现问题和分析问题的"望远镜"和"显微镜"，自觉应对各种风险挑战，带领人民创造历史伟业。我们党正是始终坚持马克思主义世界观和方法论，运用马克思主义立场观点方法分析问题、研判形势、指导实践，才在遇到困难挫折时坚定信念不气馁，在一帆风顺时保持清醒不急躁，正确观察时代、深刻把握时代和主动引领时代，在伟大革命实践中始终保持历史主动，创造伟大的历史奇迹。

大革命失败后，为反抗国民党反动派及其反动统治，党先后领导了南昌起义、秋收起义、广州起义等一系列武装起义。这些起义大多数由于敌我力量对

---

① 习近平:《坚持历史唯物主义不断开辟当代中国马克思主义发展新境界》,《求是》2020 年第 2 期。

比悬殊、客观条件不成熟而失败了，但一些起义部队在数省边界地区的偏僻农村坚持了下来，在这里开展游击战争，实行土地革命，建立革命政权。但当时党内一些人产生了“红旗到底打得多久”的疑问，毛泽东坚持马克思主义立场观点方法，对农村包围城市、武装夺取政权的工农武装割据思想进行深入阐述，明确提出“星星之火，可以燎原”，高瞻远瞩地指出了中国革命的光明前景和希望。

“文化大革命”结束后，党在思想、政治、组织等各个领域的全面拨乱反正任务，受到“两个凡是”方针的严重阻碍。1978 年 5 月 10 日，《实践是检验真理的唯一标准》一文在《理论动态》发表，第二天又在《光明日报》以特约评论员名义公开发表，新华社向全国转发。12 日，《人民日报》《解放军报》同时转载。这篇文章在广大干部群众中引起强烈反响，引发关于真理标准问题的讨论。我们党遵循马克思主义的本真精神、坚持马克思主义哲学的世界观和方法论，坚持和运用马克思主义立场观点方法，破除封闭僵化和教条主义的错误影响、重新确立实事求是的思想路线，成功引领时代，开启了改革开放的伟大历史进程。

进入新时代，习近平总书记一再强调，辩证唯物主义是中国共产党人的世界观和方法论，历史唯物主义是关于人类社会发展一般规律的科学，要把马克思主义哲学作为我们的看家本领。以习近平同志为核心的党中央紧密结合新的时代条件和实践要求，以全新的视野深化对共产党执政规律、社会主义建设规律、人类社会发展规律的认识，面对严峻复杂的国际形势和艰巨繁重的国内改革发展稳定任务，坚持解放思想、实事求是、守正创新，统筹推进“五位一体”总体布局、协调推进“四个全面”战略布局，发展改革领域取得历史性成就、发生历史性变革，在中华大地上全面建成小康社会，开启全面建设社会主义现代化国家、实现第二个百年奋斗目标的新征程，我国经济迈上更高质量、更有效率、更加公平、更可持续、更为安全的发展之路，国家经济实力、科技实力、综合国力跃上新台阶，实现中华民族伟大复兴进入不可逆转的历史进程。

二、始终坚持问题意识和问题导向,深刻回答中国之问、世界之问、人民之问、时代之问

习近平总书记在哲学社会科学工作座谈会上的讲话中指出,“坚持问题导向是马克思主义的鲜明特点。问题是创新的起点,也是创新的动力源。只有聆听时代的声音,回应时代的呼唤,认真研究解决重大而紧迫的问题,才能真正把握住历史脉络、找到发展规律,推动理论创新”。① 问题是时代的声音,回答并指导解决问题是理论的根本任务。党的二十大报告提出,继续推进实践基础上的理论创新,必须坚持问题导向。坚持问题导向,是发现问题、研究问题、解决问题的过程。用马克思主义观察时代、把握时代、引领时代,我们必须以高度的自觉正视和发现问题,敢于直面和解决问题,才能够把握历史大势、掌握历史主动。

问题是时代的声音。马克思说:“一个时代的迫切问题,有着和任何在内容上有根据的因而也是合理的问题共同的命运:主要的困难不是答案,而是问题。因此,真正的批判要分析的不是答案,而是问题。正如一道代数方程式只要题目出得非常精确周密就能解出来一样,每个问题只要已成为现实的问题,就能得到答案。世界史本身,除了用新问题来回答和解决老问题之外,没有别的方法。因此,每个时代的谜语是容易找到的。这些谜语都是该时代的迫切问题,如果说在答案中个人的意图和见识起着很大作用,因此,需要用老练的眼光才能区别什么属于个人,什么属于时代,那么相反,问题却是公开的、无所顾忌的、支配一切个人的时代之声。问题是时代的格言,是表现时代自己内心状态的最实际的呼声。”②在马克思看来,任何哲学都是一定时代的产物,但是只有那种真正把握住了自己所处时代的脉搏、深刻体现了自己所处时代的时代精神的哲学,才能够给人类实践以正确指导,推动历史的发展与时代的进步,因而才称得上是“真正的哲学”。每个时代都有属于自己的时代问题,准

① 习近平:《在哲学社会科学工作座谈会上的讲话》,人民出版社2016年版,第14页。
② 《马克思恩格斯全集》第1卷,人民出版社1995年版,第203页。

确地把握并解决时代问题是思想和社会进步的动力。马克思主义的基本原理为我们的实践活动提供了总的指导思想、根本原则和根本方法，但是，它没有提供解决问题的现成答案。实现马克思主义与时俱进，必须关注时代问题和为解决这些时代问题作出不懈探索和创新回答。

我们已经站在一个新的历史起点上，正在进行具有许多新的历史特点的伟大斗争，面临的矛盾和问题也前所未有。当今世界格局正在进行深度调整，全方位综合国力竞争日趋激烈，我们面临的经济安全、政治安全、文化安全、军事安全、网络安全问题更加突出，维护和拓展国家战略利益的任务更加艰巨。当代中国正处于爬坡过坎的紧要关口，进入发展关键期、改革攻坚期、矛盾凸显期，许多问题相互交织、叠加呈现。如果没有强烈的问题意识，就不能有效破解改革和发展过程中的各种难题，中国特色社会主义事业就难以推进。今天，时代变化和我国发展的广度和深度远远超出了马克思主义经典作家当时的设想。我国社会主义只有几十年实践，还处在初级阶段，事业越发展，新情况新问题就越多，也就越需要我们在实践上大胆探索、在理论上不断突破。

用马克思主义观察时代、把握时代、引领时代，我们要以更加宽阔的眼界审视马克思主义在当代发展的现实基础和实践需要，坚持问题导向，坚持以我们正在做的事情为中心，聆听时代声音，深刻回答中国之问、世界之问、人民之问、时代之问，让当代中国马克思主义放射出更加灿烂的真理光芒。

三、始终坚持守正创新，不断谱写马克思主义中国化时代化新篇章

党的二十大报告指出："我们坚持以马克思主义为指导，是要运用其科学的世界观和方法论解决中国的问题，而不是要背诵和重复其具体结论和词句，更不能把马克思主义当成一成不变的教条。我们必须坚持解放思想、实事求是、与时俱进、求真务实，一切从实际出发，着眼解决新时代改革开放和社会主义现代化建设的实际问题，不断回答中国之问、世界之问、人民之问、时代之问，作出符合中国实际和时代要求的正确回答，得出符合客观规律的科学认

识,形成与时俱进的理论成果,更好指导中国实践。"①实践是不断发展的,人们对于客观事物的认识也在不断发展。马克思主义是革命的、批判的、开放的、与时俱进的理论体系,必将随着实践的发展、时代的变迁、条件的变化而不断有所发现、有所前进、有所创新。

马克思主义经典作家一再强调,正确的理论必须结合具体情况并根据现实条件加以阐明和发挥。列宁反对用教条主义的态度对待马克思主义。他认为,如果把马克思主义变成一种片面的、畸形的、僵死的东西,就会抽掉马克思主义的活的灵魂,就会破坏它的根本的理论基础——辩证法即关于包罗万象和充满矛盾的历史发展的学说,就会破坏马克思主义同时代的一定实际任务,即可能随着每一次新的历史转变而改变的一定实际任务之间的联系。任何僵化与停滞,都与马克思主义的理论品格背道而驰。一部马克思主义的历史,就是马克思主义创始人及其后继者,对已经改变的实践进行新的理论概括,又用创新理论指导发展了的实践的历史。因此,对待马克思主义,切忌把它在特定历史条件下作出的个别结论僵死化、凝固化,而应当根据不同历史条件,创造性地加以运用。与时俱进是马克思主义的一条基本原则,也是一切真正马克思主义者的特有品格。一部马克思主义的发展史,就是一部解放思想、与时俱进的历史。

真理是活的、具体的、历史的,从来不存在僵化的、教条的真理。"守正",就要以科学的态度对待科学、以真理的精神追求真理,就内在地蕴含着与时俱进的"创新"。"创新"不是本本主义的"照着讲",更不是离开马克思主义的真理另起炉灶"另外讲",而是按照马克思主义的本真精神"接着讲",这本身就是"守正"。因此,"守正"和"创新"本来就是一个问题,不过是一个问题的两个方面而已。

在对待马克思主义的问题上必须坚持守正创新,不断开辟马克思主义新境界。"守正",就要坚定对马克思主义的信仰,用发展着的马克思主义指导新的实践,必须坚持马克思主义的本真精神,紧紧抓住马克思主义一以贯之的精髓,牢牢把握马克思主义一脉相承的"脉"即马克思主义基本原理不动摇,

① 《习近平著作选读》第一卷,人民出版社 2023 年版,第 15 页。

坚持党的全面领导不动摇，坚持中国特色社会主义不动摇。这三个“不动摇”，归根结底就是坚持马克思主义的真理不动摇。坚持“老祖宗不能丢”又要讲新话，使中国特色社会主义与时俱进而富有时代精神。所谓老祖宗不能丢，就是必须坚持马克思主义的政治立场，必须坚持马克思主义的世界观、方法论，必须坚持马克思主义关于共产主义的崇高理想和社会主义的基本原则。所谓讲新话，就是马克思主义必须与时俱进，必须随着时代、实践和科学的发展而发展，要在研究新情况、总结新经验的过程中努力创新理论，勇于讲符合实际的、老祖宗没有讲过的新话。应该把二者统一起来，既反对离开、否定社会主义的种种错误思潮，毫不动摇地坚持社会主义方向；又结合中国实际和时代特征而使马克思主义与时俱进，使中国特色社会主义富有时代精神。

实践没有止境，理论创新也没有止境。不断谱写马克思主义中国化时代化新篇章，是当代中国共产党人的庄严历史责任。继续推进实践基础上的理论创新，首先要把握好习近平新时代中国特色社会主义思想的世界观和方法论，坚持好、运用好贯穿其中的立场观点方法。我们用马克思主义观察时代、把握时代、引领时代，把马克思主义基本原理同中国具体实际相结合、同中华优秀传统文化相结合；坚持人民至上，坚持自信自立，坚持守正创新，坚持问题导向，坚持系统观念，坚持胸怀天下，活学活用马克思主义活的灵魂，不断推动马克思主义中国化时代化，用不断发展着的活的马克思主义指导实践。

原载于《中国党政干部论坛》2023 年第 3 期

马克思的现代性思想与中国式现代化的实践逻辑

臧峰宇*

现代性是在历史向世界历史转变的过程中形成的，现代社会的历史主体创造世界历史的过程中对象化为现代化进程，由此塑造了现代文明形态。中国式现代化探索起步于近代东西方文明的冲突与碰撞，以由先进思想指导的社会革命为现实根基，在社会主义建设与改革开放进程中不断深化马克思主义中国化的历史主题。理解中国式现代化的实践逻辑与人类文明新形态，深思其何以成为中华民族的历史选择并呈现中华文明的新气象，首先要把握马克思的现代性思想与其对现代文明转型的期待。

一、马克思现代性思想的双重向度

深受英国古典政治经济学和法国革命政治学影响的马克思在青年时代认同现代理性观念，重视现代科技发展对人类生活的深刻变革，拒斥与历史规律相背离的保守思维。随着对现代经济生产过程的研究逐渐深入，马克思看到与现代经济生产方式相伴而生的社会变革催生了不同于过去一切时代的变动。在这种变动及其加速运转中，“一切固定的僵化的关系以及与之相适应

---

* 臧峰宇，中国人民大学哲学院教授，博士生导师。

的素被尊崇的观念和见解都被消除了，一切新形成的关系等不到固定下来就陈旧了。一切等级的和固定的东西都烟消云散了，一切神圣的东西都被亵渎了。人们终于不得不用冷静的眼光来看他们的生活地位、他们的相互关系”。① 这个不可逆转的过程塑造了新的生活世界和社会关系，改变了人们的思维方式和价值观念，形成了与以往不同的文明形态。马克思的现代性思想正是在对现代生产过程及其内在逻辑的研究中展现的，体现为肯定现代化的进步意义与否定资本现代性的双重视角。

从现代化的进步性角度看，马克思肯定现代社会形成以来人类创造的文明成果，强调现代生产过程中的经济因素对现代社会运行具有基础性意义。现代性观念在人们的生产生活过程中对象化为现代文明的普遍性，以前所未有的方式离开传统社会秩序的轨道，使人们进入对传统等级观念祛魅的世界。具有特定文化传统的民族在现代化进程中满足生产和发展的实际需要，形成世界性的普遍交往关系。正如马克思所说，“各民族的精神产品成了公共的财产。民族的片面性和局限性日益成为不可能，于是由许多种民族的和地方的文学形成了一种世界的文学。”②当历史走向世界历史，生产的社会化促进文明从封闭走向开放，一切地域之间或民族之间的隔阂被摧毁了。在物质生产和精神生产领域，各民族的互相往来和互相依赖普遍化。由此需要一种新世界观，作为理解由现代性开辟的世界历史的观念前提，并在世界历史的展开过程中进一步理解其间创造的物质基础。

现代生产以及随之而来的现代化进程具有首创精神，为世界历史的形成奠定了物质基础。现代性的对象化实践导致了世界市场的形成，由此形成商品生产和消费的国际性。“不断扩大产品销路的需要，驱使资产阶级奔走于全球各地。它必须到处落户，到处开发，到处建立联系。”③自给自足的自然经济和封闭保守的价值观念被新的生产方式和文化精神取代了，生产和消费的世界性促成了经济全球化。随着旧的社会制度崩溃，新的社会主体登上历史舞台，“资产阶级历史时期负有为新世界创造物质基础的使命：一方面要造成

① 《马克思恩格斯文集》第 2 卷，人民出版社 2009 年版，第 34—35 页。
② 《马克思恩格斯选集》第 1 卷，人民出版社 2012 年版，第 404 页。
③ 《马克思恩格斯选集》第 1 卷，人民出版社 2012 年版，第 404 页。

以全人类互相依赖为基础的普遍交往,以及进行这种交往的工具;另一方面要发展人的生产力,把物质生产变成对自然力的科学支配。”①在这里,我们看到世界历史普遍性的伟力,它不仅在世界范围内对象化,而且在特定的社会历史条件下具体化,成为各民族必经的历史进程。

这种必经的历史进程表现为一种历史趋势,个人在其中摆脱传统观念的束缚,释放自我意识的创造性,具体表现为“人对自然的能动关系,人的生活的直接生产过程,从而人的社会生活关系和由此产生的精神观念的直接生产过程”②。这种直接生产过程提升了人们的现代素养和文明程度,直接提高了生产力和经济发展水平,为社会发展确立了坚实的物质基础。马克思看到在现代生产过程中创造的生产力“比过去一切世代创造的全部生产力还要多,还要大。自然力的征服,机器的采用,化学在工业和农业中的应用,轮船的行驶,铁路的通行,电报的使用,整个整个大陆的开垦,河川的通航,仿佛用法术从地下呼唤出来的大量人口——过去哪一个世纪料想到在社会劳动里蕴藏有这样的生产力呢?”③这样的生产力决定了与之相适应的新的生产关系,创造了一个新世界。但是,在现代社会发展过程中,现代性观念蜕变为关于资本扩张和殖民体系的合理性主张,甚而现代性的一般样态被强制解释为资本现代性这种特殊样态,这种特殊样态为马克思所深切批判。

从否定资本现代性的角度看,马克思指出资本和劳动的关系是全部现代社会体系围绕旋转的轴心。遵循利益最大化原则,强化了资本逻辑并形成了利益对立关系,使交换价值凌驾于道德责任之上,经济利益优先于道德正当,甚至成为道德正当的化身。在马克思看来,物质生产和资本主义生产关系的生产,以及商品生产与价值增殖的共时性,体现了资本现代性的秘密。资本表现为物的形态,但在特定的运动过程中,生产出体现资本逻辑的交换关系和权力关系,这种运动使资本不断增殖并不断谋求剩余价值,由此构成资本现代性的强大动力。在这个意义上,马克思对现代性的批判并不是一种观念批判,而是对现代物质生活关系的批判,即从生产力和生产关系的现实冲突中解释社

① 《马克思恩格斯选集》第1卷,人民出版社2012年版,第862页。
② 《马克思恩格斯文集》第5卷,人民出版社2009年版,第429页。
③ 《马克思恩格斯文集》第2卷,人民出版社2009年版,第36页。

会现实:异化劳动不仅生产商品,而且生产一种社会关系,“通过异化劳动,人不仅生产出他对作为异己的、敌对的力量的生产对象和生产行为的关系,而且还生产出他人对他的生产和他的产品的关系,以及他对这些他人的关系。”① 这种劳动不仅使工人与其类本质相异化,而且使资本家的追求陷入与自我实现相背离的境地,看似满足了某种感性的欲望,实则陷入一种虚幻、无聊的状态,造成非人的力量在全社会的统治。

马克思青年时代对异化劳动的批判后来在对以拜物教批判为核心的资本逻辑批判中得到深化,他将批判指向这种非人的力量统治的事实,指向资本现代性的内在逻辑及其体现的对抗性关系,揭示了资本主义社会是资本逻辑的必然产物。资本逻辑的现实化体现为资本无限增殖和膨胀的过程,资本是现代社会支配一切的经济权力,劳动是资本的“酵母”。资本逻辑看似以剥削劳动力的形式体现在流通领域,实际上无处不在,在生息资本里同样发挥作用。正如马克思所言,“如果说资本起初在流通的表面上表现为资本物神,表现为创造价值的价值,那么,现在它又在生息资本的形式上,取得了它的最异化最特别的形式。”②马克思在资本运动过程中把握现代性的流变,认为资本现代性造成了一种盲目地奴役人的力量,这种奴役人的力量反映了劳动与资本的“抽象人格”之间的关系,这种关系阻碍了人的自由与全面发展,使人们在努力实现自我的过程中陷入异化的渊薮,异化劳动是资本逻辑的必然结果。马克思用人的异化与异化的扬弃说明摆脱现代性困境的过程,将消除资本逻辑的过程阐释为劳动异化及其扬弃的过程。物质资料生产方式是包括现代社会在内的全部人类社会的基础,现代文明正是基于物质资料生产方式展开的,当资本逻辑造成的经济危机愈演愈烈,形成严重的现代性症候,致力于摆脱劳动异化的新生产逻辑便开始萌生。

在现代性形成之前,生产的目的自然地体现为人的需要,而“在现代世界,生产表现为人的目的,而财富则表现为生产的目的”。③ 在现代性高歌猛进的途中,自然经济和各种淳朴祥和的社会组织逐渐消亡,农民的民族从属于

① 《马克思恩格斯全集》第3卷,人民出版社2002年版,第276页。
② 《马克思恩格斯全集》第46卷,人民出版社2003年版,第939页。
③ 《马克思恩格斯全集》第30卷,人民出版社1995年版,第479页。

资产阶级的民族,人们为很多古老文明形式的崩溃而伤感,这种情感上的反映是自然的。正如马克思所说,“这些田园风味的农村公社不管看起来怎样祥和无害,却始终是东方专制制度的牢固基础,它们使人的头脑局限在极小的范围内,成为迷信的驯服工具,成为传统规则的奴隶”。① 以往温情脉脉的人际关系变成了现实的金钱关系,直接表现为现金交易。这种现象的内在根据表现为一种物化的神秘形式,随之而来的是物的世界的增值与人的世界的贬值成正比。当货币成为一般等价物,在现代社会体现商品的价值,对货币的追逐就成为现代人的自觉,当这种自觉成为现代人的日常意识,及至超越人们的实际需要,就使人们迷恋人与人之间交换关系的物化,进而形成了货币拜物教。现代化的资本主义模式以这种物化状态为标志,人们的生活世界受到货币拜物教的束缚。

货币拜物教在本质上体现为资本拜物教,在现代社会,体现经济关系并彰显其本质的是资本而非货币,货币拜物教在本质上以资本增殖为基础,以货币体现的人与人之间的关系在资本的运动中发生变化。马克思深刻指出货币转化为资本而发生的重要转变,“在资本中,货币失掉了自己的僵硬性,从一个可以捉摸的东西变成了一个过程”。② 在这个意义上,货币只是以符号的方式反映了拜物教的表象,真正体现拜物教本质的是资本运动过程中的生产关系及其决定的其他经济关系,这是资本现代性折射的最根本的经济事实,是由资本逻辑主导的社会实在。资本拜物教使人与人的关系为物化的关系所取代,从而遮蔽了劳动的社会属性以及劳动者之间的社会关系,人的需要与追求遭到物欲世界的笼罩。在这里,充满了“形而上学的微妙和神学的怪诞”,③资本的抽象化体现为现代形而上学的悖谬。资本增殖使现代社会处于不安定和变动的状态,生产出新的社会关系,在生产和消费不断扩大到世界市场的同时,人与人之间的关系日益陷入冷漠和紧张的境地。

马克思通过分析生产力与生产关系的矛盾来深刻批判资本现代性,认为异化劳动与异化现象的普遍性是资本逻辑的直接结果,是资本现代性的重要

---

① 《马克思恩格斯选集》第1卷,人民出版社2012年版,第853—854页。

② 《马克思恩格斯全集》第31卷,人民出版社1998年版,第387页。

③ 《马克思恩格斯全集》第44卷,人民出版社2001年版,第88页。

表征。他看到商品世界中的实体性存在被符号化,货币的符号存在充斥于交换领域,深感焦虑和茫然的人们与其类本质相背离。他通过审视现代工业和整个财富领域对政治领域的影响,认识到工业化大生产是现代社会发展的根本动力,指出现代社会的生产关系是资本现代性的渊薮,分工还不是出于人们的自愿,现代生产活动对劳动者而言还体现为一种异己的与其对立的力量,强调"必须推翻使人成为被侮辱、被奴役、被遗弃和被蔑视的东西的一切关系",①变革造成这种关系的特定社会制度,在政治经济学批判中寻求超越资本逻辑和扬弃异化劳动的出路,从而在走向现代性的未来理想样态中超越资本现代性的症候。

马克思对资本现代性的批判体现为对传统形而上学的批判,对资本主义社会的物化形式的去蔽,需要"经济学—哲学"层次的批判。正是因为认识到资本逻辑是无视无产者实际诉求的抽象,呈现了解决现实社会矛盾的"倒影",马克思不仅揭示了现代资本主义生产方式及其产生的资产阶级社会的特殊的运动规律,而且揭示了人类历史发展规律,由以深化对资本逻辑的认识。② 现代社会对个人而言体现为一种外在的必然性,劳动过程中的人在其对象中丧失自身。资本逻辑以异化的普遍性掩盖了现代化的多样性,使资本扩大化成为现代化的典型样态,制造了一种先验设定的生产关系图景。马克思将资本视为西方现代化的基因,认为现代社会充斥着资本逻辑,这种伴随现代文明进程的逻辑造成了人们遭受异化的实际处境,也构成人们的内在困惑,因为每一种事物在现实生活中都包含自身的反面。"资本主义生产方式的神秘化,社会关系的物化,物质的生产关系和它们的历史社会规定性的直接融合已经完成:这是一个着了魔的、颠倒的、倒立着的世界。在这个世界里,资本先生和土地太太,作为社会的人物,同时又直接作为单纯的物,在兴妖作怪。"③追逐物质财富的最大化,是资本的"天然的使命",这使资本增殖走上疯狂的不归路。资本在增殖过程中彰显独立性和个性,从事生产的现实的个人却与其类本质相背离,资本逻辑笼罩的现代社会成为一个颠倒的世界。由此可见,

---

① 《马克思恩格斯文集》第1卷,人民出版社2009年版,第11页。
② 参见臧峰宇:《马克思政治哲学引论》,中国人民大学出版社2020年版,第164页。
③ 《马克思恩格斯选集》第2卷,人民出版社2012年版,第646页。

马克思通过否定资本逻辑超历史的抽象观念和形而上学范畴,实现了对资本现代性的内在批判。

从超越资本现代性与实现现代文明转型角度看,马克思将资本现代性的具体展开视为一个充满内在矛盾的过程,这种内在矛盾从根本上表现为生产的社会化与生产资料资本主义私人占有之间的矛盾,造成了人的异化以及一系列严峻的社会问题。"赋予新的生产方式以资本主义性质的这一矛盾,已经包含着现代的一切冲突的萌芽。"①当现代性偏离了启蒙思想家的华美预言,因其内在局限和社会矛盾而陷入危机,必然造成多重的"现代性隐忧"。在马克思看来,资本是一种"普照的光",体现为具有支配性的经济权力,它作为社会存在形式出场,按其本身的面貌创造新世界。资产阶级在资本运动过程中追求利益的最大化,确证资本增殖的本性。"资产阶级生存和统治的根本条件,是财富在私人手里的积累,是资本的形成和增殖"。② 资本增殖从根本上说是通过工人创造剩余价值实现的,剩余价值的最大化造成工人的贫困,包含着现代社会一切冲突的萌芽。剩余价值的最大化实际地体现为资本逻辑的现实化,当剩余价值被投入新的生产过程,就会产生更多的剩余价值,从而使资本积累无限扩大。在无产者遭受剥削与异化的同时,整个社会运转遭受拜物教的笼罩,从而使现代文明有沉入一种堕落境遇的危险。

使现代文明摆脱这种堕落境遇的根本出路是消除资本逻辑的束缚,马克思将否定资本逻辑的过程具体化为对私有财产的扬弃,实现人类解放、自由与全面发展,从而使启蒙理性的华美约言成为一种平等的现实。正如他指出的:"对私有财产的积极的扬弃,作为对人的生命的占有,是对一切异化的积极的扬弃,从而是人从宗教、家庭、国家等等向自己的人的存在即社会的存在的复归。"③扬弃私有财产,使现实的个人获得独立性和个性,是使现代文明实现转型的伟大构想。当这一构想付诸实践,无产阶级作为新的社会主体登上历史舞台。马克思在社会历史的深处描述未来理想社会的图景,实则在批判现代性危机的同时提出超越现代性困境的可能之路,呈现一种超越资本现代性的

① 《马克思恩格斯文集》第 9 卷,人民出版社 2009 年版,第 287 页。
② 《马克思恩格斯选集》第 1 卷,人民出版社 2012 年版,第 412 页。
③ 《马克思恩格斯全集》第 3 卷,人民出版社 2002 年版,第 298 页。

新现代性,从而真正释放了现代性的潜能,这时“批判已经不再是目的本身,而只是一种手段”。①

在马克思看来,资本增殖及其对世界市场的需要必然将资本逻辑引向世界,造成资本的全球扩张与不同民族之间的冲突。这是资本现代性的逻辑,而不是现代化的必然逻辑。在不同民族之间的冲突中呈现了现代化的多样性,应当消解现代化的单一性特质。马克思明确否定抽象普遍性观念,深刻理解“既定社会”的“实在主体”,强调“历史是不能靠公式来创造的”。② 不能把现代化视为一种先验设定的普遍公式,抑或将其具体展开当作一种想象的过程。从历史唯物主义角度着眼,现代化的具体展开实际地超越了偶然的非本质的臆想,体现为人们在历史性实践中创造的现实的历史。毋庸置疑,只有在特定的社会条件下才能理解历史的具体,只有在现实的历史中才能把握不同民族的历史命运。

马克思强调现代性不仅没有固化,还显现出一种流动的状态,“现在的社会不是坚实的结晶体,而是一个能够变化并且经常处于变化过程中的有机体”。③ 从根本上取代资本逻辑的可能性在于建构一种劳动逻辑,使现代化步入新发展道路。这种逻辑及其对象化过程不以资本增殖为目的,而以人的全面发展为中心,从而消解了对抗性的社会关系。不是将社会作为抽象物与个人相对立,不是将人驯化为机器,而是将人作为社会存在物,在合理化的日常生活世界,每个人都是目的而非手段。马克思“设想有一个自由人联合体,他们用公共的生产资料进行劳动,……这个联合体的总产品是一个社会产品。这个产品的一部分重新用做生产资料。这一部分依旧是社会的。而另一部分则作为生活资料由联合体成员消费。因此,这一部分要在他们之间进行分配”。④ 这时,人是一种社会的存在物,社会对人来说成为本质,现实的个人“固有的力量”联合为一种社会的力量。人与自然界之间以及人与人之间的矛盾得到真正解决,存在和本质、对象化和自我确证、自由和必然、个体和类之

① 《马克思恩格斯全集》第 3 卷,人民出版社 2002 年版,第 202 页。
② 《马克思恩格斯文集》第 1 卷,人民出版社 2009 年版,第 624 页。
③ 《马克思恩格斯文集》第 5 卷,人民出版社 2009 年版,第 10—13 页。
④ 《马克思恩格斯文集》第 5 卷,人民出版社 2009 年版,第 96 页。

间的斗争得到真正解决。在这个意义上,马克思既是资本现代性的批判者,也是新现代性的构建者,他在"无情地批判"资本现代性的同时,提出现代化发展的新版本,从而提升了现代文明的品质。

马克思创建新现代性的方式具有总体性特征,不是对资本现代性的技术修补,而是如颠倒传统形而上学般扬弃私有制和私有观念。在马克思现代性思想的双重向度中可以看到,资本既有"文明的一面",也有"不文明的一面",或者说为资本逻辑笼罩的现代文明体现了一种对抗性矛盾,"随着文明而产生的社会为自己所建立的一切机构,都转变为它们原来的目的的反面"。① 为此,要在社会层面上建构一种劳动逻辑,在不断提高社会生产力水平的同时,重新分配社会产品,从而指向现代文明转型的现实可能性。当我们以实践的思维方式考察现代性的一般逻辑的具体展开,就会发现它体现为多样的民族形式,而以劳动逻辑取代资本逻辑是优化现代文明的重要路径。

当资本在信息社会以加速的方式自由流动,其与劳动的关系仍然是相对固定的,从技术角度解决资本现代性问题是不可能的。马克思预见到这种问题的普遍性,正如他指出的,"机器具有减少人类劳动和使劳动更有成效的神奇力量,然而却引起了饥饿和过度的疲劳。财富的新源泉,由于某种奇怪的、不可思议的魔力而变成贫困的源泉。技术的胜利,似乎是以道德的败坏为代价换来的。随着人类愈益控制自然,个人却似乎愈益成为别人的奴隶或自身的卑劣行为的奴隶。甚至科学的纯洁光辉仿佛也只能在愚昧无知的黑暗背景上闪耀。我们的一切发明和进步,似乎结果是使物质力量成为有智慧的生命,而人的生命则化为愚钝的物质力量。"②资本现代性造成的问题是显而易见的,社会发展方式变迁从根本上决定了现代文明转型的必要性,创建新现代性实际体现为对资本现代性的内在超越。为此,要以劳动逻辑取代资本逻辑,将现代化发展道路的多样性具体化,尊重不同民族实现现代化的自主性,在批判旧世界的过程中建立新世界。现代化源自西方,在资本现代性展开过程中对

① 《马克思恩格斯文集》第 9 卷,人民出版社 2009 年版,第 147 页。
② 《马克思恩格斯文集》第 2 卷,人民出版社 2009 年版,第 580 页。

东方社会产生了重大影响，在与西方文明冲突与碰撞过程中，中华文明努力实现自我超越，进行了现代化的实践探索。

二、中国式现代化的实践逻辑与人类文明新形态的实践创造

在世界历史语境中理解中国式现代化新道路的具体实际，方能把握近代以来中华民族走向现代化的苦难辉煌的历程。鸦片战争及其后百余年间，中国遭到西方坚船利炮侵袭和外族铁蹄践踏，逐步成为半殖民地半封建社会。宗法制社会组织土崩瓦解，正如马克思所指出的："一个人口几乎占人类三分之一的大帝国，不顾时势，安于现状，人为地隔绝于世并因此竭力以天朝尽善尽美的幻想自欺。这样一个帝国注定最后要在一场殊死的决斗中被打垮：在这场决斗中，陈腐世界的代表是激于道义，而最现代的社会的代表却是为了获得贱买贵卖的特权——这真是任何诗人想也不敢想的一种奇异的对联式悲歌。"①东方社会闭关自守的农耕文明被迫与西方现代文明发生联系，当时中国有识之士在文明碰撞中开始了现代化的初步探索。

西方现代化伴随着坚船利炮进入中国，近代中国经济社会发展状况难以产生不同于西方现代化的内生性力量，国民的文化信念因之而不振，这时遭遇的正是资本现代性扩张造成的东方从属于西方的境遇。虽然在16世纪中国即有现代化的萌芽，商业和市场一度有扩大之势，经济繁荣程度至18世纪曾达于高峰，但因封建专制与思维固化，近代科学在中国发展迟滞，从未形成与现代社会相适应的市场经济。中国在被动进入现代化后，经历洋务运动、戊戌变法、辛亥革命都没能找到中国现代化的成功道路。正如毛泽东所说，"帝国主义列强侵入中国的目的，决不是要把封建的中国变成资本主义的中国。帝国主义列强的目的和这相反，它们是要把中国变成它们的半殖民地和殖民地。"②仅仅"师夷长技"并不能"制夷"，也不足以挽狂澜于既倒。

---

① 《马克思恩格斯选集》第1卷，人民出版社2012年版，第804页。

② 《毛泽东选集》第2卷，人民出版社1991年版，第628页。

正如毛泽东所指出的,“一个不是贫弱的而是富强的中国,是和一个不是殖民地半殖民地的而是独立的,不是半封建的而是自由的、民主的,不是分裂的而是统一的中国,相联结的。在一个半殖民地的、半封建的、分裂的中国里,要想发展工业,建设国防,福利人民,求得国家的富强,多少年来多少人做过这种梦,但是一概幻灭了。”①面对西方现代化的弊端,以及由此形成的战争与殖民的态势,有识之士对西方现代文明进行内在反思,认识到西方现代化的结构性矛盾,在五四新文化运动中以“民主”和“科学”的启蒙来改造国民性,并结合实际寻找中国现代化道路。这场运动的基调是以新文化推动中国现代化,将反帝反封建作为明确的历史任务。这时的先进知识分子认识到,从器物、技术和制度层面变革还不能彻底改变中国,为此深切反思国民性,谴责资本现代性的文化沦落,在对帝国主义文化与封建文化的双重否定中强调以面向未来的方式塑造新文化,作为开辟现代化新道路的精神力量。随着马克思主义作为社会变革的指导思想传入中国,先进知识分子逐步接受了唯物史观、剩余价值学说和科学社会主义理论,为中国共产党的成立做了思想上的准备。

马克思主义为中国的民族解放事业提供了强大的现实性和科学理性思维,激活了支撑中国现代化的现实历史的伟力,以一场由先进思想指导的社会革命作为中国现代化的现实根基。中国共产党的成立是开天辟地的大事变,找到了符合中国具体实际的现代化道路。我们党在成立伊始就将为中国人民谋幸福、为中华民族谋复兴作为自己的初心和使命,党领导的新民主主义革命是“新式的民主革命,虽然在一方面是替资本主义扫清道路,但在另一方面又是替社会主义创造前提”。② 在这场革命中,我们党将现代化作为中国社会发展的前景,强调推翻“三座大山”的压迫,提倡现代化军事工业和军队现代化③,在艰苦卓绝的斗争中取得了新民主主义革命的胜利,建立了新中国,确立了社会主义基本制度,使中国现代化具有了根本政治条件。

随着新中国成立,帝国主义强加给中国的一切不平等条约和外国人在中国的特权得到废除和取缔,中华民族实现了完全独立,中国人民从此站起来

① 《毛泽东选集》第3卷,人民出版社1991年版,第1080页。
② 《毛泽东选集》第2卷,人民出版社1991年版,第647页。
③ 参见《周恩来军事文选》,人民出版社1997年版,第85—86页。

了。毛泽东在第一届全国人民代表大会第一次会议开幕词中指出:“准备在几个五年计划之内,将我们现在这样一个经济上文化上落后的国家,建设成为一个工业化的具有高度现代文化程度的伟大的国家。”①中国式现代化由此从梦想走向现实,在实践中彰显历史唯物主义的直接现实性,而且在理论上呈现反映实践思维方式的科学规定。经过完成对农业、手工业和资本主义工商业的社会主义改造,实现生产资料所有制的社会变革,为我国社会主义基本制度的确立奠定了经济基础。社会主义现代化的内涵逐渐明确,具体体现为工业、农业、交通运输业和国防事业的现代化。②

社会主义现代化进程不断彰显中华民族的实践自觉,在内生性探索中体现为一种“历史的选择”。随着毛泽东提出过渡时期总路线,社会主义工业化和社会主义改造同步展开,这时的中国现代化主要体现为工业化,起初带有向苏联学习的浓重印记。在反思苏联现代化弊端的过程中,毛泽东进一步寻找符合中国国情的现代化道路,他在扩大的中央工作会议上的讲话中指出,“我们必须准备进行同过去时代的斗争形式有着许多不同特点的伟大的斗争。为了这个事业,我们必须把马克思列宁主义的普遍真理同中国社会主义建设的具体实际”③尽可能好一些地结合起来。中国现代化逐渐体现为农业、工业、国防和科学技术现代化,开始实现“两步走”设想,并将共同富裕作为重要目标。“这种共同富裕,是有把握的……那种不能掌握自己命运的情况,在几个五年计划之内,应该逐步结束。”④可见,共同富裕这一重要特征伴随着中国现代化进程,与马克思主义中国化的历史紧紧联系在一起,在现实中淬炼的中国化马克思主义为扫清中国现代化的障碍提供了理论基础,反映了社会主义的本质要求,彰显了中国道路的实践逻辑。

中国式现代化道路体现了马克思主义的中华民族形式,实现了中华民族在现代化进程中的自我超越,呈现了现代化进程中一种前所未有的进步特征。历史证明,中国式现代化道路既不同于西方资本主义现代化道路,也不同于苏

① 《毛泽东文集》第6卷,人民出版社1999年版,第350页。
② 参见《周恩来选集》下卷,人民出版社1984年版,第132页。
③ 《毛泽东文集》第8卷,人民出版社1999年版,第302页。
④ 《毛泽东文集》第6卷,人民出版社1999年版,第496页。

联现代化模式,亦非对马克思主义基本原理的教条化运用,而是基于符合中国国情的实践探索,体现了生产方式变革与中国社会发展能动因素的结合。这是一条符合实现中华民族伟大复兴和中国人民根本利益的现代化新道路,在"百年未有之大变局"中彰显了中国发展的历史选择。可以说,中国式现代化是从一穷二白的基础上起步的,经过艰苦卓绝的探索不断前进,以中国正处于并将长期处于社会主义初级阶段作为基本依据,制定政策、规划未来。中国式现代化遵循的实践逻辑表明,必须不断实现马克思主义在中国的具体化,必须以社会主义的制度优势开拓中华文明的崭新图景,这在改革开放进程中得到深刻体现。

改革开放更新了人们的思维方式和价值观念,努力更快地赶上时代。邓小平提出"要适合中国情况,走出一条中国式的现代化道路"。① 在结合实际思考社会发展走向的过程中构思中国"整个现代化的蓝图",②他将"四个现代化"概括为"小康之家",并用"小康社会"表明中国式现代化,③"把世界一切先进技术、先进成果作为我们发展的起点"。④ 改革开放为中国式现代化提供了强大动力,在社会主义现代化建设的"三步走"战略中,第三步就是中国到21世纪中叶基本实现现代化。邓小平强调中国式现代化的社会主义方向和原则:"我们要实现工业、农业、国防和科技现代化,但在四个现代化前面有'社会主义'四个字,叫'社会主义四个现代化'。"⑤这种与西方现代化不同的探索超越了资本现代性症候,形成了中国特色社会主义发展道路,彰显了中国式现代化的重要特征。

改革开放40多年来的探索实践表明,中国式现代化在中国特色社会主义的现实场域呈现了马克思现代性思想中国化的实践逻辑,在马克思主义中国化进程中走出的中国式现代化道路体现了历史规律的决定性和历史主体的选择性。走现代化道路体现了历史规律的决定性,而历史规律的决定性要通过

---

① 《邓小平文选》第2卷,人民出版社1994年版,第163页。

② 中共中央文献研究室编:《邓小平年谱(1975—1997)》(上),中央文献出版社2004年版,第582页。

③ 参见《邓小平文选》第3卷,人民出版社1993年版,第54页。

④ 《邓小平文选》第2卷,人民出版社1994年版,第111页。

⑤ 《邓小平文选》第3卷,人民出版社1993年版,第138页。

历史主体的选择性来实现，历史规律形成和实现于历史主体的具体的实践活动中。正是因为将现代化发展作为执政兴国的第一要务，坚持以人民为中心，强调人民是历史的创造者和真正的英雄，中国共产党团结带领人民进行矢志不渝的探索，建立社会主义市场经济体制，使14亿多人口的中国摆脱贫困，实现从温饱不足到迈向全面小康的跨越，实现了中国经济社会发展的伟大转折和历史性跨越，其中的实践逻辑反映了在马克思主义中国化进程中归纳的社会主义现代化的规律性特征。

党的十八大以来，我们党将人民对美好生活的向往作为奋斗目标，如期打赢脱贫攻坚战，全面建成小康社会，取得了社会主义现代化建设的历史性成就。习近平总书记提出国家治理体系和治理能力现代化，强调在“新时代谋划全面深化改革，必须以坚持和完善中国特色社会主义制度、推进国家治理体系和治理能力现代化为主轴，深刻把握我国发展要求和时代潮流，把制度建设和治理能力建设摆到更加突出的位置”。① 从而在制度现代化层面实现中国现代化的整体发展。在新时代，全面建成社会主义现代化强国的时间表和路线图日益清晰，在全面建成小康社会的基础上，再奋斗15年，到2035年基本实现社会主义现代化；再奋斗15年，到21世纪中叶，把我国建成富强民主文明和谐美丽的社会主义现代化强国。坚持以人民为中心，实现人口规模巨大的现代化，以超过现有发达国家人口总和的规模改写现代化的世界图景，不断提升中国特色社会主义物质文明、精神文明、政治文明、社会文明和生态文明。

站在中国式现代化新的历史起点，更好地满足分配供给的公正性需求，进一步实现共同富裕成为社会共识。随着全面建成小康社会、开启全面建设社会主义现代化国家新征程，我们必须把促进全体人民共同富裕摆在更加重要的位置。在高质量发展中促进共同富裕，不断完善社会治理模式，坚定不移地走中国式现代化道路，在世界历史视域中彰显了中国特色社会主义发展理念的实体性内容，实际地超越了资本现代性的弊端，体现了历史唯物主义的原则高度。其中创造的人类文明新形态表明，特定的世界历史民族在一定的历史进程中承担着特定的历史任务，取得的成就具有世界历史意义。

---

① 《习近平谈治国理政》第三卷，外文出版社2020年版，第112页。

百年来,中国式现代化取得了举世瞩目的发展奇迹,基本完成了西方国家200多年的现代化建设的探索,在经济社会发展速度和质量上实现了“时空压缩”。几代中国人接力推进中国式现代化的历史经验表明,“世界上没有放之四海而皆准的具体发展模式,也没有一成不变的发展道路。历史条件的多样性,决定了各国选择发展道路的多样性。”①马克思主义基本原理同中国具体实际相结合体现为一种实践逻辑,不能将马克思主义基本原理公式化,而要运用历史唯物主义原则在实践中创造新世界。“独特的文化传统,独特的历史命运,独特的基本国情,注定了我们必然要走适合自己特点的发展道路。”②马克思主义中国化与中国式现代化彰显了实践的思维方式,遵循历史规律创造历史,在世界历史进程中展现了具有中国风格和中国气派的体现社会主义本质的现代文明形态。

由此可见,马克思主义中国化与中国式现代化道路的本质的必然的联系是历史性的,洋务运动、维新变法、辛亥革命、五四运动以及其间在中国传播的功利主义、改良主义、空想社会主义、工读主义等思潮都不同程度地参与过中国现代化的最初进程,但真正确立中国现代化的坚实基础并主导其历史进程的是中国共产党领导的现代化事业。在这项事业的现实的历史中,为中国人民谋幸福、为中华民族谋复兴成为一种历史的自觉,这项历史的事业不是先验设定的,而是在现实的历史中塑造的,它实际地体现了受历史传承、文化传统、经济社会发展影响的现代化的中国式探索,体现为党领导人民在百年现代化进程中的赓续奋斗,体现为逐渐改进和内生性演化的结果,进而在世界历史中彰显普遍性内涵。在中国式现代化途中创造人类文明新形态,其意义并非移植西方现代化的样本,而在于建构一种超越资本现代性的文明形态。中国式现代化实现了物质文明和精神文明相协调,人与自然和谐共生,这种文明新形态具有坚实的物质基础,具有彰显其历史规定性的文化特征,具体体现为马克思主义中国化和中华优秀传统文化的创造性转化。

① 中共中央文献研究室编:《十八大以来重要文献选编》(上),中央文献出版社2014年版,第699页。

② 《习近平谈治国理政》第一卷,外文出版社2018年版,第156页。

三、中国式现代化新道路与中华优秀传统文化的创造性转化

中国式现代化道路是马克思主义基本原理同中国具体实际和中华优秀传统文化相结合的实践场域,体现了中国人徐图自强、赶上时代的精神历程,彰显了中华民族的历史主体意识。中华优秀传统文化在历史演进中不断得到创新性发展,体现为受现实的历史影响的人文日新的过程。当其被对象化为历史实践,就转换为历史的具体。换言之,实现中华优秀传统文化的创造性转化,要将与时俱进的思想理念、人文精神和传统美德转化为现实的社会文明。当然,并非所有的文化理想都能成为现实,正如恩格斯所说,"文明是实践的事情,是社会的素质。"①文化的实践转化体现为社会存在,形成彰显时代精神的现实物质力量。继承中华优秀传统文化,并非依靠古代文明解决今天的问题,而是要在实践中创造符合新时代发展要求的新文明。

中国共产党以马克思主义为指导,团结带领中国人民取得新民主主义革命和社会主义革命的胜利,在实践中把马克思主义基本原理同中国具体实际和中华优秀传统文化相结合,形成了马克思主义中国化的理论形态,成为中国式现代化道路的理论基础,具有深远的历史意义。探究马克思主义基本原理同中华优秀传统文化相结合之于中国式现代化的重要意义,乃是要揭示特定的世界历史民族在实现特定历史任务时秉持的文化自信,这样的文化自信对创造文明新形态具有特殊重要性。马克思主义为中国先进知识分子所理解和接受,必然体现为中国文化形式,其传播和实际运用必然带有中国的特性,并在转化为中国话语的过程中得到彻底的表达。正如毛泽东所说,"必须将马克思主义的普遍真理和中国革命的具体实践完全地恰当地统一起来,就是说,和民族的特点相结合,经过一定的民族形式,才有用处……中国文化应有自己的形式,这就是民族形式。"②

① 《马克思恩格斯文集》第1卷,人民出版社2009年版,第97页。

② 《毛泽东选集》第2卷,人民出版社1991年版,第707页。

从中国式现代化的传统文化资源角度看,用以表示中国式现代化的“小康”具有深厚的中国传统文化背景,是在马克思主义中国化进程中被赋予新义的中国话语。1979年,邓小平在会见日本首相大平正芳时指出:“我们要实现的四个现代化,是中国式的四个现代化。我们的四个现代化的概念,不是像你们那样的现代化的概念,而是‘小康之家’。”他谈到“小康的状态”和“小康的国家”①时强调经济社会发展要达到“小康水平”,实际上指的是有中国特色的物质丰裕的社会主义现代化,经济社会发展达到中等发达国家水平。因此,要实现物质文明和精神文明共同发展,“两手抓、两手都要硬”,这表明中国式现代化既要尽快赶上西方发达国家的经济发展水平,又要遵循社会主义的本质要求,形成与之相适应的人们的文化素养和社会风尚。

“小康”一词最初源于《诗经·大雅·民劳》,原指丰裕安乐的社会状态。“民亦劳止,汔可小康。民亦劳止,汔可小休。民亦劳止,汔可小息。民亦劳止,汔可小愒。民亦劳止,汔可小安。”孔子将“小康”视为“守礼义”“笃父子”“睦兄弟”“和夫妇”的社会,这样的社会丰实有序,但尚未达到“老有所终,壮有所用,幼有所长,矜寡孤独废疾者皆有所养”的“大同”社会。何休在《公羊传》解诂中提出“衰乱”“升平”“太平”三世说,以此重新安置儒家的秩序。其中,“升平”世大体上相当于“小康”,体现了一种和平崛起的发展状态。②“小康”不仅体现为一种社会发展状态,而且体现为人们对国泰民安的期待。《诗经·大雅·民劳》中提到的“小康”“小休”“小息”“小愒”“小安”指的都是百姓安康,过上较为舒服、殷实的生活的状态。

不断满足人民追求美好生活的需要,体现了“小康之家”的中华优秀传统文化底蕴,体现了实现中国式现代化的价值目的。这就要使人民群众摆脱贫困和劳苦的生活,努力实现共同富裕,这种汲取中华优秀传统文化精华的思路体现了中国共产党的文化自觉。“中国共产党从成立之日起,既是中国先进文化的积极引领者和践行者,又是中华优秀传统文化的忠实传承者和弘扬

① 《邓小平文选》第2卷,人民出版社1994年版,第237、238页。

② 参见臧峰宇、罗兰·博尔:《全面建成小康社会的观念资源与现实探索》,《当代中国价值观研究》2020年第1期。

者。"①可以说,马克思主义与中华优秀传统文化是我们党与生俱来的文化基因,在中国式现代化道路上,我们党注重从中国具体实际出发,在实践探索中使中华优秀传统文化在保留自身独特性的同时不断面向未来丰富其现代内涵,进而实现中华文明的现代重建。例如,汲取求同存异、和谐共生、兼容并包等思想的时代精华,反对霸权主义和强权政治,坚持睦邻友好和互利共赢,解决一系列文化冲突,在新的价值层面加以文化整合,使中国式现代化成为传承中华优秀传统文化和光耀中华文明的现代化。

与此同时,马克思主义为中华优秀传统文化注入了科学理性精神和强大动力,为其创新性发展提供了深刻思想内涵。"创新性发展,就是要按照时代的新进步新进展,对中华优秀传统文化的内涵加以补充、拓展、完善,增强其影响力和感召力。"②纵观中华优秀传统文化发展历程,可见创新性发展是中华文化绵延不绝的重要成因。创新的前提是传承,要积极总结符合时代需要的古典智慧,扎根于滋养中国人精神世界的文化土壤,弘扬跨越时空、富有永恒魅力和当代价值的优秀传统文化,由此实现符合时代精神的古为今用和推陈出新。传统文化推陈出新,要不断适应时代发展要求,去粗取精,去伪存真,赋予其新的时代内涵和哲学新义,使其与现代社会相协调,随着时代前进的步伐不断实现创新性发展。

从马克思主义基本原理同中华优秀传统文化相结合的角度看,中国式现代化道路体现了马克思主义中国化的历史选择,满足了中华优秀传统文化实现创造性转化的内在要求。"马克思主义传入中国,能够成为中国的主流意识形态,是因为它适应了中国现代化的需要;马克思主义是在正确解答中国的现代化问题,创造中国的新思想、新文化的活动中成为中国先进文化的代表,并从中获得了中国文化身份的合法性。"③马克思主义中国化使马克思主义成为中国思想文化的主导观念,实现中国化的马克思主义为中国社会发展注入科学理性精神,使中国古代道德理性传统经受现代文明洗礼。马克思主义中

① 《习近平谈治国理政》第三卷,外文出版社2020年版,第35页。

② 习近平:《论党的宣传思想工作》,中央文献出版社2020年版,第57页。

③ 何萍:《从马克思主义哲学中国化的视角看马克思主义与儒学的关系》,《思想理论教育》2015年第1期。

国化在面对中国具体实际的实践探索中不断深化对马克思主义基本原理同中华优秀传统文化的结合与创新,赋予中国式现代化以明确的任务和文化特质。

百年来,中国共产党始终将马克思主义写在自己的旗帜上,运用唯物辩证法和唯物史观认识和解决中国社会主要矛盾和矛盾的主要方面,激活了积淀几千年的中华文明的伟力,团结带领中国人民延续民族文化血脉开拓进取。马克思主义中国化创造了中华文化的新气象,使中华优秀传统文化吸收科学理性精神,亦丰富了马克思主义的中华文化内涵。体现马克思主义基本原理同中华优秀传统文化相结合的、民族的、科学的、大众的文化,在社会主义建设和改革开放进程中面向世界、面向现代化、面向未来,彰显了中国式现代化的精神气质。朝向文明新形态的中国式现代化植根于中华文化沃土,却并非颂古非今,而是反映中国特色社会主义经济和政治的发展,具有鲜明的时代特色。

马克思深刻指出资本现代性在全球流动加速了前现代社会的消逝,“在再生产的行为本身中,不但客观条件改变着,例如乡村变为城市,荒野变为开垦地等等,而且生产者也改变着,他炼出新的品质,通过生产而发展和改造着自身,造成新的力量和新的观念,造成新的交往方式,新的需要和新的语言。”①这对中华优秀传统文化的创造性转化具有启示意义,在中国现代化进程中必然形成带有中国风格和中国气派的新的文化观念、话语和交往方式,由此塑造现代中国人的文化品质和精神力量。因此,强调中华优秀传统文化作为中国式现代化的文化基因,并非意味着中国式现代化具有某种前现代特征,而是表明同马克思主义基本原理相结合的中华优秀传统文化具有跨越时空的精神力量,在创新性发展中以独特的方式破解现代化进程中的普遍问题,构成中国人喜闻乐见的现代化的中国文化形式。这是一种不同于西方现代文明的文化发展思路,为发展中国家走现代化道路提供了全新的选择。

百年来在中国实践场域中探索的现代化新道路,力图摆脱资本逻辑的束缚,扬弃零和博弈的思维方式,展现了世界历史意义。“当今中国的历史性发展之所以展现其世界历史意义,是因为中华民族的伟大复兴不仅在于中国将

① 《马克思恩格斯文集》第8卷,人民出版社2009年版,第145页。

成为一个现代化强国,而且还在于:它在完成其现代化任务的同时正在开启一种新文明类型的可能性。"①也就是说,中国式现代化并非实现西方现代化的某种翻版,而旨在于中国特色社会主义发展进程中完成现代化的历史任务,并以共同富裕为重要特征,在摆脱资本逻辑的探索中实现现代文明向更高形态跃迁。可以说,百年来中华民族在社会发展的历史具体中实现了马克思对现代文明转型的期待,反映了特定的世界历史民族在走向现代化过程中不断解放和发展社会生产力,不断满足人民群众对美好生活需要的历史自觉,释放了强大的社会发展活力。

从中华优秀传统文化的创造性转化角度看,将中华优秀传统文化中的美好理念转化为中国特色社会主义的制度文明,要把中华优秀传统文化转化为现代新文明的实践逻辑。在中华民族5000多年文明史和世界社会主义发展500年的视野中理解这个问题,就会对中华民族在实践创造中进行文化创造充满信心,理解中华优秀传统文化的创造性转化何以在历史进步中实现。马克思主义基本原理同中华优秀传统文化相结合确立了文化自信的根基,"文化自信是更基础、更广泛、更深厚的自信,是一个国家、一个民族发展中最基本、最深沉、最持久的力量,没有高度文化自信、没有文化繁荣兴盛就没有中华民族伟大复兴。"②从历史事实出发理解文化的发展过程,就会认识到中华优秀传统文化的实践转化是具体的、有条件的,实现其转化的是选择和实践这种文化理念的历史创造者。

历史上以儒家思想为主导的中原政权在战争中往往不是善骑射的游牧民族的对手,受农耕文化影响的人们安土重迁、不舍家园。但是,马上得天下而不能马上治之,在战争中取得政权的游牧民族往往要学习儒家治理理念与实践。③ 民族文化的融合正是在此过程中实现的,经过融合创新的文化在转化为文明的过程中体现了时代进步。文化需要积淀和传承,文明则体现为新旧

① 吴晓明:《世界历史与中国道路的百年探索》,《中国社会科学》2021年第6期。

② 《中共中央关于党的百年奋斗重大成就和历史经验的决议》,《人民日报》2021年11月17日。

③ 参见陈先达、臧峰宇:《文化的实践转化与制度文明的时代建构》,《中央社会主义学院学报》2020年第4期。

更替的实践创造,新文明彰显了更先进的物质力量。现代化的实质是生产方式变革引发的社会变迁,随之而来的是生成适应现代社会生产方式的新文化,文化在人们的生产生活实践中得到创造性转化,现代文明由以取代古代文明。在新时代,中华优秀传统文化创造性转化和创新性发展的着力点是建设新文明形态。文明总是与其所处社会的生产方式相适应,走中国式现代化新道路,实现中华民族伟大复兴,需要发展为此提供保障的中国特色社会主义制度文明,由以激活文化传统的生命力。

中华优秀传统文化的创造性转化是在中国特色社会主义实践场域中展开的,有其明确的时代性和现实的问题域。因而,要基于中国经济社会发展的现实与趋势理解中华优秀传统文化创造性转化的"所以然"与"所当然"。社会主义现代化塑造了超越资本现代性的模式,从中彰显了中华文明的现代形式,使之得到符合时代精神的表达。例如,以儒家思想为主导的中华优秀传统文化强调自强不息、贵和尚中、大一统、居安思危、和而不同、协和万邦,这些思想在中国共产党带领人民踔厉奋发的实践中被转化为奋斗精神、和谐情怀、集中统一观念、忧患意识、集体主义精神、国际主义精神,使中华优秀传统文化焕发时代光彩,克服西方"现代性之殇"及其带来的人类危机,成为人们追求共同富裕和共享发展的文化底蕴,为构建人类命运共同体提供了中华优秀传统文化资源。

实现中华优秀传统文化的时代创新与自我超越,指向人的全面发展和社会全面进步。人的现代化是现代化的本质与核心,中国现代化的实在进程在人们创造新文明的实践中展开,现代文明向新形态跃迁本质上体现为满足不断增长的美好生活需要的社会发展水平与人的自主性能力的提高程度。随着中国经济社会发展水平不断提高,中国人在现代化途中逐渐形成符合时代发展要求的思维方式和价值观念,不断增强与社会主义市场经济相适应的现代意识。创造中国式现代化道路与实现中国人的现代化处于同一历史进程,因为人的现代化要在社会现代化过程中实现,而迈向更高文明程度的现代化,必然将人的全面发展作为出发点和落脚点。社会主义现代化的实践探索与中华优秀传统文化创造性转化为中国人的现代化创造了必要条件,使不断提高现代文明程度的社会主义建设者融入民族复兴的伟业之中。

综上可见，马克思主义基本原理同中国具体实际和中华优秀传统文化相结合，彰显了马克思主义的中国风格和中国气派，满足了中国式现代化的实践需要，为中国现代化提出了明确的任务和路径。中华优秀传统文化通过走向文明新形态的中国现代化实践，实现了创造性转化，在社会主义现代化进程中满足中华儿女共同的文化心理和价值追求。实现创新性发展的中华优秀传统文化体现了中国特色社会主义制度的优越性，体现了中国化马克思主义既一脉相承又与时俱进的文化内涵。正如习近平总书记所指出的，“从世界社会主义 500 年的大视野来看，我们依然处在马克思主义所指明的历史时代。”①在开启全面建设社会主义现代化国家新征程上，实现中华优秀传统文化创新性发展和创造性转化，要坚持问题导向，秉持历史的观点和实践思维方式，超越资本现代性的危机，在中国特色社会主义的实践场域中进一步促进马克思主义基本原理同中华优秀传统文化相结合，生成中华文化的再生机制，促进民族精神与时代精神的融合，建设社会主义文化强国。在这个意义上，百年来以马克思主义为指导的中国式现代化探索实现了马克思对现代文明转型的期待，在艰苦卓绝的实践中创造了人类文明新形态，具有世界历史意义。

原载于《中国社会科学》2022 年第 7 期

① 《习近平谈治国理政》第二卷，外文出版社 2017 年版，第 66 页。

“驾驭资本”与中国式现代化的理论思考

郝 戈*

进入新时代以来,党的创新理论回应了百年未有之大变局中的中国与世界的文明发展问题,并提出了中国式现代化这一重大主题。而要理解中国式现代化的本质特征与伟大创新,关键在于科学把握中国式现代化对于西方以资本为中心的现代化的扬弃与超越、人类文明新形态对于西方式文明形态的借鉴与超越,尤其是如何正确看待资本的特性和行为规律、如何合理驾驭资本的问题。

要科学把握中国式现代化内在的普遍性与特殊性辩证法,也离不开驾驭资本这一关键问题。党的二十大报告指出:“中国式现代化,是中国共产党领导的社会主义现代化,既有各国现代化的共同特征,更有基于自己国情的中国特色。”①习近平指出:“一个国家走向现代化,既要遵循现代化一般规律,更要符合本国实际,具有本国特色。中国式现代化既有各国现代化的共同特征,更有基于自己国情的鲜明特色。”②这些重要论述提出了一个重大理论和实践问题:中国式现代化是何以可能以及如何实现“现代化一般规律”与“基于自己国情的鲜明特色”的历史性结合的?中国式现代化是如何在“中国特色”中具

---

* 郝戈,中国人民大学马克思主义学院暨21世纪中国马克思主义研究协同创新中心教授。

① 习近平:《高举中国特色社会主义伟大旗帜 为全面建设社会主义现代化国家而团结奋斗——在中国共产党第二十次全国代表大会上的报告》,人民出版社2022年版,第22页。

② 《正确理解和大力推进中国式现代化》,《人民日报》2023年2月8日。

体实现并创新发展“各国现代化的共同特征”的？具体来看，各国现代化的共同特征直接体现着人类社会发展的普遍规律，包含着传统社会向现代社会转型的一系列重大制度性转变，例如从传统国家形态（封建的或帝制的）向民族国家形态（单一的或多民族共同体的）转变；从传统经济形态向市场经济体制转变，尤其是市场经济中蕴含的资本动力因素等。显然，这些各国现代化的共同特征，都以“具体普遍性”的方式体现在中国式现代化的“中国特色”中。从现代化的一般规律与特殊实现道路的辩证法来看，中国式现代化的一个重大创新在于，实现了社会主义基本制度与市场经济体制的创造性结合，尤其是实现了社会主义生产关系对资本要素的制约和改造即“驾驭资本”。

一、马克思主义理论视域中的“驾驭资本”问题

中国式现代化之所以是一条新路，是因为其在本质规定上不同于西方以资本为中心的现代化老路。习近平指出：“我们党领导人民不仅创造了世所罕见的经济快速发展和社会长期稳定两大奇迹，而且成功走出了中国式现代化道路，创造了人类文明新形态。这些前无古人的创举，破解了人类社会发展的诸多难题，摒弃了西方以资本为中心的现代化、两极分化的现代化、物质主义膨胀的现代化、对外扩张掠夺的现代化老路，拓展了发展中国家走向现代化的途径，为人类对更好社会制度的探索提供了中国方案。”①这一重要论述深刻揭示了，理解中国式现代化道路的关键在于把握其区别并超越于西方现代化老路的特征与创新，尤其是超越以资本为中心的现代化老路，走出以人民为中心的现代化新路。

当然，超越西方以资本为中心的现代化，并不是要彻底否定或抛弃资本，而是要合理地驾驭资本为社会主义现代化服务。2021 年 12 月召开的中央经济工作会议指出，要正确认识和把握资本的特性和行为规律。社会主义市场经济是一个伟大创造，社会主义市场经济中必然会有各种形态的资本，要发挥资本作为生产要素的积极作用，同时有效控制其消极作用；要为资本设置“红

① 习近平：《以史为鉴、开创未来、埋头苦干、勇毅前行》，《求是》2022 年第 1 期。

绿灯”,依法加强对资本的有效监管,防止资本野蛮生长。要支持和引导资本规范健康发展,坚持和完善社会主义基本经济制度,毫不动摇巩固和发展公有制经济,毫不动摇鼓励、支持、引导非公有制经济发展。① 习近平强调:“资本是社会主义市场经济的重要生产要素,在社会主义市场经济条件下规范和引导资本发展,既是一个重大经济问题、也是一个重大政治问题,既是一个重大实践问题、也是一个重大理论问题,关系坚持社会主义基本经济制度,关系改革开放基本国策,关系高质量发展和共同富裕,关系国家安全和社会稳定。必须深化对新的时代条件下我国各类资本及其作用的认识,规范和引导资本健康发展,发挥其作为重要生产要素的积极作用。”②由此可见,推进和拓展中国式现代化,需要中国共产党领导人民依靠中国特色社会主义制度来依法引导和规范资本健康发展,合理地驾驭资本。这就首先要求我们必须正确认识和把握资本的特性和行为规律,充分发挥资本的积极作用,同时有效控制其消极作用,进而推动“利用资本本身来消灭资本”③的历史趋势。

为了更好地推进和拓展中国式现代化,需要马克思主义理论研究立时代潮头、发思想先声,深刻认识资本的特性和行为规律问题,为驾驭资本奠定理论前提。从马克思主义发展史上看,从马克思主义整体性、马克思主义基本原理和方法论高度研究资本问题,是马克思批判资本主义社会、撰写《资本论》的基本方法,也是后来的马克思主义者不断坚持和发展的科学方法论。作为哲学社会科学工作者,我们要从单纯学科专业分工视域进一步上升至马克思主义基本原理和方法论视域、上升至马克思主义整体性视域,全面准确认识和把握资本的特性和行为规律问题。

首先,科学回答当今时代面临的关键问题即在社会主义与资本主义长期共存的全球化境遇中如何发展社会主义,需要从马克思主义理论透视驾驭资本问题。在马克思主义“大尺度”“长时段”历史视野中,资本主义在表面上具有“普遍性”外观,而在发展趋势上却是自身限制、过渡性的。与此相反,社会

① 参见《中央经济工作会议在北京举行》,《人民日报》2021 年 12 月 11 日。

② 《依法规范和引导我国资本健康发展　发挥资本作为重要生产要素的积极作用》,《人民日报》2022 年 5 月 1 日。

③ 《马克思恩格斯全集》第 30 卷,人民出版社 1995 年版,第 390—391 页。

主义在现实性上虽扎根于发展中国家的特殊发展道路,但在发展趋势上却是具有普遍性的世界历史性存在。基于两种社会制度的矛盾关系和两种文明形态的辩证张力,要历史地把握社会主义发展道路对资本主义发展道路的超越性。社会主义扬弃资本主义的历史辩证法扎根于资本逻辑及其超越趋势之中,因而凝聚于“驾驭资本”的创造性实践以至“利用资本本身来消灭资本”的发展方式之中。① 显然,这些现实的关键问题,都是具有时代本质规定深度的总体性问题,不能拘泥于单一学科内部进行“裁剪”“肢解”式的碎片化研究,而应当从马克思主义整体性、马克思主义基本原理和方法论的高度来加以具体总体的把握。

其次,进入21世纪以后,社会主义的新发展与资本主义的新变化深刻“激活”了《资本论》中的基本原理和方法论。在社会主义与资本主义共存的全球化境遇中发展社会主义,其关键是社会主义国家如何驾驭资本的问题,因而《资本论》就成为当代现实与基础理论的关键契合点和当今马克思主义理论研究的重要生长点。从世界历史发展视野来看,全球化高峰的来临使得21世纪的资本主义发展比历史上任何时代都更接近《资本论》合理抽象出的以“纯粹形式”展开的资本主义本质及规律概念。尽管资本主义表现形式千变万化,但其本质及规律仍然保持相对稳定性。全球化条件下尤其是资本主义仍然主导全球化的条件下社会主义发展的必然性、可能性、方向和道路等是研究不可回避的根本问题。我们可以《资本论》及手稿研究为基础,以社会主义与资本主义共存的全球化时代如何发展社会主义这一根本问题为主线,持续探究资本逻辑中内含的社会主义发展的必然性与驾驭资本的可能性。应当看到,21世纪初以来《资本论》研究在国内外持续勃兴,并非研究热点的偶然变换,而是意味着马克思主义理论及马克思主义哲学研究范式的实质性转换:超越20世纪八九十年代以马克思早期文本如《1844年经济学哲学手稿》《德意志意识形态》为阐释基础的“实践唯物主义”范式,走向以马克思中期文本即《资本论》及手稿为阐释基础的“资本逻辑批判”范式。由此,马克思主义理论及哲学研究才能真正实现历史化与当代化,与时俱进地聚焦于全球化时代的

① 参见郗戈:《〈资本论〉研究与构建中国特色马克思主义哲学》,《理论视野》2018年第1期。

社会主义发展道路问题。

再次,历史发展、时代变迁从根本上规定着《资本论》与当代资本问题的境遇差异与理论“视差”,使得《资本论》基本原理必须以马克思主义中国化时代化及“两个结合”为中介才能科学指导驾驭资本问题的认识把握。从马克思主义发展史上看,马克思主义主要揭示了资本概念的三重意蕴:一是资本的历史发展过程,主要呈现于马克思、恩格斯、列宁等关于西方经济史和政治经济学史的研究著述中;二是资本的普遍规律,主要是《资本论》及其手稿关于资本主义社会中资本一般本质和资本逻辑的研究和叙述;三是资本的特殊变化形态,主要指从列宁主义到毛泽东思想、中国特色社会主义理论体系特别是习近平新时代中国特色社会主义思想关于社会主义社会中的资本特性与行为规律的研究。显然,资本的历史发展研究不同于资本的普遍规律研究,而资本的普遍规律研究也不同于资本的特殊形态研究。上述资本概念的三重意蕴给予我们非常重要的理论启示。一方面,《资本论》主要是对资本主义生产方式规律的理论上的“纯粹形式”与现实上的充分发展形态的研究,揭示了资本一般本质与资本的普遍规律即“资本逻辑”。另一方面,中国特色社会主义条件下资本的特殊存在形态,在理论上不等于资本规律的纯粹形式,在现实中也不是资本的充分发展形态,只能是资本的一种特殊形态,因而表现出不能完全等同于资本一般本质和资本逻辑的“资本的特性和行为规律”。上述二者在差异性中仍然包含着根本上的共通性即资本的普遍规律与特殊规律的辩证统一关系,由此凸显出经典理论对当代现实的科学指导意义。《资本论》关于资本的普遍规律、纯粹形式和充分发展形态的研究,通过马克思主义中国化时代化及“两个结合”的中介之后,能够指导我们正确看待资本的特性和行为规律,进而合理驾驭资本。

最后,当前新的时代条件和实践问题凸显出资本特性和规律问题研究的重大理论和实践价值。在新中国成立特别是改革开放以来长期探索和实践的基础上,经过党的十八大以来在理论和实践上的创新突破,我们党成功推进和拓展了中国式现代化。而中国式现代化的伟大实践创新,始终伴随着伟大理论创新。进入新时代以来,党中央提出要正确认识和把握资本的特性和行为规律,依法规范和引导我国资本健康发展,发挥资本作为重要生产要素的积极作用。这就对坚持和发展中国特色社会主义提出了一个重大理论和实践命题，为当前马克思主义理论研究深化资本研究提供了全新的、引领性的问题意识。从实践创新上看，中国式现代化道路在其本质规定上不同于西方以资本为中心的现代化老路，而是以人民为中心的现代化新路。走好中国式现代化新路，超越以资本为中心的现代化，并不意味着否定或抛弃资本，而是强调中国共产党领导人民依靠中国特色社会主义制度来合理地“驾驭资本”。从理论创新上看，经典作家的理论“源头”以马克思主义中国化时代化为中介，始终指导着中国共产党的创新理论的“潮头”，应当始终坚持用马克思主义观察时代、把握时代、引领时代，继续发展当代中国马克思主义、21 世纪马克思主义。对此，我们更应当从马克思主义基本原理和方法论的高度把握资本的特性和行为规律、探究驾驭资本为社会主义现代化服务的现实路径。

二、驾驭资本的前提：正确看待资本的特性和行为规律

正确认识和把握资本的特性和行为规律是社会主义合理驾驭资本的前提性问题，对这一问题的科学解答，构成了驾驭资本的可能性条件。要理解以人民为中心的中国式现代化与以资本为中心的西方现代化的实质区别，就要从马克思主义基本原理和方法论高度科学认识资本的特性和行为规律。资本的特性和行为规律等问题是当前马克思主义理论研究不可回避的重大理论和实践问题。习近平指出：“要历史地、发展地、辩证地认识和把握我国社会存在的各类资本及其作用。在社会主义市场经济体制下，资本是带动各类生产要素集聚配置的重要纽带，是促进社会生产力发展的重要力量，要发挥资本促进社会生产力发展的积极作用。同时，必须认识到，资本具有逐利本性，如不加以规范和约束，就会给经济社会发展带来不可估量的危害。”①这是从辩证唯物主义和历史唯物主义高度深刻把握了资本的辩证二重性，对资本作了社会主义性质的定向和定位。这就要求我们从马克思主义基本原理的高度审视资

① 《依法规范和引导我国资本健康发展　发挥资本作为重要生产要素的积极作用》，《人民日报》2022 年 5 月 1 日。

本的一般本质与特性、资本逻辑与资本特殊行为规律，尤其是对资本这一矛盾体做辩证的、二重化的分析，并揭示资本这一历史过渡性存在物的自身扬弃趋势，由此为合理驾驭资本提供科学根据。

第一，关于“资本一般本质”与“资本特性”。从马克思主义理论来看，所有资本区别于“非资本”的一般共性问题，归根结底就是资本的本质或本性问题。首先，资本是一种特定的生产关系，构成了所有性质的商品经济中普遍存在的动力机制，而在资本主义商品经济中则成为占据统治地位的、支配一切的经济权力。其次，资本是体现于诸种物质性生产要素（包含生产资料）的特定生产关系，具有特定的价值形式与社会关系结构；物质性的生产要素只有被纳入资本增殖过程才能成为资本主义生产关系的物化形态，生产要素受到生产关系的规定和支配。要言之，科学认识资本的一般本质，关键是辩证分析其生产关系与生产要素的双重属性即价值增殖过程与劳动过程、社会关系与人和自然关系、社会形式与物质内容的对立统一关系。马克思在《资本论》中反复强调：“资本不是物，而是一定的、社会的、属于一定历史社会形态的生产关系，后者体现在一个物上，并赋予这个物以独特的社会性质”。① 资本包含着社会形式与物质内容的双重规定性：资本在社会形式上是价值自行增殖的生产关系，在物质内容上则体现为劳动过程与生产资料，或者说生产要素；生产要素以流通过程为中介而结合在作为生产关系的资本之中，并受到资本生产关系的规定和支配。马克思突破了资产阶级经济学家“见物不见人”“资本是物”等拜物教观点，注意到了资本本质上的生产关系支配生产要素的二重化特性。

初步把握资本本质的二重性之后，进一步的问题在于，如何理解社会主义与资本主义长期共存的全球化条件下的资本特性问题？社会主义与资本主义两种根本不同的社会制度中的资本，在性质上具有何种联系与区别？进而，为什么社会主义条件下更为凸显资本双重属性中的生产要素属性？

上述难题，要用马克思“普照的光”的方法来进行解答。《〈政治经济学批判〉导言》阐明政治经济学的科学方法论时指出：“在一切社会形式中都有一

---

① 《马克思恩格斯全集》第46卷，人民出版社2003年版，第922页。

种一定的生产决定其他一切生产的地位和影响，因而它的关系也决定其他一切关系的地位和影响。这是一种普照的光，它掩盖了一切其他色彩，改变着它们的特点。这是一种特殊的以太，它决定着它里面显露出来的一切存在的比重。”①马克思揭示出，资本主义社会就是资本在生产关系中占据统治地位的社会形态，其中资本的生产就是“普照的光”和“特殊的以太”，“资本是资产阶级社会的支配一切的经济权力”②。因而，资本主义条件下，资本不受其他生产关系规定，只受自身规定和决定。因为资本是自身规定的，资本的双重属性就具有一种结构化特征：资本主义生产过程的二重性，也就是资本的生产关系属性决定着生产要素属性、价值增殖过程支配着劳动过程。

相反地，社会主义社会中的“普照的光”不是资本主义生产关系，而是社会主义公有制的生产关系，它决定其他一切生产及生产关系（包含资本）的地位和影响，改变其他一切生产及生产关系（包含资本生产及其生产关系）的特点或特性，决定着在社会主义制度中显露出来的一切存在（包含资本的各种存在形态）的比重。也就是说，社会主义公有制决定着并改变了资本的性质和存在形态。具体来看，就是显著削弱了资本价值增殖的生产关系属性及逐利性，抑制了资本生产关系的对抗性和异化形式，而凸显出资本的物质内容方面即生产要素属性，发挥了资本生产要素的文明作用，使国有资本、集体资本、民营资本、外国资本、混合资本等各类资本以不同方式、不同程度服务于社会主义生产关系的发展，服务于人民美好生活需要的满足和人类文明新形态的建构，服务于人与社会全面发展。

同时，“普照的光”的方法与具体问题具体分析的方法紧密关联，这就要注意辨别各类资本与社会主义生产关系的不同关系、从根本上受制于“普照的光”的不同方式。习近平指出：“我们要立足新发展阶段、贯彻新发展理念、构建新发展格局、推动高质量发展，正确处理不同形态资本之间的关系，在性质上要区分，在定位上要明确，规范和引导各类资本健康发展。”③在社会主义

① 《马克思恩格斯全集》第30卷，人民出版社1995年版，第48页。

② 《马克思恩格斯全集》第30卷，人民出版社1995年版，第49页。

③ 《依法规范和引导我国资本健康发展　发挥资本作为重要生产要素的积极作用》，《人民日报》2022年5月1日。

市场经济的各类资本中,国有资本和集体资本等公有资本形态是直接体现社会主义生产关系的性质和要求的生产要素。而民营资本、外国资本等非公有资本形态是直接体现资本生产关系的增殖性和逐利性要求的生产要素,同时又受到社会主义生产关系的根本规定,从而也间接地体现出社会主义生产关系的性质和要求。在资本主义社会中,由于资本主义生产方式是“普照的光”,所以资本的社会形式其实是资本主义生产关系的直接体现,其生产关系属性对于生产要素属性起到支配作用,二者构成一种相对稳定的矛盾统一体。而在社会主义社会中,“普照的光”是社会主义生产方式,因而资本的社会性质和比重就被社会主义生产方式所支配和改变,必须或直接或间接地体现社会主义生产关系,而非资本主义生产关系。各类资本作为生产要素而体现社会主义生产关系的方式又有重大不同:公有资本从所有制上直接体现社会主义生产关系,而非公有资本受到党和国家的规范引导以及公有资本的积极影响而间接地体现社会主义生产关系。因而,从实践上说,社会主义国家可以利用各类资本推动经济社会发展,确立公有制为主体、多种所有制经济共同发展,按劳分配为主体、多种分配方式并存,社会主义市场经济体制等社会主义基本经济制度。

总而言之,资本的一般本质是特定生产关系及其在生产要素中的体现,但在不同社会制度下又具有根本不同的社会本质:资本主义条件下资本的本质是资本主义生产关系,而社会主义条件下资本的本质则是直接或间接地体现社会主义生产关系的生产要素。资本主义社会是资本统治的社会形态,其中的资本生产关系是自身规定的,因而资本主义社会的资本就是资本一般本质和普遍规律的纯粹形式、典型发展。与此不同,社会主义社会的资本不是资本的一般本质和普遍规律的纯粹形式、典型发展,而是表现出受到社会主义生产关系决定的资本的特殊性质、特殊规律,这就是社会主义市场经济条件下的“资本的特性和行为规律”。

第二,关于“资本逻辑”与“资本行为规律”。从马克思主义理论来看,应当从资本一般本质与普遍规律的深度来透视社会主义条件下资本的行为规律。资本的二重性本质决定了资本具有内在的普遍规律也就是资本逻辑。笼统地说,资本逻辑就是资本运动的内在规律和必然趋势,它贯穿于资本的发展过程始终,蕴含着资本的内在矛盾、动力机制及自身扬弃,并通过一系列经济环节及其相互作用而得以具体体现。目前学术界围绕资本逻辑问题已经作了较为深入的研讨。有的学者认为,资本逻辑是“实在主体”的自身运动逻辑,是既定社会形态的自身活动,构成特定历史过程的本质性维度。有的学者提出,资本逻辑就是异化逻辑、拜物教或物化逻辑、现实抽象逻辑。也有学者认为,资本是一个矛盾性的总体,在不断结构化自身的同时,也在经历着总体自身的解构,由此资本逻辑是不断从“结构化”发展为“解构化”的运动趋势。上述观点都可以理解为是对资本逻辑的不同方面、不同层次的阐释。我们认为,所谓资本逻辑就是指资本作为一种现代生产关系,其活动历程具有特定的辩证性的内在联系、内在矛盾和发展趋势;资本逻辑内含矛盾二重性,呈现为价值增殖过程支配劳动过程、资本生产关系与社会化生产力、社会对抗分裂与“伟大文明作用”的矛盾。作为矛盾二重性规律,资本逻辑展开为生产社会化与生产资料的资本主义私人占有之间的基本矛盾,发展出“伟大文明作用”与自身界限的对抗关系,蕴含着现代社会发展的文明成就与异化形式的双重内涵。因而,资本一方面构成人类现代化发展的根本动力之一,另一方面又成为现代化矛盾困境的主要根源之一。

资本逻辑内在地趋向于资本统治,并缔造了西方以资本为中心的现代化。生产剩余价值是资本主义生产方式的绝对规律,也是资本逻辑的核心法则。为了实现价值增殖,资本总是力图支配整个社会生活的方方面面,将更多的人口和资源转化为自身的生产要素,因而资本逻辑内蕴总体化的趋势。资本是普照的光,资本是资产阶级社会中支配一切的经济权力,因而现代资本主义社会就是资本处于支配地位的社会形式。资本统治从根本上规定着西方现代化的本性和命运。整个西方近现代社会中没有任何力量可以真正约束资本总体化这一“铁的必然性”的实现和扩张,势必形成现代性发展的异化对抗性和以资本为中心的现代化道路。因而,只有以社会主义制度克服资本统治,扬弃资本逻辑这一异己经济权力的支配,合理驾驭资本,才能真正走出以人民为中心的现代化道路。

问题的关键在于,在资本主义社会中资本是“趋于自身总体化的存在”,资本逻辑是“趋于自身总体化的规律”,可以在社会生活中全面扩张和实现。

因为资本生产关系自身就是“普照的光”,就是社会中支配一切的经济权力,决定着其他一切生产关系的地位、影响、特性和比重;所以资本主义社会中资本的实际运行更能符合资本规律的“概念必然性”和纯粹形式,更能成为资本逻辑的典型发展形态,更能实现资本自身的总体化。而相反地,社会主义社会中的资本则必然不是“自身总体化的存在”,而是“受社会规定的有限性存在”;资本的规律也根本上受制于“普照的光”即社会主义生产关系的制约,不具有资本规律的纯粹形式和资本逻辑的典型发展形态,而是被改造为受到社会主义生产关系的根本决定和制约的“资本的行为规律”。也就是说,社会主义社会的资本,在行为规律上不是野蛮生长的资本,而是被设置了“红绿灯”的、被依法规范和引导的、健康发展的资本。

第三,关于资本规律的表现形式与社会效应。集中关注资本本质、资本逻辑的深层内核固然重要,同时还应全面把握其表现形式与社会效应。具体来看,一是资本积累的内在规律会产生社会两极分化效应。《资本论》深刻揭示出资本主义积累规律导致了同资本积累相适应的贫困积累:“在一极是财富的积累,同时在另一极,即在把自己的产品作为资本来生产的阶级方面,是贫困、劳动折磨、受奴役、无知、粗野和道德堕落的积累”。① 资本积累导致相对过剩人口不断从生产过程中被抛出,从而诱发无产阶级的贫困化,以及整个社会在财富占有上的两极分化,引发社会本身的结构性“断裂”。二是资本拜物教的普遍发展会表现为物质主义膨胀的生活方式和价值取向。在资本统治下,人与人之间特定的社会联系颠倒地表现为物与物之间的社会关系,进而颠倒地表现为物本身的自然属性;由此,资本的物化形态如生产要素就表现为利润的来源,从而引发人们对资本物化形态的追逐和崇拜。由此,就片面发展出了以占有物的交换价值或使用价值为核心目标的物质主义生活方式和价值取向。各式各样的唯利主义、生产主义、消费主义、享乐主义的意识形态、话语形态或社会心理形式便成为现代日常生活的主轴,而唯经济增长片面发展模式也主宰着西方现代化的大部分历史。在这种趋势下,“工具理性”便代替“上帝”成为西方社会的“新神”,似乎具有不容逾越的神圣地位和绝对价值,而人

---

① 《马克思恩格斯全集》第 44 卷,人民出版社 2001 年版,第 743—744 页。

本身的需要、能力和个性则只能在狭隘的物化形式中发展。三是资本逻辑推动的人对自然的无节制榨取会引发普遍的生态危机效应。《资本论》对资本统治的批判不仅包含对资本剥削劳动的批判,还包含对资本逻辑对人和自然的“物质变换”(或“物质代谢”)关系的破坏的批判。从马克思主义理论来看,正是资本主义生产方式与物质变换关系的对抗性,导致了人与自然统一关系的割裂、过度增长与有限自然基础的脱节、全球生态退化与生态危机等严重问题。资本主义现代化不仅导致社会关系的内在矛盾,更导致人与自然关系的对抗性矛盾。人类劳动本身并不必然造成人与自然之间的对抗,只有在特定社会形式中才会破坏人与自然间正常的物质循环代谢关系。资本主义现代化将资本增殖作为支配性目的,扭曲了人与自然的物质能量变换的循环结构,将之转化为单方面的榨取和滥用,使自然生态仅仅沦为资本增殖的“无生命”的手段和工具,从而导致人与自然物质变换的对抗性矛盾,破坏了人与自然的相互依存和生命共同性。四是资本逻辑所推动的世界历史趋势会引发对外扩张掠夺的霸权主义发展道路。《共产党宣言》揭示了资本全球推广所推动的世界历史趋势。资本正是首先从特定传统社会内部孕育和生长起来,日益发展为总体性存在,对内主宰整个社会,并对外扩张掠夺全世界。《共产党宣言》还揭示出,资本的全球扩张在国家之间和国家内部形成一系列同构性的权力支配结构:城市支配农村,资产阶级民族支配非资产阶级民族,西方支配东方。这种资本对外扩张掠夺的“同化—分裂”逻辑进一步体现为,民族国家外部和内部的一系列“中心—边缘”支配结构的不断再生产。对待资本如果不加以合理利用和有效控制,任由资本本质和资本逻辑无节制地扩张膨胀、无约束地野蛮生长,必然会对人与社会发展带来一系列难以克服的消极影响和负面效应。

问题的关键在于,资本主义社会中资本本质、资本逻辑、资本普遍规律可以在整个社会生活中全面而充分地表现出来,并产生出一系列消极、异化和对抗性的社会效应。而相反地,社会主义社会中资本的特性和行为规律则受制于社会主义生产关系的根本制约,不能全面而充分地规定社会生活的一切方面,仅仅对社会生活表现出局部影响和有限效应,并且从根本上服务于社会主义制度的目的即人与社会全面发展。

三、合理驾驭资本以推进中国式现代化

中国式现代化是以人民为中心的现代化,在超越西方以资本为中心的现代化的同时,也需要合理驾驭资本,充分发挥资本的积极作用。这也构成了当前马克思主义理论研究的重大前沿问题和关键生长点,同时也构成了新时代中国特色社会主义发展的重要方面。

中国式现代化在超越西方以资本为中心的现代化的同时,充分汲取西方现代化的经验教训,将资本定位在受社会主义生产方式的"普照的光"根本支配下的重要生产要素、重要纽带、重要力量的"非中心""有限性"位置,从而改变资本的特性,塑造资本的行为规律,决定各类资本的比重。中国式现代化在驾驭资本的伟大实践中,充分发挥了社会主义制度的优越性,尤其是发挥社会主义的生产关系对资本生产要素及生产关系的支配和利用,使之真正推动社会生产力的发展,服务于人与社会的全面发展。

从理论上看,中国式现代化要合理驾驭资本,就需要坚持和发展马克思主义的世界观和方法论,尤其要推进马克思主义中国化时代化,深化《资本论》基本原理和方法论同中国具体实际相结合的进程。

具体来说,一是坚持和发展"相同经济基础"与"无穷变异的现象形式"之间的辩证法。《资本论》第三卷深刻揭示了这种辩证法:"……相同的经济基础——按主要条件来说相同——可以由于无数不同的经验的情况,自然条件,种族关系,各种从外部发生作用的历史影响等等,而在现象上显示出无穷无尽的变异和彩色差异,这些变异和差异只有通过对这些经验上已存在的情况进行分析才可以理解"。[①] 用这一辩证观点来观察我国社会主义制度及其中的资本要素就会发现,社会主义生产关系构成了主导性、支配性的经济基础;但是,由于社会主义初级阶段及中国特殊国情、历史因素等原因,所有制形式不可能单一化、纯而又纯,而是在公有制主导的经济基础上,显示出多种所有制经济共同发展的现象形式,也包含多种所有制形式中各类资本形态的共同发展。

---

① 《马克思恩格斯全集》第46卷,人民出版社2003年版,第894—895页。

二是坚持和发展“普照的光”的方法。多种所有制经济共同发展中也有一个何种所有制形式为主体的问题，相应地，利用各类资本推动经济社会发展中也有一个何种资本为主体的问题。如上所述，在马克思看来，在一切社会形态中都有一种一定的生产及生产关系作为“普照的光”，决定其他一切生产及生产关系的地位和影响，掩盖一切其他色彩，改变它们的特点，决定从“普照的光”中显露出来的一切存在的比重，从而在根本上规定着这一社会形态的性质、状况和趋向。这就充分说明，要继续走好中国特色社会主义道路，就必须充分发挥社会主义公有制作为“普照的光”的主导性和优越性，尤其是要发挥社会主义的生产关系对资本生产要素及生产关系的自觉支配、控制和利用，规定各类资本所占的比重，决定各类资本的地位和影响，约束各类资本的逐利性和对抗性，塑造各类资本的特性和行为规律，从而使之真正成为生产力社会化、人与社会的全面发展的“合理手段”。

三是合理把握“资本的一般本质和普遍规律”与“资本的特性和特殊规律”之间的辩证法。这就是在社会主义与资本主义长期共存的世界历史条件下，历史地、辩证地区分资本一般本质和资本逻辑与社会主义的资本的特性和行为规律的科学方法。如上所述，资本主义社会的资本具有“资本一般”本性及资本逻辑的自身规定的普遍形式、典型形式，表现为资本主义生产方式规律的充分发展形式。而社会主义社会中的资本则必然不是、也不可能是这种资本的典型形式，而是在社会主义生产关系规定下的具有特殊性质和特殊规律的资本，表现为社会主义生产方式规律根本制约下的资本的有限发展形式。这就涉及如何运用和发展马克思主义经典著作如《资本论》关于资本的一般本质、普遍规律的原理来指导社会主义社会中资本的特性和行为规律的科学理解，指导资本健康发展的创造性实践的问题。在这方面，预先给出普遍规律与特殊规律辩证统一的泛泛而谈是容易的，但是，真正深入社会主义的经济规律及运行机制，真正深入多种形态资本的各自特性、行为规律和自身界限，进而具体分析社会主义生产关系支配和规定各类资本的合理方式，以及各类资本服务于社会主义生产方式的规范路径，则是富有挑战性的重大理论和实践问题。这不仅需要实践上对社会主义市场经济改革完善的持续探索，还需要从理论上不断进行反思、创新和发展。

四是合理把握资本逻辑的辩证否定与内在批判方法。对资本的理论研究仍有待深化,特别是在资本逻辑自身扬弃与社会主义发展的关系问题上仍急需深入探究。按照马克思的历史辩证法,资本蕴含着生产关系与生产要素、社会形式与物质内容的二重性,因而在社会发展中就表现出异化形式与解放潜能的双重内涵,在缔造剥削异化物化形式、引发社会对抗分裂的同时,也发挥着促进人与社会发展的伟大文明作用。这一历史辩证法的关键在于,如何从理论和实践上辩证区分资本的异化形式与解放潜能,利用资本本身的内在矛盾与自身克服趋势来消灭资本,逐步扬弃克服其异化对抗的社会形式,继承发展其解放性的物质内容。对于我们来说,应当科学认识和把握社会主义条件下资本的特性和行为规律,辩证区分资本的消极对抗形式和积极物质内容,合理规范资本的运行限度和发展方式,在充分利用资本的同时引导资本的自身扬弃,提高资本的社会化、科学化和自觉化水平,控制其盲目逐利性和对抗异化形式,发挥其财富创造和文明创新的巨大动力作用。

改革开放以后,我们破除所有制问题上的传统观念束缚,认为资本作为重要生产要素,是市场配置资源的工具,是发展经济的方式和手段,社会主义国家也可以利用各类资本推动经济社会发展,逐步确立了公有制为主体、多种所有制经济共同发展,按劳分配为主体、多种分配方式并存,社会主义市场经济体制等社会主义基本经济制度,提出并坚持毫不动摇巩固和发展公有制经济,毫不动摇鼓励、支持、引导非公有制经济发展。① 这正是中国特色社会主义伟大实践不断推进上述关于资本问题的马克思主义基本原理和方法论的两个结合,不断推进马克思主义中国化时代化的表现。

从实践上看,驾驭资本是新时代中国特色社会主义发展的重要方面。首先,驾驭资本是中国式现代化遵循人类社会发展普遍规律、世界现代化一般规律、体现各国现代化共同特征的重要实践路径。党的二十大报告指出,中国式现代化具有各国现代化的共同特征。根据人类社会发展普遍规律及世界现代化一般规律,中国式现代化中必然包含市场经济这一各国现代化的共同特征,

① 参见《依法规范和引导我国资本健康发展　发挥资本作为重要生产要素的积极作用》,《人民日报》2022 年 5 月 1 日。

必然包含社会主义基本制度与市场经济体制相结合的基础性层面。而社会主义市场经济的内在逻辑的关键在于“利用资本本身来消灭资本”,也就是说,以社会主义基本制度来合理控制资本的异化分裂形式,充分发挥资本的文明创新动能,推动市场经济的有效运行,激活人与社会发展的潜能与活力。更进一步地,驾驭资本是中国式现代化实现人类社会发展普遍规律与中国社会发展特殊规律相统一、体现各国现代化共同特征与中国特色相统一的重要实践路径。党的二十大报告阐明了中国式现代化基于自己国情的中国特色:中国式现代化是中国共产党领导的社会主义现代化、人口规模巨大的现代化、全体人民共同富裕的现代化、物质文明和精神文明相协调的现代化、人与自然和谐共生的现代化、走和平发展道路的现代化。① 这些重要特征都体现了世界现代化一般规律与中国现代化特殊规律的历史的、具体的统一。要推进深化这种统一性,尤其需要从经济基础和上层建筑各层面合理驾驭资本。

具体来看,扬弃资本统治,摒弃以资本为中心的现代化,有利于推进人口规模巨大的现代化,实现以人民为中心的现代化。西方以资本为中心的现代化,资本作为“普照的光”的决定地位和资本逻辑的无限扩张就必然表现为资本统治的现代化。而中国正是以社会主义制度规避和克服资本统治,扬弃异己经济权力对社会生活的支配,才真正走出了以人民为中心的现代化道路。在中国特色社会主义制度下,社会主义生产关系而非资本生产关系占支配地位,公有制经济成为“普照的光”。这就从根本上保障了中国共产党领导下人民对资本的理性支配,自觉区分资本的生产资料属性与生产关系属性,合理剥离资本的文明成就与异化形式,发挥资本作为生产要素的积极作用,同时有效控制其作为生产关系的消极作用,使得资本的伟大文明作用能够更好地服务于人与社会全面发展,推动以人民为中心的现代化。

抑制资本积累规律,摒弃两极分化的现代化,有利于推进全体人民共同富裕的现代化。西方以资本为中心的现代化,由于资本积累的内在规律就必然

① 参见习近平:《高举中国特色社会主义伟大旗帜 为全面建设社会主义现代化国家而团结奋斗——在中国共产党第二十次全国代表大会上的报告》,人民出版社 2022 年版,第 22—23 页。

表现为两极分化的现代化。而社会主义市场经济的伟大创造,成功地抑制了资本积累规律的社会效应,规避了两极分化的风险,成功走出了推进共同富裕的现代化道路。要发挥资本作为生产要素的积极作用,同时有效控制其消极作用;要为资本设置“红绿灯”,依法加强对资本的有效监管,防止资本野蛮生长。这就要在理论和实践中坚持和完善社会主义基本经济制度,毫不动摇巩固和发展公有制经济,毫不动摇鼓励、支持、引导非公有制经济发展。要坚持发展为了人民、发展依靠人民、发展成果由人民共享;支持和引导资本规范健康发展,防止资本无序扩张,将资本积累规律的社会化效应控制在有限范围之内,合理调节收入分配,防止两极分化;推动资本真正作为积极因素促进经济社会协调发展,不断创造美好生活,持续实现全体人民共同富裕。

批判资本拜物教,摒弃物质主义膨胀的现代化,有利于推进物质文明和精神文明相协调的现代化,开创社会全面发展的现代化。西方以资本为中心的现代化,由于商品、货币和资本拜物教的普遍发展,必然表现为物质主义膨胀的现代化。而中国式现代化则破除了拜物教的迷障,克服了物质主义膨胀的现代化,开创了人与社会全面发展的现代化。新时代我国社会主要矛盾是人民日益增长的美好生活需要和不平衡不充分的发展之间的矛盾,这就要求我们必须坚持以人民为中心的发展思想,发展全过程人民民主,推动人的全面发展、全体人民共同富裕。显然,美好生活需要绝不是受拜物教支配的物质欲望或财产积累欲望,而是服务于人的能力和个性的全面发展的需要。人的需要、能力和个性的全面发展的现代化超越了物质主义膨胀的片面发展的现代化。

控制资本对自然的榨取,摒弃生态危机的现代化,有利于推进人与自然和谐共生的现代化,开创生态文明的现代化。西方以资本为中心的现代化,由于资本对自然的无节制榨取,导致人与自然物质变换的分裂性和对抗性,势必表现为生态危机的现代化。而中国式现代化从根本上符合人与自然物质变换和生态文明的需要。虽然社会主义长期处于初级阶段,科学技术与生产力发展水平有限,在发展中也存在人与自然之间物质循环代谢的暂时的、局部的破坏现象,但是就社会主义的本质和方向来看,它正在将世界范围内人与自然物质变换的对抗性矛盾转化为依赖性矛盾。由此，中国式现代化必然带来人与自然关系的深刻变革：资本逻辑对自然的单方面压榨被历史地克服，人与自然和谐共生的生命共同体得以建立和发展，人的社会关系和人与自然关系二者之间在生态文明高度真正实现统一。

约束资本全球扩张，摒弃对外扩张掠夺的现代化，有利于推进走和平发展道路的现代化，开创人类共同发展的现代化。西方以资本为中心的现代化，由于资本逻辑推动的世界历史趋势，势必形成世界性的剥夺剥削机制与权力支配结构，走向对外扩张掠夺的现代化。而中国式现代化则约束资本全球扩张，超越对外扩张掠夺的现代化，开创了人类共同发展的现代化。资本全球扩张推动的世界历史进程本身就意味着人类的相互依存趋势的显著增强，为合理的全球治理提供了现实基础；而构建人类命运共同体则是约束资本全球扩张和实现全球治理要求的自觉实践。进入新时代以来，中国共产党推动建设新型国际关系，推动构建人类命运共同体，弘扬全人类共同价值，为解决人类重大问题，建设持久和平、普遍安全、共同繁荣、开放包容、清洁美丽的世界贡献了中国智慧、中国方案、中国力量，引领了人类进步潮流和现代化方向。

中国式现代化创造性地破解了发展中国家如何走向全面发展的现代化这一人类社会发展难题。中国式现代化之所以能够超越西方式现代化而创造人类文明新形态，正是因为它自觉地坚持和发展马克思主义基本原理和方法论，将人类社会发展的普遍规律真正落实为现代中国社会切实可行的特殊发展道路，尤其是将资本一般本质和普遍规律的科学认识践行和发展于中国特色社会主义驾驭资本的创造性实践之中。由此，中国式现代化拓展了发展中国家走向现代化的途径，为人类探索更好社会制度提供了中国方案。总之，通过合理驾驭资本以及依法规范和引导我国资本健康发展，中国式现代化扎根于中国特色社会主义道路的特殊性，同时生发出普遍的人类发展启迪和伟大的世界历史意义。

我们应当在新时代中国特色社会主义的伟大实践中坚持发展马克思主义基本原理和方法论，更为深入地研究资本特性和规律问题，为社会主义合理驾驭资本提供进一步的理论支撑和科学预见。以社会主义社会的资本问题为重要生长点,加快构建以中国自主的知识体系为内核的中国特色哲学社会科学学科体系、学术体系与话语体系,继续推进马克思主义中国化时代化,继续发展当代中国马克思主义、21世纪马克思主义。

原载于《中国社会科学》2023年第12期

中华民族复兴的实践探索及理论贡献

李俊文*

对于具有悠久历史和灿烂文明的中华民族而言，鸦片战争是中华文明蒙尘的起点，也是近代中国的历史转折点。面对民族危亡，各种救国方案轮番登场，但都屡屡失败。中国需要科学理论解救民族危机，更需要能够凝聚最广大范围革命力量的政党。中国共产党的成立及带领中国人民进行的革命、建设和改革的百年实践探索，改变了中华民族受压迫的命运，指明了中华民族复兴的方向与道路，开创了以中国式现代化实现中华民族复兴的伟大图景。

一、民族复兴的艰难探寻与道路取舍

19世纪40至60年代发生在中国的两次鸦片战争均以清政府的战败收场，惨败的结局令西方资本主义加剧了对中国的经济掠夺、政治侵略和文化渗透，封建的清王朝在西方列强入侵和胁迫下越发腐朽落后，中国被拖入半殖民地半封建的社会境遇。开明的封建地主阶级与具有资产阶级意识的知识分子阶层为摆脱列强入侵，进行了一系列的振兴尝试，从封建地主阶级的"洋务运动"到资产阶级知识分子的"百日维新"再到资产阶级革命派的"辛亥革命"，在中国共产党诞生之前中华民族复兴的现实进路在器物、制度以及思想的层

* 李俊文，中国社会科学院大学哲学院教授、中国社会科学院哲学研究所研究员。

面逐次展开。

第一,洋务运动的民族振兴思想与自救落空。当清王朝的康乾盛世令古老中国沉浸在天朝大国的迷梦之中时,西方资本主义国家已经完成工业革命,资本的扩张本性促使以英国为首的西方列强发动殖民战争,在全球范围内打造殖民体系。当英国通过“血与火”的方式在亚洲成功把古老印度纳入殖民体系后,中国不可避免地成为下一个殖民侵略对象。西方资本主义“使未开化和半开化的国家从属于文明的国家,使农民的民族从属于资产阶级的民族,使东方从属于西方”①。鸦片战争是古老中国“数千年未有之变局”的分水岭和近代中国的历史转折点,在延续数千年古老封闭的农耕文明面对新兴强势的工业文明冲击中,处于封建社会的中国由康乾盛世之强势转变为赔款割地之弱势,西方列强的殖民扩张和欺凌入侵使陈旧腐败的满清政府处在外有殖民侵略和自身封建落后各半的内忧外患之中,鸦片战争使中国社会的主要矛盾——农民阶级与地主阶级的矛盾、中华民族与帝国主义列强的矛盾共同呈现出来,近代中国开始走向半殖民地半封建社会。“鸦片战争以后,中国逐步成为半殖民地半封建社会,国家蒙辱、人民蒙难、文明蒙尘,中华民族遭受了前所未有的劫难。从那时起,实现中华民族伟大复兴,就成为中国人民和中华民族最伟大的梦想。”②

为应对西方资本主义世界市场的近代化挑战和维护封建统治达成强兵富国目标,具有危机意识的洋务派在“师夷长技以制夷”③和“以中国之伦常名教为原本,辅以诸国富强之术”④思想影响下,以“自强、求富”为主旨在西方军事装备的引进、先进科学技术的学习、新式军事工业与民用工业的创办,以及官办新式学校的创建等方面开启了一场得到封建皇权支持或默许的、由一部分实权派人物主导的自救运动。一方面,以学习西方船坚炮利、声光化电为重要内容的洋务运动在一定程度上刺激中国资本主义的发展。尽管中国在近代属于被动卷入世界化的资本主义进程,但是洋务派尝试通过学习“夷之长

① 《马克思恩格斯文集》第2卷,人民出版社2009年版,第36页。
② 习近平:《在庆祝中国共产党成立100周年大会上的讲话》,《人民日报》2021年7月2日。
③ 魏源:《海国图志》,岳麓书社2011年版,“序言”第2页。
④ 冯桂芬:《校邠庐抗议》,上海书店出版社2002年版,第57页。

技三:一、战舰,二、火器,三、养兵、练兵之法"①,采用西方先进工业技术制造舰炮来抵制西方列强的侵略以实现克敌制胜。同时,在创办军事工业中,与之配套的工业种类——采矿业、能源、交通运输业和各类民用工业等逐步构成中国近代化工业体系的雏形,在一定程度上洋务运动抵制了外国资本主义的经济输入,促进了民族资本主义经济的发展,维护了中华民族的利益。洋务运动发展衍生的洋务经济,相对于封建体制下的封建经济拥有全新的属性,与此同时,它孕育了资产阶级、小资产阶级以及无产阶级的政治力量。另一方面,以封建地主阶级为核心的洋务运动是以维护和挽救清政府的腐朽统治为目的的,这场民族振兴的自救实践注定落空失败。洋务派的振兴思想目标在于求得封建王朝在军事和经济上的"强"与"富",从而解除清政府内忧外患的危机,其目标指向是历史的反动而非历史的进步,这构成封建地主阶级的民族振兴思想最根本的局限所在。同时,洋务派仅在军事和经济的某些方面采用西方的科学技术,民族振兴的实践进路停留在"器物"层面,洋务派对自身的经济结构和政治制度的态度与顽固派是一致的,丝毫不触及清政府的封建社会制度,更意识不到封建社会的生产方式已经远远落后于世界历史的进程。因而,这场振兴实践并不能使中国走上真正的富强之路,伴随着在甲午中日战争中北洋海军的全军覆没,历时三十余年的洋务运动以破产而告终,民族自救走向失败。

第二,维新运动的制度变革妥协与民族觉醒。甲午战败清政府被迫签订《马关条约》,日、俄、英、法等西方帝国主义列强掀起瓜分中国狂潮,赔款割地导致的丧权辱国已危及至中华民族"亡国灭种"之关头,中国民众奋起抗击外辱。如果说鸦片战争是西方资本主义侵略中国的起点,甲午战争则是世界帝国主义奴役中国的转折点。一方面,甲午战争使资本主义的商品输出变为帝国主义的资本输出,国外资本不仅直接掌握中国经济命脉,而且以公开的军事掠夺手段,在中国夺取租借地和划分势力范围,清政府的孱弱无能把中国迅速推入半殖民地社会的深渊。另一方面,沉重的民族危机激发中华民族的觉醒,反对帝国主义的民族矛盾远大于国内的阶级矛盾,民族矛盾逐步转化成当时

① 魏源:《海国图志》,岳麓书社2011年版,第35页。

中国的主要矛盾,社会各阶层的进步人士同仇敌忾掀起爱国主义的救亡图存运动。

生死存亡之际,维新派作为新兴中国民族资产阶级代言人的爱国知识分子阶层意识到,洋务运动的自救思想和实业富国无法挽救“中国之弱之亡”①,只有通过“变法”“维新”,学习西方资产阶级的政治制度才能挽救民族危机,消除外来侵略,实现对中国社会的救亡图存。从早期维新思想宣传到康有为率众发动“公车上书”提出变法纲领,再到“戊戌变法”实施经济、政治、文化等方面的实践改革,资产阶级改良派发起了中国近代史上第一次自上而下的制度变革和思想启蒙运动。在经济变革层面,具有民族资本主义倾向的维新派要求清政府重视发展民族资本主义,主张以资本主义经济改变中国落后状态和挽救清政府经济危机,提出以振兴资本主义工商业来变革自给自足的小农经济,实现国家富强。维新派整体在经济方面的思想着眼于商品的贸易流通领域,而非商品生产过程,具有浓厚的资产阶级重商主义倾向。这是基于西方列强以商品输出的方式掠夺中国经济而采取的对策,洋务运动的“利炮坚船”抵挡不住经济豪夺,必须用经济的商战来应对。为此,维新派提出诸多变法要求国家必须采取保护关税和奖励扶助工商业的经济政策,大力创建和发展生产进出口商品的工业以增加国家财富。这种社会背景使维新派只能为应对急迫的经济问题提出一些具体方案,没有也不可能建立系统的经济理论思想,更不可能运用资本主义经济法则以变革旧的封建主义生产方式。在政治变革层面,维新派反对封建专制制度,主张效仿西方建立君主立宪的国家制度和资产阶级民主政体,允许民众上书谈论政事,以民权平等实现“君民同体,情谊交孚,中国一家,天下莫强焉”②。维新派的政治变革呼应了当时社会主观与客观的双重发展需求:从主观需求而言,新兴民族资本家的产生尽管遭受封建官府与西方资本的双重打压,但这一阶层仍试图争取一部分话语权以参政方式借此登上政治舞台。从客观需求而言,中国民族资本主义经济的发展要求调整封建上层建筑的对它的种种束缚和严重阻碍,以西方资本主义议会制度变

① 梁启超:《戊戌政变记》,中华书局1954年版,第83页。

② 《康有为政论集》上卷,中华书局1998年版,第218页。

革封建专制被维新派认定是国家富强之本和救亡之道，只有完整的政治法律制度才能保证发展民族工商业。正是在此意义上，康有为特别强调变革封建专制制度和制定资本主义法律是维新变法的核心和关键问题。尽管如此，维新派的变法却是在保留帝王皇权前提下进行的政治改革，包含了极大的不彻底性和妥协性，在历经“百日维新”后被封建顽固派灭杀注定失败。在文化变革层面，维新派以“托古改制”方式变革中国传统文化，采用废科举、创报馆、广译书、办学堂等举措将中国传统的儒家思想与西方资本主义政治学说相结合形成近代文化，为维新变法提供理论依据和支撑。康有为在《孔子改制考》中引证，公羊三世说体现的据乱世、升平世、太平世是人类社会依次演进的三个阶段，孔子提出的治“据乱世”之法为《春秋》里的“大义”，而治“升平世、太平世”之法则是“微言”，康有为依据孔子思想宣传资产阶级的历史进化论，力证维新派主张的君主立宪制是符合历史发展的必然要求。康有为的“托古改制”实际是把孔子尊为维新运动的祖师，借助封建圣贤的力量鞭笞封建冥顽不化的思想，鼓励人们反对封建专制制度以达成“太平世”的人类图景，从而论证维新派的政治思想和变法主张的合法性与合理性。

第三，资产阶级革命派的民族振兴纲领与成败得失。以托古改制为思想基础的资产阶级改良派变法失败后，寻求救亡图存和民族复兴之路的重任让位于资产阶级革命派的武装起义和用暴力革命推翻封建王朝。这种历史角色的转换是由当时中国残酷的社会现实所决定的。一方面，作为中华民族重要构成的中国农民阶级面对严重的民族危机多次奋起反抗西方列强，却因阶级局限无法完成民族复兴的任务。从鸦片战争到 19 世纪末，中国农民阶级发起了太平天国运动、义和团运动等多次有影响的反封建和反帝国主义的民族解放运动，尽管起到了打击封建腐朽势力、阻止帝国主义瓜分中国主权和领土的作用，体现了当时中国社会主要矛盾的解决不可避免地要以武装起义的形式来完成。然而，没有革命理论和先进阶级的领导，农民运动在遭到封建主义和帝国主义的联合势力疯狂镇压后注定失败。另一方面，诸多不平等条约的签订导致的中国主权、领土和社会危机，意味着只有推翻封建专制才能解除民族危机。从《南京条约》到《马关条约》再到《辛丑条约》，晚清政府逐步丧失了军事、经济、政治和领土主权，旧中国彻底沦为半殖民地半封建社会，庚子赔款造成的近十亿两巨额白银支出几乎掏空旧中国的经济基础。“扫除数千年种种专制政体，脱去数千年种种之奴役性质……独一无二，伟大绝伦之一目的，曰革命。”①为救国而革命、用武装起义推翻清政府成为资产阶级革命派反驳改良派的必然选择，革命派纷纷斥责清政府卖国、宣传资产阶级民主革命思想、提出以国民革命推翻封建专制建立民主共和国的思想。相继组建的资产阶级革命团体——兴中会、华兴会、光复会以及融汇成立的中国同盟会表明资产阶级革命派在思想、政治和组织上已成为中国民族民主革命的主导力量，引领了资产阶级反对封建统治的革命运动。

以孙中山为先驱的资产阶级革命派提出的“三民主义”思想——民族、民权、民生成为中国旧民主主义革命时期中华民族振兴的理论指导和革命纲领。“民族主义”即反对民族压迫，反对清朝专制统治，反对帝国主义侵略，实现民族解放和民族独立。“民族主义”是“三民主义”的理论之本。“民族主义，并非是遇着不同族的人便要排斥他，是不许那不同族的人来夺我民族的政权。”②尽管孙中山的“民族主义”属于资产阶级思想范畴，却具有抵抗帝国主义侵略的爱国救亡愿望和为推翻满清政府而积极革命的斗争诉求，是对当时中国社会主要矛盾和社会各阶级反帝反封建主题的回答。“民权主义”即以政治革命推翻君主专制政体，建立国民政府和共和政体，国民一律平等，共同享有一切自由和民权。“民权主义”是“三民主义”的核心内容。孙中山指出，去除中国数千年以来的君主专制政体，不能只靠民族革命来完成，颠覆君主专制政体只能由政治革命来实现，因为资产阶级政治革命的结果是建立民主共和政体。同时，在当时中国的民族革命和政治革命不是两次革命，两者并行在反帝反封建的民主革命运动之中。就如辛亥革命而言，既是反帝救国的民族革命，也是反封建与建立资产阶级共和的政治革命，为此毛泽东大加赞扬，“中国反帝反封建的资产阶级民主革命，正规地说起来，是从孙中山先生开始的”③。“民生主义”即平均地权，节制资本。“民生就是人民的生活……民生

① 《猛回头——陈天华邹容集》，郅志选注，辽宁人民出版社 1994 年版，第 179 页。

② 《孙中山选集》上卷，人民出版社 2011 年版，第 85 页。

③ 《毛泽东选集》第 2 卷，人民出版社 1991 年版，第 563 页。

主义就是社会主义，又名共产主义，即是大同主义。"①"民生主义的办法，……定了两个办法：第一个是平均地权，第二个是节制资本。"②资本主义发展和解决土地问题是中国资产阶级民主革命的中心问题，这两个问题也是中国近代历史根本问题构成的两个方面。解决土地问题实质上就是采取何种道路发展资本主义的问题：一方面，发展资本主义必然要反对封建土地私有制和促使自然经济的解体。即剥夺农民土地，把农村劳动力从封建土地私有制解放出来，以此共同组成资本主义的生产要素，资本主义造成的分配不均必须以"平均地权"和"土地国有"来解决。另一方面，近代中国要摆脱愚昧落后和贫穷压迫就要发展机器大生产的工农业。既要发展资本主义的工业，又要避免资本主义异化导致的生产过剩和经济危机，只能以最大限度的国家资本主义来节制个人资本，走出一条与西方资本主义不同的道路。"民生主义"是三民主义思想的重要内容，尽管解决土地问题能够推翻封建主义，为避免资本主义有必要选择社会主义，但由于三民主义没有把农民群众作为实践的物质力量，更没有发动农民阶级的武装革命，便无法改变封建农村的经济基础，只能是一种具有乌托邦性质的资产阶级空想理论。正如辛亥革命被称为中国资产阶级革命，却没能在经济和政治上实现资本主义，仅在形式上推翻了晚清皇权，各省封建士绅及官僚因投向革命仍然获得统治地位和利益。资产阶级革命派提出的反帝反封建的革命任务根本无法完成，却把中国拖入军阀混战的泥潭，民族复兴这一历史任务只能由马克思主义指导下的中国共产党来领导无产阶级来完成。

二、民族复兴的理论原点与实践参照

深陷殖民与战乱困境的中华民族想要摆脱经济、政治和文化上的压迫，必须寻找新的出发点才能获得正常的发展。20世纪早期，在对比自由主义、文化保守主义，以及进化论、三权分立学说、实用主义等西方社会思潮后，中国先

① 《孙中山选集》下卷，人民出版社2011年版，第832页。
② 《孙中山选集》下卷，人民出版社2011年版，第857页。

进知识分子选择的是马克思主义以革命手段来解决社会问题,这样的判断选择有其逻辑的必然性。换言之,以马克思主义为中华民族复兴的理论指引能够成为一种主流共识,是由马克思主义的理论本质与中国主体性选择决定的。

马克思主义以其自身的哲学为理论基础,其理论品格突出地表现为以实践为基础的科学性(真理性)和革命性(批判性)的统一。科学的实践观是马克思主义哲学的理论本质与独特贡献。马克思在构建自己的哲学思想框架时明确指出:“哲学家们只是用不同的方式解释世界,问题在于改变世界。”①马克思把“改变世界”的实践作为哲学的首要任务,才能按照实践的需要确定自己的理论方向和研究创作,当理论研究取得成果,马克思看重的是尽快地把它们运用于实践,并按现实的变化和实践的需要及时调整修改已有的理论,充分体现理论与实践的辩证统一关系。为此,马克思主义植根于实践又指导实践,在与不同国家的实践结合中,表现出不同的理论形态,是对不同历史时期不同国家时代问题的科学回答。“问题是时代的格言,是表现时代自己内心状态的最实际的呼声”,马克思主义正是抓住了“一个时代的迫切问题”②,在回答时代问题中,马克思主义保持与时代同步伐,展示思想力量和理论生命力。正是在“主义”与“问题”的论争思考中,作为中国第一位马克思主义者的李大钊明确驳斥了胡适表面主张以研究“问题”来代替谈“主义”的做法,实际是以认同杜威的新自由主义为前提来谈论当时中国的问题,而李大钊明确提出对于中国“问题”的解决是离不开“主义”的,“我们的社会运动,一方面固然要研究实际的问题,一方面也要宣传理想的主义。这是交相为用的,这是并行不悖的”③。在李大钊看来,“问题”固然重要并需要研究,但要真正解决“问题”却是离不开“主义”的,只有马克思主义才是对中国问题根本解决所必需的,因为它是中国问题得以根本性解决的理论依据和行动指南。这意味着,20 世纪早期中国先进知识分子已经自觉地以马克思主义理论来回答“中国向何处去”的时代问题,自此开启了运用马克思主义来指导中华民族复兴。

马克思主义哲学的科学性在于继承和发展人类认识史上的一切有益成

① 《马克思恩格斯文集》第 1 卷,人民出版社 2009 年版,第 502 页。
② 《马克思恩格斯全集》第 1 卷,人民出版社 1995 年版,第 203 页。
③ 《李大钊文集》第 3 卷,人民出版社 1999 年版,第 1 页。

果,是对自然界、人类社会和思维发展基本规律的科学揭示,以此创立了新的世界观,实现了哲学的革命性变革。同时,马克思的唯物史观和剩余价值学说是对人类社会发展规律与本质的真理性论证,这两个伟大发现是马克思在不断完善自身不成熟的哲学思想和密切联系现实问题的思考中取得的。马克思从《博士论文》开始,从事理论批判的哲学实践,以期实现世界的哲学化和哲学的世界化;在《莱茵报》时期,对专制制度和私人利益进行理论批判,以理性国家的实现战胜专制制度,人民利益战胜私人利益;《德法年鉴》时期,马克思由理论批判转向政治批判,从事政治批判需要理论和物质力量同时具备,并且物质力量在改造世界时更为最重要;"批判的武器当然不能代替武器的批判,物质力量只能用物质力量来摧毁"①。在《1844 年经济学哲学手稿》中马克思把生产劳动区分为自由自觉的活动和异化劳动,表达了对生产实践的最初观点;在马克思、恩格斯合著的第一本著作《神圣家族》中,确定把现实的物质生产作为历史基础,从研究现实的物质生产的内在矛盾和发展规律中揭示其重要作用。在《关于费尔巴哈的提纲》和《德意志意识形态》中,马克思、恩格斯把科学的实践观与历史观相结合,以人类实践活动为基础考察社会,把生产实践看作一切关系赖以存在的基础和相互联系的中介,揭示了生产实践的内在矛盾与发展规律,系统阐明了人类社会发展的一般规律和历史唯物主义的基本原理,从而完成了马克思的第一个伟大发现—唯物史观。从理论形态而言,"马克思的哲学和政治经济学结成了一个完整的唯物主义世界观"②。从 1857 年起,马克思开始了长达十年的《资本论》及其手稿的写作,但着手政治经济学的研究准备却是早在《莱茵报》工作期间就开始了,1867 年《资本论》第 1 卷出版具有划时代的意义,"自从世界上有资本家和工人以来,没有一本书像我们面前这本书那样,对于工人具有如此重要的意义"③。此后,在恩格斯全力支持下,《资本论》第 2、3 卷陆续出版,这部鸿篇巨制不仅是马克思与恩格斯共同智慧的结晶,对于丰富发展马克思主义哲学具有重要意义,而且深刻揭示了资本主义生产关系的本质和资本主义生产方式的运动规律,科学论

---

① 《马克思恩格斯文集》第 1 卷,人民出版社 2009 年版,第 11 页。
② 《列宁全集》第 25 卷,人民出版社 2017 年版,第 38—39 页。
③ 《马克思恩格斯文集》第 3 卷,人民出版社 2009 年版,第 79 页。

证了社会主义必然代替资本主义的历史趋势。正是这样的经典著作为方兴未艾的无产阶级革命指明了方向与道路,《资本论》被誉为工人阶级的“圣经”。

马克思主义哲学的革命性是其阶级属性的表达,它是以无产阶级为立场、反映人民群众的利益和要求、服务于无产阶级的革命实践。马克思主义哲学的革命性体现为革命理论、革命主体与革命方式的统一。其一,马克思把自己的哲学作为革命理论与无产阶级这一革命主体自觉地结合起来。马克思把自己的哲学比作无产阶级的“头脑”,而无产阶级是自己哲学的“心脏”,“哲学把无产阶级当做自己的物质武器,同样,无产阶级也把哲学当做自己的精神武器”①。作为革命主体的无产阶级承担历史使命思想的首次提出是在《〈黑格尔法哲学批判〉导言》中,马克思指出,无产阶级是同资本主义制度相对立的阶级,是要取消一切统治和奴役的阶级,是历史上唯一不为建立自己对社会的统治而进行斗争的阶级。其二,无产阶级承担的历史使命与人民群众对历史创造的统一。由于无产阶级在财产和政治上赤贫的社会地位具有彻底地改变国家和社会的革命性,使得无产阶级如果不解放其他一切社会领域,自身就不会获得彻底解放。在《神圣家族》中马克思、恩格斯从资本主义社会结构和无产阶级的经济地位出发,不仅进一步指出了无产者作为资本者与资本主义私有制的否定方面而存在,而且在论证现实的物质生产和物质利益对历史发展起着决定作用中得出,人民群众是历史主体、历史活动是群众事业的重要思想。人民群众是实现社会革命的主要力量,只有他们才是推动历史前进的动力,只有代表群众利益的历史活动和唤起群众的革命才能取得成功。“历史活动是群众的事业,随着历史活动的深入,必将是群众队伍的扩大。”②其三,无产阶级是革命的阶级,无产阶级的革命理论和无产阶级的革命更具有彻底性。马克思、恩格斯从他们所处历史时代的社会现实出发,在《共产党宣言》中指出,“只有无产阶级是真正革命的阶级。其余的阶级都随着大工业的发展而日趋没落和灭亡”③,无产阶级却是资本主义大工业的产物,是新的生产力的代表和现代社会的最底层,被剥削被压迫的处境使得无产阶级要求改变

① 《马克思恩格斯文集》第1卷,人民出版社2009年版,第17页。
② 《马克思恩格斯全集》第2卷,人民出版社1957年版,第104页。
③ 《马克思恩格斯文集》第2卷,人民出版社2009年版,第41页。

现状的革命性更为彻底，只有消灭全部现存的占有方式才能获得社会生产力。正是这种无产阶级及其革命的彻底性，决定了“资产阶级的灭亡和无产阶级的胜利是同样不可避免的”①。为了无产阶级革命的胜利，马克思恩格斯制定了斗争纲领：即首先形成无产阶级政党——共产党来领导工人运动，无产阶级革命的首要目标是摧毁资产阶级的国家机器和建立无产阶级政权，废除资本主义私有制和实现共产主义是未来目标。

毫无疑问，产生于19世纪40年代的马克思主义是对人类命运深切关怀的普遍真理，必将成为世界各国无产阶级实现人类解放的理论依据和实践指引。1848年欧洲的民族民主革命既是对无产阶级作为革命主体的充分证明，也是对马克思主义作为革命理论的运用和检验。1871年巴黎公社革命是以无产阶级革命方式夺取政权的首次伟大尝试，在打碎资本主义国家机器和推翻资本主义统治方面积累了革命经验，是对马克思主义的阶级斗争学说和社会主义理论的丰富与发展，作为伟大而悲壮的革命行动尽管没有取得胜利，但却激励国际共产主义运动的前进。马克思曾说：“工人的巴黎及其公社将永远作为新社会的光辉先驱而为人所称颂。它的英烈们已永远铭记在工人阶级的伟大心坎里。”②同样遭受内外双重压迫的俄国，在布尔什维克政党领导下的十月革命取得了无产阶级革命的胜利，这是第一次把马克思主义理论与俄国无产阶级革命实践相结合建立的社会主义制度，因此成为人类历史发展的新纪元。十月革命的胜利鼓舞了世界各国无产阶级，为殖民地和半殖民地国家的民族解放运动，以及世界各国无产阶级革命开辟了前进的方向和道路。

作为追求真理和进步的中华民族在经历内忧外患的磨难和艰难困苦的探索中，伴随“十月革命一声炮响，给我们送来了马克思列宁主义。十月革命帮助了全世界的也帮助了中国的先进分子，用无产阶级的宇宙观作为观察国家命运的工具，重新考虑自己的问题”③。中国先进知识分子积极译介、研究、传播和宣传马克思主义，十月革命的胜利鼓舞和振奋了早期中国共产党人，决定选择以马克思列宁主义为思想武器，开辟民族复兴和拯救中国的新道路。

---

① 《马克思恩格斯文集》第2卷，人民出版社2009年版，第43页。
② 《马克思恩格斯文集》第3卷，人民出版社2009年版，第181页。
③ 《毛泽东选集》第4卷，人民出版社1991年版，第1471页。

“人道的警钟响了！自由的曙光现了！试看将来的环球,必是赤旗的世界!”①

早期中国共产党人李大钊、陈独秀、瞿秋白、毛泽东、李达等人,一方面潜心研读马克思恩格斯的经典著作,坚信马克思主义的真理性。李大钊在《我的马克思主义观》中提出了唯物史观和剩余价值学说是马克思的“两大发现”,对唯物史观的基本思想作了梳理和概括。他认为,唯物史观的科学性在于指出社会的内部和外部构造,人们的经济生活是社会内部最深层的构造,也是历史运动的决定性要素,在经济构造基础上形成全社会的外部构造,包括政治、法律、道德,以及各种思想精神等现象,它们依赖经济构造的变化而变化。李大钊还论述了与唯物史观相关的阶级斗争理论,指出马克思从唯物史观出发,从社会的决定要素——经济生活中寻找阶级斗争的动因,“牵入这竞争中的缘故,全由于他们自己特殊经济上的动机”②。李大钊指出,经济生活是精神生活的基础,经济生活的变动是中国近代思想变动的根源,中国经济的变动受西方近现代文明为代表的全球性现代化运动的影响,在经济变动中造就了中国的无产阶级。对于《资本论》,李大钊在论述剩余价值的产生和资本积累的总趋势中阐明了资本家缔造了自己的掘墓人,揭示了资本主义必然灭亡的历史规律。可见,李大钊已达到了对马克思主义实践本质和理论内核的真理性把握,并且用唯物史观分析中国的历史和现实,思考中华民族的前途与命运。另一方面,早期共产党人把马克思主义理论与中国革命问题相结合,提出以无产阶级革命推进社会主义运动的实践主张。在马克思主义经典的研读宣传和受十月革命影响爆发的五四运动的双重作用下,中国先进分子在经过与国内各种机会主义和伪社会主义派别进行的思想论战——关于问题与主义、社会主义问题和无政府主义的三次论争中深刻认识到,中国革命需要马克思主义这一新世界观和方法论作为理论武器,“用无产阶级的宇宙观作为观察国家命运的工具,重新考虑自己的问题。走俄国人的路——这就是结论”③。走无产阶级专政的道路发展社会主义,无产阶级必须“用革命的手段,把自己

① 《李大钊文集》第2卷,人民出版社1999年版,第246页。
② 《李大钊文集》第3卷,人民出版社1999年版,第28页。
③ 《毛泽东选集》第4卷,人民出版社1991年版,第1471页。

造成一个支配阶级”①，中国无产阶级及其政党是决定中国革命性质和前途的力量，以无产阶级革命的方式首先完成民主革命的任务，继而解决社会主义革命的任务。至此，中国革命和中华民族复兴开启了由无产阶级及其政党——中国共产党领导的新民主主义和社会主义革命时期。

三、民族复兴的实践路径与理论飞跃

要用马克思主义“改造中国”，无产阶级政党的成立事关革命全局，决定着能否完成中华民族复兴的历史重任。1921 年 7 月，中国共产党的成立是中国和国际共产主义进程中的重大事件，自此，实现“民族独立、国家富强、人民解放和幸福”的革命由被动转为主动。即是说，以马克思主义为理论武器的中国共产党能够正确认识中国社会的性质和中国革命的特点，制定了反帝反军阀的最低纲领和实现社会主义、共产主义的最高纲领，这个民主革命和社会主义革命目标的确定体现在党的二大的宣言中，这为中华民族独立和中国人民解放的革命实践指明了方向。换言之，中国共产党与各民族无产阶级的整体利益是一致的，因此，在民族民主革命和社会主义革命中，中国共产党能够代表整个民族和民主革命运动的利益。

第一，中国革命、建设的实践与第一次理论飞跃——毛泽东思想，为中华民族复兴奠定了理论支撑与制度基础，是中华民族实现“站起来”的立根之本。比照俄共的城市革命论，中国共产党并不把革命仅局限在城市工人运动上，还着手在中国农村开展农民运动。以毛泽东同志为主要代表的中国共产党人尽管没有直接提出以“民族复兴”为主题的完整理论，却在土地革命、抗日战争和解放战争等革命运动的实践中，不断探索马克思主义中国化的途径，逐渐形成了以新民主主义革命理论为基础的毛泽东思想，为中华民族复兴提供了理论支撑和行动指南。一方面，为廓清和确立中国革命的科学理论以推进民族复兴，中国共产党人对党内外的各种非马克思主义和反马克思主义思潮进行坚决批判。在大革命时期中国共产党人先后开展了对科玄论战、国家

① 《建党以来重要文献选编(1921—1949)》第一册，中央文献出版社 2011 年版，第 496 页。

主义派和戴季陶主义的批判,在理论上批判了这些思潮的封建主义思想的腐朽本性和西方资产阶级哲学的唯心主义本质,在政治上揭露它们维护帝国主义和封建军阀,反对苏俄、共产党和阶级斗争的真实面目,捍卫了马克思主义,坚持党对革命的领导和实行无产阶级专政。同时,类似的批判在中国共产党内部也是刻不容缓的,陈独秀"二次革命论"体现的右倾机会主义否定了无产阶级对民主主义革命的领导权,导致大革命浪潮在反革命镇压下经受挫折和失败。在土地革命时期理论批判的任务依然艰巨重要,中国马克思主义理论家对中国社会性质、唯物辩证法与哲学向何处去等问题展开彻底论战,批判各种资产阶级错误思潮和假马克思主义试图复活唯心主义哲学的真正用意,澄清中国社会在大革命失败后的性质没有改变,依旧是半殖民化的半封建社会,中国民族民主革命仍然面临着反帝反封建的任务需要完成。经过论争使马克思主义具有了"中国化"特色,这为中国共产党制定正确的革命路线提供了理论依据,使中国人民能够掌握马克思主义的正确理论,指导中国无产阶级与农民运动的革命走向胜利。

另一方面,在革命实践中形成的毛泽东思想,是马克思主义中国化的首次飞跃,验证与指导了土地革命、抗日战争和解放战争的胜利,开辟了中华民族复兴的新局面。毛泽东既是一位坚定的马克思主义理论家,又是一位亲历工农运动和党中央领导工作的实践革命家,这些因素使毛泽东能够充分把马克思主义理论与中国实际、革命经验相结合,在《中国社会各阶级的分析》《湖南农民运动考察报告》中毛泽东对中国民主革命及其基本问题进行了深入研究与思考,提出了无产阶级对民主革命的领导权、中国革命的基本和中心问题是农民问题的重要思想,这为党的工作重心由城市转向农村作了理论上的准备工作。土地革命时期,以毛泽东同志为主要代表的中国共产党人抛开共产国际和党内教条主义的束缚,在独立开展武装斗争中思考中国革命的前途与中华民族复兴的出路。毛泽东在《中国的红色政权为什么能够存在》《井冈山的斗争》等著作中开创性地提出了"农村包围城市、武装夺取政权"的中国革命道路,这条道路尽管与俄国城市革命道路存在革命路径和方式的不同,但在革命性质上却同属于无产阶级革命,以及在建立无产阶级政权方面具有革命目标的一致性。抗日战争是在最广泛的民族统一战线下的关乎中华民族命运的反侵略战争，通过对社会发展方向和中国革命规律的论述，毛泽东提出了新民主主义革命理论，指导抗日战争取得胜利。伴随解放战争的胜利，中国近代以来的社会主要矛盾被彻底消灭，中华民族和中国人民获得独立和解放。新中国是人民当家作主的新社会，更是中华民族“站起来”的立根之本。新中国成立以后，中国共产党带领人民进行社会主义革命，以改造方式和平过渡为社会主义社会，社会主义制度的确立成为“中华民族复兴的政治前提与制度基础”。

第二，中国改革的实践与理论飞跃——中国特色社会主义理论体系，为中华民族复兴提供了体制保证与物质条件，是中华民族实现“富起来”的动力之源。为使获得“站起来”的中国人民摆脱贫困，过上富裕的生活，以实现中华民族在新时期“富起来”的任务，中国共产党在经历艰辛探索和承受曲折后再次觉醒，党的十一届三中全会号召以改革开放建设社会主义现代化。

其一，完成“从革命向建设”的转移，在改革开放中探索社会主义建设的正确道路。党的十一届三中全会决定从 1979 年 1 月起，实现工作重心的转移，“以阶级斗争为纲”的时代被终止，开启了以改革开放建设社会主义现代化的新时期。对如何建设、建设什么样的社会主义现代化问题的思考，党的十二大会议中邓小平指出：“把马克思主义的普遍真理同我国的具体实际结合起来，走自己的路，建设有中国特色的社会主义，这就是我们总结长期历史经验得出的基本结论。”①这次会议把 20 世纪末的奋斗目标从实现四个现代化改为实现小康，使人民的物质文化生活达到小康水平，快速调动了全国各族人民的干劲，人民生活水平大幅提升，为实现中华民族复兴积累了物质财富。其二，确立社会主义初级阶段基本路线，提出“三步走”的现代化战略构想，揭示社会主义本质。当前中国处于社会主义的初级阶段，要改变因生产力落后带来的不发达现状，就要以经济建设盘活社会生产力，调动劳动者的生产积极性，在物质供给和精神消费领域最大程度地满足和提升民众的需求。在经济全球化进程加快和世界社会主义出现曲折的双重挑战下，如何把改革开放和现代化建设继续推向前进，加快中华民族复兴的步伐成为中国共产党人必须

① 《邓小平文选》第 3 卷，人民出版社 1993 年版，第 3 页。

回答和解决的重大课题。在历史发展紧要关头,邓小平指出:“社会主义的本质,是解放生产力,发展生产力,消灭剥削,消除两极分化,最终达到共同富裕”①。这是对“什么是社会主义、怎样建设社会主义”的准确回答。其三,以社会主义市场经济体制加快发展,以“三个代表”重要思想推进党的建设。在社会主义条件下发展市场经济与推进中国现代化是相辅相成的,而核心要素在于执政党作为民众根本利益的代表能够完成社会向市场经济体制的转型,能够引领先进生产力和先进文化以推进中国的现代化。换言之,经济体制转变与加快推进现代化是相统一的目标,它们与中华民族复兴联系在一起。中国共产党自成立起就肩负着民族复兴的历史使命,伴随中国革命、建设和改革的实践,党的历史方位已由革命党转为执政党,“三个代表”重要思想的确立是对新世纪“建设什么样的党、怎样建设党”的科学认识,也是对党的执政能力提出的新的更高要求。其四,科学发展观是新世纪关于发展问题的科学理论,是对中国特色社会主义理论体系的完善。21 世纪人类发展迈入信息时代,借助科技与信息的驱动,人类认知水平和人的存在领域发生了巨大变化,围绕快速高效的发展带来的对自然界和人类自身的价值思考成为哲学研究的主要问题,同时对发展问题的思考也成为新世纪中国领导人面对的时代课题,科学发展观的提出正是对 21 世纪“实现什么样的发展、怎样发展”问题的科学回答,其中发展是基础,发展要实现以人为本,生产力与经济的发展要以人的发展为中心,按照唯物史观的要求,就要把人民的利益放在经济利益和社会利益之前,才能实现真正的社会发展。历经三十多年的改革实践,探索出中国特色社会主义道路和创立了中国特色社会主义理论体系。这一理论形态既是不断发展开放的科学理论体系,又是中国社会发展的指导思想。在科学理论指导下,经济平稳较快发展,国民经济迈上新台阶,2010 年中国成为世界第二大经济体。中国以不可雄辩的事实证明,改革开放使中华民族实现了“富起来”的目标。

第三,中国式现代化与马克思主义新飞跃——习近平新时代中国特色社会主义思想,为中华民族复兴确立了科学指导与宏伟目标,是中华民族实现

① 《邓小平文选》第 3 卷,人民出版社 1993 年版,第 373 页。

“强起来”的必由之路。进入新时代，中国共产党人创造性地实现“两个结合”，在两个大局中把回答时代课题，创立了习近平新时代中国特色社会主义思想，这是马克思主义中国化时代化新的飞跃，为实现中华民族复兴伟业提供了行动指南。

其一，新时代对中华民族伟大复兴的思考。习近平总书记首次提出并阐述“实现中华民族伟大复兴”思想是在党的十八大召开之后参观《复兴之路》展览时指出的，“实现中华民族伟大复兴，就是中华民族近代以来最伟大的梦想”①。它的提出贯穿了中华民族的历史、现在和未来，在新的历史条件下实现社会主义现代化和中华民族伟大复兴，表明了新一届党中央承担民族复兴的使命。此时，“中国式现代化与民族复兴”的内在理论关联还没有形成逻辑内涵，这有待于中国改革实践的深入开展带来理论创新。其二，新时代实现中华民族伟大复兴是以解决新的社会主要矛盾为前提的。人类社会是在矛盾运动中不断向前发展的，解决主要矛盾可以加速发展。近代中国社会的主要矛盾，通过新民主主义革命的胜利被彻底解决；社会主义改造完成之前的无产阶级和资产阶级之间的矛盾，以社会主义和平改造的方式得到了解决；进入新时代之前的社会主要矛盾，是以改革开放加快生产力发展来解决的；新时代中国社会处在新的历史方位，社会主要矛盾发生新变化，“已经转化为人民日益增长的美好生活需要和不平衡不充分的发展之间的矛盾”②。解决方式区别于以往的革命、改造和一般的改革开放，要以深化改革的方式对需求侧和供给侧双向变革，以不同方式解决社会主要矛盾是对不同时期历史任务的完成，这是民族复兴的历史辩证法。其三，新时代为中华民族复兴提出了原则要求。坚持中国共产党的领导是中华民族复兴的领导核心。中国共产党的初心使命为中国人民谋幸福、为中华民族谋复兴，百年来党带领中国人民的奋斗历程，“归结起来就是一个主题：实现中华民族伟大复兴”③。在世界变局和应对风险考验中，中国共产党始终是中国人民的“领路人”和“主心骨”，因此，实现中华民族伟大复兴的原则在于，坚持中国共产党是领导核心与人民群众是依靠

① 《习近平著作选读》第一卷，人民出版社 2023 年版，第 63 页。

② 《习近平著作选读》第二卷，人民出版社 2023 年版，第 9 页。

③ 《习近平著作选读》第二卷，人民出版社 2023 年版，第 477 页。

力量。党的十八大以来提出的“坚持以人民为中心的发展观”是唯物史观的“人民群众是历史的创造者”思想的时代表征。新时代,我们党面临的“赶考”远未结束,自觉坚持党的引领作用与人民主体地位的统一,依靠人民群众实现中华民族复兴是唯物史观的体现。其四,中华民族伟大复兴要以中国式现代化来实现。“从现在起,中国共产党的中心任务就是团结带领全国各族人民全面建成社会主义现代化强国、实现第二个百年奋斗目标,以中国式现代化全面推进中华民族伟大复兴。”①党的二十大的召开不仅形成了中国式现代化的理论,而且对于现代化与民族复兴之间的辩证关系取得创新性的认识,即以中国式现代化实现中华民族伟大复兴。这是基于对中国现实和西方现代化的深刻把握而得出的科学结论。中国是在农业大国实现现代化,既要以变革生产方式实现工业现代化,建立现代化的工业基础与体系,也要实现农业现代化,这是中国社会的立根之本,因为农业文明与工业文明在中国是相互继起、缺一不可的。这样,我们就不能完全依照西方现代化的模式,彻底抛弃农业文明,而且西方工业文明的现代化伴随工具主义的盛行其弊端显露无遗。换言之,我们既要借鉴西方现代化的积极成果,又要避免其消极方面,我们的现代化是立足本民族,以中国革命、建设和改革实践形成的中国特色的现代化,这个现代化就是中国式现代化,它是中华民族实现“强起来”的必由之路。

原载于《马克思主义哲学》2023 年第 5 期

① 《习近平著作选读》第一卷,人民出版社 2023 年版,第 18 页。

附录:2022 年年会综述和 2023 年年会报道

面向 21 世纪开展马克思主义哲学史研究

——中国马克思主义哲学史学会 2022 年年会综述

谭　涛　王守康*

2022 年 11 月 26 日，由中国马克思主义哲学史学会、中国社会科学院哲学研究所、云南师范大学主办，中国马克思主义研究基金会协办的“深入学习党的二十大精神创新 21 世纪中国马克思主义哲学话语”学术研讨会暨中国马克思主义哲学史学会 2022 年年会在线上隆重召开。26 日上午，14 位专家学者分两个时段作大会报告，来自全国各高校、科研机构的专家学者、教师代表和学生共 1100 余人参加会议。与会专家学者围绕年会主题，为深入探讨面向 21 世纪开展马克思主义哲学史研究提供了丰富见解和重要启示。

创新 21 世纪中国马克思主义哲学话语

面向 21 世纪开展马克思主义哲学史研究需要深入中国社会现实，创新哲学话语。中国人民大学梁树发教授认为创新 21 世纪中国马克思主义哲学话语，不仅是表达形式的创新问题，而且是以创新精神对 21 世纪中国马克思主义哲学形态进行建构。他指出应该处理好三对关系：一是处理好两支队伍两种不同哲学话语之间的关系，二是处理好 21 世纪中国马克思主义哲学形成中

* 谭涛，清华大学马克思主义学院博士研究生；王守康，北京大学哲学系硕士研究生。

两个二十年之间(1978—2000、2000—2022)和两个十年(2002—2012、2012—2022)之间的关系,三是要处理好21世纪中国马克思主义哲学与中华优秀传统文化之间的关系。中国人民大学安启念教授认为当前中国迫切需要对马克思主义哲学理论进行创新,并且通过反思苏联的历史教训指出,马克思主义理论要及时回应现实生活的迫切需要,从而使马克思主义真正深入人心。北京大学王东教授认为,面向21世纪的马克思主义哲学史研究要在党的二十大精神指引下开创新时代与新形态,一方面要加强马克思主义中国化、时代化的两大时代潮头研究,另一方面必须重视马克思《资本论》哲学与列宁最后十年哲学创新的两大理论源头研究,以思维方式的重新建构开创马克思主义哲学史研究的新时代。苏州大学任平教授认为,创新21世纪中国马克思主义哲学,必须深度关注中华民族伟大复兴的战略全局和世界百年未有之大变局,揭示造成如此格局的全球资本的运行机制,进而重建新时代唯物史观的中国逻辑,解释人类文明新形态在唯物史观的维度上如何展开。中山大学徐俊忠教授指出,从19世纪马克思主义在欧洲,到20世纪马克思主义在东方,再到21世纪中国的马克思主义,这样一种马克思主义世界发展中心的位移,同时也代表着世界历史发展进程的深刻演变。

反思中国式现代化的理论和实践道路

面向21世纪的中国马克思主义哲学史研究需要结合世界现代化进程,深入反思中国式现代化的理论和实践道路。复旦大学吴晓明教授指出中国式现代化是贯穿党的二十大报告的一条主线,意味着中国在完成现代化任务和展开现代化实践的过程中充分意识到,现代化的任务是普遍的,但是现代化任务的展开和实现必须根据中国特定社会条件和历史环境具体化。因此,对中国式现代化在世界观方法论意义上的理解和把握,有利于加快构建中国特色哲学社会科学和中国自主的知识体系。北京大学丰子义教授以“现代化发展的一般与特殊”“现代化的外源与内生”“现代化的自主和依附”三组关系为抓手,详细阐述了中国的现代化进程所经历的从“现代化到中国”到“中国式现代化”的伟大历史跃迁。黑龙江大学丁立群教授强调了文化实践在中国式现代化道路建构中的基础地位，提出了在新时代条件下开展有中国特色的文化实践的根本任务、根本途径和最终目的。中共中央党校（国家行政学院）韩庆祥教授通过剖析西方文明建构现代化所经历的八个环节——历史道路、文明解释、民族优越、哲学基础、人性辩护、理性标准、开化使命和美丽神话，指出西方现代化道路对于中国式现代化具有重要的借鉴意义。北京师范大学吴向东教授指出，中国式现代化道路中的人类命运共同体建构有助于推动全人类共同价值的生成，此举为变革全球治理体系提供了价值引领、为创新人类文明形态提供了价值核心。

坚持以人民为中心的根本宗旨

面向 21 世纪的中国马克思主义哲学史研究需要全面推进人的现代化，坚持以人民为中心的根本宗旨。中国社会科学院魏小萍研究员以人与人、人与物的双重对象性关系为主线，对马克思关于“人的本质是一切社会关系总和”这一论断的思想进行具体分析，并在此基础上从双重对象性关系角度阐发了唯物史观视域中现实的人，为新时代人民观的构建提供了学理支撑。南京大学唐正东教授认为，在中国共产党团结带领中国人民艰苦奋斗的历史进程中，从动力主体、需求主体、智慧主体、目标主体、社会历史主体等多个维度，对马克思主义人民观做出了重大的创新。中共中央党校（国家行政学院）何建华教授从视域的创新、内涵特征的创新、实践路径的创新三个角度论述了新时代党的人民观，他强调通过制度性、体制性改革来保障人民当家作主，在社会发展中，应当实现每个具体人的利益，发挥每个具体人的作用，由此形成实现中华民族伟大复兴的主体力量。中国社会科学院单继刚研究员认为，应当对“人民”概念在新时代的内涵和外延做出更加明确、细致的研究与界定。他指出，新时代的“人民”一方面是指中国共产党人所代表的人民大众，另一方面是指与敌人相对立的组成爱国统一战线的成员群体。

在大会报告之后，26 日下午 60 位专家学者分三个分论坛继续围绕主题深入研讨面向 21 世纪开展马克思主义哲学史研究的重大问题，从党的二十大精神的哲学解读,21 世纪中国马克思主义哲学的问题与特征,马克思主义哲学的中国化、时代化、大众化,马克思主义哲学史研究的前沿问题,马克思主义哲学基础理论研究的重大问题,全球化时代马克思主义哲学的命运,中国马克思主义哲学的自主知识体系建构等方面提供了深刻观点和精彩论证。

深入阐述党的二十大报告的马克思主义哲学意蕴

——中国马克思主义哲学史学会2023年年会报道

中国马克思主义哲学史学会　云南师范大学马克思主义学院

2023年4月28日至29日，“党的二十大报告的马克思主义哲学意蕴”学术研讨会暨中国马克思主义哲学史学会2023年年会在云南师范大学召开。此次会议由中国马克思主义哲学史学会、中国社会科学院哲学研究所、云南师范大学主办，云南师范大学马克思主义学院、大理大学马克思主义学院、曲靖师范学院马克思主义学院承办，中国马克思主义研究基金会、《社会主义论坛》杂志社协办。来自中国社会科学院、中共中央党校（国家行政学院）、北京大学、清华大学、中国人民大学、复旦大学、南京大学以及云南省内高校和科研院所的近200名专家学者齐聚美丽的云南师范大学参加会议。

开幕式上，云南师范大学党委书记张祖武致辞，向与会嘉宾介绍了云南师范大学的光荣革命传统、悠久办学历史和深厚文化底蕴。他指出，深研党的二十大报告的马克思主义哲学意蕴，必将为中国马克思主义哲学的理论创造、学术繁荣提供发展空间，为以中国式现代化全面推进中华民族伟大复兴提供学理支撑。相信各位专家以此次会议为契机，碰撞思想、开拓思维，齐力回答好中国之问、世界之问、人民之问、时代之问，为开辟马克思主义中国化时代化新境界，实现强国建设、民族复兴做出新贡献。

云南省委宣传部常务副部长马志刚、中国马克思主义哲学史学会会长郝立新、中国社会科学院哲学研究所副所长单继刚讲话。

马志刚同志对中国马克思主义哲学史学会2023年年会的召开表示祝贺。他表示,此次会议召开恰逢其时、十分必要。马克思主义哲学深刻揭示了客观世界特别是人类社会发展的一般规律,是科学的理论、人民的理论、实践的理论、不断发展的开放的理论,是我们立党立国、兴党兴国的根本指导思想,是我们认识世界、把握规律、追求真理、改造世界的强大思想武器。中华民族要实现伟大复兴,一刻也不能离开理论思维的指引。我们必须继续推进实践基础上的理论创新,把握好习近平新时代中国特色社会主义思想的世界观和方法论,坚持好、运用好贯穿其中的立场观点方法。

郝立新教授认为,大会围绕“党的二十大精神的哲学意蕴”这一主题,学习和研究当代中国马克思主义哲学、21世纪马克思主义哲学的创新发展具有特别的意义。当前,马克思主义哲学工作者的使命和任务就是认真学习贯彻党的二十大精神,深入研究二十大报告中提出的新论断、新思想和新问题。他号召马克思主义哲学工作者们循着共同的研究志趣和目标任务,团结一心、相互支持、守正创新、奋力前行。

单继刚研究员认为,党的二十大报告总结了六个“必须坚持”,即必须坚持人民至上,必须坚持自信自立,必须坚持守正创新,必须坚持问题导向,必须坚持系统观念,必须坚持胸怀天下。这六个“必须坚持”,尤其需要哲学工作者们进行深入的学习、研究和阐释。除了持续关注党的领袖的哲学贡献之外,还应当注重发掘党内理论家以及广大知识分子的哲学贡献,力求勾勒出、呈现出一个完整的中国马克思主义哲学的理论谱系和思想家谱系,为以中国式现代化实现中华民族伟大复兴提供科学的理论指引。

在主旨发言阶段,学者们围绕党的二十大精神对开创马克思主义哲学史研究新时代和开辟马克思主义中国化时代化新境界中的重要地位、中国式现代化和人类文明新形态的哲学意蕴、中国式现代化视域下马克思主义唯物史观、辩证法和科学社会主义本质的再阐释等议题展开探讨。

会议设立“党的二十大报告中的马克思主义哲学原理”“马克思主义哲学史前沿问题”“马克思主义哲学与中国共产党精神谱系”“马克思主义经济、政治、文化哲学相关问题”四个专场论坛,与会专家代表围绕上述主题进行了热烈的理论研讨和思想交锋。

会议期间,中国马克思主义哲学史学会进行了第十届理事会换届选举,选举产生了第十届理事会会长郝立新,副会长聂锦芳、丁立群、吴向东、王立胜、任平、徐俊忠、单继刚、何建华、唐正东、邹诗鹏,秘书长由单继刚兼任。

会议期间,与会学者到西南联大博物馆参观调研,缅怀革命先烈,感受联大师生教书救国、读书报国的爱国情怀。与会学者表示,联大师生挽救民族危亡、胸怀民族复兴的崇高精神是激励后辈的磅礴力量,在新时代具有重要的意义和价值,需要大力传承弘扬。

责任编辑:毕于慧
封面设计:石笑梦

图书在版编目(CIP)数据

马克思主义哲学史研究. 2022—2023 / 郝立新, 聂锦芳主编. -- 北京 : 人民出版社, 2024. 10. -- ISBN 978-7-01-026856-9

I. B27

中国国家版本馆 CIP 数据核字第 2024M2Q221 号

马克思主义哲学史研究(2022—2023)
MAKESI ZHUYI ZHEXUESHI YANJIU(2022—2023)

郝立新 聂锦芳 主编

人民出版社 出版发行
(100706 北京市东城区隆福寺街 99 号)

北京中科印刷有限公司印刷 新华书店经销

2024 年 10 月第 1 版 2024 年 10 月北京第 1 次印刷
开本:710 毫米×1000 毫米 1/16 印张:32.75
字数:515 千字

ISBN 978-7-01-026856-9 定价:130.00 元

邮购地址 100706 北京市东城区隆福寺街 99 号
人民东方图书销售中心 电话 (010)65250042 65289539